KB127034

한국어교사를 위한 한국어교육의 총람

외국어로서의
한국어교육의
이론과 실제

TOPIK KOREA 한국어평가연구소 편저

CHAMBOOKS

한국어 교육을 위한 이론과 실제 목차

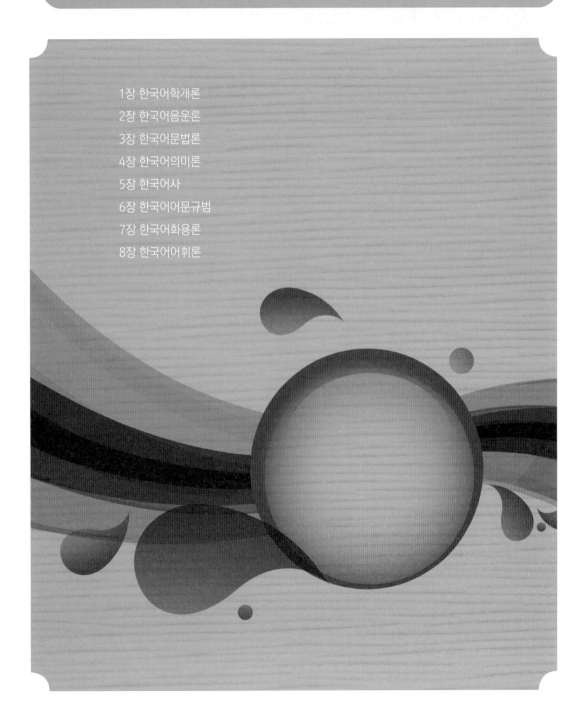

1영역

한국어학

1장 한국어학개론

Ⅰ. 한국어와 한국어학

1. 한국어와 한국어학

　한국어란 한국 사람들이 사용하는 언어로 한반도 모든 지역과 제주도, 주변의 섬에서 사용하는 언어를 말한다. 일반적으로 한국어라고 하면 현재 우리가 사용하고 있는 표준어만을 생각하기 쉽다. 그러나 한국어는 지역적으로 표준어와 방언을 모두 포함하는 개념이며, 시대적으로 과거부터와 현재까지 사용된 모든 언어를 포함한다.

　따라서 한국어학은 한국어를 대상으로 연구하는 학문 분야이기 때문에 표준어와 방언, 과거의 한국어와 현재의 한국어를 그 대상으로 한다.

2. 방언과 표준어

　방언은 같은 언어에 속하면서 지역에 따라 달라진 말로 흔히 사투리라고 한다. 언어는 시간의 흐름에 따라 변화하는데 이때 같은 언어라고 하더라도 동일한 변화가 일어나지 않고 지역에 따라 조금씩 다르게 변화하게 된다. 따라서 지역별로 조금씩 다른 형태를 가진 언어가 나타나게 된다. 방언은 표준어보다 격이 낮거나 월등한 표현이 아니라 한국어의 다른 형태일 뿐이다.

　표준어는 한국에서 사용되는 여러 방언 중 국가에서 공용어로 지정한 언어를 말한다. 따라서 한국인들 사이에서 규범적으로 사용되는 언어가 곧 표준어이다. 표준어는 '교양 있는 사람들이 두루 쓰는 현대 서울말'로 정함을 원칙으로 하고 있다. 그러나 서울말이 그대로 표준어가 된 것은 아니며, 서울말 중에도 방언으로 남아있는 것이 있고 지역의 방언 중에도 표준어가 된 것이 있다. '그러믄'은 서울말이 표준어가 되지 못한 예이며, '멍게'는 방언이 표준어가 된 경우이다.

표준어는 국민들에게 일체감을 갖게 해주는 통일의 기능이 있으며, 교육을 받았다는 징표로 우월의 기능, 언어 규범으로 작용한다는 점에서 준거의 기능을 갖는다.

3. 음성 언어와 문자 언어

음성 언어(Spoken Language)는 사람의 음성으로 표현되는 언어로 흔히 구어(口語) 또는 말이라고 한다. 우리가 언어라고 할 때는 음성언어를 주로 지칭한다. 인간이 언어를 사용하게 되면서 가장 먼저 사용한 언어가 음성언어이며, 음성언어는 사용하기 편리하고 정보를 빨리 전달할 수 있으며, 어두운 곳에서도 사용 가능하다는 장점이 있다. 그러나 말하는 순간 사라져 버리며 전달될 수 있는 거리가 한정되어 있다는 시간적·공간적 제약을 가지고 있다. 또한 시끄러운 곳에서는 기능하지 못한다는 단점도 있다.

문자 언어(Written Language)는 문자로 표현되는 언어로 문어(文語) 또는 글이라고 한다. 문자 언어는 음성 언어의 단점을 보완하고자 나타난 것이므로 시간과 공간의 제약을 비교적 덜 받는다. 또한 음성 언어에 비해 좀 더 정제된 세련된 멋이 있고, 언어의 역사적 연구는 문자 언어를 바탕으로 한다. 그러나 문자 언어 역시 단점을 가지고 있는데 정보를 전달하는 데 있어서 필기도구가 필요하며, 어두운 곳에서는 사용할 수 없고 기록하는 데 시간이 많이 걸린다는 점이 바로 그것이다.

최근에는 매체의 발달로 음성 메시지, 음성 파일, 오디오북 등이 사용되어 문자 언어의 사용이 줄고 있다.

4. 한국어의 특징

언어의 보편적인 특성을 살펴보면 먼저 모든 언어는 형식(음성 형식)과 의미라는 두 가지 측면이 결합되어 있다. 둘째, 말소리에 자음과 모음이 있으며 셋째, 음운, 음절, 단어, 문장 등의 언어 단위가 있다. 넷째, 명사, 동사 등의 문법적 범주가 있으며 다섯째, 긍정문, 부정문, 평서문, 의문문, 명령문 등의 문장 종류에 대한 구분이 있다. 이러한 특성은 모든 언어의 보편적인 특성으로 볼 수 있으며 따라서 한국어 또한 이러한 특성을 기본으로 가지고 있다.

그러나 언어들은 자신들만이 가지고 있는 고유한 특성도 있는데, 한국어만이 가지고 있는 개별적인 특성을 살펴보면 다음과 같다.

첫째, 파열음(폐쇄음)이 평음, 경음, 격음의 세 계열로 구분된다는 것이다. (ㅂ: ㅃ: ㅍ / 불: 뿔: 풀)

둘째, 어두나 음절말 위치에서 즉 초성과 종성에서는 오직 하나의 자음만 발음될 수 있다.

'값'은 종성에서 'ㅄ' 두 개의 자음이 사용되기 때문에 두 자음을 발음한다고 생각할 수 있지만 이는 표기상 나타나는 것일 뿐이고 실제 발음은 [갑]이 되어 하나의 자음만 소리 난다.

셋째, 교착어이다. 교착어는 하나의 형태는 하나의 기능을 하므로 다른 기능을 하려면 다른 무언가가 뒤에 첨가되어야 하는 언어 형태를 말한다. '가다'에 높임의 기능을 추가하면 '가시다'가 된다.

넷째, 한국어는 SOV형 언어로 주어 + 목적어 + 서술어의 어순을 기본으로 한다. 진호가(주어) + 밥을(목적어) + 먹는다.(서술어)

다섯째, 한국어는 SOV형 언어이지만 조사와 어미가 발달했기 때문에 어순이 비교적 자유롭다. '철수가 영희에게 선물을 주었다. 영희에게 철수가 선물을 주었다. 선물을 철수가 영희에게 주었다.'

여섯째, 한국어는 평서문을 의문문으로 바꾸어도 어순이 바뀌지 않는다. '이것은 책입니다. / 이것은 책입니까?'

일곱째, 한국어는 주어와 목적어가 잘 생략되는 언어이다. 한국어는 담화맥락이 중요하게 작용하는 언어이기 때문에 상황맥락이 주어져 있다면 필수성분이라고 할 수 있는 주어와 목적어도 잘 생략된다.

가 : 어제 뭐 했어? / 나 : 게임.
가 : 누구랑?   / 나 : 친구랑.

여덟째, 한국어는 경어법(높임법, 대우법 등)이 발달되어 있다. 주체높임, 객체높임, 상대높임의 세 종류의 높임 표현이 나타난다.

아홉째, 색채어가 다양하게 나타난다. '샛노랗다-노랗다-누리끼리하다-누렇다-싯누렇다'

열째, 친족을 나타내는 명칭이 발달해 있으며, 이러한 친족어를 친족이 아닌 다른 사람에게도 흔히 사용한다. '할아버지/할머니, 형/오빠, 누나/언니, 이모/삼촌'

5. 한국어학의 하위 분야

언어학은 세계 여러 언어의 보편적인 현상을 연구하는 학문 분야로 대표적인 하위 분야는 음운론, 형태론, 통사론, 의미론을 들 수 있다. 한국어학은 한국어라는 하나의 언어를 연구 대상으로 하는 개별 언어학으로 언어학의 연구 방법론 위에서 한국어학이 연구되고 있다. 따라서 한국어학의 하위 분야는 한국어 음운론, 한국어 형태론, 한국어 통사론, 한국어 의미론이 4대 핵심 분야가 된다.

한국어 음운론은 언어의 단위 중에서 음운과 음절을 대상으로 하는 분야로 말소리의 기능과 체계, 음운 현상(음운 규칙), 음운의 개념, 음운 분석 방법, 음운 목록, 자음 체계, 모음 체계 등을 연구하는 분야이다. 여기서 음운은 의미를 구별하는 최소의 단위로 쉽게 자음과 모음을 말하며, 음절은 한 번에 발음할 수 있는 최소의 단위를 말한다.

한국어 형태론은 언어의 단위 중 형태소와 단어를 대상으로 하는 분야로 단어의 어형 변화와 단어의 내적 구조 및 단어의 형성 방법을 연구하는 분야이다. 형태소는 어휘적·문법적 의미를 가지는 최소의 단위를 말한다.

한국어 통사론은 언어의 단위 중 문장을 대상으로 하는 분야로 단어들이 결합하여 단문과 복문, 내포문과 병렬문, 의문문, 사동문, 피동문 등의 문장을 구성하는 규칙을 연구하는 분야이다. 형태론과 통사론은 명확하게 구분하기 어렵기 때문에 일반적으로 묶어서 문법론이라고도 한다.

한국어 의미론은 형태소, 단어, 문장 등 문법 단위들의 의미를 연구하는 분야로 단어의 의미를 연구하는 어휘 의미론과 문장의 의미를 연구하는 통사 의미론으로 구분할 수 있다.

그 외에도 음성학, 한국어사, 문자론, 방언론 등의 하위 분야가 있다.

II. 음성학

음성의 특성을 연구하는 분야로 소리가 어떤 발음기관에서 만들어지며, 그 특성은 어떠한지 등을 관찰한다.

1. 발음기관 : 호흡 기관, 발성 기관, 조음 기관

공기가 흘러나오는 입 속 통로인 구강(口腔)과 코 쪽 통로인 비강(鼻腔)

2. 조음체와 조음점

조음이란 성문을 통과한 공기를 입 안 어느 부위에서 막거나 장애를 일으키면서 조정하여 소리를 내는 과정을 말한다. 이때 조음 과정에서 능동적으로 움직이는 부분으로 아랫입술, 혀 등을 조음체라고 하고, 스스로 움직이지 못하고 수동적으로 조음체의 상대역만 하는 부분으로 입천장, 윗니, 윗잇몸, 윗입술 등을 조음점이라고 한다.

3. 음성의 분류

자음은 숨을 내쉴 때 기류가 구강과 비강 모두에서 장애를 받거나 둘 중 하나에 장애를 받으면서 발음되는 소리이다. 조음 위치에 따라 분류하면 양순음(ㅁ ㅂ ㅃ ㅍ), 치조음(ㄴ ㄷ

ㄸ ㅌ ㄹ ㅅ ㅆ), 경구개음(ㅈ ㅉ ㅊ), 연구개음(ㅇ ㄱ ㄲ ㅋ), 후음(ㅎ)으로 나누어진다. 조음 방식에 따라서는 파열음(ㅂ ㅃ ㅍ, ㄷ, ㄸ, ㅌ, ㄱ, ㄲ, ㅋ), 파찰음(ㅈ ㅉ ㅊ), 마찰음(ㅅ ㅆ ㅎ), 비음(ㅁ ㄴ ㅇ), 유음(ㄹ)으로 분류할 수 있다. 또한 숨을 내쉬는 세기에 따라 예사소리에 해당하는 평음(ㅂ ㄷ ㄱ ㅈ ㅅ ㅎ)과 된소리인 경음(ㅃ ㄸ ㄲ ㅉ ㅆ), 거센소리인 격음(ㅍ ㅌ ㅋ ㅊ)으로 분류할 수도 있다.

모음은 기류가 구강과 비강 모두에서 아무런 장애를 받지 않거나 적어도 둘 중 하나에서는 아무런 장애도 받지 않으면서 발음되는 소리이다. 모음은 혀의 높이에 따라 고모음(ㅣ ㅟ ㅡ ㅜ), 중모음(ㅔ ㅚ ㅓ ㅗ), 저모음(ㅐ ㅏ)으로, 혀의 위치에 따라 전설모음(ㅣ ㅔ ㅐ ㅟ ㅚ)과 중설모음(ㅡ ㅓ ㅏ), 후설모음(ㅜ ㅗ)으로, 입술의 모양에 따라 원순모음(ㅜ ㅗ ㅟ ㅚ), 평순모음(ㅣ ㅔ ㅐ ㅡ ㅓ ㅏ)으로 나누어진다.

한국어의 단모음은 열 개이나, 'ㅟ'와 'ㅚ'를 이중모음으로 발음할 경우에는 여덟 개가 된다.

한국어에서 반모음은 모음을 발음할 때보다 혀를 입천장에 더 가깝게 하여 내는 소리로 [j], [w] 두 개가 있으며 단독으로 발음되지 못하고 다른 모음과 결합하여 발음한다. 반모음과 단모음이 결합된 모음은 이중모음이 된다.

III. 음운론

음운의 기능과 체계, 음운현상 등을 연구하는 분야로 음운이란 음소와 운소를 말한다. 음소는 의미를 분화시키는 최소의 단위로 어떤 한 쌍의 대립적인 소리의 차이만으로 뜻이 달라지는 '달 : 딸'과 같은 두 단어를 '최소 대립의 짝' 또는 '최소 대립어', '최소 대립쌍'이라고 부른다. (이때 두 단어의 의미 차이에 결정적인 역할을 하는 'ㄷ, ㄸ'과 같은 소리를 음소라고 한다.)

운소는 운율적 요소라고도 하는데 독립하여 실현되지 못하고 모음에 얹혀서만 실현되는 요소로 음장(音長)이나 악센트, 성조, 억양 등을 가리킨다.

1. 한국어의 음소체계

자음 체계	모음 체계	후설모음
ㅂ ㄷ ㅈ ㄱ ㅍ ㅌ ㅊ ㅋ ㅃ ㄸ ㅉ ㄲ ㅅ ㅎ ㅆ ㅁ ㄴ ㅇ ㄹ	ㅣ ㅟ ㅡ ㅜ ㅔ ㅚ ㅓ ㅗ ㅐ ㅏ	ㅑ ㅕ ㅛ ㅠ ㅒ ㅖ ㅘ ㅝ ㅙ ㅞ ㅢ

2. 음소의 분포 제약

1) 어두 및 음절 초 제약(두음법칙)

한국어에서는 단어의 첫머리와 음절의 첫머리에 [ㅇ]이 나타나지 못하고 '강'의 [ㅇ]처럼 끝소리에서만 나타난다. [ㄹ]도 외래어를 제외한 고유어에서는 단어의 첫머리에 나타나지 못한다. 음절 초나 음절 말에 하나의 자음만 올 수 있어서 자음이 두 개 오게 되면 반드시 하나가 탈락한다. (없다[업따], 외래어의 경우에는 모음 'ㅡ'를 첨가해 spring[스프링]이 된다.)

2) 음절말 제약(7종성법)

음절말인 종성에서 발음되는 자음은 [ㄱ, ㄴ, ㄷ, ㄹ, ㅁ, ㅂ, ㅇ]의 7개이다. (높다[놉따])

3. 음운 규칙

1) 중화 : 보통 잘 구별되던 음소들이 특정 환경에서 구별되지 않게 되는 현상을 말한다.

웃고[욷꼬], 높고[놉꼬] 등을 예로 들 수 있다.

2) 동화 : 어떤 음이 다른 음의 영향을 받아서 소리가 같아지거나 비슷해지는 현상을 말한다.

자음동화는 자음끼리 서로 만났을 때 한 자음이 다른 자음에 동화되어 소리가 바뀌는 것이며, 비음동화는 종성 'ㄱ, ㄷ, ㅂ'이 뒤 음절 초성 'ㄴ, ㅁ'과 만나 각각 'ㅇ, ㄴ, ㅁ'으로 바뀌어 소리나는 현상, 유음동화는 'ㄴ'이 'ㄹ'과 만나 'ㄹ'로 소리 나는 것을 말한다.

구개음화는 구개음이 아닌 자음 [ㄷ, ㅌ]이 뒤에 오는 모음 /ㅣ/나 반모음 /j/의 영향으로 구개음(ㅈ, ㅊ)으로 바뀌어 발음되는 현상(해돋이[해도지], 같이[가치])이다.

움라우트는 'i'모음 역행동화라고도 하는데, 뒤에 오는 음절의 모음 /ㅣ/나 /j/의 영향으로 그 앞 음절의 모음 'ㅏ, ㅓ' 등이 'ㅐ, ㅔ'로 바뀌는 현상(아기[애기], 어미[에미])이다. 방언에서 많이 나타나며 표준 발음으로 인정하지 않는다.

모음조화는 앞뒤 음절에 같은 계열의 모음끼리 나타나는 현상으로 양성모음(ㅏ, ㅗ)은 양성모음끼리 음성모음(ㅓ, ㅜ)은 음성모음끼리 결합하는 현상(알록달록, 얼룩덜룩)이다.

탈락은 특정한 환경에서 자음과 모음이 탈락하는 현상(울+는 → [우는])을 말하며, 축약은 두 개의 소리가 하나의 소리로 합쳐지는 현상(놓+고 → [노코])을 말한다.

IV. 형태론

1. 형태소의 개념과 종류

형태소는 의미를 가지는 최소의 단위로 의미 기준에 따라 어휘형태소와 문법형태소로 구분되며, 자립성 기준에 따라 자립형태소와 의존형태소로 나눌 수 있다.

> 나는 밥을 먹었다.

어휘형태소는 어휘적인 의미, 즉 실질적인 의미를 가지는 형태소로 실질형태소라고도 하며 위의 문장에서 '나, 밥, 먹-'이 여기에 해당한다.

문법형태소는 실질적 의미는 없지만 문법적인 의미를 가지는 형태소로 형식형태소라고도 하며 위의 문장에서 '-는, -을, -었-, -다'가 여기에 해당한다.

자립형태소는 혼자서 독립해서 단어가 될 수 있는 형태소로 '나, 밥'의존형태소는 다른 형태소와 결합해야만 문장에 쓰일 수 있고 단어 역할을 할 수 있는 형태소로 '-는, -을, 먹-, -었-, -다'가 여기에 해당한다.

형태소는 사용되는 환경에 따라 변이를 일으켜 다른 형태로 나타나기도 하는데 이를 그 형태소의 이형태라고 한다. 하나의 형태소가 다른 형태소의 이형태가 되기 위해서는 두 형태소의 의미가 같아야 하며, 두 형태소는 상보적 분포를 가져야 한다. 또한 여러 이형태 중에서 기본이 되는 형태소를 기본 이형태라고 하고 보통 줄여서 '기본형'이라고 한다.

예) 흙이[흘기], 흙으로[흘그로] - [흙] * 모음 앞에서만 발생

흙도[흑또], 흙보다[흑뽀다] - [흑] * [ㄷ, ㅂ]과 같은 파열음 앞에서만 발생

흙만[흥만], 흙면지[흥면지] - [흥] * [ㅁ]과 같은 비음 앞에서만 발생

2. 단어의 개념과 종류

단어는 의미를 가지고 있는 최소의 자립형식을 말하며 내부에 휴지를 둘 수도 없고 다른 단어를 넣을 수도 없는 자립적인 문법 단위이다. 단어는 단어의 중심부를 이루는 요소인 어기와 단어의 주변부를 이루는 요소인 접사로 구성된다. 굴절접사는 보통 어미라고 하며, 파생접사는 앞에 결합하는 접두사와 뒤에 결합하는 접미사로 나누어진다.

```
단어 - 어기
      접사 - 굴절접사(어미)
             파생접사    - 접두사
                          접미사
```

단어는 어간이 형태소 하나로 이루어진 단일어와 어간이 두 개 이상의 형태소로 이루어진 복합어로 분류할 수 있고, 복합어는 다시 어근과 어근이 결합한 합성어와 어근과 접사가 결합한 파생어로 나눌 수 있다.

예) 손목, 눈물, 잘못, 날뛰다, 알아보다, 손쉽다 (합성어)

맨손, 맨밥 / 넓이, 높이 (파생어)

```
단어 - 단일어(손, 문, 바람...)
      복합어 - 합성어(손목, 눈물, 책상...)
               파생어(맨손, 넓이, 높이...)
```

3. 조어법

두 개 이상의 형태소가 결합하여 새로운 단어를 만드는 일을 조어라고 하며 새로운 단어를 만드는 방식을 조어법이라고 한다.

파생법 : 파생접사를 이용
① 접두 파생 : 맨입, 맨밥 / 짓밟다, 짓누르다 / 새파랗다, 새까맣다
② 접미 파생 : 높이, 길이, 깊이, 넓이 / 칼질, 다리미질 / 자랑스럽다, 바보스럽다

합성법 : 두 개 이상의 단어나 어간을 결합시키는 방법
① 명사 합성 : 돌다리, 손목, 콧물
② 동사 합성 : 뛰어나다, 알아보다, 타고나다
③ 형용사 합성 : 쓰디쓰다, 크디크다
④ 부사 합성 : 곧잘, 좀더, 또다시

4. 한국어의 품사

품사는 한 언어의 모든 단어를 일정한 기준에 따라서 분류한 것을 말하는 것으로 한국어는 형태, 기능, 의미에 따라 9개의 품사로 나누어진다.

형태	기능		의미
불변어	체언	명사	사람이나 사물의 이름을 나타내는 말 : 사람, 집, 의자...
		대명사	명사를 대신해서 나타내는 말 : 나, 너, 그...
		수사	양이나 순서를 나타내는 말 : 하나, 둘, 첫째...
	수식언	관형사	체언을 꾸며주는 말 : 옛, 헌, 새...
	부사	부사	용언을 꾸며주는 말 : 아주, 많이, 너무...
	독립언	감탄사	놀람, 느낌을 나타내는 말 : 아, 어머, 아뿔싸...
	관계언	조사	앞뒤의 문법적 관계를 나타내는 말 : 이/가, 을/를, 에게...
가변어	용언	동사	동작이나 움직임을 나타내는 말 : 먹다, 가다, 놀다...
		형용사	상태나 성질을 나타내는 말 : 크다, 좁다, 춥다...

5. 굴절과 문법 범주

어간에 여러 어미가 결합하는 현상을 굴절이라고 하며 체언의 굴절은 곡용, 용언의 굴절은 활용이라고 한다. 그러나 한국어 어문규정에서 조사를 단어로 인정하였기 때문에 현재 한국어에서는 곡용은 없는 것으로 보아야 한다.

어미는 단어의 끝에 결합하는 어말어미와 그 앞에 있는 선어말어미로 구분할 수 있고, 다시 어말어미는 문장을 끝내는 종결어미와 문장을 끝내지 못하는 비종결어미로 구분된다. 비종결어미는 두 문장을 병렬적으로 이어주는 연결어미와 한 문장을 다른 성격으로 바꿔주는 전성어미로 구분된다.

```
어미 - 선어말 어미
    어말 어미 - 종결 어미
          비종결 어미 - 연결 어미
                  전성 어미 - 명사형 어미
                          관형사형 어미
                          부사형 어미
```

V. 통사론

1. 문장의 성분

　문장 성분은 어떤 단어가 문장에서 어떤 구실을 하느냐를 나눈 것으로 핵심적인 역할을 하는 주성분과 주성분을 꾸며주는 역할을 하는 부속성분, 혼자 쓰이는 독립성분이 있다.

주성분	주어	행위의 주체를 나타내는 말
	목적어	행위의 대상을 나타내는 말
	보어	서술어를 보충하는 말로 한국어에서는 '되다, 아니다' 앞에 오는 말
	서술어	행위를 풀이하는 말
부속성분	관형어	주어, 목적어, 보어를 꾸며주는 말
	부사어	서술어, 다른 부사어를 꾸며주는 말
독립성분	독립어	다른 성분과 관계없이 독립적으로 사용하는 말

> 철수가　어려운　책을　빨리　읽었다.
> 주어　　관형어　목적어　부사어　서술어
>
> 아,　가을이　왔구나!
> 독립어　주어　　서술어

2. 문장의 종류

　문장 성분에 따라 주어와 서술어가 하나씩만 있는 단문, 주어와 서술어가 둘 이상 있는 복문으로 구분된다.
　단문 : 날씨가 좋다.
　복문 : 철수가 청소를 하니까 영희도 청소를 했다.
　복문은 한 문장이 다른 문장의 한 성분으로 포함되는 내포문, 둘 이상의 문장이 대등적 또는 종속적으로 연결된 접속문으로 나누어진다.
　내포문 : 우리는 철수가 오기를 기다렸다. / 영희는 철수가 어제 준 책을 읽었다.
　접속문 : 철수는 밥을 먹고 커피를 마셨다. / 철수는 날씨가 추워서 밖에 나가지 않았다.
　문장은 종결의 방식에 따라 평서문, 의문문, 명령문, 청유문, 감탄문으로 구분된다.
　평서문: 철수가 밥을 **먹는다.**
　의문문: 철수가 밥을 **먹니?**
　명령문: 밥을 **먹어라.**

청유문: 같이 밥을 **먹자.**
감탄문: 철수가 밥을 **먹는구나!**

VI. 의미론

1. 의미의 개념

어휘의미론은 단어 차원의 의미를 다루는 분야로 언어 표현의 의미와 언어 표현 사이의 의미 관계 등을 연구하고, 통사의미론은 문장의미론이라고도 하며 문장 차원의 의미를 다루는 분야를 말한다.

2. 어휘의미론

1) 동음이의어와 다의어

동음이의어는 단어들의 소리(형태)가 같지만 의미가 다른 단어들로 '배(腹) : 배(梨) : 배(船) : 배(倍)'를 예로 들 수 있다. 다의어는 하나의 단어가 관련이 있는 두 개 이상의 의미를 가지고 있는 단어를 말하며 '머리(사람이나 동물의 목 위 부분 / 생각하고 판단하는 능력'를 예로 살펴볼 수 있다.

2) 동의어와 반의어

동의어는 형태가 다른 별개의 단어들이 동일한 의미를 가지고 있는 것으로 '키 : 신장 / 몸무게 : 체중' 등이 여기에 해당한다. 반의어는 두 단어의 의미가 서로 반대되는 것으로 '낮 : 밤 / 크다 : 작다' 등이 반의어가 된다.

3) 상위어와 하위어

상위어는 다른 단어의 의미를 포함하여 하위어를 여러 개 가지는 의미 영역이 더 넓은 단어이고, 하위어는 단어의 의미 영역이 다른 단어의 의미 영역에 포함되는 단어를 말한다. '학교(상위어) : 초등학교(하위어)'

4) 어휘 의미의 변화

어휘는 여러 원인에 의해 의미가 달라지는 데 원래 의미보다 의미가 확대되는 경우와 축소되는 경우가 있다. 세수(洗手)는 손만 씻는 행위를 나타냈으나 지금은 얼굴을 씻는 행위를 의미하므로 의미가 확대된 경우이며, 짐승은 살아있는 모든 것을 의미했으나 지금은 동물을 의미하므로 의미가 축소된 경우이다.

의미 변화의 원인

① 언어적인 원인 : 음운, 형태, 문법적인 원인에 의한 변화이다. '별로 −지 않다'
② 역사적인 원인 : 언어 표현은 달라지지 않았지만 실제 언어가 가리키고 있던 대상이 달라진 변화이다. [마필을 공급하던 '역'이 열차가 발차하는 '역'으로 의미가 변화함]
③ 사회적인 원인
    의미의 일반화 : 왕(최고책임자)→요리왕, 암산왕, 패션왕
    의미의 특수화 : 일상에서 특수 집단의 용어로 바뀔 때
④ 심리적인 원인 : 금기로 인해 완곡어를 사용하면서 의미가 변화 '천연두, 마마'
⑤ 외래어의 영향 : star
⑥ 새로운 명칭의 필요성 : 차→기차

3. 통사의미론

문장 차원의 의미를 다루는 분야로서 한 문장의 전제와 함의 등의 문제를 다룬다.
    현수의 친구가 미국에서 온다. − '친구가 미국에 있음'을 전제
    진수가 동생에게 우유를 먹였다. − '동생이 우유를 먹었음'을 함의

Ⅶ. 한국어사

1. 고대 한국어

고구려, 백제, 신라 등 고대국가의 성립부터 통일신라 멸망 때인 10세기 초까지의 시기로, 이시기에 신라가 삼국을 통일하면서 경주 지방의 언어를 중심으로 한반도의 언어적 통일을 가져왔을 것으로 추측된다. 따라서 신라어는 고대 한국어를 대표하며, 이두(吏讀)와 향찰(鄕札)로 기록된 문헌 자료가 존재하고 이를 통해 고대 한국어의 모습을 살펴볼 수 있다.

2. 중세 한국어(10세기 초 ~ 16세기 말)

고려가 건국된 10세기 초부터 16세기 말까지의 시기로 다시 14세기 말까지는 전기 중세,

15~16세기는 후기 중세로 구분한다.

고려 시대부터 중세 한국어로 설정하는 이유는 고려가 건국된 후 정치·문화의 중심지가 경주로부터 개성으로 바뀌고 이에 따라 언어의 중심지도 경주에서 개성으로 변화했기 때문이다.

중세 한국어의 특징을 살펴보면 첫째, 순경음(脣輕音) 'ㅸ', 반치음 'ㅿ', 'ㆍ(아래 아)'가 존재했으며 둘째, 'ㅐ[aj], ㅔ[əj]'가 현대 한국어에서는 단모음이지만 이 시기에는 이중모음이었다. 셋째, 성조(聲調)가 있었으며 넷째, 의문문 어미에서 가부(可否)의 판정을 요구하는 의문문은 '-가', '-녀', 의문사에 대한 설명을 요구하는 의문문은 '-고', '-뇨'를 사용했다. 다섯째, '하다가' → '만일(萬一)', 'ᄀᆞ름' → '강(江)', '뫼' → '산(山)'과 같이 고유어가 한자어로 대체된 모습이 나타난다.

3. 근대 한국어 (17세기 초~19세기 말)

임진왜란 직후인 17세기 초부터 19세기 말까지의 시기로 16세기와 17세기의 교체기에 모음조화가 문란해지고 성조가 사라졌으며, 문법에도 여러 가지 크고 작은 변화가 생겼다. 근대 한국어의 특징으로는 첫째, 'ㆍ'가 사라졌으며, 둘째, 이중모음인 ㅐ, ㅔ가 단모음으로 바뀌었다. 셋째, 'ㅁ, ㅂ, ㅍ, ㅃ' 등의 양순음 아래에서 'ㅡ'가 'ㅜ'로 바뀌는 원순모음화가 일어나 '믈'이 '물'로, '블'이 '불'로 바뀌었다. 넷째, 'ㄷ' 구개음화 현상으로 '둏다(好)'가 '좋다', '텬디(天地)'가 '천지'로 바뀌었으며, 다섯째, 과거 시제 선어말어미(앗/엇->-았/었)가 등장했다. 여섯째, 존칭의 호격조사 '-하(님금하)'가 없어지고 주격 조사의 한 형태로 '-가'가 출현했으며, 일곱째, 중기에는 '비단(匹段), 다홍(大紅)'과 같은 중국어 차용어를, 후기에는 '신문(新聞), 전기(電氣)' 등 일본어에서 한자어 차용어를 많이 받아들였다.

4. 현대 한국어 (20세기 초~현재)

국가의 법령으로 공문서에 한글을 쓰도록 해 한글에 의한 한국어 표기가 일반화된 시기로 문법적인 부분에서는 근대와 큰 차이가 없다.

VIII. 문자론

1. 문자의 개념과 종류

문자는 사람들 사이의 의사소통을 위한 시각적 기호의 체계로 문자로 종이에 기록해 놓으면 쉽게 사라지지 않으며 멀리까지 전달이 가능하다. 또한 시각 기호의 역할을 하며, 기억의 보조 수단이 된다는 장점이 있다.

문자의 종류를 언어의 단위에 따라 분류하면 글자 한 자가 하나의 단어를 대표하는 한자와 같은 단어 문자가 있고, 한 글자가 의미와는 상관없이 한 음절을 대표하는 일본의 가나와 같은 음절 문자, 글자 한 자가 자음과 모음의 음소를 대표하는 한글이나 알파벳 등의 음소 문자가 있다.

기능에 따라 문자를 분류하면 문자의 주된 기능이 의미를 나타내는 표의 문자와 문자의 주된 기능이 소리를 나타내는 표음 문자가 있다. 단어 문자는 표의 문자에 해당하며, 음절 문자와 음소 문자는 표음 문자에 해당한다.

2. 한글

1443년(세종25년) 12월(음력)에 세종대왕이 '훈민정음(訓民正音)'을 창제했으며, 1446년 9월(음력) 『훈민정음』책이 완성되었고 책이 완성된 날을 한글이 반포된 날로 간주한다. 이 책에는 한글 창제의 목적, 한글 낱자의 음가, 한글의 제자 원리, 한글로 한국어를 표기하는 방법, 실제 표기의 예 등이 기록되어 있다.

한글은 초성의 경우 발음기관을 상형하였고 종성은 하늘(天), 땅(地), 사람(人)을 상형하여 독창적으로 만들었다. 그리고 한국어의 말소리를 정확히 파악하여 과학적인 언어 연구의 결과로서 문자를 창제하여 과학적이며, 기본자만 상형에 의해 만들고 가획이나 합성에 의해 만들었기 때문에 체계적인 문자이다.

표기법은 모아쓰기 방식을 택하고 있는데 음소문자를 가지고 음절 단위로 모아서 쓰기 때문에 음소 문자의 특징과 음절 문자의 특징을 동시에 갖는다.

자음				모음		
기본자	가획자		이체자	기본자	1차 합성	2차 합성
ㄱ		ㅋ	ㆁ	·	ㅏ	ㅑ
ㄴ	ㄷ	ㅌ	ㄹ		ㅗ	ㅛ
ㅁ	ㅂ	ㅍ		―	ㅓ	ㅕ
ㅅ	ㅈ	ㅊ	ㅿ	ㅣ	ㅜ	ㅠ
ㅇ	ㅎ	ㅎ				

※ 현재 한글은 훈민정음 28자 중 사용하지 않는 4글자(·, ㅿ, ㆆ, ㆁ)를 제외하고 24자를 사용하고 있다.

IX. 방언론

　방언은 표준어와 대립되는 것으로 비표준어로서의 개념이며, 방언론은 개별 방언이나 방언과 방언 간의 비교 및 개별 방언에 대한 총체적인 연구를 하는 분야이다.

1. 지역 방언은 지역에 따라 언어 변화가 달리 나타남으로 발생하는 방언으로, 산이나 강 행정구 역, 생활권 등을 기준으로 나누어진다. 지역 방언은 크게 동북 방언, 서북 방언, 중부 방언, 동남 방언, 서남 방언, 제주 방언으로 분류되며, 더욱 세분하여 영동 방언, 경기 방언, 강릉 방언, 대구 방언 등으로 나눌 수도 있다.

2. 사회 방언은 계급 방언 또는 계층 방언이라고도 하며, 사회계층의 차이, 세대의 차이, 성별의 차이 등의 사회적 요인에 기인해 발생하는 방언이다. 한국은 계층의 차이가 거의 나타나지 않 는 사회이므로 세대의 차이나, 직업적 요인에 의한 사회 방언이 주로 나타난다.

2장 한국어음운론

| 학습목표 |

1. 발음기관 음소, 한국어의 자음, 모음, 음절, 음운 현상의 특징을 구체적으로 살펴보고 한국어 발음교수에 적용시킬 수 있는 이론적 토대를 마련한다.
2. 한국어의 음운과 음성의 체계 및 구조에 대해 파악하고 조음법 및 음운 변동 규칙에 대해 학습한다.

I. 음운론이란

1. 음운론의 개념

언어는 형식과 의미의 결합으로 이루어지는데, 형식은 음소와 운소로 구분된다. 음소는 자음과 모음을 말하며 운소는 강세, 억양, 성조, 휴지 등의 운율적 요소를 말한다. 따라서 음운론은 음소와 운소에 대해 연구하는 분야이다.

2. 발음 기관

발음 기관은 말소리를 만드는데 사용되는 신체부위이다.

1) 구강과 비강 : 말소리를 만들기 위해 평소 숨 쉴 때보다 많은 양의 숨이 필요하며, 숨이 입 밖으로 나올 때 입을 통해 나오는 길을 구강, 코를 통해 나오는 길을 비강이라고 한다.

2) 성대 : 후골에서 안쪽으로 두 갈래로 나뉘어 뻗어 있는데, 성대의 진동을 통해 음성의 특징이 결정된다.

3) 목젖 : 폐에서 성문을 통해 나온 숨이 구강이나 비강으로 가는 길을 조절하는 역할을 한다.

4) 구개 : 목젖에서 윗잇몸이 있는 곳까지 이어지는 부분이며 연구개와 경구개로 나뉘어진다.

5) 혀 : 가장 많은 역할을 하는 발음 기관으로 혀의 앞쪽 끝부분은 설첨, 혀의 앞부분은 설단, 혀의 중간부분은 설면, 혀의 뒤쪽 부분은 설배라고 한다. 혀에서 작용하는 각 부분에 따라 다른 소리가 만들어진다

3. 한국어의 모음

1) 단모음

  단모음은 발음을 할 때 입이나 입술 모양이 변하지 않는 모음으로 한국어에서 'ㅏ, ㅐ, ㅓ, ㅔ, ㅗ, ㅚ, ㅜ, ㅟ, ㅡ, ㅣ'의 10개 모음이 단모음에 해당한다.

  단모음을 분류하는 세 가지 기준은 혀의 앞뒤 위치, 혀의 높이, 입술 모양이다.

ㄱ. 혀의 앞뒤 위치에 따라 : 혀가 입의 앞쪽에 위치해서 발음되는 전설모음과 혀가 입의 안쪽으로 들어가서 발음되는 후설모음이 있다.

  전설모음 : ㅣ, ㅟ, ㅔ, ㅚ, ㅐ / 후설모음 : ㅡ, ㅜ, ㅓ, ㅗ, ㅏ

ㄴ. 혀의 높이에 따라 : 입을 조금 벌린 상태에서 혀가 입천장과 살짝 떨어진 위치에서 발음되는 고모음, 입을 더 벌려서 혀를 내린 상태에서 발음되는 중모음, 입을 크게 벌리고 혀를 가장 내린 상태에서 발음되는 저모음이 있다.

  고모음 : ㅣ, ㅟ, ㅡ, ㅜ / 중모음 : ㅔ, ㅚ, ㅓ, ㅗ / 저모음 : ㅐ, ㅏ

ㄷ. 입술 모양에 따라 : 윗입술과 아랫입술이 평행한 모양으로 발음되는 평순모음, 동그란 모양으로 발음되는 원순모음이 있다.

  평순모음 : ㅣ, ㅡ, ㅔ, ㅓ, ㅐ, ㅏ / 원순모음 : ㅜ, ㅟ, ㅗ, ㅚ

	전설모음		후설모음	
	평순모음	원순모음	평순모음	원순모음
고모음	ㅣ	ㅟ	ㅡ	ㅜ
중모음	ㅔ	ㅚ	ㅓ	ㅗ
저모음	ㅐ		ㅏ	

2) 활음

  반모음이라고도 하며 글자가 없기 때문에 j와 w로 나타낸다. 언어에 따라 자음의 역할을 하기도 하고 모음의 역할을 하기도 하는데 한국어에서는 모음의 역할을 하기 때문에 반모음이라고 한다.

  활음은 혼자 음절을 이루지 못하기 때문에 단독으로 소리 낼 수 없다. 활음은 단모음과 결합하여 이중모음을 만들어 낸다.

  j는 'ㅣ'모음을 짧게 발음한다고 생각하고 'ㅏ'와 결합하여 발음하면 'ㅑ'모음이 나온다. w

는 'ㅗ/ㅜ'모음을 짧게 발음한다고 생각하고 'ㅏ'와 결합하여 발음하면 'ㅘ'모음이 발음된다.

j + ㅏ + ㅑ / w + ㅏ + ㅘ

j + ㅓ = ㅕ / w + ㅓ = ㅝ

3) 이중모음

이중모음은 발음할 때 입이나 입술 모양이 달라지는 모음으로 'ㅑ, ㅒ, ㅕ, ㅖ, ㅘ, ㅙ, ㅛ, ㅝ, ㅞ, ㅠ, ㅢ'의 11개 모음이 있다.

활음이 단모음 앞쪽에 결합하여 나타나는 상향 이중모음으로 j 계열의 'ㅑ, ㅕ, ㅒ, ㅖ, ㅛ, ㅠ'가 있고, w 계열의 'ㅘ, ㅙ, ㅝ, ㅞ'가 있다. 활음이 단모음의 뒤쪽에 결합하는 하향 이중 모음으로는 j 계열의 'ㅢ(ㅡ + j)' 1개가 있다.

4. 한국어의 자음

1) 조음 위치

조음 위치는 소리를 만들어 내는 발음 기관의 위치를 말하며, 한국어의 조음 위치는 5개가 있다. 양순음은 윗입술과 아랫입술 사이에서 나는 자음으로 순음이라고도 하며 'ㅂ, ㅃ, ㅍ, ㅁ'이 여기에 속한다. 치조음은 혀의 끝 부분이 윗니의 뒷면에 붙어있는 잇몸에 닿아서 나는 소리로 'ㄷ, ㄸ, ㅌ, ㅅ, ㅆ, ㄴ, ㄹ'이 여기에 속하며 가장 많은 자음을 만드는 위치이다. 경구개음은 설면이 잇몸의 뒤쪽에 있는 딱딱한 입천장에 닿아서 나는 소리로 'ㅈ, ㅉ, ㅊ'이 있다. 연구개음은 설배와 부드러운 입천장 사이에서 나는 소리로 'ㄱ, ㄲ, ㅋ, ㅇ'이 있고, 후음은 목구멍에서 나오는 소리로 성문음이라고도 하며 'ㅎ'이 이에 해당한다.

2) 조음 방법

조음 방법은 소리를 만드는 방법을 말하며 한국어의 조음 방법은 크게 5개가 있고 다시 숨의 세기에 따라 평음, 경음, 격음으로 세분된다. 파열음은 'ㅂ, ㅃ, ㅍ, ㄷ, ㄸ, ㅌ, ㄱ, ㄲ, ㅋ'으로 숨이 완전히 막혔다가 터져 나오는 소리로 받침에서 사용되는 숨이 나오지 않기 때문에 폐쇄음이라고도 한다. 마찰음은 'ㅅ, ㅆ, ㅎ'으로 숨이 나오다가 입 안에서 저항을 받아 마찰을 일으키며 나오는 소리이며, 파찰음인 'ㅈ, ㅉ, ㅊ'은 파열음과 같이 숨이 나오다가 막히는 과정을 가지나 숨이 한 번에 터져 나오지 않고 마찰음과 같이 장애를 받아 나오는 소리이다. 비음은 구강을 막고 숨을 비강으로 내보내서 나는 소리로 'ㅁ, ㄴ, ㅇ'이 있으며, 유음은 혀 끝을 윗잇몸에 대고 숨을 혀의 양 옆으로 내보내서 나는 소리로 'ㄹ'이 이에 해당한다.

			양순음	치조음	경구개음	연구개음	후음
장애음	파열음	평음	ㅂ	ㄷ		ㄱ	
		경음	ㅃ	ㄸ		ㄲ	
		격음	ㅍ	ㅌ		ㅋ	
	파찰음	평음			ㅈ		
		경음			ㅉ		
		격음			ㅊ		
	마찰음	평음		ㅅ			ㅎ
		경음		ㅆ			
공명음	비음		ㅁ	ㄴ		ㅇ	
	유음			ㄹ			

II. 음운의 변동

1. 음운의 변동이란

　음운의 변동은 두 소리가 만나서 원래의 소리와는 다른 소리로 바뀌는 현상으로 발음을 쉽게 하기 위해 나타난다. 소리가 어떻게 변하는가에 따라 대치, 첨가, 축약, 탈락, 도치로 분류할 수 있다. 대치는 '있다/따/'와 같이 한 소리가 다른 소리로 바뀌는 현상이고, 첨가는 '부산역/부산녁/'과 같이 없던 소리가 생겨나는 현상이다. 축약은 '좋다/조타/'와 같이 두 소리가 합쳐져서 새로운 소리로 바뀌는 현상을 말하며, 탈락은 '싫어/시러/'와 같이 있던 소리가 사라지는 현상이다.

2. 대치

1) 평폐쇄음화

　표준발음법 제9항 : 받침 'ㄲ, ㅋ', 'ㅅ, ㅆ, ㅈ, ㅊ, ㅌ', 'ㅍ'은 어말 또는 자음 앞에서 각각 대표음 〔ㄱ, ㄷ, ㅂ〕으로 발음한다.

　평폐쇄음화는 받침의 발음과 관련되는 현상으로 경음과 격음이 평음으로 바뀌는 평음화 현상, 파찰음과 마찰음이 폐쇄음으로 바뀌는 폐쇄음화 현상을 합친 것이다. 자음들은 초성에서 발음할 때와 달리 받침에서 사용될 때는 숨이 이어지지 않기 때문에 '꽃/꼳/, 앞/압/, 닭다/닥따/, 웃다/욷따/'와 같이 원래 소리로 발음되지 못하고 비슷한 위치에 있는 평폐쇄음으로 바꾸어 발음된다.

2) 비음화

표준발음법 제18항 : 받침 'ㄱ(ㄲ, ㅋ, ㄳ, ㄺ), ㄷ(ㅅ, ㅆ, ㅈ, ㅊ, ㅌ, ㅎ), ㅂ(ㅍ, ㄼ, ㄿ, ㅄ)'은 'ㄴ, ㅁ' 앞에서 〔ㅇ, ㄴ, ㅁ〕으로 발음한다.

두 자음이 앞 음절의 종성과 뒤 음절의 초성에서 만날 때, 뒤 자음이 비음인 'ㄴ, ㅁ'이면 앞 음절의 종성 자음은 '먹는/멍는/, 국물/궁물/, 잡는/잠는/, 있는/읻는-인는/, 붙는/붇는-분는/'과 같이 조음 위치의 비음으로 즉 양순음은 양순음 비음으로 치조음은 치조음 비음으로 연구개음은 연구개 비음으로 바뀌어 소리 난다.

3) 치조비음화

표준발음법 제19항 : 받침 'ㅁ, ㅇ' 뒤에 연결되는 'ㄹ'은 〔ㄴ〕으로 발음한다.
붙임 : 받침 'ㄱ, ㅂ' 뒤에 연결되는 'ㄹ'도 〔ㄴ〕으로 발음한다.

한국어에서 'ㄹ'을 첫소리로 가진 한자어는 'ㄴ, ㄹ' 이외의 받침 뒤에서는 '담력/담녁/, 강릉/강능/, 침략/침냑/, 막론/막논-망논/, 백리/백니-뱅니/, 협력/협녁-혐녁/'과 같이 항상 〔ㄴ〕으로 발음되는데, 이러한 현상을 치조비음화라고 한다. 치조비음화는 주로 한자어나 외래어에서 나타나는 현상이다.

4) 유음화

표준발음법 제20항 : 'ㄴ'은 'ㄹ'의 앞이나 뒤에서 〔ㄹ〕로 발음한다.

일반적으로 고유어에서 나타나는 현상이며 구나 절, 문장 단위에서도 쉬지 않고 발음할 때 유음화가 일어난다. 유음화는 동화의 방향에 따라 순행적 유음화와 역행적 유음화가 있는데, 순행적 유음화는 '칼날/칼랄/, 물난리/물랄리/'와 같이 앞 음절 'ㄹ'의 영향을 받아 뒤 음절의 'ㄴ'이 'ㄹ'로 바뀌어 발음되고, 역행적 유음화는 '난로/날로/, 천리/철리/'와 같이 뒤 음절 'ㄹ'의 영향을 받아 앞 음절의 'ㄴ'이 'ㄹ'로 바뀌어서 발음된다. 예) 신림역/실림역
다만, 다음의 단어들은 'ㄹ'이 'ㄴ'으로 발음되어 치조비음화가 일어난다.
생산량/생산냥/ 결단력/결딴녁/ 공권력/공꿘녁/ 상견례/상견네/ 횡단로/횡단노/ 입원료/이붠뇨/ 예) 표현력/표현녁

5) 경음화

표준발음법 제23항 : 받침 'ㄱ(ㄲ, ㅋ, ㄳ, ㄺ), ㄷ(ㅅ, ㅆ, ㅈ, ㅊ, ㅌ), ㅂ(ㅍ, ㄼ, ㄿ, ㅄ)' 뒤에 연결되는 'ㄱ, ㄷ, ㅂ, ㅅ, ㅈ'은 된소리로 발음한다.

'국밥/국빱/, 닭장/닥짱/, 덮개/덥깨/, 있다/읻따/'와 같이 순수한 음운론적 경음화 현상이기 때문에 의미와 관계없이 항상 일어난다.

표준발음법 제24항 : 어간 받침 'ㄴ(ㄵ), ㅁ(ㄻ)' 뒤에 결합되는 어미의 첫소리 'ㄱ, ㄷ, ㅅ, ㅈ'은 된소리로 발음한다. 신고/신꼬/, 삼고/삼꼬/, 얹다/언따/

표준발음법 제25항 : 어간 받침 'ㄼ, ㄾ' 뒤에 결합되는 어미의 첫소리 'ㄱ, ㄷ, ㅅ, ㅈ'은 된소리로 발음한다. 넓게/널께/, 핥다/할따/
순수한 음운론적 규칙이 아니므로 의미에 따라 경음화 유무가 달라진다. 안다/안따/, /안다/

표준발음법 제26항 : 한자어에서, 'ㄹ'받침 뒤에 연결되는 'ㄷ, ㅅ, ㅈ'은 된소리로 발음한다. 갈등/갈뜽/, 갈증/갈쯩/, 발생/발쌩/
순수한 음운론적 규칙이 아니며 반복합성어의 경우에는 경음화가 일어나지 않는다. 허허실실/허허실실/

표준발음법 제27항 : 관형사형 '-(으)ㄹ' 뒤에 연결되는 'ㄱ, ㄷ, ㅂ, ㅅ, ㅈ'은 된소리로 발음한다. 할 것을/할꺼슬/, 갈 데가/갈떼가/, 먹을 것/머글껃/, 갈 사람/갈싸람/
순수한 음운론적 규칙이 아니며 충분히 쉬면서 발음하면 경음화가 일어나지 않는다.

6) 구개음화
표준발음법 제17항 : 받침 'ㄷ, ㅌ(ㄾ)'이 조사나 접미사의 모음 'ㅣ'와 결합하는 경우에는, [ㅈ, ㅊ]으로 바꾸어서 뒤 음절 첫소리로 발음한다.
굳이/구지/   미닫이/미다지/   밭이/바치/   벼훑이/벼훌치/

7) 조음위치동화
표준발음으로 인정되지 않으나 많은 언어에서 나타나는 현상이다. 한국어에서는 양순음, 치조음이 연구개음 앞에서 연구개음으로 발음된다는 규칙과 치조음은 양순음 앞에서 양순음으로 발음된다는 두 가지 조음위치동화가 나타난다.
손가락/손까락-송까락/   신문/신문-심문/

3. 첨가

1) 'ㄴ'첨가
앞 음절에 받침이 있고 뒤 음절이 모음 'ㅣ, ㅑ, ㅕ, ㅛ, ㅠ'로 시작할 때 모음 앞에 'ㄴ'이 첨가된다.
솜이불/솜니불/   맨입/맨닙/   한여름/한녀름/   담요/담뇨/
솔잎/솔닙-솔립/   물약/물냑-물략/   한 일/한닐/   서른 여섯/서른녀섣/
'ㄴ'이 첨가된 발음이 표준 발음이지만 'ㄴ'이 첨가되지 않은 발음도 허용하는 경우도 있다.
이죽이죽 /이중니죽, 이주기죽/   야금야금 /야금냐금, 야그먀금/

용량용량 /용량뇰량, 용량용량/   검열 /검녈, 거멸/   금융 /금늉, 그뮹/

'ㄴ'이 첨가되지 않은 발음만 표준으로 인정하는 경우도 있다.

6.25 /유기오/   3.1절 /사밀절/   송별연 /송벼련/   등용문 /등용문/

4. 축약

1) 'ㅎ'축약

표준발음법 제12항 : 'ㅎ(ㄶ, ㅀ)' 뒤에 'ㄱ, ㄷ, ㅈ'이 결합되는 경우에는, 뒤 음절 첫소리와 합쳐서 〔ㅋ, ㅌ, ㅊ〕으로 발음한다.

붙임 : 받침 'ㄱ(ㄺ), ㄷ, ㅂ(ㄼ), ㅈ(ㄵ)'이 뒤 음절 첫소리 'ㅎ'과 결합되는 경우에도, 역시 두 소리를 합쳐서 〔ㅋ, ㅌ, ㅍ, ㅊ〕으로 발음한다.

놓고/노코/   좋던/조턴/   쌓지/싸치/   맏형/마텽/   먹히다/머키다/

좁히다/조피다/   앉히다/안치다/   몇 할/며탈/   온갖 힘/온가팀/

국 한 대접/구칸대접/   밥 한 사발/바판사발/

2) 모음축약

모음과 모음이 만나 발음이 어려워지는 것을 피하기 위한 회피 현상으로 앞 음절의 'ㅏ, ㅗ, ㅜ'모음이 'ㅣ'모음과 만나 'ㅐ, ㅚ, ㅟ'로 발음되거나, 'ㅣ, ㅗ, ㅜ'모음이 'ㅏ, ㅓ'모음과 만나서 'ㅕ, ㅘ, ㅝ'로 발음되는 현상이 있다.

아이- 애   보이다- 뵈다   누이다- 뉘다   보아- 봐   주어- 줘   쏘아- 쏴   추었다- 췄다

가지어- 가져   막히어- 막혀   잡히었다- 잡혔다   기어서- 겨:서(x)   두어- 둬 :- 도 : (x)

5. 탈락

1) 자음군단순화

표준발음법 제10항 : 겹받침 'ㄳ', 'ㄵ', 'ㄼ, ㄽ, ㄾ', 'ㅄ'은 어말 또는 자음 앞에서 각각 〔ㄱ, ㄴ, ㄹ, ㅂ〕으로 발음한다.

표준발음법 제11항 : 겹받침 'ㄺ, ㄻ, ㄿ'은 어말 또는 자음 앞에서 각각 〔ㄱ, ㅁ, ㅂ〕으로 발음한다.

한국어에서 초성과 종성에서 소리 날 수 있는 자음은 하나이다. 따라서 종성에서 두 개의 자음이 표기되는 경우에 두 자음이 소리 날 수 있는 환경은 뒤에 모음으로 시작하는 음절이 올 때만 가능하다. 뒤에 모음으로 시작하는 음절이 오지 않을 경우 두 개의 자음 중 하나가 탈락하여 하나의 자음으로만 소리 나는 현상을 자음군단순화라고 한다.

넋 → 넉, 앉다 → 안따, 여덟 → 여덜, 넓다 → 널따, 없다 → 업따, 닭 → 닥

맑다 → 막따, 젊다 → 점따, 읊다 → 읍따, 늙지 → 늑찌, 밟다 → 밥따

넓죽하다 → 넙쭈카다, 맑게 → 말께, 묽고 → 물꼬

ㄱ부터 ㅎ까지 자음의 순서에서 ㄱ쪽에 가까운 자음이 발음되는 모습을 확인할 수 있다.

2) 자음 'ㅎ' 탈락

표준발음법 제12항 4. 'ㅎ(ㄶ, ㅀ) 뒤에 모음으로 시작되는 어미나 접미사가 결합되는 경우에는 'ㅎ'을 발음하지 않는다.

낳은 → 나은, 놓아 → 노아, 쌓이다 → 싸이다, 않은 → 아는, 많아 → 마나

닳아 → 다라, 싫어도 → 시러도

한자어나 복합어에서 모음과 'ㅎ' 또는 'ㄴ, ㅁ, ㅇ, ㄹ'과 'ㅎ'이 결합된 경우에는 본음대로 발음하는 것이 원칙이어서 '전화', '은행', '오한' '피곤하다'의 경우 'ㅎ'이 약화되어 발음되지만 표준발음은 'ㅎ'이 탈락하지 않고 그대로 발음해야 한다.

3) 모음 '아/어' 탈락

모음과 모음이 만나 발음이 어려워지는 것을 피하기 위한 회피 현상으로 모음 축약이 일어나기도 하지만 두 모음 중 하나가 탈락하는 현상이 일어나기도 한다.

'ㅏ/ㅓ' 또는 'ㅔ/ㅐ'의 모음으로 끝나는 용언의 어간 뒤에 'ㅏ/ㅓ'모음이 연이어 나타나는 경우에 뒤에 오는 'ㅏ/ㅓ'모음이 탈락하여 발음된다.

가 -아서 → 가서, 차 -아서 → 차서, 사 -아서 → 사서, 자 -아서 → 자서

서 -어서 → 서서, 새 -어서 → 새서, 커 -어서 → 커서

4) 모음 'ㅡ' 탈락

모음과 모음이 연이어 나타날 때 두 모음 중 어느 한 쪽이 'ㅡ'모음이라면 항상 'ㅡ'모음은 탈락되어 발음된다. 용언의 어간 모음이 '으'인 경우 'ㅏ/ㅓ'로 시작하는 어미가 뒤에 연결되면 '으' 탈락 현상이 일어난다.

쓰 -어라 → 써라, 끄 - 어서 → 꺼서, 예쁘 - 어서 → 예뻐서, 치르 -어서 → 치러서

바쁘 -아서 → 바빠서, 아프 - 아서 → 아파서, 담그 -아서 → 담가서

※ 음운의 변동 실제
● 다음 중 밑줄 친 부분에서 나타나는 변동 현상이 다른 것은?

접는   덮고   변론   색연필

접는/점는/ - 비음화(대치), 덮고/덥꼬/ - 평폐쇄음화, 경음화(대치)

변론/별론/ - 유음화(대치), 색연필/색년필→생년필/ - 'ㄴ'첨가(첨가)

● 다음 중 유음화가 일어나는 단어는?

콩엿   풀잎   밥값   육학년

콩엿/콩녇/ – 'ㄴ'첨가, 평폐쇄음화, 풀잎/풀닙-풀립/ – 'ㄴ'첨가, 평폐쇄음화, 유음화
밥값/밥깝/ – 경음화, 자음군단순화, 육학년/유캉년/ – 'ㅎ'축약, 비음화

● 다음 문장에서 나타나는 음운의 변동 현상은?

아침 6시에 일어나서 학교로 갔다.

/아침녀섣씨에 이러나서 학꾜로 갇따/ – 'ㄴ'첨가, 평폐쇄음화, 경음화

서울역에서 학여울역까지 40분 걸렸다.

/서울려게서 항녀울력까지 사십뿌니 걸련따/ – 'ㄴ'첨가, 유음화, 비음화, 경음화, 평폐쇄음화

■ 참고문헌 ■

김진호(2011), 외국어로서의 한국어학개론, 박이정
배주채(2001), 국어음운론 개설, 신구문화사
이기문 외(2011), 국어음운론, 학연사
이익섭(2002), 국어학개설, 학연사
이호영(2003), 국어음성학, 태학사
허용 외(2003), 한국어교육을 위한 한국어 문법론, 한국문화사
EBS독학사연구회(2011), 독학사국어학개론, 지식과 미래

본 강의교안은 배추채(2001), 국어음운론 개설을 바탕으로 각 참고문헌의 예문과 내용을 참조하였음을 밝힌다.

3장 한국어문법론

| 학습목표 |

1. 한국어의 문법적 특성을 개괄적으로 검토하고 한국어의 문법사항을 주제별로 이해하여 한국어 교육에 활용하고자 한다.
2. 외국어로서 한국어교육의 관점에서 한국어의 통사와 형태의 주요 개념을 알고 한국어 교육에 어떻게 적용되는지 살펴본다.

I. 형태론

1. 형태소

형태소는 일정한 뜻을 가진 가장 작은 말의 단위로, 여기서 의미는 어휘적 의미와 문법적 의미를 모두 가리킨다. 어휘적 의미는 어휘가 가지고 있는 실질적 의미이고, 문법적 의미는 문장 안에서 문법적 역할을 나타낸다.

1) 형태소의 종류
  * 자립성의 유무에 따라
  ① 자립 형태소 : 혼자 쓰일 수 있는 형태소(명사, 대명사, 수사, 관형사, 부사, 감탄사)
  ② 의존 형태소 : 반드시 다른 말에 기대어 쓰이는 형태소 (조사, 용언의 어간, 어미, 접사)

  예 할 수 없지 → 하-(의존)/ ㄹ(의존)/ 수(자립)/ 없(의존)/지(의존)
  예 시원하다 → 시원(의존)/ 하(의존)/ 다(의존)
  예 웬 떡이냐 → 웬(자립)/ 떡(자립)/ 이(의존)/ 냐(의존)

  * 의미에 따라
  ① 실질 형태소 : 어휘형태소라고도 하며, 구체적인 대상이나 구체적인 상태를 나타내는 의미를 가지고 있는 형태소 (모든 자립형태소, 용언의 어간)
  ② 형식 형태소 : 문법형태소라고도 하며, 형식적인 의미만을 나타내는 형태소(조사, 어미, 접사)

* 이형태(異形態)는 하나의 형태소가 음성적, 형태적 환경에 따라 다른 형태로 나타나는 것을 말한다. 의미가 동일하며, 상보적 분포를 나타낼 때 이형태라고 할 수 있다.

> ① 음운론적 이형태 : 하나의 형태소가 다른 음운 환경에서 다른 형태를 갖고 있는 이형태를 뜻한다. 앞 음소가 자음과 모음으로 구별되는 '이/가', '을/를', '로/으로', '시,/으시'
>
> ② 형태론적 이형태 : 하나의 형태소가 다른 환경에서 다른 모습을 띠는 것이다. 과거시제를 나타내는 '였/었'은 '-었-'이 기본 형태이지만, 특별히 '하-' 어간 뒤에서는 '-였-'으로 나타나고, 명령형 어미 '어라/너라'는 '-어라'가 기본 형태이나 동사 어간 '오-' 뒤에서만 '-너라'로 나타난다.

2. 단어의 형성

단어는 의미를 가지고 있는 자립할 수 있는 최소 단위이며, 자립할 수 있는 형태소에 붙어서 쉽게 분리할 수 있는 말이다. 그러므로 '하늘'과 같은 자립 형태소는 그대로 하나의 단어가 되고, 의존 형태소인 '맑-', '-다'는 '맑다'처럼 서로 어울려야 비로소 하나의 단어가 된다. 그러나 조사는 의존형태소로 자립형태소에 붙어 사용되며 쉽게 분리될 수 있는 말이지만 단어로 규정되었다.

단어는 하나의 어근으로 된 단일어와 둘 이상의 어근이나(합성어), 어근과 파생 접사로(파생어) 이루어진 복합어로 구분할 수 있다.

예 산, 하늘, 맑다 → 단일어

예 어깨+동무, 앞+뒤, 작(은)+아버지, 뛰(어)+나다 → 합성어

예 풋+사랑, 치+솟(다), 잡+히(다), (평+화)+-적, (공+부)+-하-+-다 →파생어

> ◇ 참고 : 어근, 접사, 어간, 어미
> 어근은 단어의 중심의미를 나타내는 부분으로 단어 분석 시 실질적 의미를 나타내는 부분이며, 접사는 단어의 부차적 의미를 나타내는 부분으로 어근에 붙어 그 뜻을 제한하거나, 어근의 품사를 바꿔주는 형식형태소이다.
> 어간은 용언 활용 시 변하지 않는 부분이며, 어미는 용언 활용 시 변하는 부분으로 어근에 붙어 어근의 뜻을 제한하는 부분을 말한다.

파생어는 어근의 앞이나 뒤에 접사가 붙어서 만들어진 단어를 말한다.

접두사에 의해서 파생된 단어는 특정한 뜻을 더하거나 강조하면서 새로운 말을 만들어 낸다. 접두사는 접미사에 비해서 그 숫자가 상대적으로 적고 하는 역할도 제한적이며 명사, 용언에만 결합한다. 보통은 결합하는 단어의 품사가 정해져 있으나 '덧-, 헛-'과 같이 용언과 명사에 모두 결합하는 접두사도 있다.

접미사에 의해서 파생된 단어는 뜻을 더하는 의미적 기능뿐만 아니라 어근의 품사를 바꾸는 문법적 기능도 한다. 한국어 접미사는 접두사에 비해 숫자도 많고 분포도 매우 다양하다.

접미사가 붙어서 파생어가 되는 품사 유형은 명사, 대명사, 수사, 동사, 형용사, 부사, 조사 등 매우 다양하다.

합성어는 파생 접사 없이 어근과 어근이 직접 합쳐져서 만들어진 단어로 그 구성 방식에 따라서 구분할 수 있다. 한국어 문장에서의 사용하는 구나 어절의 구성 방식으로 결합된 '큰집, 맛있다'와 같은 것을 통사적 합성어, 일반적인 우리말의 통사적 구성 방법과 다르게 결합한 '늦잠, 뛰놀다'와 같은 것을 비통사적 합성어라고 한다.

> ◇ 합성어와 구의 변별 기준
> (ㄱ) 분리성 : 합성되는 두 어근 사이에 다른 성분이 들어갈 수 있으면 구, 없으면 합성어이다.
>   예) 나는 큰그형한테 그 일을 알렸다. / 키가 큰 그 형은 매우 성격이 좋다.
> (ㄴ) 띄어쓰기 : 합성어는 단어이므로 붙여 써야 하고, 구는 두 단어이기 때문에 띄어 써야 한다.
> (ㄷ) 쉼 : 합성어는 단어이기 때문에 이어서 발음하고, 구는 두 단어이므로 휴지를 두고 발음 한다.
> (ㄹ) 의미의 특수화 : 합성어에는 의미 변화가 나타나지만, 구는 의미의 변화가 일어나지 않는다.
>   예) 작은형 – 맏형이 아닌 형 / 작은 형 – 키가 작은 형

3. 품사의 분류

품사는 한 언어에 속한 모든 단어들을 성질이 공통된 것끼리 모아 갈래를 지어 놓은 것이다. 품사의 형태 변화가 있는지 없는지, 품사가 문장 내에서 하는 역할이 무엇인지, 개별 단어가 어떤 의미를 가지고 있는지를 분류 기준으로 형태, 기능, 의미에 따라 분류한다.

형태	기능	의미
형태가 변하지 않는 불변어	체언 : 문장에서 주어, 목적어 등의 일을 함	명사 : 대상의 이름을 나타냄
		대명사 : 대상의 이름을 나타냄
		수사 : 수량이나 순서를 나타냄
	수식언 : 문장에서 다른 말을 꾸며 주는 일을 함	관형사 : 체언을 꾸며 줌
		부사 : 주로 용언을 꾸며 줌
	관계언 : 단어 사이의 관계를 나타내는 일을 함	조사 : 주로 체언 뒤에 붙어서 단어들 사이의 관계를 나타내거나 특별한 뜻을 더해 줌.
	독립언 : 문장에서 독립적으로 일을 함	감탄사 : 느낌, 부름, 대답 등을 나타냄.
형태가 변하는 가변어	용언 : 문장에서 주로 서술어의 일을 함	동사 : 대상의 움직임을 나타냄
		형용사 : 대상의 상태나 성질을 나타냄

1) 체언

문장에서 주로 주어가 되는 자리에 오며, 때로는 조사와 결합하여 목적어, 보어, 관형어, 부사어, 서술어 등으로도 기능할 수 있다.

명사는 사람이나 사물의 이름을 가리키는 말로 사용 범위에 따라 특정한 하나의 대상을 지칭하는 고유 명사와 일반적 개념을 나타내는 일반 명사로 구분된다. 또한 명사 중에는 그 의미가 형식적이어서 관형어 위에서만 쓰이는 의존명사도 있다. 의존명사는 모든 성분으로 두루 쓰이는 보편성, 주로 주어로 쓰이는 주어성, 주로 서술어로 쓰이는 서술성, 주로 부사어로 쓰이는 부사성, 앞에 있는 명사의 수량을 나타내는 단위성 의존 명사로 나누어진다.

　대명사는 대상의 이름을 대신하여 그것을 가리키는 말로 사물이나 장소를 가리키는 지시 대명사, 사람을 대신하여 나타내는 인칭 대명사가 있다.

인칭 대명사	높임 정도	용 례
1인칭 대명사	평대칭	나, 짐(朕), 본인(本人), 우리
	하대칭	저, 소생(小生), 소인(小人), 소자(小子), 과인(寡人), 저희
2인칭 대명사	하대칭, 평대칭	너, 너희, 당신
	존대칭	그대, 여러분, 댁(宅), 귀형(貴兄), 귀하(貴下), 노형(老兄)선생, 자네
	극존대칭	어른, 어르신, 선생님
3인칭 대명사	하대칭	이자, 그자, 저자, 얘, 걔, 쟤, 이애, 그애, 저애
	평대칭	그, 저, 이들, 그들, 저들, 누구, 아무, 자기, 자신, 저, 제, 저희
	존대칭	이이, 그이, 저이
	극존대칭	이분, 그분, 저분, 당신

미지칭 대명사	평대칭	누구(알지 못하지만 특정 인물을 가리키는 '누구')
부정칭 대명사	평대칭	누구(특정 인물을 지칭하지 않는 '누구'), 아무
재귀 대명사	평대칭	자기, 자신, 저, 제, 저희, 스스로, 자체
	극존대칭	당신

　수사는 사물의 수량이나 순서를 가리키는 말로 수량을 나타내는 양수사와 순서를 나타내는 서수사가 있으며, 고유어 계열의 수사와 한자어 계열의 수사가 있다.

2) 수식언

　관형사는 체언 앞에 놓여서 주로 체언을 꾸며 주는 단어로 조사와 결합할 수 없으며, 형태가 변화하지 않는다. 어떤 대상을 가리키는 지시관형사와 수량을 나타내는 수관형사, 명사의 성질이나 상태를 꾸며 주는 성상관형사로 구분할 수 있다.

지시관형사	이, 그, 저, 이런 …
수관형사	하나, 둘, 셋, 넷 …
성상관형사	옛, 새, 헌, 온갖 …

부사는 용언이나 관형사, 다른 부사를 꾸며 주며 때로는 문장을 꾸며 주기도 한다. 부사는 조사와 결합할 수 없고, 형태가 변하지 않는다. 일반적으로 문장에서의 역할에 따라 문장 전체를 꾸며주는 문장 부사와 뒤에 오는 성분을 꾸며주는 성분 부사로 나누어진다. 성분 부사는 다시 지시 부사, 성상 부사, 부정 부사로 나누어지며, 이외에도 의성어와 의태어, 접속어도 부사이다.

'-이'가 붙어 만들어진 부사	'-히'가 붙어 만들어진 부사
나날이 번듯이 굳이 곰곰이 고이 다달이 반듯이 같이 일찍이 가까이 일일이 버젓이 길이 오뚝이 기꺼이 짬짬이 깨끗이 깊이 더욱이 가벼이 틈틈이 지긋이 많이 생긋이 너그러이	꼼꼼히 족히 과감히 급히 조용히 딱히 정확히 고요히 쓸쓸히 솔직히

3) 관계언

조사(助詞)는 체언 뒤에 붙어서 다양한 문법적 관계를 나타내거나 의미를 추가하는 의존 형태소로 격조사, 보조사, 접속조사로 구분된다.

격조사는 앞에 오는 체언이 문장 안에서 일정한 자격을 가지도록 하여 주는 조사로 주격조사 '이/가', '께서'(높임의 대상일 때), '에서'(단체일 때), 목적격 조사 '을/를', 관형격 조사 '의', 부사격 조사 '에, 에서, 에게, (으)로...', 보격 조사 '이/가', 호격 조사 '야, 아, 이여', 서술격 조사 '이다'가 있다.

'이다'가 조사와 같은 점 : 격조사는 앞에 오는 체언이 문장 안에서 일정한 자격을 갖도록 하는데, '이다'도 다른 격조사와 마찬가지로 앞의 체언이 서술어로서의 자격을 갖도록 하여 준다.

'이다'가 다른 조사와 구별되는 점 : 격조사는 체언에 붙어 문장 안에서의 관계를 나타내는 조사로 알려져 있는데 서술격 조사는 그렇지 않다. 또한 다른 격조사들은 그 형태가 고정되어 있으나, 서술격 조사는 '이다. 이면, 이니'처럼 활용한다는 점에서 큰 차이를 보인다.

접속 조사는 두 단어를 같은 자격으로 이어 주는 구실을 하는 조사로 '와/과'(문어에서 잘 쓰임), '랑, 하고'(구어에서 잘 쓰임) 등이 있다.

보조사는 앞 말에 붙어 특별한 뜻을 더하여 주는 조사로 문장 성분 뒤에 오는 성분 보조사와 문장 끝에 붙는 종결 보조사, 그리고 문장 성분에도 붙고 문장 끝에도 붙는 통용 보조사가 있다. 성분 보조사는 '만, 는, 도'와 같이 문장 성분에 붙는 것을 말하며 종결 보조사는 '마는, 그려, 그래' 같은 보조사로, 이들은 문장 맨 끝에 와서는 '감탄'의 의미를 덧붙인다.

① 보조사 '은/는'은 주어 자리에 쓰여 주어가 문장에서 설명 내지 언급되는 대상이 되는 주제를 나타내거나 대조의 의미, 또는 배제의 의미를 갖는다.

예 집은 우리가 고친다.

예 철수는 손이 크고, 영수는 손이 작다.
예 진호가 운동은 잘해요.

② '역시'의 의미를 가지는 보조사 '마저, 까지, 조차, 도'

마저	이미 어떤 것이 포함되고 그 위에 더함의 뜻을 나타낸다. 하나 남은 마지막임을 나타냄 너마저 나를 떠나는 구나. 노인과 아이들마저 전쟁에 동원되고 있다.
까지	이미 어떤 것이 포함되고 그 위에 더함의 뜻을 나타낸다. 그것이 극단적인 경우임을 나타냄 너까지 나를 못 믿겠니? 이 작은 시골에서 장관까지 나오다니.
조차	이미 어떤 것이 포함되고 그 위에 더함의 뜻을 나타낸다. 일반적으로 예상외의 일을 나타냄 너조차 가지 않겠다는 것이냐? 그렇게 공부만 하던 철수조차 시험에 떨어졌다.
도	이미 어떤 것이 포함되고 그 위에 더함의 뜻을 나타낸다. 극단적인 경우까지 양보하여, 다른 경우에는 더 말할 것도 없이 그러하다는 뜻을 나타냄. 시간이 없어 세수도 못 하고 왔다. 나도 이제는 늙었나 보다.

격조사는 문법적 관계를 표시하는 기능을 가지며, 원칙적으로 체언과 결합하여 사용하지만, 쉽게 생략될 수 있다. 보조사는 일정한 의미 부여하는 기능을 가지며, 체언 이외에도 여러 품사와 결합하여 사용하고 의미를 더해주기 때문에 생략될 수 없다.

4) 용언(用言)

동사는 주어의 동작이나 과정을 나타내는 단어로 목적어 유무에 따라 목적어가 필요 없는 자동사와 목적어가 필요한 타동사로 나눌 수 있다.

형용사는 주어의 성질이나 상태를 나타내는 단어로 '이러하다(이렇다), 그러하다(그렇다), 저러하다(저렇다)'와 같은 지시 형용사와 '달다, 예쁘다'와 같이 상태나 성질을 나타내는 성상 형용사가 있다.

> * 동사와 형용사 구분하는 기준
>
> (ㄱ) 현재 시제 선어말 어미 '-는-/-ㄴ-'이 결합할 수 있으면 동사이고, 없으면 형용사이다.
> (ㄴ) 기본형에 관형사형 어미 '-는'이 결합할 수 있으면 동사이고, 없으면 형용사이다.
> (ㄷ) '의도'의 '-려'나 '목적'의 어미 '-러'와 함께 쓰일 수 있으면 동사, 못하면 형용사이다.
> (ㄹ) 명령형 '-어라'와 청유형 '-자'와 결합할 수 있으면 동사, 없으면 형용사이다.

> * '있다'와 '없다'의 품사
> '있다, 없다'는 때로는 형용사에 일치하는 활용형을 보여주고 때로는 동사에 일치하는 활용형을 보여 준다.
> ① 평서형 현재형에서는 형용사와 같다.
> ② 관형사형에서는 활용 방식이 동사와 같다.
> ③ 의문형에서는 동사와 같다.
> ④ 감탄형에서는 형용사와 같은 활용형을 보여준다.
> ⑤ '있다'는 명령형과 청유형을 취할 수 있고, '없다'는 명령형과 청유형을 취하지 못한다.

보조 용언은 혼자서 쓰이지 못하고 반드시 다른 용언의 뒤에 붙어서 의미를 더하여 주는 것으로, 선행하는 본용언의 어미가 '-아/-어, -게, -지, -고'로 한정된다. 보조 동사는 동사처럼 활용하고 보조 형용사는 형용사처럼 활용한다.

용언 활용은 문장 안에서 담당하고 있는 기능에 따라 형태가 달라지는 것을 말하며 규칙 활용과 불규칙 활용으로 나누어 살펴볼 수 있다.

규칙 활용은 용언이 활용할 때에 어간이나 어미의 기본 형태가 유지되거나 달라진다 해도 일정한 규칙대로 달라지는 활용이다. 불규칙 활용은 어간과 어미의 기본 형태가 유지되지 않을 뿐더러 일정한 규칙대로 달라지지 않는 활용이다.

① 어간이 바뀌는 경우

갈 래	내 용(조건)	용 례	규칙 활용 예
'ㅅ'불규칙	'ㅅ'이 모음 어미 앞에서 탈락	잇+어 → 이어, 짓+어 → 지어, 낫다(勝,癒) → 나아	벗어, 씻어
'ㄷ'불규칙	'ㄷ'이 모음 어미 앞에서 'ㄹ'로 변함	듣+어 → 들어, 걷(步)+어 → 걸어, 묻(問)+어 → 물어, 깨닫다, 싣다(載)	묻어(埋), 얻어
'ㅂ'불규칙	'ㅂ'이 모음 어미 앞에서 '오/우'로 변함	눕+어 → 누워, 줍+어 → 주워, 돕+아 → 도와, 덥+어 → 더워	잡아, 뽑아
'르'불규칙	'르'가 모음 어미 앞에서 'ㄹㄹ' 형태로 변함	흐르+어 → 흘러, 이르+어 → 일러(謂,早), 빠르+아 → 빨라, 나르다 → 날라, 고르다 → 골라	따라, 치러
'우'불규칙	'우'가 모음 어미 앞에서 탈락	퍼(푸+어)	주어, 누어

② 어미가 바뀌는 경우

갈 래	내 용(조건)	용 례	규칙 활용 예
'여' 불규칙	'하-'뒤에 오는 어미 '-아/-어'가 '-여'로 변함	공부하+어 → 공부하여, '하다'와 '-하다'가 붙는 모든 용언	파+아→파
'러' 불규칙	'어간이 르로 끝나는 일부 용언에서, 어미 '-어'가 '러'로 변함	이르(至)+어 → 이르러, 누르(黃)+어 → 누르러, 푸르+어 → 푸르러	치르+어 → 치러
'너라' 불규칙	'명령형 어미인 '-거라'가 '-너라'로 변함	오+거라 → 오너라	가거라, 있거라
'오'불규칙	'달-/다-'의 명령형 어미가 '오'로 변함	다+아→다오	주어라

③ 어간과 어미가 모두 바뀌는 경우

갈 래	내 용(조건)	용 례	규칙 활용 예
'ㅎ'불규칙	'ㅎ'으로 끝나는 어간에 '-아/-어' 오면 어간의 일부인 'ㅎ'이 없어지고 어미도 변함	하얗+아서 → 하얘서, 파랗+아 → 파래	좋+아서 → 좋아서

용언의 활용에서 활용할 때 변하지 않는 부분이 어간이고, 변하는 부분을 어미라고 한다. 어미는 크게 어말어미와 선어말어미로 나눌 수 있다.

어미	어말 어미	종결어미	평서형어미 : 먹는다, 먹네, -(으)오, -(으)ㅂ니다
			감탄형어미 : 먹는구나, -로구나, -구려, -구나, -도다
			의문형어미 : 먹느냐, -는가, -니, -(으)ㅂ니까, -오, -가(아)
			명령형어미 : 먹어라 -게, -(으)십시오, -(으)오, -(어)요
			청유형어미 : 먹자, -세, -(으)십시다, -아/어, -(으)ㅂ시다
		연결어미	대등적 연결 어미 : 고, 며
			종속적 연결 어미 : 니, (어/아)서, 게, 도록
			보조적 연결 어미 : 아, 게, 지, 고
		전성어미	명사형 전성어미 : ㅁ, 기
			관형사형 전성어미 : -(으)ㄴ, -는, -(으)ㄹ, -던
	선어말 어미	분리적 선어말 어미	주체 높임 선어말 어미 : 시
			시제 선어말 어미 : 는, 었, 겠, 었었
			공손 선어말 어미 : 옵, 사옵
		교착적 선어말 어미	상대 높임 합쇼체 선어말 어미 : ㅂ
			서법 표시 선어말 어미 : 느, 더, 리
			강조법 선어말 어미 : 니, 것

5) 독립언(감탄사)

감탄사는 말하는 이의 본능적 놀람이나 느낌, 부름과 대답, 입버릇으로 내는 단어들을 말한다. 감탄사는 활용하지 않고, 위치가 아주 자유로워서 문장의 아무데나 놓을 수 있으며, 조사가 붙지 않고, 언제나 독립어로만 쓰이는 특징을 가지고 있다.

감탄사는 형태가 달라지지 않고 다른 품사로 사용되기도 한다.

(ㄱ) 형용사 ⇒ 감탄사

* 그것을 해도 좋다. (형)   ⇒ 좋다! 얼씨구 좋다! (감)

(ㄴ) 명사 ⇒ 감탄사

* 그것이 정말이냐? (명)   ⇒ 정말! 이미 여름이구나. (감)

(ㄷ) 관형사 ⇒ 감탄사

* 이런 시간에 어딜 가니? (관)   ⇒ 이런! 시간이 다 됐구나. (감)

(ㄹ) 부사 ⇒ 감탄사

* 정말 깜짝 놀랐다. (부)   ⇒ 깜짝이야! (감)

II. 통사론

1. 문장

　문장은 우리의 생각이나 감정을 완결된 내용으로 표현하는 최소의 언어형식이다. 따라서 문장을 만들 때에는 반드시 '주어'와 '서술어' 등을 갖추어야 하는 것이 원칙이다.

　문장을 구성하는 기본적인 문법 단위는 어절, 구, 절로 어절은 문장을 구성하는 기본 문법 단위로 띄어쓰기 단위와 일치하며 문장 성분이라고 불리기도 한다. 절은 두 개 이상의 어절이 모여 하나의 의미단위를 이루는 것이고, 구는 두 개 이상의 어절이 모여 하나의 단어와 동등한 기능을 하는 것이다.

2. 문장 성분의 종류

　문장성분은 문장 안에서 문장을 구성하면서 일정한 문법적인 기능을 하는 각 부분으로 주성분, 부속성분, 독립성분이 있다.

　주성분은 문장을 이루는 데 골격이 되는 부분으로 주어, 목적어, 보어, 서술어를 말하며, 부속성분은 주로 주성분의 내용을 수식하는 성분으로 관형어와 부사어, 독립성분은 문장에서 다른 성분과 직접적인 관련이 없는 성분으로 독립어가 여기에 해당한다.

1) 주성분

　서술어는 주어의 동작이나 작용, 상태, 성질 등을 풀이하는 기능을 하는 문장 성분으로 동사나 형용사로 이루어지는 것이 보통이나 체언에 서술격 조사 '이다'가 결합되어 이루어진 경우도 있다. 서술어의 종류에 따라 '무엇이 어떠하다', '무엇이 어찌하다', '무엇이 무엇이다'로 나뉜다. 여기에서 '어떠하다', '어찌하다', '무엇이다'에 해당하는 것이 서술어이다. 또한 서술어는 그 성격에 따라서 필요로 하는 문장 성분의 개수가 다른데, 이를 서술어의 자릿수라고 한다.

　　그녀는 예뻤다. - 한 자리 서술어

　　그는 연극을 보았다. - 두 자리 서술어 (목적어, 부사어, 보어를 필수적으로 요구)

　　할아버지께서 우리들에게 세뱃돈을 주셨다. - 세 자리 서술어 (주어와 목적어 부사어 세 가지를 필수적으로 요구)

　주어는 문장에서 동작이나 작용, 상태, 성질의 주체를 나타내며, 문장을 서술어의 종류에 따라 나눌 때 '무엇이'에 해당한다. 주어는 체언이나 체언구실을 하는 구나 절에 '이/가', '께서'가 붙어 나타나는 데 주격 조사는 생략될 수도 있고 보조사가 붙을 수도 있다.

　　철수가 집에 간다. (주격조사 '가') 너 어디 가나? (주격조사 생략) 영희도 집에 간다. (보조사 사용)

목적어는 서술어의 동작 대상이 되는 문장 성분으로, 타동사가 서술어로 쓰일 때는 목적어가 필요하다. 체언에 목적격 조사 '을/를'이 붙는 것이 일반적이나, 때로 '을/를'이 생략될 수도 있으며 보조사가 붙기도 한다.

　나는 과일을 좋아해. (목적격조사 '을') 　난 과일 좋아해. (목적격조사 생략) 　나는 과일도 좋아해. (보조사 사용)

보어는 '되다, 아니다'와 같은 서술어를 필요로 하는 문장 성분만을 보어로 인정하며 보통 체언에 보격조사 '이/가'가 붙어서 실현된다.

　물이 얼음이 되었다. 　물이 얼음으로 되었다. (필수적 부사어)

2) 부속 성분

관형어는 체언을 수식하며 관형사가 그대로 관형어가 되는 것이 기본이나, 체언에 관형격 조사 '의'가 결합되어 관형어로 쓰이거나(관형격 조사 '의'는 생략되기도 한다.), 용언의 관형사형(용언의 어간에 관형사형 어미 '-(으)ㄴ, -는, -(으)ㄹ, -던'이 결합한 형태)으로 나타난다.

　예 아기가 새 옷을 입었다. (관형사 '새')
　예 소녀는 시골의 풍경을 좋아한다. (관형격조사 '의') 　소녀는 시골 풍경을 좋아한다.
　예 집에 간 사람이 영희다. (관형사형 어미 '(으)ㄴ')

부사어는 성분 부사어와 문장 부사어로 구분된다. 성분 부사어는 용언, 관형어, 다른 부사어를 수식하며 수식하는 말 앞에서 사용된다. 부사가 그대로 부사어가 되는 것이 기본이나, 체언에 부사격 조사 '에, 에서, 에게, (으)로' 등이 결합되어 나타나거나, 용언의 부사형 '이, 게, -(아)서, -도록'이 결합되어 나타난다. 또 보조사가 결합되어 실현되기도 한다. 문장 부사어는 문장 전체를 수식하며 위치가 비교적 자유롭다.

　예 가을 하늘이 참 높아 보인다. (성분 부사어 : 부사에 의한 실현)
　예 우리들은 오후에 여행에서 돌아왔다. (성분 부사어 : 체언에 부사격 조사가 결합되어 실현)
　예 진호가 늦게 돌아왔다. (성분 부사어 : 용언의 부사형이 결합되어 실현)
　예 그러나 희망이 아주 사라진 것은 아니다. (문장 부사어 : 접속부사 '그러나')
　예 과연 그 아이는 똑똑하구나. (문장 부사어 : '과연') / 그 아이는 과연 똑똑하구나.

---

* 필수적 부사어와 수의적 부사어

개념 : 문장에서 꼭 필요로 하는 부사어를 필수적 부사어, 그렇지 않은 부사어를 수의적 부사어라 한다. (부사어는 문장에서 꼭 필요한 성분은 아니다.)
실현
(ㄱ) 수의적 부사어 : 파생 부사나(많이, 일찍이) 순수 부사로(꼭) 이루어지며 생략해도 문장의 의미 성립에 영향을 주지 않는다. 　예 영준이는 아빠와 (꼭) 닮았다.
(ㄴ) 필수적 부사어 : 부사격 조사 '와, 로' 등이 결합되어 이루어지며 생략하면 문장의 의미 성립에 영향을 미친다. ('다르다, 생기다, 같다, 비슷하다, 닮다, 다르다' 같은 두 자리 서술어, '주다, 삼다, 넣다, 두다' 같은 세 자리 서술어는 필수적 부사어를 요구한다.) 　예 영준이는 (아빠와) 닮았다.

---

3. 문장의 짜임

　문장은 단문(홑문장)과 복문(겹문장)으로 구분된다.

　단문은 주어와 서술어의 관계가 한 번만 나타나는 문장이고 복문은 주어와 서술어의 관계가 두 번 이상 나타난다. 복문은 다시 접속문(이어진 문장)과 내포문(안은문장)으로 구분되는데, 접속문은 두 문장이 대등하거나 종속적으로 이어진 문장이며 내포문은 한 문장이 다른 문장 속에서 하나의 성분으로 기능하는 문장을 말한다.

1) 내포문

　명사절은 절 전체가 문장에서 명사처럼 쓰이는 문장으로 주어, 목적어, 보어, 부사어 등의 기능을 한다. 명사형 전성어미 '-(으)ㅁ, -기'가 결합되어 이루어지며 '-(으)ㅁ'은 완료의 의미일 때, '-기'는 미완료의 의미일 때 사용된다.

　　예 저는 <u>그 일이 잘 되기</u>를 바랍니다.
　　예 정호는 <u>수호가 축구에 소질이 있음</u>을 알았다.

　관형절은 절 전체가 문장에서 관형어의 기능을 하며 관형사형 어미 '-(으)ㄴ, -는, -(으)ㄹ, -던'이 붙어 이루어진다.

　　예 진호는 <u>학교에 가던</u> 철수를 보았다. (과거 - 회상)
　　예 다음에 <u>철수가 쓸</u> 소설은 애정소설이다. (미래 - 추측)

　부사절은 절 전체가 문장에서 부사어의 기능을 하는 것을 말하는데 서술어를 수식하는 기능을 하며, 부사형 어미 '-이, -게, -도록, -(아)서'에 의하여 이루어진다.

　　예 그는 <u>나와 달리</u> 춤을 잘 춘다.
　　예 그곳은 강이 <u>아름답게</u> 흐른다.
　　예 우리는 <u>그가 깨닫도록</u> 기다려 주었다.

　서술절은 절 전체가 문장에서 서술어의 기능을 하며 절 표지가 따로 없다. (서술절이 사용되면 한 문장에 주어가 두 개 있는 것처럼 보인다. 이 때 앞에 나오는 주어를 제외한 나머지 부분이 서술절에 해당한다.)

　　예 이 낙서가 <u>글씨가 너무 작다</u>.
　　예 기린은 <u>다리가 길다</u>.

　인용절은 다른 사람의 말을 인용한 것으로 직접 인용절과 간접 인용절이 있다.

　직접 인용절은 문장을 그대로 직접 인용한 것으로 인용격 조사 '라고'가 붙어 이루어진다. 간접 인용절은 말하는 사람의 표현으로 바꾸어서 간접 인용한 것으로 인용격 조사 '고'가 붙어서 이루어진다.

　　예 철수가 "<u>신생님, 어디 가세요?</u>"라고 물었다. (직접 인용절)
　　예 형은 <u>철수가 학교에 간다</u>고 말했다. (간접 인용절)

2) 접속문

대등접속은 이어지는 문장들의 의미 관계가 대등하며, 앞 절은 뒤 절과 '나열, 대조'등의 의미 관계를 갖는다. 대등적 연결 어미 '-고, -며 '(나열), '-지만, -든지, -나'(대조) 등으로 실현된다.

　　예 형은 학교에 가고, 동생은 놀이터에서 논다. (나열)
　　예 하늘도 맑고, 바람도 잠잠하다. (나열)
　　예 산으로 가든지 바다로 가든지 어서 결정합시다. (대조)

종속접속은 앞 절과 뒤 절의 의미 관계가 독립적이지 못하고, 앞 절과 뒤 절이 어떠한 의미 관계를 가지느냐에 따라 다양한 종속적 연결 어미가 사용된다. '-고'(계기), '-(으)면'(조건), '-(으)ㄹ지라도'(양보), '-(아)서'(원인), '-(으)려고'(의도), '-는데'(배경) 등으로 실현되거나, '-기 때문에, -는 가운데, -는 중에'와 같이 명사절, 관형절로도 이루어진다.

　　예 출근 준비 시간이 다 되어서 나는 일어났다. (원인)
　　예 내가 일찍 일어나면 어머니께서 좋아하신다. (조건)
　　예 인기 있는 맛집에 가려고, 우리는 아침 일찍 출발했다. (의도)
　　예 내가 집에 가는데, 저쪽에 친구가 보였다. (배경)

종속적으로 이어진 문장에서는 앞 절이 뒤 절의 내부로 이동하기도 하며, 앞 절과 뒤 절에 같은 말이 있으면 그 말이 다른 말로 대치되거나 생략된다.

　　예 길이 비가 와서 미끄럽다. (앞 절이 뒤 절 내부로 이동)
　　예 나는 영진을 자주 만나지만, (그를) 좋아하지는 않는다. ('그'로 대치하거나 생략)

4. 문장의 종결

한국어 문장은 종결 표현에 따라 전체 문장의 의미가 좌우된다. 이러한 종결 표현을 구체적으로 결정하는 것이 종결어미이며 종결 표현 방식에 따라 평서문, 의문문, 명령문, 청유문, 감탄문으로 나눌 수 있다. 종결어미는 문장을 끝내고 문장의 형식을 나타내는 이외에 상대높임의 표현도 함께 나타낸다.

평서문은 화자가 청자에게 특별히 요구하는 바 없이, 하고 싶은 말을 단순하게 진술하는 문장이다.
의문문은 화자가 청자에게 질문하여 대답을 요구하는 문장으로 다음의 세 가지로 구분할 수 있다.
설명 의문문 : 의문사가 포함되어 일정한 설명을 요구하는 의문문
판정 의문문 : 의문사 없이 단순히 긍정이나 부정의 대답을 요구하는 의문문

수사 의문문 : 굳이 대답을 요구하지 않고 서술이나 명령의 효과를 내는 의문문

　예) 그렇게만 된다면 얼마나 행복할까? (서술의 효과)

　예) 빨리 일어나지 못하겠니. (명령의 효과)

　명령문은 화자가 청자에게 어떤 행동을 하도록 강하게 요구하는 문장으로, 주어는 항상 청자가 되고, 서술어로는 동사만이 올 수 있으며, 시제 선어말어미 '었, 더, 겠'과 함께 나타나는 일이 없다.

① 직접 명령문 : 얼굴을 보며 하는 명령문, '-아라/-어라'와 결합하여 실현.

　예) 걱정 말고 빨리 가 보아라.

② 간접 명령문 : 매체를 통한 명령문, '-(으)라'와 결합하여 실현.

　예) 정부는 교육 대책을 조속히 세우라.

③ 허락 명령문 : 허락의 뜻을 나타내는 명령문 '-(으)려무나, -(으)렴'과 결합하여 실현.

　예) 이것도 한 번 먹어 보려무나.

　청유문은 화자가 청자에게 어떤 행동을 함께 하도록 요청하는 문장으로, 주어에 화자와 청자가 함께 포함되고, 서술어로는 동사만 올 수 있으며, 시제 선어말어미 '었, 더, 겠'과 함께 나타나는 일이 없다. 어떤 등급의 높임 종결어미가 사용되어도 간접 인용절로 안길 때에는 종결어미가 모두 '-자'로 바뀐다.

① 같이 할 것을 제안하는 의미 : 우리 함께 생각해 봅시다.

② 행동 수행 제안의 의미 : 출발 시간이 얼마 안 남았으니 빨리 가자.

　감탄문은 화자가 청자를 별로 의식하지 않거나 거의 독백하는 상태에서 자기의 느낌을 표현하는 문장이다.

ㄱ. 평서형 종결 어미 : -다, -네, -오, -ㅂ니다. -느니라, -렷다,-마... ☞(꽃이 예쁘다.)
ㄴ. 의문형 종결 어미 : -느냐, -니, -나, -ㅂ니까, -까.... ☞(꽃이 예쁘니?)
ㄷ. 감탄형 종결 어미 : -구나, -군, -로구나, -어라/-아라(형용사에서)...☞(꽃이 예쁘구나!)
ㄹ. 명령형 종결 어미 : -어라/-아라, -려무나, -어/-아... ☞(미리야, 밥 먹어라.)
ㅁ. 청유형 종결 어미 : -자, -세 ☞(미리야, 밥 먹자.)

---

5. 높임 표현

　높임법(경어법, 대우법)은 화자가 어떤 대상이나 청자에 대하여 그의 높고 낮은 정도를 언어적으로 구별을 하여 표현하는 방식이나 체계를 말한다.

　상대 높임은 화자가 자신의 이야기를 듣고 있는 청자에 대하여 높이거나 낮추어 말하는 방법으로 의례적, 공식적으로 사용되는 격식체와 일상적이고 비공식적인 상황에서 사용되는 비

격식체로 나뉜다.

	격식체				비격식체	
	해라체	하게체	하오체	합쇼체	해	해요
평서형	-(는/ㄴ)다	-네	-오	-(ㅂ니)다	-어	-어요
의문형	-(느)냐?	-(느)ㄴ가?	-오?	-(ㅂ니)까?	-어?	-어요?
감탄형	-(는)구나!	-(는)구먼!	-(는)구료!	-(ㅂ니)다	-어!	-어요!
명령형	-어라	-게	-오	-(ㅂ)시오	-어	-어요
청유형	-자	-세	-(으)ㅂ시다	-(으)십시다	-어	-어요

주체 높임은 문장의 주체가 나이나 사회적 지위 등에서 화자보다 윗사람일 때 사용하는 방법으로, 주체 높임 선어말 어미 '-(으)시'를 용언에 결합하며 표현한다. 또한 주격조사 '이/가' 대신 '께서'를 사용하고, 특수한 높임의 어휘 '계시다, 잡수시다, 주무시다, 편찮으시다, 돌아가시다'를 사용하여 주체를 높인다.

  예 저기 어머니께서 오신다.   아버지께서 진지를 잡수신다.

'-(으)시'는 높여야 할 주체가 주어와 밀접한 관련을 맺는 경우에도 쓰인다. 높이려는 대상을 직접 높이지 않고 높이는 대상의 신체 일부나 소유물을 높이는 간접 높임에서 사용된다.

  예 아버지의 발이 크시다.   곧 회장님의 말씀이 있으시겠습니다.

또한 '있다'의 주체 높임 표현은 '-(으)시'가 붙은 소유의 의미를 갖는 '있으시다'와 존재의 의미를 갖는 특수 어휘 '계시다'의 두 가지가 있다.

  예 아버지 무슨 고민 있으세요?   아버지는 지금 서재에 계세요.

객체 높임은 문장의 목적어나 부사어로 나타나는 서술어의 객체를 높이는 방법으로 한국어 높임에서 가장 발달하지 않은 높임이다. 따라서 문법적 높임은 없고 '여쭙다, 모시다, 뵙다, 드리다' 등의 특수한 어휘를 사용해서 높임을 나타낸다.

  예 나는 친구를 데리고 병원으로 갔다.   나는 아버지를 모시고 병원으로 갔다.
  예 나는 동생에게 과일을 주었다.   나는 어머니께 사과대추를 드렸다.

6. 시간 표현

시간 표현은 시간을 나타내기 위한 언어 표현으로 선어말어미, 시간 부사어, 관형사형 어미를 통해서 실현된다. 말하는 시간이 기준이 되는 발화시(發話時)와 일이 발생한 시간이 기준이 되는 사건시(事件時)가 어떤 관계에 있느냐에 따라 시제는 과거 시제, 현재 시제, 미래 시제로 나뉜다.

한국어 문장에서 시간 표현은 동시에 두 가지나 나타날 수 있는데, 발화시가 기준이 되는 시제는 절대시제, 사건시가 기준이 되는 시제는 상대시제라고 한다.

　　예 나는 아까 식당에서 밥을 먹는 지연이를 보았다.

절대시제 : 문장의 맨 마지막 서술어 '보았다' → 과거
상대시제 : 문장의 중간에 포함된 동사의 시제 '먹는' → 현재

1) 시제

과거 시제는 사건시(事件時)가 발화시(發話時)보다 앞서 있는 시제로 과거 시제 선어말 어미 '-았-/-었-'을 사용한다.. '-았었-/-었었-'도 발화시(發話時)보다 훨씬 전에 발생하여 현재와는 강하게 단절된 사건을 표현하는 데 쓰인다. '어제, 옛날'과 같은 시간을 나타내는 부사어가 사용되기도 한다.

　　예 그들이 처음 만난 것은 벚꽃 길이었지.
　　예 그 해 봄밤은 정말 포근하게 느껴졌었지.

동사 어간에 붙는 관형사형 어미 '-(으)ㄴ'도 과거 시제를 나타내는 데 사용된다. 형용사나 서술격 조사 다음에는 '-던'이 쓰인다.

　　예 네가 먹은 과자는 내가 먹으려고 놔둔 것이었는데.
　　예 당시 초등학생이던 아이들이 이제는 성인이 되었다.

과거 어느 때를 기준으로 그 때의 일이나 경험을 돌이켜 회상할 때에는 '-더-'를 사용한다.

　　예 원호는 어제 도서관에서 혼자 공부하더라.

현재 시제는 발화시(發話時)와 사건시(事件時)가 일치하는 시제로 동사에서는 현재 시제 선어말 어미 '-는-/-ㄴ-'과 관형사형어미 '-는'이 쓰이고, 형용사와 서술격 조사 '-이다'는 관형사형 어미 '-(으)ㄴ'이 쓰이거나 형용사 본래의 형태가 그 자체로 현재 의미를 나타낸다. '지금/오늘'과 같이 현재 시간을 나타내는 부사어가 사용되기도 한다.

　　예 우리 효재 잘 자는구나./ 잠을 자는 효재
　　예 사람들이 지금 운동장에서 축구를 한다./ 축구를 하는 사람들

미래 시제는 사건시가 발화시보다 나중인 시제로 선어말 어미 '-겠-'을 대표적으로 사용한다. 관형사형 어미 '-(으)ㄹ'이 사용되고, 관형사형 어미 '-(으)ㄹ'과 의존명사 '것'이 결합된 '-(으)ㄹ 것이'도 널리 사용되며, 부사어 '내일' 등이 쓰인다.

　　예 내일 아침에 오겠습니다.
　　예 몇 시간이면 떠날 사람이 여권을 확인하지 않았다는 거야?
　　예 그 손님은 내일 올 거야.

2) 상

상은 동작상이라고도 하며 동작의 완료와 미완료를 표시하는 문법범주이다. 한국어에는 진행상, 완료상, 예정상이 있는데, 대체로 진행상은 현재 시제와 완료상은 과거시제, 예정상은 미래 시제와 일치한다. 주로 보조 용언 일부가 동작상을 보여 주지만, 때로는 연결어미를 통하여서도 이루어진다.

완료상은 '-어 버리다, -아 있다 (보조 용언)', '-고서 (연결 어미)' 등을 통하여 실현된다.

　예 무화과를 다 먹어 버렸다.

　예 이연이는 지금 소파에 앉아 있다.

　예 영준이는 밥을 다 먹고서 집을 나섰다.

진행상은 '-고 있다, -어 가다 (보조 용언)', '-으면서 (연결어미)' 등을 통하여 실현된다.
운동장에서 많은 강아지들이 놀고 있다.

　예 그는 이미 자고 있었다.

　예 미숙이는 밥을 다 먹어 간다.

　예 그녀는 얼굴에 웃음을 지으면서 나에게 다가왔다.

7. 피동

피동은 주어가 다른 주체에 의해서 동작을 당하게 되는 것을 말하며, 동사의 어간에 피동 접미사 '이, 히, 리, 기'가 붙어서 실현되는 짧은 피동(단형 피동)과 '-어지다', '-되다', '-게 되다'로 실현되는 긴 피동(장형 피동)이 있다.

짧은 피동 : 토끼가 사냥꾼에게 잡혔다.

긴 피동 : 이 볼펜은 글씨가 잘 써진다.　　　새로운 사실이 밝혀졌다.

능동문이 피동문으로 바뀔 때에는 능동문의 주어는 피동문의 부사어가 되고 능동문의 목적어는 피동문의 주어가 된다.

사자가 토끼를 먹었다. (능동) - 토끼가 사자에게 먹혔다. (피동)
(주어) (목적어)　　　　　　　　　　(주어)　(부사어)

8. 사동

사동은 주어가 남에게 동작으로 하도록 시키는 것으로 주동사 어간에 파생접사 '이, 히, 리, 기, 우, 구, 추'가 붙어 실현되는 짧은 사동과 연결어미 '-게'에 보조 용언 '하다'가 붙은 '-게 하다'와 '-시키다' 붙어 실현되는 긴 사동이 있다.

짧은 사동 : 철수가 영희를 속였다.

긴 사동 : 진수가 차를 멈추게 했다.

사동으로 바뀔 때에는 동사가 형용사 또는 자동사이면 주동문 주어가 사동문의 목적어로 나타나고, 타동사이면 주동문 주어가 사동문의 부사어로 나타나며 주동문의 목적어는 사동문의 목적어로 나타난다. 이때 사동문의 주어는 새로 도입된다.

파생적 사동문과 통사적 사동문의 의미는 현재로서는 용언과 그와 함께 나타나는 다른 문장 성분들과의 의미 관계 속에서 파악되어야 한다.

> 예 어머니가 아이에게 옷을 입혔다.
>
> ⇒ 어머니가 아이에게 옷을 직접 옷을 입혔다. (직접 사동)
>
> ⇒ 어머니가 아이에게 옷을 입으라고 말해서 아이가 직접 옷을 입었다. (간접 사동)
>
> 예 언니가 아이에게 옷을 입게 하였다.
>
> ⇒ *언니가 아이에게 직접 옷을 입혔다. (직접 사동x)
>
> ⇒ 언니가 아이에게 옷을 입으라고 시켜서 아이가 직접 옷을 입었다. (간접 사동)

9. 부정

부정은 언어 내용의 의미를 부정하는 문법 기능을 말하며 '안(아니), 못'을 서술어의 앞에 첨가한 짧은 부정과 '-지 않다', '-지 못하다'가 쓰인 긴 부정이 있다. 또한 명령문이나 청유문에서 사용되는 '-지 말다' 부정이 있다.

짧은 부정문

'안'부정은 의지 부정, 단순 부정을 나타내어 의도를 부정하거나 단순한 부정을 만든다. '하다' 동사의 경우에는 서술어 앞이 아닌 '하다' 앞에 결합한다. '못'부정은 능력 부정, 상황 부정으로 능력이나 상황을 부정한다. 형용사 앞에는 올 수 없으며, '하다' 동사의 경우에는 서술어 앞이 아닌 '하다' 앞에 결합한다.

> 예 나는 그를 안 만났다.　　진호는 숙제 안 했다.
>
> 예 나는 그를 못 만났다.　　성호는 공부 못 했다.

긴 부정문

의지 부정, 단순 부정의 의미를 갖는 '-지 않다'와 능력 부정, 상황 부정을 의미하는 '-지 못하다', 명령문과 청유문에 사용하는 '-지 말다'가 있다.

> 예 나는 그를 만나지 않았다.　　진호는 숙제하지 않았다.
>
> 예 나는 그를 만나지 못했다.　　성호는 공부하지 못했다.
>
> 예 TV를 많이 보지 마세요.　　주말에 여행을 가지 맙시다.

부정문은 부정이 미치는 범위에 따라 같은 문장이라도 둘 이상의 의미로 해석될 가능성이 있는 중의성을 갖는다. 중의성은 강세나 보조사 '는, 도, 만'을 넣거나, 문맥을 통해서도 해소될 수 있다.

　　예 은희가 책을 안 읽었다.
　　다른 사람이 책을 읽었다. / 은희가 다른 것을 읽었다. / 은희가 책을 읽지만 않았다.

부정 표현 중에서 '모르다, 없다'는 특수 부정어로 긴 부정 표현만 가능하다. 이는 문장 전체를 부정하기 때문에 나타나는 특이성이다. 또한 부정문이 부정을 나타내지 않는 경우도 있다.

　　예 모르지 않다, 없지 않다 : *안 모르다, *안 없다
　　예 하림이가 가지 않을까 걱정스럽다. (의심의 뜻)
　　예 하경이가 갔지 않니? (확인의 뜻)

■ 참고문헌 ■

국립국어연구원(2005), 외국인을 위한 한국어문법1, 커뮤니케이션북스.

국립국어연구원(2005), 외국인을 위한 한국어문법2, 커뮤니케이션북스.

권재일(2003), 한국어 문법 지도법, 한국어 교육(1), 서울대 외국인을 위한 한국어교육 지도자 과정.

김제열(2001), 한국어 교육에서 기초 문법 항목의 선정과 배열 연구, 한국어교육 12-1, 국제한국어교
        육학회.

남기심·고영근(1993), 〈개정판〉 표준국어문법론, 탑출판사.

민진영·안진명(2012), Korean Grammar in Use -Intermediate, 다락원.

백봉자(2006), 외국어로서의 한국어 문법 사전, 도서출판 하우.

백봉자(2001), 외국어로서의 한국어 교육문법 -피동/사동을 중심으로-, 미국한국어교사협회·국제
        한국어교육학회 연합학술대회 발표요지 모음집.

백봉자(2001), 외국어로서의 한국어 교육문법, 한국어교육 12-2, 국제한국어교육학회.

서울대학교 국어교육연구소(2002), 〈고등학교 교사용 지도서〉 문법, (주)두산동아.

서울대학교 국어교육연구소(2002), 〈고등학교〉 문법, (주)두산동아.

이관규(2002), 〈개정판〉 학교 문법론, 도서출판 월인.

이익섭·채완(2001), 국어 문법론 강의, 학연사.

채완(2003), 한국어 조사의 특징과 기능, 2003년 미국 중고등학교 한국어교사 연수자료집.

채완·이익섭(1999), 국어문법론 강의, 학연사.

Brown, H. Douglas(2000), Principles of Language Learning and Teaching(4th ed.),
        Longman Inc.

Brown, H. Douglas(2001), Teaching by Principles-An Interactive Approach to
        Language Pedagory -(2th ed.), Longman Inc.

Batstone, R.(1994), Grammar, Oxford University Press.

Thornbury, S.(1999), How to Teach Grammar, Longman.

4장 한국어의미론

┃ 학습목표 ┃

1. 한국어 의미론에 대한 이론적 기초를 이해하며, 한국어 의미론에서 사용되는 용어의 체계와 개념을 정확히 알아보고 연구 대상인 어휘, 문장, 발화의 의미를 연구한다.
2. 한국어 의미론의 성분분석과 의미장, 한국어 어휘의 의미에 따른 분류를 파악하며, 한국어 문장과 발화의 의미를 이해한다.

I. 의미

1. 의미란

언어학의 4대 핵심 분야 중 하나인 의미론은 언어의 의미를 연구하는 학문이다. 그렇다면 우리가 의미를 연구한다고 할 때 의미는 무엇인가? 언어는 형식과 의미의 결합이고 이 결합은 자의적이기 때문에 우리는 정확한 의미를 알아야할 필요가 있다. 학자에 따라 의미에 대한 여러 개념을 살펴볼 수 있으나 여기에서는 대표적인 두 가지의 의미의 개념을 살펴보도록 하겠다.

지시설은 한 단어나 한 문장의 의미는 그 언어 표현이 가리키고 있는 실제 대상물이라고 정의한다. 즉 '책상'이라는 단어의 의미는 현실에 존재하는 책상이라는 것이다. 따라서 한 언어 표현의 의미는 그 단어나 문장이 가리키고 있는 실제의 대상물과 같은 것이라고 보는 관점이다.

아이들이나 초급 단계의 외국인들에게 단어를 설명할 때 실물이나 그림, 또는 사진을 통해 의미를 설명하는 방법이 바로 지시설을 활용한 의미 설명이다. 지시설의 관점에서 의미를 설명하는 것은 쉽고 간단하다는 장점이 있다.

그러나 지시설은 몇 가지 단점도 가지고 있는데 첫째는 바로 추상적인 대상들을 어떻게 설명할 것인가에 대한 부분이다. 언어 표현의 의미는 실제 대상물이라고 하였으나 현실에 존재하지 않는 '신', '인어', '봉황' 등의 언어 표현에 해당하는 대상의 실물이나 그림, 사진 등을 보여줄 수 없으므로 의미를 설명할 수 없다는 것이다. 둘째는 현실에 있는 대상물은 하나이지만 이것을 표현하고 있는 언어 표현이 둘 이상인 경우이다. '부추'는 실제 현실에 존재하는 대상이지만 이것을 나타내는 표현이 '부추', '정구지', '솔' 등으로 여러 가지가 나타난다. 이때 이들 언어 표현의 차이를 설명할 수 없다는 것이 단점이 된다.

개념설은 한 단어나 한 문장의 의미는 그 언어 표현에 대해 사람들이 마음이나 머릿속으로 떠올리는 생각이나 개념이라고 보는 입장이다. 따라서 사람들의 마음이나 정신 속에서 그 표현과 관련된 관념, 개념이 의미라고 본다. 단어를 설명할 때 주위에 실제 대상물이 없어도 머릿속으로 떠올린 모양을 설명하면 의미를 전달할 수 있다는 것이다. 다른 사람이 '책상'이 무엇인지 물었을 때 주위에 책상이 없는 장소라면 '책상은 학교나 학원에서 공부할 때 책을 놓는 네모난 상이다.'라고 말을 하는 것은 개념설의 입장에서 책상의 의미를 설명한 것이다. 머릿속에 떠오르는 개념을 설명하는 것이므로 추상적인 대상인 '신', '인어', '봉황' 등에 대한 의미 설명이 가능하다는 장점을 갖는다.

그러나 개념설의 입장도 몇 가지 단점을 가지고 있는데 첫째는 추상적인 대상을 어떻게 정의 내릴 것인가이다. '봉황'에 대해 어떤 사람은 '닭과 비슷하게 생긴 상상의 새'라고 생각을 했는데, 다른 사람은 '공작과 비슷한 상상 속 새'라고 생각할 수도 있는 것이다. 따라서 개념설의 입장에서 추상적인 대상들에 대한 의미 설명은 가능하지만 그 설명이 모든 사람에게 동일하게 적용되지는 않는다는 것이다. 둘째는 개념과 연관되지 않는 단어들은 어떻게 정의할 것인가이다. 어떤 대상을 나타내지 않는 문법적 기능어인 '이/가', '을/를', '그리고', '그런데' 등에 대해 설명하기 어렵다는 것이다.

2. 의미의 유형

개념적 의미는 언어 표현의 가장 보편적이면서 핵심적인 의미로 사전적 의미라고도 한다. 하나의 언어 표현은 그 표현을 사용하는 화자나 상황이 달라져도 이와 관계없이 항상 같은 의미를 갖는다.

연상적 의미는 개념적 의미에 추가되어 그 언어 표현을 사용하는 사람의 개인적인 경험에 따라 달라질 수 있는 의미를 말한다. 화자가 달라지면 다른 의미로 변할 수 있는 가변적인 의미이다. 연상적 의미는 다시 다음의 다섯 가지 의미로 나눌 수 있다.

㉠ 내포적 의미
- 개념적 의미에 부가적 의미가 더해져서 나타나는 의미로 개인의 경험이나 상황에 따라 달라지는 의미이다.
㉡ 사회적 의미
- 사회적 계층이나 지역적 환경, 관심 분야 등이 다르기 때문에 생기는 의미를 말한다. 일반적으로 방언이나 관심 분야, 직업, 개인적 특성 등에 의해 변이가 나타나서 의미 차이가 생긴다.
㉢ 감정적 의미
- 말하는 사람의 개인적 감정과 정서가 그 사람의 언어 표현에 반영된 의미를 말한다. 일반적으로 감정은 강세, 억양, 장단, 휴지 등 운율적 요소에 의해 나타나는 경우가 많다.

ⓔ 반사적 의미
- 하나의 언어 표현의 의미가 같은 발음을 가진 다른 단어의 의미로 받아들여져서 나타나는 의미를 말한다. 한 언어 표현의 의미가 여러 개념적 의미를 가지는 동음이의어로 인해 나타나기도 하는데 이는 어렵고 잘 사용하지 않는 표현을 외국인이나 아이들이 모를 때 같은 발음의 다른 단어로 인식하여 나타난다.
ⓜ 배열적 의미
- 하나의 언어 표현이 그 앞과 뒤에 배열된 다른 단어와 결합하여 원래의 개념적 의미가 아닌 다른 의미로 해석될 때 배열적 의미 또는 연어적 의미라고 한다.

주제적 의미는 말하는 사람의 의도에 따라 달라지는 의미이므로 의도 의미라고도 한다. 일반적으로 어순이나 강조, 초점을 다르게 발화하여 다른 의미를 나타낸다.

II. 어휘 의미론

1. 계열 관계와 통합 관계(소쉬르, 1915)

계열 관계는 구성 요소들 사이의 공통성에 의해 맺어진 관계로 한 문장 안에서 서로 대치하여 사용할 수 있는 어휘들의 관계를 말한다.

예) 철수가 만화를 본다. 철수가 신문을 본다. 철수가 TV를 본다.

통합 관계는 하나의 문장에서 이어져 있는 구성 요소들 사이의 관계를 말한다.

예) 철수가 만화를 본다. ('철수'와 '가', '만화'와 '를' 등의 관계)

2. 의미장

의미장은 어휘들을 일정한 기준에 따라 서로 관련이 있는 어휘들을 모아 놓은 것으로 같은 의미장에 속한 어휘들의 정확한 의미는 같은 범위에 속한 다른 어휘들과의 관계 속에서 분명하게 찾을 수 있다. 또한 의미장은 그 언어의 문화에 영향을 받아서 나타난다.

예) 빨갛다, 파랗다, 노랗다, 하얗다, 까맣다

언어상대성 가설은 훔볼트 이후 사피어와 워프에 의해 본격적으로 연구되어 사피어-워프 가설이라고도 한다. 사용하는 언어가 다르면 그에 따라 사고와 인식이 달라진다는 것으로 언어가 사고의 인식과 문화에 영향을 미친다는 것이다.

색채어 의미장

한국어	영어	웨일즈어
푸르다	Green	Gwyrdd
	Blue	Glas
	Grey	Llwydd
	Brown	

친족어 의미장

영어	독일어	말레이어	터키어	한국어	중국어
Brother	Bruder	Sudar	Kardes	형	哥
				동생	弟
Sister	Schwester			누나	姊
				동생	妹

　이외에도 영어의 'uncle'은 한국어의 큰아버지, 작은아버지, 삼촌, 이모부, 고모부, 외삼촌, 당숙 등에 해당하며, 'aunt'는 백모, 숙모, 고모, 이모, 외숙모 등에 해당한다. 위의 예를 통해 언어가 사고에 영향을 미치는 모습을 살펴볼 수 있다. 또한 한국어의 경우에는 친족어휘가 친족이 아닌 다른 사람에게도 사용되는 모습을 확인할 수 있다.

3. 성분분석

　우리는 보통 한 단어의 의미가 하나라고 생각하지만 한 단어의 의미는 더 작은 여러 개의 의미가 모인 것으로 볼 수 있고, 이 각각의 의미를 의미성분이라고 한다. 따라서 한 단어의 의미를 정확하게 파악하기 위해서는 의미성분을 구분해 보아야 하는데 이를 성분분석이라고 한다.

　예) 형 : (+남성)(+손위) / 누나 : (−남성)(+손위)
　　　총각 : (+남성)(+성숙)(+미혼) / 처녀 : (−남성)(+성숙)(+미혼)

　위의 예를 살펴보면 우리가 흔히 반대말이라고 인식하고 있는 '형/누나', '총각/처녀'는 성분분석 결과 하나의 성분만 반대라는 것을 확인할 수 있다. 모든 성분이 반대되면 '형'은 (+남성)(+손위)의 반대인 (−남성)(−손위)가 되어 '여동생'이 되고, '총각'은 (+남성)(+성숙)(+미혼)의 반대인 (−남성)(−성숙)(−미혼)이 되어 '결혼한 소녀'가 된다. 따라서 '형과 여동생', '총각과 결혼한 소녀'는 반대말이 아니라 아무 관계가 없는 단어가 된다.

4. 동음이의 관계

동음이의 관계는 형식은 하나로 동일하지만 가지고 있는 의미가 다른 언어들의 관계를 말합니다. 즉 하나의 형식에 둘 이상의 의미가 연결되는 의미관계이며, 이러한 관계에 있는 어휘들을 동음이의어, 동음어, 이의어라고 합니다.

'말(言)과 말(馬)', '배(船)와 배(腹)', '다리(脚)와 다리(橋)', '시내(川)와 시내(市內)' 등과 같이 발음이 같고 표기까지 같은 동음이의어를 동철자 동음어, '가치'와 '같이', '마치다'와 '맞히다', '학문'과 '항문', '바치다'와 '받치다' 등과 같이 발음은 같지만 표기가 다른 동음이의어를 이철자 동음어라고 한다.

또한 절대 동음어와 부분 동음어로 구분하기도 하는데, 절대 동음어는 두 어휘의 의미가 관련이 없고, 어휘의 형태가 동일하며 같은 형태일 때 문법적으로 대등한 동음어이다. 절대 동의어가 성립되는 조건 중에서 하나라도 다르다면 부분 동의어가 된다.

동의어가 만들어지는 원인은 크게 네 가지로 나누어 살펴볼 수 있다.

첫째, 언어는 형식과 의미의 자의적 결합이고, 한 언어에서 사용하는 음운의 수는 제한적이기 때문이다. 언어는 형식과 의미가 결합하여 사용되는데 이 형식과 의미가 결합하는 방식은 전혀 규칙이 없다. 따라서 형식은 동일하지만 다른 의미와도 결합하게 되면 동음이의어가 된다. 또한 한 언어 체계 안에서 사용하는 자음과 모음의 수는 제한적이다. 이론적으로는 무한한 수의 어휘를 만들 수 있으나 실제 우리가 조합하여 사용하는 어휘는 5음절 이내이다. 따라서 표현하려고 하는 의미보다 형식의 수가 적어지므로 동음이의어가 생겨나게 된다.

둘째, 시간의 흐름에 따라 언어는 변화하고 음운 역시 변화하게 된다. 따라서 어떤 어휘가 음운이 변화하였는데 이미 그런 형태의 다른 어휘가 있다면 동음이의어가 되는 것이다. 예를 들어 '뎔(寺)'은 근대에 와서 구개음화가 일어났고 그에 따라 소리가 '절'로 변하였다. 그러나 한국에는 이미 이전부터 '다른 사람에게 공경하는 뜻으로 하는 인사'라는 의미로 사용하고 있던 '절'이라는 어휘가 존재했다. 따라서 두 어휘는 같은 발음이 되었고 의미가 다른 동음이의어가 되었다.

셋째, 의미의 변화에 동음이의어가 생겨나기도 한다. 두 어휘가 이전에 의미 상 관련되는 부분이 있어서 다의어였지만 시간이 지남에 따라 의미가 달라지고 의미들 사이의 관련성이 사라지면서 사람들이 다른 단어라고 인식하여 동음이의어가 된 경우이다. '고개'는 다의어로 '언덕'이라는 의미와 '사람이나 동물의 목 뒤 부분'이라는 의미를 가지고 있었고, 두 의미가 관련이 있다고 여겨졌다. 그러나 시간이 지남에 따라 사람들의 인식이 바뀌었고 두 의미가 관련이 없다고 생각하기 시작했고 의미가 나뉘어져서 결국 동음이의어가 되었다.

넷째, 외래어가 들어오면서 동음이의어가 발생된다. 하나의 언어 체계 안에도 많은 동음이의어가 있지만, 동일한 발음의 어휘들이 외래어로 들어오면서 동음이의어의 수는 더욱 늘어나게 된다. 고유어인 악기 '북'과 한자어가 들어오면서 '북(北)'이 동음이의어가 되었고 다시 영어에서 '북(Book)'이 들어와서 동음이의어는 계속 늘어나게 되었다.

5. 다의 관계

　다의 관계는 하나의 언어 형식에 의미가 여러 개 결합한 관계를 말하며, 여러 의미들 사이에 관련 성이 인정되는 경우를 말한다. 다의 관계는 기존에 사용되고 있는 어휘가 의미를 확장하여 새로 운 의미를 가지지만 기존 의미와 관련되어 나타난다. 따라서 기존에 사용하고 있던 가장 기본적이 고 핵심적인 의미를 중심 의미라고 하고, 이것이 문맥이나 상황의 변화에 따라 확장되어 나타나는 의미를 주변 의미라고 한다. '보다'는 '눈으로 무언가를 인식하는 것'이 중심 의미라면 '시험을 잘 보다.', '아이를 보다.'에서 사용되는 의미는 중심 의미가 확장되어 나타나는 '주변 의미'가 되는 것 이다.

　다의어가 만들어지는 원인으로 다음의 다섯 가지를 들 수 있다.

　첫째, 문맥에 따른 의미의 전이이다. 어휘는 문맥에 따라서 다른 의미를 가질 수 있는 특징이 있 다. 그런데 문맥에 따른 의미의 차이가 커지면서 중심 의미는 공유하지만 의미가 더 확장되는 경 우 다의어가 생겨나게 된다. '좁다'는 '면적이 작다'를 중심 의미로 갖지만 문맥에서 사용되어 '철수 는 마음이 좁다.'는 주변 의미로 나타나고 다의어가 된다.

　둘째, 사회적 환경에 따른 의미 확장으로 다의어가 되는 경우이다. 즉 동일한 어휘라고 하더라도 그 어휘가 사용되는 사람들의 계층이나 신분, 직업 등에 따라 다른 의미로 사용이 되고 결국 중 심 의미는 공유하지만 의미가 벌어져서 다의어로 인식되는 경우이다. '집'은 사람들이 거주하는 공 간을 중심 의미로 하지만 이 어휘를 어떤 경기를 하는 사람들이 사용하게 되면 '이번에는 저쪽 집에서 이길 것 같다.'와 같이 어느 한쪽 편을 가리키는 의미가 되어 다의어가 된다.

　셋째, 비유적인 표현으로 사용되어 다의어가 되는 경우를 말한다. 언어는 문학적인 표현 이외에 일상적인 환경에서도 비유적으로 사용되는데, 이 비유적 표현이 널리 사용되면 다의어로 기능하게 된다. '오른팔'은 '신체의 일부로서 몸의 오른쪽에 달린 팔'이라는 의미를 중심 의미로 갖는다. 그 러나 대부분의 사람들이 오른손잡이어서 가장 익숙하게 사용하는 팔이 오른팔이 되고 다시 '내 옆에서 중요한 역할을 맡아서 도와주는 사람'이라는 의미로 비유적으로 사용되면서 다의어로 사 용되고 있다.

　넷째, 동음이의어의 의미가 관련이 있다고 생각되어 다의어가 되는 경우를 말합니다. 동음이의어 가 만들어지는 원인에서 다의어의 의미가 관계없으면 동음이의어가 된다고 한 것과 같이 반대로 의미가 관계가 있다고 인정되면 다의어가 되는 것이다.

　다섯째, 외국어의 의미가 들어오면서 다의어가 생겨나는 경우도 있다. 하나의 어휘가 중심 의미만 가지고 있을 때 같은 의미를 가진 외국어가 들어오면 의미는 1:1로 나타난다. 그러나 외국어 어휘 가 다의어로 여러 의미를 가지고 있는 경우에는 그 의미가 한국어 어휘에도 결합되어 한국어 어 휘가 다의어로 확장되게 된다. '별'은 말 그대로 '하늘에 떠 있는 천체'를 뜻하는 단어였으나 영어 어휘 'star'는 '하늘에 떠 있는 천체'라는 의미 이외에도 '장군'이라는 의미를 다의어로 가지고 있 었기 때문에 한국어의 별에도 '장군'의 의미가 추가되어 다의어가 되었다.

6. 동의 관계

　동의 관계는 언어 형태는 다르지만 그 의미가 동일하거나 유사한 어휘들의 관계를 나타내는 것인데 일상적인 언어 표현에서 의미가 완전히 동일하게 나타나는 어휘는 거의 없다. 따라서 의미가 완전하게 일치하는 어휘들은 동의 관계, 의미가 유사하지만 완전하게 일치하지 않는 어휘들은 유의 관계라고 해서 구분하기도 한다.

　동의 관계가 생겨나는 원인은 크게 다섯 가지로 구분된다.

　첫째, 표준어와 방언과의 관계에 의해 동의어가 만들어진다. 한 언어 공동체의 언어는 시간의 흐름에 따라 지역마다 다르게 분화된다. 따라서 같은 대상을 지칭하는 다양한 어휘가 나타나게 되는데 이에 따라 동의어가 만들어지는 것이다. '부추'는 지역에 따라 '정구지', '솔' 등으로 나타나는데 모두 같은 대상을 가리키므로 동의어가 된다.

　둘째, 외국어 차용어로 인해 동의어가 만들어진다. 한국에서 하나의 대상을 가리키는 어휘가 있을 때에도 외국어가 들어오면 같은 대상을 가리키는 어휘가 함께 사용되는데 이런 경우 동의어가 되는 것이다. 그러나 외국어 차용어에 의한 동의어는 '열쇠'와 '키'의 경우와 같이 더 현대적인 대상에 외국어가 사용되는 것과 같이 의미 차이를 가지게 된다.

　셋째, 일상 언어와 전문 언어의 관계로 인해 동의어가 생겨나기도 한다. 전문어는 직업어라고도 하는데 특정한 전문 분야에서 사용되는 어휘를 말한다. 또한 전문어는 전문 분야에서 사용되는 어휘이므로 명확한 의미를 가지고 사용되기 때문에 의미 확장이 되지 않고 비유적으로 사용되지 않기 때문에 일상 어휘와 의미 차이를 갖게 된다. '쓸개'와 '담낭'은 일상 어휘와 전문 어휘의 관계로 의미 차이를 갖는다.

　넷째, 하나의 대상을 표현하는 화자나 필자의 개성인 문체에 따라 동의어가 나타나기도 한다. '부인'과 '마누라'는 대표적인 문체 차이에 의한 동의어가 된다. '부인'은 자신과 결혼한 여성을 지칭하는 좀 더 격식을 갖춘 표현이라면 '마누라'는 자신과 결혼한 여성을 나타내는 표현이지만 비격식적인 친근함과 약간의 하대라는 의미를 가지므로 완전한 동의어는 아니다.

　다섯째, 금기어와 완곡어의 관계에 따라 동의어가 생성되기도 한다. 어느 언어에나 그 언어권의 사람들이 직접 표현하기를 꺼리는 어휘들이 있는데 이를 금기어라고 한다. 그러나 그 표현을 사용하지 않을 수는 없기 때문에 다른 표현으로 돌려서 말하는데 이를 완곡어라고 한다. 한국에서는 불길한 대상이나, 불결한 것, 성적인 표현을 피하려고 하는 금기가 많아서 이를 대체하는 완곡 표현이 많이 나타난다. 이렇게 되면 원래의 금기 표현과 완곡 표현의 의미가 같아지므로 동의어가 된다.

　위의 다섯 가지 원인으로 인해 동의어가 만들어지면 같은 의미를 가진 동의어들이 서로 더 많이 사용되기 위해 경쟁을 하게 된다. 이러한 경쟁의 결과는 다음의 네 가지로 나타난다.

　첫째, 동의어가 모두 살아남아서 사용되는 결과이다. 어느 하나의 어휘가 우위를 점하지 못했기 때문에 두 어휘가 비슷한 비율로 사용되는 것이다. '달걀'과 '계란'이 대표적인 예이다.

　둘째, 하나의 어휘가 선택되어 살아남고 다른 하나의 어휘는 사라지는 결과이다. 한자어 '백'과

'천'은 살아남고 고유어 '온', '즈믄'은 사라진 것이 대표적인 예이다. 이때 살아남은 어휘는 음절이 짧은 어휘, 동음이의어가 없는 어휘, 문화적으로 우월의 기능을 가진 어휘이다.

셋째, 같은 의미를 가진 어휘 둘이 합성되어 하나의 어휘로 나타나는 결과이다. '틈'과 '사이'는 같은 의미를 가진 동의어였으나 두 어휘가 합쳐져서 '틈새'로 사용되는 것을 대표적인 예로 볼 수 있다. 이러한 경우에는 '족발', '고목나무' 등과 같이 중복 표현이 된다.

넷째, 같은 의미를 가진 어휘 중 하나의 의미가 달라지는 결과이다. 두 어휘가 경쟁하다가 하나의 어휘가 선택되어 사용되고, 다른 하나의 어휘는 사라지지 않고 다른 의미로 사용되는 것이다. '부인'과 '마담'은 외래어가 들어와서 동의어가 된 경우이지만 지금은 '마담'의 의미가 다르게 사용된다.

7. 반의 관계

반의 관계는 두 어휘의 의미가 서로 반대되는 관계를 말하는 것으로, 두 어휘의 성분 분석 결과 여러 성분은 공통적이지만 하나의 성분이 달라지는 경우를 말한다.

반의 관계는 다음 세 가지의 유형으로 구분할 수 있다.

첫째, 단순 반의 관계 또는 상보 반의 관계로 불리는 유형으로 하나의 어휘를 부정하면 자동적으로 다른 단어가 긍정되는 어휘들의 관계이다. '지호는 남자가 아니다.'라는 문장에서 남자를 부정했으므로 당연히 지호는 여자가 된다. 반대로 '지호는 여자가 아니다'라는 문장이 있다면 자동적으로 지호는 남자가 된다. 따라서 ' 남자'와 '여자'는 단순 반의 관계에 해당하는 어휘가 된다.

둘째, 정도 반의 관계 또는 등급 반의 관계로 불리는 유형으로 반대되는 두 어휘 사이에 다른 어휘들이 존재하는 경우를 말한다. '춥다'와 '덥다'는 흔히 반대말로 인식하지만 '오늘 춥지 않다.'라는 문장의 의미는 '오늘 덥다.'라는 문장이 된다고 볼 수 없다. 두 어휘 사이에 '서늘하다 – 시원하다 – 선선하다 – 따스하다 – 따뜻하다 – 뜨듯하다' 등 중간에 있는 어휘들이 있기 때문이다. 따라서 정도 반의 관계에 속한 어휘들은 하나의 단어를 부정해도 반대의 단어가 나타나는 것은 아니며, 비교 표현에도 사용될 수 있다는 특징을 가지고 있다.

셋째, 방향 반의 관계 또는 관계 반의 관계로 불리는 유형이 있다. 이 유형에 속한 두 어휘는 의미상 대칭되며 관점의 차이에 의해서도 나타난다. '아버지 – 나 – 아들'이 있을 때 아버지가 나를 보면 '후손'이 되지만 아들이 나를 보면 '조상'이 된다. 따라서 '조상 – 후손'은 방향 반의 관계에 속한 어휘들이 된다.

8. 상하 관계

상하 관계는 하나의 어휘가 다른 어휘의 의미를 포함하는 관계로 포함하는 어휘를 상의어, 포함된 어휘를 하의어라고 한다. '동물'은 '날짐승'의 의미를 포함하고 있으므로 두 어휘는 상하 관계를 이루게 된다. 또한 '날짐승'은 '참새', '까치' 등의 의미를 포함하므로 상하 관계가 된다. 그리고 '동물'과 '참새'도 상하 관계를 이루게 된다. 상하 관계에 속한 어휘들은 하의어일수록 더 특수한 의미를 나타내기 때문에 의미 성분의 수가 많아지는 특징을 갖는다.

동물 (+생물)(+동작성)
사람 (+생물)(+동작성)(+인간)
남자 (+생물)(+동작성)(+인간)(+남성)
소년 (+생물)(+동작성)(+인간)(+남성)(−성숙)

9. 부분 관계

부분 관계는 하나의 어휘가 가리키는 대상이 다른 어휘가 가리키는 대상을 포함하는 경우를 말한다. '문'이라는 어휘가 가리키는 대상은 '손잡이'라는 어휘가 가리키는 대상을 포함하고 있으므로 두 어휘는 부분 관계가 된다. 이때 '문'은 전체어, '손잡이'는 부분어라고 한다. '얼굴'과 '코', '팔'과 '손'도 부분 관계에 속하는 예가 된다.

10. 의미 변화

1) 원인

의미변화의 원인으로 언어적, 역사적, 사회적, 심리적 원인과 외국어의 영향, 새로운 명칭 필요성의 여섯 가지를 들 수 있다.

언어적 원인은 언어의 특성에 기인한 것으로 전염, 생략, 민간어원으로 인한 것을 말한다. 전염은 한 어휘의 의미가 다른 어휘로 옮은 것인데, 예를 들어 '별로'라는 부사어는 부정을 의미하는 말과 함께 사용된다. 그런데 오랜 시간 부정 의미의 말과 사용되어 부정의 의미가 '별로'라는 어휘로 옮아서 뒤에 부정 의미의 표현이 없이 혼자 사용되어도 부정의 의미를 갖게 되어 의미가 변하였다. 생략은 합성에 의해 새로운 어휘가 만들어지면 새로운 의미를 갖게 되는데, 새로운 의미를 가진 상태로 합성어를 이루고 있던 어휘 일부가 생략되어 나타난다. 그 결과 '머리카락'은 그 의미가 변하지 않고 일부가 생략되어 '머리를 잘랐다'와 같이 사용되지만 여전히 '머리카락'의 의미를 가지고 있으므로 '머리'의 의미는 변화된 것이다. 민간어원은 그 언어를 사용하는 사람들이 어휘의 어원을 잘못 알고 사용하여 의미가 변화된 경우이다. '노다지'가 금을 발견했을 때 외국인들이' No

Touch'라고 말해서 노다지가 금이나 보물이라는 의미로 사용한다는 것이 대표적인 예이다. '노다지'는 외국인들이 들어오기 전부터 사용하던 어휘였다.

역사적 원인은 시간의 흐름에 따라 대상이나 사람들의 지식, 태도가 변화해서 의미가 변한 것을 말한다. '역'은 예전에 역참이라고 해서 말을 갈아타는 곳이었으나 지금은 기차나 지하철을 타는 곳을 가리킨다. 어휘는 변하지 않았지만 그 대상이 바뀌었기 때문에 실질적으로는 의미가 변화한 어휘가 된다. 지식이 변한 것으로는 '책'을 들 수 있다. 책은 종이에 인쇄나 직접 글씨를 쓴 읽을 것을 말했으나 지금은 매체가 다양해지면서 전자책, 오디오북 등으로 '책'의 개념이 다양해졌다. 따라서 어휘가 변하지 않았지만 사람들의 지식이 달라져서 그 의미가 확장되어 사용되므로 의미가 변한 것이다. 태도가 변한 것으로 '나일론'을 볼 수 있는데, 이전에 '나일론'은 값이 싸고 튼튼한 원단으로 인식했기 때문에 이 어휘는 긍정적인 의미를 가지고 있었다. 그러나 시대가 변하면서 싸구려 또는 품질이 떨어지는 등으로 인식하게 되었고 결국 '나일론'이라는 어휘는 부정적인 의미를 가지게 되었다. 대상이나 어휘는 변하지 않았지만 사람들이 그것에 대해 가지는 태도가 변한 것이다.

사회적 원인은 일상적으로 사용되는 어휘가 특수한 계층이나 직업을 가진 사람들이 사용하면서 의미가 변한 특수화와 반대로 특수한 계층이나 직업을 가진 사람들이 사용하던 어휘를 모든 사람들이 사용하게 되면서 의미가 변한 일반화가 있다. '개미'는 곤충을 가리키는 표현이었으나 주식과 관련된 사람들이 사용하면서 '소액투자자'를 나타내는 말로 사용되었는데 이것이 바로 특수화의 예가 된다. 반대로 '박사'는 어떤 한 분야의 전문가로 박사 학위를 가진 사람을 의미하던 것이 일상적으로 사용되면서 '수학 박사', '과학 박사' 등 어떤 것을 잘 하는 사람이라는 의미가 되었다. 이것은 일반화의 예가 된다.

심리적 원인은 금기에 의해 의미가 변화한 것을 대표적으로 들 수 있다. 동의어가 생성되는 원인에서 제시한 것과 같이 금기어를 대신하는 다른 언어 표현을 사용한다면 그 어휘는 기존의 의미와 새로 금기어의 의미를 갖게 되어 의미가 변하는 것이다. '손님'은 다른 곳에서 찾아 온 사람을 의미하는 어휘였지만 금기어인 '귀신'을 나타내기 위해 사용되면서 '다른 곳에서 찾아 온 사람'이라는 의미 외에도 '귀신'의 의미를 가지게 되어 의미가 변하게 되었다.

외국어의 영향으로 의미가 변한 예로 '인간(人間)'을 들 수 있다. 원래는 '사람들이 사는 세상'이라는 의미를 가지고 있었으나, 일본어 '인간(にんげん)'의 영향으로 '사람'의 의미를 가지게 되어 의미가 변한 것이다.

새로운 명칭의 필요성으로 인해 의미가 변화하기도 한다. 일반적으로 새로운 물건이나 행위가 생겨나면 새로운 명칭을 붙이지만, 그렇게 하지 않고 기존 어휘의 의미를 변하시켜 사용하는 경우이다. '방'은 '사람이 살기 위해 벽으로 막은 장소'를 의미했는데 pc방, 노래방, 찜질방 등에서 '방'은 사람이 사는 공간이 아니므로 '방'의 의미가 변한 것이라고 볼 수 있다.

2) 결과

의미가 변화하여 그 결과 범위나 가치가 변화하는데 범위의 변화로는 의미 확대, 의미 축소, 의미

전이가 있고 가치 변화로는 의미 하락, 의미 향상이 있다.

의미 확대는 어휘가 가지고 있던 의미 범위가 넓어진 경우를 말한다. '세수'는 손을 씻는 것을 의미했지만 지금은 얼굴을 씻는 행위를 포함하는 의미가 되었으므로 의미 확대가 이루어진 예이다.

의미 축소는 어휘가 가지고 있던 의미 범위가 좁아진 경우를 말한다. '사랑하다'는 생각하다는 의미와 사랑하다는 의미를 가지고 있었으나 지금은 생각하다는 의미가 제외되었으므로 의미 축소가 이루어진 예이다.

의미 전이는 어휘가 가지고 있던 의미가 변화한 경우를 말한다. '어리다'는 어리석다의 의미를 가지고 있었으나 지금은 나이가 적다는 의미를 가지고 있으므로 의미 전이가 이루어진 예가 된다.

의미 하락은 어휘가 가지고 있던 의미의 가치가 떨어진 것으로, '마누라'는 왕실에서 사용되던 어휘였다. 그러나 일반적으로 널리 사용되게 되었고 지금은 '하대'나 '비하'의 의미를 나타내기도 하므로 의미가 하락한 예가 된다.

의미 향상은 어휘가 가지고 있던 의미의 가치가 올라간 것으로, '장인'은 기술직에 해당하는 사람들을 가리키던 어휘였다. 그러나 지금은 어떤 특정 분야의 전문가를 나타내는 의미로 사용되어 의미가 향상된 예이다.

III. 문장의미론

1. 중의성

중의성은 하나의 언어 표현 즉 한 문장이 둘 이상으로 의미가 해석되는 경우를 말하는 언어의 특징으로 동음이의어나 다의어, 문장의 구조 등에 의해 나타난다.

'철수의 말이 참 빠르다.', '철수의 집이 기울었다.'는 문장은 '말'과 '기울다'라는 어휘가 동음이의어, 다의어이기 때문에 두 가지의 의미로 해석이 되는 문장이다. 이러한 중의성은 어떤 요인에 의해 발생하는 가에 따라 세 가지 유형으로 나타난다.

1) 어휘적 중의성

어휘적 중의성은 하나의 문장에서 사용된 어휘가 가지고 있는 특성에 의해 나타나며, 동음이의어와 다의어에 의해 나타나는 모습을 볼 수 있다.

순호가 모자를 쓴다.
– 순호가 현재 모자를 쓰는 중이다. / 순호가 공책에 연필로 '모자'라고 쓴다.
영희는 밤을 좋아한다.
– 영희는 삶은 밤을 좋아한다. / 영희는 늦은 시간의 어두운 밤을 좋아한다.

철수가 오늘 차를 샀다.

　－ 철수는 오늘 마시는 차를 샀다. / 철수는 오늘 자동차를 샀다.

2) 구조적 중의성

구조적 중의성은 문장 성분들 사이의 문법적인 관계로 인해 나타난다. 의미를 분명하게 하기 위해서는 쉼표를 사용하거나 휴지를 두고 말해야 한다.

어머니는 아버지보다 딸을 더 사랑한다.

　－ 어머니가 아버지와 딸 둘 중에서 딸을 더 사랑한다.

　－ 어머니도 딸을 사랑하고 아버지도 딸을 사랑하지만 어머니가 더 사랑한다.

철수가 좋아하는 영희의 동생을 만났다.

　－ 철수가 좋아하는 사람은 영희 / 철수가 좋아하는 사람은 영희 동생

영수는 아버지의 그림을 좋아한다.

　－ 아버지가 그린 그림 / 아버지를 그린 그림 / 아버지가 가지고 있는 그림

순희가 보고 싶은 친구들이 많다.

　－ 순희가 많은 친구를 보고 싶어 한다. / 많은 친구들이 순희를 보고 싶어 한다.

철수와 영희가 결혼했다.

　－ 철수가 신랑, 영희가 신부로 둘이 결혼했다. / 철수와 영희가 각각 다른 사람과 결혼했다.

3) 영역적 중의성

영역의 중의성은 어휘가 문장의 어느 부분에 영향을 미치는가에 따라 나타난다.

모든 남자들이 한 여자를 사랑한다.

　－ 모든 남자가 그 한 여자를 사랑한다. / 모든 남자는 각각 사랑하는 여자가 한 명 있다.

두 명의 사냥꾼이 네 마리의 토끼를 잡았다.

　－ 총 네 마리를 잡았다. / 각각 네 마리씩 총 여덟 마리를 잡았다.

아이가 집에 가지 않았다.

　－ 다른 사람이 집에 갔다. / 아이가 다른 곳에 갔다. / 아이가 움직이지 않고 있다.

친구들이 모두 오지 않았다.

　－ 친구들이 100% 안 왔다. / 친구들이 일부 안 왔다.

2. 전제관계

전제 관계는 하나의 문장이 참이 되기 위해 이미 참이라는 것이 확인된 다른 문장과의 관계를 말한다.

영수의 동생이 미국에 간다.

영수는 동생이 있다.

- 영수의 동생이 미국에 간다는 문장이 참이 되기 위해서는 무조건 영수는 동생이 있다는 문장이 성립되어야 하는 것이다. 따라서 첫 문장의 진위 여부와 관계없이 두 번째 문장은 항상 참이 되는 문장이다.

전제가 고유명사나 한정적 표현, 사실동사, 상태변화 동사, 반복 표현, 시간부사절, 의문문이 사용되는 경우에 만들어진다.

고유 명사 : 영희는 나의 대학 친구이다. - 영희라는 사람이 있다.

한정적 표현 : 내가 본 사람은 할아버지이다. - 나는 누군가를 봤다.

사실 동사 : 나는 철수가 공부하는 것을 안다. - 철수가 공부한다.

상태변화 동사 : 영수는 일을 그만두었다. - 영수는 일을 했다.

반복 표현 : 철수가 또 밖으로 나갔다. - 철수가 전에도 밖에 나갔다.

시간부사절 : 영희는 집에 가서 영화를 봤다. - 영희는 집에 갔다.

의문문 : 너 어제 누구를 만났어? - 너는 누구를 만났다.

3. 함의 관계

함의 관계는 하나의 문장이 참이 될 때 참으로 인정되는 그 순간 동시에 사실로 인정되는 문장이 나타나는데 이 두 문장의 관계를 말한다.

영수는 친구를 만났다.

영수는 사람을 만났다.

- 첫 문장이 참이 되면 자동적으로 둘째 문장도 참으로 나타나게 된다. 그러나 첫 문장이 거짓이라면 둘째 문장은 친구가 아닌 다른 사람을 만난 것인지, 아무도 만나지 않은 것인지 알 수 없게 되어 참과 거짓을 구분할 수 없다.

함의 관계는 의미 성분과 상하 관계, 동의어, 보조사, 반의어, 세상 지식 등에 의해 만들어지게 된다.

의미 성분에 의해 : 철수는 총각이다. - 철수는 미혼이다.

상하 관계에 의해 : 영희는 부인이다. - 영희는 여자다.

동의어에 의해 : 저 사람이 내 동생이다. - 저 사람은 내 아우다.

보조사에 의해 : 순희가 밖에서는 밥을 잘 먹는다. - 순희가 집에서는 밥을 잘 안 먹는다.

반의어에 의해 : 순희는 영수의 부인이다. - 영수는 순희의 남편이다.

세상 지식에 의해 : 음주 단속 결과 혈중 알코올 농도가 0.08% 나왔다. - 면허가 취소된다.

■ 참고문헌 ■

김종택·남성우(1993), 『국어의미론』, 한국방송대학교 출판부.

남기심·이상억·홍재성 외(1999), 『외국인을 위한 한국어 교육의 방법과 실제』, 한국방송대학교출판부.

남기심·고영근(1994), 『표준 국어문법론』, 탑출판사.

양태식(1992), 『국어 구조 의미론』, 박이정.

유현경 외(2015), 『우리말 첫걸음』, 보고사.

이익환(2000), 『영어의미론』, 한국문화사.

임지룡(1995), 『국어의미론』, 탑출판사.

천시권·김종택(1994), 『국어의미론』, 형설출판사.

5장 한국어사

| 학습목표 |

1. 한국어의 역사를 체계적으로 검토하여 옛 한국어의 체계와 변화 양상을 이해한다.
2. 한국어의 계통과 옛 표기 형태를 살펴보고 훈민정음의 창제 및 한국어의 음소·문법·어휘의 변천에 대해 학습한다.

I. 한국어사란

1. 한국어사의 개념

한국어사는 한국어의 역사임과 동시에 한국 역사의 일부로 한국어의 변천과 변화 과정을 알면 현대 한국어의 모습을 이해하는 데 도움이 된다.

언어는 시간의 흐름에 따라 변화하는 것으로 한국어 또한 시간의 흐름에 따라 변화해 왔다. 언어의 변화라고 하면 흔히 어휘적인 부분의 변화라고 생각하기 쉬우나 어휘의 변화만이 아닌 음운 체계와 문법 체계, 그리고 어휘 체계가 함께 변화해 온 과정이 되고, 이러한 한국어의 모든 변화를 연구하는 것이 한국어사이다.

한국어사를 연구하는 목적은 첫째, 한국어에는 우리 민족의 정신적, 물질적 생활이 반영되기 때문이다. 둘째, 고전 문학 작품을 올바로 읽고 잘 이해할 수 있도록 하는 길잡이 역할을 하기 때문이다. 셋째, 현대 한국어가 왜 이러한 모습으로 나타나는지를 이해할 수 있게 해 주기 때문이다.

2. 한국어사 연구방법

한국어사의 연구방법은 기본적으로 역사언어학의 방법을 사용하여 다음의 네 가지 방법으로 세분할 수 있다.

① 문헌 자료의 연구는 한국어사 연구의 가장 기본적인 방법으로 한문을 빌려 쓴 우리말 표기와 한글 표기 자료를 통해 연구한다. 이때 주의해야 할 점은 문자의 보수성을 고려해야

하고, 문자의 발음이 지금과 같다고 생각하면 안 된다는 것이다.

② 비교 방법을 통한 연구는 문헌으로 기록되기 이전의 한국어를 연구하는 방법으로 알타이어족인 몽골어군, 터키어군, 퉁구스어군에 속하는 언어들과 비교하는 것이다.

③ 내적 재구를 통한 연구는 어떤 공시적 상태, 즉 특정한 시대의 언어를 근거로 해서 그 이전의 상태를 재구하는 방법이다.

④ 방언 연구를 통한 연구는 문헌 자료를 통한 한국어사 연구가 중앙 방언에 한정되어 있기 때문이며, 방언에는 한국어의 이전 시기의 모습과 여러 분화된 형태가 나타나기 때문에 방언 연구를 통해 문헌 자료의 부족함을 보충할 수 있다.

3. 한국어의 계통

친족 관계의 언어들을 동일 언어라고 하며 이들을 묶어 어족을 형성하는데, 이렇게 세계의 여러 언어들을 어족으로 구분하는 것을 계통적 분류라고 한다.

19세기까지는 우랄알타이어족으로 구분하였으나 20세기에 와서 우랄어족과 알타이어족을 다시 세분한다. 우랄어족은 핀우글어군과 사모예드어가 있으며, 알타이어족은 다시 터키어군, 몽골어군, 퉁구스어군으로 나눌 수 있다. 한국어도 알타이어족에 속한다고 할 수 있는데, 이러한 가설은 이들 언어 사이의 공통적인 특징이 있기 때문이며, 그 특징은 다음과 같다. 첫째, 모음조화가 있다는 점이다. 둘째, 어두 자음의 제약이 있다는 것으로, 어두에 자음군이나 유음이 오는 것을 피하는 현상을 말한다. 셋째, 교착성이 있다는 점으로, 파생과 굴절이 접미사를 통해 이루어지는 점을 들 수 있다. 넷째, 모음교체나 자음교체가 없다는 점으로, 모음과 자음이 변화하면서 문법적 기능이 변하지 않는다는 것이다. 다섯째, 관계대명사와 접속사가 없다는 점이고, 여섯째, 부동사가 있다는 점이다.

한국어는 알타이어족에서 분화되어 나왔는데, 다시 북방계통의 언어인 고구려어와 남방계통의 언어인 신라어, 백제어로 분화된 모습을 살펴 볼 수 있다.

4. 한국어사의 시대구분

고대 한국어 : 삼국 시대 ~ 통일시라 시대까지
중세 한국어 : 전기 고려 건국 ~ 14세기 말
               : 후기 15세기~16세기 말
근대 한국어 : 17세기 ~ 갑오경장
현대 한국어 : 갑오경장 ~ 현재

10세기에 고려가 건국되고 정치문화의 중심지가 경주 지역에서 개성지역으로 옮겨지면서 언어에도 영향을 미치게 되었다. 따라서 이 시기를 기준으로 중세 한국어가 성립되었음을 알 수 있다. 또한 중세 한국어는 전기와 후기로 나누어지는데, 14세기를 그 기준으로 한다. 조선 건국 후 개성에서 서울로 중심지가 옮겨간 것은 그리 큰 변화라고 할 수 없으나 이 시기에 음운 체계의 변화가 많았던 것으로 생각되기 때문에 전기와 후기를 구분한다. 또한 중세 한국어와 현대 한국어의 과도기로 근대 한국어를 말하는데, 16세기 말부터 후기 중세 한국어와는 다른 음운 변화가 일어났기 때문이다.

II. 고대 한국어

1. 고구려어

고구려어는 자료가 남아있는 유일한 북방계통 언어로, 고구려어에 대한 연구는 북방계통의 언어와 함께 알타이어족의 다른 언어와의 친연성도 함께 밝혀 줄 수 있을 것이라고 생각되지만, 현재 우리가 알 수 있는 고구려는 100단어도 되지 않는다.

買忽 一云 水城 / 水谷城郡 一云 買旦忽

삼국사기 지리지 권 37에 나타난 지명 표기에 위와 같은 기록을 찾을 수 있는데, 한 지명에 대해 음독과 석독(훈독) 표기가 모두 나타난 자료를 통해 고구려어의 흔적을 찾아볼 수 있다.

2. 백제어

백제어는 삼국의 언어 중 가장 자료가 적으며, 음독과 석독 표기가 동시에 나타난 경우도 그 수가 매우 적기 때문에 그 흔적을 찾기 어렵다. 그러나 중국의 기록에 의하면 지배층은 왕을 '어라하(於羅瑕)'라고 불렀고, 백성들은 '건길지(鞬吉支)'라고 불렀다고 한 것으로 보아 지배층과 피지배층의 언어가 달랐다는 점을 추측할 수 있다. 또한 신라어의 '블(火)'과 같은 것으로 '부리(夫里)'라는 지명이 나타나고, 용비어천가에서는 '웅진(熊津)'을 '고마ㄴ르'로 표기한 모습으로 보아 백제어는 어말 모음을 보존하려는 경향이 있었음을 확인할 수 있다.

3. 신라어

고대 한국어는 삼국 시대를 지나 7세기 후반 신라에 의해 통일되었기 때문에 신라어가 고대 한국어의 중심이라고 할 수 있다. 신라어는 고구려어나 백제어에 비해 많은 자료를 통해 그 흔적을 찾을 수 있는데, 삼국사기나 삼국유사의 기록에 음독과 석독 표기가 병기된 인명, 지명, 관명 등이 있다. 삼국사기 지리지 권 34를 보면 음독과 석독이 함께 나타난 예를 찾을 수 있다.

密城郡本推火郡 / 永同郡本吉同郡

　이두 자료와 구결, 향찰 자료를 통해서도 신라어의 모습을 찾을 수 있다. 이두 자료는 한자로 우리말을 표기하려는 노력으로 한국어의 어순에 따라 조사와 어미를 표기했고 19세기까지 사용된 표기방법이다. 신라어는 한자를 빌려 문자로 기록하는 방법으로 음독 표기와 석독 표기, 그리고 혼합 표기를 사용했는데, 음독 표기에 사용된 한자들은 고구려어나 백제어에 사용된 글자들과 대체로 일치하며 고대 일본어 표기와도 유사한 모습을 볼 수 있다. 석독 표기는 한자의 훈(訓)으로 읽는 방법인데, 한자의 뜻은 현재까지 이어져 온 예가 많으나 여러 요인에 의해 변하기도 하므로 주의할 필요가 있다. 구결은 한문의 문법적 관계를 나타내기 위해 사용한 것으로 흔히 '토'라고 한다. 중국어의 어순을 그대로 따르며 해석의 용이함을 취하기 위한 것으로 볼 수 있다. 향찰은 우리말 표기를 위한 노력의 결과라고 할 수 있는데 주로 향가 표기에 사용되었다. 삼국유사 소재 14수와 균여전의 11수를 통해 살펴볼 수 있다. 이두의 혼합표기 방식과 비슷한데 혼합 표기는 의미 부분은 석독으로, 문법 부분은 음독으로 표기하는 방법이다. 고려 초에 향가가 사라지면서 향찰 표기도 사라지게 되었다.

　신라어의 음운 체계에 있어서 자음에서는 폐쇄음에 평음과 격음이 있었던 것으로 보인다. 이러한 모습은 한자음에 반영되어 있는데 중국의 'k' 발음이 대부분 'ㄱ'으로 반영되어 있고 매우 적은 수만 'ㅋ'으로 반영되어 있다. 이러한 모습을 통해 신라어에는 평음과 격음이 있었으나 격음은 그 역할이 작았을 것으로 추측된다. 또한 신라어에는 경음이 없었던 것으로 보이는 데 이것 역시 한자음에서 경음이 나타나지 않은 모습을 통해 알 수 있다. 또한 이 시기 자음 체계의 특징적인 점으로 음절말 자음의 발음을 볼 수 있는데, 음절말 자음의 내파화가 아직 일어나지 않은 시기로 볼 수 있고 따라서 모든 자음을 받침에서 발음할 수 있었을 것임을 알 수 있다. 모음 체계는 다음과 같은 7모음 체계였을 것으로 보인다.

ㅣ	ㅜ	ㅗ
ㅓ	ㅡ	·
	ㅏ	

Ⅲ. 중세 한국어

1. 전기 중세 한국어

　정치 문화의 중심지가 경주에서 개성지역으로 변하면서 이전과는 다른 언어가 중앙어로 사용되었다. 개성 지역의 언어는 고구려어가 기본이 되고 이후에 신라어가 들어와서 섞인 형태였을 것으로 추정된다.

　전기 중세 한국어는 계림유사, 향약구급방과 같은 자료와 몽골어 차용어를 통해서 그 모습을 확인할 수 있다. 계림유사는 송나라 사람인 손목이 고려에 와서 보고 들은 것을 자신의 언어로 음독하여 기록한 것으로 고려 시대의 단어 350여 항이 기록되어 있다.

　　　天曰漢捺 / 馬曰末 / 猪曰突 / 七曰一急

　그러나 이 기록을 통해 전기 중세 한국어의 모습을 정확하게 알기 위해서는 그 당시 중국 송나라 때의 한자음에 대한 지식이 필요하다. 한국어가 변한 것과 같이 중국어도 시간의 흐름에 따라 변했기 때문이다. 향약구급방은 우리나라의 의약서로 조선 초에 중간되었다. 이 책에는 약재로 사용된 180여 종의 식물, 동물, 광물에 대한 설명을 하면서 한자 차용 표기로 '桔梗鄉名道羅次'와 같이 향명을 적은 것이 귀중한 자료가 된다.

　고려시대에는 원과의 접촉으로 몽골어 차용어가 들어왔는데, 관명, 말, 매, 군사에 관한 단어들이 대부분이다. '다루가치'와 같이 '~치'가 붙는 관명과 말에 관한 단어들로 절다말(赤馬), 가라말(黑馬), 구렁말(栗色馬) 등이 있으며, 매에 관한 단어로는 보라매(秋鷹), 송골(海靑) 등이 있고, 군사에 관한 것으로 바오달(營), 오노(箸), 털릭(帖裏) 등이 있으며, 음식에 관한 단어로는 타락(駝酪), 슈라(水刺) 등이 있다.

　전기 중세 한국어의 음운 특징에서 자음 체계에 관련된 것으로 먼저 된소리가 등장하기 시작했다는 점을 들 수 있다. 이전 시기에도 발음상 된소리가 있었을 것이나 전기 중세에 오면서 된소리가 어두에 나타난 것이다. 또한 어두 자음군은 아직 나타나지 않은 것으로 보인다.

　　　白米曰菩薩 / 女兒曰寶妲

　전기 중세 한국어의 경우 음절말에서 대부분의 자음이 유지된 것으로 생각되지만, 'ㅈ'과 'ㅊ'은 중화되었으며 'ㅅ'은 'ㅈ'과 중화되지 않은 것으로 보이고 'ㅎ'도 음절말에서 발음되었던 것으로 보인다. 따라서 전기 중세 한국어에서 'ㄱ, ㄴ, ㄷ, ㄹ, ㅁ, ㅂ, ㅅ, ㅿ, ㆁ, ㅈ, ㅎ'의 11개 자음이 음절 말에서 발음된 것으로 보인다. 모음 체계의 경우에는 고대 한국어의 경우와 차이가 없었던 것으로 보인다.

2. 후기 중세 한국어

후기 중세 한국어에서 15세기 중엽은 한국어의 역사적 연구에서 특히 주목을 받은 시기이다. 훈민정음의 창제와 그 결과로 많은 문헌이 간행되었기 때문이다. 이 시기에 간행된 문헌들은 중앙에서 편찬한 것으로 당시 상류층의 중앙어가 많이 나타나 있다고 볼 수 있으며, 또한 언해가 가지고 있는 독특한 번역문의 문체를 찾아볼 수 있다.

이 시기의 한국어를 살펴볼 수 있는 자료로 조선관역어가 있다. 이 자료는 중국어와 외국어의 대역 어휘집으로 590여 항이 나타나 있는데, 훈민정음이 편찬된 비슷한 시기에 중국인이 썼다는 점에서 그 가치가 있다.

天 哈嫩二 菾

위와 같은 방식으로 기록되어 있는데, '天'은 한국어로 '哈嫩二'이며, 한국 한자 발음으로 '菾'과 같다는 표기이다.

후기 중세 한국어를 볼 수 있는 가장 중요한 자료는 바로 훈민정음이다. 훈민정음은 1446년에 3년간의 검토 과정을 거쳐 반포되었다. 훈민정음은 한국어를 가장 자연스럽게 표기할 수 있는 과학적인 문자로 이를 통해 모든 백성들이 문자를 사용할 수 있게 되었다.

훈민정음은 초성 17자, 중성 11자로 모두 28자로 이루어져 있으며, 종성은 따로 만들지 않고 종성부용초성(終聲復用初聲)이라고 하여 초성의 글자를 다시 사용하도록 했다.

자음				모음		
기본자	가획자		이체자	기본자	1차 합성	2차 합성
ㄱ		ㅋ	ㆁ	·	ㅏ	ㅑ
ㄴ	ㄷ	ㅌ	ㄹ		ㅗ	ㅛ
ㅁ	ㅂ	ㅍ		─	ㅓ	ㅕ
ㅅ	ㅈ	ㅊ	ㅿ		ㅜ	ㅠ
ㅇ	ㆆ	ㅎ		ㅣ		

훈민정음의 초성 체계는 조음 위치에 따라 아음, 설음, 순음, 치음, 후음, 반설음, 반치음으로 구분되며, 조음 방법으로 전청, 차청, 전탁, 불청불탁의 4가지 방법이 사용되었다.

	아음	설음	순음	치음		후음	반설음	반치음
전청	ㄱ 君	ㄷ 斗	ㅂ 彆	ㅈ 卽	ㅅ 戌	ㆆ 挹		
차청	ㅋ 快	ㅌ 呑	ㅍ 漂	ㅊ 侵		ㅎ 虛		
전탁	ㄲ 叫	ㄸ 覃	ㅃ 步	ㅉ 慈	ㅆ 邪	ㆅ 洪		
불청불탁	ㆁ 業	ㄴ 那	ㅁ 彌			ㅇ 欲	ㄹ 閭	ㅿ 穰

훈민정음의 초성 17자는 상형과 가획의 원리에 따라 만들어졌는데, 기본 상형자는 'ㄱ, ㄴ, ㅁ, ㅅ, ㅇ'의 5자로 각각의 발음 기관을 본떠 만든 글자이다. 그리고 이 글자들과 같은 위치에서 소리나면서 그 음이 더 큰 것은 획을 더해 만들었는데 이것을 가획자라고 한다. 'ㄱ → ㅋ', 'ㄴ → ㄷ → ㅌ', 'ㅁ → ㅂ → ㅍ', 'ㅅ → ㅈ → ㅊ', 'ㅇ → ㆆ → ㅎ'의 방법이다. 또한 이러한 글자들과는 전혀 다른 방법으로 만든 글자들을 이체자라고 하는데 'ㆁ, ㄹ, ㅿ'의 3자이다. 또한 초성을 만드는 방법으로 병서와 연서가 있다. 병서는 두 자음을 좌우로 결합하는 방법인데, 같은 자음을 병서하는 것을 각자병서라고 하고 다른 자음을 결합하는 것을 합용병서라고 한다. 연서는 두 자음을 상하로 결합하는 방법으로 'ㅱ, ㅸ, ㅹ, ㆄ' 등이 있는데 'ㅸ'만 순수한 국어 표기에 사용되었다.

훈민정음의 중성 체계 또한 기본자는 상형의 원리에 따라 만들어졌다. 하늘과 땅, 그리고 사람이 서 있는 모양을 본떠서 'ㆍ, ㅡ, ㅣ'의 기본 3자를 만들고 다시 이들을 결합하여 초출자로 'ㅗ, ㅏ, ㅓ, ㅜ'의 4자, 재출자로 'ㅛ, ㅑ, ㅕ, ㅠ'의 4자를 만들어 모두 11자를 만들었다.

종성 체계는 기본적으로 초성을 다시 쓴다고 했으나, 사실상 8자 체계로 규정하여 'ㄱ, ㄴ, ㄷ, ㄹ, ㅁ, ㅂ, ㅅ, ㆁ' 이외의 초성은 종성으로 쓸 필요가 없다고 하였는데, 이는 당시에 음소적 원리 즉 표음주의를 택하고 있었음을 알 수 있게 해 준다.

후기 중세 한국어의 표기상의 특징은 첫째, '初中終三聲合而成字'라고 하여 음절 단위로 표기하도록 한 점이다. 둘째, 방점을 표기했다는 점이다. 방점은 성조를 나타낸 것으로 후기 중세 한국어에는 평성, 거성, 상성의 세 성조가 있었는데, 평성은 점을 찍지 않고 낮은 소리로 발음한다. 거성은 왼쪽에 점 하나를 찍고 높은 음으로 발음하며, 상성은 점 두 개를 찍고 낮은 음에서 높은 음으로 올라가는 발음이다. 셋째, 명사와 조사, 용언의 어간과 어미는 구분하지 않고 연철 표기로 적는다는 점이다. 넷째, 한자는 훈민정음으로 병기하되 동국정운식 한자 표기법에 따른다는 점이다. 동국정운식 한자음이란 중국 원음에 가깝게 바꾼 한자음으로 원음에 가깝게 표기하도록 했으며, 초성에 각자병서와 'ㅿ, ㆆ'을 사용했다. 종성은 받침이 없는 경우에도 'ㆁ, ㅱ'을 표기했고 입성 표기를 위해 종성 'ㄹ' 뒤에 'ㆆ'을 덧붙였다. 동국정운식 한자음은 한국의 언어 현실을 무시한 체계였기 때문에 성종 대 이후로 쓰이지 않게 된다.

후기중세 한국어의 음운 체계를 살펴보면 자음 체계에서 평음과 격음이 존재했음은 쉽게 확인할 수 있다. 또한 동국정운 서문에 한국어에는 탁성(濁聲)이 있다고 한 점으로 보아 경음, 즉 된소리가 등장한 것을 확인할 수 있다. 그러나 현대의 경우와 같이 각자병서로 표기되지 않고 된시옷표기를 통해 경음을 표기한 것을 알 수 있다. 15세기 후반에 '그스− : ㅅㅡㅅㅡ−' / '딯− : ㅾ−' 등의 표기를 확인할 수 있는데 이를 통해 이전부터 경음이 나타난 것으로 추측할 수 있다. 이 시기에는 한국어사에서 유일하게 어두자음군이 있었던 시기로 'ㅳ, ㅄ, ㅶ, ㅷ'과 'ㅴ, ㅵ' 등의 어두 자음군을 어두에서 확인할 수 있다. 또한 15세기 중엽부터 16세기 중엽에 이르기까지 'ㆆ, ㅸ, ㆅ, ㅇㅇ, ㅿ, ㆁ' 등의 문자들이 소실되는 모습을 확인할 수 있다. 모음 체계는 전기 중세 한국어와 비교해 보면 많은 차이가 나타나는데, 'ㅓ'모음이 전설에서 중설로 위치가 변화함에 따라 'ㅡ'모음이 고모음으로 위치를 옮기고, 'ㅜ'모음은 후설로, 다시 'ㅗ'모음이 중모음으로 옮김에 따라 'ㆍ'모음이 저모음으로 위치 변화 한 모음 추이가 있었다는 것을 알 수 있다.

	전설	중설	후설
고모음	ㅣ	ㅡ	ㅜ
중모음		ㅓ	ㅗ
저모음		ㅏ	·

이중모음으로는 상향 이중모음인 'ㅑ, ㅕ, ㅛ, ㅠ, ㅘ, ㅝ, wi(ㅟ/ㅚ)'가 있었으며, 하향 이중모음으로 'ㅢ, ㅐ, ㅔ, ㅚ, ㅟ, ㅢ'가 있었다.

후기 중세 시기에 사라진 문자는 다음과 같다.

자음	소멸시기	변천과정
ㆆ	15세기	소멸
ㅸ	15세기	W또는 0
ㆅ	15세기	ㅋ, ㅆ, ㅎ
ㅿ	15·16세기	ㅅ 또는 0
ㆁ	16세기	ㅇ(글자 형태만 변화)
·	18세기	ㅏ, ㅡ, ㅗ, ㅓ, ㅜ

후기 중세 한국어의 문법 체계에서 조어법에 대한 것을 살펴보면, 먼저 합성어의 경우 복합명사를 만드는 방법은 현대의 방법과 다름이 없었으나, 복합 용언을 만드는 방식은 용언의 어간과 어간이 직접 연결되는 '빌먹-(乞食)'과 같은 비통사적 복합 용언이 많은 것을 확인할 수 있다.

후기 중세 한국어에서 체언 어간이 교체되는 현상도 볼 수 있는데, 이를 곡용이라고 한다. 'ㆆ'을 말음으로 가지는 명사들로 단독으로 사용되면 'ㆆ'이 발음되지 않으나 뒤에 다른 말이 붙으면 'ㆆ'이 나타나는 자동적 교체에 속한다. '돌 : 돌히, 돌해, 돌흘, 돌ㅎ로, 돌콰' 등을 그 예로 볼 수 있다. 현대어의 '암, 수'와 같은 명사들이 여기에 속한다.

파생의 경우에는 접미사에 의해 이루어졌는데, '이', '억', '옹', '-아지', '-(오/우)ㅁ, 암/엄' 등이 결합되어 '부헝이, 터럭, 기동, 여름, 무덤' 등으로 나타난 경우가 그 예이다.

후기 중세 한국어에서 비자동적 교체를 보인 체언들을 볼 수 있는데, '나모, 불무'의 경우를 들 수 있다. '나모'의 경우 자음이나 휴지 앞에서 '나모'로 나타난 반면, 모음 앞에서는 '남기, 남굴' 등으로 나타나며, '불무'는 모음 앞에서 '붊기, 붊글'로 나타나는 것을 볼 수 있다.

후기 중세 한국어에서 조사는 격조사, 보조사, 접속조사가 있었는데, 격조사 중 주격조사는 'ㅣ'만 있었고, '가'는 근대에 이르러 나타나게 된다. 속격 조사는 '익, 의, ㅅ'이 있었는데 '-익/의'는 유정물의 평칭에 사용되었고, 'ㅅ'은 유정물의 존칭과 무정물에 함께 사용되었다. 부사격 조사로 '-애/ -익, -로'가 있었으며, 공동격 조사로 '-와/과'가 있었는데, 모음과 'ㄹ' 뒤에서는 '-와', 그 밖의 자음 뒤에서 '-과'를 사용했다. 이때 공동격 조사가 연결되어 사용할 때에 마지막 명사에도 공동격 조사를 붙인 후에 대격 조사를 같이 사용한 모습을 볼 수 있다. 호격 조사로 '하, 아'가 있었는데, '하'는 존칭의 호격 조사로 사용했다.

이 시기의 용언 활용에 있어서도 자동적 교체와 비자동적 교체를 보이는 것이 있는데, 자동적 교체는 명사의 예와 같으므로 비자동적 교체에 대한 것을 보자면 다음과 같은 예들을 볼 수 있다. '시므-, 다르-, 모르-' 등은 모음 어미가 올 때 각각 'ㄱ, ㅇ, ㄹ'이 첨가되어 '심거, 달아, 몰라'로 나타나는 모습을 볼 수 있다.

또한 후기 중세에는 의문을 나타내는 방법이 달랐는데, 판정의문문과 설명의문문을 나타내는 어미가 달랐다. 현재에는 억양으로 구분될 수 있으나 이 시기에는 판정의문문의 경우 '가, -잇가, -녀, -려'를 사용하였고 설명의문문의 경우에는 '고, -잇고, -뇨, -료'를 사용하여 둘의 차이를 구분하였다.

	ᄒᆞ라체	ᄒᆞ야쎠체	ᄒᆞ쇼셔체	반말체
평서형	-다	-닝다	-ᄂᆞ이다	-니, 리
의문형	-녀/뇨 -ㄴ다 -ㄴ가/고	-ᄂᆞ닛가	-ᄂᆞ니잇가	-니, 리
명령형	-라	-어쎠	-쇼셔	-라
청유형	-져		-사이다	
감탄형	-도다	-도소이다		

또한 이 시기의 문장 구조를 살펴보면 특이한 점을 볼 수 있는데, 바로 종속절의 주어가 속격의 형태를 취한다는 점이다. 또한 한문의 영향으로 '與, 以, 使, 及' 등을 직역하여 사용한 점과 단문이 거의 없이 복잡한 구조를 가진 문장이 사용된 점들을 특징으로 볼 수 있다.

후기 중세 한국어에는 이미 한자어가 대량으로 들어와 있는 모습을 볼 수 있다. 따라서 한자어가 고유어를 대체하는 모습이 나타나는데, '온, 즈믄, 슈룹' 등이 각각 '백, 천, 우산'으로 대체된 모습을 찾을 수 있다. 또한 한자어라는 의식이 없어져서 병기되지 않고 한글로만 표기된 '차반, 힝 덕, 귓것' 등이 나타났다. 또한 불교 용어가 어휘에 영향을 준 '중생'의 예도 볼 수 있다. 이때 모음의 대립이 미세한 의미 차이를 나타내기 위해 이용되기 시작했다. '칙칙ᄒᆞ- : 칙칙ᄒᆞ-', '프르- : 프르-', '보ᄃᆞ랍- : 부드럽-' 등이 그 예이며, 자음에서 평음과 경음의 대립도 '두드라- : 쑤드라-', '그스- : ᄭᅳ스-'와 같이 나타났다.

후기 중세 한국어에도 경어법이 나타나는데 존경법의 '-시-', 겸양법의 '-ᅀᆞᆸ-', 공손법의 '-이-'를 살펴볼 수 있고, 어휘를 사용한 경어법이 발달했는데, '이시- : 겨시-, 먹- : 좌시-'의 짝은 있었지만 '자-'에 해당하는 '주무시-'가 없었고 '자시-'를 사용했다. '밥'에 대한 높임으로 '진지, 뫼'가 16 세기 말에 나타난다.

Ⅳ. 근대 한국어

17세기 초엽부터 근대 한국어의 시기가 시작되며 현대 한국어의 여러 특징이 나타나기 시작했기 때문에 중세에서 현대에 이르는 과도기라고 할 수 있다.

후기 중세 한국어와 근대 한국어 사이의 표기법이 많은 변화를 겪었는데 첫째, 방점이 완전히 사라진 것을 들 수 있다. 16세기 후반부터 일부 사라졌던 것이 17세기에 완전히 사라진 것을 알 수 있다. 둘째, 'ㆁ'이 완전히 사라져서 'ㅇ'과 합쳐진 점, 셋째, 'ㅿ'이 완전히 사라졌으며, 넷째, 어두자음군 중 'ㅄ, ㅳ'이 사라져 간다. 이외에도 모음 사이에서 'ㄹㄹ'과 'ㄹㄴ'이 혼용되어 사용되는 모습도 볼 수 있다.

근대 한국어의 음운 체계에서 자음 체계의 경우 구개음화를 들 수 있다. 'ㄷ, ㄸ, ㅌ'이나 'ㄱ, ㄲ, ㅋ'이 'ㅣ'모음 앞에서 'ㅈ, ㅉ, ㅊ'으로 변하는 현상인데, 남쪽에서 시작되어 위로 올라온 현상이다. 서울에서는 'ㄷ, ㄸ, ㅌ'의 구개음화만 일어났으며, 서북지역까지는 올라가지 못했다. 또한 'ㅣ'모음 앞에 나타난 'ㄴ'이 탈락하는 모습도 '님금 : 임금', '니르히 : 이르히' 등의 예에서 볼 수 있다. 이외에도 평음이 된소리화되거나 유기음화되는 모습도 나타나는데, '곳고리 : 꾀꼬리', '둣둣ㅎ- : 따뜻하-', '불무 : 풀무', '고키리 : 코키리' 등을 찾을 수 있다.

	순음	설음	치음	아음	후음
파열음	ㅂ ㅍ ㅃ	ㄷ ㅌ ㄸ		ㄱ ㅋ ㄲ	
마찰음			ㅅ ㅄ		ㅎ
파찰음			ㅈ ㅊ ㅉ		
비음	ㅁ	ㄴ		ㅇ	
유음		ㄹ			

모음 체계에 있어서는 18세기에 'ㆍ'가 사라진 점을 들 수 있다. 여러 기록으로 보아 문자는 현대까지 계속 사용되었지만 그 음가는 이미 사라진 것이다. 'ㆍ'가 사라지면서 이중모음 'ㅐ'가 'ㅐ'로 변했는데, 그 후 18세기 말에 이르러 'ㅐ''ㅔ'가 이중모음에서 단모음으로 변화한다. 이 시기는 아직 'ㅟ, ㅚ'의 단모음화는 일어나지 않았기 때문에 19세기의 모음은 8모음 체계를 가졌던 것으로 볼 수 있다. 또한 이 시기의 특징적인 변화로 원순모음화를 들 수 있다. 'ㅁ, ㅂ, ㅍ, ㅃ' 아래의 'ㅡ'모음이 'ㅜ'모음으로 변화한 것으로 '블 : 불', '플 : 풀', '쓸 : 쑬' 등이 그 예이다.

근대 한국어의 문법 체계는 중세 한국어의 문법과 비교하여 간소화된 것이 그 특징이다. 용언 어간이 부사로 사용되거나 어간과 어간의 결합하는 모습은 사라지게 되었으며, 명사 파생 어미로

'-(으)ㅁ'이 사용되어 '우룸 : 우름'의 모습이 나타나게 된다. 'ㅎ'말음 명사들은 근대 후기에 'ㅎ'이 탈락하였으나 '쌓 : 쌍' '집읗 : 지붕'과 같이 특이하게 'ㅇ'으로 바뀌는 경우도 있었다. 또한 체언의 비자동적 교체가 사라지고 단일하게 표기하려는 모습을 볼 수 있다.

이 시기의 가장 중요한 변화로 주격 조사 '-가'를 들 수 있으며, 이에 따라 '내가, 네가'의 형태가 나타나는데 이는 '내, 네'에 다시 주격 조사 '-가'가 연결된 형태이다. 또한 '-ㅅ'이 사이시옷이 되어 속격 조사로는 '-의'만 나타나게 된다. 또한 높임의 호격조사 '-하'는 사라지게 된다.

문장의 구성에 있어서 현대 한국어와 비슷해졌으나, 중세어와 마찬가지로 복잡한 구조를 유지하고 있었으며, 동명사 어미 '-기'가 많이 사용되는 모습을 볼 수 있다.

근대 한국어에서 어휘도 많은 변화를 볼 수 있는데, 고유어가 한자어로 대체된 '뫼(山), ᄀ름(江), 오래(門)' 등의 단어들이 많아졌고, 한자어로 대체되지 않고 사어가 된 '외프-(刻), 혁-(小)' 등의 고유어도 있다. 서양에서 중국을 통해 들어온 '자명종, 천리경'과 같은 단어들이 있으며, 의미 변화가 생긴 '어엿브-, 어리-, 졈-, ᄉ랑ᄒ-' 등의 어휘도 볼 수 있다. 또한 중국어 차용어인 '다홍(大紅)', '비단(匹段)', '무명(木棉)', '보리(玻瓈)' 등과 만주어 차용어인 '널쿠(nereku)', '소부리(soforo)' 등의 단어들도 확인할 수 있다.

6장 한국어어문규범

| 학습목표 |

1. 한국어의 어문규정의 원리 및 주요 세칙을 이해하여 한국어사용에서 지켜야 할 여러 가지 규범을 알고, 그 바탕이 되는 이론을 이해하는 것을 목적으로 한다.
2. 한글맞춤법, 표준어 규정, 외래어표기법, 로마자 표기법의 주요 원리 및 원칙, 세부 규정에 대해 학습한다.

I. 한글맞춤법

제1항 한글 맞춤법은 표준어를 소리대로 적되, 어법에 맞도록 함을 원칙으로 한다.

> 한글 맞춤법의 대원칙을 정한 것이다. '표준어를 소리대로 적는다'라는 근본 원칙에 '어법에 맞도록 한다'는 조건이 붙어 있다.
> 표준어를 소리대로 적는다는 것은 표준어의 발음 형태대로 적는다는 뜻이다. 그런데 표준어를 소리대로 적는다는 원칙만을 적용하기 어려운 경우도 있다. 그리하여 어법에 맞도록 한다는 또 하나의 원칙이 붙은 것이다.

제2항 문장의 각 단어는 띄어 씀을 원칙으로 한다.

> 단어는 독립적으로 쓰이는 말의 단위이기 때문에, 글은 단어를 단위로 하여 띄어 쓰는 것이 가장 합리적인 방식이라 할 수 있다. 다만, 우리말의 조사는 하나의 단어로 다루어지고 있으나, 형식 형태소이며 의존 형태소이므로, 그 앞의 단어에 붙여 쓰는 것이다.

제3항 외래어는 '외래어 표기법'에 따라 적는다.

> 외래어 표기법을 따로 정하고(1986년 1월 7일 문체부 고시), 그 규정에 따라 적도록 한 것이다.

제4항 한글 자모의 수는 스물넉 자로 하고, 그 순서와 이름은 다음과 같이 정한다.

　　　ㄱ(기역) ㄴ(니은) ㄷ(디귿) ㄹ(리을) ㅁ(미음) ㅂ(비읍) ㅅ(시옷)

　　　ㅇ(이응) ㅈ(지읒) ㅊ(치읓) ㅋ(키읔) ㅌ(티읕) ㅍ(피읖) ㅎ(히읗)

ㅏ(아) ㅑ(야) ㅓ(어) ㅕ(여) ㅗ(오) ㅛ(요) ㅜ(우) ㅠ(유) ㅡ(으) ㅣ(이)

[붙임 1] 위의 자모로써 적을 수 없는 소리는 두 개 이상의 자모를 어울러서 적되, 그 순서와 이름은 다음과 같이 정한다.

ㄲ(쌍기역) ㄸ(쌍디귿) ㅃ(쌍비읍) ㅆ(쌍시옷) ㅉ(쌍지읒)

ㅐ(애) ㅒ(얘) ㅔ(에) ㅖ(예) ㅘ(와) ㅙ(왜) ㅚ(외) ㅝ(워) ㅞ(웨) ㅟ(위) ㅢ(의)

[붙임 2] 사전에 올릴 적의 자모 순서는 다음과 같이 정한다.

자음 ㄱ ㄲ ㄴ ㄷ ㄸ ㄹ ㅁ ㅂ ㅃ ㅅ ㅆ ㅇ ㅈ ㅉ ㅊ ㅋ ㅌ ㅍ ㅎ

모음 ㅏ ㅐ ㅑ ㅒ ㅓ ㅔ ㅕ ㅖ ㅗ ㅘ ㅙ ㅚ ㅛ ㅜ ㅝ ㅞ ㅟ ㅠ ㅡ ㅢ ㅣ

한글 자모(字母)의 수와 차례 및 이름은 통일안(한글 맞춤법 통일안)에서와 마찬가지로 하였다.
붙임 1. 한글 자모 24자만으로 적을 수 없는 소리들을 적기 위하여, 'ㄲ, ㄸ, ㅃ, ㅆ, ㅉ', 'ㅐ, ㅒ, ㅔ, ㅖ, ㅘ, ㅚ, ㅝ, ㅟ, ㅢ'와, 세 개 자모를 어우른 글자 'ㅙ, ㅞ'를 쓰고 있는 것이다.
붙임 2. 사전에 올릴 적의 차례를 정했는데, 그 순서는 다음과 같다.
ㄱ ㄲ ㄳ ㄴ ㄵ ㄶ ㄷ ㄹ ㄺ ㄻ ㄼ ㄽ ㄾ ㄿ ㅀ ㅁ ㅂ ㅄ ㅅ ㅆ ㅇ ㅈ ㅊ ㅋ ㅌ ㅍ ㅎ

제5항 한 단어 안에서 뚜렷한 까닭 없이 나는 된소리는 다음 음절의 첫소리를 된소리로 적는다.

1. 두 모음 사이에서 나는 된소리

소쩍새 어깨 오빠 으뜸 아끼다 기쁘다 깨끗하다

어떠하다 해쓱하다 가끔 거꾸로 부썩 어찌 이따금

2. 'ㄴ, ㄹ, ㅁ, ㅇ' 받침 뒤에서 나는 된소리

산뜻하다 잔뜩 살짝 훨씬 담뿍 움찔 몽땅 엉뚱하다

다만, 'ㄱ, ㅂ' 받침 뒤에서 나는 된소리는, 같은 음절이나 비슷한 음절이 겹쳐 나는 경우가 아니면 된소리로 적지 아니한다.

국수 깍두기 딱지 색시 싹둑(~싹둑) 법석 갑자기 몹시

여기서 말하는 '한 단어 안'은 하나의 형태소 내부를 뜻하는 것으로 풀이된다. 그리고 '뚜렷한 까닭 없이 나는 된소리'란, 발음에 있어서 경음화의 규칙성이 적용되는 조건(환경)이 아님을 말하는 것이다.

제6항 'ㄷ, ㅌ' 받침 뒤에 종속적 관계를 가진 '-이(-)'나 '-히-'가 올 적에는 그 'ㄷ, ㅌ'이 'ㅈ, ㅊ'으로 소리 나더라도 'ㄷ, ㅌ'으로 적는다.(ㄱ을 취하고, ㄴ을 버림.)

ㄱ	ㄴ	ㄱ	ㄴ	ㄱ	ㄴ
맏이	마지	핥이다	할치다	해돋이	해도지
걷히다	거치다	굳이	구지	닫히다	다치다
같이	가치	묻히다	무치다	끝이	끄치

실질 형태소의 끝 받침 'ㄷ, ㅌ'이 구개음화(口蓋音化)하여 [ㅈ, ㅊ]으로 발음되더라도, 그 기본 형태를 밝히어 'ㄷ, ㅌ'으로 적는다. 그런데 앞에서 말한 바와 같이, 형식 형태소의 경우는 소리 나는 대로 적지만, 실질 형태소의 경우는 그 본모양을 밝히어 적는 것이 원칙이므로, [ㅈ, ㅊ]으로 소리 나더라도 'ㄷ, ㅌ'으로 적는 것이다.

제7항 'ㄷ' 소리로 나는 받침 중에서 'ㄷ'으로 적을 근거가 없는 것은 'ㅅ'으로 적는다.

덧저고리 돗자리 엇셈 웃어른 핫옷 무릇 사뭇 얼핏 자칫하면 뭇[衆] 옛 첫 헛

'ㄷ' 소리로 나는 받침이란, 음절 끝소리로 발음될 때 [ㄷ]으로 실현되는 'ㅅ, ㅆ, ㅈ, ㅊ, ㅌ' 등을 말한다. 이 받침들은, 뒤에 형식 형태소의 모음이 결합될 경우에는 제 소릿값대로 뒤 음절 첫소리로 내리 이어져 발음되지만, 단어의 끝이나 자음 앞에서는 ─ 음절 말음으로 실현될 때는 모두 [ㄷ]으로 발음된다.

제8항 '계, 례, 몌, 폐, 혜'의 'ㅖ'는 'ㅔ'로 소리 나는 경우가 있더라도 'ㅖ'로 적는다. (ㄱ을 취하고, ㄴ을 버림.)

ㄱ	ㄴ	ㄱ	ㄴ	ㄱ	ㄴ
계수	게수	혜택	헤택	사례	사레
계집	게집	연몌	연메	핑계	핑게
폐품	페품	계시다	게시다		

다만, 다음 말은 본음대로 적는다. 게송(偈頌) 게시판(揭示板) 휴게실(休憩室)

'계, 례, 몌, 폐, 혜'는 현실적으로 [게, 레, 메, 페, 헤]로 발음되고 있다. 곧, '예' 이외의 음절에 쓰이는 이중 모음 'ㅖ'는 단모음화하여 [ㅔ]로 발음되고 있는 것이다.
다만, 한자 '偈, 揭, 憩'는 본음인 'ㅔ'로 적기로 하였다. 따라서 '게구(偈句), 게기(揭記), 게방(揭榜), 게양(揭揚), 게재(揭載), 게판(揭板), 게류(憩流), 게식(憩息), 게제(偈諦), 게휴(憩休)' 등도 '게'로 적는 것이다.

제9항 '의'나, 자음을 첫소리로 가지고 있는 음절의 'ㅢ'는 'ㅣ'로 소리 나는 경우가 있더라도 'ㅢ'로 적는다. (ㄱ을 취하고, ㄴ을 버림.)

ㄱ	ㄴ	ㄱ	ㄴ	ㄱ	ㄴ
의의	의이	본의	본이	무늬	무니
보늬	보니	오늬	오니	하늬바람	하니바람
늴리리	닐리리	닁큼	닝큼	띄어쓰기	띠어쓰기
씌어	씨어	틔어	티어	희망	히망
희다	히다	유희	유히		

'ㅢ'의 단모음화 현상을 인정하여, 표준 발음법(제2장 자음과 모음 제5항 다만 3, 4)에서는
① 자음을 첫소리로 가지고 있는 음절의 'ㅢ'는 [ㅣ]로 발음하고,
② 단어의 첫음절 이외의 '의'는 [이]로, 조사 '의'는 [에]로 발음할 수 있다.
라고 규정하였다. 그러나 현실적으로 'ㅢ'와 'ㅣ', 'ㅢ'와 'ㅔ'가 각기 변별적 특징(辨別的 特徵)을 가지고 있으며,
또 발음 현상보다 보수성을 지니는 표기법에서는 변화의 추세를 그대로 반영할 수는 없는 것이므로, 'ㅢ'가 [ㅣ]
나 [ㅔ]로 발음되는 경향이 있더라도 'ㅢ'로 적기로 한 것이다.

제10항 한자음 '녀, 뇨, 뉴, 니'가 단어 첫머리에 올 적에는, 두음 법칙에 따라 '여, 요, 유, 이'로 적는다. (ㄱ을 취하고, ㄴ을 버림.)

ㄱ	ㄴ	ㄱ	ㄴ	ㄱ	ㄴ
여자	녀자	유대	뉴대	연세	년세
이토	니토	요소	뇨소	익명	닉명

다음과 같은 의존 명사에서는 '냐, 녀' 음을 인정한다.

냥(兩) 냥쭝(兩-) 년(年) (몇 년)

[붙임 1] 단어의 첫머리 이외의 경우에는 본음대로 적는다.

남녀(男女) 당뇨(糖尿) 결뉴(結紐) 은닉(隱匿)

[붙임 2] 접두사처럼 쓰이는 한자가 붙어서 된 말이나 합성어에서, 뒷말의 첫소리가 'ㄴ' 소리로 나더라도 두음 법칙에 따라 적는다.

신여성(新女性) 공염불(空念佛) 남존여비(男尊女卑)

[붙임 3] 둘 이상의 단어로 이루어진 고유 명사를 붙여 쓰는 경우에도 붙임 2에 준하여 적는다.

한국여자대학 대한요소비료회사

단어 첫머리에 위치하는 한자의 음이 두음 법칙에 따라 달라지는 것은 달라지는 대로 적는다. 음소 문자인 한글은 원칙적으로 1자 1음(소)의 체계를 취하지만, 표의 문자인 한자의 경우는, 국어의 음운 구조에 따라 두 가지 형식을 취한 것이다.

본음이 '녀, 뇨, 뉴, 니'인 한자가 첫머리에 놓일 때는 '여, 요, 유, 이'로 적는다.
연도(年度) 열반(涅槃) 요도(尿道) 육혈(衄血) 이승(尼僧) 이토(泥土) 익사(溺死)

다만, 의존 명사인 '냥(←兩), 냥쭝(←兩-), 년(年)' 등은 그 앞의 말과 연결되어 하나의 단위를 구성하는 것이므로, 두음 법칙을 적용하지 않고 소리 나는 대로 적기로 한 것이다.
금 한 냥 은 두 냥쭝 십 년
'년(年)'이 '연 3회'처럼 '한 해 (동안)'란 뜻을 표시하는 경우엔 의존 명사가 아니므로, 두음 법칙이 적용된다.

한편, 고유어 중에서도 다음 의존 명사에는 두음 법칙이 적용되지 않는다.
녀석(고얀 녀석) 년(괘씸한 년) 님(바느질 실 한 님) 닢(엽전 한 닢, 가마니 두 닢)

제11항 한자음 '랴, 려, 례, 료, 류, 리'가 단어의 첫머리에 올 적에는, 두음 법칙에 따라 '야, 여, 예, 요, 유, 이'로 적는다.(ㄱ을 취하고, ㄴ을 버림.)

ㄱ	ㄴ	ㄱ	ㄴ	ㄱ	ㄴ
양심	량심	용궁	룡궁	역사	력사
유행	류행	예의	례의	이발	리발

다만, 다음과 같은 의존 명사는 본음대로 적는다.

리(里): 몇 리냐?

리(理): 그럴 리가 없다.

[붙임 1] 단어의 첫머리 이외의 경우에는 본음대로 적는다.

개량(改良) 선량(善良) 수력(水力) 협력(協力) 사례(謝禮) 혼례(婚禮)

와룡(臥龍) 쌍룡(雙龍) 하류(下流) 급류(急流) 도리(道理) 진리(眞理)

다만, 모음이나 'ㄴ' 받침 뒤에 이어지는 '렬, 률'은 '열, 율'로 적는다.(ㄱ을 취하고 ㄴ을 버림.)

ㄱ	ㄴ	ㄱ	ㄴ	ㄱ	ㄴ
나열	나렬	치열	치렬	비열	비렬
규율	규률	비율	비률	실패율	실패률
분열	분렬	선열	선렬	진열	진렬
선율	선률	전율	전률	백분율	백분률

[붙임 2] 외자로 된 이름을 성에 붙여 쓸 경우에도 본음대로 적을 수 있다.

신립(申砬) 최린(崔麟) 채륜(蔡倫) 하륜(河崙)

[붙임 3] 준말에서 본음으로 소리 나는 것은 본음대로 적는다.

국련(국제 연합) 한시련(한국 시각 장애인 연합회)

[붙임 4] 접두사처럼 쓰이는 한자가 붙어서 된 말이나 합성어에서, 뒷말의 첫소리가 'ㄴ' 또는 'ㄹ' 소리로 나더라도 두음 법칙에 따라 적는다.

역이용(逆利用) 연이율(年利率) 열역학(熱力學) 해외여행(海外旅行)

[붙임 5] 둘 이상의 단어로 이루어진 고유 명사를 붙여 쓰는 경우나 십진법에 따라 쓰는 수(數) 도 붙임 4에 준하여 적는다.

서울여관 신흥이발관 육천육백육십육(六千六百六十六)

본음이 '랴, 려, 례, 료, 류, 리'인 한자가 단어 첫머리에 놓일 때는 '야, 여, 예, 요, 유, 이'로 적는다.

다만, 의존 명사 '량(輛), 리(理, 里, 厘)' 등은 두음 법칙과 관계없이 본음대로 적는다.
객차(客車) 오십 량(輛) 2푼 5리(厘)

붙임 1. 단어 첫머리 이외의 경우는 두음 법칙이 적용되지 않으므로, 본음대로 적는다. 예시어 중 '쌍룡(雙龍)'에 대해서는, 각기 하나의 명사로 다루어지는 '쌍'(한 쌍, 두 쌍, ……)과 '용'이 결합한 구조이므로 '쌍용'으로 적어야 한다는 견해도 있었으나, '쌍룡'의 '쌍'은 수량 단위를 표시하지 않으며, 또 '쌍룡'이 하나의 단어로 익어져 쓰이고 있는 것이므로, '쌍룡'으로 적기로 하였다.

다만, 모음이나 'ㄴ' 받침 뒤에 결합되는 '렬(列,烈,裂,劣), 률(律,率,栗,慄)'은 발음 형태가 [나열, 서:열, ……]이므로, 관용에 따라 '열, 율'로 적는다.

붙임 2. 한 글자(음절)로 된 이름을 성에 붙여 쓰는 경우, 본음대로 적는 것을 허용하였다. 역사적인 인물의 성명에 있어서, 사람들의 발음 형태가 '申砬[실립]', '崔麟[최린]'처럼 익어져 있으므로, 표기 형태인 '신입, 최인'과 동떨어지기 때문이다.

붙임 3. 둘 이상의 단어로 이루어진 말이 줄어져서 두 개 단어로 인식되지 않는 것은, 뒤 한자의 음을 본음대로 적는다. 이 경우, 뒤의 한자는 하나의 단어가 아니기 때문에, 두음 법칙이 적용되지 않는 것이다.

붙임 4. 전항 붙임 2의 규정과 마찬가지로, 독립성이 있는 단어에 접두사처럼 쓰이는 한자어 형태소가 결합하여 된 단어나, 두 개 단어가 결합하여 된 합성어 (또는 이에 준하는 구조)의 경우, 뒤의 단어에는 두음 법칙이 적용된다.

붙임 5. '육육삼십육(6×6=36)' 같은 형식도 이에 준하여 적는다. 다만, '오륙도(五六島), 육륙봉(六六峰)' 등은 '오/육, 육/육'처럼 두 단어로 갈라지는 구조가 아니므로, 본음대로 적는다.

제12항 한자음 '라, 래, 로, 뢰, 루, 르'가 단어의 첫머리에 올 적에는, 두음 법칙에 따라 '나, 내, 노, 뇌, 누, 느'로 적는다.(ㄱ을 취하고, ㄴ을 버림.)

ㄱ	ㄴ	ㄱ	ㄴ	ㄱ	ㄴ
낙원	락원	뇌성	뢰성	내일	래일
누각	루각	노인	로인	능묘	릉묘

[붙임 1] 단어의 첫머리 이외의 경우에는 본음대로 적는다.
　쾌락(快樂) 극락(極樂) 거래(去來) 왕래(往來) 부로(父老) 연로(年老) 지뢰(地雷) 낙뢰(落雷)
　고루(高樓) 광한루(廣寒樓) 동구릉(東九陵) 가정란(家庭欄)

[붙임 2] 접두사처럼 쓰이는 한자가 붙어서 된 단어는 뒷말을 두음 법칙에 따라 적는다.
　내내월(來來月) 상노인(上老人) 중노동(重勞動) 비논리적(非論理的)

본음이 '라, 래, 로, 뢰, 루, 르'인 한자가 첫머리에 놓일 때는 '나, 내, 노, 뇌, 누, 느'로 적는다.

붙임 1. 단어 첫머리 이외의 경우는 두음 법칙이 적용되지 않으므로, 본음대로 적는다. '릉(陵)'과 '란(欄)'은 독립적으로 사용되기도 한다는 뜻에서 '능, 난'으로 써야 한다는 의견도 있었으나, '왕릉(王陵), 정릉(貞陵), 동구릉(東九陵)'처럼 쓰이는 '릉'이나, '독자란(讀者欄), 비고란(備考欄)'처럼 쓰이는 '란'은 한 음절로 된 한자어 형태소로서, 한자어 뒤에 결합할 때에는 통상 하나의 단어로 인식되지 않기 때문에, 본음대로 적기로 한 것이다.

다만, 예컨대 '어린이-난, 어머니-난, 가십(gossip)-난'과 같이 고유어나 (구미) 외래어 뒤에 결합하는 경우에는, 제11항 붙임 4에서 보인 '개-연(蓮), 구름-양(量)'의 경우처럼 두음 법칙을 적용하여 적는다.

붙임 2.접두사처럼 쓰이는 한자어 형태소가 결합하여 된 단어나, 두 개 단어가 결합하여 된 합성어(또는 이에 준하는 구조)의 경우, 뒤의 단어는 두음 법칙에 따라 적는다.

한편, '고랭지(高冷地)'는 '표고(標高)가 높고 찬 지방'이란 뜻을 나타내는 단어이므로, '고-냉지'로 적지 않고 '고랭-지'로 적는 것이다.

제13항 한 단어 안에서 같은 음절이나 비슷한 음절이 겹쳐 나는 부분은 같은 글자로 적는다.(ㄱ을 취하고, ㄴ을 버림.)

ㄱ	ㄴ	ㄱ	ㄴ	ㄱ	ㄴ
딱딱	딱닥	꼿꼿하다	꼿곳하다	쌕쌕	쌕색
놀놀하다	놀롤하다	씩씩	씩식	눅눅하다	눙눅하다
똑딱똑딱	똑닥똑닥	밋밋하다	민밋하다	쓱싹쓱싹	쓱삭쓱삭
싹싹하다	싹삭하다	연연불망	연련불망	쌉쌀하다	쌉살하다
유유상종	유류상종	씁쓸하다	씁슬하다	누누이	누루이

'딱딱, 쌕쌕' 등은 의성어 '딱, 쌕'이 겹쳐진 첩어이며, 한자어 '연연(-불망), 유유(-상종), 누누(-이)' 등도 첩어적 성격을 지닌 것이다. 그런데 '꼿꼿하다, 놀놀하다' 등에서의 '꼿, 놀' 따위는 의미적 단위가 아니기 때문에, 성격상의 차이가 있는 것이다. 그러나 두 가지(왼쪽 예시어와 오른쪽 예시어) 유형이 마찬가지로 동일 음절, 혹은 유사 음절이 중복되는 형식이므로, 본 항에서 함께 다루었다.

다만, '연연불망, 유유상종, 누누이'는 사람들의 발음 형태가 [여:년-], [유유-], [누:누-]로 굳어져 있는 것이므로, 관용 형식을 취하여 '연연-, 유유-, 누누-'로 적기로 한 것이다.

제14항 체언은 조사와 구별하여 적는다.

떡이 떡을 떡에 떡도 떡만   손이 손을 손에 손도 손만
팔이 팔을 팔에 팔도 팔만   밤이 밤을 밤에 밤도 밤만
집이 집을 집에 집도 집만   옷이 옷을 옷에 옷도 옷만

실질 형태소인 체언의 형태를 고정시키고, 조사도 모든 체언에 공통적으로 결합하는 통일된 형식을 유지시켜 적기로 한 것이다. 예컨대 '값[價]'에 조사가 결합한 형태를 소리 나는 대로 적는다면, '갑씨 갑쓸 갑또 감만'처럼 되어서, 실질 형태소(체언)의 본모양이 어떤 것인지, 또 형식 형태소인 조사와의 경계가 어디인지 알아보기가 어렵게 된다. 실질 형태소의 형태가 여러 가지로 표기되면 그 의미 파악이 어려워지고, 따라서 독서의 능률이 크게 저하될 것이다.

제15항 용언의 어간과 어미는 구별하여 적는다.

먹다 먹고 먹어 먹으니   신다 신고 신어 신으니
믿다 믿고 믿어 믿으니   울다 울고 울어 (우니)
넘다 넘고 넘어 넘으니   입다 입고 입어 입으니

[붙임 1] 두 개의 용언이 어울려 한 개의 용언이 될 적에, 앞말의 본뜻이 유지되고 있는 것은 그 원형을 밝히어 적고, 그 본뜻에서 멀어진 것은 밝히어 적지 아니한다.

(1) 앞말의 본뜻이 유지되고 있는 것

넘어지다 늘어나다 늘어지다 돌아가다 되짚어가다 들어가다 떨어지다 벌어지다 엎어지다

(2) 본뜻에서 멀어진 것

드러나다 사라지다 쓰러지다

[붙임 2] 종결형에서 사용되는 어미 '-오'는 '요'로 소리 나는 경우가 있더라도 그 원형을 밝혀 '오'로 적는다.(ㄱ을 취하고, ㄴ을 버림.)

ㄱ	ㄴ
이것은 책이오	이것은 책이요
이리로 오시오	이리로 오시요
이것은 책이 아니오	이것은 책이 아니요

[붙임 3] 연결형에서 사용되는 '이요'는 '이요'로 적는다.(ㄱ을 취하고, ㄴ을 버림.)

ㄱ	ㄴ
이것은 책이요, 저것은 붓이요, 또 저것은 먹이다.	이것은 책이오, 저것은 붓이오, 또 저것은 먹이다.

어간과 어미의 형태를 분명히 구별함으로써, 어간이 표시하는 어휘적 의미와 어미가 표시하는 문법적 의미가 쉽게 파악될 수 있는 것이다.
붙임 1. 두 개 용언이 결합하여 하나의 단어로 된 경우, 앞 단어의 본뜻이 유지되고 있는 것은 그 어간의 본모양을 밝히어 적고, 본뜻에서 멀어진 것은 소리 나는 대로 적는다.
붙임 2, 3. 통일안 부록 I 표준말 5에는, 연결형(連結形)이나 종지형(終止形)이나 마찬가지로 '이요'로 한다고 규정되어 있다. 그런데 현행 표기에서는 연결형은 '이요' 종지형은 '이오'로 적고 있어서, 관용 형식을 취한 것이다.

제16항 어간의 끝음절 모음이 'ㅏ, ㅗ'일 때에는 어미를 '- 아'로 적고, 그 밖의 모음일 때에는 '- 어'로 적는다.

1. '-아'로 적는 경우

나아 나아도 나아서   막아 막아도 막아서

얇아 얇아도 얇아서   돌아 돌아도 돌아서

보아 보아도 보아서

2. '-어'로 적는 경우

개어 개어도 개어서   겪어 겪어도 겪어서

되어 되어도 되어서   베어 베어도 베어서

쉬어 쉬어도 쉬어서   저어 저어도 저어서

> 어간 끝 음절의 모음이 'ㅏ, ㅗ' (양성 모음)일 때는 어미를 '-아' 계열로 적고, 'ㅐ, ㅓ, ㅚ, ㅜ, ㅟ, ㅡ, ㅢ, ㅣ' (음성 모음)일 때는 '-어' 계열로 적는다. 이것은 전통적인 형식으로서의 모음 조화(母音調和)의 규칙성에 따른 구별인데, 어미의 모음이 어간의 모음에 의해서 자동적으로 제약(制約)받는 현상이다.

제17항 어미 뒤에 덧붙는 조사 '요'는 '요'로 적는다.

읽어 읽어요   참으리 참으리요   좋지 좋지요

> 이 경우의 '요'는, 그것만으로 끝날 수 있는 어미 뒤에 결합하여 높임의 뜻을 더하는 성분인데, 어미에 결합하는 조사로 설명되고 있다. 이 '요'는 의문형 어미 뒤에도 결합한다.

제18항 다음과 같은 용언들은 어미가 바뀔 경우, 그 어간이나 어미가 원칙에 벗어나면 벗어나는 대로 적는다.

1. 어간의 끝 'ㄹ'이 줄어질 적

갈다 : 가니 간 갑니다 가시다 가오

놀다 : 노니 논 놉니다 노시다 노오

불다 : 부니 분 붑니다 부시다 부오

[붙임] 다음과 같은 말에서도 'ㄹ'이 준 대로 적는다.

마지못하다 마지않다 (하)다마다 (하)자마자 (하)지 마라 (하)지 마(아)

2. 어간의 끝 'ㅅ'이 줄어질 적

긋다 : 그어 그으니 그었다

낫다 : 나아 나으니 나았다

잇다 : 이어 이으니 이었다

3. 어간의 끝 'ㅎ'이 줄어질 적

　　그렇다 : 그러니 그럴 그러면 그러오

　　까맣다 : 까마니 까말 까마면 까마오

　　퍼렇다 : 퍼러니 퍼럴 퍼러면 퍼러오

4. 어간의 끝 'ㅜ, ㅡ'가 줄어질 적

　　푸다 : 퍼 펐다

　　뜨다 : 떠 떴다

　　끄다 : 꺼 껐다

5. 어간의 끝 'ㄷ'이 'ㄹ'로 바뀔 적

　　걷다[步] : 걸어 걸으니 걸었다

　　듣다[聽] : 들어 들으니 들었다

　　묻다[問] : 물어 물으니 물었다

6. 어간의 끝 'ㅂ'이 'ㅜ'로 바뀔 적

　　깁다 : 기워　기우니　기웠다

　　가깝다 : 가까워 가까우니 가까웠다

　　괴롭다 : 괴로워 괴로우니 괴로웠다

다만, '돕-, 곱-'과 같은 단음절 어간에 어미 '-아'가 결합되어 '와'로 소리 나는 것은 '-와'로 적는다.

　　돕다[助] : 도와 도와서 도와도 도왔다

　　곱다[麗] : 고와 고와서 고와도 고왔다

7. '하다'의 활용에서 어미 '-아'가 '-여'로 바뀔 적

　　하다 : 하여 하여서 하여도 하여라 하였다

8. 어간의 끝음절 '르' 뒤에 오는 어미 '-어'가 '-러'로 바뀔 적

　　이르다 : 이르러 이르렀다[至]

　　노르다 : 노르러 노르렀다

　　푸르다 : 푸르러 푸르렀다

9. 어간의 끝음절 '르'의 'ㅡ'가 줄고, 그 뒤에 오는 어미 '-아/-어'가 '-라/-러'로 바뀔 적

　　가르다 : 갈라 갈랐다

　　부르다 : 불러 불렀다

　　거르다 : 걸러 걸렀다

어휘적 형태소인 어간이 문법적 형태소인 어미와 결합하여 이루어지는 활용의 체계에는

　　(1) 어간의 모양은 바뀌지 않고, 어미만이 교체된다(변화한다).

　　(2) 어미는 모든 어간에 공통되는 형식으로 결합한다.

라는 원칙이 있다.

'원칙에 벗어나면'이란, 이 두 가지 조건에 맞지 않음을 뜻하는 것이니,

    ① 어미가 예외적인 형태로 결합하는 것

    ② 어간의 모양이 달라지고, 어미도 예외적인 형태로 결합하는 것

등, 두 가지 형식을 들 수 있다.

> 어휘적 형태소인 어간이 문법적 형태소인 어미와 결합하여 이루어지는 활용의 체계에는
>   (1) 어간의 모양은 바뀌지 않고, 어미만이 교체된다(변화한다).
>   (2) 어미는 모든 어간에 공통되는 형식으로 결합한다.
> 라는 원칙이 있다.
>
> '원칙에 벗어나면'이란, 이 두 가지 조건에 맞지 않음을 뜻하는 것이니,
>   ① 어미가 예외적인 형태로 결합하는 것
>   ② 어간의 모양이 달라지고, 어미도 예외적인 형태로 결합하는 것
> 등, 두 가지 형식을 들 수 있다.

제19항 어간에 '-이'나 '-음/-ㅁ'이 붙어서 명사로 된 것과 '-이'나 '-히'가 붙어서 부사로 된 것은 그 어간의 원형을 밝히어 적는다.

1. '-이'가 붙어서 명사로 된 것

    길이 깊이 높이 다듬이 땀받이 달맞이 먹이 미닫이 벌이 벼훑이 살림살이 쇠붙이

2. '-음/-ㅁ'이 붙어서 명사로 된 것

    걸음 묶음 믿음 얼음 엮음 울음 웃음 졸음 죽음 앎

3. '-이'가 붙어서 부사로 된 것

    같이 굳이 길이 높이 많이 실없이 좋이 짓궂이

4. '-히'가 붙어서 부사로 된 것

    밝히 익히 작히

다만, 어간에 '-이'나 '-음'이 붙어서 명사로 바뀐 것이라도 그 어간의 뜻과 멀어진 것은 원형을 밝히어 적지 아니한다.

    굽도리 다리[髢] 목거리(목병) 무녀리 코끼리 거름(비료) 고름[膿] 노름(도박)

[붙임] 어간에 '-이'나 '-음' 이외의 모음으로 시작된 접미사가 붙어서 다른 품사로 바뀐 것은 그 어간의 원형을 밝히어 적지 아니한다.

(1) 명사로 바뀐 것

    귀머거리 까마귀 너머 뜨더귀 마감 마개 마중 무덤 비렁뱅이 쓰레기 올가미 주검

(2) 부사로 바뀐 것

    거뭇거뭇 너무 도로 뜨덤뜨덤 바투 불긋불긋 비로소 오긋오긋 자주 차마

(3) 조사로 바뀌어 뜻이 달라진 것

    나마 부터 조차

> 1, 2. 명사화 접미사 '-이, -음'은 비교적 널리(여러 어간에) 결합하며, 또 본디 어간 형태소의 뜻이 그대로 유지된다.
> 3, 4. 부사화 접미사 '-이, -히'도 비교적 규칙적으로 널리(여러 어간에) 결합한다.
> 붙임. 비교적 널리 (여러 어간에) 결합하는 '-이, -음'과는 달리, 불규칙적으로 결합하는, 모음으로 시작된 접미사가 붙어서 다른 품사로 바뀐 것은, 그 원형을 밝히지 않고 소리 나는 대로 적는다.

제20항 명사 뒤에 '-이'가 붙어서 된 말은 그 명사의 원형을 밝히어 적는다.

1. 부사로 된 것

   곳곳이 낱낱이 몫몫이 샅샅이 앞앞이 집집이

2. 명사로 된 것

   곰배팔이 바둑이 삼발이 애꾸눈이 육손이 절뚝발이/절름발이

[붙임] '-이' 이외의 모음으로 시작된 접미사가 붙어서 된 말은 그 명사의 원형을 밝히어 적지 아니한다.

   꼬락서니 끄트머리 모가치 바가지 바깥 사타구니 싸라기 이파리 지붕 지푸라기 짜개

> 명사에 접미사 '-이'가 결합하여 다른 품사로 바뀌거나 뜻만 달라지는 경우에도, 명사의 본모양을 밝히어 적는다. 이 경우의 '이'는 어간에 붙는 '이'처럼 규칙적으로 널리 결합하는 것은 아니지만, 1의 예와 같이 명사가 중복되면서 '이'가 결합하여 부사로 변하는 형식은 꽤 널리 적용된다.
> 붙임. 명사 뒤에 '-이' 이외의 모음으로 시작된 접미사가 결합하여 된 단어의 경우는, 그것이 규칙적으로 널리 결합하는 형식이 아니므로, 명사의 형태를 밝히어 적지 아니한다.

제21항 명사나 혹은 용언의 어간 뒤에 자음으로 시작된 접미사가 붙어서 된 말은 그 명사나 어간의 원형을 밝히어 적는다.

1. 명사 뒤에 자음으로 시작된 접미사가 붙어서 된 것

   값지다 홑지다 넋두리 빛깔 옆댕이 잎사귀

2. 어간 뒤에 자음으로 시작된 접미사가 붙어서 된 것

   낚시 늙정이 덮개 뜯게질 갉작갉작하다 갉작거리다 뜯적거리다 뜯적뜯적하다 굵다랗다
   굵직하다 깊숙하다 넓적하다 높다랗다 늙수그레하다 얽죽얽죽하다

다만, 다음과 같은 말은 소리대로 적는다.

(1) 겹받침의 끝소리가 드러나지 아니하는 것

   할짝거리다 널따랗다 널찍하다 말끔하다 말쑥하다 말짱하다
   실쭉하다 실큼하다 얄따랗다 얄팍하다 짤따랗다 짤막하다 실컷

(2) 어원이 분명하지 아니하거나 본뜻에서 멀어진 것

   넙치 올무 골막하다 납작하다

명사나 어간에 자음으로 시작된 접미사가 결합하여 된 단어는, 그 명사나 어간의 형태를 밝히어 적는다.
다만, 2에 딸린 규정으로서, (1)은, 겹받침에서 뒤엣것이 발음되는 경우에는 그 어간의 형태를 밝히어 적고, 앞엣것만 발음되는 경우에는 어간의 형태를 밝히지 않고 소리 나는 대로 적는다는 것이다. (2)는, 어원이 분명하지 않거나 본뜻에서 멀어진 것은 소리 나는 대로 적는다는 것이다.

제22항 용언의 어간에 다음과 같은 접미사들이 붙어서 이루어진 말들은 그 어간을 밝히어 적는다.

1. '-기-, -리-, -이-, -히-, -구-, -우-, -추-, -으키-, -이키-, -애-'가 붙는 것

맡기다 옮기다 웃기다 쫓기다 뚫리다 울리다 낚이다 쌓이다 핥이다 굳히다 굽히다 넓히다
앉히다 얽히다 잡히다 돋구다 솟구다 돋우다 갖추다 곧추다 맞추다 일으키다 돌이키다 없애다

다만, '-이-, -히-, -우-'가 붙어서 된 말이라도 본뜻에서 멀어진 것은 소리대로 적는다.

도리다(칼로 ~) 드리다(용돈을 ~) 고치다 바치다(세금을 ~) 부치다(편지를 ~)
거두다 미루다 이루다

2. '-치-, -뜨리-, -트리-'가 붙는 것

놓치다 덮치다 떠받치다 받치다 밭치다 부딪치다 뻗치다 엎치다 부딪뜨리다/부딪트리다
쏟뜨리다/쏟트리다 젖뜨리다/젖트리다 찢뜨리다/찢트리다 흩뜨리다/흩트리다

[붙임] '-업-, -읍-, -브-'가 붙어서 된 말은 소리대로 적는다.

미덥다 우습다 미쁘다

1. 이 접미사들은 다만 피동, 사동 등의 의미와 기능을 표시하는 요소이므로, 실질 형태소인 (본디의) 어간과는 분명하게 구별된다.
2. 이 경우는 자음으로 시작된 접미사가 결합하는 형식이므로, 전항(제21항) 규정의 적용 대상이기도 하다.
   붙임. '미덥다, 우습다, 미쁘다'는 '(믿다) 믿업다, (웃다) 웃읍다, (믿다) 믿브다'처럼 형성된 단어인데, 제19항 붙임 규정이 적용되는 것이므로 소리 나는 대로 적는다.

제23항 '-하다'나 '-거리다'가 붙는 어근에 '-이'가 붙어서 명사가 된 것은 그 원형을 밝히어 적는다.(ㄱ을 취하고, ㄴ을 버림.)

ㄱ	ㄴ	ㄱ	ㄴ	ㄱ	ㄴ
깔쭉이	깔쭈기	살살이	살사리	꿀꿀이	꿀꾸리
쌕쌕이	쌕쌔기	눈깜짝이	눈깜짜기	오뚝이	오뚜기
더펄이	더퍼리	코납작이	코납짜기	배불뚝이	배불뚜기
푸석이	푸서기	삐죽이	삐주기	홀쭉이	홀쭈기

[붙임] '-하다'나 '-거리다'가 붙을 수 없는 어근에 '-이'나 또는 다른 모음으로 시작되는 접미사가 붙어서 명사가 된 것은 그 원형을 밝히어 적지 아니한다.

개구리 귀뚜라미 기러기 깍두기 꽹과리 날라리 누더기 동그라미 두드러기

딱따구리 매미 부스러기 뻐꾸기 얼루기 칼싹두기

접미사 '-하다'나 '-거리다'가 붙는 어근이란, 곧 동사나 형용사가 파생될 수 있는 어근을 말한다. 제19항 및 제24항과 연관되는 규정인데, 예컨대 '깜짝깜짝-깜짝하다, 깜짝거리다, 깜짝이다, (눈)깜짝이'와 같이 나타나는 형식에 있어서, 실질 형태소인 어근 '깜짝-'의 형태를 고정시킴으로써, 그 의미가 쉽게 파악되도록 하는 것이다.

제24항 '-거리다'가 붙을 수 있는 시늉말 어근에 '-이다'가 붙어서 된 용언은 그 어근을 밝히어 적는다.(ㄱ을 취하고, ㄴ을 버림.)

ㄱ	ㄴ	ㄱ	ㄴ	ㄱ	ㄴ
깜짝이다	깜짜기다	속삭이다	속사기다	꾸벅이다	꾸버기다
숙덕이다	숙더기다	끄덕이다	끄더기다	울먹이다	울머기다
뒤척이다	뒤처기다	움직이다	움지기다	들먹이다	들머기다
지껄이다	지꺼리다	망설이다	망서리다	퍼덕이다	퍼더기다
번득이다	번드기다	허덕이다	허더기다	번쩍이다	번쩌기다
헐떡이다	헐떠기다				

접미사 '-이다'는 규칙적으로 널리(여러 어근에) 결합한다. 예컨대 '꾸벅하다, 꾸벅거리다, 꾸벅이다'처럼 나타나는 형식에서 실질 형태소인 '꾸벅'의 형태가 고정되지 않으면, 의태어(擬態語)인 '꾸벅꾸벅'과의 연관성이 이해되기 어려워진다. 그리하여 어근과 '이다'가 구별되게 적는 것이다.

제25항 '-하다'가 붙는 어근에 '-히'나 '-이'가 붙어서 부사가 되거나, 부사에 '-이'가 붙어서 뜻을 더하는 경우에는 그 어근이나 부사의 원형을 밝히어 적는다.

1. '-하다'가 붙는 어근에 '-히'나 '-이'가 붙는 경우

   급히 꾸준히 도저히 딱히 어렴풋이 깨끗이

   [붙임] '-하다'가 붙지 않는 경우에는 소리대로 적는다.

   갑자기 반드시(꼭) 슬며시

2. 부사에 '-이'가 붙어서 역시 부사가 되는 경우

   곰곰이 더욱이 생긋이 오뚝이 일찍이 해죽이

'-하다'가 붙는 어근이란, '급(急)하다, 꾸준하다, 도저(到底)하다'처럼 접미사 '-하다'가 결합하여 용언이 파생되는 어근 형태소를 말한다. 그리고 부사에 '-이'가 붙어서 뜻을 더하는 경우란, 품사는 바뀌지 않으면서 발음 습관에 따라, 혹은 감정적 의미를 더하기 위하여, 독립적인 부사 형태에 '-이'가 결합하는 형식을 말한다.

제26항 '-하다'나 '-없다'가 붙어서 된 용언은 그 '-하다'나 '-없다'를 밝히어 적는다.

1. '-하다'가 붙어서 용언이 된 것

    딱하다 숱하다 착하다 텁텁하다 푹하다

2. '-없다'가 붙어서 용언이 된 것

    부질없다 상없다 시름없다 열없다 하염없다

> 1. 예시어 중 '숱하다'는 어원적으로 명사 '숱[物量]'에 형용사 '하다[多]'가 결합하여 된 단어이지만, 현실적으로는 '숱'에 접미사 '-하다'가 결합된 구조로 인식되고 있다. '숱하다' 이외의 단어들에 있어서는 어근(및 접미사)이 명확하게 인식되지 않는다. 그러나 '-하다'는 어근 뒤에 결합하여 동사나 형용사가 파생되게 하는 요소이므로, 이 단어들에서의 '딱, 착' 따위도 어근으로 다루어지는 것이다.
> 2. '부질없이[부지럽씨], 상없이[상업씨], 시름없이[시르멉씨], 열없이[여:럽씨], 하염없이[하여멉씨]' 등을 통하여 '-없다'가 결합된 형식임을 알 수 있다. '상없다, 시름없다' 따위를 파생어로 다룰 것이냐 합성어로 다룰 것이냐 하는 데 이견(異見)이 있을 수 있겠지만, 통례에 따라 접미사(-없다) 결합 형식으로 잡아 본 항에서 다루었다.

제27항 둘 이상의 단어가 어울리거나 접두사가 붙어서 이루어진 말은 각각 그 원형을 밝히어 적는다.

    국말이 꺾꽂이 꽃잎 끝장 물난리 밑천 부엌일 싫증 옷안 웃옷 젖몸살 첫아들 칼날 팥알 헛웃음 홀아비 홑몸 흙내 값없다 겉늙다 굶주리다 낮잡다 맞먹다 받내다 벋놓다 빗나가다 빛나다 새파랗다 샛노랗다 시꺼멓다 싯누렇다 엇나가다 엎누르다 엿듣다 옻오르다 짓이기다

[붙임 1] 어원은 분명하나 소리만 특이하게 변한 것은 변한 대로 적는다.

    할아버지 할아범

[붙임 2] 어원이 분명하지 아니한 것은 원형을 밝히어 적지 아니한다.

    골병 골탕 끌탕 며칠 아재비 오라비 업신여기다 부리나케

[붙임 3] '이[齒, 虱]'가 합성어나 이에 준하는 말에서 '니' 또는 '리'로 소리 날 때에는 '니'로 적는다.

    간니 덧니 사랑니 송곳니 앞니 어금니 윗니 젖니 톱니 틀니 가랑니 머릿니

> 둘 이상의 어휘 형태소가 결합하여 합성어를 이루거나, 어근에 접두사가 결합하여 파생어를 이룰 때, 그 사이에서 발음 변화가 일어나더라도 실질 형태소의 본모양을 밝히어 적음으로써, 그 뜻이 분명히 드러나도록 하는 것이다.

제28항 끝소리가 'ㄹ'인 말과 딴 말이 어울릴 적에 'ㄹ' 소리가 나지 아니하는 것은 아니 나는 대로 적는다.

    다달이(달-달-이) 따님(딸-님) 마되(말-되) 마소(말-소) 무자위(물-자위) 바느질(바늘-질) 부삽(불-삽) 부손(불-손) 싸전(쌀-전) 여닫이(열-닫이) 우짖다(울-짖다) 화살(활-살)

합성어나 (접미사가 붙은) 파생어에서 앞 단어의 'ㄹ' 받침이 발음되지 않는 것은 발음되지 않는 형태로 적는다. 이것은 합성어나, 자음으로 시작된 접미사가 결합하여 된 파생어의 경우는 실질 형태소의 본모양을 밝히어 적는다는 원칙에 벗어나는 규정이지만, 역사적인 현상으로서 'ㄹ'이 떨어져 있기 때문에, 어원적인 형태를 밝혀 적지 않는 것이다. 'ㄹ'은 대체로 'ㄴ, ㄷ, ㅅ, ㅈ' 앞에서 탈락하였다.

제29항 끝소리가 'ㄹ'인 말과 딴 말이 어울릴 적에 'ㄹ' 소리가 'ㄷ' 소리로 나는 것은 'ㄷ'으로 적는다.

반짇고리(바느질~) 사흗날(사흘~) 삼짇날(삼질~) 섣달(설~) 숟가락(술~)

이튿날(이틀~) 잗주름(잘~) 푿소(풀~) 섣부르다(설~) 잗다듬다(잘~) 잗다랗다(잘~)

끝소리가 'ㄹ'인 말과 딴 말이 어울릴 적에 'ㄹ' 소리가 'ㄷ' 소리로 나는 것은 'ㄷ'으로 적는다.

반짇고리(바느질~) 사흗날(사흘~) 삼짇날(삼질~) 섣달(설~) 숟가락(술~)

이튿날(이틀~) 잗주름(잘~) 푿소(풀~) 섣부르다(설~) 잗다듬다(잘~) 잗다랗다(잘~)

'ㄹ' 받침을 가진 단어(나 어간)가 다른 단어(나 접미사)와 결합할 때, 'ㄹ'이 [ㄷ]으로 바뀌어 발음되는 것은 'ㄷ'으로 적는다. 이 경우 역시 합성어나, 자음으로 시작된 접미사가 결합하여 된 파생어는 실질 형태소의 본모양을 밝히어 적는다는 원칙에 벗어나는 규정이지만, 역사적 현상으로서 'ㄷ'으로 바뀌어 굳어져 있는 단어는 어원적인 형태를 밝히어 적지 않는 것이다.

제30항 사이시옷은 다음과 같은 경우에 받치어 적는다.

1. 순우리말로 된 합성어로서 앞말이 모음으로 끝난 경우

　　(1) 뒷말의 첫소리가 된소리로 나는 것

고랫재 귓밥 나룻배 나뭇가지 냇가 댓가지 뒷갈망 맷돌 머릿기름 모깃불 못자리 바닷가
뱃길 볏가리 부싯돌 선짓국 쇳조각 아랫집 우렁잇속 잇자국 잿더미 조갯살 찻집 쳇바퀴
킷값 핏대 햇볕 혓바늘

　　(2) 뒷말의 첫소리 'ㄴ, ㅁ' 앞에서 'ㄴ' 소리가 덧나는 것

멧나물 아랫니 텃마당 아랫마을 뒷머리 잇몸 깻묵 냇물 빗물

　　(3) 뒷말의 첫소리 모음 앞에서 'ㄴㄴ' 소리가 덧나는 것

도리깻열 뒷윷 두렛일 뒷일 뒷입맛 베갯잇 욧잇 깻잎 나뭇잎 댓잎

2. 순우리말과 한자어로 된 합성어로서 앞말이 모음으로 끝난 경우

　　(1) 뒷말의 첫소리가 된소리로 나는 것

귓병 머릿방 뱃병 봇둑 사잣밥 샛강 아랫방 자릿세 전셋집 찻잔 찻종 촛국 콧병 탯줄 텃세
핏기 햇수 횟가루 횟배

　　(2) 뒷말의 첫소리 'ㄴ, ㅁ' 앞에서 'ㄴ' 소리가 덧나는 것

곗날 제삿날 훗날 툇마루 양칫물

(3) 뒷말의 첫소리 모음 앞에서 'ㄴㄴ' 소리가 덧나는 것

가욋일 사삿일 예삿일 훗일

3. 두 음절로 된 다음 한자어

곳간(庫間) 셋방(貰房) 숫자(數字) 찻간(車間) 툇간(退間) 횟수(回數)

제31항 두 말이 어울릴 적에 'ㅂ' 소리나 'ㅎ' 소리가 덧나는 것은 소리대로 적는다.

1. 'ㅂ' 소리가 덧나는 것

멥싸리(대ㅂ싸리) 멥쌀(메ㅂ쌀) 볍씨(벼ㅂ씨) 입때(이ㅂ때)

입쌀(이ㅂ쌀) 접때(저ㅂ때) 좁쌀(조ㅂ쌀) 햅쌀(해ㅂ쌀)

2. 'ㅎ' 소리가 덧나는 것

머리카락(머리ㅎ가락) 살코기(살ㅎ고기) 수캐(수ㅎ개) 수컷(수ㅎ것) 수탉(수ㅎ닭)

안팎(안ㅎ밖) 암캐(암ㅎ개) 암컷(암ㅎ것) 암탉(암ㅎ닭)

---

1. '싸리[荊], 쌀[米], 씨[種], 때[時]' 등은 단어 첫머리에 'ㅂ' 음을 가지고 있었던 단어다. 이 단어들이 다른 단어 또는 접두사와 결합하는 경우, 두 형태소 사이에서 'ㅂ' 음이 발음되기도 한다. 그런데 이런 구조의 합성어나 파생어에 있어서는 뒤의 단어가 주장이 되는 것이므로, '싸리, 쌀, 씨, 때' 따위의 형태를 고정시키고, 첨가되는 'ㅂ'을 앞 형태소의 받침으로 붙여 적는 것이다.

2. 옛말에서 'ㅎ' 곡용어였던 '머리[頭], 살[肌], 수[雄], 암[雌], 안[內]' 등에 다른 단어가 결합하여 이루어진 합성어 중에서, [ㅎ] 음이 첨가되어 발음되는 단어는 소리 나는 대로(뒤 단어의 첫소리를 거센소리로) 적는다.

제32항 단어의 끝모음이 줄어지고 자음만 남은 것은 그 앞의 음절에 받침으로 적는다.

본말	준말
기러기야	기럭아
어제그저께	엊그저께
어제저녁	엊저녁
가지고, 가지지	갖고, 갖지
디디고, 디디지	딛고, 딛지

단어 또는 어간의 끝음절 모음이 줄어지고 자음만 남는 경우, 그 자음을 앞 음절의 받침으로 올려붙여 적는다. 곧, 실질 형태소가 줄어진 경우에는 줄어진 형태를 밝히어 적는 것이니, '어제그저께'에서 '어제'의 'ㅔ'가 준 형태는 '엊'으로, '가지고'에서 '가지'의 'ㅣ'가 준 형태는 '갖'으로 적는 것이다.

제33항 체언과 조사가 어울려 줄어지는 경우에는 준 대로 적는다.

본말	준말
그것은	그건
그것이	그게
그것으로	그걸로
나는	난
나를	날
너는	넌
너를	널
무엇을	뭣을/무얼/뭘
무엇이	뭣이/무에

체언과 조사가 결합할 때 어떤 음이 줄어지거나 음절의 수가 줄어지는 것은, 그 본 모양을 밝히지 않고 준 대로 적는다.
(그 애 → 걔) 그 애는 → 걔는 → 걘, 그 애를 → 걔를 → 걜
(이 애 → 얘) 이 애는 → 얘는 → 얜, 이 애를 → 얘를 → 얠
(저 애 → 쟤) 저 애는 → 쟤는 → 쟨, 저 애를 → 쟤를 → 쟬
그리로 → 글로, 이리로 → 일로, 저리로 → 절로, 조리로 → 졸로
그것으로 → 그걸로, 이것으로 → 이걸로, 저것으로 → 저걸로

제34항 모음 'ㅏ, ㅓ'로 끝난 어간에 '-아/-어, -았-/-었-'이 어울릴 적에는 준 대로 적는다.

본말	준말	본말	준말
가아	가	가았다	갔다
나아	나	나았다	났다
타아	타	타았다	탔다
서어	서	서었다	섰다
켜어	켜	켜었다	켰다
펴어	펴	펴었다	폈다

[붙임 1] 'ㅐ, ㅔ' 뒤에 '-어, -었-'이 어울려 줄 적에는 준 대로 적는다.
[붙임 2] '하여'가 한 음절로 줄어서 '해'로 될 적에는 준 대로 적는다.

모음 'ㅏ, ㅓ'로 끝나는 어간에 'ㅇ, ㅣ'-아/-어'가 붙는 형식에서는 '아/어'가 줄어지며, '-았/-었-'이 붙는 형식에서는 '아/어'가 줄어지고 'ㅆ'만 남는다.
다만, 'ㅅ' 불규칙 용언의 어간에서 'ㅅ'이 줄어진 경우에는 '아/어'가 줄어지지 않는 게 원칙이다.

제35항 모음 'ㅗ, ㅜ'로 끝난 어간에 '-아/-어, -았-/-었-'이 어울려 'ㅘ/ㅝ, 될 적에는 준 대로 적는다.

[붙임 1] '놓아'가 '놔'로 줄 적에는 준 대로 적는다.

[붙임 2] 'ㅚ' 뒤에 '-어, -었-'이 어울려 줄 적에도 준 대로 적는다.

> 모음 'ㅗ, ㅜ'로 끝난 어간에 어미 '-아/-어'가 붙어서 'ㅘ/ㅝ'로 줄어지는 것은 'ㅘ/ㅝ'로 적는다.
> 오아 → 와 오아도 → 와도 오아서 → 와서 오았다 → 왔다
> 추어 → 춰 추어서 → 춰서 추어야 → 춰야 추었다 → 췄다

제36항 'ㅣ' 뒤에 '-어'가 와서 'ㅕ'로 줄 적에는 준 대로 적는다.

> 접미사 '-이, -히, -기, -리, -으키, -이키' 뒤에 '-어'가 붙은 경우도 이에 포함된다.
> 녹이어 → 녹여 먹이어서 → 먹여서 숙이었다 → 숙였다
> 업히어 → 업혀 입히어서 → 입혀서 잡히었다 → 잡혔다
> 굵기어 → 굵겨 남기어야 → 남겨야 옮기었다 → 옮겼다
> 굴리어 → 굴려 날리어야 → 날려야 돌리었다 → 돌렸다
> 일으키어 → 일으켜 돌이키어 → 돌이켜

제37항 'ㅏ, ㅕ, ㅗ, ㅜ, ㅡ'로 끝난 어간에 '-이-'가 와서 각각 'ㅐ, ㅖ, ㅚ, ㅟ, ㅢ'로 줄 적에는 준 대로 적는다.

> 어간 끝모음 'ㅏ, ㅕ, ㅗ, ㅜ, ㅡ' 뒤에 '-이'가 결합하여 'ㅐ, ㅖ, ㅚ, ㅟ, ㅢ'로 줄어지는 것은 'ㅐ, ㅖ, ㅚ, ㅟ, ㅢ'로 적는다.
> 까이다[被孵] → 깨다 켜이다[被鋸] → 켸다 쏘이다 → 쐬다
> 꾸이다[現夢] → 뀌다 트이다 → 틔다

제38항 'ㅏ, ㅗ, ㅜ, ㅡ' 뒤에 '-이어'가 어울려 줄어질 적에는 준 대로 적는다.

> 어간 끝모음 'ㅏ, ㅗ, ㅜ, ㅡ' 뒤에 '-이어'가 결합하여 줄어질 때는 두 가지 형식으로 나타난다. 곧, '이'가 앞(어간) 음절에 올라붙으면서 줄어지기도 하고, 뒤(어미) 음절에 내리 이어지면서 줄어지기도 한다.
> 까이어 → 깨어/까여 꼬이어 → 꾀어/꼬여 누이어 → 뉘어/누여 뜨이어 → 띄어/(눈이) 뜨여
> 쓰이어 → 씌어/쓰여 트이어 → 틔어/트여

제39항 어미 '-지' 뒤에 '않-'이 어울려 '-잖-'이 될 적과 '-하지' 뒤에 '않-'이 어울려 '-찮-'이 될 적에는 준 대로 적는다.

제36항 규정을 적용하면, '-지 않-', '-치 않-'이 줄어지면 '쟎, 챦'이 된다. 그러나 줄어진 형태가 하나의 단어처럼 다루어지는 경우에는, 구태여 그 원형과 결부시켜 준 과정의 형태를 밝힐 필요가 없다는 견해에서, 소리 나는 대로 '잖, 찮'으로 적기로 한 것이다.

실상, 사전에서 준말로 다루어지고 있는

(깔밋하지 않다 →)깔밋잖다	(깨끗하지 않다 →)깨끗잖다	(남부럽지 않다 →)남부럽잖다
(의젓하지 않다 →)의젓잖다	(대단하지 않다 →)대단찮다	(만만하지 않다 →)만만찮다
(시원하지 않다 →)시원찮다		

제40항 어간의 끝음절 '하'의 'ㅏ'가 줄고 'ㅎ'이 다음 음절의 첫소리와 어울려 거센소리로 될 적에는 거센소리로 적는다.

[붙임 1] 'ㅎ'이 어간의 끝소리로 굳어진 것은 받침으로 적는다.

| 않다 않고 않지 않든지 | 그렇다 그렇고 그렇지 그렇든지 |
| 아무렇다 아무렇고 아무렇지 아무렇든지 | 어떻다 어떻고 어떻지 어떻든지 |

[붙임 2] 어간의 끝음절 '하'가 아주 줄 적에는 준 대로 적는다.

거북하지 거북지	생각하건대 생각건대	생각하다 못해 생각다 못해
깨끗하지 않다 깨끗지 않다	넉넉하지 않다 넉넉지 않다	못하지 않다 못지않다
섭섭하지 않다 섭섭지 않다	익숙하지 않다 익숙지 않다	

[붙임 3] 다음과 같은 부사는 소리대로 적는다.

결단코 결코 기필코 무심코 아무튼 요컨대 정녕코 필연코 하마터면 하여튼 한사코

제15항에서는 실질 형태소인 어간과 형식 형태소인 어미를 구별하여 적도록 규정하고 있다. 이 규정에 따르면, 통일안(제56항)에서와 같이 '흔하다'가 준 형태는 '흔ㅎ다' 또는 '흖다'로 적어야 할 것이다. 그러나 준 소리 'ㅎ'을 사이 글자로 적는 데는 문제점이 있다.
붙임 1. 준말에 있어서, 'ㅎ'이 어간의 끝소리로 굳어져 있는 것은 받침으로 붙여 적는다.
붙임 2. 어간의 끝음절 '하'가 줄어진 형태로 관용되고 있는 형식을 말하는데, 안울림소리 받침 뒤에서 나타난다.
붙임 3. 어원적인 형태는 용언의 활용형으로 볼 수 있더라도, 현실적으로 부사로 전성된 단어는, 그 본 모양을 밝히지 않고 소리 나는 대로 적는다.

제41항 조사는 그 앞말에 붙여 쓴다.

꽃이 꽃마저 꽃밖에 꽃에서부터 꽃으로만 꽃이나마 꽃이다

꽃입니다 꽃처럼 어디까지나 거기도 멀리는 웃고만

앞에서 말한 바와 같이, 조사는 독립성이 없기 때문에 다른 단어 뒤에 종속적(從屬的)인 관계로 존재한다.
조사는, 그것이 결합되는 체언이 지니는 문법적 기능을 표시하므로, 그 앞의 단어에 붙여 쓰는 것이다. 조사가 둘 이상 겹쳐지거나, 조사가 어미 뒤에 붙는 경우에도 붙여 쓴다.

제42항 의존 명사는 띄어 쓴다.

아는 것이 힘이다.　　　나도 할 수 있다.

먹을 만큼 먹어라.　　　아는 이를 만났다.

네가 뜻한 바를 알겠다.　　그가 떠난 지가 오래다.

> 의존 명사는 의미적 독립성은 없으나 다른 단어 뒤에 의존하여 명사적 기능을 담당하므로, 하나의 단어로 다루어진다. 독립성이 없기 때문에, 앞 단어에 붙여 쓰느냐 띄어 쓰느냐 하는 문제가 논의의 대상이 되었지만, 문장의 각 단어는 띄어 쓴다는 원칙에 따라 띄어 쓰는 것이다.

제43항 단위를 나타내는 명사는 띄어 쓴다.

　한 개　　차 한 대　　금 서 돈　　소 한 마리　　옷 한 벌　　열 살

　조기 한 손　　연필 한 자루　　버선 한 죽　　집 한 채　　신 두 켤레　　북어 한 쾌

다만, 순서를 나타내는 경우나 숫자와 어울리어 쓰이는 경우에는 붙여 쓸 수 있다.

　두시 삼십분 오초　제일과　삼학년　육층　1446년 10월 9일

　2대대　16동 502호　제1실습실　80원　10개　7미터

> 단위를 나타내는 의존 명사(수량 단위 불완전 명사)는 그 앞의 수 관형사와 띄어 쓴다.
> 다만 수 관형사 뒤에 의존 명사가 붙어서 차례를 나타내는 경우나, 의존 명사가 아라비아 숫자 뒤에 붙는 경우는 붙여 쓸 수 있도록 하였다.

제44항 수를 적을 적에는 '만(萬)' 단위로 띄어 쓴다.

　십이억 삼천사백오십육만 칠천팔백구십팔

　12억 3456만 7898

> 십진법(十進法)에 따라 띄어 쓰던 것을 '만' 단위로 개정하였다. 따라서 '만, 억, 조' 및 '경(京), 해(垓), 자(秭)' 단위로 띄어 쓰는 것이다.
> 다만, 금액을 적을 때는 변조(變造) 등의 사고를 방지하려는 뜻에서 붙여 쓰는 게 관례로 되어 있다.
> 일금: 삼십일만오천육백칠십팔원정.

제45항 두 말을 이어 주거나 열거할 적에 쓰이는 다음의 말들은 띄어 쓴다.

　국장 겸 과장　　　　　열 내지 스물　　　　　청군 대 백군

　책상, 걸상 등이 있다　이사장 및 이사들　　　사과, 배, 귤 등등

　사과, 배 등속　　　　부산, 광주 등지

제46항 단음절로 된 단어가 연이어 나타날 적에는 붙여 쓸 수 있다.

　좀더 큰것　　이말 저말　　한잎 두잎

앞에서 말한 바와 같이, 글을 띄어 쓰는 것은 그 의미를 쉽게 파악할 수 있도록 하려는 데 목적이 있다. 그러나 이 허용 규정은 단음절어인 관형사와 명사, 부사와 부사가 연결되는 경우와 같이, 자연스럽게 의미적으로 한 덩이를 이룰 수 있는 구조에 적용되는 것이므로,

훨씬 더 큰 새 집 → (×)훨씬 더 큰 새집

더 큰 이 새 책상 → (×)더 큰 이새 책상

처럼, 한 개 음절로 된 단어는 무조건 붙여 쓸 수 있는 것이 아니다.

제47항 보조 용언은 띄어 씀을 원칙으로 하되, 경우에 따라 붙여 씀도 허용한다.(ㄱ을 원칙으로 하고, ㄴ을 허용함.)

불이 꺼져 간다. 불이 꺼져간다.	내 힘으로 막아 낸다. 내 힘으로 막아낸다.
어머니를 도와 드린다. 어머니를 도와드린다.	그릇을 깨뜨려 버렸다. 그릇을 깨뜨려버렸다.
비가 올 듯하다. 비가 올듯하다.	그 일은 할 만하다. 그 일은 할만하다.
일이 될 법하다. 일이 될법하다.	비가 올 성싶다. 비가 올성싶다.
잘 아는 척한다. 잘 아는 척한다.	

다만, 앞말에 조사가 붙거나 앞말이 합성 용언인 경우, 그리고 중간에 조사가 들어갈 적에는 그 뒤에 오는 보조 용언은 띄어 쓴다.

잘도 놀아만 나는구나!	책을 읽어도 보고…….	네가 덤벼들어 보아라.
이런 기회는 다시없을 듯하다.	그가 올 듯도 하다.	잘난 체를 한다.

여기서 말하는 보조 용언은, (1) '-아/-어' 뒤에 연결되는 보조 용언, (2) 의존 명사에 '-하다'나 '-싶다'가 붙어서 된 보조 용언을 가리킨다.

제48항 성과 이름, 성과 호 등은 붙여 쓰고, 이에 덧붙는 호칭어, 관직명 등은 띄어 쓴다.

김양수(金良洙)　서화담(徐花潭)　채영신 씨　최치원 선생　충무공 이순신 장군

다만, 성과 이름, 성과 호를 분명히 구분할 필요가 있을 경우에는 띄어 쓸 수 있다.

남궁억/남궁 억　독고준/독고 준　황보지봉(皇甫芝峰)/황보 지봉

성명에 있어서, 성과 이름은 별개 단어의 성격을 지니고 있다. 곧, 성은 혈통을 표시하며, 이름은 특정한 개인에게만 부여된 식별부호(識別符號)이므로, 순수한 고유 명사의 성격을 지니는 것이다. 이렇게 볼 때, 성과 이름을 띄어 쓰는 게 합리적이긴 하지만, 한자 문화권에 속하는 나라들에서는 성명을 붙여 쓰는 것이 통례이고, 우리나라에서도 붙여 쓰는 게 관용 형식이라 할 것이다.

제49항 성명 이외의 고유 명사는 단어별로 띄어 씀을 원칙으로 하되, 단위별로 띄어 쓸 수 있다.(ㄱ을 원칙으로 하고, ㄴ을 허용함.)

대한 중학교　대한중학교

한국 대학교 사범 대학　한국대학교 사범대학

'한국 정신 문화 연구원'처럼 단어별로 띄어 쓰면, '한국, 정신, 문화, 연구원'의 네 개 단어가 각각 지니고 있는 뜻은 분명하게 이해되지만, 그것이 하나의 대상으로 파악되지 않는 단점도 있는 것이다. 그리하여 둘 이상의 단어가 결합하여 이루어진 고유 명사는 단어별로 띄어 쓰는 것을 원칙으로 하되, 단위별로 붙여 쓸 수 있도록 한 것이다.

제50항 전문 용어는 단어별로 띄어 씀을 원칙으로 하되, 붙여 쓸 수 있다.(ㄱ을 원칙으로 하고, ㄴ을 허용함.)

만성 골수성 백혈병   만성골수성백혈병
중거리 탄도 유도탄   중거리탄도유도탄

전문 용어란, 특정의 학술 용어나 기술 용어를 말하는데, 대개 둘 이상의 단어가 결합하여 하나의 의미 단위에 대응하는 말, 곧 합성어의 성격으로 되어 있다. 따라서 붙여 쓸 만한 것이지만, 그 의미 파악이 쉽도록 하기 위하여 띄어 쓰는 것을 원칙으로 하고, 편의상 붙여 쓸 수 있도록 하였다.

제51항 부사의 끝음절이 분명히 '이'로만 나는 것은 '-이'로 적고, '히'로만 나거나 '이'나 '히'로 나는 것은 '-히'로 적는다.

1. '이'로만 나는 것

가붓이 깨끗이 나붓이 느긋이 둥긋이 따뜻이 반듯이 버젓이 산뜻이 의젓이 가까이 고이 날카로이 대수로이 번거로이 많이 적이 헛되이 겹겹이 번번이 일일이 집집이 틈틈이

2. '히'로만 나는 것

극히 급히 딱히 속히 작히 족히 특히 엄격히 정확히

3. '이, 히'로 나는 것

솔직히 가만히 간편히 나른히 무단히 각별히 소홀히 쓸쓸히 정결히 과감히 꼼꼼히 심히 열심히 급급히 답답히 섭섭히 공평히 능히 당당히 분명히 상당히 조용히 간소히 고요히

제52항 한자어에서 본음으로도 나고 속음으로도 나는 것은 각각 그 소리에 따라 적는다.

승낙(承諾)   수락(受諾), 쾌락(快諾), 허락(許諾)
만난(萬難)   곤란(困難), 논란(論難)
안녕(安寧)   의령(宜寧), 회령(會寧)
분노(忿怒)   대로(大怒), 희로애락(喜怒哀樂)
토론(討論)   의논(議論)
오륙십(五六十) 오뉴월, 유월(六月)
목재(木材)   모과(木瓜)
십일(十日)   시방정토(十方淨土), 시왕(十王), 시월(十月)
팔일(八日)   초파일(初八日)

> 속음은 세속에서 널리 사용되는 익은소리(습관음)이므로, 속음으로 된 발음 형태를 표준어로 삼게 되며, 따라서 맞춤법에서도 속음에 따라 적게 된다.

제53항 다음과 같은 어미는 예사소리로 적는다.(ㄱ을 취하고, ㄴ을 버림.)

-(으)ㄹ거나	-(으)ㄹ꺼나	-(으)ㄹ걸	-(으)ㄹ껄
-(으)ㄹ게	-(으)ㄹ께	-(으)ㄹ세	-(으)ㄹ쎄
-(으)ㄹ세라	-(으)ㄹ쎄라	-(으)ㄹ수록	-(으)ㄹ쑤록
-(으)ㄹ시	-(으)ㄹ씨	-(으)ㄹ지	-(으)ㄹ찌
-(으)ㄹ지니라	-(으)ㄹ찌니라	-(으)ㄹ지라도	-(으)ㄹ찌라도
-(으)ㄹ지어다	-(으)ㄹ찌어다	-(으)ㄹ지언정	-(으)ㄹ찌언정
-(으)ㄹ진대	-(으)ㄹ찐대	-(으)ㄹ진저	-(으)ㄹ찐저
-올시다	-올씨다		

다만, 의문을 나타내는 다음 어미들은 된소리로 적는다.

-(으)ㄹ까?   -(으)ㄹ꼬?   -(스)ㅂ니까?   -(으)리까?   -(으)ㄹ쏘냐?

> 형식 형태소인 어미의 경우, 규칙성이 적용되지 않는 현상일 때는 변이 형태를 인정하여 소리 나는 대로 적는 것을 원칙으로 삼았다. 그러므로 '-ㄹ꺼나, -ㄹ껄, -ㄹ께, ……'처럼 적을 것으로 생각하기 쉬우나, 'ㄹ' 뒤에서 된소리로 발음되는 것은 된소리로 적지 않기로 하였다.
> 다만,
> -ㄹ까 -ㄹ꼬 -ㄹ쏘냐 (-나이까 -더이까 -리까 -ㅂ니까/-습니까 -ㅂ디까/-습디까) 등은 된소리로 적는다. 이것은 이미 널리 익어져 있는 형식이기 때문에, 관용을 따른 것이다.

제54항 다음과 같은 접미사는 된소리로 적는다.(ㄱ을 취하고, ㄴ을 버림.)

심부름꾼 심부름군	귀때기 귓대기	익살꾼 익살군	볼때기 볼대기
일꾼 일군	판자때기 판잣대기	장꾼 장군	뒤꿈치 뒷굼치
장난꾼 장난군	팔꿈치 팔굼치	지게꾼 지겟군	이마빼기 이맛배기
때깔 땟갈	코빼기 콧배기	빛깔 빛갈	객쩍다 객적다
성깔 성갈	겸연쩍다 겸연적다		

제55항 두 가지로 구별하여 적던 다음 말들은 한 가지로 적는다.(ㄱ을 취하고, ㄴ을 버림.)

맞추다(입을 맞춘다. 양복을 맞춘다.)   마추다

뻗치다(다리를 뻗친다. 멀리 뻗친다.)   뻐치다

제56항 '-더라, -던'과 '-든지'는 다음과 같이 적는다.

1. 지난 일을 나타내는 어미는 '-더라, -던'으로 적는다.(ㄱ을 취하고, ㄴ을 버림.)

지난겨울은 몹시 춥더라.   지난겨울은 몹시 춥드라.

깊던 물이 얕아졌다.   깊든 물이 얕아졌다.

그렇게 좋던가?   그렇게 좋든가?

그 사람 말 잘하던데!   그 사람 말 잘하든데!

얼마나 놀랐던지 몰라.   얼마나 놀랐든지 몰라.

기존 규정	2017.03.28. 개정안
〈한글 맞춤법 제56항〉 '-더라, -던'과 '-든지'는 다음과 같이 적는다. 1. 지난 일을 나타내는 어미는 '-더라, -던'으로 적는다.(ㄱ을 취하고, ㄴ을 버림.)	〈한글 맞춤법 제56항〉 '-더라, -던'과 '-든지'는 다음과 같이 적는다. 1. 지난 일을 나타내는 어미는 '-더라, -던'으로 적는다.(ㄱ을 취하고, ㄴ을 버림.)
ㄱ ㄴ	ㄱ ㄴ
<u>지난 겨울</u>은 몹시 춥더라. <u>지난 겨울</u>은 몹시 춥드라. 깊던 물이 얕아졌다. 깊든 물이 얕아졌다. 그렇게 좋던가? 그렇게 좋든가? 그 사람 말 잘하던데! 그 사람 말 잘하든데! 얼마나 놀랐던지 몰라. 얼마나 놀랐든지 몰라. ~	<u>지난겨울</u>은 몹시 춥더라. <u>지난겨울</u>은 몹시 춥드라. 깊던 물이 얕아졌다. 깊든 물이 얕아졌다. 그렇게 좋던가? 그렇게 좋든가? 그 사람 말 잘하던데! 그 사람 말 잘하든데! 얼마나 놀랐던지 몰라. 얼마나 놀랐든지 몰라.

2. 물건이나 일의 내용을 가리지 아니하는 뜻을 나타내는 조사와 어미는 '(-)든지'로 적는다.(ㄱ을 취하고, ㄴ을 버림.)

배든지 사과든지 마음대로 먹어라.   배던지 사과던지 마음대로 먹어라.

가든지 오든지 마음대로 해라.   가던지 오던지 마음대로 해라.

제57항 다음 말들은 각각 구별하여 적는다.

가름   둘로 가름.

갈음   새 책상으로 갈음하였다.

거름   풀을 썩힌 거름.

걸음   빠른 걸음.

기존 규정	2017.03.28. 개정안
〈한글 맞춤법 제57항〉 다음 말들은 각각 구별하여 적는다. ~	〈한글 맞춤법 제57항〉 다음 말들은 각각 구별하여 적는다. ~
거름 풀을 썩인 거름 걸음 빠른 걸음	거름 풀을 썩힌 거름 걸음 빠른 걸음

└, '썩인', '썩힌' 용법이 변경된 점에 유의하여야 한다.

거치다 영월을 거쳐 왔다.

걷히다 외상값이 잘 걷힌다.

걷잡다 걷잡을 수 없는 상태.

겉잡다 겉잡아서 이틀 걸릴 일.

느리다 진도가 너무 느리다.

늘이다 고무줄을 늘인다.

늘리다 수출량을 더 늘린다.

다리다 옷을 다린다.

달이다 약을 달인다.

다치다 부주의로 손을 다쳤다.

닫히다 문이 저절로 닫혔다.

닫치다 문을 힘껏 닫쳤다.

마치다 벌써 일을 마쳤다.

맞히다 여러 문제를 더 맞혔다.

목거리 목거리가 덧났다.

목걸이 금목걸이, 은목걸이

기존 규정	2017.03.28. 개정안
〈한글 맞춤법 제57항〉 다음 말들은 각각 구별하여 적는다. ~ 목거리 목거리가 덧났다. 목걸이 <u>금 목걸이</u>, <u>은 목걸이</u>	〈한글 맞춤법 제57항〉 다음 말들은 각각 구별하여 적는다. ~ 목거리 목거리가 덧났다. 목걸이 <u>금목걸이</u>, <u>은목걸이</u>

└, 개정안의 띄어쓰기 변경 사항에 유의하여야 한다.

바치다   나라를 위해 목숨을 바쳤다.

받치다   우산을 받치고 간다. 책받침을 받친다.

받히다   쇠뿔에 받혔다.

밭치다   술을 체에 밭친다.

반드시   약속은 반드시 지켜라.

반듯이   고개를 반듯이 들어라.

부딪치다   차와 차가 마주 부딪쳤다.

부딪히다   마차가 화물차에 부딪혔다.

부치다	힘이 부치는 일이다. 편지를 부친다.
붙이다	우표를 붙인다. 책상을 벽에 붙였다.
시키다	일을 시킨다.
식히다	끓인 물을 식힌다.
아름	세 아름 되는 둘레.
알음	전부터 알음이 있는 사이.
앎	앎이 힘이다.

−느니보다(어미)　　　나를 찾아오느니보다 집에 있거라.

−는 이보다(의존 명사)　오는 이가 가는 이보다 많다.

기존 규정	2017.03.28. 개정안
〈한글 맞춤법 제57항〉 다음 말들은 각각 구별하여 적는다. ~ −느니보다(어미) 나를 찾아 오느니보다 집에 있거라. − 는 이보다(의존명사) 오는 이가 가는 이보다 많다.	〈한글 맞춤법 제57항〉 다음 말들은 각각 구별하여 적는다. ~ −느니보다(어미)　나를 찾아오느니보다 집에 있거라. − 는 이보다(의존명사)　오는 이가 가는 이보다 많다.

┗→ 개정안의 띄어쓰기 변경 사항에 유의하여야 한다.

기존 규정			2017.03.28. 개정안		
〈표준어 사정 원칙 제6항 비고〉 다음 단어들은 의미를 구별함이 없이, 한 가지 형태만을 표준어로 삼는다.(ㄱ을 표준어로 삼고, ㄴ을 버림.)			〈표준어 사정 원칙 제6항 비고〉 다음 단어들은 의미를 구별함이 없이, 한 가지 형태만을 표준어로 삼는다.(ㄱ을 표준어로 삼고, ㄴ을 버림.)		
ㄱ	ㄴ	비 고	ㄱ	ㄴ	비 고
~			~		
빌리다	빌다	1. 빌려 주다. 빌려 오다. 2. '용서를 빌다'는 '빌다'임.	빌리다	빌다	1. 빌려주다. 빌려 오다. 2. '용서를 빌다'는 '빌다'임.

기존 규정			2017.03.28. 개정안		
〈표준어 사정 원칙 제25항〉 의미가 똑같은 형태가 몇 가지 있을 경우, 그 중 어느 하나가 압도적으로 널리 쓰이면, 그 단어만을 표준어로 삼는다.(ㄱ을 표준어로 삼고, ㄴ을 버림.)			〈표준어 사정 원칙 제25항 비고〉 의미가 똑같은 형태가 몇 가지 있을 경우, 그중 어느 하나가 압도적으로 널리 쓰이면, 그 단어만을 표준어로 삼는다.(ㄱ을 표준어로 삼고, ㄴ을 버림.)		
ㄱ	ㄴ	비 고	ㄱ	ㄴ	비 고
~			~		
까다롭다	까닭-스럽다/ 까탈스럽다				
~			~		
꼬창-모	말뚝-모	꼬창이로 구멍을 뚫으면서 심는 모	꼬창-모	말뚝-모	꼬창이로 구멍을 뚫으면서 심는 모
~			~		
다사-스럽다	다사-하다	간섭을 잘 하다	다사-스럽다	다사-하다	간섭을 잘 하다
~			~		
-에는	-엘랑		-에는	-엘랑	
~			~		
주책-없다	주책-이다	'주착→주책'은 제11항 참조	주책-없다	주책-이다	'주착→주책'은 제11항 참조
~			~		

II. 표준발음법

제1항 표준 발음법은 표준어의 실제 발음을 따르되, 국어의 전통성과 합리성을 고려하여 정함을 원칙으로 한다.

> 표준어의 발음법에 대한 대원칙을 정한 것이다. '표준어의 실제 발음을 따른다'라는 근본 원칙에 '국어의 전통성과 합리성을 고려하여 정한다'는 조건이 붙어 있다.
> 표준어의 실제 발음에 따라 표준 발음법을 정한다는 것은 표준어의 규정과 직접적인 관련을 가진다. 표준어 사정 원칙 제1장 제1항에서 "표준어는 교양 있는 사람들이 두루 쓰는 현대 서울말로 정함을 원칙으로 한다." 라고 규정하고 있다. 이에 따라 표준 발음법은 교양 있는 사람들이 두루 쓰는 현대 서울말의 발음을 표준어의 실제 발음으로 여기고서 일단 이를 따르도록 원칙을 정한 것이다.

제2항 표준어의 자음은 다음 19개로 한다.

ㄱ ㄲ ㄴ ㄷ ㄸ ㄹ ㅁ ㅂ ㅃ ㅅ ㅆ ㅇ ㅈ ㅉ ㅊ ㅋ ㅌ ㅍ ㅎ

제3항 표준어의 모음은 다음 21개로 한다.

ㅏ ㅐ ㅑ ㅒ ㅓ ㅔ ㅕ ㅖ ㅗ ㅘ ㅙ ㅚ ㅛ ㅜ ㅝ ㅞ ㅟ ㅠ ㅡ ㅢ ㅣ

제4항 'ㅏ ㅐ ㅓ ㅔ ㅗ ㅚ ㅜ ㅟ ㅡ ㅣ'는 단모음(單母音)으로 발음한다.

[붙임] 'ㅚ, ㅟ'는 이중 모음으로 발음할 수 있다.

	전설 모음		후설 모음	
	평순	원순	평순	원순
고모음	ㅣ	ㅟ	ㅡ	ㅜ
중모음	ㅔ	ㅚ	ㅓ	ㅗ
저모음	ㅐ		ㅏ	

제5항 'ㅑ ㅒ ㅕ ㅖ ㅘ ㅙ ㅛ ㅝ ㅞ ㅠ ㅢ'는 이중 모음으로 발음한다.

다만 1. 용언의 활용형에 나타나는 '져, 쪄, 쳐'는 [저, 쩌, 처]로 발음한다.

가지어 → 가져[가저]   찌어 → 쪄[쩌]   다치어 → 다쳐[다처]

다만 2. '예, 례' 이외의 'ㅖ'는 [ㅔ]로도 발음한다.

계집[계ː집/게ː집]   계시다[계ː시다/게ː시다]   시계[시계/시게](時計)   연계[연계/연게](連繫)

메별[메별/메별](袂別)   개폐[개폐/개페](開閉)   혜택[혜ː택/헤ː택](惠澤)   지혜[지혜/지헤](智慧)

다만 3. 자음을 첫소리로 가지고 있는 음절의 'ㅢ'는 [ㅣ]로 발음한다.

늴리리 닁큼 무늬 띄어쓰기 씌어 틔어 희어 희떱다 희망 유희

다만 4. 단어의 첫음절 이외의 '의'는 [ㅣ]로, 조사 '의'는 [ㅔ]로 발음함도 허용한다.

주의[주의/주이]   협의[혀븨/혀비]   우리의[우리의/우리에]   강의의[강ː의의/강ː이에]

제6항 모음의 장단을 구별하여 발음하되, 단어의 첫음절에서만 긴소리가 나타나는 것을 원
      칙으로 한다.

(1) 눈보라[눈ː보라] 말씨[말ː씨] 밤나무[밤ː나무] 많다[만ː타] 멀리[멀ː리] 벌리다[벌ː리다]

(2) 첫눈[천눈] 참말[참말] 쌍동밤[쌍동밤] 수많이[수ː마니] 눈멀다[눈멀다] 떠벌리다[떠벌리다]

다만, 합성어의 경우에는 둘째 음절 이하에서도 분명한 긴소리를 인정한다.

반신반의[반ː신바ː늬/반ː신바ː니]   재삼재사[재ː삼재ː사]

[붙임] 용언의 단음절 어간에 어미 '-아/-어'가 결합되어 한 음절로 축약되는 경우에도 긴소
리로 발음한다.

보아 → 봐[봐ː]   기어 → 겨[겨ː]   되어 → 돼[돼ː]   두어 → 둬[둬ː]   하어 → 해[해ː]

다만, '오아 → 와, 지어 → 져, 찌어 → 쪄, 치어 → 쳐' 등은 긴소리로 발음하지 않는다.

제7항 긴소리를 가진 음절이라도, 다음과 같은 경우에는 짧게 발음한다.

1. 단음절인 용언 어간에 모음으로 시작된 어미가 결합되는 경우

감다[감ː따] — 감으니[가므니]   밟다[밥ː따] — 밟으면[발브면]

신다[신ː따] — 신어[시너]   알다[알ː다] — 알아[아라]

다만, 다음과 같은 경우에는 예외적이다.

끌다[끌ː다] — 끌어[끄ː러]   떫다[떫ː따] — 떫은[떨ː븐]

벌다[벌ː다] — 벌어[버ː러]   썰다[썰ː다] — 썰어[써ː러]

없다[업ː따] — 없으니[업ː쓰니]

2. 용언 어간에 피동, 사동의 접미사가 결합되는 경우

감다[감ː따] — 감기다[감기다]   꼬다[꼬ː다] — 꼬이다[꼬이다]

밟다[밥ː따] — 밟히다[발피다]

다만, 다음과 같은 경우에는 예외적이다.

끌리다[끌ː리다]   벌리다[벌ː리다]   없애다[업ː쌔다]

[붙임] 다음과 같은 복합어에서는 본디의 길이에 관계없이 짧게 발음한다.

밀-물   썰-물   쏜-살-같이   작은-아버지

제8항 받침소리로는 'ㄱ, ㄴ, ㄷ, ㄹ, ㅁ, ㅂ, ㅇ'의 7개 자음만 발음한다.

> 음절 말 위치에서 실현되는 자음으로는 'ㄱ, ㄴ, ㄷ, ㄹ, ㅁ, ㅂ, ㅇ'의 7개가 있음을 규정한 것이다.

제9항 받침 'ㄲ, ㅋ', 'ㅅ, ㅆ, ㅈ, ㅊ, ㅌ', 'ㅍ'은 어말 또는 자음 앞에서 각각 대표음 [ㄱ, ㄷ, ㅂ]으로 발음한다.

닦다[닥따] 키읔[키윽] 키읔과[키윽꽈] 옷[온] 웃다[욷ː따] 있다[읻따] 젖[젇]

빚다[빋따] 꽃[꼳] 쫓다[쫃따] 솥[솓] 뱉다[밷ː따] 앞[압] 덮다[덥따]

> 어말 위치에서 또는 자음으로 시작된 조사나 어미 앞에서 'ㄲ, ㅋ', 'ㅅ, ㅆ, ㅈ, ㅊ, ㅌ' 및 'ㅍ'이 각각 [ㄱ, ㄷ, ㅂ]으로 발음되는 것을 규정한 것이다.

제10항 겹받침 'ㄳ', 'ㄵ', 'ㄼ, ㄽ, ㄾ', 'ㅄ'은 어말 또는 자음 앞에서 각각 [ㄱ, ㄴ, ㄹ, ㅂ]으로 발음한다.

넋[넉] 넋과[넉꽈] 앉다[안따] 여덟[여덜] 넓다[널따] 외곬[외골] 핥다[할따] 값[갑] 없다[업ː따]

다만, '밟-'은 자음 앞에서 [밥]으로 발음하고, '넓-'은 다음과 같은 경우에 [넙]으로 발음한다.

(1) 밟다[밥ː따] 밟소[밥ː쏘] 밟지[밥ː찌] 밟는[밥ː는→밤ː는] 밟게[밥ː께] 밟고[밥ː꼬]

(2) 넓-죽하다[넙쭈카다] 넓-둥글다[넙뚱글다]

두 개의 자음으로 된 겹받침 가운데, 어말 위치에서 또는 자음으로 시작된 조사나 어미 앞에서 'ㄳ'은 [ㄱ]으로, 'ㄵ'은 [ㄴ]으로 발음되고, 'ㄼ, ㄽ, ㄾ'은 [ㄹ]로 발음되며, 'ㅄ'은 [ㅂ]으로 발음됨을 규정한 것이다. 겹받침에서 둘째 받침이 탈락하는 경우이다.

제11항 겹받침 'ㄺ, ㄻ, ㄿ'은 어말 또는 자음 앞에서 각각 [ㄱ, ㅁ, ㅂ]으로 발음한다.

닭[닥] 흙과[흑꽈] 맑다[막따] 늙지[늑찌] 삶[삼:] 젊다[점:따] 읊고[읍꼬] 읊다[읍따]

다만, 용언의 어간 말음 'ㄺ'은 'ㄱ' 앞에서 [ㄹ]로 발음한다.

맑게[말께] 묽고[물꼬] 얽거나[얼꺼나]

역시 겹받침에 대한 규정이다. 어말 위치에서 또는 자음 앞에서 겹받침 'ㄺ, ㄻ, ㄿ'이 'ㄹ'을 탈락시키고 각각 [ㄱ, ㅁ, ㅂ]으로 발음함을 규정한 것이다. 겹받침에서 첫째 받침인 'ㄹ'이 탈락하는 경우다.

제12항 받침 'ㅎ'의 발음은 다음과 같다.

1. 'ㅎ(ㄶ, ㅀ)' 뒤에 'ㄱ, ㄷ, ㅈ'이 결합되는 경우에는, 뒤 음절 첫소리와 합쳐서 [ㅋ, ㅌ, ㅊ]으로 발음한다.

놓고[노코] 좋던[조:턴] 쌓지[싸치] 많고[만:코] 않던[안턴] 닳지[달치]

[붙임 1] 받침 'ㄱ(ㄺ), ㄷ, ㅂ(ㄼ), ㅈ(ㄵ)'이 뒤 음절 첫소리 'ㅎ'과 결합되는 경우에도, 역시 두 음을 합쳐서 [ㅋ, ㅌ, ㅍ, ㅊ]으로 발음한다.

각하[가카] 먹히다[머키다] 밝히다[발키다] 맏형[마텽]

좁히다[조피다] 넓히다[널피다] 꽂히다[꼬치다] 앉히다[안치다]

[붙임 2] 규정에 따라 [ㄷ]으로 발음되는 'ㅅ, ㅈ, ㅊ, ㅌ'의 경우에도 이에 준한다.

옷 한 벌[오탄벌] 낮 한때[나탄때] 꽃 한 송이[꼬탄송이] 숱하다[수타다]

2. 'ㅎ(ㄶ, ㅀ)' 뒤에 'ㅅ'이 결합되는 경우에는, 'ㅅ'을 [ㅆ]으로 발음한다.

닿소[다:쏘] 많소[만:쏘] 싫소[실쏘]

3. 'ㅎ' 뒤에 'ㄴ'이 결합되는 경우에는, [ㄴ]으로 발음한다.

놓는[논는] 쌓네[싼네]

[붙임] 'ㄶ, ㅀ' 뒤에 'ㄴ'이 결합되는 경우에는, 'ㅎ'을 발음하지 않는다.

않네[안네] 않는[안는] 뚫네[뚤네→뚤레] 뚫는[뚤는→뚤른]

4. 'ㅎ(ㄶ, ㅀ)' 뒤에 모음으로 시작된 어미나 접미사가 결합되는 경우에는, 'ㅎ'을 발음하지 않는다.

낳은[나은] 놓아[노아] 쌓이다[싸이다] 많아[마:나] 않은[아는] 닳아[다라] 싫어도[시러도]

제13항 홑받침이나 쌍받침이 모음으로 시작된 조사나 어미, 접미사와 결합되는 경우에는, 제 음가대로 뒤 음절 첫소리로 옮겨 발음한다.

깎아[까까] 옷이[오시] 있어[이써] 낮이[나지] 꽂아[꼬자]
꽃을[꼬츨] 쫓아[쪼차] 밭에[바테] 앞으로[아프로] 덮이다[더피다]

> 이 규정은 받침을 다음 음절의 첫소리로 옮겨서 발음하는 연음(連音)을 뜻하는 것인데, 홑받침의 경우다.

제14항 겹받침이 모음으로 시작된 조사나 어미, 접미사와 결합되는 경우에는, 뒤엣것만을 뒤
음절 첫소리로 옮겨 발음한다.(이 경우, 'ㅅ'은 된소리로 발음함.)

넋이[넉씨] 앉아[안자] 닭을[달글] 젊어[절머] 곬이[골씨]
핥아[할타] 읊어[을퍼] 값을[갑쓸] 없어[업:써]

> 이 항도 제13항과 같은 연음에 대한 규정인데, 겹받침의 경우이다. 첫째 받침은 그대로 받침의 소리로 발음하되
> 둘째 받침은 다음 음절의 첫소리로 옮겨 발음한다.

제15항 받침 뒤에 모음 'ㅏ, ㅓ, ㅗ, ㅜ, ㅟ'들로 시작되는 실질 형태소가 연결되는 경우에는,
대표음으로 바꾸어서 뒤 음절 첫소리로 옮겨 발음한다.

밭 아래[바다래] 늪 앞[느밥] 젖어미[저더미] 맛없다[마덥따] 겉옷[거돋] 헛웃음[허두슴]

다만, '맛있다, 멋있다'는 [마싣따], [머싣따]로도 발음할 수 있다.

[붙임] 겹받침의 경우에는, 그중 하나만을 옮겨 발음한다.

넋 없다[너겁따] 닭 앞에[다가페] 값어치[가버치] 값있는[가빈는]

> 이 규정은 받침 있는 단어(또는 접두사)와 모음으로 시작된 단어와의 결합에서 발음되는 받침의 소리와 연음에
> 대한 것이다. 예컨대 '밭 아래'는 '밭'을 일단 독립형인 [받]으로 발음하고 다시 모음 앞에서 그 받침 소리 [ㄷ]
> 을 연음하여 결국 [바다래]로 발음한다는 것이다.

제16항 글 자모의 이름은 그 받침소리를 연음하되, 'ㄷ, ㅈ, ㅊ, ㅋ, ㅌ, ㅍ, ㅎ'의 경우에는
특별히 다음과 같이 발음한다.

디귿이[디그시] 디귿을[디그슬] 디귿에[디그세] 지읒이[지으시] 지읒을[지으슬] 지읒에[지으세]
치읓이[치으시] 치읓을[치으슬] 치읓에[치으세] 키읔이[키으기] 키읔을[키으글] 키읔에[키으게]
티읕이[티으시] 티읕을[티으슬] 티읕에[티으세] 피읖이[피으비] 피읖을[피으블] 피읖에[피으베]
히읗이[히으시] 히읗을[히으슬] 히읗에[히으세]

> 한글 자모의 이름에 대한 발음 규정이다. 한글 자모의 이름은 첫소리와 끝소리 둘을 모두 보이기 위한 방식으로
> 붙인 것이어서 원칙적으로는 모음 앞에서 '디귿이[디그디], 디귿을[디그들]' 등과 같이 발음하여야 하나, 실제
> 발음에서는 [디그시], [디그슬] 등과 같아 이 현실 발음을 반영시켜 규정화한 것이다.

제17항 받침 'ㄷ, ㅌ(ㄾ)'이 조사나 접미사의 모음 'ㅣ'와 결합되는 경우에는, [ㅈ, ㅊ]으로 바꾸어서 뒤 음절 첫소리로 옮겨 발음한다.

곧이듣다[고지듣따] 굳이[구지] 미닫이[미ː다지] 땀받이[땀바지] 밭이[바치] 벼훑이[벼훌치]

[붙임] 'ㄷ' 뒤에 접미사 '히'가 결합되어 '티'를 이루는 것은 [치]로 발음한다.

굳히다[구치다] 닫히다[다치다] 묻히다[무치다]

> 구개음화에 대한 규정이다. 즉 받침 'ㄷ, ㅌ(ㄾ)'이 조사나 접미사의 모음 'ㅣ'와 만나면 연음하여 발음하되 'ㄷ, ㅌ'을 각각 [ㅈ, ㅊ]으로 바꾸어 발음한다.

제18항 받침 'ㄱ(ㄲ, ㅋ, ㄳ, ㄺ), ㄷ(ㅅ, ㅆ, ㅈ, ㅊ, ㅌ, ㅎ), ㅂ(ㅍ, ㄼ, ㄿ, ㅄ)'은 'ㄴ, ㅁ' 앞에서 [ㅇ, ㄴ, ㅁ]으로 발음한다.

먹는[멍는] 국물[궁물] 깎는[깡는] 키읔만[키응만] 몫몫이[몽목씨] 긁는[긍는] 흙만[흥만]
닫는[단는] 짓는[진ː는] 옷맵시[온맵씨] 있는[인는] 맞는[만는] 젖멍울[전멍울] 쫓는[쫀는]
잡는[잠는] 밥물[밤물] 앞마당[암마당] 밟는[밤ː는] 읊는[음는] 없는[엄ː는]

[붙임] 두 단어를 이어서 한 마디로 발음하는 경우에도 이와 같다.

책 넣는다[챙넌는다] 흙 말리다[흥말리다] 옷 맞추다[온맏추다] 밥 먹는다[밤멍는다]

> 'ㄴ, ㅁ' 등의 비음 앞에서 받침의 소리 [ㄱ, ㄷ, ㅂ]이 각각 [ㅇ, ㄴ, ㅁ]으로 동화되어 발음됨을 규정한 것이다.
> 붙임. 위와 같은 환경만 주어지면 단어와 단어 사이에서도 비음으로 바뀐다.

제19항 받침 'ㅁ, ㅇ' 뒤에 연결되는 'ㄹ'은 [ㄴ]으로 발음한다.

담력[담ː녁] 침략[침ː냑] 강릉[강능] 항로[항ː노] 대통령[대ː통녕]

[붙임] 받침 'ㄱ, ㅂ' 뒤에 연결되는 'ㄹ'도 [ㄴ]으로 발음한다.

막론[막논→망논] 석류[석뉴→성뉴] 협력[협녁→혐녁] 법리[법니→범니]

> 한자어에서 받침 'ㅁ, ㅇ' 뒤에 결합되는 'ㄹ'을 [ㄴ]으로 발음하는 규정이다. 본래 'ㄹ'을 첫소리로 가진 한자는 'ㄴ, ㄹ' 이외의 받침 뒤에서는 언제나 'ㄹ'이 [ㄴ]으로 발음된다.붙임. 받침 'ㄱ, ㅂ' 뒤에서 'ㄹ'은 [ㄴ]으로 발음되는데, 그 [ㄴ] 때문에 'ㄱ, ㅂ'은 다시 [ㅇ, ㅁ]으로 역행 동화되어 발음된다.

기존 규정		2017.03.28 수정안	
〈표준 발음법 제19항 붙임〉		〈표준 발음법 제19항 붙임〉	
[붙임] 받침 'ㄱ, ㅂ' 뒤에 연결되는 'ㄹ'도 [ㄴ]으로 발음한다.		[붙임] 받침 'ㄱ, ㅂ' 뒤에 연결되는 'ㄹ'도 [ㄴ]으로 발음한다.	
막론[막논→망논]	백리[백니→뱅니]	막론[막논→망논]	석류[석뉴→성뉴]
협력[협녁→혐녁]	십리[십니→심니]	협력[협녁→혐녁]	법리[법니→범니]

제20항   'ㄴ'은 'ㄹ'의 앞이나 뒤에서 [ㄹ]로 발음한다.

(1) 난로[날:로] 신라[실라] 천리[철리] 광한루[광:할루] 대관령[대:괄령]

(2) 칼날[칼랄] 물난리[물랄리] 줄넘기[줄럼끼] 할는지[할른지]

[붙임] 첫소리 'ㄴ'이 'ㅀ', 'ㄾ' 뒤에 연결되는 경우에도 이에 준한다.

닳는[달른] 뚫는[뚤른] 핥네[할레]

다만, 다음과 같은 단어들은 'ㄹ'을 [ㄴ]으로 발음한다.

의견란[의:견난] 임진란[임:진난] 생산량[생산냥] 결단력[결딴녁] 공권력[공꿘녁] 동원령[동:원녕]
상견례[상견녜] 횡단로[횡단노] 이원론[이:원논] 입원료[이붠뇨] 구근류[구근뉴]

> 'ㄴ'이 'ㄹ'의 앞이나 뒤에서 [ㄹ]로 동화되어 발음되는 경우를 규정한 것이다. (1)은 한자어의 경우이고 (2)는 합성어 또는 파생어의 경우와 '-(으)ㄹ는지'의 경우이다. 이상의 경우 이외에 다음과 같은 경우에는 'ㄴ'을 [ㄹ]로 발음한다. 물론 이때에는 한 마디로 발음한다.

제21항   위에서 지적한 이외의 자음동화는 인정하지 않는다.

감기[감:기](×[강:기]) 옷감[온깜](×[옥깜]) 있고[읻꼬](×[익꼬]) 꽃길[꼳낄](×[꼭낄])
젖먹이[전머기](×[점머기]) 문법[문뻡](×[뭄뻡]) 꽃밭[꼳빧](×[꼽빧])

> '신문'을 때로는 역행 동화된 [심문]으로 발음하는 경우가 있는데, 이러한 위치 동화를 표준 발음법에서는 허용하지 않는다는 규정이다.

제22항   다음과 같은 용언의 어미는 [어]로 발음함을 원칙으로 하되, [여]로 발음함도 허용한다.

되어[되어/되여] 피어[피어/피여]

[붙임] '이오, 아니오'도 이에 준하여 [이요, 아니요]로 발음함을 허용한다.

> 모음으로 끝난 용언 어간에 모음으로 시작된 어미가 결합될 때에 나타나는 모음 충돌에 대한 발음 규정이다. '되+어→되어'는 [되어]로 발음함이 원칙이다.

제23항   받침 'ㄱ(ㄲ, ㅋ, ㄳ, ㄺ), ㄷ(ㅅ, ㅆ, ㅈ, ㅊ, ㅌ), ㅂ(ㅍ, ㄼ, ㄿ, ㅄ)' 뒤에 연결되는 'ㄱ, ㄷ, ㅂ, ㅅ, ㅈ'은 된소리로 발음한다.

국밥[국빱] 깎다[깍따] 넋받이[넉빠지] 삯돈[삭똔] 닭장[닥짱] 칡범[칙뻠] 뻗대다[뻗때다]
옷고름[옫꼬름] 있던[읻떤] 꽂고[꼳꼬] 꽃다발[꼳따발] 낯설다[낟썰다] 밭갈이[받까리]
솥전[솓쩐] 곱돌[곱똘] 덮개[덥깨] 옆집[엽찝] 넓죽하다[넙쭈카다] 읊조리다[읍쪼리다]

> [ㄱ, ㄷ, ㅂ]으로 발음되는 받침 'ㄱ(ㄲ, ㅋ, ㄳ, ㄺ), ㄷ(ㅅ, ㅆ, ㅈ, ㅊ, ㅌ), ㅂ(ㅍ, ㄼ, ㄿ, ㅄ)' 뒤에서 'ㄱ, ㄷ, ㅂ, ㅅ, ㅈ'은 된소리인 [ㄲ, ㄸ, ㅃ, ㅆ, ㅉ]으로 각각 발음되는 된소리되기를 규정한 것이다.

제24항 어간 받침 'ㄴ(ㄵ), ㅁ(ㄻ)' 뒤에 결합되는 어미의 첫소리 'ㄱ, ㄷ, ㅅ, ㅈ'은 된소리로 발음한다.

신고[신:꼬] 껴안다[껴안따] 앉고[안꼬] 얹다[언따] 삼고[삼:꼬] 더듬지[더듬찌] 닮고[담:꼬]

다만, 피동, 사동의 접미사 '-기-'는 된소리로 발음하지 않는다.

안기다 감기다 굶기다 옮기다

> 용언 어간의 받침이 'ㄴ(ㄵ), ㅁ(ㄻ)'일 때에도 뒤에 오는 'ㄱ, ㄷ, ㅅ, ㅈ'을 된소리인 [ㄲ, ㄸ, ㅆ, ㅉ]으로 각각 발음한다. 이는 용언 어간에만 적용되는 규정이다.

제25항 어간 받침 'ㄼ, ㄾ' 뒤에 결합되는 어미의 첫소리 'ㄱ, ㄷ, ㅅ, ㅈ'은 된소리로 발음한다.

넓게[널께] 핥다[할따] 훑소[훌쏘] 떫지[떨:찌]

> 자음 앞에서 [ㄹ]로 발음되는 겹받침 'ㄼ, ㄾ' 다음에서도 뒤에 연결되는 자음을 된소리로 발음한다는 규정이다. 이는 용언 어간에 한정되는 규정이다.

제26항 한자어에서, 'ㄹ'받침 뒤에 연결되는 'ㄷ, ㅅ, ㅈ'은 된소리로 발음한다.

갈등[갈뜽] 발동[발똥] 절도[절또] 말살[말쌀] 불소[불쏘](弗素) 일시[일씨]
갈증[갈쯩] 물질[물찔] 발전[발쩐] 몰상식[몰쌍식] 불세출[불쎄출]

다만, 같은 한자가 겹쳐진 단어의 경우에는 된소리로 발음하지 않는다.

허허실실[허허실실](虛虛實實) 절절-하다[절절하다](切切-)

> 한자어에서 받침 'ㄹ' 다음에 된소리로 발음되는 것을 규정한 것이다. 그러나 '결과, 물건, 불복, 설계, 열기, 절기, 출고, 팔경, 활보' 등 된소리로 발음되지 않는 예들이 많다.

제27항 관형사형 '-(으)ㄹ' 뒤에 연결되는 'ㄱ, ㄷ, ㅂ, ㅅ, ㅈ'은 된소리로 발음한다.

할 것을[할꺼슬] 갈 데가[갈떼가] 할 바를[할빠를] 할 수는[할쑤는] 할 적에[할쩌게]
갈 곳[갈꼳] 할 도리[할또리] 만날 사람[만날싸람]

다만, 끊어서 말할 적에는 예사소리로 발음한다.

[붙임] '-(으)ㄹ'로 시작되는 어미의 경우에도 이에 준한다.

할걸[할껄] 할밖에[할빠께] 할세라[할쎄라] 할수록[할쑤록]
할지라도[할찌라도] 할지언정[할찌언정] 할진대[할찐대]

> 관형사형 '-ㄹ, -을' 다음에서는 'ㄱ, ㄷ, ㅂ, ㅅ, ㅈ'을 각각 예외 없이 된소리로 발음한다. '-(으)ㄹ' 다음에 오는 것이 명사가 아니라 보조 용언일 경우에도 역시 그 다음 자음을 된소리로 발음한다.

제28항 표기상으로는 사이시옷이 없더라도, 관형격 기능을 지니는 사이시옷이 있어야 할(휴지가 성립되는) 합성어의 경우에는, 뒤 단어의 첫소리 'ㄱ, ㄷ, ㅂ, ㅅ, ㅈ'을 된소리로 발음한다.

문-고리[문꼬리] 눈-동자[눈똥자] 신-바람[신빠람] 산-새[산쌔] 손-재주[손째주] 길-가[길까]
물-동이[물똥이] 발-바닥[발빠닥] 굴-속[굴:쏙] 술-잔[술짠] 바람-결[바람껼] 그믐-달[그믐딸]
아침-밥[아침빱] 잠-자리[잠짜리] 강-가[강까] 초승-달[초승딸] 등-불[등뿔] 창-살[창쌀]

> 표기상으로는 사이시옷이 드러나지 않더라도 기능상 사이시옷이 있을 만한 합성어의 경우에 된소리로 발음되는 예들을 제시하고 있다.

제29항 합성어 및 파생어에서, 앞 단어나 접두사의 끝이 자음이고 뒤 단어나 접미사의 첫음절이 '이, 야, 여, 요, 유'인 경우에는, 'ㄴ' 음을 첨가하여 [니, 냐, 녀, 뇨, 뉴]로 발음한다.

솜-이불[솜:니불] 홑-이불[혼니불] 막-일[망닐] 삯-일[상닐] 맨-입[맨닙] 꽃-잎[꼰닙]
내복-약[내:봉냑] 한-여름[한녀름] 남존-여비[남존녀비] 신-여성[신녀성] 색-연필[생년필]
직행-열차[지캥녈차] 늑막-염[능망념] 콩-엿[콩녇] 담-요[담:뇨] 눈-요기[눈뇨기]
영업-용[영엄뇽] 식용-유[시굥뉴] 백분-율[백뿐뉼] 밤-윷[밤:뉻]

다만, 다음과 같은 말들은 'ㄴ' 음을 첨가하여 발음하되, 표기대로 발음할 수 있다.

이죽-이죽[이중니죽/이주기죽] 야금-야금[야금냐금/야그먀금]
검열[검:녈/거:멸] 욜랑-욜랑[욜랑뇰랑/욜랑욜랑] 금융[금늉/그뮹]

[붙임 1] 'ㄹ' 받침 뒤에 첨가되는 'ㄴ' 음은 [ㄹ]로 발음한다.

들-일[들:릴] 솔-잎[솔립] 설-익다[설릭따] 물-약[물략] 불-여우[불려우] 서울-역[서울력]
물-엿[물렫] 휘발-유[휘발류] 유들-유들[유들류들]

[붙임 2] 두 단어를 이어서 한 마디로 발음하는 경우에도 이에 준한다.

한 일[한닐] 옷 입다[온닙따] 서른여섯[서른녀섣] 3 연대[삼년대] 먹은 엿[머근녇]
할 일[할릴] 잘 입다[잘립따] 스물여섯[스물려섣] 1 연대[일련대] 먹을 엿[머글렫]

다만, 다음과 같은 단어에서는 'ㄴ(ㄹ)' 음을 첨가하여 발음하지 않는다.

6·25[유기오] 3·1절[사밀쩔] 송별-연[송:벼련] 등-용문[등용문]

제30항 사이시옷이 붙은 단어는 다음과 같이 발음한다.
1. 'ㄱ, ㄷ, ㅂ, ㅅ, ㅈ'으로 시작하는 단어 앞에 사이시옷이 올 때는 이들 자음만을 된소리로 발음하는 것을 원칙으로 하되, 사이시옷을 [ㄷ]으로 발음하는 것도 허용한다.

냇가[내:까/낻:까] 샛길[새:낄/샏:낄] 빨랫돌[빨래똘/빨랟똘] 콧등[코뜽/콛뜽] 깃발[기빨/긷빨]
대팻밥[대:패빱/대:팯빱] 햇살[해쌀/핻쌀] 뱃속[배쏙/밷쏙] 뱃전[배쩐/밷쩐]

2. 사이시옷 뒤에 'ㄴ, ㅁ'이 결합되는 경우에는 [ㄴ]으로 발음한다.

　　콧날[콘날→콘날] 아랫니[아랜니→아랜니] 툇마루[퇻ː마루→퇸ː마루] 뱃머리[밷머리→밴머리]

3. 사이시옷 뒤에 '이' 음이 결합되는 경우에는 [ㄴㄴ]으로 발음한다.

　　베갯잇[베갣닏→베갠닏] 깻잎[깯닙→깬닙] 나뭇잎[나묻닙→나문닙] 뒷윷[뒫ː뉻→뒨ː뉻]

> 사이시옷이 표기된 경우의 그 발음에 대한 규정이다.
> '깃발'의 경우 원칙적으로는 [긷빨]을 표준 발음으로 정하는 것이 합리적이지만, 실제 발음을 고려하여 [기빨]과 [긷빨] 모두를 표준 발음으로 허용하게 하였다.
> 'ㄴ, ㅁ' 같은 비음 앞에 사이시옷이 들어간 경우에는 'ㅅ→ㄷ→ㄴ'의 과정에 따라 사이시옷을 [ㄴ]으로 발음한다. 사이시옷 뒤에 '이' 또는 '야, 여, 요, 유' 등이 결합되는 경우에는 'ㄴ'이 첨가되기 때문에 사이시옷은 자연히 [ㄴ]으로 발음된다.

III. 외래어 표기법

1. 표기의 원칙

제1항 외래어는 국어의 현용 24 자모만으로 적는다.

제2항 외래어의 1 음운은 원칙적으로 1 기호로 적는다.

제3항 받침에는 'ㄱ, ㄴ, ㄹ, ㅁ, ㅂ, ㅅ, ㅇ'만을 쓴다.

제4항 파열음 표기에는 된소리를 쓰지 않는 것을 원칙으로 한다.

제5항 이미 굳어진 외래어는 관용을 존중하되, 그 범위와 용례는 따로 정한다.

IV. 인명, 지명 표기의 원칙

1. 표기 원칙

제1항 외국의 인명, 지명의 표기는 제1장, 제2장, 제3장의 규정을 따르는 것을 원칙으로 한다.

제2항 제3장에 포함되어 있지 않은 언어권의 인명, 지명은 원지음을 따르는 것을 원칙으로 한다.
Ankara 앙카라   Gandhi 간디.

제3항 원지음이 아닌 제3국의 발음으로 통용되고 있는 것은 관용을 따른다.
Hague 헤이그   Caesar 시저

제4항 고유 명사의 번역명이 통용되는 경우 관용을 따른다.
Pacific Ocean   태평양   Black Sea 흑해

2. 동양의 인명, 지명 표기

제1항 중국 인명은 과거인과 현대인을 구분하여 과거인은 종전의 한자음대로 표기하고, 현대인은 원칙적으로 중국어 표기법에 따라 표기하되, 필요한 경우 한자를 병기한다.

제2항 중국의 역사 지명으로서 현재 쓰이지 않는 것은 우리 한자음대로 하고, 현재 지명과 동일한 것은 중국어 표기법에 따라 표기하되, 필요한 경우 한자를 병기한다.

제3항 일본의 인명과 지명은 과거와 현대의 구분 없이 일본어 표기법에 따라 표기하는 것을 원칙으로 하되, 필요한 경우 한자를 병기한다.

제4항 중국 및 일본의 지명 가운데 한국 한자음으로 읽는 관용이 있는 것은 이를 허용한다.
東京 도쿄, 동경   京都 교토, 경도   上海 상하이, 상해   臺灣 타이완, 대만   黃河 황허, 황하

3. 바다, 섬, 강, 산 등의 표기 세칙

제1항 바다는 '해(海)'로 통일한다.

홍해 발트해 아라비아해

제2항 우리나라를 제외하고 섬은 모두 '섬'으로 통일한다.

타이완섬 코르시카섬 (우리나라 : 제주도, 울릉도)

제3항 한자 사용 지역(일본, 중국)의 지명이 하나의 한자로 되어 있을 경우, '강', '산', '호', '섬' 등은 겹쳐 적는다.

온타케산(御岳) 주장강(珠江) 도시마섬(利島) 하야카와강(早川) 위산산(玉山)

제4항 지명이 산맥, 산, 강 등의 뜻이 들어 있는 것은 '산맥', '산', '강' 등을 겹쳐 적는다.

Rio Grande 리오그란데강 Monte Rosa 몬테로사산 Mont Blanc 몽블랑산

	기존 규정	2017.03.28. 수정안
외래어에 붙을 때	그리스 어, 그리스 인, 게르만 족, 발트 해 나일 강, 에베레스트 산, 발리 섬 우랄 산맥, 데칸 고원, 도카치 평야	그리스어, 그리스인, 게르만족, 발트해 나일강, 에베레스트산, 발리섬 우랄산맥, 데칸고원, 도카치평야
비외래어에 붙을 때	한국어, 한국인, 만주족, 지중해 낙동강, 설악산, 남이섬 태백산맥, 개마고원, 김포평야	한국어, 한국인, 만주족, 지중해 낙동강, 설악산, 남이섬 태백산맥, 개마고원, 김포평야

V. 로마자 표기법

1. 표기의 기본 원칙

제1항 국어의 로마자 표기는 국어의 표준 발음법에 따라 적는 것을 원칙으로 한다.

제2항 로마자 이외의 부호는 되도록 사용하지 않는다.

2. 표기 일람

제1항 단모음은 다음 각호와 같이 적는다.

1. 단모음

ㅏ:a ㅓ:eo ㅗ:o ㅜ:u ㅡ:eu ㅣ:i ㅐ:ae ㅔ:e ㅚ:oe ㅟ:wi

2. 이중 모음

ㅑ:ya ㅕ:yeo ㅛ:yo ㅠ:yu ㅒ:yae ㅖ:ye ㅘ:wa ㅙ:wae ㅝ:wo ㅞ:we ㅢ:ui

[붙임 1] 'ㅢ'는 'ㅣ'로 소리 나더라도 'ui'로 적는다. 광희문 Gwanghuimun

[붙임 2] 장모음의 표기는 따로 하지 않는다.

제2항 자음은 다음 각호와 같이 적는다.

1. 파열음

ㄱ:g, k ㄲ:kk ㅋ:k ㄷ:d, t ㄸ:tt ㅌ:t ㅂ:b, p ㅃ:pp ㅍ:p

2. 파찰음

ㅈ:j ㅉ:jj ㅊ:ch

3. 마찰음

ㅅ:s ㅆ:ss ㅎ:h

4. 비음

ㄴ:n ㅁ:m ㅇ:ng

5. 유음

ㄹ:r, l

[붙임 1] 'ㄱ, ㄷ, ㅂ'은 모음 앞에서는 'g, d, b'로, 자음 앞이나 어말에서는 'k, t, p'로 적는다.([ ] 안의 발음에 따라 표기함.)

구미Gumi 영동Yeongdong 백암Baegam 옥천Okcheon 합덕Hapdeok 호법Hobeop

월곶Wolgot 벚꽃beotkkot 한밭Hanbat

[붙임 2] 'ㄹ'은 모음 앞에서는 'r'로, 자음 앞이나 어말에서는 'l'로 적는다. 단, 'ㄹㄹ'은 'll'로 적는다.

구리Guri 설악Seorak 칠곡Chilgok 임실Imsil 울릉Ulleung 대관령Daegwallyeong

3. 표기상의 유의점

제1항 음운 변화가 일어날 때에는 변화의 결과에 따라 다음 각호와 같이 적는다.

1. 자음 사이에서 동화 작용이 일어나는 경우

백마[뱅마]Baengma 신문로[신문노]Sinmunno 종로[종노]Jongno

왕십리[왕심니]Wangsimni 별내[별래]Byeollae 신라[실라]Silla

2. 'ㄴ, ㄹ'이 덧나는 경우

학여울[항녀울]Hangnyeoul 알약[알략]allyak

3. 구개음화가 되는 경우

해돋이[해도지]haedoji 같이[가치]gachi 굳히다[구치다]guchida

4. 'ㄱ, ㄷ, ㅂ, ㅈ'이 'ㅎ'과 합하여 거센소리로 소리 나는 경우

좋고[조코]joko 놓다[노타]nota 잡혀[자펴]japyeo 낳지[나치]nachi

다만, 체언에서 'ㄱ, ㄷ, ㅂ' 뒤에 'ㅎ'이 따를 때에는 'ㅎ'을 밝혀 적는다.

묵호(Mukho) 집현전(Jiphyeonjeon)

[붙임] 된소리되기는 표기에 반영하지 않는다.

압구정Apgujeong 낙동강Nakdonggang 죽변Jukbyeon 낙성대Nakseongdae

합정Hapjeong 팔당Paldang 샛별saetbyeol 울산Ulsan

제2항 발음상 혼동의 우려가 있을 때에는 음절 사이에 붙임표(-)를 쓸 수 있다.

중앙Jung-ang 반구대Ban-gudae 세운Se-un 해운대Hae-undae

제3항 고유 명사는 첫 글자를 대문자로 적는다.

부산Busan 세종Sejong

제4항 인명은 성과 이름의 순서로 띄어 쓴다. 이름은 붙여 쓰는 것을 원칙으로 하되 음절 사이에 붙임표(-)를 쓰는 것을 허용한다.(( ) 안의 표기를 허용함.)

민용하 Min Yongha (Min Yong-ha) 송나리 Song Nari (Song Na-ri)

1. 이름에서 일어나는 음운 변화는 표기에 반영하지 않는다.

한복남Han Boknam(Han Bok-nam) 홍빛나Hong Bitna(Hong Bit-na)

2. 성의 표기는 따로 정한다.

제5항 '도, 시, 군, 구, 읍, 면, 리, 동'의 행정 구역 단위와 '가'는 각각 ' do, si, gun, gu, eup, myeon, ri, dong, ga'로 적고, 그 앞에는 붙임표(-)를 넣는다. 붙임표(-) 앞뒤에서 일어나는 음운 변화는 표기에 반영하지 않는다.

충청북도Chungcheongbuk-do 제주도Jeju-do 의정부시Uijeongbu-si

양주군Yangju-gun 도봉구Dobong-gu 신창읍Sinchang-eup 삼죽면Samjuk-myeon

인왕리Inwang-ri 당산동Dangsan-dong 봉천 1동Bongcheon 1(il)-dong

종로 2가Jongno 2(i)-ga 퇴계로 3가Toegyero 3(sam)-ga

[붙임] '시, 군, 읍'의 행정 구역 단위는 생략할 수 있다.

청주시Cheongju 함평군Hampyeong 순창읍Sunchang

제6항 자연 지물명, 문화재명, 인공 축조물명은 붙임표(-) 없이 붙여 쓴다.

남산Namsan 속리산Songnisan 금강Geumgang 독도Dokdo 경복궁Gyeongbokgung

무량수전Muryangsujeon 연화교Yeonhwagyo 극락전Geungnakjeon 안압지Anapji 남한산성Namhansanseong 화랑대Hwarangdae 불국사Bulguksa 현충사Hyeonchungsa 독립문Dongnimmun 오죽헌Ojukheon 촉석루Chokseongnu 종묘Jongmyo

제7항   인명, 회사명, 단체명 등은 그동안 써 온 표기를 쓸 수 있다.

제8항   학술 연구 논문 등 특수 분야에서 한글 복원을 전제로 표기할 경우에는 한글 표기를 대상으로 적는다. 이때 글자 대응은 제2장을 따르되 'ㄱ, ㄷ, ㅂ, ㄹ'은 'g, d, b, l'로만 적는다. 음가 없는 'ㅇ'은 붙임표(-)로 표기하되 어두에서는 생략하는 것을 원칙으로 한다. 기타 분절의 필요가 있을 때에도 붙임표(-)를 쓴다.

집jib   짚jip   밖bakk   값gabs   붓꽃buskkoch   먹는meogneun   독립doglib   문리munli 물엿mul-yeos   군이gud-i   좋다johda   조랑말jolangmal   없었습니다eobs-eoss-seubnida

7장 한국어화용론

| 학습목표 |
1. 한국어화용론의 주요 개념을 알고 실제 언어의 사회적 사용과 규칙을 이해하여 한국어 교육에 활용할
   수 있도록 한다.
2. 한국어화용론의 주요 개념, 발화행위의 개념과 유형, 언어의 실제사용 양상에 대해 알아본다.

I. 화용론이란

1. 화용론의 개념

화용론은 '話用'이라는 한자에서 보듯이 말을 어떻게 사용하는 가에 관한 것을 연구하는 분야이다. 언어 표현은 누가 누구에게 어떤 상황에서 사용되는가에 따라 하나의 같은 언어 표현이 여러 의미로 해석될 수 있다. '날씨가 춥다.'는 문장을 진리 조건만으로 해석하는 의미론의 관점에서 보면 현재의 기온에 대해 진술하는 의미만으로 해석이 가능하다. 그러나 비진리 조건의 측면에서 화용론적으로 해석하면 '옷을 더 입어라.', '오늘은 나가지 마라.', '따뜻한 곳으로 들어가자.', '빨리 집에 가자.' 등 어떤 상황에서 누가 누구에게 말한 것인가에 따라 다양한 해석이 가능해지게 된다. 이처럼 하나의 언어 표현은 사용된 맥락과 상황 등의 언어 외적인 특성에 따라 그 의미가 다양하게 나타난다. 이에 대해 연구하는 분야가 화용론이 된다.

화용론의 정의에 대한 여러 학자들의 견해를 살펴보면, 화용론은 기호와 그 해석사간의 관계를 연구하는 학문이다.(Morris, 1938) 화용론은 언어 행위와 그 행위가 실현되는 상황을 연구하는 학문이다.(Stalnaker, 1972) 화용론은 언어 이해에 대한 설명의 바탕이 되는 맥락과 언어 사이의 관계에 대한 연구이다.(Levinson, 1983) 화용론은 언어 형식과 그것의 사용자와의 관계를 연구하는 학문이다.(Yule, 1996) 화용론은 사회적 조건에 의해 의사소통에 있어서 언어의 사용을 연구하는 학문이다.(Mey, 2000) 등 다양하다. 그러나 전체적으로 언어 사용을 연구, 상황 맥락을 전제로 한다는 공통점을 갖는다는 것을 알 수 있다.

전통적 입장에서 언어는 정보전달을 위한 통보적 기능, 인사와 같은 의례적인 대화를 위한 의례적 기능, 안내나 설명을 위한 설명적 기능, 청자나 독자를 설득하기 위한 설득적 기능을 갖는다고 한다. 그러나 인간의 언어 사용이 단순하게 네 가지로만 구분되는 것은 아니다. 박영순(2001)

은 언어의 기능을 정보전달 기능, 친교, 의례적 기능, 협의 기능, 설명 기능, 응락 기능, 설득 기능, 동의 기능, 요청 기능, 교훈적 기능, 약속 기능, 비판 기능, 선언적 기능, 칭찬, 격려 기능, 판단 기능, 광고 기능의 15가지로 구분하였다. 이처럼 언어의 기능은 다양하지만 실제 우리가 사용하는 문장의 형식은 평서, 의문, 명령, 청유, 감탄 등 다섯 가지이다. 따라서 다양한 언어 기능을 나타내고자 할 때 하나의 문장 형식에서 정보전달 기능, 요청 기능, 약속 기능 등의 여러 기능을 하게 되고 이것이 어떤 의도로 사용된 것인지를 파악하는 데 관심을 둔다.

2. 화용론과 인접 학문

1) 순수언어학과 화용론

순수언어학은 '문법성'을 중요하게 생각하여 음운론적, 형태론적, 통사론적으로 정확한가를 고려한다. 또한 연구의 기본 단위는 문장으로, 문장은 주어와 서술어를 가진 하나의 언어 단위로 구어와 문어에 모두 적용된다.

화용론은 '적절성'을 중요하게 생각하여 언어 표현이 그 상황에 적합한가를 고려한다. 또한 연구의 기본 단위는 발화로, 발화는 화자와 청자, 발화 시간과 장소가 나타나야 정확한 의미를 해석할 수 있다.

2) 의미론과 화용론

의미론은 언어 사용자인 화자와 청자를 제외하고 문장의 의미를 추출하는 연구 분야이며, 화용론은 언어 사용자인 화자와 청자의 관계 속에서 나타나는 의미를 연구하는 분야이다.

로스(1970)와 라이온스(1977)는 의미론이 더 큰 연구 분야이며 화용론은 의미론의 하위 영역이라고 보는 의미주의 입장을 취하고 있으며, 서얼(1969)은 반대로 화용론이 더 큰 연구 분야이고 의미론이 그 하위 영역에 속한다고 보는 화용주의 입장을 취하고 있다. 리치(1983)와 레빈슨(1983)은 의미론과 화용론은 각각 다른 언어학의 연구 영역이지만 인접한 분야이기 때문에 겹치는 부분이 발생한다고 보는 상보주의 입장을 취하고 있다.

화용론의 연구영역은 크게 네 가지로 나누어 살펴볼 수 있는데 첫째, 화자 의미에 대해 연구한다는 것이다. 화자가 이 발화를 한 실제 의미에 대한 연구이다. 둘째, 맥락 의미에 대해 연구한다. 이 발화가 상황과 맥락에 따라 어떤 의미를 가지는가에 대한 연구이다. 셋째, 말한 것보다 더 많은 것을 의사소통하는 방법을 연구한다. 하나의 발화를 했을 때 그 문장의 의미 이외에 다른 의미가 청자에게 전달된다면 그 방법은 무엇인가에 대한 연구이다. 넷째, 상대적 거리의 표현에 대해 연구한다.

II. 직시

1. 직시의 개념

직시(直示)는 가리킴 말이라고도 하며, 화자가 말을 하면서 어떤 대상을 직접 가리키는 말을 의미한다. 따라서 언어 사용자와 그 언어 표현이 사용된 상황이나 맥락에 따라 지시하는 내용은 달라진다.

난 영희를 만났다. - '나'
철수가 거기에 갔다. - '거기'
순희와 내일 영화를 보려고 한다. - '내일'

위의 문장들은 문법적인 면에서는 주어와 서술어를 갖추고 있는 완전한 문장이다. 그러나 화용적인 관점에서 보면 '나'는 누구인가, '거기'는 어디인가, '내일'은 언제인가가 분명하지 않으므로 의미를 완전하게 전달할 수 없다. 따라서 직시는 화자가 누구인가, 청자는 누구인가, 언제 말하고 있는가, 어디에서 말하고 있는가에 대한 정보가 없다면 의미를 해석할 수 없다.

철수가 11월 12일 2시에 사당역 앞에서 영희를 만났다.
나는 어제 2시에 이 역 앞에서 너를 만났다.

위의 첫 문장은 누가, 언제, 어디에서 들어도 항상 동일한 의미를 갖지만, 둘째 문장은 직시 표현인 '나', '너', '어제', '이'가 사용되어 누가, 언제, 어디에서 듣는가에 따라 의미가 달라지는 것이다.

2. 직시의 중심

우리는 일상적인 언어 사용에서도 직시 표현을 많이 사용한다. 그렇다면 직시 표현이 사용되어 의사소통이 되었을 때 무엇을 기준으로 표현된 것인가? 이처럼 화자가 어떤 대상을 직접 지시해서 말할 때 기준이 되는 것을 직시의 중심이라고 한다.

나는 내일 중국 출장을 갈 예정이다.
여기가 어디인지 정말 모르겠다.
지금은 기분이 좋아졌다.

'나'는 언어 사용자인 화자를 지칭하며, '여기'는 화자가 있는 장소를, '지금'은 화자가 말하고 있는 바로 이 시간을 가리킨다. 따라서 직시의 중심은 기본적으로 '화자'라고 할 수 있다.

그러나 실제 대화에서는 직시의 중심이 '화자'가 아닌 경우도 생길 수 있다.

(부재중) 지금은 전화를 받을 수 없습니다. - '지금'
(손자에게) 누나는 몇 학년이지? - '누나'

위의 첫 문장에서 '지금'은 내가 전화를 한 시간인가? 상대방이 녹음한 시간인가? 둘째 문장도 '누나'는 화자인 할아버지의 누나인가? 청자인 손자의 누나인가? 화자는 상대방이지만 직시 표현의 기준은 청자로 설정되었다. 이처럼 직시의 중심이 화자가 아닌 다른 곳으로 옮겨가는 경우를 '투사'라고 한다.

3. 직시의 용법

직시 표현이 사용되는 두 가지 방법이 있는데 제스처 용법과 상징적 용법이 바로 그것이다. 제스처 용법은 직시 표현이 사용되었으나 의미가 분명하지 않아서 반드시 몸짓이나, 표정 등을 사용해야 의미가 분명하게 전달되는 방법이다.

너, 너, 수업 끝나고 따라와!

여기는 철수 집이고, 저기는 영수 집이야.

그 사람이 아니라 저 사람이 내 동생이야.

위의 문장들에서 '너', '여기', '저기', '그', '저' 등의 직시 표현을 말로만 전달한다면 그 대상이 무엇인지 알 수 없게 된다. 따라서 몸짓과 표정 등을 사용해야만 그 의미를 정확하게 전달할 수 있다.

상징적 용법은 제스처를 사용하지 않아도 맥락을 통해 그 대상을 분명하게 알 수 있는 직시의 방법으로 화자와 청자 사이에 이미 그 대상에 대해 암묵적으로 합의가 되어 있다고 볼 수 있다.

그 사람 오늘 저기압이다.

우리 다음 주에 지난 번 거기 갈까?

오늘은 그 때 거기에 가서 그거 먹자!

위 문장들에서 '그', '다음 주', '지난 번', '거기', '그 때', '그거' 등은 직시 표현으로서 문장만을 놓고 본다면 의미가 분명하지 않을 것이다. 그러나 친밀한 관계인 화자와 청자 사이에서는 다른 몸짓이나 표정 등을 사용하지 않아도 쉽게 의미가 파악된다.

4. 직시표현

1) 2원 체계와 3원 체계

대부분의 언어에서는 대상을 가리키는 직시 표현으로 2원 체계를 사용하거나 3원 체계를 사용한다. 2원 체계를 사용하는 언어는 대부분 인도유럽어족의 언어로 이들은 대상을 가리키는 'this'와 'that' 즉 '이'와 '저'만을 사용한다. 그러나 한국어는 3원 체계를 사용하여 '이', '그', '저'를 사용하여 2원 체계에 없는 '그'가 나타난다. '이'는 화자 주위, '그'는 청자 주위, '저'는 화자와 청자 모두에게 멀리 있는 대상을 가리킨다. 일본어도 이러한 3원 체계를 사용하는 언어이다.

2) 나 먼저 원리

나 먼저 원리는 하나의 발화에 직시 표현이 둘 이상 겹치는 경우 어떤 순서로 직시 표현이 나열되는가와 관련된 것이다.

> 여기저기, 이리저리, 이쪽저쪽, 요모조모
>
> 그럭저럭, 그만저만
>
> 엊그제, 오늘내일, 내일모레
>
> 자타, 안팎, 남북, 한일

위의 예에서 보듯이 직시 표현이 겹치는 경우에는 '이', '그', '저'의 순서로 배열되어 화자와 가까운 위치 순서로 배열됨을 알 수 있다.

5. 직시의 유형

1) 인칭 직시

인칭 직시는 대화에 참여하고 있는 사람을 가리키는 직시 표현이다.

> 1인칭 : 나, 저, 우리, 저희
>
> 2인칭 : 너, 자네, 당신, 너희
>
> 3인칭 : 그, 그녀, 당신, 이/그/저 사람

1인칭의 직시 표현 중에서 '우리'는 두 가지 용법으로 나타나는데 청자를 '포함'하는 용법과 청자를 '배제'하는 용법이다.

> 우리 뭐 좀 먹자.
>
> 우리 먼저 출발할게.

첫 문장에서의 '우리'는 화자와 청자를 의미하지만 둘째 문장에서 '우리'는 청자가 포함되지 않음을 확인할 수 있다. 또한 '우리'의 겸양 표현으로 사용하는 '저희'는 '저희가 하겠습니다.'와 같이 항상 청자를 배제하는 의미로만 사용된다.

2) 시간 직시

시간 직시는 화자가 사건이 일어난 시간을 가리키는 직시 표현이다.

> 지금, 방금, 아까, 오늘, 어제, 내일
>
> 하루 전, 이틀 후, 이번 달, 지난 달, 다음 달
>
> 이 때, 그 때, 이다음, 그다음
>
> -는-, -었-, -겠-, -더-

시간 직시는 화자가 발화한 시간을 나타내는 발화시와 청자가 들은 시간을 나타내는 수신시가 있다. 대화 상황에서는 화자가 발화한 시간과 청자가 들은 시간이 일치하는 표준 발화가 나타난다. 그러나 화자가 발화한 시간과 청자가 들은 시간이 일치하지 않는 경우도 있다.

2시에 돌아오겠습니다.

2시간 후에 돌아오겠습니다.

첫 문장은 화자가 발화한 시간과 청자가 들은 시간이 일치하지 않아도 같은 의미로 전달되는 문장이지만, 둘째 문장은 화자가 발화한 시간과 청자가 들은 시간이 일치하지 않는다면 서로 다른 의미로 받아들여지게 되는 것이다.

시간 직시는 시제 표현으로도 나타날 수 있다. '철수가 밥을 먹었다./먹는다./먹겠다.'는 시간 부사가 사용되지 않았지만 자동적으로 언제 일어난 일임을 알 수 있는데 이는 시제를 나타내는 어미들로 인한 것이다.

'앞/두;', '전/후'는 장소를 나타내는 보통 직시 표현으로 사용되지만 시간을 나타낼 때도 사용된다. 장소를 나타내는 경우에는 '앞'과 '전', '뒤'와 '후'는 같은 의미를 가지게 된다. 그러나 시간을 나타내는 표현으로 사용될 때 '뒤'와 '후'는 여전히 같은 의미로 사용되지만 '앞'과 '전'은 의미가 달라지기도 한다.

앞 시간에 뭐 했어?

앞으로 할 일

첫 문장의 '앞'은 '전'과 같은 의미로 과거를 나타내지만 둘째 문장의 '앞'은 미래의 의미가 되어 '전'과 달라지므로 바꾸어서 사용할 수 없다.

3) 장소 직시

장소 직시는 발화와 관련된 사람과 사물의 위치를 가리키는 직시 표현이다.

여기, 거기, 저기

이리, 그리, 저리

오른쪽, 왼쪽, 앞, 뒤, 전, 후

오다, 가다 등

또한 장소 직시 표현을 사용하여 사람을 가리키기도 하는데 이를 인칭 직시적 용법이라고 한다.

여기는 내 동생이고, 저기는 내 친구야.

이쪽은 고등학교 동창이고, 저쪽은 대학 동창이야.

장소 직시 표현 중 '오른쪽'과 '왼쪽'은 직시적 용법과 비직시적 용법의 사용이 동시에 일어날 수도 있다.

이 건물 왼쪽에 있는 식당이 맛있어.

영수 뒤에 있는 사람이 순희야.

건물이 기준인가 화자가 기준인가, 영수가 서 있는 방향이 기준인가 내가 서 있는 방향이 기준인가에 따라 직시적, 비직시적 용법의 의미 동시에 사용될 수 있는 것이다.

또한 화자를 중심으로 표현할 수 있고 청자를 중심으로 표현할 수 있는 '오다/가다'가 있다.

철수가 찾아오면 꼭 알려드리겠습니다.

철수가 찾아오면 꼭 알려주세요.

기회가 왔을 때 꼭 잡았어.

기회가 왔을 때 꼭 잡도록 해.

첫 문장과 셋째 문장은 화자를 중심으로 표현된 것이고 둘째, 넷째 문장은 청자를 중심으로 표현된 것이다.

4) 담화 직시

담화 직시는 담화 상의 한 부분을 가리키는 것을 말한다.

이것은 내가 자신 있게 하는 말입니다. 이번에는 꼭 합격합니다.

인간은 생각하는 갈대다. 그것은 파스칼이 한 말이다.

첫 문장의 '이것은'은 뒤에 나오는 '이번에는 꼭 합격합니다.'를 가리키고, 둘째 문장의 '그것은'은 앞에 나오는 '인간은 생각하는 갈대다.'를 가리킨다.

5) 사회 직시

사회 직시는 대화 참여자들의 사회적 관계를 가리키는 것을 말한다. 보통 사회 직시는 한국어에서 높임법과 직접적인 관계를 갖고 있다.

아버지께서 오셨다.

영수가 도착했어요.

선생님, 안녕히 주무셨어요?

위의 첫 문장은 '-다'로 종결을 했으므로 청자는 화자와 동급이거나 아랫사람이 된다. 둘째 문장은 '-요'로 끝맺었으므로 화자보다 윗사람이 되며, 셋째 문장도 '주무시다'라는 높임 어휘와 '-요'로 종결했으므로 화자보다 윗사람이 된다. 종결 표현 이외에도 '주무시다'와 같이 높임의 어휘를 사용해서 사회적 관계를 나타내기도 한다. '졸고', '따님', '연세', '춘추', '진지' 등...

III. 발화 행위

1. 발화 행위란

오스틴(J. L. Austin, 1962)은 모든 문장은 진위로 판단되는 진술만이 아니라 의미는 다양하다고 하여 문장의 형태가 평서문이라도 항상 진술로만 쓰이는 것이 아니라 약속, 명령, 경고, 요청 등으로 사용된다고 하였다. 따라서 발화 행위는 말하는 것 자체가 하나의 행위라는 개념이다.

또한 오스틴은 발화의 종류를 다음의 다섯 가지로 구분하였다.

판정발화 : 어떤 것에 대한 사실을 인정하는 것

행사발화 : 권리, 영향력을 행사하는 것

언약발화 : 일정한 행동의 과정에 책임을 지우는 것

행태발화 : 태도나 사회적 행동과 관련된 것

평서발화 : 견해 설명, 논의 전개, 지시를 명확히 하는 것

발화 행위는 의미를 가진 문장을 발화하는 언표 행위와 언표행위가 일어날 때 의미가 전달되는 언표내적행위, 그리고 언표행위의 결과로 나타나는 언표효과행위로 구분된다.

엄마, 배 고파요.

위의 문장을 발화하는 것이 언표행위라면, 먹을 것을 달라는 의미가 전달되면 언표내적행위, 그 결과로 먹을 것을 준다면 언표효과행위가 되는 것이다.

언표내적행위는 무언가를 말하는 것에 더해 어떤 행위의 실천을 의미하는 것이다.

나는 너하고 영화 볼 것을 약속할게.

나는 모든 장병들이 모일 것을 명령한다.

나는 당신이 담배를 끊을 것을 권고합니다.

네가 대학에 합격한 것을 축하해.

그 일에 대해서는 내가 사과할게.

위의 문장들처럼 '약속하다', '명령하다', '권고하다', '축하하다', '사과하다' 등과 같은 수행동사에 의해 이루어진 발화를 수행발화라고 하고, 수행동사가 사용되어 언표내적 효과를 가지며 명시적 수행발화, 수행동사가 사용되지 않고 언표내적 효과를 갖는 발화를 비명시적 수행발화라고 한다.

2. 적정 조건

적정 조건은 발화가 그 상황에 맞게 사용되었는가를 살펴보는 것으로 언표내적행위가 성립되기 위한 조건을 말하는 것이다.

서얼(Searle, 1969)은 언표내적행위가 성립되기 위한 네 가지 조건을 제시하였다.

① 명제 내용 조건 : 발화에는 내용이 명시되어야 한다.

② 예비조건 : 화자와 청자가 갖게 되는 배경, 생각, 지식

③ 성실조건 : 화자의 심리적 상태

④ 본질조건 : 화자에게 본래 취지의 행위가 이루어지도록 노력할 것이 요구됨

약속문의 적정조건

명제내용조건 : 화자의 미래 행위

예비조건 : 청자는 화자의 행위를 긍정적으로 생각 / 화자는 자신이 그 행위를 할 수 있다고

생각

성실조건 : 화자는 진심으로 그 행위를 하기 원함

본질조건 : 화자는 발화를 통해 그 행위를 해야 할 의무 생김

충고문의 적정조건

명제내용조건 : 청자가 장래 수행할 행위

예비조건 : 화자는 그 행위가 청자에게 이익을 줄 것이라고 믿을 이유가 있음 / 청자가 그 행위를
할 것임은 분명하지 않음

성실조건 : 화자는 그 행위가 청자에게 이익을 준다고 믿음

본질조건 : 그 행위가 청자에게 최대의 이익이 된다는 보증으로 간주함

3. 간접 발화행위

평서문은 진술, 의문문은 질문, 명령문은 명령의 의미를 갖는 발화를 직접 발화행위라고 하고
평서문이 질문이나 명령의 의미를 갖거나, 의문문이 진술이나 명령, 명령문이 진술이나, 의문의 의
미를 갖는 발화를 간접 발화행위라고 한다. 즉 문장의 형태와 언표내적행위가 일치하지 않는 발
화이다. 일반적으로 공손하게 말하기 위해, 상대방에게 부담을 주지 않기 위해 간접 발화행위를
사용하게 된다.

이곳에는 사나운 동물이 살고 있습니다.

이것 좀 들어줄래?

내 말 안 들으면 죽을 줄 알아라.

하나의 문장은 직접 화행과 간접 화행의 두 가지 의미로 모두 사용될 수 있다.

지금 부대찌개 됩니까?

– 네, 됩니다. (직접 화행으로 이해하고 대답)

– 3인분 드릴까요? (간접 화행으로 이해하고 대답)

간접 발화행위는 일상 언어 생활에서 다양하게 사용되고 있다.

(버스에서) 내립니다.

난 네 이름을 아직 몰라.

이것 좀 봅시다.

똑바로 앉을 수 없어?

그거 맛있어?

TV가 안 보인다.

오늘 일찍 왔어요?

아침 일찍 일어납니다.

Ⅳ. 함축

1. 함축이란

라이스(P. H. Grice, 1967)는 발화 문장의 명시적인 의미 이외에 다른 의미를 담아서 말하기도 하는데 직접 전달된 의미 이외에 더 추가된 의미를 함축이라고 한다고 하였다.

2. 협력 원리

협력 원리는 화자와 청자 간의 의사소통 상황에서 대화가 원만하게 진행되기 위해 지켜야 할 원칙으로 첫째, 대화가 진행되는 각 단계에서 대화의 목적이나 주제, 방향에 맞게 필요한 만큼 대화에 참여하라는 것이다. 둘째, 의사소통 상황에서 대화가 원만하게 이루어지기 위해 지켜야 할 원칙으로 대화 격률을 제시하였고 대화 격률은 양의 격률, 질의 격률, 관계의 격률, 태도의 격률을 말한다.

양의 격률은 대화가 원만하게 진행되기 위해서는 너무 많거나 적지 않게 상대방이 원하는 정보를 주어야 한다는 것이다.

질의 격률은 대화가 원만하게 진행되기 위해서는 정확한 정보와 증거가 있는 정보를 알려줘야 한다는 것이다.

관계의 격률은 대화가 원만하게 진행되기 위해서는 주제에서 벗어나지 않고 일관되게 대화를 해야 한다는 것이다.

태도의 격률은 대화가 원만하게 진행되기 위해서는 명확하고 순서에 맞게 중의적인 표현을 사용하지 않고 대화를 해야 한다는 것이다.

일반적으로 대화 격률을 잘 지켜서 생겨나는 함축을 표준함축이라고 하는데 의도적으로 대화 격률을 위배해서 새로운 함축을 만들기도 한다.

  A: 철수 지금 어디에 있어?
  B: 학교 어딘가에 있지.

위의 예는 대화 격률 중 양의 격률을 지키지 않은 것이다. 상대에게 충분한 정보를 주지 않았기 때문이다. 그러나 의도적으로 격률을 위배해서 '나도 철수가 어디에 있는지 모른다.', '나는 너에게 철수의 위치를 알려주지 않겠다.'라는 의미를 함축하고 있다.

  A: 서울에 바다가 있지?
  B: 응, 수원에도 바다가 있고.

위의 예는 대화 격률 중 질의 격률을 지키지 않은 것이다. 수원에 바다가 없으므로 상대에게 거짓말을 하고 있는 것이기 때문이다. 그러나 의도적으로 격률을 위배해서 '서울에 바다가 없다.'는 의미를 함축하고 있다.

A: 영수는 내일이 시험인데 공부도 안 하고 게임만 하네.

B: 날씨 좋다. 산책하러 갈까?

위의 예는 대화 격률 중 관계의 격률을 지키지 않은 것이다. 상대 이야기의 주제와 다른 이야기를 하고 있기 때문이다. 그러나 의도적으로 격률을 위배해서 '영수에 대해 말하고 싶지 않다.', '영수에게 관심이 없다.'는 의미를 함축하고 있다.

A: 아이들에게 J-E-L-L-Y 줄까요?

B: 그건 안 돼요.

위의 예는 대화 격률 중 태도의 격률을 지키지 않은 것이다. '젤리'라고 말하면 될 것을 영어스펠링으로 말하고 있으므로 분명하게 말하지 않은 것이기 때문이다. 그러나 의도적으로 격률을 위배해서 '아이들이 있는 곳에서 젤리라는 말을 하지 마라.'는 의미를 함축하고 있다.

대화를 하면서 상대방에게 자신이 대화의 격률을 지키고 있음을 분명히 밝히는 표현들이 있는데 이를 '격률 울타리'라고 한다. 일상적인 대화보다는 공식적인 대화에서 많이 사용되는 모습을 볼 수 있다.

<u>내가 들은 바로는</u> 철수가 곧 결혼합니다. – 질의 격률

<u>충분히 말씀 드린 바와 같이</u> 철수가 곧 결혼합니다. – 양의 격률

<u>무엇보다 중요한 것은</u> 철수가 곧 결혼한다는 것입니다. – 관계의 격률

<u>분명하게 말하자면</u> 철수가 곧 결혼합니다. – 태도의 격률

3. 함축의 종류

라이스(P. H. Grice, 1967)는 함축을 화용론적 원리에 의해 추론되는 대화 함축과 특정 어휘의 자질에 의해 일어나는 고정 함축으로 구분하였고, 개즈더(G. Gazdar, 1979)는 등급 함축과 절 함축으로 구분하였다.

대화 함축은 상황과 관계없이 대화만으로 일어나는 일반 대화 함축과 특정 요소를 알아야만 일어나는 특정 대화 함축으로 나누어진다.

A: 서류와 통장을 가지고 있습니까?

B: 서류는 가지고 있는데요.   – 어떤 상황에서도 통장은 없다는 함축이 생긴다.

A: 이번 주말에 시간 있어?

B: 이번 주말에 아버지 제사가 있어. – '제사'가 무엇인지 모른다면 함축이 생기지 않는다.

대화 함축은 취소가능성, 비분리성, 계산가능성, 비고정성, 비확정성이라는 특성을 가지고 있는데 취소가능성은 대화가 진행되면서 생긴 함축은 다음 대화로 사라질 수 있다는 것이다. 비분리성은 상황과 함축은 떨어지지 않기 때문에 상황이 변하지 않으면 동일한 함축이 생긴다는 것이다. 계산가능성은 함축의 의미를 파악하기 위해서 계산을 할 필요도 있다는 것이다. 비고정성은 상황이 달라지면 동일한 발화에서도 다른 함축이 생긴 것이다. 비확정성은 함축은 항상 하나가 아니라 동시에 여러 개가 생길 수도 있다는 것이다.

고정 함축은 특정한 어휘에 의해서 생기는 함축으로 '철수는 작은 호텔의 요리사야. 그래서 요리를 잘 못해.'와 '철수는 작은 호텔의 요리사야. 그러나 요리를 잘 못해.'라는 문장은 '그래서'와 '그러나'로 인해 함축이 발생된다.

등급 함축은 등급을 나타내는 단어를 사용함으로써 발생하는 함축을 말하며 '전부, 대부분, 약간, 항상, 늘, 자주, 가끔, 뜨겁다, 뜨끈하다, 미지근하다' 등의 어휘가 사용되어 생긴다.

> 나는 대부분의 일을 끝냈다. – '아직 못 끝낸 일이 조금 있다.'를 함축
>
> 나는 가끔 사우나에 간다. – '사우나에 자주 가지 않는다'를 함축
>
> 사무실이 서늘하다. – '사무실이 덥지 않다/사무실이 춥지 않다'를 함축

절 함축은 안긴문장 즉, 내포문의 내용에 대한 함축이다.

> 나는 철수가 올 것으로 믿는다.
>
> 나는 철수가 올 것으로 안다.

위의 두 문장은 모두 '철수가 온다.'라는 문장이 안긴 것이지만 두 문장에서 함축하고 있는 의미는 달라진다.

■ 참고문헌 ■

구자은(2005), 『화용론과 담화』, UUP.

구현정(2002), 『대화의 기법』, 한국문화사.

김길영 외(2003), 『한국어 화용론』, 세종문화사.

남기심, 고영근(1985), 『표준국어문법』, 서울: 탑출판사.

남기심(1997), "예절과 언어행위(1)", 「인문과학」76·77합집, 연세대학교 인문과학연구소.

박나리(2004), "한국어 교육문법에서의 종결어미 기술에 대한 한 제안", 「이중언어학」26, 이중언어학회.

배두본(2000), 『외국어 교육 과정론 이론과 개발』, 한국문화사.

박영순(2007), 『한국어 화용론』, 박이정.

박용예(1990), 『영한 화행 대조 분석 : 요청과 거절을 중심으로』, 서울대학교 석사논문.

송경숙(2003), 『담화 화용론』, 한국문화사.

안주호(1992), "한국어 담화표지 분석", 「말」4, pp. 21-38.

윤평현(2008), 『국어의미론』, 역락.

이남성(2001), "담화분석과 언어교육", 「불어불문학연구」48, 불어불문학연구, pp. 567-587.

이성범 외(2001), 『화용론 연구』, 태학사.

이원표 역(1997), 『담화연구의 기초』, 한국문화사.

임지룡(1994), 『국어 의미론』, 탑출판사.

임지룡 외 역(1998), 『인지언어학 개론』 Friedrich Ungerer 지음, 태학사.

정희자(1999), 『담화와 문법』, 한신문화사.

조명원 외 역(1997), 『인지언어학이란 무엇인가』, 존 R. 테일러 지음, 한국문화사, pp. 3-20.

한국어세계화재단(2003), 『예비교사·현직교사 교육용 교재 개발』, pp. 198-218.

황규홍 역(2003), 『언어의미론 언어습득』, 한국문화사, pp. 5-83.

홍재성·권오룡 역(2003), 『언어와 이데올로기』, 역사비평사.

한국교육개발원(1997), 「제 7차 외국어과 교육과정 개발 연구」, 97 교육부 위탁 연구과제 답신보고서, 교육과정 개정연구위원회.

Austin, J. L.(1962), What to do things with words, Oxford: Oxford University Press.

Blum-Kulka, H. & Kasper(1989), Cross-Cultural Pragmatics : requests and apologies, Norwood, New Jersey : Ablex Publishing Company.

Brown, P. & Levinson, S.(1987), Politeness. Some Universals in Language use, Cambridge : Cambridge University Press.

Cole, P. & Morgan, J. L.(eds.)(1975), Syntax and Semantics, vol.3: Speech Acts, New York : Academic Press.

Elite, O. & Marianne, Celce-Murcia(2001), "Discourse Analysis and Language Teaching",

Deborah Schiffrin, (ed.), The handbook of Discourse Analysis, Blackwell Pub. Ltd.

Ellis, R.(1994), The study of second language acquisition, Oxford : Oxford University Press.

Guy Cook(1999), Applied Linguistics, Oxford University Press.

Kasper & Blum-Kulka(eds.)(1993), Interlanguage Pragmatics, Oxford: Oxford University Press.

Marquez Reiter, R.(2000), Linguistic Politeness in Britain and Uruguay, Amsterdam/ Philadelphia : John Benjamins Pub. Company.

Monica Heller(2001), "Discourse and Interaction", The handbook of Discourse Analysis(2001), Deborah Schiffrin, Deborah Tannen and Heidi E.Hamiton.

Oleksy, W.(ed.)(1989), Contrastive Pragmatics, Amsterdam/Philadelphia: John Benjamins Pub. Company.

Riely, P.(1989), "Well don't blame me! : On the interpretation of pragmatic errors", en Oleksy, W.(ed.), Contrastive Pragmatics, 233-249.

Searle, J.(1975), "Indirect Speech Acts", en P. Cole & J.L. Morgan (eds.), Syntax and Semantics, vol.3:Speech Acts, 59-82.

Thomas Scovel(1998), Psychological Linguistics, Oxford University Press.

Trosborg, A.(1995), Interlanguage Pragmatics; Requests, Complaints and Apologies, New York:Mouton de Gruyter.

Yule, George(1996), Pragmatics, Oxford University Press.

8장 한국어어휘론

| 학습목표 |

1. 한국어의 어휘적 특성을 살피며, 유형을 구분하고 개별 어휘 유형의 정의와 특성을 고찰한다.
2. 어휘 의미관계에 따른 어휘의 유형을 구분하고 각각의 특성을 고찰한다.
3. 한국어 교육용 기본 어휘의 선정 및 등급화 방법을 알아본다.

I. 한국어 어휘의 특성

1. 어휘의 개념

어휘는 여러 종류의 특정한 언어체계가 가지고 있는 어휘소의 총체를 말한다.

① 한국어·영어 등 특정한 개별언어

② 충청도방언·경기도방언 등 특정지역의 언어(지역방언)

③ 여러 사회계층의 언어, 각 전문분야의 언어 등도 포함된 이른바 사회방언

④ 개인의 언어, 개인이 실지로 사용하는 언어는 한 종족이 가지는 언어체계 속에서 선택됨

2. 어휘론의 연구 영역

3. 한국어 어휘의 일반적 특성

1) 국어국문학자료사전(1998)

① 한자어, 기타 외래어의 유입 때문에 유의어(類義語)가 많아졌다. 특히 한자어가 미치는 영향이 크다. 유의어의 발달은 표현 전달의 명확성을 해친다는 점에서 문제가 되기도 하지만 '표현성의 풍부'라는 견지에서는 오히려 바람직한 현상이다.

② 한자어의 영향으로 동음이의어(同音異義語)가 많아졌다. 이것은 언어활동에서 동음의 규칙적인 배열에 의한 리듬을 구성하는 데 이용되기는 하지만 그보다는 동음이 주는 혼란이 더 문제가 되기 때문에 좋은 점보다는 좋지 않은 점이 더 크다.

③ 한국어에서는 경어법(敬語法)이 복잡하게 발달되어 있다. 그 한 예로 2인칭 대명사를 들면 '너, 자네, 그대, 당신, 어르신네' 등이 있어 여러 가지 차등을 두고 사용된다. 또, 명사에 '님'을 붙여 '아버님. 어머님. 선생님, 형님, 누님'하고 심지어는 '아우님'이라고도 한다. 한자어는 경어법의 발달에 크게 영향을 미치고 있어 고유어보다는 한자어가 경의를 표하는 말로 쓰인다.

④ 고유어와 한자어가 유의구조를 형성하고 있어 경어법, 품위 있는 언어사용과 관련하여 대체로 한자어가 품위 있고 경의를 표하는 말로 인식되고 있다. 아비·아버지·가친(家親)·춘부장(椿府丈)·선친(先親) 등 한자어보다는 고유어가 비속한 말, 욕설 등에 잘 쓰이는 경향이 있다.

⑤ 의성어·의태어 등의 음성상징(音聲象徵)의 발달이 눈에 띈다. 이 상징어의 발달은 거의 고유 요소에 의존하고 있다. 모음과 자음의 대립을 이용한 변화 있는 표현이 풍부하다.

⑥ 고유어는 개념어로서의 적성이 한자어에 비하여 약하다. 한자어는 조어력이 강하여 학술용어나 기타 전문용어, 그리고 일반용어에까지도 계속 한자어가 증가되는 추세에 있다.

⑦ 기초어휘에서는 고유어의 체계가 발달되어 있다. '달'에 해당하는 '月'이나 '별'에 해당하는 '星' 등은 다른 한자와 결합하여 한자어를 형성하는 형태소일 뿐 국어에서 단어가 되지 못한다.

⑧ 친족명칭에서 위로 할아버지 대와 아래로 아들의 대까지는 고유어가 있으나 그밖에는 한자어에 의존하고 있다. 먼 세대, 복잡한 관계일수록 한자어뿐이다.

⑨ 체언이 격에 따라 형식이 달라지지 않는다. 그래서 외국어로부터 외래요소를 차용하기가 용이하다. 외국어에서 동사나 형용사를 들여다가 명사내지는 동사나 형용사의 어근으로 이용하기도 하고 특정한 격을 가지는 체언을 들여다가 격을 무시하고 사용할 수 있다.

2) 심재기(1990)

① 음운론적 유연성(음운교체성)

모음의 교체

팔랑팔랑 : 펄렁펄렁 / 아장아장 : 어정어정 / 캄캄하다 : 컴컴하다 / 오물오물 : 우물우물

꼬물꼬물 : 꾸물꾸물 / 꼼지락거리다 : 꿈지럭거리다

자음의 교체

감감하다 : 캄캄하다 : 깜깜하다 / 댕댕하다 : 탱탱하다 : 땡땡하다

발발거리다 : 팔팔거리다 : 빨빨거리다 / 잘랑잘랑 : 찰랑찰랑 : 짤랑짤랑

② 형태론적 유연성

접미파생법에 의한 낱말 : 동사 어간에 '-ㅁ'을 붙여 만든다.

짐, 잠, 꿈, 걸음, 놀음, 울음, 웃음, 앎, 게으름, 괴로움, 그리움, 기쁨, 슬픔, 그림, 그믐

접미파생법에 의한 낱말 : 동사, 형용사 어간에 '-하-', '-되', '-시키-', '-치-', '-적-', '-스럽-', '-답-'을 붙여 만든다.

밥하다, 나무하다, 복되다, 참되다, 공부시키다, 운동시키다, 몰아치다, 마주치다

어른스럽다, 촌스럽다, 사람답다, 아름답다

③ 한자어의 어휘적 특성

고유어와 이질감 없이 복합어를 형성한다.

밥상(床), 약(藥)밥, 색(色)종이, 꼬마자동차(自動車), 창(窓)살

3음절 이상의 한자구성들이 한국어의 체계 안에서는 하나의 낱말로 처리됨

어차피(於此彼), 급기야(及其也), 심지어(甚至於)

④ 외래어의 어휘적 특성

외래어는 일본어로 정착된 뒤 국어 어휘 체계 안으로 들어온 것으로 국어 어휘 체계에서 빼놓을 수 없는 중요한 제3의 어휘군이나, 고유어와 한자어로 구성된 단단한 구조에 비할 정도는 아니다.

II. 한국어 어휘의 체계

한국어의 어휘 체계는 어종(語種)에 따라 분류하는 방법을 사용하며 이에 따라 어휘를 분류해 보면 '고유어', '한자어', '외래어'의 삼중 체계를 이루고 있다.

1. 고유어

순수한 한국어로 외래어·한자어에 상대되며, 우리의 고유한 역사와 문화, 생활 속에서 나온 말이므로 우리의 생각이나 감정을 가장 잘 드러낸다. 예를 들어 한자어로는 '적색(赤色)' 하나이지만 고유어로는 '빨갛다, 발그레하다, 발그스름하다, 붉다, 불그죽죽하다, 벌겋다' 등과 같이 다양하고 세밀하게 표현할 수 있다.

고유어에는 '가다, 오다, 먹다, 자다, 보다' 등처럼 우리의 일상적인 생활과 관련된 사실을 표현하는 말이 많은데, 이들은 대개 다의어로 기능한다. 고유어 '말[言]'의 경우, '말과 글'에서는 '언어', '말할 차례'에서는 '발언', '말을 꺼내다'에서는 '이야기', '말이 퍼지다'에서는 '소문'의 의미로 사용되는 것이 그 예이다.

고유어는 전체 어휘항목의 30%정도라고 한다. 새로운 단어를 만들 때 외래 요소에 의존하는 경향이 많으며, 고유어가 외래어에 비하여 개념어로서 부적합하다는 것이 외래어의 수를 늘리는 하나의 요인이다.

2. 외래어

외래어는 외국어로부터 들어와 한국어에 동화되고 한국어로서 사용되는 말이다. 외래어에는 '버스, 커피' 등과 같이 영어에서 온 말이 가장 많지만, '세미나, 아르바이트'처럼 독일어에서 온 말, '레스토랑, 모델'처럼 프랑스어에서 온 말 등 그 출신이 다양하다. 외래어 가운데는 '가방, 구두, 붓, 빵' 등과 같이 오래 전에 유입되어 외래어라는 인식이 거의 없어진 말이 있는가 하면, '스마트폰, 블로그'와 같이 근래에 들어와 아직 외래어라는 인식이 뚜렷한 말들도 있다.

1) 외래어의 특징

외래어는 발음·형태·용법이 한국어의 특징과 크게 다르지 않고 한국어 문장 속에서 자연스럽게 사용되고 설명이나 주석 등 특별한 처리가 필요하지 않다. 또한 한글로 표기하며 외국어라는 의식이 없이 한국 사회에서 널리 사용된다. 사용빈도가 잦으며 오래 전에 차용되어 사용기간이 길다는 특징을 갖는다.

2) 외래어의 뿌리와 문화적 배경

① 한자어와 중국어 : 한국어에 가장 많은 영향을 미친 것은 한자어이다. 그 중에는 중국에서와 같은 어형이 그대로 쓰이는 것이 있고, 국내에서 만들어진 것도 있다. 한자어는 새로운 단어를 만들기가 간편하고 개념어로 적합하여 학술, 기타 전문용어로 많이 쓰인다. 현대에도 번역용어가 한자어로 만들어지는 경우가 많은데, 이는 한자어가 문화어로서의 자리를 굳혔음을 보여준다.

② 영·미어(英美語) : 문화의 여러 분야에서 영어 차용어가 많이 쓰이고 있는데 이는 영어를 공용어로 하는 영국이나 미국의 문화가 우세하기 때문이다.

③ 인도어와 불교 : 산스크리트(Sanskrit)·팔리(Pāli) 등의 언어가 불교 용어로 차용되어 '아미타[阿密陀(s.)(p.) Amita]'·석가[釋迦(s.) Sākya(p.) sakya]'·보살[菩薩(p.) bodhisatva]'·가사[袈裟(p.) kāsāya]' 등의 어휘를 볼 수 있다.

④ 이탈리아어와 음악 : 음악용어로 이탈리아어가 많이 차용되어 '피아노(piano)'·'알토

(alto)'·'솔로(solo)'·'소프라노(soprano)'·'테너(tenor)' 등이 사용되고 있다.

⑤ 프랑스어와 미술 기타 : 미술을 포함한 예술 분야와 복식·미용·외교·요리 등의 용어에는 프랑스어가 많이 차용되어 '아틀리에(atelier)'·'콩트(conte)'·'샤포(chapeau)'·'아그레망(agrément)' 등이 사용되고 있다.

⑥ 독일어와 철학·의약 기타 : 철학·의약·스키·등산 등의 용어는 독일어로부터 차용되어 '테마(thema)'·'세미나(seminar)'·'노이로제(Neurose)'·'자일(seil)'·'피켈(pickel)'·'코펠(koeher)' 등이 사용되고 있다.

⑦ 그리스어·라틴어와 학술 : 그리스어와 라틴어는 학술용어로써 불가결의 언어가 되어 있어 '알파〔(G.) alpha〕'·'베타〔(G.) beta〕'·'라듐〔(L.) radium〕' 등이 사용된다.

⑧ 일본어 : 일본어에서 직접 차용한 것 이외에 일본어에 차용된 외래어를 다시 차용한 것이 많다. '모치(モチ, 餅)'·'가보(カボ, 九)' 등은 직접 차용한 예이고, '낫토(ナット, nut)'·'아또리에(アトリエ, atelier)' 등은 이중 차용한 예이다.

⑨ 기타 : 포르투갈어·스페인어·네델란드어·히브리어 등 많은 언어로부터 많은 어휘가 차용되었다.

3. 한자어

중국의 한자를 기반으로 만들어졌으나 한국어로 사용되는 한국식 발음의 단어이다. 중국에서 온 말, 일본에서 만들어져서 온 말, 한국에서 만들어 낸 말 등 다양한 성격의 한자어가 있다.

삼국시대부터 국호·왕명·관명·인명·지명 등의 고유명사가 한자로 표기되면서 한자어는 대량으로 수입되어 한국어에서 가장 큰 인위적 개혁이 이루어지기 시작하였다.

고려시대 이후에는 일상어에까지 영향을 미치게 되었고, 지배계층이 구어(口語)로는 한국어, 문어(文語)로는 한문을 쓰면서 한자 어휘는 고유어를 위축시키는 역할을 하였다.

한자어는 대개 추상적인 개념을 나타내는 말이 많은데, 고유어에 비해 좀 더 정확하고 분화된 의미를 가지고 있다. 따라서 학문적인 개념을 나타내는데 주로 사용된다. 또한 각 시대마다 필요에 의해 만들어져 쓰이다가 소멸되기도 하고, 후대에 새로 만든 한자어가 우연히 이전 시대에 다른 목적, 다른 의미로 쓰이던 것일 수 있다는 특징을 갖는다

4. 혼종어

혼종어는 고유어와 한자어, 한자어와 외래어 등 서로 다른 어종의 언어 요소가 결합하여 만들어진다. 이 현상은 한자어나 외래어가 한국어 어휘화하는 과정에서 언중들이 이들을 고유어와 구별하지 않고 사용했음을 의미한다.

혼종어의 특징으로는 첫째, '상, 판, 문, 통'등 1음절로 된 자립한자어들이 고유어나 외래어 등

다른 명사와의 결합이 자유로워서 혼종어를 만들 때 제약을 덜 받는다. 둘째, '헛고생(苦生), 날강도(强盜)'와 같이 고유어 접두사에 한자어가 결합한 경우가 많다. 셋째, '성(性)', '적(的)'와 같은 한자어 접미사는 고유어보다 외래어 어기와 잘 결합한다.

5. 혼성어

혼성어는 두 단어의 어느 한쪽 또는 양쪽 모두의 앞부분이나 뒷부분을 잘라내고 남은 부분들을 합하여 새로운 단어를 만든 것으로 '절단어' 또는 '포트만토'라고도 한다. '호캉스(호텔+바캉스)'와 같이 잘라내기 전 단어들이 가지고 있는 의미를 모두 갖는다.

6. 단어형성법

1) 단일어

단일어는 어간이 하나의 형태소로만 이루어진 것으로, '집, 나무, 민들레, 벌써' 등이 그 대표적인 예이다. 체언이나 수식언 등으로서 형태의 변화를 보이지 않는 불변어들이다. 동사·형용사 등의 용언과 같이 형태의 변화를 보이는 경우는 그 어간이 둘이상의 형태소로 이루어진 것이 아니라면 '보다, 작다' 등과 같이 둘 이상의 형태소로 이루어졌다고 하더라도 단일어로 취급한다.

2) 복합어

복합어는 두 개 이상의 형태소로 이루어진 것으로, 복합어는 합성어와 파생어로 구분된다. 합성어는 둘 이상의 실질형태소가 결합된 것이며, 파생어는 실질형태소에 형식형태소가 결합된 것이다. 용언의 경우에는 어간의 구성성분이 어떠한가를 따져서 단일어와 복합어를 구분한다.

'잡으시었겠더라' : 어간 '잡-'에 선어말어미 '-으시-', '-었-', '-겠-', '-더-', 어말어미 '-라'
ㄴ 어간이 단일형태소로 구성되어 있으므로 단일어.
'잡히다' : 실질형태소 '잡-'에 형식형태소인 피동의 파생접미사 '히-'가 결합(파생어)
ㄴ 어간 '잡히-'가 두 개의 형태소로 구성되어 있으므로 복합어.

III. 어휘의 계량과 기본 어휘

1. 어휘의 계량

1) 어휘 계량이 필요한 이유

음운은 그 수가 적으나 어휘는 그 수가 매우 많고, 문법규칙으로 설명되는 구나 문장과 달리 어휘는 규칙으로 설명하기가 어렵다. 또한 어휘는 단어의 존재 여부가 직관으로 파악이 되지 않으며, 사용하던 말이 점차 잊혀 가거나 새로운 말이 생기면서 끊임없이 어휘의 목록이 변동된다는 문제가 있다. 따라서 이러한 문제점을 해결하기 위해 일정한 기준에 따라 자료를 모으고 정리한 객관적인 증거가 필요한데, 이것이 바로 어휘의 계량이다.

2) 어휘 계량의 용도

어휘 계량을 통해 학문 연구나 어휘의 양적인 통계, 그리고 어휘 계량 결과를 활용하여 어종에 따른 비중을 파악할 수 있다. 또한 문학 작품에서 작가의 문체를 밝히거나 작가의 어휘 양상 비교도 가능해지며, 학습자의 수준에 맞춰 기본 어휘를 선정하여 어휘 교육에도 활용할 수 있다. 그리고 불필요한 단어를 제외하는 등의 언어 정보 처리 분야에서 어휘 계량 정보가 용이하게 사용되며, 언어 치료, 표준어 심의, 순화어 선정 등 정책적 과제를 해결하는 데도 활용할 수 있다.

3) 어휘 계량 단위 설정의 원칙

① 띄어쓰기를 단위로 한다.

띄어쓰기를 단위의 원칙으로 삼는 것은 띄어쓰기가 인식의 기본 단위를 의미한다고 볼 수 있기 때문이다. 한글맞춤법 총칙의 제2항에서 '문장의 각 단어는 띄어 씀을 원칙으로 한다'고 규정하고 있으므로 띄어쓰기 원칙이라는 것은 각 단어를 계량의 단위로 삼는다는 것을 의미한다.

- 보조 용언 : 맞춤법 제47항의 규정에 따라 띄어 쓴 단위를 계량의 단위로 삼는다. 다만 본 용언과 보조 용언이 합한 단위가 이미 한 낱말로 굳어져 하나의 단위로 인식되는 경우에는 붙여 쓴 경우를 그대로 한 단위로 인식한다.
- 고유명사와 전문 용어 : 성과 이름, 성과 호 등은 한 단위로 인식하되 그 뒤에 덧붙는 호칭어, 관직명은 별개의 단위로 인식한다.
- 관용어 : 한 단위로 붙여 쓰는 관용어들은 한 단위로 인식한다. 이들은 사전에 그대로 표제어로 등록되어 있으며, 띄어 쓸 경우 다른 의미를 가지게 된다.

② 기본형을 단위로 한다.

기본형이란 형태상 기본이 되는 것으로 용언의 경우에는 기본형을 의미하고, 준말과 본디말의 경우에는 본디말을 의미한다.

- 용언 : 용언은 여러 가지 활용형을 기지고 있으나 그 기본형을 계량의 단위로 삼는다.
- 의미 없는 소리 : 기호가 내용의 일부로 들어간 경우는 이것을 계량의 단위로 삼는 것이 전체적인 국어사용의 실태를 파악하는 데 효과적이다.
- 파생어 : 접두사가 붙어 파생된 말들은 또 다른 의미 단위를 형성하며 이것들은 실제로 사전에 표제어로 등록되어 있으므로 계량의 한 단위로 보아야 한다.

- 큰말과 작은말 : '졸졸'과 '줄줄', '촐랑촐랑'과 '출렁출렁'은 같은 말이면서 단순한 어감의 차이 외에도 쓰이는 유형이 다르다. 의성어나 의태어의 경우 강조를 나타내기 위해 반복해 쓴 첩어는 별개의 단위로 인식한다.
- 준말 : '좀'의 경우와 같이 준말이 이미 굳어져 본디말과 전혀 다른 의미를 가지거나 본디말의 형태가 거의 쓰이지 않고 준말의 형태만 쓰이는 경우는 준말을 그대로 계량의 단위로 삼는다.
- 품사 통용 : '꿈, 잠'과 같이 그것이 굳어져 별개의 단어로 인식되는 경우에는 별개의 단위로 인식한다.

2. 기본 어휘

1) 기초 어휘와 기본 어휘

기초어휘는 어휘 체계의 바탕이 되는 어휘들을 말하며, 기본어휘는 특정 집단이나 성격과 관련한 어휘들로 교육을 위해 인위적으로 선정이 되어 기본이 되는 어휘이다.

기초어휘는 어휘들의 빈도와 함께 어휘들의 체계 분석 및 그 체계를 이루는 바탕이 연구의 대상이 되지만 기본 어휘는 대체로 빈도수의 계량에 의존한다.

2) 기본어휘 선정에서 고려할 사항

① 내국인을 위한 교육과 외국인을 위한 교육에서 사용할 목록 선정이 다를 수 있다.
② 교육이 단계별로 이루어지므로 학년별, 혹은 교육과정에 맞게 선정해야 한다.
③ 실제 언어생활에서 필요한 어휘의 수, 단계에 따른 어휘의 수가 고려되어야 한다.
④ 포함할 부류 또는 범주에 관한 검토가 필요하다.
⑤ 시대의 변화에 따른 어휘의 변화를 고려해야 한다.

3) 기본어휘 선정 방법

어휘 빈도 조사를 먼저 하고 이를 토대로 기본어휘는 선정하는 객관적 방법과 언어 교육에 오해 종사한 사람이 경험을 바탕으로 기본어휘를 선정하는 주관적 방법, 그리고 객관적 방법과 주관적 방법의 장단점을 보완하기 위해 두 방법을 섞는 절충적 방법이 있다.

IV. 어휘의 의미 관계

1. 어휘의 의미 관계

1) 유의 관계

유의 관계는 의미가 거의 같거나 비슷한 단어끼리의 관계를 뜻한다. '메아리 - 산울림', '살갗 - 피부'와 같이 기본적인 의미도 같고 연상되는 의미도 차이가 없는 경우가 있고 '머리 - 대가리', '엄마 - 어머니'와 같이 기본적인 의미는 같으나 연상되는 의미는 차이가 있는 경우, '있다 - 계시다', '주다 - 드리다', '밥 - 진지'과 같이 기본적인 의미는 같으나 사용되는 상황이 다른 경우도 있다.

2) 반의 관계

반의 관계는 단어들의 의미가 서로 반대되거나 대립하는 경우로, 어떤 단어가 반의 관계에 있다고 말할 때 그 단어들은 오직 한 개의 의미 요소만 다르고 나머지 의미 요소들은 모두 공통적이다.

① 등급 반의어(=척도 반의어)

가치중립적이며, 대립의 양상을 자나 저울 등의 계기를 사용하여 어느 정도 측정할 수 있음으로써 객관적인 평가 기준이 적용된다. 등급적인 반의 관계는 양극 어디에도 속하지 않는 중립 영역이 존재한다.

② 상보 반의어

상보어는 대립관계에 있는 어떤 개념적 영역을 상호 배타적인 두 구역으로 철저히 양분하는 대립어를 말한다.

---

* 상보 반의어의 특성

◎ 단언과 부정에 대한 상호함의 관계가 성립된다.
  - 갑은 남자이다 갑은 여자가 아니다.
◎ 대립관계에 있는 두 어휘항목을 동시에 긍정하거나 부정하게 되면 모순이 일어난다.
  - (?)갑은 남자이기도 하고 여자이기도 하다.
◎ 수식이 불가능하며, 비교표현으로 쓰일 수 없다.
  - (?)갑은 매우 {남자/여자}이다.
◎ 평가의 기준이 절대적이라는 점이다. 이를테면 '남자'와 '여자', '살다'와 '죽다' 등의 대립은 어떤 시대 어떤 지역에서도 뚜렷이 구별되는 절대적 사항이다.

---

3) 다의 관계

다의 관계는 하나의 어휘소에 유연성을 지닌 둘 이상의 복합적 의미관계이다. 다의어는 기본적인 의미를 중심으로 하면서, 형태적, 기능적, 속성에 따른 유사성으로 인한 주변적인 의미들을 가지고 있다.

4) 동음이의 관계

동음이의 관계는 '소리는 같지만 뜻이 다른 말'이라는 뜻으로, 단어의 소리가 우연히 같을 뿐 의미의 유사성은 없는 말들이다.

5) 상하관계

상하 관계는 한 단어의 의미가 다른 단어의 의미를 포함하는 경우이다.

2. 의미 변화의 원인

1) 언어적 요인

한 단어가 다른 특정한 단어와 함께 많은 맥락 속에서 사용되고 그러한 용법이 관습화되어 그 의미가 고정되면 기본적 의미나 중심적 의미에 변화를 가져오는 수가 있다. 언어적인 의미변화의 요인으로는 전염(傳染)·생략(省略)·절단(切斷)·삭제(削除) 등이 있다.

① 전염 : '별로'는 원래 부정표현, 긍정표현에 모두 사용될 수 있었으나, 부정표현과 주로 사용되면서 '별로' 자체가 부정적 의미 가치를 가지게 된다.

② 생략, 절단, 삭제 : 언어생활의 편이를 위해서나 발화에 드는 노력을 절감하기 위한 것이다.

2) 역사적 원인

언어기호가 지시하는 대상과 언어기호와의 관련에서 세 가지 요인이 의미변화를 일으키는 것으로 생각된다.

① 지시대상의 변화 : 산업 시대의 '자동차'라는 지시물이 나오기 전까지 '차'는 '수레'의 개념에 가까웠으나, 지금의 '차'는 '자동차'를 가리키는 것으로 변화했다.

② 지시대상에 대한 지식의 변화 : '달'은 지시물에는 변화가 없으나, '달'에 대한 인간의 지식이 달라지면서 '달'의 개념에서 예전에 가지고 있던 '신성성'을 더 이상 찾아볼 수 없게 되었다.

③ 지시대상에 대한 감정적 태도의 변화 : 지시대상에 대한 감정적 태도의 변화도 지시물 자체의 변화는 없다.

3) 사회적 원인

한 언어사회가 공유하는 언어형식이라고 해도 특정 사회계층에서 다른 계층에서와는 다른 의미로 사용되는 수가 있으며, 이런 경우 의미의 변화가 나타난다.

4) 심리적인 원인

사람의 심리작용이 원인이 되어 의미변화를 일으키는 일이 있다. 은유(隱喩)·직유(直喩)와 같은 것은 유사성에 의한 연상 작용(聯想作用)에 의한 비유법인데, 이런 경우 의미의 변화가 일어난다.

5) 기존어의 전용

새로운 사물의 이름이 필요할 때 기호를 신조(新造)하지 않고, 이미 있는 것을 이용하는데 의미 하나가 추가되는 일도 있고, 본디부터의 의미는 소멸되고 새로운 의미만 남는 수가 있다.

4. 의미 변화의 결과

1) 의미의 일반화와 특수화
① 의미의 일반화 : 단어가 보다 넓은 의미영역을 가지게 되는 현상이다.(의미의 확대)
    '짐' = '등짐' → '하물 일반' → '부담(負擔)'
② 의미의 특수화 : 일반화와 반대의 현상이다.(의미의 축소)
    '중생(衆生)' = 본디 생물 일반 → '동물' → '사람'을 지시

2) 의미의 향상과 타락
① 의미의 향상 : 보다 좋은 의미, 보다 바람직한 의미로의 변화를 말한다. 아름답지 못하거나 바람직하지 못한 집단의 용어가 일반용어로 편입되는 경우에도 나타난다.
② 의미의 타락 : 좋은 의미, 보다 바람직한 의미에서 보다 나쁜 것, 보다 바람직하지 않은 것으로 변하는 것이다.

V. 어휘와 사회

1. 존칭어

존칭어는 대우를 받아야 하는 어떤 대상이나 그 대상과 관련한 말을 높이는 언어 표현이다.
    말/말씀, 밥/진지, 주다/드리다, 데리다/모시다, 자다/주무시다, 있다/계시다
    병/병환, 생일/생신, 성명/성함/존함

2. 겸칭어

 겸칭어는 어떤 대상을 낮추어 표현하는 어휘로, 주로 자신이나 자신과 관련한 대상을 낮출 때 쓰인다.
- 자신에 대한 겸칭어 : '저, 저희, 소녀(小女), 소자(小子)'
- 자신과 관련한 사람에 대한 겸칭어 : '아들놈, 딸년'
- 자신의 물건이나 일 등에 대한 겸칭어 : '졸고(拙稿), 졸견(拙見)'

3. 남성어와 여성어

- 성 차이 어휘 : 형, 누나, 오빠, 언니 등
- 성 차별 어휘 : 형제, 자식, 놈
- 성 관련 어휘 : 우락부락한, 얌전한, 건장한, 씩씩한, 연약한, 예쁜
사회가 변하고 성에 대한 인식이 변함에 따라 성 관련 어휘의 용법이 변화하고 있음.

4. 은어

 은어는 특정한 어떤 집단 안에서 서로 비밀을 유지하기 위하여 독특하게 사용되는 말로, 보통어와 대립되는 말이다. 은어는 같은 환경에서 같은 운명에 놓여 있거나 공통된 생활을 영위하면서 고립된 집단을 구성하고 있는 구성원 사이에서 발달하며, 타 집단에 그 말뜻을 숨기려고 하는 데 목적이 있다.

5. 비속어

 비속어는 비어와 속어를 이르는 말로, 점잖지 못하고 천하며 대상을 얕잡아 보고 경멸하는 태도로 하는 말이다.

지금 껌 씹어? (비속어 ✕)	왜 내 문자를 씹었어? (비속어 ○)
콩나물 대가리를 따야 한다. (비속어 ✕)	대가리에 피도 안 마른 놈이! (비속어 ○)
병 주둥이를 뚜껑으로 막아라. (비속어 ✕)	주둥이 닥치지 못해! (비속어 ○)

6. 금기어와 완곡어

 종교적·도덕적인 이유로 사용이 금지되거나 꺼려지는 언어표현을 금기어, 금기어를 간접적이고도 우아한 표현으로 바꾸어 부르는 것을 완곡어라고 한다.

산삼 → 심   홍역, 천연두 → 마마, 손님   호랑이 → 산신령, 산신, 영감, 사또

용변 → 볼일, 일 죽다 → 떠나다, 뜨다, 잠들다

7. 신어와 유행어

새로운 사회의 현상을 표현하기 위한 것을 신어, 어느 한 시기에 유행처럼 널리 쓰이는 말을 유행어라고 구분하지만, 신어인가 유행어인가는 시간이 흐른 뒤에야 판단할 수 있다.

귀척 → 귀여운 척   남아공 → 남아서 공부   먹튀 → 먹고 튀다,

별다줄 → 별걸 다 줄인다   비담 → 비주얼담당   시강 → 시선 강탈

엄근진 → 엄격하다, 근엄하다, 진지하다   연서복 → 연애에 서툰 복학생

8. 순화어

순화어는 일본어 및 서구계 언어로부터 온 단어와 한자어를 순우리말이나 순우리말은 아니지만 이미 널리 쓰여 상대적으로 쉬운 말로 바꾼 것을 말한다.

- 대체할 수 있는 국어의 어휘가 존재하는 경우

스푼 → 숟가락 나이프 → 칼 컬러 → 색깔 캔디 → 사탕 타월 → 수건

- 대체할 수 있는 국어의 어휘가 존재하지 않는 경우

네티즌 → 누리꾼 리메이크 → 재구성 버킷 리스트 →소망 목록 잔반 → 음식 찌꺼기

VI. 관용 표현

1. 관용 표현의 개념

1) 관용 표현의 개념

관용 표현은 둘 이상의 낱말이 합쳐져서 원래의 뜻과는 전혀 다른 새로운 뜻으로 굳어져서 쓰이는 표현이다. 이런 말들은 관습적으로 사용되어 글자 그대로의 의미로는 이해되지 않는다.

① 광의의 관용 표현 : 습관적으로 굳어져 우리에게 익숙한 표현

- 연어 : 구성 단어들이 의미를 그대로 유지하면서 늘 결합 구성의 관계를 유지하는 것.

잠을 자다, 코를 골다, 커피를 마시다

- 상용구절 : 구성 요소 둘 중 하나는 의미를 그대로 유지하고 다른 하나는 다의어 인 것.

손이 크다, 마음을 잡다

- 속담 : 풍자적, 교훈적 의미를 비유적으로 표현한 것.

  윗물이 맑아야 아랫물이 맑다
- 격언 : 교훈의 뜻을 담고 있는 말.

  시간은 금이다
- 금기담 : 금기 표현을 통해 교훈의 뜻을 나타내는 것.

  제사 지내는 날에 집안이 시끄러우면 불길하다
- 간접표현 : 직유, 은유, 간접 화행 표현, 고정적인 인사말, 완곡어법 등
② 협의의 관용 표현 : 관용적 의미를 가지고 습관적으로 쓰이는 표현으로 형식 단위에 따라 '관용어, 관용구, 관용절, 관용문'으로 나눌 수 있으며 '관용 구절'이라는 용어로 통칭하기도 한다.
- 관용어 : 기막히다
- 관용구 : 시치미를 떼다, 우물 안 개구리
- 관용절 : 귀에 못이 박히게
- 관용문 : 내 코가 석 자다

이때, 관용 표현은 언어 내적인 조건과 외적인 조건을 갖추어야 한다. 내적인 조건은 구성 요소가 합쳐져서 새로운 의미로 나타나야 하며, 축자의미를 그대로 드러내는 대응 쌍이 존재해야 한다. 그리고 수사 기법 상 비유 표현이되 죽은 은유 표현이어야 한다. 외적인 조건은 넓은 지역에서 사용되어야 하며(광역성), 많은 사람들이 사용해야 하고(대중성), 오랜 시간 동안 사용되어야 한다(지속성).

2. 관용 표현의 특성

1) 어휘적 특성

관용 표현의 어휘적 특성은 첫째, 신체 관련 명사류의 어휘가 다양한 내포 의미를 가지면서 은유적 활용이 쉬워 관용 구절에 많이 이용된다는 것이다. 둘째, 신체 외부 기관과 관련된 어휘가 신체 내부 기관과 관련된 어휘보다 많다는 것이다.

신체 내부 기관 관련 관용 표현	신체 외부 기관 관련 관용 표현
간에 기별도 안 간다 간을 빼 먹다 간담이 서늘하다 애간장을 태우다 속이 타다 애를 먹이다 오장이 뒤집히다	얼굴이 두껍다 머리가 크다 목을 자르다 발을 들여놓다 발등의 불을 끄다 손을 떼다 손가락질을 받다 엉덩이가 무겁다 입에 풀칠하다

2) 의미적 특성

관용 표현의 의미적 특성으로는 첫째, 중의성을 가진다는 것이고, 둘째, 구성 요소의 의미와 관련이 없는 새로운 의미를 가진다는 것이다. 셋째, 단어의 의미만으로 관용 표현의 의미를 알기 어려워서 의미의 투명도가 낮으며, 넷째, 비유적 표현이라는 것이다. 마지막으로 과장성이나 반어성, 완곡성 등의 부차적인 의미를 갖는다는 것이다.

[+ 과장성]	[+ 완곡성]	[+ 은폐성, 경멸성, 해학성, 오락성]
배가 남산만하다 찔러도 피 한 방울 나온다 하늘을 찌르다 엎드리면 코 닿을 데 눈 깜빡할 사이에	눈을 감다 밥숟가락을 놓다 황천으로 가다 바람이 나다 입맛이 쓰다	군침을 흘리다 배가 아프다 사족을 못 쓰다 수박 겉핥기 파리를 날리다 제 눈에 안경

3) 통사적 특성

관용 표현의 통사적 특성은 첫째, 상황에 따라 관용 표현의 의미가 유동적이라는 것이고, 둘째, 하나의 문장 성분의 기능을 한다는 것이다. 셋째, 문장에서 부수적으로 사용되는 성분이 필수적으로 사용되며, 마지막으로 어순이 고정되어 있다는 것이다.

4) 화용론적 특성

관용 표현의 화용론적 특성으로는 첫째, 문어체보다 구어체에서, 격식체보다 비격식체에서, 공적인 대화보다 사적인 대화에서 많이 쓰인다는 것이다. 둘째, 세대와 남녀의 차이, 직업 및 교육 정도에 따라 차이를 보이며, 셋째, 표현 양상에서 구성 요소 일부를 다른 단어로 대치하는 경우가 있다는 것이다. 마지막으로 의미는 화자의 관점을 고려해야 정확히 이해할 수 있다는 것이다.

■ 참고문헌 ■

강현화(2008) "연어 관계를 이용한 어휘교육 방안 – 유표적 척도 형용사 부류의 코퍼스 분석을 중심으로-"언어와문화 4-2, 한국언어문화교육학회

강현화(2008), "한국어교육을 위한 연어의 유형에 대한 고찰" 응용언어학 24-3, 한국응용언어학회

강현화(2009) "한국어학습자를 위한 어휘학습용 워크북 개발 모형 연구" 한국어교육 20-3. 국제한국어교육학회

유현경, 강현화(2 002) "유사관계 어휘정보를 활용한 어휘교육 방안" 외국어로서의 한국어교육 27집 연세대 언어교육원

이정민, 강현화(2008) "한국어 독학용 어휘학습 교재 개발 방안 – 좁은 독서를 통한 점증적 어휘학습 전략 활용 – 한국어교육 19-1, 국제한국어교육학회

조현용(2000), 한국어 어휘 교육 연구, 박이정

한송화, 강현화(2007) "연어관계를 통한 어휘교수 방안" 한국어교육 15-3. 국제한국어교육학회

■ 핵심용어 ■

단어형성법, 단일어, 복합어, 파생어, 합성어, 유의어, 반의어, 상위어, 하위어, 외래어, 의미장, 다의어, 존대어, 비속어, 완곡어, 성별어, 연령어, 유행어, 외래어, 한자어, 연어 관계, 속담, 관용표현, 고정표현, 기본어휘, 기초어휘, 이해 어휘, 표현 어휘

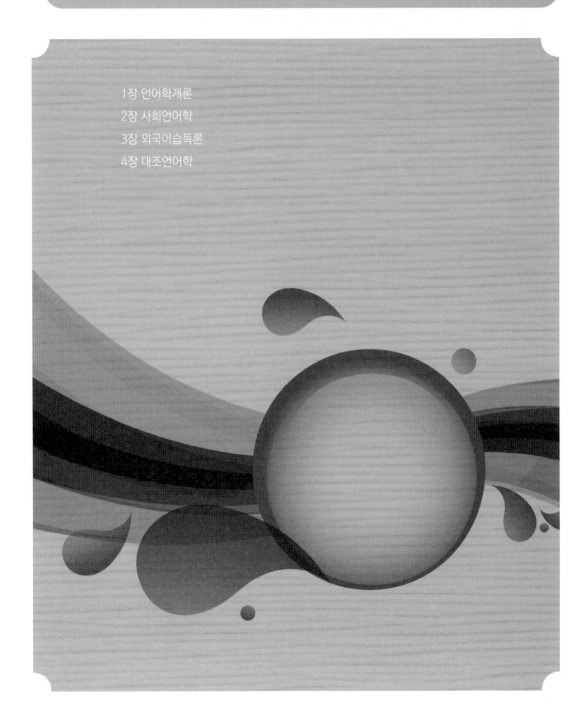

2영역

일반언어학 및 응용언어학

1장 언어학개론

1. 한국어의 어휘적 특성을 살피며, 유형을 구분하고 개별 어휘 유형의 정의와 특성을 고찰한다.
2. 어휘 의미관계에 따른 어휘의 유형을 구분하고 각각의 특성을 고찰한다.
3. 한국어 교육용 기본 어휘의 선정 및 등급화 방법을 알아본다.

I. 언어학

1. 언어학이란

1) 언어학이란

언어는 인간만이 가지고 있는 다른 동물들과 구분되는 고유한 정신적 능력을 말하는 것이며, 언어학은 이러한 인간 언어의 본질과 기능, 그리고 변화를 연구하는 학문 분야를 말한다.

19세기까지 언어학은 경험주의의 입장에서 사람들이 '실제로 사용한 말'을 언어학의 연구 대상으로 삼았다. 그러다가 20세기에 들어 촘스키는 인간의 언어를 머릿속에 있는 완전한 문법적 체계인 '언어능력'과 그 언어를 사용하는 사람들이 실제로 사용한 '언어수행'으로 구분하였다. 그리고 언어 연구는 언어능력을 대상으로 해야 한다고 하였다.

촘스키는 지구상에 존재하는 모든 언어는 자음과 모음이 있고, 명사와 동사가 있는 등의 공통적인 특성을 가지고 있다고 주장하였고 이를 모든 언어의 보편적 특성이라고 하여 보편문법이라고 하였다. 또한 이러한 보편적 특성을 기반으로 음절 구성 원리, 어순 등 각 언어의 문법적 특징도 인정하여 각각의 언어들이 가지고 있는 특수성을 개별문법이라고 하였다.

2) 언어의 특성

- 기호성 : 언어는 하나의 의미를 형식을 사용해서 나타낼 수 있다.
- 자의성 : 언어는 형식과 의미의 결합으로 나타난다. 그러나 형식과 의미는 필연적인 관계가 아닌 아무 관련성이 없이 자의적 또는 임의적으로 결합된다. 형식과 의미가 필연적 관계라고 한다면 한국에서 〈책상〉이라고 부르는 물건을 모든 언어에서도 〈책상〉이라고 부를 것이다. 그러나 언어마다 그 대상을 부르는 형식이 다르므로 형식과 의미의 관계는 자의적이라고 볼

수밖에 없다.

- 사회성 : 언어는 자의적인 특성을 가지고 있으므로 다른 사람과의 의사소통이 어려울 수밖에 없다. 따라서 같은 언어를 사용하는 사람들 사이에 형식과 의미에 대한 약속이 있어야 의사소통이 가능해지며, 이러한 사회적 약속을 사회성이라고 한다.

- 역사성 : 언어는 살아있는 생물과 같이 시간의 흐름에 따라 변화하는 특성을 갖는다는 것으로, 없던 말이 새로 생기거나 있던 말이 사라지거나 의미가 변화하거나 형태가 변화하는 것이다. 이것은 자의성을 기반으로 성립되는 특성인데, 형식과 의미가 시대에 따라 다르게 결합하기 때문에 생기는 특성이라고도 할 수 있다. '어리다'가 '어리석다'의 의미에서 지금은 '나이가 적다' 라는 의미로 사용되는 것이 역사성을 보여주는 예다.

- 창조성 : 언어는 비교적 적은 수의 자음과 모음으로 무한한 단어를 만들 수 있고, 다시 이러한 단어를 사용하여 무제한의 문장을 만들 수 있다. 지금까지 한 번도 보거나 듣지 못한 문장을 계속해서 새로 만들 수 있는 것이다.

  너에게 선물을 받고 싶다.

  너에게서 선물을 받고 싶다.

  너에게서까지 선물을 받고 싶다.

2. 언어 유형과 문법

1) 언어 유형

자연 언어 : 인간의 언어는 자연적으로 발생하여 이전 세대의 언어를 다음 세대가 배워서 사용하는데, 이를 자연 언어라고 한다.

인공 언어 : 자연 언어와 달리 특정한 목적을 가지고 만들어진 언어를 인공 언어라고 하며, 명확한 사고와 추론을 위해 만들어진 인공 언어로 포트란, C++, 자바, 리스프 등이 있다. 또한 사람 사이의 의사소통을 위해 만들어진 인공 언어로 에스페란토, Elvish, Klingon 등이 있는데, 형식과 의미의 결합, 형태소, 단어, 문장을 구성하는 문법 규칙 등 자연 언어와 서로 통하는 부분이 있으며 언어의 특성을 모두 가진다.

또한 독특한 인공 언어로 피진(pidgin)이 있다. 피진은 다른 나라의 말을 배우기 어려웠던 시대에 다른 나라의 사람들과 무역을 하기 위해 고안된 언어로 여러 나라에서 음운, 어휘, 문법 등을 선택하여 간단하게 만들어진 언어를 말한다. 그러다가 어휘와 문법 등이 풍부하게 확대되어 다른 분야에도 사용되고 그 지역의 아이들이 태어나서 처음 배우는 모어로 기능하게 되면 크레올(creole)이 된다. 크레올은 자연 언어와 유사하게 변한 언어이다.

2) 문법

촘스키는 모국어 화자가 가지고 있는 완전한 문법의 체계를 언어 능력이라고 했는데, 이 언어 능력을 정리해서 말과 글로 기술한 것을 문법책이라고 한다. 따라서 문법이라고 하는 것은 인간의 언어 능력을 말함과 동시에 인간의 언어능력을 기술한 것을 가리킨다.

일반적으로 우리가 문법이라고 할 때는 규범 문법을 가리킨다. 규범 문법은 우리가 학교에서 배우는 문법이기 때문에 학교 문법이라고도 한다. 규범 문법은 언어가 최대한 변하지 않도록 하는 기능을 하기 때문에 보수적인 성격을 가지고 있다. 즉 그 언어를 잘 이해하고 바르게 사용하도록 하는 실용적인 목적을 지닌다.

또 다른 문법으로 기술 문법을 들 수 있다. 실제로 그 언어를 사용하는 사람들의 문법으로 인간의 언어 능력을 있는 그대로 설명하는 문법이다. 따라서 규범 문법이 규정한대로 언어를 사용하라는 규칙이라면 기술 문법은 실제 언어 사용을 기술한 것이다.

3) 실어증

인간의 뇌에서 언어를 담당하는 부분은 좌뇌이다. 그런데 좌뇌의 특정한 부분을 다쳤을 때 언어를 제대로 사용하지 못하는 증상이 나타나고 이를 실어증이라고 한다.

브로카 실어증은 좌뇌의 앞쪽인 전두엽 부위가 손상되었을 때 나타나는 실어증으로 완전한 문장을 만들지 못하기 때문에 자신의 의사를 표현하는 데 심각한 장애가 생긴다. 그러나 상대의 말을 이해하는 데는 어려움이 없다. 즉 언어 기능 중 말하기와 쓰기와 같은 표현 영역에만 이상이 생기고, 듣기와 읽기 같은 이해 영역은 문제가 없다.

베르니케 실어증은 좌뇌의 측두엽 후방이 손상될 때 나타나는 실어증으로 상대의 말을 이해하는 데 큰 어려움이 생긴다. 또한 자신의 의사를 표현할 때에도 유창하게 말할 수는 있지만 문맥에 맞는 정상적 의미를 전달하지 못한다. 이해 영역과 표현 영역 모두에 문제가 생기는 것이다.

4) 결정 시기 가설

모국어와 관련된 연구이기는 하지만 Lenneberg는 인간은 사춘기를 지나면 새로운 언어를 배우기 어렵다고 하여 언어를 자연스럽게 배울 수 있는 시기는 정해져 있다고 하였다. 이 시기를 결정적 시기라고 하고 Lenneberg는 이 시기를 사춘기쯤이라고 하였다. 결정적 시기 이전에 발견된 Isabelle은 빠르게 자신의 나이와 같은 아이들의 언어 수준을 회복하였으나 결정적 시기 이후에 발견된 Genie는 자신의 나이에 맞는 언어 수준을 회복하지 못했다는 결과를 통해 결정적 시기에 관해 생각해 볼 수 있다. 그러나 외국어의 경우에는 이 결정적 시기가 있는가에 대해서는 논란이 있으며 최근에는 결정적 시기가 아니라 가장 적합한 시기라는 의미의 최적기라는 용어를 사용하자는 견해도 나타난다.

3. 언어학의 하위영역

1) 음성음운론

음성음운론은 음성학과 음운론을 묶어서 지칭하는 것이다.

음성학은 한 언어에서 사용되는 소리들이 어떻게 발음되는가와 그 소리들은 어떤 음향적 특징이 있는가, 그리고 그 음들을 어떻게 인식하는가를 연구하는 분야이다.

음운론은 음소인 자음과 모음, 음소들이 단어로 결합하는 규칙, 그리고 음소들이 발음될 때 어떤 음성으로 실현되는가를 연구한다. 또한 강세나 억양, 성조 등 운소에 관한 연구도 한다.

'ㄷ' / 'ㄸ' : 달 / 딸, Right : Light

2) 문법론

문법론은 형태론과 통사론을 함께 연구하는 언어학의 하위 영역이다.

형태론은 형태소를 기반으로 연구하며, 한 언어에서 사용되는 형태소의 유형과 결합하여 단어를 만드는 규칙을 연구한다.

단어는 하나의 형태소로 이루어진 단일어와 둘 이상의 형태소가 결합하여 만들어진 복합어로 구분된다. 복합어는 다시 어근에 접사가 결합한 파생어와 둘 이상의 어근이 결합한 합성어가 있다.

통사론은 구와 절, 문장을 기반으로 연구하는 분야로 주어와 서술어 등의 문장 성분과 이들이 결합하는 통사 규칙에 대해 연구한다.

3) 의미론

의미론은 단어의 의미와 문장의 의미를 연구하는 언어학의 하위 영역이다.

어휘의미론은 단어의 의미와 의미 관계에 대해 연구하며 동음이의 관계어와 다의 관계어, 동의 관계와 반의 관계, 상하 관계와 부분 관계 등에 대해 연구한다.

문장의미론은 문장의 의미를 연구하며 의미의 중의성과 문장 사이의 전제 관계, 함의 관계 등에 대해 연구한다.

4) 화용론

화용론은 사람들이 실제 의사소통 상황에서 언어를 어떻게 사용하는가를 연구하는 언어학의 하위 영역이다. 문장이 맥락과 상호작용하는 원리를 연구하며 직시, 화행, 함축을 중심으로 한다.

5) 역사비교언어학

역사비교언어학은 이전시기부터 현재에 이르기까지 한 언어가 시간의 흐름에 따라 달라지는 모습에 대해 연구하며 통시언어학의 관점을 취한다. 또한 방언을 연구하며 같은 계통에 속한 언어들과의 비교 연구도 진행한다.

6) 언어유형론

언어유형론은 세계 여러 언어들을 언어학적 특징에 따라 분류하는 연구를 하는 분야로 지금까지는 언어를 교착어, 고립어, 굴절어, 포합어로 구분해 왔다. 현재는 다른 여러 기준을 가지고 언어를 분류하는데 대표적인 기준은 어순이다.

어순에 따라 분류했을 때 가장 많은 언어가 SOV형 언어로 나타났고, SVO형 언어, VSO형 언어, VOS형 언어, OVS형 언어, OSV형 언어의 순으로 나타났으며, 어순이 불분명한 언어들도 있다.

7) 사회언어학

사회언어학은 사회학과 언어학의 학제 간 연구로 볼 수 있으며, 언어 변이와 사회와의 관련성에 대해 관심을 갖는다. 거시사회언어학과 미시사회언어학으로 구분할 수 있으며 거시사회언어학은 하나의 언어를 사용하고 있는 공동체 전체를 대상으로 하며, 언어 정책과 언어 교육 등에 대해 관심을 갖는다. 미시사회언어학은 개별적인 언어 변이와 집단 간 차이에 관심을 가지고 표준어와 방언의 차이, 계층에 따른 차이(Labov의 연구), 성별에 따른 차이 등에 대해 연구한다.

8) 심리언어학

심리언어학은 뇌를 직접 관찰하는 것이 아니라 언어 처리 과정을 행동과 기능적 측면에서 연구하는 분야이다. 즉 사람들이 어떤 과정을 통해 언어를 인식하고, 자신의 생각을 어떤 과정을 통해 발화하는가에 관심을 두기 때문에 이해와 산출의 관점에서 연구한다.

최근에는 뇌를 직접 관찰의 대상으로 삼는 신경언어학의 연구를 포함하기도 한다.

9) 생물언어학

생물언어학은 인간의 언어 능력이 어떤 유전자의 작용에 의해 다음 세대로 전달되며, 언제 어떻게 언어 능력이 생겼는가, 그리고 언어 능력은 다른 인지 능력과 어떤 관계를 가지고 있는가를 연구하며, 인간에게 나타나는 특정 언어 장애에 대해서도 연구한다.

10) 전산언어학

전산언어학은 컴퓨터로 인간의 언어를 처리하기 위한 응용 연구를 하는 언어학의 하위 영역으로 컴퓨터가 언어를 이해하고 말하게 하도록 하는 데 목적을 두고 있다.

최근에는 코퍼스언어학(말뭉치언어학)을 포함하는데 코퍼스언어학은 언어 코퍼스를 구축하고 이를 바탕으로 언어에 대한 이론을 연구하는 분야이다. 실제 언어 사용자의 언어 생활의 모습을 실증적으로 연구할 수 있는 방법을 제시하고 있다.

11) 응용언어학

응용언어학은 언어와 관련되는 인간의 삶을 편리하게 하기 위한 언어학의 하위 영역이다. 언어 교육과 소수 언어 보존, 어문 정책과 어문 규범, 번역, 법, 언어 치료 등의 분야 관심을 가지고 언어를 연구한다.

■ 참고문헌 ■

김진우(1984), 『언어』, 탑출판사.
남기심·이정민·이홍배(1988), 『언어학 개론』, 서울:탑출판사.
남기심·고영근(2011), 『표준국어문법론』, 서울:탑출판사.
성백인·김현권, 『언어학개론』, 한국방송대학교출판부.
이익섭(2010), 『국어학개설』, 서울:학연사.
이익환(2000), 『영어의미론』, 한국문화사.
임지룡(1995), 『국어의미론』, 탑출판사.
허 웅(1983), 『국어학』, 서울:샘문화사.
허 웅(1984), 『국어 음운학』, 서울:샘문화사.
G. Yule(1996), Pragmatics, Oxford University Press. (서재석 외 공역『화용론』, 2000, 박이정)

2장 사회언어학

| 학습목표 |
1. 사회언어학의 기본 개념을 익히고 언어와 사회가 어떠한 관련을 갖는지 관찰한다.
2. 사회언어학의 개념 및 위상, 목표, 대상, 분류를 살펴보고 사회언어학의 연구 방법 및 그 절차를 알아본다.

I. 순수언어학과 사회언어학

1. 순수언어학과 사회언어학에서의 언어 능력

1) 순수언어학에서의 언어 능력

촘스키가 제시한 언어 능력은 언어 수행과 대립되는 요소로서 모국어 화자가 지니고 있는 능력으로, 문법성을 중심으로 판단하였다. 첫째, 문법적인·비문법적인 표현을 판별하는 능력, 둘째, 무한수의 새로운 문법적인 문장을 듣고 이해하고, 만들어 낼 수 있는 능력, 셋째, 구조가 서로 다른 문장이 동일한 의미를 가지고 있음을 알아내는 능력, 넷째, 한 문장이 둘 이상의 뜻으로 해석될 수 있음을 아는 능력을 언어 능력이라고 한다.

따라서 인간의 언어 능력은 언어의 문법 구조에 관한 여러 가지 지식을 말하며, 언어를 '어떻게 쓰느냐'는 이 언어 능력 밖의 것으로 본다.

2) 사회언어학에서의 언어 능력

사회언어학에서는 인간의 언어 행위가 문법 규칙에 의해서만 규제되는 것이 아니라 발화 행위가 일어날 때의 여러 가지 사회적 여건에 의해 규제되는 것으로 판단한다.

첫째, 언어 표현의 사회적 의미를 이해하고 쓰는 데 필요한 규칙에 대한 지식, 둘째, 언어를 여러 가지 사회적 기능으로 이해하고 쓸 수 있는 능력, 셋째, 언제, 어디서, 누구에게, 무엇에 관해 얘기하느냐 등 발화 행위의 사회적 상황에 따라 적절한 표현을 골라 쓸 수 있는 능력과 나아가 언제 말을 해도 좋고, 언제 침묵을 지켜야 하는지 등에 관한 지식을 언어 능력이라고 한다.

따라서 문법성과 함께 사회적 적격성이 매우 중요한 것이라고 판단하였다.

3) 순수언어학과 사회언어학의 주요 특성

박영순(2001)에서는 순수 문법적 능력을 연구 대상으로 삼으며 문법성을 중요하게 고려하고, 1차적인 순수언어학적 의미만을 규칙 기술 방법으로 파악하고 언어 현상을 분절적으로 보는 것을 순수언어학의 주요 특성으로 제시하였다. 이에 반해 순수 문법적 능력과 사회언어학적 능력을 연구 대상으로 삼으며 사회적 맥락에 따른 적절성을 중요하게 고려하고, 1차적 순수언어학적 의미와 함께 사회상황적 맥락의 의미를 규칙 기술 방법으로 파악하고 언어 현상을 분절적이고 연속적으로 보는 것을 사회언어학의 주요 특성으로 제시하였다.

촘스키의 생성문법에서는 세계 모든 언어에 보편적으로 적용되는 언어 원리 수립을 목표로 문법성(정문, 비문 등)의 여부, 어순의 특징, 문장 성분 등을 연구의 대상으로 함. 촘스키는 생성문법의 주요 구성요소들이 "내재적" 보편문법의 구성요소라고 주장한다. 또 생성문법가들은 문장이 정문 아니면 비문의 두 가지로 양분될 수 있다고 생각한다. 그리하여 생성문법의 규칙들은 어떤 문장이 정문인지 아닌지를 예측하고 판별하는 알고리즘을 제공하는 것을 목표로 하게 된다.

사회언어학에서는 어떤 언어 공동체이든 동질적일 수 없다는 인식을 바탕으로 언어를 어떤 언어 공동체에서 사용되는 구체적 모습 그대로 파악하려고 한다.

4) 사회언어학의 관심 대상

'밥 먹어라'

음운론적 분석 : 무성양순파열음의 외파와 내파 또는 불파에 따른 상보적 분포 확인. 연음 법칙, 비음화, 모음조화

통사론적 분석 : 두 자리 서술어 '('먹다')의 쓰임'과 명령문, 한국어의 격조사가 생략.

의미론적 분석 : '밥'의 동의어인 '진지', '뫼' 등과의 비교. '먹다'의 다의성 활용.

사회적언어학적 분석 : 말하는 이와 듣는 이의 관계, 어떤 전제와 추론에 의한 상황, 제3의 의미.

'정호한테서 편지가 왔습니다. / (여보게) 정호한테서 편지가 왔네'

사회언어학적 지위, 나이가 달라질 가능성에 대해 연구.

'자녀가 몇이나 되십니까? / (아프리카에서) 지금 살아있는 자녀는 딸과 아들을 포함하여 모두 몇인가요?'

각 언어 공동체에 따라 다른 의미를 부여할 수 있는 표현에 대한 연구

5) 사회언어학의 연구를 위한 요소

Hymes(1974)는 사회언어학의 연구를 위한 요소로 다음의 여덟 가지를 제시하였다.

① 대화 상황(setting and scene)
② 대화 참여자(participants)
③ 목적(ends)
④ 행위의 연속순서(acts sequence)

⑤ 어조(key)

⑥ 수단(instrumentalities),

⑦ 규범(norms)

⑧ 장르(genres)

2. 사회언어학

1) 사회언어학의 개념

사회언어학은 사회적 문맥 및 상황적 문맥 속에서 실제 화자들이 사용하는 언어에 대해 연구한다.(Milroy and Milroy, 1990)

Fishman(1986)에서 하나의 언어 사회 안에서 언어의 변화, 언어 기능의 특성, 그리고 언중의 특성을 연구하고 이 세 가지가 끊임없이 상호 작용하고 변하고 서로를 변화시키는 데 관심을 가지고 연구하는 학문이라고 하였다.

김혜숙(2003)에서는 언어 공동체의 다양성과 이질성 그대로의 언어 자료, 즉 거의 이상화되지 않은 실제의 언어 자료를 대상으로 하여 사용 규칙을 만들어냄으로써, 언어 속의 사회문화적 요소들까지 파악하여 진정한 언어 사용 능력을 증대시키기 위한 학문이라고 하였다.

채서영(2010)에서는 사회언어학은 언어의 여러 가지 양상이 화자의 나이, 성별, 인종, 출신 지역, 대화 상대와의 관계, 발화의 목적, 기능 등 다양한 사회적 환경과 밀접하게 관련되어 있음을 인지하고 이를 학문적으로 체계화하는 것을 목적으로 한다고 하였다.

2) 사회언어학의 특성

사회언어학은 다음과 같은 다섯 가지 특성을 갖는다. 첫째, 사회언어학자는 순수언어학을 기반으로 거기에 더하여 사회적인 요소를 고찰한다. 둘째, 언어의 변이가 언어학 연구의 주 대상이 되므로 "언어와 사회의 공동 변이를 찾아 기술하는 것", "언어 수행이론을 수립하는 것"이 사회언어학의 목표이다. 셋째, 사회언어학은 공시와 통시를 하나의 연속체로 보고 연구한다. 넷째, 언어 사용 및 사회적 문맥에 관심을 두며, 의사 소통의 능력을 언어 능력으로 본다. 넷째, 사회언어학은 언어에 대한 태도에 있어, 생성문법 이론과 대립적인 입장을 보인다.

3) 사회언어학의 탐구 원리

Bell(1976)은 사회언어학의 탐구 원리를 다음과 같이 제시하였다.

① 누적의 원리 : 언어에 대해 더 알면 알수록 더 많은 것을 발견할 수 있다.

② 균일성의 원리 : 주변의 일을 관찰하는 언어 절차는 과거의 절차와 동일하다.

③ 집중성의 원리 : 옛날의 연구 결과를 확인하거나 해석하기 위한 새로운 자료의 가치는 새로운 자료가 수집되는 방식의 차이에 따라 정비례한다.

④ 종속이동의 원리 : 방언의 화자가 그 변이에 관해 직접적 질문을 받을 때, 그들의 응답은 표준 변이, 즉 표준어 쪽으로나 혹은 그것에서 벗어나는 방향으로 이동할 것이고 이것이 조사자들에게 증거를 모을 수 있도록 해 준다.

⑤ 문체 이동의 원리 : 각 개인은 여러 가지 언어 문체를 통제하거나 사용하여 어떤 화자도 모든 환경에서 정확히 같은 방식으로 말하지 않는다.

⑥ 주의력의 원리 : 말의 문체는 화자가 부여하고 있는 주의력의 양에 따라 달라진다.

⑦ 일상어의 원리 : 언어의 역사와 관련해서 아주 규칙적인 문체가 일상어이고, 최소한의 의식적인 주의력이 말에 기울여지게 되는 이완된 대화체이다.

⑧ 격식성의 원리 : 말을 체계적으로 관찰하면 어떤 의식적인 주의력이 말에 포함되어 있음을 맥락에서 알 수 있다.

4) 사회 언어학의 연구 분야

사회학의 연구 분야로 사회방언학, 의사소통 민족지학, 언어사회학을 들 수 있다.

사회방언학은 사회 맥락 속에서의 언어 연구 성과를 통해 순수 언어학을 보완하여 보다 완성된 언어학을 형성하는 것을 목적으로 한다. 라보프(Wiliam Labov)가 가장 선도적인 역할을 하였으며, 한 언어 공동체 안에서의 언어 변이(Language Variation)에 관심을 보인다. 계층방언, 연계망, 성별언어, 민족방언, 흑인영어, 지역방언, 대화스타일과 변이의 상호작용, 연령에 따른 변이/언어변화를 연구 영역으로 삼는다.

의사소통의 민족지학은 사회언어학을 언어학의 하위 분야로 보는 것을 거부한다. 따라서 사회 맥락 속에서의 언어의 기능이 어떤 것들인가를 밝히는 데서 출발하며 이렇게 규명된 언어기능을 위해 특정 언어형식 또는 표현이 선택되는 과정을 체계적으로 기술하는 것이 되어야 한다고 주장한다. 특정 문화 안에서의 언어 사용의 유형, 언어 사건(Speech Events)의 형식, 화자가 적절한 말을 선택하는 규칙, 화자와 청자 및 주제, 채널, 배경 간의 관계, 담화분석, 대화분석, 호칭어/경어법 연구, 상호작용/맥락, 문화간 의사소통, 언어태도 등을 연구 영역으로 삼는다.

언어사회학의 연구 주제는 언어가 관련된 사회 현상이다. 따라서 다른 두 유형에서처럼 기존 언어학에 도전하거나 이를 보완 확장하려는 의도가 없다. 소수 민족의 언어, 언어의 표준화, 언어 정책, 신생 국가의 언어 계획, 접촉언어학, 언어 생성과 사멸, 이중/다중 언어, 양층 언어, 언어 전환, 피진/크리올, 언어 정책 등을 연구 영역으로 삼는다.

3. 사회방언학

1) 지역 방언과 사회 방언

지역 방언은 같은 언어이지만 지역에 따라서 달라진 말을 지칭한다.

한국어는 지역에 따라 크게 서북방언, 동북방언, 중부방언(황해도, 경기도, 강원도, 충청남도,

충청북도), 서남방언, 동남방언, 제주방언으로 구분하지만 더 세분해서 나누기도 한다.

사회 방언은 성별이나 세대, 직업 등 사회적 요인에 따라 다르게 쓰이는 말을 지칭한다. 유행어나 전문어, 은어, 성별어 등이 대표적인 사회 방언이다.

유행어는 '생파(생일파티), 생선(생일선물), 문상(문화상품권)'과 같이 비교적 짧은 시기에 널리 쓰이는 말로, 당대의 사회상을 반영하고 있는 경우가 많으며, 전문어는 '심리, 클로즈업'과 같이 전문 분야에서 그 분야의 일을 효율적으로 수행하기 위해 사용하는 말이다. 은어는 '짠물(인천 출신), 깎새(이발사), 현질(온라인 게임의 아이템을 현금을 주고 사는 것) 등과 같이 특정 집단 안에서 내부의 비밀을 유지하기 위해 그 집단 밖의 사람들은 알아듣지 못하도록 만들어 쓰는 말로 그 말을 사용하지 않는 사람들에게 거리감과 소외감을 준다. 성별어는 성별에 따른 언어 사용의 차이를 나타내는 말로 민현식(1996)에 따르면 '−하니?', '−더라구요', '−거 같아요', '−거 있죠' 등은 남성보다 여성이 많이 사용하는 말이다.

2) 라보브의 백화점 연구

− 연구 내용

라보브는 뉴욕 시를 언어공동체 단위로 하여 모음후행 [r] 발음이 뉴욕 시의 사회계층적인 표지(Marker)가 된다는 것을 연구하였다. 뉴욕시에서 서로 다른 사회 계층을 주요 고객으로 하고 있는 세 백화점을 대상으로, 음운 변이형 조사에서 다음과 같이 예측해보고 검증하였다.

· 사회계층이 높은 손님이 주 고객인 백화점일수록 /r/ 발음을 많이 낸다.
· 'floor'라고 할 때가 'fourth'라고 할 때보다 /r/ 발음을 많이 낸다.

− 연구 방법 및 연구 결과

각각의 백화점 점원들에게 'Where are the women's shoes?'라고 질문했다.

(세 백화점 모두 신발 가게가 4층에 위치하고 있어서, 'Fourth floor'를 답변하도록 유도. 그리고 답변을 못 알아들은 척함으로써 목표한 발음을 강조하도록 함.)

'모음후행 r' 자료를 얻어 분석하였는데, 결과는 예측대로 사회적 계층의 변이형으로 생각되는 /r/ 발음이 사회 계층이 높을수록 많이 사용된다는 것을 밝혀냈다.

3) 번스타인의 어린이의 언어 결핍 관련 연구

− 연구 내용

노동 계층의 어린이들이 학교에서 성적이 부진한 이유와 언어 사용에 대한 연구이다.

− 연구 방법 및 연구 결과

면담을 통하여 대화를 한 결과 노동 계층 어린이들이 질문에 대하여 짧게 단음절어로 말하고, 중산층 어린이들은 질문에 대하여 길고 자세히 답변한다는 것을 확인했다. 이에 따라 노동 계층 어린이들의 언어적 자원이 '제한적'(Restricted)이라고 판단을 내렸다.

4. 의사소통의 민족지학

의사소통 민족지학은 사회 맥락 속에서의 언어의 기능이 어떤 것들인가를 밝히는 데서 출발하며 이렇게 규명된 언어기능을 위해 특정 언어형식 또는 표현이 선택되는 과정을 연구하는 학문 분야이다.

1) 호칭과 경어법

이정복(2012)에 따르면 경어법 사용의 사회적 원인으로 참여자 요인과 상황 요인을 살펴볼 수 있다. 참여자 요인은 계층, 나이, 지위 등과 같은 '힘', 그리고 성별이나 친소 관계 등의 '거리'를 말한다. 상황 요인은 '격식성'과 화자와 청자 밖의 제 3자가 대화 현장에 존재하는지의 여부인 '현장성'을 말한다.

이익섭(1994)은 화자가 대화 상대방인 청자 또는 대화 현장에 없는 제3자를 부르거나 가리킬 때 쓰는 표현을 호칭이라고 하여 다음의 여섯 가지로 구분하였다.
① 이름 호칭어 : 박성희, 성희, 성희야, 박성희 씨, 박성희 님
② 직함 호칭어 : 회장님, 원장님, 김용준 이사관, 이 대령님, 정 박사
③ 친족 호칭어 : 할머니, 어머님, 아빠, 삼촌, 영호 할머니
④ 대명사 호칭어 : 너, 자네, 자기, 당신, 그분
⑤ 통칭(두루높임) 호칭어 : 선생님, 사장님, 사모님, 아주머니, 학생, ○○님
⑥ 기타 호칭어 : 곰돌이, 나주댁

2) 경어법의 개념과 하위 유형

경어법은 다른 사람을 높여 대우하기 위한 언어 형식들의 사용 방식으로 경어법의 사용 상황은 첫째, 사람들 사이의 실제 지위 관계를 언어 형식으로 표현한다. 둘째, 나이, 계급, 직급, 항렬 등의 힘 요인이 작용할 때가 많다.

따라서 화자와 청자가 얼마나 가까운 사이인지, 서로에게 어떤 태도를 갖고 있는지, 함께 소속된 집단의 성격이나 대화 상황이 어떠한지 등을 고려하여 사용한다.

높임 대상에 따른 한국어 경어법의 유형은 다음과 같다.
- 주체 경어법 : 동작이나 상대의 주체를 높이는 경어법으로 선어말 어미 '-시-'에 의해 표현된다.
- 개체 경어법 : 객체 경어법은 동작의 대상이 되는 객체를 높이는 경어법이다. 높임의 조사 '-께'와 '드리다', '뵙다' 등의 높임의 동사에 의해 표현된다.
- 상대 경어법 : 대화에 참여하고 있는 대화 상대방인 청자를 높이거나 낮추는 경어법이다. '-으십시오', '-어요', '-으오', '-게', '-어', '-어라'의 6등급으로 구분된다.

한국어 경어법의 본질적 기능은 첫째, 지위 관계에 맞게 대우하기, 둘째, 공손한 태도 드러내기, 셋째, 대인 관계 조정하기이다. 또한 이정복(2012)에서 한국어 경어법의 긍정적, 부정적 특성을 제

시하고 있는데 긍정적 특성은 첫째, 기본적으로 화자들 사이에서 필요한 공손함과 예의를 효과적으로 표현하는 도구라는 점. 둘째, 풍부한 경어법 요소들은 화자들이 상황 및 대화 상대의 변화에 따라 적절하게 말할 수 있도록 도와준다는 점. 셋째, 청자 경어법 각 형식들은 청자에 대한 높임의 정도를 조절하는 기본적 기능뿐만 아니라 여러 가지 말하기 상황에 따른 적절할 말투와 문체를 제공하는 부수적 기능을 함께 갖고 있다는 것이다. 부정적 특성으로는 첫째, 경어법의 복잡한 체계와 용법이 한국어 학습과 사용에서 상당한 부담이 되고 있다는 점. 둘째, 경어법은 추가적 형식으로 사용되므로 문장의 길이를 늘어나게 하고, 결국 언어 경제성에 불리한 요소로 작용한다는 점. 셋째, 경어법은 서로 예의를 지키고 존중하게 하는 수단이면서 동시에 사람들 사이에서 갈등을 일으키고 행동의 자유를 제약하는 원인이 되기도 한다는 것이다.

3) 공손과 경어법

리치(1983)에서 공손 격률 유형 여섯 가지를 제시하였다.

① 요령 격률 : 상대방에게 손해를 최소화하라. / 상대방에게 이익을 최대화하라.
② 관용 격률 : 자신에게 이익을 최소화하라. / 자신에게 손해를 최대화하라.
③ 찬성 격률 : 상대방의 비난을 최소화하라. / 상대방의 칭찬을 최대화하라.
④ 겸손 격률 : 자신의 칭찬을 최소화하라. / 자신의 비난을 최대화하라.
⑤ 일치 격률 : 자신과 상대방의 불일치를 최소화하고 일치를 최대화하라.
⑥ 공감 격률 : 자신과 상대방의 반감을 최소화하고 공감을 최대화하라.

5. 사회언어학에서 화용론

1) 화행

화행은 인간들이 서로에게 말을 할 때 무엇이 발생하는가를 설명하려는 언어행위이론(言語行爲理論, Speech Act Theory)을 말한다. 언어행위이론은 언어란 무엇인가보다 언어는 무엇을 하는가에 초점을 맞춘다.

- 발화 행위는 소리, 단어, 문장을 사용해서 말하는 발화 현상 자체를 가리킨다.
- 발화 수반 행위는 맥락을 고려하여 발화 행위에 수반되는 의도를 파악하는 것을 가리킨다.
- 발화 효과 행위 : 화자의 의도를 알아채고 청자가 보이는 행위를 가리킨다.

2) 대화의 격률

그라이스(1795)에서 대화를 원만하게 이끌어 나가기 위해 지켜야할 대화의 격률 다섯 가지를 제시하였다.

- 양의 격률 : 대화의 현재 목적에 요구되는 만큼의 정보를 제공하라. / 필요 이상의 정보를 제공하지 말라.

- 질의 격률 : 거짓이라고 믿는 것을 말하지 말라. / 증거가 충분치 않은 것은 말하지 말라.
- 관련성의 격률 : 관련되는 말을 하라.
- 태도의 격률 : 불분명한 표현을 피하라. / 애매하게 말하지 말라. / 간결하게 말하라. / 순서대로 말하라.

6. 참여관찰

1) 참여 관찰법의 개념

참여 관찰법은 연구하려는 지역이나 집단의 한 구성원이 되어 직접 활동에 참여하면서 자료를 수집하여 분석하는 방법이다. 민족지학(Ethnography), 또는 현장연구라고 불리기도 한다.

2) 참여 관찰법의 연구 방법

참여 관찰법은 작은 공동체, 비공식집단, 소규모 모임 등의 연구에 전형적으로 사용되며, 참여자와 정보제공자와의 비공식적인 인터뷰를 포함한다. 즉 연구대상의 활동에 연구자가 참여하고 그 속에서 집단의 주요 사건, 행동을 관찰하는 것을 말한다.

3) 참여 관찰법에 대한 비판

참여 관찰법은 관찰자의 편견과 자료의 불신성으로 인해 비판을 받는다. 또한 관찰을 증명할 수 있는 적절한 기준이 결여되어 있고, 순전히 서술적인 설명을 하는 경향이 있으며, 관찰 대상에 대해 명분과 동기만을 가지고 '모든 것을 해설하려는' 표현을 사용하는 등 비판의 요소를 가지고 있다.

4) 참여 관찰법의 몇 가지 일반적인 전략

Erikson(1986)에서 제시된 참여 관찰법의 전략을 살펴보면 첫째, 다른 사람을 살펴보고, 다른 시간대에 가보고, 다른 장소에 가서 앉는 등 관찰의 초점을 각각의 관찰에 따라 체계적으로 바꾸어라. 둘째, 한번은 맥주를 주문하고 다음번엔 음료수를 주문하는 등의 다양한 종류의 참여를 해보라. 셋째, 모든 사람이 하지 않는 방식으로 하는 등 모순된 사례들을 체계적으로 찾아보라.

7. 언어사회학

1) 이중 언어

일상 언어생활에서 둘 또는 그 이상의 언어를 다소 유창하게 사용하는 경우 이중 언어라고 하며, 그러한 사람을 이중 언어자라고 한다.

국가의 공식 언어로 인정받아 국민 대다수가 사용하는 언어를 다수자 언어라고 한다. 프랑스에서의 네덜란드어, 우리나라에서의 독일어, 미국에서의 영어를 제외한 다른 언어와 같이 상대적으로 사용 인원이 적은 언어 또는 주로 정치적으로 종속되어 있는 집단이 사용하는 언어를 소수자 언어라고 한다.

2) 양층 언어

양층 언어는 동일한 언어의 변이들이 한 공동체 내에서 각각의 특수한 기능을 하면서 서로 겹치지 않게 사용하는 것을 말하며 그러한 사회를 양층 언어 사회라고 한다.

교육을 통해 습득되어 법률, 교육, 방송, 행정 등과 같은 '높은 차원'의 기능을 위해 사용되는 상층어와 모어로 습득되어 친구나 가족 간의 대화, 비격식적인 이야기, 쇼핑 등 '낮은 차원'의 기능을 위해 사용 하층어가 있다.

3) 언어 전환

언어 전환은 부호 전환 또는 코드 스위칭이라고도 하며, 단일 언어 사용 상황에서 화자들이 방언이나 상황 변이어 등을 바꿔 가며 말하거나 이중 또는 다중 언어 사용 상황에서 화자가 이미 사용하고 있던 언어를 다른 것으로 교체하는 현상이다.

언어 전환이 일어나는 외적인 원인으로 다중언어 혹은 양층언어 상황에서 공적인 자리에서는 상위어를 쓰고 사적인 자리에서는 하위어를 쓰는 경우를 들 수 있다. 내적인 원인으로 개인들이 어떤 언어집단의 화자들과 가까워지고 싶으냐에 따라 다른 언어로 전환하여 사용하는 경우를 들 수 있다.

이와 비슷한 것으로 부호 혼용을 살펴볼 수 있다. 대화에서 둘 이상의 언어 또는 방언을 섞어 쓰는 행위를 말한다. 이 경우 하나의 언어가 기저 언어가 되고 다른 언어는 보조적 역할을 하며 기저 언어에 흡수되는 경우가 일반적이다.

4) 피진과 크리올

피진은 식민지 지역이나 무역이나 노동이 관련된 상황에서 외부인들과 현지인들 사이의 의사소통 문제를 해결하기 위해 생성된다. 하나의 공통된 언어가 사용되지 않고 있는 다중언어사용 상황에서 둘 또는 그 이상의 집단 구성원들에 의해 사용되는 언어를 말한다. 일반적으로 해당지역의 자연언어가 되지 않은 언어를 피진어라고 한다.

피진은 두 언어 중 한 언어를 단순화하고 다른 언어의 요소를 섞어 만드는데 음운, 문법, 어휘 모든 면에서 언어 구조가 단순한 점이 특징이다. 음절 구조는 대부분 자음-모음(CV)이고, 문법적으로는 (내용어)를 이용해 문법적 기능을 간접적으로 표현한다. 단어는 대부분 단일어이며 그 수가 매우 적고 특정한 분야에 국한된다.

크리올은 피진이 사용되는 지역의 어린이들이 부모의 모어 대신 피진을 모어로 배우는 경우에 습득된 피진을 크리올이라 한다. 크리올어는 피진어보다 체계가 더 안정되고, 어휘가 확장되어 있으며, 언어구조 또한 더 정교하다.

5) 링구아 프랑카

링구아 프랑카(Lingua Franca)는 서로 다른 모어를 사용하는 화자들이 의사소통을 하기 위해 공통어(共通語)로 사용하는 제3의 언어(때로는 한 집단의 모어)를 말한다. 국가나 단체에서 공식적으로 정한 언어를 뜻하는 공용어(公用語)와는 다른 개념이며 특정 언어를 지칭하는 표현이 아니라, 언어 가교의 기능을 수행하는 언어들을 통칭하는 표현이다. 국제회의, 국제기구에서 널리 쓰이는 영어가 대표적인 링구아 프랑카의 예가 된다. 피진은 언어 가교의 기능을 한다고 하더라도 언어라고 보기 어렵기 때문에 링구아 프랑카로 보기 어렵지만, 크리올은 일구아 프랑카로서의 요건을 만족시키는 링구아 프랑카의 하위 영역으로 볼 수 있다.

■ 참고문헌 ■

강현석 외(2014), 사회언어학: 언어와 사회, 그리고 문화, 글로벌콘텐츠
박영순(2001), 한국어의 사회언어학, 한국문화사
이익섭(2014), 사회언어학, 민음사
이정복(1999), 국어경어법의 전략적 용법에 대하여, 어학연구 p91-121

본 원고의 내용은 '강현석 외(2014) 사회언어학: 언어와 사회, 그리고 문화'를 중심으로 정리한 것이며, 제시한 예문도 그대로 사용하거나 이해차원에서 약간의 수정을 하였음을 밝힌다.

3장 외국어습득론

| 학습목표 |

1. 외국어로서의 한국어를 학습할 때 필요한 외국어 습득에 관한 여러 이론을 배우는 것을 목적으로 한다.
2. 외국어 습득에 관한 연구 과정을 바탕으로 언어습득 이론을 개괄적으로 정리하고, 다양한 외국어 습득방법에 대한 이론을 이해하면서, 그 이론에 따른 교수 · 학습 방법을 학습한다.

Ⅰ. 모어 습득 이론

1. 유아기 언어 학습

1) 유아기 언어 학습

유아기의 언어 학습에 대한 연구는 다음의 네 가지 의문에 대한 답을 찾는 과정으로 볼 수 있다.

① 아동들은 언어 학습을 어떻게 완성하는가?
② 무엇이 아동이 단어들을 학습하고 조합하여 의미 있는 문장을 만들게 하는가?
③ 세계 아동들의 언어는 비슷하게 발달하는가?
④ 이중 언어 아동은 하나 이상의 언어를 어떻게 학습하는가?

2) 초기 3년: Milestones and developmental sequences

① 초기 음성기

아동의 초기 언어에서 매우 높은 유사성이 있으며 제2언어 습득과 많은 부분에서 발달 단계가 유사하다. 이 시기의 아기들은 'pa'와 'ba'의 차이를 그들의 음성으로 발화하기 전에 구별해서 들을 수 있다.

② 돌 무렵

많은 아기들이 소수의 고빈도 반복 단어들을 이해하며, 대부분 한두 개의 단어를 돌 전에 발화하기 시작한다.

③ 두 살 무렵

대부분의 아이들이 50개의 다른 어휘를 발화할 수 있으며, 단어들을 조합하여 (창의적으로) 단순한 문장들을 만들기 시작한다.

④ 발달 단계

언어 습득의 단계들은 아동의 인지 발달과 관계가 있으며 아동들이 시간에 대한 이해가 생기기까지는 '내일'을 사용하지 못한다. 또한 발달 단계는 아동의 인지 이해와 이를 표현하는 언어적 요인들의 단계적인 성숙 과정을 보여준다.

3) 문법형태소

- 아동은 영어의 문법형태소를 어떻게 습득하는가?

Brown(1973)에서 발달 단계 혹은 습득 순서를 제시하였다.

① present progressive -ing (Mommy running)

② plural -s (Two books)

③ irregular past forms (Baby went)

④ possessive's (Daddy's hat)

⑤ copula (Annie is happy)

⑥ articles the and a

⑦ regular past -ed (She walked)

⑧ third person singular simple present -s (She runs)

⑨ auxiliary be (He is coming)

- 문법적 형태소들은 어떠한 순서로 습득되는가?

① 부모의 발화에 나타나는 형태소들의 빈도

② 의미 표현의 인지적 복잡성

③ 문법적 형태소의 인지와 산출의 난이도

⇒ 순서는 여러 요인들의 상호작용으로 결정된다.

- 'wug test' by Jean Berko Gleason

① 아동들에게 새로운 이름을 지닌 상상의 창조물 혹은 사람의 그림을 보여준다.

② Here is a wug. Now there are two of them. There are two _____.

③ 언어는 book/books와 같은 것으로 단순히 암기한 한 쌍의 단어 목록이 아니다.

4) 아동의 부정문 발달 단계

- Lois Bloom(1991)'s longitudinal study

① Stage 1: Either all alone or as the first word in the utterance

 - No. No cookie. No comb hair.

② Stage 2: Utterances grow longer. The sentence subject or negative words가 나타남

 - Daddy no comb hair. Don't touch that!

③ Stage 3: The sentences attach the negative to the auxiliary or modal verb.
  - I can't do it. He don't want it.
④ Stage 4: they are quite complex, and they may still have difficulty.
  - You didn't have supper. She doesn't want it.
  - I don't have no more candies.

5) 아동의 의문문 발달 단계
  ① Stage 1: two or three words with rising intonation
    - Cookie? Mommy book?/ Where's Daddy? What's that?
  ② Stage 2: word order of declarative sentence with rising intonation
    - You like this? I have some?
  ③ Stage 3: Children begin to produce the structure of question; fronting
    - Can I go? Are you happy?
    - Is the teddy is tired? Do I can have a cookie?
    - Why you don't have one? Why you catched it?
  ④ Stage 4: Subject-auxiliary inversion in be verb and do verb questions
    - Are you going to play with me?
    - Do dogs like ice cream?
  ⑤ Stage 5: Both wh- and yes/no questions are formed correctly.
    - Are these your boots?
    - Why did you do that?
    - Does Daddy have a box?
    - Why the teddy bear can't go outside?
    - Ask him why can't he go out.
  ⑥ correctly form all question types including negative and complex embedded questions.

6) 학령 전
  ① 네 살 무렵
    - 대부분의 아동들은 질문을 하고 명령을 주고 실제 사건을 보고한다.
    - 그리고 상상하는 것에 대해 이야기를 만들어 낼 수 있다.
  ② 유치원 초기
    - 언어를 그것이 담고 있는 의미에서 분리하여 객체로서 다룰 수 있는 능력인 상위언어적 자각이 발달한다.

– 아동들은 언어를 이해하고 언어를 통해 자신을 표현하는 능력이 발달한다.

– 아동들은 그것이 의미하는 바를 이해할 수 있는 사실에 대해 주로 집중한다.

③ 유치원 말기

– 아동들은 확대된 사회 환경에서 언어를 사용하는 능력이 발달한다.

– 아동들은 어른들이 아기에게 어떻게 말하는지를 안다.

– 그리고 자신들이 서로서로에게 어떻게 말하는지 그 차이를 알고 있다.

– 아동들은 언어가 어떻게 그리고 왜 다양하게 쓰이는지 알아보고 이해하기 시작한다.

7) 학령기

– 능력이 확대되고 성장한다.

– 읽기 학습이 언어 발달의 주요 촉발제 역할을 한다.

– 어휘의 놀랄만한 성장이 있다.

– 다른 언어사용역을 습득한다.

– 아동들은 교장선생님과 친구들에게 사용하는 언어가 다름을 이해한다.

2. 행동주의 습득 이론

1) 행동주의: 내가 말하는 것을 말하라

1940-1950년대 미국에서 시작되었으며 스키너(B.F. Skinner)가 대표적인 학자이다. 행동주의 입장에서 아동은 그들 주변에서 산출된 언어를 모방하고 자신이 들은 것을 재생산하려고 시도하여 언어를 습득한다고 본다. 또한 긍정적 강화를 받으면 습관 형성에 도움이 되며, 아이들은 언어가 습관으로 형성될 때까지 계속해서 모방하고 연습한다고 한다.

2) 아동 발화 분석

행동주의자들은 모방과 연습을 언어 습득의 중요 과정으로 본다.

① Imitation: repetition of all and part of someone's utterance.

Mother: Shall we play with the dolls?

Lucy: Play with dolls.

② Practice: repetitive manipulation of form.

Cindy: He eat carrots. The other one eat carrots. They both eat carrots.

3) 아동들은 선택적으로 모방을 하는 것으로 보인다

아동의 모방은 무작위로 한 것이 아니며 30-40%는 누군가가 방금 말한 것을 모방한 것이다. 또한 무엇을 모방할지에 대한 선택은 아동 내부의 무엇인가에 의해 결정되는 것으로 보이며,

비슷한 발달 정도를 보이는 다른 아동들을 모방하는 양은 10% 이하로 나타났다. 따라서 아동들의 모방은 선택적인 것으로 보아야 한다.

4) 아동이 언어를 창의적으로 사용함을 보이는 예문들

① Patterns in language: The rules of word formation, and overgeneralization

Mother: Maybe we need to take you to the doctor.

Randall: Why? So he can doc my little bump?

② Unfamiliar formulas

Father: I'd like to propose a toast.

(Several minutes later)

David: I's like to propose a piece of bread.

③ Question formation

Randall(2.9) is in stage 3 where he puts 'are' at the beginning of the sentence.

Are dogs can wiggle their tails?

Are those are my boots?

Are this is hot?

④ Order of events

Randall(3.5) tends to mention events in order of their occurrence.

You took all the towels away because I can't dry my hands.

5) 행동주의 이론에 대한 평가

언어 발달의 이른 시기에 규칙적이고 정형화된 언어를 어떻게 학습하는지 잘 설명하고 있다. 아동들은 그들이 들은 언어를 단순히 모방하는 것은 아니며, 모방할 패턴을 선택하고 새로운 환경에 그것들을 적용하는 것으로 보인다. 또 아동들은 단어의 새로운 형태 혹은 새로운 사용을 창조한다.

3. 생득주의 습득 이론

1) 생득주의 견해: 모든 것이 마음에 있다

생득주의에서 인간의 모든 언어는 기본적으로 타고난 것으로 언어의 보편적 규칙이 모든 언어에 내재해 있다. 또한 아동들은 언어에 있어서 생물학적으로 프로그램 되어 있으며 환경은 단지 기본적인 기여만을 한다고 본다.

2) 언어 습득 장치: 보편문법

언어 습득 장치는 인간에게 내재해 있는 언어를 배울 수 있는 장치를 말한다. 따라서 이 장치를 활용하여 아동은 노출된 자연스런 언어의 예들을 통해 언어 체계의 기저 규칙을 스스로 발견할 수 있다.

3) The reflexive pronoun 'himself' by Lydia White(1989)

① 대부분의 학령기 아동들은 문법적으로 옳은 문장을 사용한다.

② 아동들은 뭔가 타고난 능력 혹은 지식이 있다.

- John saw himself.
- *Himself saw John.
- Looking after himself bores John.
- John said that Fred liked himself.
- *John said that Fred liked himself.
- John told Bill to wash himself.
- *John told Bill to wash himself.
- John promised Bill to wash himself.
- John believes himself to be intelligent (non-finite clause).
- *John believes that himself is intelligent (finite clause).
- John showed Bill a picture of himself.

③ 매우 제한적인 인지 능력을 지닌 아동도 꽤 복잡한 언어 체계를 발달킨다.

4) 결정적 시기 가설(The Critical Period Hypothesis: CPH)

결정적 시기 가설은 인간을 포함한 동물들은 태생적으로 어느 특정한 시간에 어떤 지식과 기술을 습득하도록 내정되어 있다는 것이다. 언어도 특정한 시간에 습득되도록 되어 있어서 언어를 접할 기회가 없었던 아동은 언어를 습득하지 못한다.

- 태생적 청각장애 아동의 예 (청각장애아에 대한 Newport(1990)의 연구)

심각한 청각 장애를 가진 아동의 5-10%만이 태생적으로 미국 수화에 노출되며 나머지 청각장애아들은 다양한 연령에 미국 수화에 노출된다. 이때 태생 집단은 초기 수화 노출 집단보다 더욱 일관적인 수화 형태를 사용하며 초기 수화 노출 집단은 후기 노출 집단보다 더욱 일관적인 수화 형태를 사용한다.

4. 상호주의적/발달적 관점의 습득 이론

1) 상호주의적/발달적 견해: 내면과 외부에서 배우기

인지발달 심리학자들은 생득주의자들이 발달 과정의 양상들은 강조하지 않는다고 주장한다.

상호주의자들은 아동이 그들 주변의 사람들과 사물들 간의 관계를 강조한다. 아동은 수많은 시간 동안의 상호작용에서 실제로 언어가 쓰이는 것을 듣는데, 이렇게 언어에 노출되어지는 것이 그들이 알아야 하는 것을 배우는 데 필수적이라고 하였다.

2) 발달심리학자와 심리언어학자들의 중점견해

발달심리학자와 심리언어학자들은 생득적 학습과 아동이 발달하는 환경 간의 상호관계에 집중하며 언어 습득이 다른 종류의 기술 및 지식 습득에 영향을 받으며 유사하다고 본다. Slobin(1973)은 아동의 인지적 발달과 언어 발달 간의 밀접한 관계를 강조했다.

3) Piaget and Vygotsky

① Jean Piaget

피아제는 아동 언어가 인지 발달에 이어 발달한다고 보았다. 즉 생물학적으로 성장함에 따라 아동의 인지가 발달하면 이에 따라 언어도 발달한다는 것이다. 또한 인지적 이해 발달이 아동과 아동이 보고 조작하는 물체 간의 상호작용을 통해 발달하며 언어는 아동이 주위 환경과의 물리적 상호작용을 통해 습득하는 지식을 표현하는 것이라고 하였다.

② Lev Vygotsky

– 비고츠키는 사회적 상호작용을 통해 언어가 발달한다고 보았다. 아동은 지원적 상호작용 환경에서 보다 높은 수준의 지식과 행동을 향해 나아갈 수 있다는 것이다. 따라서 아동이 어른과 혹은 다른 아동과 나누는 대화가 중요하다. 또한 근접 발달 영역(ZPD; Zone of Proximal Development)에서 아동은 독립적으로 할 수 있는 것 이상을 할 수 있다고 하였다.

③ Vygotsky의 견해는 Piaget의 견해와 다름

피아제는 언어를 물리적 상호작용을 통해 습득한 지식 표현을 위한 상징적 체계라고 보았으나 비고츠키는 언어 혹은 말은 사회적 상호작용 가운데 나타난다고 보았다.

4) 교차문화 연구

1970년대 이후 언어 자체의 발달뿐만 아니라 환경이 제공하는 방식에 대해서도 집중하였으며, 1980년대 중반부터 슬로빈은 전 세계 아동 언어의 예문과 분석 결과를 제공하고 있다.[1]

Snow(1995)sms 언어 습득에 대한 아동대상 언어와 아동대상 주제의 명백한 효과에 대한 연구하였는데, 첫째, 아동대상 발화는 느린 전달 속도와 높은 피치를 가지고 있다. 둘째, 다양한 억양과 짧고 단순한 발화 패턴, 그리고 주제어에 강세를 둔다. 셋째, 잦은 반복과 부연 설명 등으로 특징지어지며, 넷째, 회화의 주제는 아동의 즉각적 환경(Lmmediate Environment)을 강조한다. 다섯째, 'Here and now' 혹은 어른이 알고 있는 아동이 경험한 것이며, 여섯째, 어른은 종종 아동 발화의 내용을 반복한다. 일곱째, 어른은 아동 발화를 확장하고 문법적으로 정확한 문장

---

1. Child Language Data Exchange System(CHILDES): MacWhinney, 1995: http://childes.psy.cmu.edu/

으로 다시 고쳐서 말한다.

Schieffelin(1990)는 파푸아 뉴기니의 칼루리 어머니들이 아동들을 대화상대로 생각하지 않는다고 하였고, Martha Crago(1992)는 전통 이누이트 사회에서 아동은 어른들을 보고 듣도록 기대되고 있다고 하였다. 이러한 모든 사회에서 아동은 주변 환경에서 그들에게 유의미한 언어를 들을 수 있는 환경에 있다는 것을 알 수 있다.

5) 상호작용의 중요성

① Jacqueline Sachs and her colleagues' research에 따르면 짐은 구어 혹은 수화로 소통하는 정상적 환경에서 언어 발달을 시작하지 않았다. 짐은 어른과의 회화 만남 이후 표현 능력이 발달하기 시작했고, 짐의 동생은 짐을 회화 상대로 할 수 있어 짐과 같은 언어 지체가 발견되지 않았다.

② 일대일 상호작용은 각자의 이해 수준에 적절한 언어를 사용하게 한다. 따라서 아동이 이해하지 못 할 때 어른은 반복하거나 부연하고, 아동은 상대방이 그들의 발화를 이해하고 있음을 알아낼 수 있다. 또한 텔레비전은 이러한 상호작용을 제공하지는 않지만 아동이 언어를 습득하면 텔레비전이 언어와 문화 정보의 제공처가 될 수 있다.

II. 제2언어 습득 이론

1. 행동주의

행동주의에서는 학습을 모방, 연습, 강화(혹은 성공에 대한 피드백), 그리고 습관 형성으로 설명한다. 따라서 외국어는 모방(Mimicry)과 암기(Memorization)를 통해 배울 수 있다고 주장한다.

외국어 학습은 모방을 기본으로 하므로 모범이 되는 것을 들려주거나 보여주고 따라 말하거나 쓰는 방식을 취한다. 따라서 듣기-말하기-읽기-쓰기의 순으로 학습을 해야 한다고 한다. 우리가 중고등학교 시절 듣기 테이프에서 많이 들었던 'Listen and Repeat'는 행동주의 이론의 영향을 받은 교육 방법이다.

① 대조분석가설 (Contrastive Analysis Hypothesis: CAH)

대조분석가설은 제1언어 즉 모어에서 형성된 습관이 제2언어를 배울 때 새로운 습관을 형성하는데 영향을 준다는 것이다. 따라서 모어인 L1과 제2언어인 L2가 유사하면 학습자들은 L2의 구조를 쉽게 배우고(긍정적 전이), L1과 L2가 다르면 학습자들은 어려움을 겪는다는(부정적 전이) 것이다. 이 가설에서는 모든 학습자들이 외국어를 배울 때 나타나는 오류는 그들의 L1을 바탕으로 예측될 수 있다고 믿는다.

② 대조분석가설에 대한 비판

대조분석가설에 대한 실제 연구에서 학습자들의 실제 오류들은 L1을 기반으로 예측 가능하지 않다. 또한 학습자들의 단순한 구조에 대한 오류들은 여러 언어권 학습자들 간에도 유사하게 나타난다. 따라서 학습자의 L1의 영향은 습관의 전이 문제가 아니라 좀 더 정교하고 복잡한 과정이라는 것을 알 수 있다.

2. 생득주의 : 보편문법

① 보편문법

보편문법에 대한 타고난 생득적인 지식은 모든 아동들이 주변 환경의 언어를 배우게 한다. Bley-Vroman과 Jacquelyn Schachter은 보편문법이 모어 습득에서는 좋은 모델을 제공하지만, 제2언어 습득, 특히 결정적 시기를 지난 학습자들에게는 좋은 설명은 아니라고 하였다.

보편문법은 대부분 고급 학습자의 언어 능력-그들의 복잡한 문법 지식에 관심이 있으며, 학습자의 발화를 관찰하기보다 문법성 판단이나 다른 방법을 포함한다.

3. 제2언어로의 적용 : Krashen's 'monitor model'

모니터 모델(Monitor Model)은 촘스키의 보편문법의 영향을 받은 것으로 크라센(Krashen)이 습득-학습가설, 모니터가설, 자연순서가설, 입력가설, 정의적여과장치가설의 다섯 가지 가설을 주장하였다.

① 습득-학습가설(Acquisition-learning Hypothesis)

습득은 제2언어를 모어를 배울 때와 같이 언어 형태 즉 문법에 의식적인 주의집중 없이 제2언어를 자연적으로 배울 수 있다. 그러나 학습은 형태와 규칙 학습에 의식적인 주의집중을 통해 배우게 된다. 따라서 학습을 통해서는 유창한 L2화자가 될 수 없고 습득을 통해서만 가능하다.

② 모니터가설(Monitor Hypothesis)

습득된 언어체계를 사용해서 언어 사용을 할 때 학습된 체계는 편집자 혹은 '감시자(Monitor)' 역할을 한다. 즉 학습된 지식으로 수정을 통해 습득된 체계가 만들어내는 언어를 다듬는다는 것이다. 이러한 모니터링은 시간이 충분하고 정확한 언어 산출, 그리고 관련 규칙을 배웠을 때 가능하다.

③ 자연순서가설(Natural order hypothesis)

L2 습득은 모어 습득과 같이 예측가능한 단계를 통해 일어나는 것으로, 어떤 언어든지 먼저 배울 수 있는 순서가 있다는 것이다. 따라서 설명하기 쉬운 언어 형태가 반드시 먼저 습득

되는 것은 아니다. 3인칭 단수 현재에서 동사에 -s를 붙이는 규칙을 고급 학습자들도 실패하는 것을 예로 들 수 있다.

④ 입력가설(Input hypothesis)

습득은 학습자가 이해가능하고 약간의 어려움을 가진 i+1에서 가능하다는 것으로, 'i'는 학습자의 현재 습득 수준 그리고 '1'은 학습자 수준보다 약간 단계를 넘는 수준을 의미한다. '+0'은 너무 쉽고, '+2'는 너무 어렵기 때문에 '+1'이 적당하다는 것이다.

⑤ 정의적여과장치가설(Affective filter hypothesis)

인간의 마음속에 여과장치가 있어서 긴장하고 불안하며 지루해하는 학습자는 많은 내용을 받아들이지 못해서 습득이 어렵고, 편안하고 재미있어하는 학습자는 많은 내용을 받아들일 수 있어서 습득이 쉬워진다는 것이다.

모니터이론은 여러 학자들의 비판에도 불구하고 형태에서 의미에 집중하는 시대로의 전환기에 영향을 주었으며, 몰입식과 내용기반교육을 포함하는 의사소통교수법의 기반에 원천이 되었다.

4. 심리언어학적 관점

1) 최근 심리언어학적 이론

1990년대 이래, 심리학적 이론들은 급속도로 제2언어 발달 연구에 중심이 되었고, 그들 중 일부는 언어 습득을 컴퓨터의 정보를 저장하고 통합하고 기억하는 용량에 비교하였다. 보편문법 이론이 모어 습득에 비해 제2언어 습득에 대해서는 충분히 설명하지 못했다. 인지/발달적 관점에서 학습에 대한 일반적 이론은 복잡한 통사의 점진적 발달에 대한 설명이 가능하며, 언어에 대해 아는 모든 것을 즉각적 사용이 불가능함을 설명할 수 있다고 하였다.

2) 정보처리접근법

제2언어 습득은 '말하고 이해하는 데 자동적으로 불려오는 지식을 축적하는 것'이다.

① 주의집중(DeKeyser(1998) and Schmidt(2001) and others)

학습자가 이해하고 산출하고자 하는 언어의 어떤 면에 주의 집중을 해야 하며, '주의집중'은 정보 처리를 위한 인지적 자원을 사용하는 것이다. 그러나 학습자가 얼마나 많은 정보에 주의집중할 수 있는지에는 한계가 있다.

초기에는 메시지에 주요 단어들을 이해하기 위해 그들 자원의 대부분을 사용하며, 경험과 연습을 통해 점차 새로운 정보는 처리하기에 쉬워진다. 이러한 과정을 통해 학습자들은 그 정보에 자동적으로 접근할 수 있게 되며, 차례차례 자동적이 되어가는 그 언어의 다른 면에 주의집중을 하게 된다.

② '자동성'의 발달에 필요한 '연습'

능숙한 언어 사용자는 단어들을 선택하고 배열하는 것이 자동적으로 이루어지며, 많은 부분은 정형화된 예측 가능한 언어 패턴들에서 온다. 언어 항목에 대한 노출과 이해는 연습을 의미한다.

③ 'Skill Learning' by Robert DeKeyser(1998, 2001, 2007)

대부분의 학습은 언어 학습을 포함하여 명확한 선언적 지식(Knowledge That)에서 시작하여 연습을 통해 암묵적인 절차적 지식(Knowledge How)이 된다. 선언적 지식에서 절차적 지식으로의 과정은 규칙 학습에 이어 연습으로 이루어진다.

5. 인지/발달적 관점

1) 상호작용 가설

상호작용 가설은 의사소통적 상호작용은 제2언어 습득에 필수적 조건이라는 것이다. 화자의 발화와 상호작용 패턴을 변형하는 방법에 대해 연구하며, 언어를 이해가능하기 위해 상호작용은 필연적 기제라고 하여 언어 형태의 단순화만이 아니라 다른 화자와의 상호작용할 기회가 필수적이라고 본다. 변형된 상호작용은 언어적 단순화, 다듬기, 느린 발화 속도, 그리고 몸짓 혹은 부가적인 맥락적 단서 제공 등을 포함한다.

① Interaction Hypothesis(1983)
- Interaction modification makes input comprehensible.
- Comprehensible input promotes acquisition. Therefore,
- Interactional modification promotes acquisition.

② Examples of conversational interaction
- 이해 점검(Comprehension Checks)
- 명료화 요청(Clarification Requests)
- 반복 혹은 부연설명(Self-repetition or Paraphrase)

③ Long의 수정된 상호작용 가설

회화를 하는 동안 수정적 피드백의 중요성에 대해 더욱 강조하며, 의사소통이 어려울 때 대화 상대자들은 의미 협상을 해야 한다는 것이다.

2) Swain의 이해가능한 출력 가설(Comprehensible Output Hypothesis)

언어를 산출할 때 학습자들이 자신의 L2 능력에 한계를 보고 의미를 더 잘 표현할 방법을 찾으며 이해가능한 출력을 산출하게 하는 요구는 학습자의 언어를 더욱 발달하게 한다.

3) 연습의 역할

연습은 학습자가 배우길 원하는 행동을 연습하는 경우에만 효과적이며, 청각구두식 교육의 특징인 드릴은 언어 패턴과 그 의미간의 연결을 만드는 데는 효과적이지 않다. 연습이 선언적 지식을 절차적 지식으로 전환시키고 자동적 수행이 되게 하며, 언어 발달을 위해 필요한 연습은 기계적인 연습이 아니며 언어 산출에만 국한되지도 않는다.

Ortega(2007)'는 연습의 3가지 이론을 제시하였는데, 첫째, 연습은 상호적이어야 한다는 것, 둘째, 연습은 유의미해야 한다는 것, 셋째, 필수 문형에 집중해야 한다는 것이다.

6. 사회문화적 관점

학습은 근접 발달 영역(Zone of Proximal Development) 내에서 즉, 대화상대방의 도움으로 학습자가 좀 더 높은 수준의 수행을 할 수 있는 영역에서 일어난다. 이때 ZPD는 학습자가 상대방의 협력 안에서 지식을 같이 쌓아가는 은유적 영역을 말하며, 상호작용에 기초하여 지식을 함께 쌓아가는 발달 과정을 강조한다.

1) 말하면서 배우기(Learning by Talking)

제2언어 학습자는 다른 화자와 협력하고 상호작용할 때 언어를 습득한다. Swain(2000)의 협력적 대화는 제2언어 학습자가 형태와 의미에 동시에 주의를 기울이는 산출 과제에 참여하고 그 과정에서 언어적 지식을 함께 쌓아간다는 것이다. 언어 사용이 언어 학습을 일어나게 하므로 언어 사용과 언어 학습은 동시에 일어나고 결국 이 과정은 인지적 활동이고 사회적 활동이 된다.

III. 학습자 언어

1. 대조분석

1) 행동주의적 관점

오류들은 학습자의 L1에서 L2로 전이된 것으로 쌍방향적이다.
- 프랑스어를 배우는 영어 화자와 그 반대의 경우

    (ex 1) Je les vois.

        I them see.

    (ex 2) By French learners of English

        I see them. (produced)

        I them see. (not produced)

    (ex 3) By English learners of French

        Je vois elle.

Le chien a mange les.

그러나 많은 오류들은 목표어의 구조에 대한 학습자의 지식 발달로 더 잘 설명된다. 즉 L1이 아닌 L2로 인해 생기는 오류들이 있다는 것이다. 또한 어떤 오류들은 어린 모어 학습자에 의해 만들어진 오류와 비슷하다는 점에서 비판을 받는다.

2. 오류 분석(1970s)

1) 오류 분석의 특징

학습자들이 만들어낸 문장들은 현재 그 언어에 대해 이해하고 있는 규칙과 사용양상들을 반영하고 있으므로 오류 또한 학습자가 목표어에 대해 알고 있는 바를 반영하게 된다. 오류분석은 학습자가 만드는 오류에 대한 자세한 묘사와 분석을 시도하기는 하지만 어떤 오류가 나타날 것인가에 대해 예측을 하지는 않는다.

따라서 학습자들이 실제로 사용하지 않는다면 목표어의 어느 부분을 알고 어느 부분을 모르는지를 확인할 수 없다.

– 50개의 영어 작문 분석 : 미국인, 중국인, 일본인, 이란인, 아랍인

NL group	Correct	Error	Total	% Errors
Persian	131	43	174	25
Arabic	123	31	154	20
Chinese	67	9	76	12
Japanese	58	5	63	8
American	173	0	173	–

3. 중간언어

중간언어는 L1에서 L2로 변해가는 중간 단계의 언어를 말하며, 학습자의 중간언어는 제2언어 지식의 발달을 보여준다. 중간언어는 이미 배운 지식의 영향을 받으며 체계적이고 역동적이기 때문에 입력에 따라 계속 가설을 수정해 나간다. 학습자들은 폭발적 발전에 이어 그 다음 발전 전에 한동안 머물러 있는 듯 보이기도 하며, 학습자 언어에서 어떤 형태들은 더 이상 변화하지 않는 화석화가 일어나기도 한다.

4. 학습자 특성 : 인지적 변인

1) 지능(Intelligence)

지능은 학교에서의 성공과 연관이 있으며 제2언어 학습과의 관계 역시 긍정적으로 보고된다. 지

능 검사는 의사소통 능력보다는 상위언어적 지식에 더 강하게 연관되는데, Genensee(1976)는 캐나다의 프랑스어 몰입 프로그램 학생들을 대상으로 연구한 결과, 지능이 프랑스어 읽기, 문법, 어휘 발달과 강하게 연관되어 있으나 구어 산출과는 관계가 없다고 하였다.

전통 지능 검사는 언어 분석과 규칙 학습을 포함하는 학습에 대해서 강한 예측이 가능하지만, 교실 밖 혹은 의사소통과 상호작용에 집중하는 교실에서는 그렇지 않다.

Howard Gardner(1993)은 전통 지능 검사가 제한된 영역의 능력만을 측정한다고 주장하며 음악, 대인관계, 체육과 같은 영역과 그리고 언어 지능과 같은 영역을 포함하는 다중지능을 살펴야 한다고 하였다.

2) 언어 학습 적성 (Language Learning Aptitude)

① 적성은 빨리 배우는 능력, 소질을 말한다. (Carroll, 1991)

높은 적성의 학습자는 더 쉽고 빠르게 배울 수 있지만, 당시 제2언어 교수는 문법 번역과 청각구두에 기초하고 있었고 의사소통은 이런 적성 검사 결과와 무관하여 보인다.

② 적성 측정 도구

- MLAT: Modern language aptitude test (Carroll and Sapon, 1959)
- PLAB: The Pimsleur Language Aptitude Battery (Pimsleur, 1966)
- LLAMA: Paul Meara (2005)

③ 적성이 여러 구성요인으로 이루어진다는 생각에 기초한다.

- identify and memorize new sounds
- understand the function of particular words in sentences
- figure put grammatical rules from language sample
- remember new words

④ 의사소통 교육에서는 적성 측정 결과가 언어 습득 과정과 무관하여 보인다.

- 다른 사람들은 적성이 성공을 예측할 수 있는가?
- 좋은 적성을 가진 아동은 ESL 프로그램에서 가장 성공한 학습자였다.(Leila Ranta, 2002).
- 작업기억은 학습자의 성공을 예측하는 가장 중요한 변인이다.(Nick Ellis, 2001).
- 성공적인 언어 학습자가 적성의 모든 구성요인에서 강한 것은 아니다.(Skehan, 1989)

⑤ 학습자의 적성은 교육 프로그램 제공에 유용하다.

서로 다른 적성 구성요인에서 학습자의 강점과 약점이 있으며 이러한 학습자의 특성은 다른 유형의 교육 프로그램이 필요함을 의미한다.

⑥ Marjorie Wesche's study

학생들의 발달은 적성과 양립할 수 있기도 하고 양립할 수 없기도 하다. 분석 능력이 높고 기억 능력이 평범한 학습자는 문법 구조에서 강점을 보이며, 좋은 기억 능력과 평범한 분석 능력을 가진 학습자는 기능적 사용에서 강점을 보였다.

⑦ 언어 적성이 언어 학습에서 항상 성공과 상호관계를 보이는가?

　외국어 학습을 극도로 어려워하는 젊은이들 중 일부가 많은 노력과 교육적 지원으로 성공할 수 있었고(Ganschow & Sparks, 2001), 다중언어 화자의 전반적 인지 기능과 사회적 기술은 꽤 제한적이었다(Obler, 1989; Smith & Tsimpli, 1995).

3) 학습 스타일(Learning Styles)

　학습 스타일은 새 정보와 기술을 처리하고 유지하는 개인의 선호하는 방법을 의미한다. 장 독립적(Field-independent) 학습자와 장 의존적(Field-dependent) 학습자로 구분할 수 있다.

　장 독립적 학습자는 전체보다 부분을 잘 인식하는 스타일로 현장과 떨어져서 원리에 초점을 맞추며, 독자적인 활동을 좋아하는 학습자이다. 반면 장 의존적 학습자는 부분보다 전체를 잘 인식하는 스타일로 현장에서 경험과 연결시키는 것을 선호하며, 교사의 안내와 시범을 원하고 타인과 활동하기를 선호하는 학습자이다.

　이러한 학습 스타일에 대한 연구들은 언어 교수에서 단일 방법 혹은 교재 사용에 대해 회의적이 되도록 하며, 다양한 적성과 학습 스타일을 지닌 학습자들의 요구에 부합하는 교육 접근법이 필요하다는 것을 일깨워 준다.

5. 학습자 특성 : 정의적 변인

1) 성격(Personality)

① 많은 성격적 특징이 제2언어 학습에 영향을 미친다. 단호함과 모험심과 같은 외향성은 언어 습득과 상관관계가 있다고 보이며 조용한 관찰형 학습자도 크게 성공할 수 있다(Wong-Fillmore, 1979).

② 억제(Inhibition)는 언어 학습에 필수적인 위험감수(Risk-taking)를 감소시키며 제2언어 발음 학습에도 부정적 영향을 미친다.

③ 언어 불안은 한시적인 문맥특수적 성격을 보인다. 불안해하는 학생들은 손으로 하는 과제와 그 과제에 대한 반응에 집중하며 느긋한 학생들만큼 빨리 배우지 못한다(MacIntyre, 1995). 그러나 모든 불안이 나쁜 것은 아니어서 적당한 긴장은 학습에 긍정적인 영향을 주고 학습을 촉진하며 동기를 불러오고 성공에 집중하게 한다. 긴장은 교실 안과 밖에서의 학습자의 사회적 상호작용과 관계가 있다.

④ 의사소통 의지(MacIntyre et al., 1998)는 불안과 관계되어 있어서 의사소통 능력의 충분한 수준과 함께 불안의 부족에 기초해 의사소통을 한다.

⑤ 자긍심, 공감, 지배력, 이야기하기 좋아함, 그리고 책임감은 연구자들에게 성격과 제2언어 습득 간의 관계를 명료하게 정의되는 관계로 보이지 않는다.

⑥ 대부분 연구들은 질적 연구의 틀에서 성격 변인에 대한 연구가 이루어져서 개인적 변인을 이해

하고 탐구하는 더욱 양적인 연구도 필요하다.

2) 동기와 태도(Motivation and Attitudes)

긍정적 태도가 성공적 학습을 산출하는지 성공적 학습이 긍정적 태도를 낳게 하는지 또는 둘 다 서로에게 영향을 주는지 결정하기 쉽지 않다. 긍정적 태도와 동기가 학습에서의 성공을 유발함을 증명하지는 못했으나 긍정적 태도와 동기가 계속 배우고자 하는 의지와 연관이 있다는 증거는 풍부하다.

동기는 학습자의 의사소통에 대한 요구와 목표어 집단에 대한 그들의 태도의 두 가지 요인으로 정의된다. 또한 동기를 두 가지로 구분한다면 도구적 동기와 통합적 동기로 나누어 살펴볼 수 있다.

도구적 동기는 즉각적이고 실제적인 목표를 위한 언어 학습으로 어떤 목표를 이루기 위해 언어를 필요로 하는 경우를 말한다. 취업을 위해 영어 공부를 하는 것은 도구적 동기의 예가 된다. 통합적 동기는 개인적 성장과 문화교류를 위한 언어 학습으로 그 언어권에 동화되기 위해 언어를 필요로 하는 경우이다. 이민을 온 사람들이 한국에서 한국인들과 함께 살아가기 위해 한국어를 배우는 것이 통합적 동기의 예가 된다. 두 동기 중 통합적 동기는 성공적 학습의 강력한 예측요인으로 여겨져 왔다. 그러나 두 동기 모두 L2 학습의 성공과 관련이 있으나 둘 간의 구분이 명확하지는 않다.

6. 학습자 특성 : 사회적 변인

1) 정체성과 민족적 소속감(Identity and Ethnic Group Affiliation)

우세한 언어를 배우는 열세 언어 집단의 학습은 열세한 언어를 배우는 우세 언어 집단 학습과 다르다. 사회적 역학이나 국제적 힘에 의해 우세한 언어를 배우는 집단은 열세한 언어를 배우는 집단보다 성공적이다.

Pierce(1995)에서는 동기 대신에 투자라는 용어를 사용하면서 언어 학습자와 변화하는 사회에 대한 자기 정체성 간의 관계를 포착하였다.

민족적 정체성과 L2 학습자로서의 발음 숙달도를 살펴보면 발음에서 매우 높은 정확성은 그들이 자신들의 민족적 집단에 덜 충성적인 모습과 관계가 있다.

2) 학습자 신념(Learner Beliefs)

학습자들은 교육이 어떻게 자신들에게 전달되어야 하는지에 대해 강한 신념과 의견을 가지고 있다. 이러한 신념은 이전 학습 경험, 그리고 어떤 교육 형태가 최선이라고 생각하는 선입견에 기초하고 있다.

또한 교육 상황에서 학습자와 교사 간에는 관점의 차이가 생긴다. Yorio(1986)에서는 언어 형태와 수정적 피드백 그리고 교사중심 수업에 대한 결여에 대해 관점의 차이가 생긴다고 하였다. Schulz(2001)에서는 모든 학습자들은 자신들 오류가 수정되길 바라고 있으나 거의 모든 교사는 그것이 바람직하지 않다고 생각한다고 하여 차이가 있음을 제시하였다. 또한 대부분의 학습자가 교실 수업이 언어를 완성하는 데 필수적이라고 한 반면 절반이 조금 넘는 교사들만이 이러한 생각을 가지고 있었다.

7. 학습자 특성 : 나이

1) 나이와 제2언어 학습

나이는 다른 학습자 변인보다 정의하고 측정하기에 용이하지만 나이와 제2언어 습득에서 성공 간의 관계는 복잡하고 학자마다 의견이 분분하다.

이민자 가정의 아동들은 원어민 화자와 같이 유창하게 말하지만 그들의 부모는 구어에서 자녀와 같은 높은 숙달도를 달성하는데 종종 실패한다.

많은 성인 제2언어 학습자들은 풍부한 어휘, 복잡한 통사, 효과적인 화용 능력을 지닌 탁월한 언어 능력을 성취한다.

아동과 성인의 언어 학습 조건을 살펴보면 유사한 환경의 초기 학습 단계에서는 성인 학습자들이 더 효과적일 수 있는데 이는 성인 학습자들은 상위언어적 지식, 기억 전략, 그리고 문제해결 능력을 사용하여 학습하기 때문이다.

아동 학습자	성인 학습자
비격식적인 환경	격식적인 환경
듣고 사용할 기회가 많음	기회가 적음
시작부터 말해야 하는 부담이 없음	복잡한 언어와 복잡한 사고를 표현해야 하는 부담이 있음
학습 초기에 언어를 시도하는 것에 칭찬을 받음	숙달도를 못 갖춘 상태에서 당황할 수 있음

2) 결정적 시기

뇌의 발달 과정에서 언어 학습을 성공적으로 수행할 수 있는 시기가 있다. 이 시기를 결정적 시기라고 하며 발음만이 아닌 그 이상에 효과적인 시기이다. 결정적 시기가 지난 후에 일어나는 언어 학습은 타고난 생물학적 구조에 기초하지 않아서 나이가 든 학습자들은 일반 학습 능력에 의존하는 것으로 보인다. 이 결정적 시기는 사춘기 즈음인데 연구자에 따라 조금씩 다르다.

Patkowski(1980)는 미국에서 5년 이상을 살고 고등교육을 받은 67명의 이민자와 15명의 비슷한 수준의 교육을 받은 미국인들과 비교를 하여 영어를 사춘기 이전에 배우기 시작한 학습자와 사춘기 이후에 배우기 시작한 학습자 간에 차이가 있을 것인가를 연구하였다.

연구 결과 습득 연령이 원어민 화자와 같은 수준으로 발달하는 것에 매우 중요한 요인임을 발견하였다. 모든 원어민 화자와 사춘기 이전 학습자(33명) 중 32명은 4+혹은 5의 등급, 사춘기 이후 시작한 학습자(32명) 중 27명은 3+ 수준 정도의 등급을 받았다.

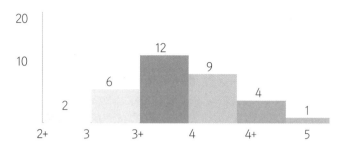

자연적 환경의 학습자에게는 습득 연령이 매우 중요한 요인으로 이러한 제한은 발음에만 적용되는 것은 아니며 전반적 언어 발달에 적용된다. 다른 요인들(거주 기간, 교육의 양 등)과 학습 성공 간의 관계도 있으며 나이가 이러한 요인들과도 관계가 있는 것으로 밝혀졌다.

3) 문법성에 대한 직관력

Johnson & Newport(1989)은 모어 화자와 외국인 학습자(46 Chinese and Korean speakers)에게 많은 수의 문장에 대해 문법성을 판단하도록 한 결과 미국에 도착한 연령이 성공에 유의미한 척도라는 것을 알아냈다. 즉 일찍(3-15) 시작한 학습자는 문법성 과제에서 높은 점수를 획득한 반면 나중에(17-39) 시작한 학습자들은 원어민 언어 능력을 갖지 못한 것이었다.

DeKeyser(2000)도 헝가리 이민자를 대상으로 Johnson and Newport study를 재연한 결과 이민 연령과 숙달도 사이에 강한 관계를 발견했다. 성인 나이에 학습을 시작한 학습자에게서 언어 적성과의 상관관계를 확인하였으나 아동 학습자에게서는 발견되지 않았다.

4) 학습 속도

Snow & Hoefnagel-Hohle(1978)에서 성인 학습자가 제2언어 발달의 초기 단계에서 더 빨리 학습한다고 하였다. 6개월 이내 첫 시험에서 청소년 학습자는 가장 성공적이고 성인은 두 번째로 잘했다. 그러나 1년이 지난 시험에서는 아동이 몇 개의 측정에서 성인을 추월하였는데, 전반적 수행에서 가장 높은 수준을 보인 집단은 청소년 학습자였다.

성인과 청소년은 사회적, 개인적, 전문적 그리고 학문적 상호작용이 가능하며, 언어 사용 가능 환경에서 제2언어 습득에 빠른 발전을 보인다.

5) 나이와 제2언어 교육

학습 효과의 차이가 학습 연령과 관계가 있다는 강한 증거가 있으며, 성인 학습자들의 높은 수준의 숙달도는 적성, 동기 등 사회적 상황을 포함한 결과이다. 따라서 교육이 일어나는 환경과 교육 프로그램의 목적에 대해 사려 깊은 생각이 필요하다.

Catalan/Spanish 이중언어 화자에게 영어 학습 연령을 바꿈으로써 그 효과를 연구한 결과

늦게 시작한 학습자(aged 11, 14, or 18+)는 일찍 시작한 학습자(aged 8)보다 상위언어적 인지 혹은 분석 능력에서 특히 더 잘 수행했고, 듣기 이해에서는 어린 나이에 시작한 학습자들이 더 강점을 보였다.

　그러나 학습 목표가 원어민 화자와 같은 숙달도가 아니라면 어린 나이에 시작하는 것이 항상 좋은 것은 아니며, 특히 학습자의 모어 능력이 제1언어로 유지되어야 하고 기본적인 의사소통 능력 함양이 목표라면 늦게 시작하는 것이 효율적일 수 있다. 교육을 시작한 연령이 제2언어 교실에서 성공을 결정하는 유일한 요인은 아니라는 것이다.

4장 대조언어학

| 학습목표 |

1. 대조언어학의 주요 개념 및 연구 방법, 대조분석의 주요 개념과 유형, 효용성, 그리고 한국어와 언어권별 대조 분석을 통한 한국어 교육에의 적용 방법에 대해 학습한다.

Ⅰ. 언어들 간의 유사점과 차이점

1. 학습자의 모국어와 학습 대상 언어

1) 학습자의 모국어와 외국어

① 학습자의 모국어 : 자기 나라 말, first language(L1), mother tongue...

② 학습 대상 언어 : 제2언어, 외국어, target language, second language(L2), foreign language...

2) 언어의 유사점과 차이점에 대한 이해

① 언어의 보편성 : 모든 언어가 공통적으로 가지는 성질

② 언어의 특수성 : 개별 언어가 가지는 특수한 성질

3) 언어 간의 비교 학문

① 비교언어학(Comparative Linguistics)

② 언어유형론(Linguistic Typology)

③ 대조언어학(Contrastive Linguistics)

2. 비교언어학

비교언어학은 동일 조어를 갖는 어족 관계와 대상 언어의 역사적 변천 과정을 연구한다. 또한 대상 언어의 초기와 후기 형태, 같은 계통(어족)에 속하는 언어 간의 상호관련성을 연구한다. (게

르만어에 속하는 영어와 독일어, 알타이어에 속하는 터키어와 몽골어 등)

비교언어학의 접근 방법은 시대의 흐름에 따르는 통시적 접근 방법을 취한다. 연구 목적으로는 언어의 보편성과 특수성 등 언어에 대해 이해하는 것을 목적으로 하고 언어학적으로 이론언어학에 속한다.

3. 언어유형론

언어유형론은 세계 여러 언어들의 공통적인 특징을 파악하고 유형을 분류하는 것으로 비교언어학과 달리 역사나 계통적인 관계는 고려하지 않는다. 또한 동시에 많은 언어를 연구하여 전체 조감도를 파악하는 것이 가능하고, 구조적 유사성과 언어 간 공통점을 연구한다. (동일 어군에 속하는 영어-독일어-스웨덴어와 비동일 어군에 속하는 아프리카어-인디언어-유럽어 등)

언어유형론의 접근 방법은 같은 시대를 기반으로 하는 공시적 접근 방법을 취한다. 연구 목적으로는 언어의 특성을 일반화하여 보편적 특성을 탐구하는 것이고, 언어학적으로 이론언어학에 속한다.

4. 대조언어학

대조언어학은 두 개 이상의 언어를 대조하여 언어의 특징을 파악하고 차이점을 밝히는 것으로 해당 언어들 간의 개별적이고 구체적인 특징을 체계적으로 연구한다. (한국어와 중국어, 한국어와 영어 등)

대조언어학의 접근 방법은 공시적 접근 방법을 취하며, 학습자의 모국어와 학습 대상 언어의 공통점과 차이점을 통해 외국어 교육이나 외국어 교육과 번역 등 실용적 분야에 활용하는 것을 목적으로 한다. 언어학적으로 응용언어학에 속한다.

대조언어학은 다음과 같은 특징을 갖는다. 첫째, 언어를 비교할 때는 무작위적으로 하는 것이 아니라 일관되고 체계적인 모델을 이용하여 음운, 형태, 어휘, 통사, 담화 등을 대조한다. 둘째, 학습자의 모국어와 제2언어 간의 차이가 적으면 적을수록 제2언어 습득이 쉬울 것이라고 보기 때문에 차이가 적은 언어들끼리는 대조언어학적 연구의 필요성이 적다. 셋째, 대조언어학은 동일 계통의 언어가 아닌 언어들을 서로 대조함으로써 서로 무엇이 다른지 밝혀내는 것을 목적으로 한다. 넷째, 제2언어를 학습하는 사람들에게 그들의 모국어와 제2언어 간의 차이를 명료하게 보여주면 제2언어 습득에 도움이 될 것이라고 믿는다.

5. 대조언어학의 연구 분야

1) 음운 대조
   ① 음소(분절음)
      - 자음 : 기의 세기(한국어는 평음-경음-격음 대립)
      - 모음 : 한국어의 '어'와 '으' 모음은 유표적(예외적)
   ② 운소(초분절음)
      - 성조, 장단, 악센트, 억양(한국어는 문말 억양)
   ③ 음절구조
      - 초성, 중성, 종성 각 위치에 나타나는 자음과 모음의 수
      - 한국어는 음소배열제약과 자음동화(비음화와 유음화) 특징

2) 형태 및 어휘 대조
   ① 형태 대조
      - 한국어에는 조사가 있고 접속사가 없는데 영어는 반대
      - 파생(맨-손) 또는 굴절(춥-고)로 단어형성
   ② 어휘 대조
      - 동형동의어 : 형태나 발음, 의미도 유사 (한국어(준비) = 베트남어(chuẩn bị)
      - 동형이의어 : 형태나 발음은 유사, 의미는 다름 (愛人 : 한국어(애인)≠일본어(あいじん, 불
                   륜 관계)≠중국어(àirén, 부부)
      - 상위어와 하위어

3) 통사 대조
   ① 어순 : 구성성분들의 배열 순서
      - 명사구 내 어순 : 전치사/후치사 언어, 수식어와 피수식어 위치
        (예) 한국어(후치사 : 거리에서), 영어(전치사 : in the street)
      - 동사구 내 어순 : 부사어와 서술어 위치, 본용언과 보조용언의 위치
        (예) 한국어(빨리+달린다), 영어(run+fast)
   ② 시제
      - 이분법 : (과거/비과거)(미래/비미래)
      - 삼분법 : (과거/현재/미래)

4) 표현 및 담화 대조
   ① 주제 중심 언어와 주어 중심 언어
   ② 상황 중심 언어와 인간 중심 언어

③ 청자 중심 언어와 화자 중심 언어
④ 존재 중심 언어와 소유 중심 언어
⑤ 일부로 표현하는 언어와 전체로 표현하는 언어
⑥ 신정보와 구정보
⑧ Macro to Micro 언어와 Micro to Macro 언어

II. 대조분석

1. 대조분석가설(Contrastive Analysis Hypothesis: CAH)의 특징

1) 대조분석가설의 특징

　대조분석가설은 학습자의 모국어와 학습 대상 언어를 과학적이고 구조적으로 분석하며, 언어 간 공통점과 차이점을 모두 포함하나 차이점에 더 초점을 둔다. 언어의 음운, 형태, 통사, 표현 담화적 특징을 대조하고 개별적 사실들을 대조하여 언어 전체의 특징을 볼 수 있다. 또한 언어에 대한 공시태적 연구이며, 외국어 습득이 어려운 이유는 모국어의 간섭 때문이라고 여긴다.

2) 대조분석가설의 전제조건

① 언어 사이에는 차이점이 있음
② 차이점을 기술, 설명할 수 있음
③ 차이점이 제2언어 습득에 영향을 미침

2. 대조분석에 대한 두 가지 견해

1) 대조분석 강설 : 대조분석에 대해 적극적인 입장(Lado, Fries)

　강설은 누구나 외국어를 배울 때는 모국어의 간섭을 피할 수 없으며 모국어와 학습 대상 언어 간의 차이 때문에 외국어 학습이 어렵다고 본다. 외국어 학습에서 어려움을 겪는 주요하고 유일한 원인은 학습자의 모국어가 간섭하기 때문이며 두 언어의 차이가 크면 클수록 학습이 어려울 것으로 예측하고 반대로 간섭이 예측되지 않는 곳에서는 학습에 아무 어려움이 없을 것으로 본다.

　제2언어 학습이란 모국어와 목표어의 차이점을 극복하는 것으로 체계적인 대조로 제2언어 습득의 어려움을 예측할 수 있으며, 제2언어 습득의 어려움도 해결할 수 있다. 따라서 학습자가 학습해야 할 것은 대조 분석에 의해 찾은 두 언어 차이의 양과 같다. 그러므로 대조분석 가설을 근거를 외국어 교재를 작성하면 더 쉽게 배울 수 있을 것으로 보았다.

2) 대조분석 약설 : 대조분석에 대해 소극적인 입장(Weinrich, Haugen)

약설은 대조 분석으로 학습자의 모든 오류를 예측하거나 해결할 수 없으며, 발음은 모국어의 간섭이 크지만 통사적, 어휘적, 의미적 간섭은 학습자에 따라 다양하게 나타나므로 예측하기 어렵다. 대조분석이 오류를 예견하기보다 오류가 발생한 후 오류의 원인을 설명하는데 도움을 주며, 외국어 학습에서 관찰된 어려움을 설명하기 위해 언어학적 지식을 사용한다.

대조분석은 학습자의 모국어와 제2언어 간의 차이점을 단순히 기록하는 것으로 대조분석 약설은 오늘날 언어 간 영향론에 가깝다.

3. 전이와 간섭

1) 전이(Transfer)란?

전이는 이전 학습의 경험이 새로운 학습에 영향을 미치는 것으로 학습자의 모국어가 제2언어 습득에 영향을 미치는 것을 말한다. 이때 긍정적 전이 또는 부정적 전이가 일어난다.

2) 전이의 유형

① 긍정적 전이(유용, Facilitation) : 학습자의 모국어와 제2언어가 같을 때 특별히 신경 쓰지 않아도 그대로 전이되므로 긍정적인 학습 효과를 일으킨다.

(영어 SVO 구조 = 중국어 SVO 구조)

② 부정적 전이(간섭, interference) : 학습자의 모국어와 제2언어가 다를 때 학습을 방해하게 되어 부정적 효과가 나타난다.

(영어 SVO 구조 = 한국어 SOV 구조)

- 언어 간 간섭 : 모국어와 제2언어 사이에 일어나는 간섭으로 언어 간 범주의 차이 또는 구조·규칙·의미의 차이에 의한 것이다.

  * 배제적 간섭 : 학습자의 모국어에 없어서 제2언어 규칙을 잘못 적용함

    (한국인이 'a, the'를 학습할 때, 미국인이 '이/가, 을/를'을 학습할 때)

  * 침입적 간섭 : 학습자의 모국어가 제2언어와 달라서 모국어 규칙이 제2언어에 침입하여 나타나는 것이다.

    (한국인이 영어어순을 학습할 때, 일본인이 한국어이형태 '이/가'를 학습할 때)

- 언어 내 간섭 : 제2언어 안에서 일어나는 간섭으로 학습자의 모국어와 관계없는 오류이며, 학습자가 이미 배워서 알고 있는 제2언어 요소가 새로 학습하는 제2언어에 영향을 미치는 것이다.

  * 과잉일반화(Overgeneralization) : (먹-어요, 좋-아요 → 춥-어요, 덥-어요)

    (watched, lived → sleeped)

③ 무전이(Zero Transfer) : 학습자의 모국어와 제2언어가 전혀 관련이 없을 때 전이가 일어나지

않는 것을 말한다.

3) 전이의 영향

두 언어 간의 공통점이 많으면 긍정적 전이가 많아져서 학습이 용이해지고, 두 언어 간의 차이점이 많으면 부정적 전이가 많이 일어나 학습이 어려워진다.

언어 간 간섭이 언어 내 간섭보다 더 크며 초급일수록 언어 간 오류, 고급으로 갈수록 언어 내 오류가 많다. 즉, 고급으로 갈수록 언어 간 간섭은 감소하고 언어 내 간섭은 증가한다(Taylor, 1975).

(중국인 초급(조사 '을/를' 누락) → 고급(조사 결합 오류 '*민수도는')

4) 반비례 관계

두 언어의 차이가 약간 있을 때 간섭은 오히려 더 커지고, 차이가 커질수록 간섭은 줄어든다는 견해가 있으며, 차이가 아주 클 때는 두 언어 간에 간섭이 일어나지 않기도 한다(Lee, 1980).

언어 구조가 비슷하면 간섭이 많이 생기지만 학습은 더 빨리 진행되고, 서로 무관한 언어들은 간섭은 적지만 학습은 더디다는 반비례 주장도 있다(Wilds, 1962).

4. 대조언어학의 연구 방법

1) 공시태성의 원칙

같은 시대, 공통된 시점에서의 언어 현상을 연구해야 한다.

2) 등가성의 원칙

형식은 달라도 같은 의미를 가진 언어 자료를 대조해야 한다.

3) 동일성의 원칙

언어 자료는 같은 분석 방법으로 설명하는 용어와 단어를 최대한 통일시켜야 한다.

4) 단계성의 원칙

언어 자료는 같은 난이도를 가져야 한다.

5. 대조언어학의 분석 순서

1) 기술(Description) : 대조하려는 두 언어의 언어적 특징과 형태, 문법을 설명한다.

2) 선택(Selection) : 두 언어에서 대조하려는 특정 항목을 선택한다.

3) 대조(Contrast) : 두 언어를 대조분석의 원칙 하에서 대등한 조건으로 대조한다.

4) 예측(Prediction) : 학습자의 난이도를 측정하고 예상되는 오류를 목록화한다.

6. 대조분석의 난이도 예측

1) 난이도 위계 가설
　　난이도 위계는 외국어 학습의 어려움을 예측하기 위해 학습 난이도의 단계를 형식화한 것으로 대조분석 강설을 지지하는 학자들은 난이도 가설을 바탕으로 학습자가 겪을 어려움의 정도를 순차적으로 예측할 수 있다고 본다.

2) Clifford Prator(1967)의 난이도 위계 가설 6단계
　　모국어와 제2언어 간에 공통점이 많으면 단계가 낮고, 차이점이 많으면 단계가 높으며, 단계가 올라갈수록 학습 난이도가 높아지고 부정적 전이(간섭)가 많이 일어난다.
- 0단계(전이 : Transfer) : 모국어와 목표어의 차이가 없으며 긍정적 전이가 일어남
  예) 한국어의 어순(SOV) = 일본어의 어순(SOV)
- 1단계(합체 : Coalescence) : 모국어의 여러 항목이 목표어에서 하나로 합쳐짐
  예) 한국어 'ㅂ, ㅍ, ㅃ' → 영어 p
- 2단계(구별부족 : Under Differentiation) : 모국어에 있는 항목이 목표어에는 없음
  예) 한국어의 미래 시제 '-겠-' → 일본어에 없음
- 3단계(재해석 : Re-interpretation) : 모국어와 목표어에 둘 다 있으나 제2언어에서는 다른 형태나 분포로 나타남
  예) 한국어 'ㅅ' → 영어 's' [s, ss](두 가지 발음)
- 4단계(과잉구별 : Over Differentiation) : 모국어에는 없는데 목표어에서는 나타남
  예) 한국어에 없음 → 영어 'f, v, th'
- 5단계(분리 : Split) : 모국어에 있는 항목이 목표어에서 둘 이상으로 분리됨
  예) 영어 기본 문장 → 한국어의 존댓말, 반말

7. 대조분석의 유용성과 한계점

1) 대조분석의 유용성
　　대조분석을 통해 학습의 어려움을 예측할 수 있고 모국어에 없는 문법을 더 연습하도록 할

수 있으며, 강조할 부분을 중심으로 수업 자료를 준비할 수 있다. 또한 학습자 오류를 예측하여 시험문제를 작성할 수 있고 문화 대조를 통해 목표어 문화에 대해서도 이해할 수 있다. 언어 간 특징 비교를 통한 학술 연구와 학습자 오류의 원인을 찾을 수 있다는 장점이 있다.

2) 대조분석에 대한 비판

두 언어의 차이점으로 외국어 학습을 예측할 수 있다는 주장은 지나치게 비현실적이며 예측과 달리 실제 학습 현장에서는 그러한 어려움이 나타나지 않기도 한다. 두 언어 간의 차이로 학습의 어려움을 겪기도 하지만 그것만으로 학습의 어려움을 겪는 것은 아니며, 두 언어가 유사하여 큰 어려움이 없을 것으로 예측한 경우에 오히려 어려움을 겪기도 한다. 또한 대조분석가설에서 제시한 난이도 위계가 실제 학습자가 느끼는 위계와 다르고 학습자의 모든 오류를 모국어와의 차이로 설명할 수 없다. 결국 기대했던 것보다 대조분석가설의 효용 가치가 적다는 점에서 비판을 받는다.

3) 대조분석의 한계점

대조분석의 한계점으로는 첫째, 대조분석 절차가 지나치게 간소화되어 있어 음성학, 음운론, 문법적 측면에서 나타나는 미묘한 차이를 설명할 수 없다. 둘째, 긍정적 전이와 부정적 전이의 개념과 구별이 명확하지 않다. 셋째, 대조분석 과정에서 조사자의 주관적 관점이 개입될 수 있다. 넷째, 학습 대상 언어의 언어 내 간섭 문제를 다루지 못한다. 다섯째, 학습자가 느끼는 난이도는 모국어뿐만 아니라 교육 환경과 교수법, 다양한 학습자의 동기, 환경, 성격, 학습 스타일 등에 영향을 받는다. 여섯째, 외국어 학습 시 학습자의 창의성을 고려하지 않는다는 것이다.

III. 오류분석과 중간언어

1. 오류분석(Error Analysis : EA)

1) 오류분석의 등장 배경

대조분석 가설이 학습자의 오류 원인과 유형을 모두 설명할 수 없다는 한계점을 인식하고 학습자의 오류는 두 언어 차이뿐 아니라 다양한 원인에서 비롯될 수 있기 때문에 모든 오류가 예측 가능한 것은 아니라는 것을 알게 되었다. 또한 오류는 나타나서는 안 될 것이 아니라 학습자의 현재 학습 단계를 보여주며 학습자가 학습 대상 언어를 어떻게 내재화시키는지 보여주는 것이라는 인식의 변화가 일어났다.

2) 실수와 오류

실수(Mistake)는 언어 수행상의 오류로 이미 알고 있지만 정확하게 활용하지 못하고 잘못 내뱉은 것을 말한다. 언어능력 부족 때문이 아닌 발화 과정상 나타나는 일시적 문제이기 때문에 주의를 기울이면 스스로 수정이 가능하다.

오류(Error)는 성인 모어화자의 문법 체계와 다른 뭔가 잘못된 이탈 형태로 현재 학습자의 언어 체계를 직접적으로 보여 주는 것이다. 학습자 스스로 수정할 수 없으며 자기 수정을 못한다면 이탈의 빈도로 오류인지 아닌지를 판단한다.

3) 오류분석과 대조분석

대조분석은 학습자의 모국어와 학습 대상 언어의 음운, 형태, 통사, 표현 및 담화적 특징을 대상으로 하며 학습자의 오류를 예방해야 할 부정적 요인으로 인식한다.

오류분석은 학습 대상 언어만을 대상으로 목표어 학습 과정을 이해하기 위해 외국인과 원어민화자들의 목표어를 대조한다. 학습자의 모국어는 일부 오류의 원인을 이해하기 위한 정보를 제공할 수 있으며, 학습자의 오류를 자연스러운 학습 과정이자 학습 수단의 일부로 인식한다.

4) 오류의 중요성(Corder, 1967)

오류를 통해 학습자는 학습 과정에서 스스로 설정한 언어 가설을 검증할 수 있으며 학습자의 언어 발달 과정을 보여주는 긍정적 요소이다. 또한 오류는 학습자에게 학습을 위한 지침을 제공하고, 연구자에게 학습자가 어떤 전략과 절차를 사용하여 언어를 습득하는지 보여 주기 때문에 중요하게 살펴보아야 한다.

5) 오류의 원인

① 언어 간 간섭에 의한 오류

주로 초급 단계에서 학습자 모국어의 영향을 받아 발생하는 오류로 학습 대상 언어에 대한 지식 체계가 부족해 모국어 체계를 학습 대상 언어에 그대로 적용하는 경우가 많다.

예) 중국인 학습자 : *저 중궈(저는 중국에서) 왔어요.

② 언어 내 간섭에 의한 오류

목표어 자체로 인해 발생하는 오류로 학습 대상 언어의 문법적 복잡성이나 불규칙성 때문에 발생한다. 숙달도가 높아질수록 더 많은 언어 내 간섭 발생하며 이전에 배운 언어 규칙을 모든 곳에 적용하는 과잉 일반화도 언어 내 간섭으로 나타나는 오류이다.

예) 먹다 → 먹습니다, 알다 → 알습니다

③ 학습의 장(Context)에 의한 오류

교과 과정, 교재, 교사 등 학습 환경으로 인해 발생하는 오류로 학습자의 언어 체계 때문이 아니라 교사의 잘못된 설명, 교재의 잘못된 제시 등 학습 환경에서 잘못 유도되었기 때문에 발생한다.

예) (편의점에서) 이것은 얼마입니까?

– 교재의 제시와 교실 밖 사회적 상황의 차이에 의해 발생하는 오류

④ 학습자의 의사소통 전략으로 인한 오류

학습자가 L2로 모르는 표현을 사용해야 하는 상황에서 새로운 표현을 사용하면서 나타나는 오류이다.

예) 약 가게(약국), 고등학교 앞 학교(중학교), hand phone(mobile phone)

6) 오류의 식별과 기술

① 오류 식별

학습자의 오류는 학습자의 이해 자료나 표현 자료를 분석하여 추론하는 것으로 학습자 언어 체계는 다양한 형태로 나타나거나 불안정하게 나타난다. 한 학습자를 반복적으로 관찰하면서 나름의 질서와 논리를 추론해야 하며 언어 분석의 첫 단계는 명백한 오류와 명백하지 않은 오류를 식별하는 것이다.

명백한 오류는 문장 수준에서 의심할 여지없이 비문법적인 경우를 말하며, 명백하지 않은 오류는 담화 수준에서 살펴보았을 때 오류가 나타나는 경우를 말한다.

② 오류의 범주 구분

오류의 유형에 따라 첨가 오류(친구는도 학교에 갔어요.), 생략 오류(동생 한국에 와요.), 대치 오류(극장에 친구를 만나요.), 어순 오류(한 커피 잔 주세요.)로 구분된다.

오류의 수준에 따라 구분하면 음운 또는 철자 오류(책이 업어요.), 어휘 오류(항공에 갈 거예요.), 문법 오류(우리는 같이 밥이 먹었어요.), 담화 오류(한국의 겨울은 추워요. 그리고 베트남은 안 추워요.)로 나누어진다.

7) 오류분석의 문제점

첫째, 오류의 판단 기준은 학습의 목적이나 교수법에 따라 다를 수 있으며 복합적인 오류는 분석자에 따라 범주가 다를 수 있기 때문에 객관성이 부족하다.

둘째, 오류 감소는 언어 능력 향상을 의미하지만 외국어 학습의 궁극적 목표는 오류 감소가 아니라 의사소통 능력 확보에 있다. 오류에 지나치게 집중하면 회피 전략을 자주 사용하게 되고 회피 전략을 자주 사용하면 해당 항목을 얼마나 어려움 없이 학습하고 있는지 알 수 없다.

셋째, 교재나 교사가 강조하는 내용은 오류 발생이 적을 수 있으나, 쉬운 내용이라도 상대적으로 덜 강조되면 오류가 더 발생할 수 있다. 따라서 오류의 빈도가 낮다고 해서 난이도가 낮은 것은 아니라는 것이다.

넷째, 모든 언어는 보편성과 특수성을 가지고 있으며, 언어의 특수성 못지않게 보편성도 중요하다.

8) 오류분석의 유용성

오류분석은 외국어 교육에 대한 관점을 학습자 중심으로 전환시켰고, 학습자들이 생산한 다양한 오류의 양상을 밝혀 외국어를 학습하는 과정을 이해하게 되었다. 또한 언어권별 교수법을 마련하는 중요한 자료를 제공하였다는 점에서 유용하다.

2. 중간언어

1) 중간언어와 중간언어 가설

중간언어(Interlanguage)는 학습자가 학습 대상 언어에 도달하는 과정에서 나타나는, L1도 L2도 아닌 중간 체계의 언어이다(Selinker, 1972). 따라서 불완전한 단계의 언어이며 L2 체계에 근접해 가는 과정에서 나타나는 학습자 나름의 언어 체계이며, 학습자의 의사소통 과정에서 전달 내용의 포기, 회피, 변경, 축소나 확대, 말 바꾸기, 목표어의 과잉일반화 등이 나타난다.

학습자는 학습 대상 언어를 학습할 때 자기 나름대로 가설과 규칙을 세우면서 언어 체계를 구축해 나간다. 그때 나타나는 학습자 오류를 단순히 불완전한 수행상의 잘못으로 보는 것이 아니라 하나의 독립된 언어 체계로 인정하는 것이 중간언어 가설(Interlanguage Hypothesis)이다.

Nemser(1971)에서는 '근사체계'로 Corder(1971)에서는 '과도기적 능력, 개인의 특이 방언'이라고 하였으나 중간언어라는 개념과 동일한 것으로 볼 수 있다.

2) 화석화와 퇴화

화석화(Fossilization)는 학습 대상 언어를 습득하는 과정에서 잘못된 언어 체계를 수정 없이 지속적으로 사용하는 현상으로, 학습 대상 언어가 불완전한 상태로 굳어져서 더 이상 다음 단계로 나아가지 않는 현상이다(Selinker, 1972). 학습자의 언어가 안정적인 단계에 도달했다는 의미에서 '안정화'라고도 한다.

화석화는 완전한 목표어 체계에 도달하지 못한 채 언어 학습이 중단되거나, 불완전한 언어 체계로도 학습 대상 언어 화자와 의사소통하는 데 큰 지장이 없기 때문에 발생한다.

퇴화(Backsliding)는 언어 학습 과정에서 생긴 오류를 어렵게 극복하였다가 중간언어 규칙이 다시 긴장이나 이완 상황에서 출현한다.

3) 학습자의 제2언어 발달 단계(Corder, 1973)

① 무작위 오류 단계 : 일관성 없이 무작위로 쓰는 단계이다.
  예) A : 오늘 날씨가 춥어요/추어요/추워요.)
② 출현 단계 : 목표어 체계를 구분해가고 특정 규칙을 내재화하기 시작함. 그러나 잠깐 올바른 형태를 사용하다가 다시 '퇴화'하고 다시 맞는 형태를 사용하기도 함(U자형 학습). 오류를 지적해 줘도 잘 수정하지 못하거나 회피하는 단계이다.

예) A : 어제는 더운데 오늘은 춥어요. – B : 오늘은 추워요? – A : 네.

③ 체계적 단계 : 오류를 지적하면 수정가능한 나름대로 일관성이 있는 단계이다.

예) A : 오늘 날씨가 춥어요. – B : 오늘 날씨가 추워요? – A : 아, 네. 추워요.

④ 안정화 단계 : 오류가 거의 없고 학습자 스스로 오류 수정 가능하다. L2 체계가 안정화되면서 작은 오류는 인지하지 못하고 '화석화'되기도 하는 단계이다.

예) A : 오늘 날씨가 너무 춥어, 아니, 추워요. 그래서 따뜻한 옷을 입었어요.

4) 중간언어의 특징

① 독자성 : 중간언어는 학습자의 창조적인 과정에 의해 만들어지며, 모국어를 전이시키거나 훈련을 전이, 단순화, 일반화, 의사소통 전략 등에 의해 독자적인 목표어 문법을 만들어 간다.

② 체계성 : 학습자의 중간언어는 자의적이고 무질서한 것이 아니라 나름의 체계적이고 단계적이다. 학습자 스스로 자연스럽게 언어 체계를 발달시킨다는 점에서 자연적인 언어 습득 순서와 유사하다.

③ 보편성 : 모든 학습자는 자신의 모국어나 학습 환경과 관계없이 유사한 절차로 언어를 학습해 간다. 따라서 같은 L2 발달 단계에서 비슷한 중간언어를 사용한다.

■ 참고문헌 ■

Gass, S. H. & Selinker L. (2001), Second Language Acquisition. Lawrence Erlbaum Associates, NJ: Mahwah.

Lightbown, P. M & Spada N. (2013), How Languages are Learned. Oxford University Press: Oxford.

강현화 외(2003), 대조분석론 : 한국어·스페인어 문형 대조를 바탕으로, 도서출판 역락.

오미영 역(2004), 대조언어학, 제이엔씨출판.

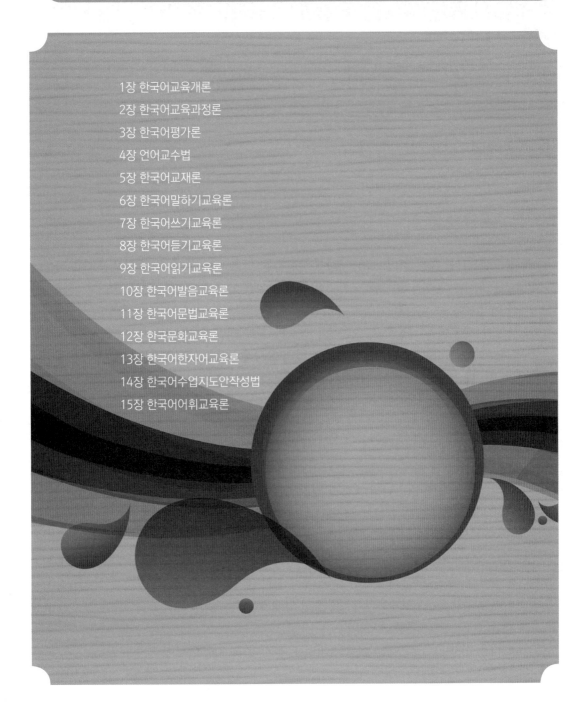

1장 한국어교육개론

| 학습목표 |

1. 한국어 교육학의 기본개념과 목표 및 주요 영역을 파악하고 교육원리와 방법을 이해한다. 또한, 한국어 교육학의 정체성을 확인하고, 한국어 교사의 역할 및 학습자의 특징, 한국어 교육 정책에 대해 개괄적으로 살펴본다.

Ⅰ. 한국어 교육의 개념

1. 한국어 교육의 개념

1) 한국어와 국어

국어는 한 나라, 혹은 한민족(韓民族)이 사용하는 말로, 국어 교육은 한국의 초중고 학생을 대상으로 문학과 문법을 비롯한 국어 전반을 가르치는 것을 목적으로 한다. 그러나 한국어는 세계의 여러 언어 중 하나로서 '한민족이 사용하는 말'을 가리킨다. 한국어 교육은 외국인이나 재외한국인, 교포들을 대상으로 한국어와 한국의 문화 전반을 가르치는 것을 목적으로 한다. 즉 둘 모두 한국 사람들이 사용하는 말을 가리키는 것이지만 한국인 대상으로는 국어, 외국인 대상으로는 한국어라고 표현한다.

2) 한국어 교육의 학문적 개념

① 한국어 교육학을 보는 관점

한국어 교육학은 학자에 따라 다양한 영역으로 구분되는데, 국어학과 국어 교육학의 하위 분야나 외국어 교육학의 하위 분야로 보는 관점이 있다. 또한 응용 언어학의 하위 분야로 설정하거나 독립적인 학문 분야로 설정하기도 한다.

② 한국어 교육학의 학문 영역

- 지식 영역과 기능 영역
  - 지식 영역 : 언어학, 한국어학, 한국 문화 관련 영역
  - 기능 영역 : 이해 영역(듣기, 읽기), 표현 영역(말하기, 쓰기)
- 내용 선정·조직 영역과 지도방법
  - 내용 선정 및 조직 : 한국어 교육과정론, 한국어 교재론, 한국어 평가론 등

- 지도 방법 : 한국어 교수법, 매체 교육론, 한국어 문법 교육론, 한국 문화 교육론 등
- 언어 교육 이론 및 정책
  - 외국어 습득론, 제2언어 습득론, 언어 학습 이론
  - 한국어 교육 정책론, 한국어 교육사, 한국어 교육학사 등
- 연구 방법 및 분석 연구
  - 연구 방법 : 문헌 연구, 실험 연구, 기술적 방법 등
  - 분석 연구 : 대조 분석, 오류 분석, 대화 분석 등

③ 한국어 교육학의 교과 영역은 국어기본법 시행령(2015.12.31.)에서 한국어 교원 자격 취득에 필요한 영역별 필수 이수 학점을 다음과 같이 정하고 있다.

한국어학 (6학점)	일반언어학 및 응용언어학 (6학점)	외국어로서의 한국어 교육론 (24학점)	한국문화 (6학점)	한국어교육 실습 영역 (3학점)

3) 한국어 교사

한국어 교사는 한국어를 모국어로 사용하지 않는 외국인과 재외동포를 대상으로 한국어를 가르치는 사람으로, 법에서 정하는 '한국어교원'의 자격을 갖춘 사람이다. 한국어교원자격증은 국어기본법에 명시된 자격요건을 갖춘 후 문화체육관광부에서 발급한다.

〈그림 1〉 한국어교원 자격 체계

3급	2급	1급
① 한국어 교육 부전공 학사 이상 학위 취득 ② 한국어 교원 양성 과정 이수 후 한국어 교육능력 검정 시험 합격	① 한국어 교육 전공/복수 전공 학사 이상 학위 취득 이수 학점 수행 ② 학위로 3급 취득 후 관련 기관에서 3년 이상 근무하며 1,200시간 이상 수업 ③ 양성과정 3급 취득 후 관련 기관에서 5년 이상 근무하며 2,000시간 이상 수업	2급 취득 후 관련 기관에서 5년 이상 근무하며 총 2,000시간 이상 수업

학위 과정은 한국어 교육 전공(복수 전공 포함)은 2급, 부전공은 3급이 발급되며, 비학위 과정은 국립국어원에서 인가를 받은 교육기관에서 120시간의 양성 과정 후 한국어교육능력검정시험

에 합격하면 3급이 발급된다. 외국 국적자의 경우에는 TOPIK 6급 성적 증명서가 필요하다.

4) 한국어교원 승급 심사
① 승급 심사 시 한국어교육 강의 기간과 강의 시간을 모두 충족해야 한다.
② 승급 심사 시 '한국어교육 경력 인정기관'에서 가르쳤다면 대가를 받았는지 여부와 상관없이
경력을 인정받을 수 있다.
③ 한국어교육 경력 인정기관은 다음과 같다.
　– 외국어로서의 한국어 강의가 개설된 국내 대학 및 대학 부설기관, 국내 대학에 준하는 외
국의 대학 및 대학 부설기관
　– 외국어로서의 한국어 수업이 개설된 국내외 초·중·고등학교
　– 외국어로서의 한국어를 가르치는 국가, 지방자치단체 또는 외국 정부기관
　–「재한외국인 처우 기본법」제21조에 따라 외국인정책에 관한 사업을 위탁받은 비영리법인
또는 비영리단체
　–「외교부와 그 소속기관 직제」제55조에 따른 문화원 및「재외국민의 교육지원 등에 관한
법률」제28조에 따른 한국교육원
　– 그 밖에 문화체육관광부장관이 제3항에 따른 한국어교원자격심사위원회의 심의를 거쳐 한
국어교육 경력이 인정되는 기관으로 정하여 고시하는 기관 등
　　● 재단법인 한국어세계화재단이 지정한 세종학당 및 세종교실(인증 세종학당)
　　● 다음의 어느 하나에 해당하는 외국인근로자지원센터
　　　한국산업인력공단으로부터 위탁을 받아 운영하는 외국인근로자지원센터
　　　지방자치단체의 장으로부터 위탁을 받아 운영하는 외국인근로자지원센터
　　　「비영리민간단체지원법」제4조제1항에 따라 등록한 비영리민간단체가 운영하는 외국인
근로자지원센터
　　　「다문화가족지원법」제12조제1항에 따라 지정받은 다문화가족지원센터

2. 한국어 교육의 대상 및 유형

1) 학습자 유형에 따른 한국어교육
① 외국어로서의 한국어교육(Korean as a Foreign Language)
　　외국어로서의 한국어교육은 한국어를 모국어로 하지 않는 학습자를 대상으로 하는데, 이때
외국어는 모국어를 습득한 후에 배우는 다른 언어로 모국어 사용이 우세한 곳에서 그 언어
이외의 언어를 학습하는 경우를 말한다. (한국, 일본 등에서 다른 언어를 배우는 경우)
② 제2언어로서의 한국어교육(Korean as a Second Language)
　　제2언어로서의 한국어교육은 한국어를 제2언어로 사용하게 된 학습자를 대상으로 하며, 이

때 제2언어는 모국어가 공용어가 아닌 환경에서 정상적인 생활을 위해 사용하는 언어이다. 최근에는 제2언어로서의 한국어 요구 상황이 증가하고 있다. (결혼 이민자, 외국인 한국학 전공자 등이 한국어를 배우는 경우)

2) 학습 목적에 따른 한국어 교육
 ① 일반 목적 한국어 교육
  - 일상생활에 필요한 한국어 의사소통 능력을 기르고자 한다.
  - 한국 사회와 한국 문화를 이해하고 필요한 정보를 교환한다.
 ② 특수 목적 한국어 교육
  - 학문 목적 한국어 교육
   ● 일반 목적의 말하기, 듣기, 읽기, 쓰기 등의 내용도 포함된다.
   ● 한국에서 대학 강의를 수학할 정도의 언어능력으로 중급 이상의 실력이 필요하다.
   ● 학문 주제 관련 어휘나 문법 등 필요한 기술과 전략을 추가적으로 학습한다.
   ● 학문 활동에 필요한 보고서나 논문 쓰기 등의 활동이 필요하다.
   ● 2000년 이후 국내 외국인 유학생의 비율이 양적으로 성장했다.
  - 직업 목적 한국어 교육
   ● 특정 직업에서 필요한 업무 수행을 위해 한국어와 한국의 직장 문화를 학습한다.
   ● 취업을 준비하는 학습자들도 해당된다.
  - 기타 목적 한국어 교육
   ● 선교, 관광, 외교 등의 목적을 가지고 한국어를 학습한다.
   ● 재외동포의 경우 민족의 계승어로서 한국어를 교육하기도 한다.
 ③ 결혼 이민 여성들을 위한 한국어 교육 특징
  - 지역 사회와 가정 중심의 생활과 밀접한 한국어와 가정 문화 교육이 필요하다.
  - 자녀 교육, 가족 간 상호작용 문제를 예방하기 위한 목적도 있다.
  - 표준어 교육이 중심이 되고 지역에 따라 방언도 자율적으로 교육한다.
 ④ 다문화 가정을 위한 한국어 교육 특징
  - 교육과학기술부에서 2013년 3월 '다문화학생 교육 선진화 방안'을 제시하였다.
  - 다문화 학생이 다수인 학교는 특별학습을 편성하고, 소수인 학교는 방과 후 학교를 운영한다.
  - (중도입국자녀 포함) 6개월 정도 사전 적응 교육을 받을 수 있는 예비 학교도 운영한다.

II. 한국어 교육의 역사

1. 한국어 교육의 역사

1) 한국어 교육사에 대한 논의

① 백봉자(2001)에서 한국의 경제 성장, 기관 설립, 교재 개발을 중심으로 4단계로 한국어 교육의 시대를 구분하였다.

1단계-초창기 (1959~1975)	⇒	2단계-변화기 (1976~1988)	⇒	3단계-발전기 (1989~2000)	⇒	4단계-도약기 (2001~)

〈백봉자(2001) 기준〉

② 민현식(2005)에서는 전통적인 역관 교육, 외국인들의 저술 활동을 포함한 3단계로 한국어 교육의 시대를 구분하였다.

전통 교육기 (고대~1860년대)	⇒	근대 교육기 (1870년대~1945년)	⇒	현대 교육기 (1945~)

〈민현식(2005) 기준〉

2) 한국어 교육의 발전

전통 교육기 (고대-1860년대)	① 역학(譯學) 기관을 중심으로 한국어 교육이 이루어짐 ② 중국 명나라의 '회동관(會同館)(1492)' 역관 양성 → 조선어 학습서로 〈조선관역어(朝鮮館譯語)〉를 펴냄
근대 교육기 (1870년대-1940년대)	① 서구인과 일본인 중심의 한국어 연구와 교육이 이루어짐 ② 영국의 선교사 로스가 1970년대 한글 번역 성경 펴냄. 후배 선교사들을 위해 한국어 교재 〈Corean primer〉(1877) 펴냄 ③ 일본 관립 동경외국어학교에 조선어학과 설립(1880)④ 미국 컬럼비아 대(1934) 한국어 강의
한국어 교육의 시작 (1950년대-1970년대)	① 1950년대 : 외국인 선교단체 명도원에서 선교사 대상 한국어 교육 ② 1960년대 : 연세대학교 한국어 학당, 서울대학교 어학연구소 개설 ③ 1970년대 : 기존의 소수 기관에서 한국어 교육
한국어 교육의 발전 (1980년대-1990년대)	① 1980년대 · 경제 발전과 올림픽 → 한국어, 한국 문화가 주목 받기 시작 · 한국어 교육 기관 확장 예) 고려대(1986), 이화여대(1988) ② 1990년대·양적 성장, 대학 기관의 한국어 교육 기관의 급증 · 정부 주도의 대규모 한국어 세계화 사업 시작 예) 재외동포재단, 한국국제교류재단 등 · 한국어교원 양성과정 개설, 한국어 관련 학회와 학과 개설 · 한국어능력시험 실시 (1997년)
한국어 교육의 성장 (2000년대 이후)	① 한국어 교육 환경 및 교육 목적이 다양해짐 ② 학습자 요구에 따른 다양한 교육 과정 개발 ③ 정부 주도의 한국어 보급 사업 증가 예) 사회통합프로그램, 다문화가족지원센터 등 ④ 교재 종류 다양화, 기존 교재들의 전면적인 수정과 개발 ⑤ 한국어 교육 관련 제도적 정비 : 2005년 국어기본법 등

3) 한국어 교육사 시대 구분의 주요 기준
  ① 대학 부설 한국어 교육기관의 설립과 확대
    - 1959년 연세대 한국어학당 설립
    - 1969년 서울대 어학연구소 한국어 교육과정 개설
    - 1986년 고려대, 1988년 이화여대, 1989년 선문대
    - 1990년 서강대, 1991년 한국외대, 1993년 경희대 등 한국어교육과정 개설

      ⇨ 대학 부설 기관을 중심으로 한국어 교육과정 체계화, 교수법 및 교재 개발

  ② 관련 학회 및 재단의 설립과 연구 확대
    - 1981년 이중언어학회 창립
    - 1985년 국제한국어교육학회 창립

      ⇨ 학회, 재단을 중심으로 한국어 교육자 네트워크 형성, 대규모 연구 프로젝트의 토대 구축

  ③ 국가적 차원의 한국어 교육 정책 증가, 한국어 교원의 확대 및 내실화
    - 1997년 한국어능력시험 실시
    - 2001년 한국어세계화재단 설립
    - 2002년 한국어 교육능력 인증시험 실시
    - 2005년 국어기본법 제정 및 시행 (2007년 국어기본법 시행령)
    - 2005년 고용허가제 한국어 시험 실시
    - 2007년 한국어 교육 브랜드 '세종학당' 개원
    - 2009년 법무부 사회 통합 프로그램 이수제 도입
    - 2010년 국제통용 한국어 교육 표준모형 개발 연구

      ⇨ 국가적 차원의 한국어 교육 연구 과제 및 정책 확대, 관련 법령 제정 및 시행

2. 한국어 교육과 국어기본법

1) 국어기본법의 이해

  2005년 이전에도 '한글 전용에 관한 법률', '문화예술진흥법' 등에 국어와 관련된 법률 조항이 존재했으나 실효성이 크지 않았다. 2005년에 국어의 사용을 촉진하고 국어의 발전과 보전의 기반을 마련하기 위해 국어기본법을 제정하였다.

국어기본법은 1장과 5장에 각각 총칙과 보칙이 나타나고, 주요 내용은 2장, 3장, 4장에 담겨 있다.

> 2장 : 국어 발전 기본 계획 수립
> - 5년마다 '국어 발전 기본계획'과 그 세부계획을 수립·시행
> - 2년마다 그 시책과 결과에 관한 보고서를 국회에 제출
> - 국어 정책 수립에 필요한 자료를 수집하거나 실태를 조사
> - 국가기관과 지방자치단체는 국어의 발전과 보전 업무를 총괄하는 국어책임관을 지정
>
> 3장 : 국어사용의 촉진 및 보급
> - 공공 기관의 공문서 및 교과용 도서가 어문 규범에 맞추어 작성되도록 함
> - 한국어의 발전과 보전에 관한 중요 사항을 심의함
> - 바람직한 국어 문화 확산과 국어 정보화의 촉진을 위한 사업을 수행함
> - 각 분야의 전문 용어를 쉽고 편리하게 사용할 수 있도록 표준화함
> - 외국인과 재외동포를 대상으로 국어를 보급하는 데 필요한 각종 사업을 수행함
> - 세종학당을 지정·운영하며, 매년 10월 9일을 한글날로 정하고 기념행사를 하며, 국어 관련 민간단체에 필요한 지원을 함
>
> 4장 : 국어 능력의 향상
> - 국민의 국어 능력 향상에 필요한 정책을 수립·수행
> - 국민의 국어능력을 검정
> - 지역어 보존 및 지역민의 국어 능력 향상을 돕기 위해 국어 관련 전문 기관·단체 등을 국어문화원으로 지정하여 운영

2) 한국어교육능력검정시험

재외동포나 외국인을 대상으로 외국어로서의 한국어를 교육할 수 있는 능력을 평가하는 국가 공인 자격시험으로 대학이나 대학원에서 한국어 교육을 전공하지 않은 사람을 대상으로 2006 년부터 시행되고 있다.

「국어기본법」 시행 이전에는 한국어교육능력인정시험(2002~2004년 총 4회)으로 문화관광부 산하의 비영리재단인 한국어세계화재단에서 주관하여 한국어 교사의 자질 향상, 교사양성체계의 공공성 확보로 한국어의 국외 보급 효율성을 제고하는 것이 목표였다.

「국어기본법」 시행 이후에는 한국어교육능력검정시험(2006~현재)으로 1회에서 3회까지는 한국어세계화재단에서 시행하였고 2009년 4회부터 현재까지 한국산업인력공단에서 담당하여 시행하고 있다.

2008년 이전에는 문화관광부 장관 명의로 자격증을 발급하였으나, 2008년 「국어기본법」 시행령이 일부 개정된 후에는 문화체육관광부 장관 명의로 자격증을 발급하고 있다.

III. 한국어 교육의 현황

1. 한국어 교육의 현황

1) 한국어 교육 담당 기관

① 정부 및 관련 기관

- 문화체육관광부
  - 국립국어원 : 한국어 교원 자격 심사와 자격증 발급, 국외 한국어 교원 초청 연수, 국내외 한국어 교육 자료 개발과 보급을 담당한다.
  - 세종학당재단 : 세종학당을 지원한다.
  - 국어문화원 : 다문화 배경의 한국어 학습자를 지원한다.
- 교육부
  - 국립국제교육원 : 재외 동포 교육과 국제 교육 교류 및 협력을 담당하며 한국어능력시험을 운영한다.
  - 다문화 교육센터 : 결혼이민자 및 다문화가정 자녀 등 다문화 배경의 한국어 학습자를 지원한다.
- 외교부
  - 한국국제교류재단, 한국국제협력단(KOICA) : 한국어 및 한국 문화 교육 봉사단을 파견하고 한국어 연수생 초청 사업을 한다.
  - 재외동포재단 : 재외 한글학교와 한글학교 교사 연수를 지원하고 전문 강사를 파견한다. 또한 재외동포의 한국어 및 한국문화 교육을 지원하기 위한 원격교육사이트인 '스터디코리안'을 운영한다.
- 고용노동부
  - 외국인근로자지원센터 : 외국인 근로자의 한국어 교육을 지원한다.
- 법무부
  - 사회통합프로그램 : 이민자의 한국 사회 적응 및 한국어 교육을 지원한다. 사회통합프로그램을 이수하면 한국 국적을 취득할 때 필기시험을 면제해 주며 면접심사도 면제된다. 또한 국적심사 대기시간도 단축된다. 점수제에 의한 전문 인력 거주 자격 변경 시에도 가점을 부여하며, 일반 영주자격 신청 시 한국어능력 입증이 면제된다. 외국인 근로자는 특정 활동 변경 시 한국어능력 입증이 면제되며, 장기체류 외국인의 거주 변경 시 한국어능력 입증도 면제된다.

② 국내 대학의 한국어 교육 기관

- 대학 부설 한국어 교육 기관
  - 일반 언어 학습 과정 및 특수 목적 과정을 운영한다.

● 위탁 교육 과정을 운영한다.

③ 국외 교육 기관

– 재외 동포 및 재외 국민을 위한 한국어 교육

구분	한국학교	한국교육원	한글학교
성격	학력인정 정규학교	교육행정기관	비정규학교
수요자	재외국민으로서 초·중·고등학교 과정 이수 대상자	– 재외국민 – 한국어나 문화 등에 관심 있는 현지인	– 재외국민(학령 무관)
소관부처	교육부	교육부	외교부 재외동포재단

– 외국인을 위한 한국어 교육

● 세종학당 : 독립형, 재외공관 연계형, 국내 기관 연계형, 문화원 운영형 등 다양한 유형으로 운영되고 있다. 세종학당은 외국인을 대상으로 한국어교육을 통한 한국 문화 확산과 다른 나라와의 교류를 통해 국가 간 협력을 확대하는 것을 목적으로 한다. 또한 국내외 한국 교육 기관을 '세종학당'이라는 브랜드로 통합하여 육성하고, 국제적 언어문화 교류 확대를 통한 언어문화 다양성의 실현에 기여하고자 한다. 마지막으로 국내외 외국인을 대상으로 하는 한국어교육의 확산에 관심을 갖는다.

● 외국의 각 대학에서 운영하는 한국어 강좌

● 초·중·고등학교에서 개설한 한국어반 (방과 후 포함)

④ 기타 교육 기관 : 사설 학원, 교회, 봉사 단체 중심의 다양한 유형이 있다.

2) 한국어 교육 대상 현황

① 국내 성인 외국인 유학생 수

〈표 1〉 외국인 유학생 현황(국가교육통계센터)　　　　　　　　　(단위: 명)

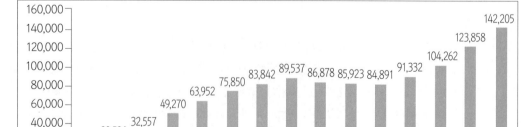

② 국내 다문화 가정 학생 수

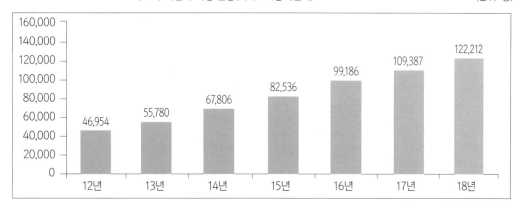

〈표 2〉 다문화 학생 현황(국가교육통계센터)   (단위: 명)

③ 국내 한국어 교육 수요자 증가 추세

　전체 유학생의 경우 약간의 등락은 있지만 계속해서 증가하고 있으며 2000년대 이후 국내 외국인 유학생은 아시아 지역 출신이 전체의 90%가 될 정도로 지역별 편중이 심하다. 유학생 중·장기 학위 과정이 단기 어학연수보다 3~4배 많으며 이공계에 비해 인문사회계열 학생들이 감소 추세를 보이고 있다.

2. 국외 한국어 교육의 발전

1) 한국어를 대학 입시 과목으로 채택한 국가

1994년 호주, 1997년 미국, 2002년 일본, 2017년 프랑스, 2018년 태국

2) 지역 별 현황

지역	한국어 교육
미국	① 1960년대 : 한국인의 이주가 급격히 증가 ② 1970년대 : 정부에서 한국어 교육을 주도하고 한글학교를 설립, 일부 지역의 대학에서 한국어 개설 대학이 증가 ③ 1990년대 : 1997년 대학수학능력시험(SAT)의 선택과목으로 한국어 선정 ④ 미 정부기관의 주관으로 한국어 교육을 실시함 (외무연수원, 국가 안전부, 국방 외국어 대학)
호주	① 1970년대 : 한국인들의 이민이 급격히 증가함 ② 1980년대 : 호주국립대학(ANU)DP 한국어 과정이 개설됨 ③ 1990년대 : 1994년 대학입학시험에 한국어가 선택과목으로 채택됨
중앙아시아	① 1938년 : 러시아어를 공용어로 사용하면서 한국어교육이 중단됨 ② 1980년대 : 체계적인 한국어 교육이 다시 시작됨, 대학에 한국어 과목 개설됨

동남아시아	① 1990년대 이전 : 한국어 교육을 거의 하지 않음 ② 1990년대 이후 : 한국과의 경제적 교류가 증대됨에 따라 한국어에 대한 관심이 높아지고 한국어를 개설하는 대학이 많아짐
중국	① 1945년 : 북경대 조선어학과의 전신인 국립동방어문전문학교 한국어과가 개설됨 ② 1992년 한·중 외교 수립 후 : 두 국가 간에 교류가 늘어나고 한국의 경제가 성장하면서 중국에서의 한국어 교육이 급속도로 발전함
일본	① 일본에서의 한국어 교육은 한국과 일본 간 정치·역사적 관계와 맥을 같이 함 ② 1880년 : 도쿄외국어대학교의 전신인 도쿄외국어학교에 한국학과가 설립되면서 근대적인 한국어 교육이 시작됨 ③ 1990년대 이후 : 대학에서 한국어 교육이 폭발적으로 증가함 ④ 2000년 이후 : 대학뿐 아니라 고등학교, 민간 강좌 등에서도 한국어 강좌가 비약적으로 확장됨
몽골	① 1990년대 이전 : 한국어 교육이 거의 나타나지 않음

Ⅳ. 한국어 교육의 원리와 방법

1. 한국어 교육의 목표

외국어교육의 목표는 문법적 능력, 사회언어학적 능력, 담화 능력, 전략적 능력을 포함하는 의사소통 능력을 신장시켜 해당 언어권의 사람들과 의사소통을 하는 것이 가장 큰 목표이다. 또한 해당 언어와 문화에 대한 이해를 바탕으로 자신의 언어와 문화를 잘 이해하는 것, 외국어를 이용하여 지식을 확장하고 정보를 얻는 것, 외국어를 배워 국내외의 다언어, 다문화 사회의 일원이 되는 것도 외국어교육의 목표라고 할 수 있다.

따라서 한국어 교육의 목표도 역시 한국어로 의사소통할 수 있는 능력을 키우는 것이 가장 큰 목표이다. 또한 한국 사회와 문화에 대해 이해하고 한국어를 통해 새로운 지식과 정보를 습득하고 활용하는 것, 한국어를 사용하는 여러 사회 구성원들과 필요한 정보를 공유하고 친교를 나누는 것 역시 한국어 교육의 목표가 된다.

2. 한국어 교육의 원리

1) 의사소통 능력과 언어 숙달도 향상

의사소통 능력을 신장하고 언어 숙달도를 향상시키기 위해 다음과 같은 교육 원리를 적용한다.

① 실제 언어 사용 중심으로 유창성에 중점을 둔 의사소통 중심의 교육

② 실제 의사소통 상황에서 일어날 수 있는 활동을 중심으로 한 과제 중심의 교육

③ 학습자의 기존 지식 구조나 기억 체계와 연결될 수 있는 교육

④ 학습자의 요인 및 다양한 변인을 고려한 절충주의적 교수법을 사용한 교육

⑤ 학습자 요인을 고려하여 교육 과정·방법·절차를 설계하는 학습자 중심의 교육

⑥ 듣기, 말하기, 읽기, 쓰기 등이 조화를 이루는 통합적인 교육

⑦ 의미 범주와 맥락이 제시되는 담화 차원의 교육

⑧ 상호 문화적 관점에서 타 문화에 대한 이해를 증진시키는 교육

2) 국제 통용 한국어 교육 표준 모형

등급 기술 영역	영역별 하위 요소	기술 방법
주제	화제	세부적 기술
언어기술	말하기, 듣기, 읽기, 쓰기, 과제	추상적 기술
언어지식	어휘, 문법, 발음, 텍스트	세부적 기술
문화	문화지식, 문화실행, 문화관점	추상적 기술

3. 한국어 교육의 방법

1) 한국어 이해 영역

문법 번역식 교수법
· 읽기 : 필자가 기호화한 메시지를 독자가 해독하는 수동적 과정
· 듣기 : 언어의 구조와 형태 등을 학습하기 위한 과정이며, 쓰기, 말하기를 위한 전 단계로서의 수동적 과정

의사소통 중심 교수법
· 읽기 : 읽은 것을 바탕으로 의미를 재해석하고, 유추·비판하는 등 기존 텍스트를 재구성하는 능동적 과정
· 듣기 : 담화 당사자로서 의미 협상 진행을 위해 담화를 적극적으로 해석 및 유추, 평가하면서 반응하는 능동적 과정

2) 한국어 이해 교육의 목표

한국어 이해 교육의 목표는 첫째, 목적에 맞는 정보를 획득하고, 둘째, 자신의 배경지식을 활용하여 화자나 필자의 의도를 파악하는 것. 셋째, 실제 한국어 사용 환경에서 접하는 다양한 듣기와 읽기 자료를 처리하는 방법을 훈련하는 것이다.

3) 학습 단계별 이해 교육 목표

① 초급 단계

초급 단계에서는 일상생활과 관련된 주제의 담화를 이해하고 처리하는 것을 목표로 한다. 자기소개, 인사, 가족, 날씨, 물건 사기, 전화, 약속, 시간, 계산, 은행, 병원 등을 주제로 한다.

· 듣기 : 자음, 모음 등 음운 식별 – 예) 불, 뿔, 풀

· 읽기 : 한글의 구성을 이해하고 글자를 읽음

② 중급 단계

중급 단계에서는 복잡한 문장과 이야기 단위의 연습을 한다.

좀 더 복잡한 개인적인 상황과 자주 접하는 공식적인 상황에 대한 이해를 목표로 한다. 초대, 물건 교환, 성격, 운동, 교육, 문화, 사건/사고 등을 주제로 하며, 친숙한 사회적 소재, 긴 설명문이나 생활문, 간단한 강연을 제시한다.

③ 고급 단계

고급 단계에서는 담화와 문맥 단위에서 이야기를 이해하는 연습을 한다.

복잡한 연설문, 강연, 대담 등을 비판적으로 이해하는 것을 목표로 한다. 공식적이고 전문적인 주제, 복잡한 의미 협상 과정이 있는 사회적인 주제와 한국의 정치, 경제, 사회, 교육 문화 등 전 영역에 대해 깊이 다룬 소재를 제시한다.

4) 한국어 표현 영역

한국어 표현 영역은 언어 표현 활동으로 화자 또는 필자가 의사소통 상황과 대상을 고려하여 전달하고자 하는 내용을 자신의 의도에 맞게 표현하는 능동적인 과정으로 개인적 행위인가 사회적 행위인가에 따라 표현 방법이 달라진다. 말하기는 '화자/청자'와 '청자/화자'가 교대로 일어나며 쓰기는 '글'을 통해 필자와 독자가 의사소통하는 과정이다.

5) 말하기와 쓰기 교육

외국어 능력이란 듣고 말하고 읽고 쓰는 언어의 4가지 기능이 골고루 발달되어야 하지만 의사소통능력을 중요시하는 상황에서는 4가지 기능 중 말하기 기능의 중요성이 높아진다.

쓰기의 경우 모국어 화자라고 하더라도 구조화된 쓰기 능력을 갖기는 어렵다. 따라서 교사는 한국어 언어의 특징뿐만 아니라 글쓰기 능력 자체에 대해서도 함께 가르쳐야 한다.

6) 한국어 표현 교육의 목표

① 형태 학습을 기반으로 정확성을 높인다.
② 실제 의사소통 상황에서 발생하는 말하기/쓰기 과제 수행을 연습한다.
③ 의사소통 상황과 자신의 목적에 맞게 말이나 글로 나타내고자 하는 바를 정확하게 표현한다.

7) 학습 단계별 표현 교육

① 초급 단계

초급 단계에서는 일상생활과 관련된 주제를 표현하는 것을 목표로 한다. 말하기는 높임말과 반말을 구별하고 공식적 상황과 비공식적 상황을 구별할 수 있어야 하며, 쓰기는 구어와 문어를 구별하고 맞춤법과 띄어쓰기의 정확성을 확보해야 한다.

② 중급 단계

　　중급 단계에서는 일상적인 생활 문화, 개인적인 주제, 사회적인 관계를 유지하기 위해 표현하는 것을 목표로 한다. 친숙한 사회적, 추상적인 소재를 제시하고 관용적 표현과 속담 등도 사용할 수 있어야 한다.

③ 고급 단계

　　고급 단계에서는 정치, 경제, 사회, 과학, 문화 전반의 전문 분야(발표, 협상, 토론 등)와 관련된 주제에 대해 표현하는 것을 목표로 한다. 한자어와 시사용어, 전문용어, 학술용어 등을 사용할 수 있어야 한다.

8) 표현 교육의 실제

① 말하기 활동의 종류

　　말하기 활동으로는 모방과 암기, 시각 자료 이용하기, 역할극이나 드라마, 문제 해결 활동, 프로젝트, 인터뷰, 의사결정 좌담회, 토론, 설문조사, 발표 등이 있다.

② 쓰기 활동의 종류

　　쓰기 활동의 종류로는 베껴 쓰기, 받아쓰기, 통제된 쓰기, 유도된 쓰기, 자유롭게 쓰기 등이 있다.

- 통제된 쓰기
  - 표, 도표, 그림이나 사진 보고 쓰기, 어순 배열하기, 문장 연결하기
  - 질문 대답하기, 지시대로 바꿔 쓰기, 빈칸 완성하기
- 유도된 쓰기
  - 예시문을 이용한 유도된 쓰기, 빈칸 완성하기, 응답쓰기

① 돈이 많으면 행복하다.	
② 백화점에서 사면 시장보다 비싸다.	No!!
③ 좋은 대학을 졸업하면 취직이 잘 된다.	
④ 공부하는 시간이 길면 공부를 잘할 수 있다.	
사람들은 보통 ＿＿＿＿＿＿＿＿＿＿＿＿＿＿＿ -는다고 하면 하나같이 ＿＿＿＿＿＿＿＿＿＿＿＿＿＿＿ -는다고 생각하지만 저는 그렇지 않다고 생각해요. 왜냐하면 ＿＿＿＿＿＿＿＿＿＿＿＿＿ -기 때문이에요.	

〈유도된 쓰기의 예-반대 의견 쓰기(함께 배우는 건국 한국어 5)〉

- 자유쓰기
  - 읽기, 듣기 또는 시청각 자료 등에서 제시된 내용에 대한 자신의 견해 쓰기
  - 제목 주고 글쓰기, 문학 창작 활동 등

■ 참고문헌 ■

강현화 외(2003), 『대조분석론 : 한국어·스페인어 문형 대조를 바탕으로』, 역락.

강현화(2007), "한국어교육·한국학 교육과정 분석 및 발전방향" 아태연구 28, 경희대학교 아태지
      역연구원

강현화(2007), "한국어교육학 내용학의 발전방향 모색" IAKLE 제17차국제학술대회. 국제한국어
      교육학회

강현화·이미혜(2012), 『한국어교육론』, 한국방송통신대학교 출판부.

국립국어원 저(2009), 『한국어교육의 이해』, 한국문화사.

김하수(2004), "외국어교육학으로서의 한국어교육학"이중언어학회 2004년 학술대회 발표문.

민현식(2005), "한국어교육학 개관", 『한국어교육론1』, 국제한국어교육학회 편, 한국문화사,
      pp.13-27.

백봉자(2001), 「교재와 교수법을 통해 본 한국어교육의 역사와 과제」,
      『외국어로서의 한국어교육』 25·26, 연세대학교 언어교육연구원 한국어학당.

최정순(2007), 한국어교육의 정체성과 발전 방안,
      이중언어학회 제20차 전국 학술대회 춘계대회 발표 자료집

한송화(2006), 외국어로서의 한국어 문법에서의 새로운 문법 체계를 위하여,
      한국어교육 17-3, 357-379.

■ 주요 용어 ■

언어능력, 의사소통 능력, 문법적 능력, 사회언어학적 능력, 담화 능력, 전략적 능력,
외국어로서의 한국어교육, 한국어교육학

2장 한국어교육과정론

| 학습목표 |

1. 교육과정의 일반적인 사항을 이해하고, 한국어 교육 현장에서의 교육과정의 적용에 대해 이해하며, 학습자 중심의 교육 과정의 설계 방법을 알아본다.
2. 교육과정의 주요 개념을 살펴보고, 다양한 교수요목 설계에 대해 알아본다. 그리고 한국어 교육과정 내에서의 특수 목적 교수과정에 대해 다룬다.

Ⅰ. 한국어 교육 과정의 개념과 설계 원리

1. 한국어 교육과정의 개념

1) 교육과정의 일반적 개념

교육과정은 교육목표, 교육내용, 교수방법, 교재, 교육평가에 대한 안내와 교수학습의 전체적인 계획표를 말한다.

2) 한국어의 개념

- 국어(National Language)는 '국가의 언어'라는 뜻으로 이 용어를 쓰는 사람에 따라 각각 다른 언어를 가리킬 수 있으나 한국 사람들에게는 한국어를 가리킨다. 한국어(Korean)는 세계의 다른 언어들과 구별되는 고유명사로서 한국에서 사용되는 언어로 주로 대외적으로 사용된다.
- 제1언어(First Language)는 모국어를 말하며 제2언어(Second Language)는 모국어가 아닌 다른 언어로 통용되는 나라에서 살고 있을 때 그 나라에서 통용되는 언어를 말한다. 외국어(Foreign Language)는 다른 나라의 언어로 제2언어가 아닌 언어이다.
- 외국어로서의 한국어 (KFL: Korean as a Foreign Language)와 제2언어로서의 한국어 (KSL: Korean as a Second Language)는 결혼 이민자, 중도 입국 학생, 이주 노동자 등 한국사회에 정착할 목적으로 한국어를 익혀야 하는 사람들이 급증하면서 더 이상 외국어로서의 한국어가 아니라 제2언어로서 한국어를 학습해야 하는 사람들이 많아지고 있다.

3) 한국어 교육과정의 개괄적 목표

일반 외국인 성인 학습자 대상의 교육과정은 주로 일상생활 속에서 한국어로 소통할 수 있는 의사소통 능력을 신장시키는 것을 목표로 하고, 학령기 학생 대상의 교육과정은 일상생활과 학교생활을 해 나가는 데 필요한 기본적인 의사소통 능력 + 교과를 학습하는 데 기초가 되는 학습 도구로서의 한국어 능력 + 교과의 학습에 적용하는 데에 필요한 한국어 능력까지를 목표로 한다.

2. 한국어 교육과정의 설계 원리

1) 외국어 교육의 기본 원리(5C의 원리)

① 의사소통(Communication) : 대화, 정보 교환, 감정 표현, 의견 교환
② 문화(Culture) : 목표 언어의 문화에 대한 이해와 지식
③ 연계성(Connection) : 다른 학과목과의 연계
④ 비교(Comparisons) : 언어와 문화의 본질 통찰
⑤ 공동체(Community) : 다문화 사회에의 참여

2) 한국어 표준 교육과정 개발의 원리 - 국립국어원(2010)

① 내용의 포괄성 : 개인, 공공, 직업 영역에서의 의사소통을 목적으로 학습자가 배워야 하는 언어 행위와 그 행위를 위해 계발해야 하는 지식, 기능 및 문화적 능력을 포괄적으로 기술하고, 각 학습 단계별 능력 수준을 규정해야 한다. 개개의 등급 범주와 목표 및 내용은 한국어 학습자에게 능력(지식, 기능, 태도)에 대한 분명한 표상을 보여 주어야 하며, 이를 통해 학습자가 목표에 도달하였을 때 자신의 학습 진척을 기술 체계의 범주로 설명할 수 있어야 한다.
② 사용의 편리성 : 표준 교육과정은 사용자가 쉽게 이해하고 사용할 수 있는 형태로 제작하여야 한다. 또한 정보 이해력을 높이기 위해 기술 내용은 뚜렷한 목표와 명확한 주제를 제시하여야 한다. 각기 다른 환경에 있는 사용자들이 실제로 사용할 수 있게 하려면 전달 내용이 분명해야 하고, 의도하고자 하는 바가 명시적으로 드러나는 문장으로 기술해야 한다. 사용자가 각자의 환경과 수준에 맞는 교육과정을 쉽게 선택할 수 있도록 사용자의 입장을 고려한 내용을 구체적이면서 간결하게 적도록 한다.
③ 자료의 유용성 : 국제적으로 통용 가능한 표준 교육과정은 다양한 교육 환경에 실제 적용 가능한 유용하고 현실적인 내용으로 구성되어야 한다. 즉, 학습자의 요구, 학습 동기, 개별 성향에 따른 다양한 목적과 목표 설정에 유용해야 하며 학습 목표의 설정이나 학습 내용 선정, 교육 자료의 선택 및 제작, 평가 등에 실제 적용 가능한 것이어야 한다. 표준 교육과정은 다양한 교육 기관 및 교육 집단을 대상으로 한 요구 분석 결과를 토대로 한국어 교수 학습 능력을 제고할 수 있는 방안을 모색할 수 있는 기초 자료로서의 역할이 전제되어야

한다. 학습자의 일상생활 속의 요구와 관련된 언어 지식과 기술에 초점이 맞춰져야 하며 교육 기관, 교육 설계자 등의 교육 환경에서 필요로 하는 실질적 요구에 맞게 설계되어야 한다.

④ 적용의 융통성 : 국제적으로 통용될 수 있는 교육과정은 표준적이고 범용성이 있어야 한다. 여기에서 범용의 한 축은 다양한 변인에 맞게 개작될 수 있음을 의미하는 것으로 상이한 조건과 상황에서도 사용할 수 있도록 개작이 가능해야 한다. 포괄적이고 명확한 공동의 기반을 제공하고자 하지만, 유일한 통일체계를 강요하는 것이 아니라 상황에 따라 유연하게 적용할 수 있는 개방적이고 융통성 있는 체계를 목표로 한다.

II. 한국어 교육 과정의 설계 절차 및 교수 원리

1. 한국어 교육 과정의 설계 절차

학습자의 요구 조사

· 학습자들이 무엇을 어떻게 배우고 싶어하는가 등에 대한 요구 조사 분석
· 이전 : 학습 목적, 희망 내용, 학습자 모국어, 연령 등 객관적 내용 조사 중요
  현재 : 학습자의 학습 전략, 선호 활동 유형 등 주관적 요구 파악도 중요
  기타 : 교육 환경, 학급 규모, 교사 자질 등
· 과제 수행을 중심으로 교수요목을 설계할 때 가장 기본적으로 요구되는 절차
  문법적 교수요목 설계시 : 문법의 복잡성, 난이도, 사용 빈도, 교육적 편의 고려
  과제중심 교수요목 설계시 : 교수항목의 선정과 배열에 객관적 기준 확보를 위해 학습자가 실제 의사소통 상황에서 필요로 하는 것에 대한 조사가 절대적으로 요구됨

요구 조사 방법 : 설문 조사, 자가 진단, 면접법, 회의법, 관찰법, 언어 자료 수집법, 과제 분석, 사례 연구, 정보 분석

↓

교육 목적 및 목표 설정
· 요구 조사에 근거하여 교육 목적 및 목표 설정 · 학습자 요구뿐 아니라 교사, 정책 입안자, 학부모, 고용주 등의 요구 반영 · 교육목적 : 교육의 최종적 도달점에서 이루게 되는 종합적, 장기적 지향점   교육목표 : 목적에 도달하기 위한 과정에서 이뤄내야 하는 단편적, 단기적 지향점 · 교수요목 설계, 교재 구성, 교사의 수업 진행에 방향성과 일관된 논리적 틀 제공
* 교육 목표 진술 시 고려 사항(Brown, 1995) – 학습 결과를 진술한다. – 교육과정의 목적에 부합해야 한다. – 명확해야 한다. – 실행 가능한 것이어야 한다.

* 한국어 교육의 목표
  - 발음 : 거의 모국어 화자와 가깝게
  - 문법 : 비문이 아닌, 장문 생산
  - 언어기능 : 4기능을 자유자재로 사용
  - 의사소통 : 상황에 맞게 대인관계에서 원활한 의사소통
  - 경어법 : 한국의 경어법에 맞게
  - 문화 : 한국 문화 이해와 자국의 문화와 비교

↓

교육 내용의 범주 결정

· 교육목적과 목표를 실현하기 위해 교육해야 할 주요 교육 내용의 범주 결정
· 언어 구조에 대한 이해가 교육 목표이던 시기 : 어휘, 문법, 발음 등이 주요 내용 범주
  의사소통 능력 개발이 교육 목표인 현재 : 언어적 범주 + 기능, 과제, 문화, 내용 등

↓

교육 내용 선정 및 방법 결정

· 범주가 결정되면 교육 내용을 구체화하고, 교육방법을 결정해야 함
· 교육 내용 선정 시 교육 자료 및 활동의 선정이 포함
· 교육 자료 : 교재나 수업의 가장 기본적 요소로 교육에 초점 제공
  교육 활동 : 학습 목표 달성에 가장 효과적, 많은 의사소통 기회 제공이 가능한 내용
  교육 방법 : 학습자의 이해와 발화를 끌어내는 과정과 그 안의 교사와 학습자 역할 포함
· 기타 : 학습자나 교육 환경의 변인에 대한 고려

- 필수 과목 : 회화, 문자와 표기, 듣기, 발음과 음운론, 형태론, 통사론, 어휘론, 의미론, 화용론, 한국문화론, 독해, 작문
- 선택 과목 : 한국 문학의 이해, 한국어 교수법, 한국어 교재론, 한국어교육 평가론, 이중/다중 언어 교육 이론, 심리언어학,
  사회언어학, 대조분석론, 매체 언어론, 교육 실습, 고전 작품 선독, 번역과 통역론, 무역과 외교언어론, 한국의
  역사, 한국의 역사와 지리

↓

교육 내용의 배열 및 조직

· 선정된 교육 내용의 배열과 조직
· 전통적 방법 : 문법을 간단 → 복잡 / 쉬운 것 → 어려운 것 / 높은 사용빈도 → 낮은 빈도
  의사소통적 관점 : 학습자의 요구와 사용빈도가 중요한 변수
· 교육내용 배열 : 거시적 배열 VS 미시적 배열

↓

평가 방법 설계

· 교육 내용과 방법, 과정 등을 언제 어떻게 평가할 것인가
· 평가의 목적 : 학습자의 성취도와 교육의 효율성 측정, 개선점을 찾기 위한 것
· 교수요목 설계 단계 시 형식적 평가와 비형식적 평가가 함께 이루어지도록 설계 필요
· 학습자에 의한 평가도 고려할 사항

2. 한국어 교재 구성 및 교수의 주요 원리

1) 한국어 사용 중심으로 한국어 교육을 실시해야 한다

한국어 교육이 상호활동을 통한 실제 의사소통 중심의 교육이 되어야 한다는 것이다. 이를 위해서 짝 활동, 소그룹 활동, 전체 그룹 활동 등을 다양하게 개발하여 사용해야 한다. 짝 활동과 소그룹 활동은 전체 그룹 활동과 비교할 때 보다 많은 상호활동의 기회를 제공하며 언어 기능의 발달에 초점을 둔 정보 결합 활동 등을 통해 의사소통의 질을 증진시킨다. 또한 동료들과의 협력 학습을 통해 불안감을 약화시키며, 활동 참여 인원수를 줄임으로써 학습자의 자율과 책임감을 높인다. 그리고 개인화된 교수로 나아갈 수 있다는 장점이 있다.

2) 과제 수행 중심으로 교육을 실시해야 한다

실제적 과제는 교실 밖의 세계에서 일어나고 있는 과제를 교실 활동으로 도입한 것, 교육적 과제는 실생활에서는 발생할 가능성은 없으나 교육적 목적에서 교실 활동으로 도입한 과제를 말한다. 교육적 과제는 학습자의 내적 습득 과정을 자극하여 이후 실제적 과제 수행력을 높이는 역할을 하기 때문에 언어 교실에서 완전히 배제하는 것은 어려운 일이다. 따라서 교육적 과제 수행을 바탕으로 좀 더 실제적 과제를 수행할 수 있는 능력을 갖출 수 있도록 과제를 배열해야 한다.

3) 형태에 대한 이해와 연습에 기반하여 과제를 수행하도록 교육과정을 설계해야 한다

언어 사용 중심의 교육을 하더라도 문법 규칙을 이해하고 학습자가 내재화할 수 있도록 연습의 단계를 거치는 것이 중요하며, 궁극적으로는 이렇게 익힌 문법 규칙을 언어의 실제적 사용으로 전이시킬 수 있도록 유도해야 한다.

4) 절충주의적인 교수법을 사용해야 한다

학습자와 교사, 학습의 장 등 변인을 고려하여 다양한 교육 과정과 교수법을 개발하여 활용해야 한다. 즉, 의미와 구조, 직관과 분석, 연역적 교수와 귀납적 교수, 내적 동기와 외적 동기, 기계적 연습과 유의적 연습, 정확성과 유창성, 오류 부정과 오류 인정 등 상반되는 개념을 대립적 관계가 아닌 상호보완적 관계로 파악하여 적절히 활용해야 한다.

5) 유의적(Meaningful) 교육을 실시해야 한다

학습은 기존의 인지 개념, 혹은 명제에 새로운 항목을 연관시켜 가는 유의적 과정이다. 따라서 언어 교육 역시 언어만 교육하는 것이 아니라 그 언어가 사용되는 의미 범주, 맥락 속에서 교육해야 하며, 교육 내용은 학습자가 이미 가지고 있는 지식구조나 기억 체계와 연결될 수 있도록 교육되어야 한다.

6) 과정 중심의 교육을 실시해야 한다

교육이 유의적이고 과정 중심적이 되기 위해서 과제는 '준비 단계 → 활동 단계 → 활동 후 단계'로 구성되어야 한다. 과제는 지금껏 배워 알고 있는 언어 지식을 최대한 활용하여 자신이 표현하고자 하는 의미, 수행하고자 하는 기능을 효과적으로 수행할 수 있도록 최적의 조건을 만들어 주고 그 바탕 위에서 학습자들이 언어 수행을 할 수 있도록 하는 것이다.

7) 학습자 중심의 교육을 실시해야 한다

학습자의 요구와 학습 목표에 대한 조사를 바탕으로 교육 과정이 설정되어야 한다. 교육 방법이나 절차도 학습자의 이전 학습 스타일 등을 고려하고 학습자에게 자신이 학습할 내용과 방법의 결정에 참여할 기회를 부여한다. 이를 통해 학습에 대한 학습자들의 자율적, 능동적 참여를 이끌어낼 수 있다.

8) 문장 단위를 넘어서 담화 차원의 교육을 실시해야 한다

다양한 발화 유형을 이용해 여러 종류의 이야기 문법에 익숙해지도록 하고, 담화 유형마다 독특하게 사용되는 전형적인 담화 표지 등에 대한 교육이 필요하다. 또한 한국어 담화 공동체가 기대하고 요구하는 담화의 형식에 맞추어 말을 하고 글을 쓸 수 있도록 교육해야 한다. 또한 구어와 문어의 차이를 가르치고 연습을 통해 구별해서 사용할 수 있도록 해야 한다.

9) 듣기, 말하기, 읽기, 쓰기 기술을 통합하여 교육해야 한다

의사소통적 기능을 수행하기 위해 '듣기-말하기, 읽기-쓰기, 읽기-말하기, 듣기-쓰기' 등과 같이 둘 이상 언어 기술의 통합교육이 되어야 한다. 학습의 효과 측면에서도 하나의 기술 훈련이 다른 기술을 강화하는 역할을 하므로 네 기술은 통합되어 교육되어야 한다.

10) 목표어 문화에 대한 교육을 실시해야 한다

초기 교육 단계부터 목표어 문화에 대한 교육이 중요하게 다루어져야 한다.

11) 언어 내용 교육뿐만 아니라 학습자의 소통 전략이나 학습 전략의 개발 및 배양에도 관심을 기울여야 한다

소통 전략은 의사소통의 효율성을 높이고 소통에 장애가 생겼을 때 이를 보상하거나 피해 가기 위해 사용하는 전략이고, 학습 전략은 학습자가 보다 효과적인 학습을 위하여 사용하는 전략을 말한다. 전략은 학습의 효율성을 높여주고 의사소통의 효율성과 가능성에 큰 영향을 미친다.

III. 한국어 교육 과정의 교수요목

1. 언어 교육에서의 교수요목 설계의 원리

① 계획하기 단계에서 객관적 욕구와 관련된 자료 수집이 먼저 이루어져야 한다.

② 교수 활동이 이루어지기 전에 학습자 등급 매기기가 적절하게 이루어져야 한다.

③ 학습 집단을 구성하는 기준으로 언어 숙달도를 절대적인 기준으로 생각해선 안 된다.

④ 언어 학습의 내용을 선정하기 위해 분명한 기준과 준거점이 마련되어야 한다.

⑤ 강좌 초기에 선정한 내용에 지나치게 매달려선 안 된다.

⑥ 학습 내용과 방법을 선정할 때 학습자의 주관적 욕구를 중시하여야 한다.

⑦ 초급 학습자들에게 두 언어 사용 도우미(Bilingual Helper)의 활용을 적극 권장해야 한다.

⑧ 교사와 학습자의 학습 방법에 대한 부조화를 해결하기 위해 적극 노력하여야 한다.

⑨ 평가는 교육 과정 절차의 마지막이 아니라, 다른 교육 과정 활동과 병행되도록 해야 한다.

⑩ 교사와 학습자 모두 자기 평가를 하도록 하고, 교육 과정의 모든 요소가 평가의 대상이 되어야 한다.

2. 교수요목(Syllabus)의 유형과 한국어 교재 - 조항록(2002)

교수요목이란 교육 내용과 순서의 개요를 말하는 것으로, 교재 구성의 근간이 되는 것이다. 단순히 교육 내용만 포함된 전통적 교수요목에서 벗어나, 현대는 과정중심의 교수요목이 등장하면서 교육 내용뿐 아니라 교육 방법까지 포함하게 되었다.

교수요목	기본 개념	한국어 교재와의 관련성
구조 교수요목	·음운, 문법 등 언어 구조 중심 ·난이도가 낮은 것부터 높은 것으로, 빈도수가 많은 것으로부터 적은 것으로, 의미 기능이 간단한 것에서 복잡한 것으로 배열한다.	1990년대 중반까지의 주된 교수요목
상황 교수요목	·언어활동 장소나 상황을 중심으로 ·식당에서, 길에서, 지하철역에서, 시장에서와 같이 발화 장면을 중시한다.	최근에 일부 교재에서 중심적인 교수요목으로 채택
주제 교수요목	·등급에 맞춰 채택된 주제를 중심으로	최근 개발되는 한국어 교재에서 주로 채택
기능 교수요목	·소개하기, 설명하기, 요청하기, 제안하기 등 언어활동의 기능적 측면을 중심으로 ·주로 주제 교수요목과 연계되어 사용된다.	최근 개발되는 교재에서 때때로 채택

개념 교수요목	·물건, 시간, 거리, 관계, 감정, 용모 등과 같이 실생활 관련 주요 개념을 중심으로 ·유용성이나 친숙도에 따라 배열한다.	때때로 주제 교수요목 일부가 포함
기능기반 교수요목	·대의 파악, 주제 파악, 화자 의도 파악하기, 추론하기 등과 같이 언어 기능 중 특정 기능을 중심	주로 이해 기능으로, 현재까지 채택된 사례를 찾기 어려움
과제기반 교수요목	·지시에 따르기, 편지쓰기, 면접하기, 신청서 작성하기 등과 같이 실생활 과제를 중심으로	주제 교수요목 등과 함께 때때로 채택
혼합 교수요목	·둘 이상의 교수요목을 함께 활용하며 엄밀한 의미에서 최근 대부분의 교수요목이 이에 속한다.	최근 개발되는 교재들이 주로 채택

3. 주요 교수요목의 장점과 단점 - 한재영(2005)

① 구조 교수요목의 장점과 단점
- 장점

  학습자가 언어의 형식적인 면을 내재화한 후 자동적으로 교실 밖에서 이를 이용할 수 있으며 구조주의적 관점으로 언어교육의 첫 번째 목적인 학습자의 언어규칙 이해를 돕는다.
- 단점

  언어 형태와 의미·기능 사이에 언제나 일대일 관계가 존재하는 것이 아님을 간과하고 있으며, 맥락이 결여된 고립된 문장을 나열하여 실제 의사소통 능력에는 도움을 주지 못한다. 문법항목 배열에 주요 기준인 난이도, 문법적 복잡성은 학습자 인식, 학습자의 학습시기에 따라 다를 수 있다.

② 개념, 기능적 교수요목의 장점과 단점
- 장점

  나선형 교육과정을 중시하고 학습의 효율적 확장을 꾀하며, 실제 의사소통에 필요한 개념과 기능표현을 위해 학습자의 의사소통을 내적으로 동기화하는 데 도움을 준다.
- 단점

  문법적 교수요목과 마찬가지로 개념과 기능 목록을 나열했을 뿐, 언어가 학습되는 방법을 설명하지 못하고, 교수요목의 구성목록이 문법에서 개념과 기능으로 바뀌어 언어개념과 기능, 예시문 목록의 나열에 불과해 학습자의 의사소통 능력향상에 도움을 주지 못한다. 또한 어떤 개념과 기능을 어떤 순서에 의해 선택하고 배열할 것인가에 대한 객관적 근거가 희박하다.

③ 과제 중심 교수요목의 장점과 단점
- 장점

언어를 특정 형태나 개념, 기능 등으로 나누지 않고, 총체적 결합된 덩어리로 제시한다. 학습자가 실생활에서 수행할 가능성이 높은 과제를 중심으로 교육내용을 구성하여 학습자의 의사소통 욕구를 내적으로 동기화하는데 큰 도움이 되고, 실제 의사소통 능력 증진에 도움이 된다.

- 단점

교수요목이 언어의 형태적 측면을 무시하고 언어 수행 차원의 과제를 중심으로 구성되어 언어 사용의 정확성을 기르는데 관심이 없다. 따라서 문법에 대한 보완이 시도되거나 교실에서 형태에 초점을 맞춘 교육이 실시되기도 한다.

교수요목 활용 수업의 예				
내용범주교수요목	주제	기능	과제	문법
과제중심 교수요목 (의사소통중심)	소개	소개하기	* 처음 만난 사람과 인사하고 이름, 국적, 직업 정보 교환하기 * 처음 만난 사람들에게 자신의 이름, 국적, 직업에 대해 진술하기 * 명함을 읽고 이름, 직업 파악하기	-(이)ㅂ니다 -(이)ㅂ니까 -ㅂ/습니다 -ㅂ/습니까 -(으)십니까 -(으)십니다
형태를 고려한 과제중심 교수요목 (문법)	소개	소개하기	* 처음 만난 사람과 인사하고 이름, 국적, 직업 정보 교환하기 * 처음 만난 사람들에게 자신의 이름, 국적, 직업에 대해 진술하기 * 명함을 읽고 이름, 직업 파악하기	-(이)ㅂ니다 -(이)ㅂ니까

Ⅳ. 한국어 교육과정의 목표

* '국제통용 한국어 표준 교육과정'을 활용한 교육과정 설계 절차.

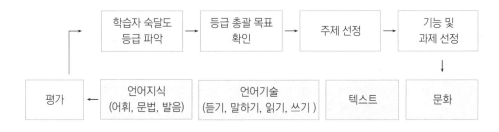

1. 국제통용 한국어 표준 교육과정 4단계 최종 등급별 총괄 목표

등급		총괄 목표
초급	1급	정형화된 표현을 이용해 일상생활에서 매우 간단한 의사소통(자기소개, 인사, 물건 사기 등)을 할 수 있다. 기초적 어휘와 간단한 문장을 이해하고 사용할 수 있다. 가장 기본적인 한국의 일상생활 문화를 이해하고 자국의 문화와 비교할 수 있다.
	2급	기초 어휘와 단순한 문장을 이용해 일상생활에서 자주 마주치는 간단한 문제를 해결할 수 있다. 일상생활에서 자주 다루는 개인적·구체적 주제에 대해 간단하게 의사소통할 수 있다. 기본적인 한국의 일상생활 문화를 이해하고 자국의 문화와 비교할 수 있다.
중급	3급	일상생활에서 자주 마주치는 문제를 대부분 해결할 수 있으며, 친숙한 사회적 맥락에서 요구되는 과제를 어느 정도 해결할 수 있다. 친숙한 사회적·추상적 주제와 자신의 관심 분야에 대해 간단하게 의사소통할 수 있다. 문어와 구어를 어느 정도 구분해 사용할 수 있다. 대부분의 한국의 일상생활 문화와 대표적인 행동 문화, 성취 문화를 이해하고 자국의 문화와 비교할 수 있다.
	4급	친숙한 사회적 맥락에서 요구되는 과제를 대부분 해결할 수 있으며, 자신의 직업과 관련된 기본적인 업무를 처리할 수 있다. 친숙한 사회적·추상적 주제와 자신의 관심 분야에 대해 비교적 유창하게 의사소통할 수 있다. 문어와 구어를 적절히 구분해 사용할 수 있으며, 대상과 상황에 따라 격식체와 비격식체를 구분하여 사용할 수 있다. 한국의 대표적인 행동 문화, 성취 문화를 이해하고 자국의 문화와 비교할 수 있다.
고급	5급	덜 친숙한 사회적 맥락에서 요구되는 과제를 어느 정도 해결할 수 있으며, 자신의 업무나 학업과 관련된 기본적 의사소통 기능을 수행할 수 있다. 친숙하지 않은 사회적·추상적 주제 및 자신의 직업이나 학문 영역에 대해 간단하게 의사소통할 수 있다. 공식적인 맥락에서 격식을 갖추어 의사소통할 수 있다. 한국의 다양한 행동 문화, 성취 문화 및 대표적인 관념 문화를 이해하며 자국의 문화와 비교하여 문화의 다양성과 특수성을 이해할 수 있다.
	6급	덜 친숙한 사회적 맥락에서 요구되는 과제를 적절히 해결할 수 있으며, 자신의 업무나 학업과 관련된 의사소통 기능을 어느 정도 수행할 수 있다. 친숙하지 않은 사회적·추상적 주제 및 자신의 직업이나 학문 영역에 대해 비교적 유창하게 다룰 수 있다. 한국인이 즐겨 사용하는 담화·텍스트 구조를 적절히 이용할 수 있다. 한국의 다양한 행동 문화, 성취 문화, 관념 문화를 이해하며 자국의 문화와 비교하여 문화의 다양성과 특수성을 이해할 수 있다.

2. 국제통용 한국어 표준 교육과정의 주제

개인 신상 : 이름, 전화번호, 가족, 국적, 고향, 성격, 외모, 연애, 결혼, 직업, 종교 등
주거와 환경 : 장소, 숙소, 방, 가구·침구, 주거비, 생활 편의 시설, 지역, 지리, 동식물 등
일 상 생 활 : 가정생활, 학교생활 등
쇼   핑 : 쇼핑 시설, 식품, 의복, 가정용품, 가격 등
식 음 료 : 음식, 음료, 배달, 외식 등
공공 서비스 : 우편, 전화, 은행, 병원, 약국, 경찰서 등
여가와 오락 : 휴일, 취미·관심, 라디오·텔레비전, 영화·공연, 전시회·박물관, 독서, 스포츠 등
일 과 직 업 : 취업, 직장생활, 업무 등
대인 관계 : 친구·동료·선후배 관계, 초대, 방문, 편지, 모임 등

건 강 :	신체, 위생, 질병, 치료, 보험 등
기 후 :	날씨, 계절 등
여 행 :	관광지, 일정, 짐, 숙소 등
교 통 :	위치, 거리, 길, 교통수단, 운송, 택배 등
교 육 :	학교 교육, 교과목, 진로 등
사 회 :	정치, 경제, 범죄, 제도, 여론, 국제 관계 등
예 술 :	문학, 음악, 미술 등
전 문 :	분야 언어학, 과학, 심리학, 철학 등

3. 국제통용 한국어 표준 교육과정의 기능 분류

범주	항목
정보 요청하기와 정보 전달하기	설명하기, 진술하기, 보고하기, 묘사하기, 서술하기, 기술하기, 확인하기, 비교하기, 대조하기, 수정하기, 질문하고 답하기
설득하기와 권고하기	제안하기, 권유하기, 요청하기, 경고하기, 충고하기/충고 구하기, 조언하기/조언 구하기, 허락하기/허락 구하기, 명령하기, 금지하기, 주의 주기/주의하기, 지시하기
태도 표현하기	동의하기, 반대하기, 부인하기, 추측하기, 문제 제기하기, 의도 표현하기, 바람·희망·기대 표현하기, 가능/불가능 표현하기, 능력 표현하기, 의무 표현하기, 사과 표현하기, 거절 표현하기
감정 표현하기	만족/불만족 표현하기, 걱정 표현하기, 고민 표현하기, 위로 표현하기, 불평·불만 표현하기, 후회 표현하기, 안도 표현하기, 놀람 표현하기, 선호 표현하기, 희로애락 표현하기, 심정 표현하기
사교적 활동하기	인사하기, 소개하기, 감사하기, 축하하기, 칭찬하기, 환영하기, 호칭하기

4. 국제통용 한국어 표준 교육과정의 문화교육 목표 및 내용 기술

1) 문화 목표 기술
① 한국의 일상생활 문화를 이해할 수 있다.
② 한국인의 생활방식을 이해할 수 있다.
③ 한국인의 가치관과 사고방식을 이해할 수 있다.
④ 한국의 근·현대문화와 전통문화를 이해하고 즐길 수 있다.
⑤ 한국의 정치, 경제, 사회, 문화 전반에 관한 제도를 이해할 수 있다.
⑥ 한국과 자국의 문화를 비교하여 문화의 다양성과 특수성을 이해할 수 있다.
⑦ 한국문화에 대한 자신의 태도나 견해를 가질 수 있다.
⑧ 한국문화와 관련된 일반적인 인식들에 대해 평가할 수 있다.

2) 문화 내용 기술
  ① 문화 지식
    – 한국인의 기본적인 의식주 문화를 이해한다.
    – 한국인의 교통, 기후, 경제 활동 등의 생활문화를 이해한다.
    – 한국의 가족 문화와 가족생활을 이해한다.
    – 한국인의 여가 문화와 개인적 문화 활동을 이해한다.
    – 한국 사회와 한국인의 사회적 활동을 이해한다.
    – 한국의 지리와 지역적 특성을 이해한다.
    – 한국의 전통 문화와 세시 풍속을 이해한다.
    – 한국의 정치, 경제, 사회, 문화, 교육 등 제도문화를 이해한다.
    – 한국의 역사 및 국가적 상징, 역사적 인물 등을 이해한다.
    – 한국인의 가치관과 사고방식을 이해한다.
  ② 문화 관점
    – 한국인의 의식주 문화를 자국의 문화와 비교·이해한다.
    – 한국인의 생활문화를 자국의 문화와 비교·이해한다.
    – 한국의 가족 문화를 자국의 문화와 비교·이해한다.
    – 한국인의 여가 문화를 자국의 문화와 비교·이해한다.
    – 한국 사회의 전반적인 특징을 자국 문화의 특징과 비교·이해한다.
    – 한국의 전통 문화와 세시 풍속을 자국의 문화 및 풍습과 비교·이해한다.
    – 한국 제도문화의 특징을 자국 문화의 특징과 비교·이해한다.
    – 한국인의 가치관과 사고방식을 자국의 가치관과 비교·이해한다.
    – 한국문화에 대한 자신의 태도나 견해를 가진다.
    – 한국문화와 관련된 일반적인 인식을 형성한다.

3) 문화의 세부 기술 (일부 항목)
  ① 일상생활 – 의생활 : 한국의 전통 의상, 상황에 따라 달라지는 옷차림
  ② 일상생활 – 언어생활 : 한국에서 자주 쓰이는 관용과 비유 표현
  ③ 정치 – 남북 관계 : 남북 교류(정상회담, 이산가족 상봉, 금강산 관광, 개성 공단 등)

5. 국제통용 한국어 표준 교육과정의 영역별 평가의 범주와 평가 목표

1) 듣기 평가의 범주와 평가 목표

평가 범주	평가 목표
문법적 능력	·한국어 개별 음운, 음운 현상에 대한 이해 능력 ·어휘의 의미와 쓰임에 대한 이해 능력 ·문법적 형태와 통사 구조에 대한 이해 능력
사회언어학적 능력	·발화의 상황과 기능 적절성에 대한 이해 능력 ·상대와 격식에 맞는 높임법 사용에 대한 이해 능력 ·관용 표현 등 사회문화적 지식을 필요로 하는 표현의 이해 능력
담화적 능력	·담화와 문맥 의미에 대한 이해 능력 ·담화 상황, 주제, 기능에 대한 이해 능력 ·적절하고 필요한 응집장치나 담화표지 사용에 대한 능력
전략적 능력	·발화 상황에 대한 적절한 대처 능력 ·담화 참여자로서의 역할을 효율적으로 관리, 전달하는 능력
과제 수행 능력	·주어진 과제의 요구를 파악하는 능력 ·과제에 맞는 내용을 제시하는 능력 ·자신의 과제 수행을 관리하는 능력

2) 말하기 평가의 범주와 평가 목표

평가 범주	평가 목표
문법적 능력	·자연스럽고 이해 용이한 발음과 억양 ·적절한 어휘의 사용 능력 ·정확하고 유창한 문법의 활용 능력
사회언어학적 능력	·상황과 기능에 맞는 언어 지식 사용 능력 ·상대와 격식에 맞는 높임법 사용 능력 ·관용 표현 등 사회문화적 지식을 필요로 하는 표현의 사용 능력
담화적 능력	·유창하고 자연스러운 이야기 구성 능력 ·담화 상황과 주제, 기능에 맞는 의미 구성 능력 ·적절하고 필요한 응집장치, 담화표지 사용 능력
전략적 능력	·발화 상황에 대한 적절한 대처 능력 ·담화 참여자로서의 역할을 효율적으로 관리, 전달하는 능력
과제 수행 능력	·주어진 과제의 요구를 파악하는 능력 ·과제에 맞는 내용을 제시하는 능력 ·자신의 과제 수행을 관리하는 능력

3) 읽기 평가의 범주와 평가 목표

평가 범주	평가 목표
문법적 능력	·한국어 철자에 대한 이해 능력 ·어휘의 의미와 쓰임에 대한 이해 능력 ·문법적 형태와 통사 구조에 대한 이해 능력
사회언어학적 능력	·텍스트의 유형과 기능 적절성에 대한 이해 능력 ·상대와 격식에 맞는 높임법 사용에 대한 이해 능력 ·관용 표현 등 사회문화적 지식을 필요로 하는 표현의 이해 능력
담화적 능력	·텍스트와 문맥 의미에 대한 이해 능력 ·텍스트 유형, 주제, 기능에 대한 이해 능력 ·적절하고 필요한 응집장치나 담화표지 사용에 대한 능력
전략적 능력	·내용·형식 스키마 등의 선험지식을 활용하는 능력 ·목적에 따른 전략을 활용하는 능력, 전달하는 능력
과제 수행 능력	·주어진 과제의 요구를 파악하는 능력 ·과제에 맞는 내용을 제시하는 능력 ·자신의 과제 수행을 관리하는 능력

4) 쓰기 평가의 범주와 평가 목표

평가 범주	평가 목표
문법적 능력	·한글 자모 쓰기 및 정확한 맞춤법 사용 능력 ·적절한 어휘의 사용 능력 ·정확하고 유창한 문법의 활용 능력
사회언어학적 능력	·텍스트 유형과 기능에 맞는 언어 지식 사용 능력 ·상대와 격식에 맞는 높임법 사용 능력 ·관용 표현 등 사회문화적 지식을 필요로 하는 표현의 사용 능력
담화적 능력	·유창하고 자연스러운 텍스트 구성 능력 ·텍스트 유형과 주제, 기능에 맞는 의미 구성 능력 ·적절하고 필요한 응집장치, 담화표지 사용 능력
전략적 능력	·내용·형식 스키마 등의 선험지식을 활용하는 능력 ·목적에 따른 전략을 활용하는 능력, 전달하는 능력
과제 수행 능력	·주어진 과제의 요구를 파악하는 능력 ·과제에 맞는 내용을 제시하는 능력 ·자신의 과제 수행을 관리하는 능력

6. 교육과정 효과성 측정

해당 교육과정이 효과적이었는지를 결정하기 위하여 효과에 대한 기준을 명확히 할 필요가 있다. 과정의 효과를 측정하는 다양한 방법이 있는데, 각각의 측정방법은 다른 목적으로 사용된다.

1) 목표달성 정도

특정 교육과정의 효과성을 측정하는 한 방법으로 '학생들이 그 목표를 어느 정도 성취했는지'를 묻는 것이 있다. 교육과정 내의 목적을 평가하고 각각의 목표에 대한 성취기준을 선택한다. 예를 들어, 말하기 기능 목표가 "그룹 토론에서 학생들은 그룹 내 다른 사람들의 말을 듣고 반응할 수 있다."라고 할 때 과정이 끝난 후에 학생들이 이 목표를 어느 정도 성취했는지는 그룹 토론 동안에 학생들이 의견을 듣고 반응한 정도를 기록함으로써 평가할 수 있다. 목표성취 평가에서 학생들의 성적이 나쁘다면 그 원인을 찾아야 할 것이다. 만약 학습자가 수업시간의 활동만으로 부족하다고 생각하여 개인수업을 받았다고 한다면 목표를 달성했다고 해도 프로그램이 효과적이었다고 할 수 없다.

2) 시험점수

목표의 성취를 평가하는 공식적인 테스트는 성취도를 측정하기 위하여 사용되는 가장 일반적인 방법이다. 일반적으로 언어학습의 과정 중에 혹은 과정 이수 후에 이루어지는 다양한 형태의 지필평가가 여기에 속하며 어느 정도 목표가 달성되었는가를 측정하기 위해 실시한다.

3) 수용도 측정

교사와 학생들에게 교육과정이 얼마나 수용적인가 하는 기준으로 평가하는 방법이다. 수량적으로 평가되는 형태의 시험을 통해 성공적으로 목표 달성도 하고 높은 수준의 수행이 이루어졌다 해도, 반대로 모두가 그 과정을 만족스러웠다고 해도 많은 학생이 코스의 목표를 달성하지 못한다면 어떻겠는가? 수용도는 교사와 학생의 평가에 의해 좌우되며 이것에 영향을 주는 요인은 시간표, 학급규모, 교재의 선택, 혹은 교사의 교수양식(Teaching Style) 등이 있다.

4) 재등록률

기관의 관점에서 볼 때 중요한 과정의 효과는 학생들이 얼마나 지속하는가이며, 이는 그 과정에 재등록하는 학생들의 비율로 측정된다. 만약 재등록률이 낮다면, 그것은 그 기관의 다른 과정에서도 나타나는 현상인가 아니면 오직 그 과정만 그런가를 검토해 봐야 할 것이다.

5) 과정의 효율성

과정이 제대로 개발되고 실행되어졌는가를 측정하는 것이다. 이것은 교육과정 계획과 교육과정 개발에 쓰인 시간, 차별화된 교재와 교사연수, 상담과 회의를 위해 요구되어지는 시간의 양, 과정 중 발생한 문제의 수와 관련이 되며, 이런 것들이 과정의 효율성을 측정하는 요소가 될 수 있다.

■ 참고문헌 ■

강승혜(2005), 교육과정의 연구사와 변천사. 국제한국어교육학회 (편), 한국어교육론 1. 서울: 한국문화사.

강승혜(2005), 한 국어 교재 연구, "한국어 교수법의 이론과 실제", 연세대학교 언어연구교육원 한국어 교사연수소.

김정숙(2002), 한국어 교수요목의 설계와 교재 구성. 박영순 편. 21세기 한국어교육학의 현황과 과제. 한국문화사.

김정숙(2005), 교육과정의 과제와 발전 방향. 국제한국어교육학회 (편.), 한국어교육론 1. 서울: 한국문화사.

민현식(2002), 언어교육과정의 구성요소와 교수요목의 유형. 21세기 한국어교육의 현황과 과제. 한국문화사.

민현식(2003). 국내 기관에서의 한국어 교육과정-표준교육과정의 내용 기술 방법론 -, 국제한국어 교육학회 제13차 국제학술회의 발표 논문집. 국제한국어교육학회.

심영택·위호정·김봉순 옮김(1995), 언어교수의 기본 개념. 도서출판 하우. (Stern, H. H., 1992. Fundermental Concepts of Language Teaching).

Brown, H. Douglas(2000), Principles of Language Learning and Teaching. Longman.

Brown, H. Douglas(2001), Teaching by Principles: An Interactive Approach to Language Pedagogy. Longman.

Brown, James Dean(1995), The Elements of Language Curriculum : A Systematic Approach to Program Development. Newbury House Teacher Development.

Jack C. Richards(2001). Curriculum Development in Language Teaching. Cambridge University press.

Graves, K. ed(1996), Teachers as Course Developers. Cambridge University Press.

Nunan, D.(1988), Syllabus Design. Oxford University Press.

Nunan, D.(1989), Designing Tasks for the Communicative Classroom. Cambridge University

3장 한국어평가론

| 학습목표 |

1. 언어 평가의 이론적 원리를 학습하고 외국어로서의 한국어능력 평가 문항 개발 시 고려해야 할 다양한 지침과 원칙들을 이해하며 이를 현장에 적용하여 평가 대상 및 목적에 맞는 한국어능력평가 도구를 개발하고 사용할 수 있도록 한다.
2. 언어 평가의 개념 및 목적과 기능, 언어 평가의 유형과 요건에 대해 살펴보고 평가도구의 개발과 절차, 기능별 평가는 무엇인지 알아본다.

Ⅰ. 교육평가의 기초

1. 교육평가의 개념

1) 평가(Evaluation)의 개념

평가는 검사(Testing), 측정(Measurement)이란 용어와 거의 같은 의미로 사용되며, 어떤 대상에 규칙을 가지고 가치를 부여하므로 단순히 측정과 평가를 동일시한다. 이때 평가의 핵심은 판단을 하는 것으로 '가치'에 근거하여 결정을 하는 것이다. 평가 과정에는 기준에 견주어 정보를 비교하고 판단하는 것이 포함된다.

2) 측정(Measurement)

측정은 양적 용어로 나타낸 평가로, 결과를 수치로 나타내는 것을 말한다. 점수나 등급 등을 살펴 얼마나 자주, 많이, 잘 하는가를 나타내 주며 평가의 모든 형태가 측정을 포함하는 것은 아니다. 숫자로 나타내기 어려운 정보가 있을 때는 측정의 결과가 평가의 공정성을 확보해 준다.

3) 사정(Assessment)

사정은 평가의 한 형태로 학습자들의 학습에 관한 정보를 수집하는 과정을 기술할 때 사용하며, 학습자들의 기술, 지식, 능력을 표집하고 관찰하는 모든 종류의 방법을 포함하기 때문에 검사나 측정보다는 광범위한 개념이다. 흔히 성적 사정, 졸업 사정이라는 표현은 성립할 수 있지만 성적 측정, 졸업 평가라는 용어가 성립하지 않는 것은 사정이 다르게 쓰이는 개념이기 때문이다.

4) 평가의 흐름

넓은 의미의 평가는 1920년대에 들어와 각종 학업성취도 측정을 위한 체계적인 검사가 활발히 연구되기 시작했고, 1940년대부터 교육평가의 개념도 측정도구가 발전됨에 따라 심화되기 시작했다. 교육평가의 관심대상이 전통적인 학업성취도 측정평가에서 확대되어 교육과정에 대한 평가, 교육결과에 대한 평가, 수업에 대한 평가의 세 가지 영역으로 세분되면서 교육평가의 개념이 구체화되기 시작했다.

5) 규준-참조 평가와 준거-참조 평가

① 규준-참조 평가(Norm-Referenced)

규준은 특정 집단이 보이는 수행의 전형적인 수준으로 개인의 원점수를 규준에 비교하여 집단의 평균치와 같은지 혹은 그 이상, 이하인지를 결정할 수 있다. 한 개인의 성취도가 여러 다른 사람들의 성취도에 참조되어 해석된다는 것이며 개인의 지위 서열이 상대적으로 매겨지는 것이므로 일반적으로 '상대평가'라고 불린다.

② 준거-참조 평가(Criterion-Referenced)

개인의 성취도를 볼 때 다른 사람들의 점수와 비교하는 것이 아니라 정해진 기준이나 수행의 표준에 따라 비교하는 것으로 특정 목표를 달성하였는지를 측정한다. 이 평가의 결과는 학습자가 최소한 어떤 조건하에서 무엇을 할 수 있고 무엇을 할 수 없는지를 정확하게 측정하므로 일반적으로 '절대평가'라고 불린다.

2. 평가의 기본 조건

1) 타당도(Validity)

타당도는 평가도구가 본래 측정하고자 하는 것을 얼마나 충실히 측정하고 있는지에 대한 정도를 의미한다.

① 내용 타당도(Content Validity)

내용 타당도는 특정 기능이나 학습된 특정 내용의 습득을 측정하기 위해서는 문항이 그 기능이나 학습 내용을 대표하는 것이어야 한다는 것이다. 따라서 어휘습득 측정을 위한 항목은 어휘에 대한 분석과 수준별 어휘선정 기준이 내용 타당도를 확보하는 전제가 된다.

② 구인 타당도(Construct Validity)

구인 타당도는 평가의 이론적 타당성을 의미하며, 이것은 측정하고자 하는 특성의 구성요인을 얼마나 충실히 측정하느냐 하는 것이다. 구인 타당도 검증에는 구인을 구명하고 가설을 설정한 후 그것을 경험적으로 실증하고 그 결과를 해석하는 일반적인 실험연구의 절차들이 적용된다.

③ 예언 타당도(Predictive Validity)

예언 타당도는 그 평가가 대상자의 미래 행동을 어느 정도나 예언해 주느냐의 정도를 나타내는 것이다. 이 때 사용되는 준거는 미래에 발생되는 행동특성으로, 만약 언어적성검사 점수가 높은 학습자가 언어학습 성취도에서 높은 점수를 얻었다면 그 검사는 예언 타당도가 높은 검사도구라고 볼 수 있다.

④ 공인 타당도(Concurrent Validity)

공인 타당도는 그 평가가 어떤 특정 준거와 어느 정도 일치하는가, 어느 정도 공통된 요인을 가지고 있는가 하는 것이다. 취업자에게 한국어능력 수준을 요구하는 기관에서 한국어능력시험(TOPIK) 점수로 대신하는 경우 한국어능력시험의 공인 타당도를 신뢰하기 때문이다.

2) 신뢰도(Reliability)

신뢰도는 어떤 측정 도구의 측정상의 정확성 또는 일관성을 지칭하는 개념으로, 타당도가 '무엇'을 측정하느냐에 관련된 개념이라면 신뢰도는 '어떻게' 측정하느냐에 관련된다.

① 재검사 신뢰도(Retest Reliability)

한 가지 측정도구를 동일 대상 집단에 두 번 실시하여 첫 번째 점수와 두 번째 점수 간의 상관계수를 통해 얻는 신뢰도이다. 그 측정도구가 얼마나 안정성 있게 측정하느냐를 나타내 주므로 안정성 계수(Coefficient of Stability), 피험자 신뢰도(Examinee Reliability)라고도 한다.

② 동형검사 신뢰도(Equivalent-form or Alternate-form Reliability)

사전에 두 개의 똑같은 동형검사지를 제작하여 동일 피험자에게 실시한 후 두 검사에서 나타난 점수사이의 상관계수를 산출해서 얻는 신뢰도이다. 여기서 얻는 상관계수를 등가계수(Coefficient of Equivalence), 도구안정성(Instrument Stability)이라고도 한다.

③ 내적 일관도(Internal Consistency)

검사를 구성하고 있는 부분검사 및 문항들에 대한 피험자의 반응이 일관적인가를 분석하는 신뢰도 추정방법으로, 하나의 검사는 여러 개의 부분검사로 이루어져 있고 또 개별문항들 역시 하나의 검사로 보는 전제하에서 신뢰도 추정이 이루어진다.

3) 실용도(Practicability)

실용도는 실제 검사 상황에서 얼마나 실용적으로 사용될 수 있는가에 대한 정도를 의미한다. 평가가 시행되기 위한 시간, 자원, 인력 등에 대한 것으로 경제성과 용이성이 있다.

경제성은 평가를 시행하고 채점하기 위한 시간과 비용을 고려해야 함을 의미하는 것이고, 용이성은 평가를 실시하기 쉽고 채점도 쉽게 가능한지에 대한 것을 의미한다.

3. 언어교육 평가의 목적

언어교육 평가는 프로그램의 다양한 측면에 초점을 둔다.(Sanders, 1992; Weir와 Roberts,

1994).

① 교육과정 평가

　　– 프로그램 계획과 구성의 질에 대하여 통찰력을 제공하는가?

② 교수요목과 프로그램내용 평가

　　– 얼마나 연관성 있고, 얼마나 어려우며, 얼마나 성공적인 시험이고 평가절차인가?

③ 수업 과정 평가

　　– 프로그램이 적절하게 구현되어져 있는지에 대한 통찰력을 제공하는가?

④ 교수자료 평가

　　– 특정한 자료가 학생들이 배우는 데에 도움을 주고 있는지에 대한 통찰력을 제공하는가?

⑤ 교사 평가

　　– 어떻게 교사가 교수행위를 진행하고, 프로그램을 어떻게 이해하고 있으며, 어떻게 가르치
　　　는가?

⑥ 교사연수 평가

　　– 교사들이 받은 연수가 적절한가?

⑦ 학생 평가

　　– 학생이 프로그램으로부터 배운 것이 무엇인가?

⑧ 학습자 동기 평가

　　– 학생들이 학교의 목적, 목표에 부합하도록 돕는 교사의 효율성은 어떠한가?

⑨ 기관 평가

　　– 어떤 행정적 지원이 제공되었고 교육자재는 무엇이며, 어떤 의사소통망이 채택되었는가?

⑩ 학습 환경 평가

　　– 학생들의 교육적 요구에 부응하는 환경인가?

⑪ 직무능력 개발 평가

　　– 학교체제가 직원에게 효율성을 증가시키기 위한 기회를 어느 정도 제공했는지에 대한 통찰
　　　력을 제공하는가?

⑫ 의사결정 평가

　　– 학교직원, 교장, 교사, 기타 구성원들이 얼마나 학습자에게 혜택을 주는 결정 여부를 판단
　　　하는 통찰력을 제공하는가?

II. 언어교육 평가의 유형

1. 평가목적별 유형

1) 성취도 평가

성취도 평가는 특정 기관에서 일정한 교과 과정을 학습한 학습자를 대상으로 그 교과 과정에 대한 성취 능력을 측정하기 위한 것으로 중간시험, 기말시험 등이 이에 해당한다.

성취도 평가는 학습 결과를 진단하고 평가 결과 분석을 통해 교육 과정과 지도법을 개선하는데 이용이 되며, 학습자 동기를 유발하고 자신감을 갖게 하는 등의 기능을 갖는다(김유정 외, 1998). 따라서 성취도 평가는 숙달도 평가와 달리 교사의 역할이 크다.

2) 숙달도 평가

숙달도 평가는 일정한 평가 기관에서 정해진 교과 내용이 없이 각 등급의 목표에 해당하는 소통 능력을 평가하는 것으로 학습자의 전반적인 언어 능력을 측정하는 것이다. 한국어능력시험(TOPIK), 영어의 TOEFL, TOEIC 등이 이에 해당한다. 보통 공신력 있는 기관을 통해 실시되며, 개별 과정, 단일 언어 기능에 국한해서 실시하면 안 된다.

3) 언어 적성검사

언어 적성검사는 학습자의 현재까지 발달된 언어학습에 관련된 능력을 측정하고 앞으로 새로운 언어 학습과정에서 얼마나 잘 할 수 있는가를 예측하고자 하는 평가유형이다.

성취도 검사와 적성 검사의 차이를 살펴보면 성취도 검사는 현재까지의 최종적인 능력을 측정한다면 적성검사는 앞으로 일어날 수행의 가능성을 측정하는 데에 목적이 있다는 점에서 다르다.

제2언어 학습과 관련해서는 언어학습 혹은 제2언어 학습에 얼마나 잠재적 능력을 갖추었는지를 측정하는 평가유형으로 Carroll & Sapon(1959)에서 제시한 MLAT(Modern Language Aptitude Test)와 Pimsleur(1966)에서 제시한 PLAB(Pimsleur Language Aptitude Battery) 등이 있다.

2. 기능별 평가 유형

1) 진단 평가와 배치 평가

① 진단평가(Diagnostic Evaluation)

교사가 학습자에게 교수·학습을 시작하기 전에 학습자들이 어떤 특성을 가지고 있는지를 파악하기 위한 평가로 사전 학습의 정도, 학습자의 지능, 적성, 학습에 대한 흥미와 적성 등을 분석한다. 진단평가를 통해서 교사는 학습 부진 요소나 결손 정도, 적절한 교수 학습 방법 탐색을 한 후 학습자의 특성, 단위 학습 목표나 교과 목표의 사전 달성 여부, 학습 목표와 밀접하게 관련된 출발점 행동 및 기능의 소유 여부 등을 파악할 수 있다. 학기 초나 단원을 시작하기 전에 실시한다.

② 배치 평가

학습자의 언어 능력을 평가하여 그 학습자의 언어 수준에 맞는 교육 프로그램에 배치하기 위해 사용되며, 보통 한 학기 프로그램을 시작하기 전에 실시되는데 언어 교육 기관에서는 배치 평가 결과를 토대로 학습자를 초급, 중급, 고급 등으로 구분하여 배치한다. 학습자의 전반적인 언어능력을 살펴보고 그 언어 수준을 측정하는 것이므로 통일된 시험지가 없고 각 기관에서 개별적으로 실시하는데, 쓰기와 듣기, 읽기, 말하기에 걸쳐 평가를 실시한 후 교사들이 의논을 하여 최종적으로 각 학습자의 급을 결정한다.

2) 형성평가(Formative Evaluation)

무엇이 잘되고 있는지, 무엇이 안 되고 있는지, 어떤 문제를 제기할 필요가 있는지를 찾기 위해 프로그램 개발 과정의 한 부분으로 수행되는 평가이다. 기본 과정 후 목표 달성도를 확인하기 위한 형성 평가를 실시하고 그 결과에 따라 보충 학습이나 심화·발전 학습을 한다.

형성 평가를 할 때 유의할 점은 첫째, 확인 학습의 개념으로 형성 평가를 실시하여 목표 도달도를 알아봐야 한다. 둘째, 형성 평가 문항은 본 학습 목표를 준거로 작성해야 한다. 셋째, 형성 평가 문항을 선다형으로만 작성하는 것은 지양해야 한다. 넷째, 형성 평가 방법은 다양하나 짧은 시간 내에 본 학습 목표를 정확히 확인할 수 있어야 한다는 것이다.

형성 평가의 방법은 다음과 같다.

- 학습 목표나 학습 과제, 학습자의 특성에 따라 다양한 방법으로 실시되어야 한다.
- 단서를 줄 수 있는 판서 내용이나 참고 자료를 제거하고 평가해야 한다.
- 형성 평가는 성적과 무관하나 학습에 도움을 주는 것이므로 그 중요성을 인식시켜야 한다.
- 계획된 시간에 문항을 풀 수 있도록 해야 한다.
- 빠르고 정확한 채점이 이루어져야 한다.
- 문항별로 즉시 확인하고 학습자에게 부족한 점을 보완해야 한다.
- 학습자의 능력별 성취를 알아보기 위해 개인별 확인이 필요하다.

3) 총괄 평가

교수·학습이 종결되는 시점에 교수·학습의 효율성, 교육과정의 효율성 등을 총체적으로 측정 평가하는 것으로, 형성평가가 '어떻게 변화하고 있는가'에 초점을 둔다면 총괄평가는 학습자가 '얼마나 변화했는가'에 초점을 두고 있다. 특정 수업이나 교육프로그램이 끝난 다음 그 수업이나 교육프로그램에 참여한 대상에 대한 정보를 수집·정리하여 'A·B·C·D·F' 혹은 '합격/불합격', '자격 인정·불인정' 등을 판정하는 것이다.

총괄 평가의 특징은 다음과 같다.
- 진단평가나 형성평가와는 달리 학습자의 학업성취도를 총괄적으로 평가한다.
- 학습 내용에 대한 교수의 효과를 판단하고 성적을 내고, 평점을 주며 서열을 결정한다.
- 평가의 빈도는 적으나 평가 시간은 형성평가에 비해 길다.
- 평가 목표는 일반화 가능성을 보다 포괄적이고 가시적인 목표로 갖는다.
- 학습자를 판정하여 등급을 정하고 분류하는 데 목적을 둔다.
- 다음 학습에 대한 성공적인 예언과 교수 방법 개선 및 집단 간의 학습효과를 비교한다.

4) 수행 평가(Performance Assessment)

수행평가는 학습자가 성취한 인지능력이나 기능을 나타낼 수 있도록 답안을 작성하거나 혹은 행동으로 나타내거나, 산출물을 만들도록 요구하여 그 과정과 결과를 알아보는 평가이다. 학습자의 창의적 사고력이나 문제해결력 등 고등정신기능을 기르고 자주적인 학습 능력을 신장시키기 위해 사용하는 질적 평가이다.

수행평가의 특징은 다음과 같다.
- 통제되거나 강요된 상황이 아닌 개방적이고 자연스런 실제 상황에서 수행된다.
- 학습자 스스로 정답을 작성하거나 행동으로 나타낸다.
- 교육의 결과뿐만 아니라 교육의 과정도 종합적이고 지속적으로 알아본다.
- 개인평가 및 집단평가도 중요시한다.
- 학습자의 학습과정을 진단하고 개별학습능력을 증진시킨다.
- 학습자의 전인적 발달과 성장을 중요시한다.

3. 방법별 평가 유형

1) 상대 평가와 절대 평가

① 상대 평가는 평가 대상자들의 실력을 비교하여 순위를 비교하는 것으로 규준지향평가라고 한다. 선발을 목적으로 하는 입시나 입사 시험에서 사용된다.
② 절대 평가는 특정 자격의 확인과 인정을 목적으로 하는 평가로 준거지향평가라고 한다. 성취해야 할 목표가 설정되어야 하며 평가도구의 내용타당도가 가장 중요하다.

2) 객관식 평가와 주관식 평가

① 객관식 평가는 선택형 문항으로 진행되며 채점 결과가 항상 일정하다는 장점이 있다. 진위형, 배합형, 선다형, 단답형, 완성형 등의 문항을 출제할 수 있다.
② 주관식 평가는 전문 지식에 기초한 주관적 판단에 의한 채점을 하기 때문에 채점 결과가 채점자와 시간, 장소 등에 따라 일정하지 않다. 자유작문이나 면접 시험이 이에 해당한다.

3) 직접 평가와 간접 평가

① 직접 평가는 실제적, 자연적인 상황에서 의사소통적인 언어 능력을 평가하는 것이다. 그러나 실제 평가에서 활용하기에는 어려움이 있다.

② 간접 평가는 언어 사용 능력을 간접적인 방식으로 측정하는 것이다. 시험지를 통해 필기로 측정하는 평가는 대부분 간접 평가에 해당한다.

4) 분리 평가와 통합 평가

① 분리 평가는 언어의 세부적 기능이나 요소를 각각 측정하는 평가로, 보통 말하기, 듣기, 읽기, 쓰기로 구분하는 경우가 많다. 또는 문법, 발음, 어휘, 표기법 등으로 구분하기도 한다.

② 통합 평가는 언어의 모든 측면을 함께 평가하는 것으로 실제 의사소통 상황에 맞게 언어를 이해하고 사용하는 능력을 평가한다. 그러나 언어의 모든 측면을 측정할 수 있는 통합 평가 방법에 대해 더 연구가 필요하다.

5) 속도 평가와 능력 평가

① 속도 평가는 언어의 유창성을 측정하기 위한 평가로, 정해진 시간 안에서 얼마나 많은 문항을 해결할 수 있는가를 본다.

② 능력 평가는 언어의 정확성에 중점을 둔 것으로, 시간은 충분히 제공하고 얼마나 정확하게 문항을 해결하는가를 본다.

Ⅲ. 언어평가 도구의 유형

1. 시험

다양한 종류의 시험이 교육과정의 마지막이나 중간에 학습의 변화를 측정하는 데 사용된다.

1) 시험의 종류

① 성취도 평가의 형태

제도적으로 마련된 시험으로 학생이 코스에서 배운 것들을 측정하도록 설계된 통과시험 같은 것으로 한국어능력시험과 같은 어학능력 시험이 이에 해당한다.

② 학생 기록, 지속적으로 이루어지는 사정과 같이 수집된 정보의 경우 기말고사를 보지 않고도 학생의 기말 성적과 등급을 매기는 데 활용한다.

시험의 장점으로는 첫째, 성취도를 직접적으로 측정할 수 있으며, 둘째, 학생의 수행평가를 할 때는 평가의 참조기준이 된다는 것이다. 반면 시험으로 측정된 학습 상의 변화가 직접적인 교수의 결과인지 아니면, 다른 요인과 관련이 있는지를 확실히 구분하기 어렵다는 점. 성취도 시험에서 점수가 안 좋을 경우에 그 원인이 선생, 교재, 학생 중 어느 것에 의한 것인지를 규정할 수 없다는 점 등이 단점으로 나타난다.

2. 비교분석

비교분석은 하나의 과정을 두 가지 유형의 방법으로 가르쳐서 학생 성취 결과를 비교하는 것으로, 둘 또는 그 이상의 다양한 교수조건의 효과를 비교한다.

비교분석은 관련된 모든 요인들을 조정하고, 엄격하게 조사한다는 장점이 있으나, 비교를 위해 교사를 인위적으로 통제할 때, 교사 통제가 현실적으로 어렵고 관련된 모든 변인을 통제하는 것이 불가능하기 때문에 믿을만한 결론을 얻기 힘들다는 단점도 있다.

3. 인터뷰

교사와 학생의 인터뷰는 과정이나 과정에 대한 교사와 학생의 생각을 수집하는 데 활용되며, 구조화된 인터뷰는 비구조화된 인터뷰보다 더 유용한 정보를 준다.

특정 질문에 대한 깊이 있는 정보들을 얻을 수 있다는 장점이 있으나, 시간이 많이 소모되기 때문에 학생, 교사의 표본만으로 인터뷰하는 경우가 많고 이런 경우 면접 대상자의 생각이 교사와 학생들의 생각을 대표하는지가 문제가 될 수 있다.

4. 설문지법

넓은 범위의 문제에 대해 교사와 학생의 생각을 이끌어 내는 데 사용되는 방법이다.

시행하기 쉬우며 여러 사람으로부터 정보를 얻을 수 있지만 편견이 없는 응답을 끌어내기 위한 문항 구성이 어렵고, 설문지의 응답들을 해석하는 것이 쉽지 않다는 단점이 있다.

5. 교사의 서면 평가(Written Evaluation)

교사는 과정의 모든 측면에 대한 생각을 끌어내는 구조화된 피드백 양식을 사용해서 평가를 할 수 있다.

교사가 과정 평가를 하기 좋은 위치에 있으며 잘 설계된 평가지는 결과를 얻기 쉬워 신속한 정보를 준다는 장점이 있다. 그러나 이 평가를 통해 얻은 정보는 오직 교사의 관점에 의한 것이기 때문에 편견에 근거한 것일 수 있다는 단점도 있다.

6. 일기(Diary, Journal)

교사가 하나의 교육과정에서 받은 인상과 경험들을 지속적으로 기록하는 것으로, 일기는 교사가 한 일, 부딪힌 문제들, 결정적 사건들, 시간 배분, 다른 문제들과 같은 것들을 이야기처럼 서술하는 것이다.

비교적 상세하고 개방적인 정보들을 제공하므로 다른 방법으로는 놓칠 수 있는 정보들을 찾아낼 수 있다는 장점, 그리고 일기는 체계적이지 않으며 교사의 시간 투자를 요구하고, 이 정보를 어떻게 사용할지 결정하기가 어렵다는 단점이 있다.

7. 교사의 기록

코스의 서면 기록이 유용하게 쓰일 수 있는데 이는 가르친 수업 평가, 사용한 교재, 출석, 학생 성적, 시간배분과 같은 것을 기록하여 살펴보는 것이다.

기록을 통해 코스의 측면들을 자세하게 설명해 줄 수 있지만 수집된 모든 정보가 편견이나 교사의 관점 등이 나타나는 경우 적절한 것이 아닐 수 있다는 단점이 있다.

8. 학생일지

학생들에게 과정 중에 일어난 일, 다양한 과제를 하는 데 보낸 시간, 교실 밖 활동이나 숙제에 할애한 시간을 기록하도록 할 수 있다.

교육과정에 대한 학생의 관점을 제공해 주고 교사가 미처 깨닫지 못하는 통찰력을 제공한다는 장점이 있으나 일지를 쓰는 이점을 모를 수 있는 학생들의 협조와 시간투자가 요구된다는 단점도 있다.

9. 사례연구

한 명의 교사가 어떤 과정이나 한 과정에 대한 어떤 측면을 사례연구로 수행할 수 있는데, 교사가 한 과정을 통해 어떻게 교안을 사용했는지 문서화하거나 특정 학습자의 학습 변화를 파악하는 것을 예로 들 수 있다.

한 과정에 대한 상세한 정보를 주고 사례연구를 통해 축적된 정보는 과정의 여러 면에 대한 풍부한 정보를 제공한다. 그러나 수집된 정보가 대표성을 띠지 않을 수도 있고 준비하는 데 시간이 오래 걸리는 단점이 있다.

10. 학생의 평가

학생은 과정이 진행되는 동안이나 끝난 후에 교사의 접근법, 사용교재, 학생 요구에 적합한지 등과 같은 특징들에 대해 서면 및 구두 피드백을 제공할 수 있다.

평가 결과를 얻기가 쉬우며 다양한 주제에 대한 피드백을 받을 수 있고 많은 학습자들이 참여할 수 있다는 장점과 얻은 정보가 주관적일 수 있어 해석하거나 일반화하는 데 어려움이 있다는 단점을 함께 갖는다.

11. 오디오 녹음, 영상 녹화

수업을 녹음하거나 녹화하면 다양한 교수 양식과 수업 형식들을 알 수 있다.

실시간 이뤄지는 많은 양의 문서화하기 어려운 정보를 남길 수 있다는 장점과 녹음이나 녹화를 하기 위한 도구나 사람들이 수업에 방해가 될 수 있으며, 제대로 된 녹화가 쉽지 않아 자료가 비약될 수 있다는 단점이 있다.

12. 관찰

일반 수업관찰은 다른 교사나 감독관에 의해 이루어지며 구조화되는 경우 더 유용하다.

이 방법의 장점은 첫째, 관찰자들은 수업 관찰이 가능한 측면에 초점을 맞추어서 관찰할 수 있다. 둘째, 교사가 서로의 수업을 관찰할 경우, 관찰 후 후속 논의와 반성할 수 있는 기초를 제공한다. 셋째, 객관적인 시각을 제공하여 교사들에게 분명하지 않을 수 있는 것을 규명하도록 할 수 있다는 것이다. 반면 단점으로는 관찰자가 있다는 것이 수업에 방해가 된다는 것을 들 수 있다. 따라서 관찰기록이 필요하다면 관찰은 전문화된 기술이며 명시적인 지침과 준비가 필요하다.

Ⅳ. 한국어 성취도 평가와 말하기 평가

1. 성취도 평가의 유의점

① 학습자의 성취도를 평가하기 전 평가대상자들의 동기와 태도를 점검해야 한다.

② 성취도를 높이는 제일 중요한 방법은 학습에 대한 절대적인 동기 부여를 하는 것이다.

③ 일반적으로 제시할 수 있는 유의사항

　- 의사소통능력 시험은 역량평가보다는 속도평가의 방법으로 실시하는 것이 바람직하다.

　- 상식이 아닌 언어능력으로 해결할 수 있는 것이어야 한다.

　- 난이도가 쉬운 것부터 어려운 것의 순서로 배열해야 한다.

　- 사지선다형의 경우 모든 보기는 일련의 같은 활동이거나 같은 주제로 연결되어야 한다.

　- 문항의 보기는 대체로 같은 길이를 갖도록 해야 한다.

　- 정답과 유사한 오답을 제시하는 것은 바람직하지 못하다.

　- 학생들의 과제 해결에서 나타난 오류를 활용한 오답은 평가에 더 용이하다.

　- 오답은 정답과 같은 유형의 형태여야 한다.

2. 말하기 성취도 평가의 내용과 유의점

1) 말하기 평가 내용

① 과제 수행 능력

수행하도록 의도된 기능을 제대로 수행하는지를 평가하는 것으로 출제자의 의도를 파악하여 제대로 알맞은 기능을 사용하였는지 여부를 토대로 판정할 수 있다. 세부 요소로 발화 의도를 이해하는 능력과 구어 특성에 맞게 적절한 상호 작용을 하는 것도 측정할 수 있다.

② 언어적 능력

어휘와 문법을 기준으로 각 등급에 알맞은 수준의 어휘와 문법을 정확하게 사용하여 질문에 적절하게 대답할 수 있는가와 자연스럽고 유창한 발음 및 억양을 구사하는가를 평가한다.

③ 담화능력

문장의 차원을 넘어서서 주제나 중심생각을 가지고 이야기를 전개하고 한국어의 담화 구조와 특성에 맞는 담화를 구성해 낼 수 있는 능력을 평가한다.

④ 사회언어학적 능력

격식적 혹은 비격식적 상황에 알맞은 한국어 경어법 체계를 이해하고 해당 질문에 해당하는 적절한 화행을 수행할 수 있는지를 측정한다.

⑤ 전략적 능력

자신이 의도하고자 하는 내용을 몸짓이나 휴지를 포함하여 우회적인 표현을 사용하는가를 측정한다.

2) 말하기 수행 평가 : 과제 수행

과제는 특정한 평가의 목표를 달성하고자 임의로 정한 상황에서 수험자가 수행하는 활동으로 말하기 평가에서 과제는 수험자가 해결하고자 하는 동기를 유발시킬 수 있는 것이어야 한다.

개인적 영역, 공적 영역, 직장 영역, 교육 영역 등에 내재된 일상적인 삶의 특성을 반영하므로 상호작용적, 실제적, 통합적이어야 하며, 과제 수행 평가의 기본적인 전제는 평가자가 학습자의 말하기를 유도해내는 것이 아니라 과제를 기반으로 발화를 유도해 낸다는 것이다.

이때 과제의 유형은 다음과 같다.

① 조사하기(Survey)

대화 상대자가 원하는 것, 좋아하는 것을 알아보는 기능에 알맞은 평가 방법으로, 배부자료를 이용하여 서로의 정보에 대해 조사하며 대화를 나누게 하고 조사한 결과를 꼭 완결하여 바르게 이해하며 대화했는지 점검할 수 있다.

② 역할극(Role-Playing)

구체적인 상황과 역할을 수험자들에게 주면 수험자끼리 대화상대자 역할을 하며 역할 놀이를 하고 평가자는 이를 관찰하여 평가하는 방식이다.

③ 정보 차 채우기(Information Gap Filling)

학습자 간에 정보의 차이가 있는 배부자료를 매개로 서로 배운 구문을 사용하여 대화하도록 한다. 대화를 통해 내가 원하는 정보를 알아내며 정보의 공백을 메워 나가는 방식이다.

④ 다른 점 찾기

자신이 받은 배부자료의 그림과 짝이 된 수험자의 배부자료의 그림이 어떻게 다른지 짝과 대화하여 알아내어 다른 점을 모두 찾아내는 것이다. 상호 활동적인 짧은 말보다 정보 전달을 위한 비교적 긴 말도 사용해 볼 수 있는 기회를 제공해준다.

3) 말하기 수행 평가 : 제한된 반응

① 제한적인 말하기 능력을 가진 수험자들을 다소 통제된 방법으로 평가하는 유형이다.

② 유도 반응

인위적인 유도 반응의 단서들을 사용하는데, 수험자들이 긴 문장뿐 아니라 문장을 축약하고 주어와 동사를 바꾸며 정상적인 속도, 강세, 고유의 리듬을 유지하도록 유도한다. 이때 여러 다른 인물들을 이용하면 좀 더 실생활에 접근된 상황이 조성될 수 있고 더 많은 상황은 더 많은 독창성을 요구한다.

③ 그림 단서

그림은 어린 아이들뿐 아니라 제한된 한국어 기능을 지닌 성인들에게 사용할 수 있는 것으로 단순한 선으로 된 그림, 신문의 만화, 단순한 그림 같은 것들을 사용한다.

④ 소리 내어 읽기

수험자들로 하여금 어떤 것을 소리 내어 읽도록 하여 평가하는 것으로 통제하기가 좋고 모든 수험자들이 똑같은 방식으로 반응하므로 아주 간단히 비교하여 평가할 수 있다. 또한 발음이나 억양, 끊어 읽기 능력 등을 확인할 수 있다.

4) 말하기 수행 평가 : 유도된 기술

① 중급부터 고급까지의 수험자들에게 구어 발화에 통제를 덜 가하는 게 필요하지만, 수험자들이 똑같은 종류의 과제를 실행하기 위해서 유도하는 것이 필요하다.

② 유도 반응 문항을 이용해 수험자들이 일관성을 유지하며 말하게 하는 것이 필요하다.

③ 풀어 말하기(Paraphrase)
 - 듣기나 읽기 중 하나와 말하기를 결합시키는 것이다.
 - 시간 절약을 위해서 글을 읽을 수 있는 수험자는 조용히 읽도록 시키는 것이 편리하다.
 - 분리된 방에서 수험자들은 개인적으로 교사에게 구두 의역을 수행한다.
 - 학습자의 부담을 덜기 위해 이야기를 상기하도록 도와주는 그림 등을 이용하기도 한다.

④ 설명과 묘사
 - 초보 수준을 벗어난 수험자들에게 사용될 수 있다.
 - 좀 더 고급의 방법은 수험자들에게 어느 것을 조용히 읽게 한 후에 그 내용을 구두로 설명하게 하는 것이다.

⑤ 유도 역할극
 - 제한이 없는 역할극은 외향적인 성격의 상상력이 풍부한 수험자들이 많은 이야기를 하도록 할 수 있지만 수줍어하거나 상상력이 부족한 수험자에게는 비생산적이 될 수 있으므로 유도 역할극을 사용하는 것이 좋다.
 - 교사나 보조자는 고정된 역할을 맡고, 수험자는 내키는 대로 반응한다.
 - 보통 역할극을 시작하기 전에 상황을 간단하게 설명한다.

⑥ 구두 면접
 - 면접은 하나의 유도 방법이 아니라 여러 가지 유도 기술을 이용한 복합 구조이다.
 - 전체적인 작업은 면접자와 수험자들 사이의 계속적인 상호작용에 의해서 이루어진다.
 - 단순히 정보를 말하는 것이 아니라 실제로 누군가와 이야기를 나누며 진짜 의사소통의 감각을 제공한다.
 - 처음에 하는 질문들은 단순해야 하며 질문에 융통성이 있어야 한다.

5) 말하기 평가 시의 유의점

① 인터뷰 방법과 채점기준을 미리 상세하게 정하는 것이 좋다.

② 소음이 적고 조용한 장소에서 인터뷰를 하는 것이 좋다.

③ 각각의 인터뷰에 대한 충분한 시간을 확보하는 것이 좋다.

④ 수험자 1명에 최소한 2명의 채점자를 활용하는 것이 좋다.

⑤ 수험자에 대한 편견을 버려야 한다.

V. 듣기 평가의 내용과 유의점

1. 듣기와 듣기 평가

듣기(Listening)는 문자를 음성적으로 인식하여 문법적 규칙과 어휘 및 내재된 의미와 기능을 이해하는 일련의 과정이다. 다른 의사소통과정과 마찬가지로 '화자-청자'의 관계에 의해 이루어지는 활동이며, 일상생활에서 이루어지는 대화에서 '청자'의 활동이 평가 상황에서는 반영되기가 어렵기 때문에 듣기 능력의 평가 범주를 설정하는 데 어려움이 따른다.

2. 듣기 평가의 범주

1) 문법적 능력

수험자가 듣기 평가 상황에서 한국어의 언어적 규칙을 얼마나 정확하게 이해하여 이에 반응할 수 있는가에 관한 능력으로 이를 평가할 수 있는 항목으로는 어휘, 발음, 문법 규칙, 문장 구조 등이 있다.

2) 사회언어학적 능력

다양한 문맥에서 필요한 의사소통적 기능을 수행할 수 있는지, 또는 이야기의 주제나 배경 그리고 청자와 화자의 관계에 따라 적절한 언어 형태를 선택하여 사용할 수 있는가에 관한 능력이다. 그 사회 특유의 표현방식에서 나타나는 담화의 의미 특성을 파악하는 능력과 상황에 따라 다르게 해석되는 화용적 쓰임에 대한 이해도 포함된다.

    - 가 : 어떻게 오셨어요?
      나 : 지하철을 타고 왔어요. / 상담을 하고 싶어서 왔어요.

3) 담화구성능력

대화 상황에서 어떤 내용을 듣고 얼마나 잘 이해하고 논리적이고 정확하게 응답할 수 있는가, 그리고 담화의 내용에 담긴 논리와 내용의 일관성을 이해하고 정리할 수 있는가에 관한 능력이다.

단계별로 초급 단계에서는 문장 단위의 이해능력 측정을 중심으로 짧은 문단의 내용 이해, 중급 단계에서는 하나의 이야기가 있는 담화 이해, 고급 단계에서는 복합적인 문장 담화 이해 능력까지 평가할 수 있을 것이다.

4) 전략적 능력

대화 도중 언어 능력의 부족으로 대화에 단절이나 공백이 생겼을 때 이를 적절히 피해 가는 능력으로 회피전략, 바꾸기 전략, 도움요청 전략, 비언어적 의사소통 전략 등이 있다.

일반적으로는 말하기 능력의 구성 요소로 간주되어 왔으나 듣기 상황에서 화자의 발화 내용을 이해할 수 없을 때, 혹은 화자의 어조를 파악할 수 없을 때 이를 피해 갈 수 있는 언어적 전략으로 확장해서 생각해 볼 수 있다. 듣기에서 전략적 능력은 문장의 문법적이고 형태적인 정확한 이해보다는 핵심적인 어휘 의미 파악을 통해 문장의 의미를 파악하는 것과 어조를 통해 그 대화의 기능을 짐작할 수 있는 방법 등이 있다.

3. 듣기 평가의 유의점

1) 먼저 평가 작성자가 녹음을 이용할 것인지 육성으로 할 것인지 결정해야 한다

녹음 기술과 재생기술의 수준이 낙후되었다면 시험의 수행이 어려워지고, 녹음자의 음성이나 발음에 따라 시험의 결과가 다르다면 시험의 신뢰도가 떨어진다.

2) 그림을 평가의 도구로 제시할 때는 목적에 맞게 간단하고 명확한 그림을 사용해야 한다

그림이 복잡한 경우 정답이 여러 개 나올 확률이 높으며, 문화적 차이 때문에 이해할 수 없는 문제는 출제하지 않는다.

3) 일상적인 듣기 이해를 측정해야 하므로 자연스러운 속도와 일상적 구어체로 들려줘야 한다

4. 듣기 평가의 실례- TOPIK Ⅱ 듣기

1) 듣고 알맞은 그림 고르기

2) 듣고 이어지는 말 고르기

> 〈듣기〉　남자 : 이제 거의 정리가 된 것 같다.
>
> 　　　　여자 : 많이 힘들었지? 너무 고마워. 아마 나 혼자 이 많은 짐을 정리하려면 며칠은
> 　　　　　　　걸렸을 거야.

① 난 언제든지 괜찮다. 도와줄게.
② 바쁘면 못 도와줄 수도 있지. 뭐.
③ 미안해. 바빠서 못 도와줄 걸 같아.
④ 고맙기는. 친구 사이에 서로 도와야지.

3) 듣고 이어지는 행동 고르기

> 남자 : 어서 와. 집 찾기는 힘들지 않았어?
>
> 여자 : 아니. 지하철역에서 가까워서 찾기 쉬웠어. 이렇게 많은 음식을 혼자 준비하려면 바빴겠
> 　　　다. 내가 뭐 도와줄 일 없어?
>
> 남자 : 괜찮아. 거의 준비 끝났어. 근데 음색 냄새가 좀 나지 않아? 창문 좀 열까?
>
> 여자 : 알았어. 환기 좀 시킬게.

① 창문을 연다.　　　　　　　　　② 상을 차린다.
③ 음식을 준비한다.　　　　　　　　④ 친구를 도와준다.

4) 맞는 것(일치하는 것)을 고르기

> 남자 : 우리 일주일에 한 두 번은 자전거로 출퇴근 해 보는 건 어때?
>
> 여자 : 자전거로? 그러고 싶기는 한데 난 자전거가 없어.
>
> 남자 : 요즘 지하철역에서 자전거를 빌려 준대. 헬멧이랑 보호 장비들도 같이 빌려 준다던데.
>
> 여자 : 그래? 그럼 한 번 가 볼까? 근데 얼마래? 비싼가?
>
> 남자 : 나도 안 빌려 봐서 정확하게는 모르겠는데, 아마 하루에 만 원쯤 하는 거 같아.
> 　　　자세한 건 직접 가서 물어보자. 요 앞 지하철역에서도 빌려 준다고 들었어.

① 남자는 자전거로 출퇴근을 하고 있다.
② 지하철역에서는 무료로 자전거를 빌려준다.
③ 남자는 아직 자전거를 빌려서 타 본 적이 없다.
④ 지하철역에 자전거를 맡기고 지하철을 탈 수 있다.

5) 듣고 중심 생각 고르기

> 여자 : 이번 방학에는 해외에 나가서 이것저것 많이 구경도 하고 경험도 하고 싶은데 경제적으로 여유가 없어서 못 할 것 같아.
>
> 남자 : 다녀오고 싶으면 경제적으로 좀 어려워도 다녀와. 나중에 취직해서 직장 다니다 보면 일 때문에 시간이 별로 없어서 여행은 생각도 못 해. 경제적으로 힘든 건 학생이나 직장인이나 다 마찬가지고. 조금이라도 시간적으로 더 자유로운 학생 때, 여기저기 많이 다니면서 다양한 경험을 쌓는 게 좋다고 봐, 난.

① 무리하게 해외여행을 갈 필요가 없다.
② 취직을 하면 해외여행을 할 기회가 많다.
③ 시간 여유가 있을 때 다양한 경험을 쌓는 게 좋다.
④ 해외여행은 경제적으로 여유가 있을 때 가는 게 좋다.

6) 특정 정보 파악하기

* 남자는 무엇을 하고 있는지 고르십시오.

> 남자 : 송파구청이죠? 인터넷으로 대형 폐기물 신고를 하려고 하는데 어떻게 하면 되나요?
>
> 여자 : 저희 구청 홈페이지에 들어가셔서 해당 품목을 신고하시면 되는데요. 접수가 끝나면 영수증을 출력해서 폐기물에 부착한 후에 배출하시면 됩니다.
>
> 남자 : 집에 프린터기가 없어서 출력을 못 하는데 어떡하죠?
>
> 여자 : A4 용지에 접수 번호하고 주소를 기재해서 내놓으셔도 돼요.
>
> 남자 : 아, 네. 그럼, 수수료는 신용카드로 결재하면 되나요?
>
> 여자 : 신용카드로 결재하셔도 되고 계좌이체로 납부하셔도 되는데요. 오후 4시 30분 이전에 결재가 완료돼야 다음 날 수거가 가능합니다.

① 대형 폐기물 배출 장소를 변경하고 있다.
② 대형 폐기물에 기재된 항목을 수정하고 있다.
③ 대형 폐기물 신고 절차에 대해 문의하고 있다.
④ 대형 폐기물에 해당하는 품목을 확인하고 있다.

VI. 읽기 평가와 한국어능력시험

1. 읽기 관련 평가 내용

1) 어휘 능력의 평가

어휘 평가가 분리되어 실시되지 않을 경우 읽기에서 실시하는 어휘 능력의 평가는 내용어(Content Word)를 중심으로 실시하는 것이 효과적이다. 초급 단계에서는 전신반응기법(Total Physical Response)과 그림이나 사진, 실물 등의 다양한 매체를 이용할 수 있고, 중급과 고급 단계에서는 문법과 문맥 파악 능력을 통합적으로 평가하는 것이 바람직하다.

2) 사실적 이해의 평가

주어진 지문에 있는 사실적인 사항의 이해 여부와 학습자가 지문에서 직접 답을 찾을 수 있는 유형의 평가이다.

3) 추론적 이해의 평가

학습자가 전후 문맥을 파악하여 지문에 명시적으로 나타나지 않은 정보를 추론을 통해 예측하는 능력에 관한 평가로, 사실적 내용을 묻는 항목보다 독해력을 평가하는 데 더 효과적일 수 있다.

4) 통합적 이해의 평가

통합적 사고를 요하는 것으로 글을 종합적으로 판단하고 감상하는 능력, 글의 요약, 주제, 대의, 제목, 글쓴이의 심정/태도, 판단에 관한 사항 등을 묻는 평가 등이 있다.
평가 내용은 다음과 같다.
 – 다음 글을 쓴 목적으로 가장 적절한 것은 무엇인가?
 – 다음 글을 쓴 저자의 심정을 한마디로 표현할 때 가장 적합한 것은 무엇인가?
 – ○○(텍스트에 제시된 인물)의 행동에 대해 당신은 어떻게 생각하는가?
 – 다음 글의 내용을 가장 잘 요약하고 있는 것은 무엇인가?
 – 다음 글의 제목으로 알맞은 것은 무엇인가?

모든 유형이나 장르의 글은 그 나름의 규칙과 관습을 지니기 때문에 글의 의미를 효과적으로 처리하기 위해서는 독자가 그 규칙과 관습을 예상할 수 있어야 한다.

2. 읽기 평가의 유의점

　　질문하는 내용은 가능한 간단하고 무슨 정보를 찾아야 하는지 명백하게 제시하는 것이 좋다. 정답의 선별은 지시문의 내용을 이해함으로써 찾도록 유도해야 하고, 말하기 평가에서 할 수 없는 문어적 문법 요소들을 평가할 수 있으므로 문어에서 드러나는 특정한 문법 형태나 어휘들을 평가해야 한다.

3. 읽기 평가의 실례- TOPIK Ⅱ 읽기

1) 어휘나 표현의 의미 파악하기

　1. 방금 들은 전화번호를 (　　　　　　　) 수첩에 빨리 적었다.
　　① 생각할수록　　② 기억할 테니　　③ 떠올리느라고　　④ 잊어버릴까 봐

　2. 산 지 오래된 옷이기는 하지만 한두 번밖에 입지 않아서 <u>새 옷이나 마찬가지다</u>.
　　① 새 옷일 게 뻔하다　　　　　　　　② 새 옷이나 다름없다
　　③ 새 옷에 지나지 않는다　　　　　　④ 새 옷이라고 볼 수 없다

2) 광고, 안내문 등 실용적인 글을 읽고 글의 핵심 내용 파악하기

　　① 은행　　　　　　② 저축　　　　　　③ 컴퓨터　　　　　　④ 부동산

3) 안내문, 도표 등 정보 전달의 글을 읽고 세부내용 파악하기

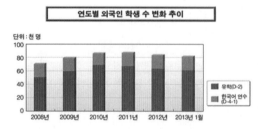

　　① 외국인 학생 수는 이미 10만 명을 넘어섰다.
　　② 2010년에 비해 2013년에 외국인 학생 수가 늘어났다.
　　③ 2012년에는 전년에 비해 외국인 학생 수가 감소하였다.
　　④ 해마다 한국어연수생 수가 유학생 수보다 훨씬 많다.

4) 글 단위 간의 관계 추론하기 ①

* 다음을 순서대로 맞게 나열한 것을 고르십시오.

> (가) 따라서 경찰은 당분간 이 제도를 계속 실시할 계획이다.
>
> (나) 얼마 전부터 음주운전자를 112에 신고하면 신고포상금을 주고 있다.
>
> (다) 음주운전 신고포상금제도를 실시한 후에 음주운전이 크게 줄었다.
>
> (라) 또한 교통사고도 감소하는 효과가 나타나고 있다.

① (나)-(다)-(라)-(가)   ② (다)-(라)-(나)-(가)

③ (나)-(다)-(가)-(라)   ④ (다)-(가)-(라)-(나)

5) 글 단위 간의 관계 추론하기 ②

* 다음 글에서 〈보기〉의 문장이 들어가기에 가장 알맞은 곳을 고르십시오.

> 폭우가 쏟아지면 모기는 25초에 한 번꼴로 빗방울을 맞는다. (㉠) 이때 모기는 빗방울에 떨어지면서 중력 가속도의 100배에서 300배나 되는 큰 충격을 받게 된다. (㉡) 하지만 모기는 무게가 매우 가벼워 공기에 대한 저항력이 거의 없기 때문에 아무런 외상도 입지 않는다. (㉢) 공중에 떠 있는 풍선을 손으로 아무리 쳐도 터지지 않는 것과 유사한 원리이다. (㉣)

> 〈보기〉   무게로 따지면 사람을 덮친 자동차와 거의 다름없는 것이다.

① (나)-(다)-(라)-(가)   ② (다)-(라)-(나)-(가)

③ (나)-(다)-(가)-(라)   ④ (다)-(가)-(라)-(나)

6) 세부내용 추론하기

* 다음을 읽고 ( )에 들어갈 내용으로 가장 알맞은 것을 고르십시오.

> 어느 한 도시에서 재활용 쓰레기가 잘 모이지 않아서 고민이었다. 그러다가 누군가 평범한 재활용 통을 곰 인형 모양으로 바꿔 보자고 제안하였다. 그 후 재활용 쓰레기가 전보다 많이 모이기 시작했다. 특히 아이들이 열심히 재활용 쓰레기를 모으기 시작했는데
> ( ).

① 재활용 문제가 심각해졌기 때문인 것 같다.

② 재활용 쓰레기 봉투가 많아졌기 때문인 것 같다.

③ 재활용 쓰레기의 중요성을 이해했기 때문인 것 같다.

④ 재활용 쓰레기를 모아 버리는 일이 재미있어졌기 때문인 것 같다.

7) 핵심내용, 세부내용 파악하기

* 다음을 읽고 물음에 답하십시오.

> 수입이 줄면 지출을 줄이거나 안 하는 것이 바른 생활일 것이다. 그러나 지출을 하지 않는 것이 최상의 방법일까? 요즘처럼 어려울 때 너도나도 다 안 쓰고 (   ) 점점 일자리가 더 줄어든다. 외식이 사는 즐거움 중의 하나였다면 월급이 적어졌더라도 좀 더 싼 것으로 바꿔서 계속해야 한다. 친척의 자녀가 대학에 붙었다면 선물도 할 일이다. 되도록 비싼 사치품은 피해 꼭 필요한 물건으로 말이다. 수입이 있는 사람의 건전한 소비 생활은 경제를 살리는 길 중의 하나이다.

1. (   )에 들어갈 알맞은 것을 고르십시오.

① 발 벗고 나서면   ② 입에 침이 마르면

③ 허리띠를 졸라매면   ④ 첫 단추를 잘못 끼우면

2. 이 글의 중심 생각을 고르십시오.

① 돈을 낭비하면 안 된다.   ② 적당한 소비는 필요하다.

③ 친척들과의 관계가 중요하다.   ④ 지나치게 비싼 선물은 좋지 않다.

8) 기사의 제목을 읽고 제목의 세부내용 파악하기

* 다음은 신문 기사의 제목입니다. 가장 잘 설명한 것을 고르십시오.

> 물놀이 철, 방수 전자 제품 출시 '속속'

① 방수 전자 제품들이 물놀이 시기에 때맞춰 잇따라 나왔다.

② 물놀이 시기에 나온 방수 전자 제품들의 인기가 매우 높다.

③ 물놀이 시기이지만 방수 전자 제품들은 조금 늦게 나올 예정이다.

④ 방수 전자 제품들이 물놀이 시기에 나왔으나 잘 판매되지 않고 있다.

9) 세부내용 파악하기

* 다음을 읽고 내용이 같은 것을 고르십시오.

> 인간의 목소리는 허파에서 나온 공기가 입, 코 등을 통과하면서 발생하는 것이다. 개개인의 목소리는 신체 구조와 습관, 경험에 따라 형성되는 고유한 파장이 있다. 이것이 바로 목소리 지문인데 이를 통해 인간의 심리 상태와 성격, 건강 상태까지 파악할 수 있다. 따라서 최근에는 음성 신원 확인 시스템과 범인 확인 증거로 이용되고 있다.

① 목소리는 심장에서 입, 코를 거쳐 발생한다.
② 목소리 파장은 신장, 체중, 피부색에 따라 다르다.
③ 목소리에는 고유한 파장이 있어 그 사람의 상태를 알 수 있다.
④ 목소리 파장으로 건강 상태를 알 수는 없지만 범인 확인에는 유용하다.

· 주제 추론하기, 소설을 읽고, 인물의 태도/심정을 파악하고 세부내용 추론하기 등이 있음

4. 한국어능력시험

1) 시험의 목적
① 한국어를 모국어로 하지 않는 재외동포·외국인의 한국어 학습 방향 제시 및 한국어 보급 확대
② 한국어 사용능력을 측정·평가하여 그 결과를 국내 대학 유학 및 취업 등에 활용

2) 시험의 활용처
① 정부초청 외국인장학생 진학 및 학사관리
② 외국인 및 12년 외국 교육과정이수 재외동포의 국내 대학 및 대학원 입학
③ 한국기업체 취업희망자의 취업비자 획득 및 선발, 인사기준
④ 외국인 의사자격자의 국내 면허인정
⑤ 외국인의 한국어교원 자격 심사(국립국어원) 지원 서류
⑥ 영주권 취득
⑦ 결혼이민자 비자 발급 신청

3) 시험시간과 영역

구분	교시	영역	한국			시험시간(분)
			입실완료시간	시작	종료	
TOPIK I	1교시	듣기읽기	09:20까지	10:00	11:40	100
TOPIK II	1교시	듣기쓰기	12:20까지	13:00	14:50	110
	2교시	읽기	15:10까지	15:20	16:30	70

4) 시험의 수준 및 등급

① 시험수준 : TOPIK I, TOPIK II

② 평가등급 : 6개 등급(1~6급)

③ 획득한 종합점수를 기준으로 판정되며, 등급별 분할점수는 아래와 같다.

구분	TOPIK I		TOPIK II			
	1급	2급	3급	4급	5급	6급
등급결정	80점 이상	140점 이상	120점 이상	150점 이상	190점 이상	230점 이상

* 35회 이전 시험기준으로 TOPIK I는 초급 TOPIK II는 중·고급 수준입니다.

5) 문항구성 및 문제 유형

① 수준별 구성

시험수준	교시	영역	유형	문항수	배점	총점
TOPIK I	1교시	듣기	선택형	30	100	200
		읽기	선택형	40	100	
TOPIK II	1교시	듣기	선택형	50	100	300
		쓰기	서답형	4	100	
	2교시	읽기	선택형	50	100	

② 문제유형

　- 선택형 문항(4지선다형)

　- 서답형 문항(쓰기 영역) : 문장완성형 2문항, 작문형 2문항(200~300자 정도의 중급 수준 설명문, 600~700자 정도의 고급 수준 논술문)

■ 참고문헌 ■

강승혜 외(2006), 한국어 평가론, 한국어 교육 총서3, 태학사.

김영아(1996), 외국어로서의 한국어 능력 평가 방안 연구, 고려대 대학원 박사학위논문.

김유정(1996), 외국어로서의 한국어 능력 평가 연구 - 숙달도 평가를 중심으로, 고려대 대학원 박사학위 논문.

김유정·방성원·이미혜·조현선·최은규(1988), 한국어 능력 평가 방안 연구 - 성취도 평가를 중심으로, '한국어교육 9-1'

김정숙·원진숙(1993), 한국어 말하기 능력 평가기준 설정을 위한 연구, 이중언어학회지 11호, 이중언어학회.

김중섭(1998), 한국어 능력평가검사의 개발 실태 및 분석, 이중언어학 15, 이중언어학회.

김하수·윤희원·서상규·황지하·원진숙·조항록·진기호(1997), '한국어 능력 평가 제도의 기본 모형 개발에 관한 최종 연구 보고서', 교육부 학술 연구 조성비 지원에의한 연구 과제.

박갑수(1998), 외국어로서의 한국어 교육 평가, 이중언어학 15, 이중언어학회.

백봉자(1998), 한국어 교육 성취 수준에 대한 평가, 이중언어학 15, 이중언어학회.

서상규·김하수(1997), 한국어 능력 평가 시험의 기본 모형 수립을 위한 기초적 연구, 교육한글 10.

이영식 외 공역(2006), 외국어 평가-원리 및 교실에서의 적용, (주)피어슨에듀케이션코리아.

4장 언어교수법

Ⅰ. 언어 교수법 개관 및 전통적 교수법

1. 외국어 교수법의 개념

교수법은 특정한 언어 이론과 학습 이론을 바탕으로 한 체계적인 교수 방법을 말한다. 따라서 언어를 보는 관점과 언어 교수 및 습득/학습과정에 대한 생각, 그리고 가르치는 구체적인 방법을 포함한다.

2. 언어에 관한 관점에 따른 구분

1) 전통적 관점(Traditional View)

교사들이 경험적으로 실천하던 방법으로 문법 번역식 교수법과 직접 교수법이 이에 해당한다.

2) 구조주의적 관점(Structural View)

언어를 학습하는 것은 언어 구성 요소를 숙달하는 것이라고 보는 관점으로 청각 구두식 교수법과 상황적 교수법, 전신반응식 교수법, 침묵식 교수법이 여기에 해당한다.

3) 기능주의적 관점(Functional View)

언어를 의사소통 기능과 의미의 표현 수단으로 보는 관점으로 언어 이해와 언어 사용 능력을 함양하도록 하는 의사소통식 접근법과 자연적 접근법이 이에 해당한다.

4) 상호작용적 관점(Interactional View)

언어는 인간 사이의 사회적 상호작용 수단이라고 보는 관점으로 목표 외국어로 타인과 의사소통과제를 수행하는 과제 중심 교수법과 총체적 교수법이 있다.

3. 외국어 교수법의 쟁점

외국어 교수법은 다음과 같은 질문에 대한 해답을 찾아가는 과정에서 발달하였다.
① 언어교육의 목표가 무엇인가?
② 언어의 본질을 어떻게 파악하고 있으며, 이것이 교수방법에 어떤 영향을 미치는가?
③ 언어 교육에서 가르칠 언어 내용을 선택하는 원리는 무엇인가?
④ 수업에서 어떤 구성으로, 어떤 순서로, 어떻게 제시하는 것이 학습에 용이한가?
⑤ 모국어의 역할은 어떠해야 하는가?
⑥ 학습자가 언어 학습 과정에서 교수법의 영향을 받는가?
⑦ 어떤 교수 기법과 활동이 가장 잘 적용되며, 어떤 상황에서 가장 잘 적용되는가?

4. 시기별 외국어 교수법 구분

Richards & Rodgers(1986)에서는 시대별로 외국어 교수법을 구분하였는데 20세기 이전에는 문법 번역식 교수법과 직접 교수법, 20세기 중반에는 상황적 언어 교수법과 청각 구두식 교수법이 나타났다. 20세기 중반 이후 대안적 외국어 교수법으로 침묵식 교수법과 전신 반응식 교수법, 총체적 교수법, 암시 교수법, 공동체 언어 학습법, 능력 중심 언어 교수법이 나타났다. 최근 기능주의적 관점에서 의사소통적 교수법과 자연적 접근법, 상호작용적 관점에서 내용 중심 교수법과 과제 중심 교수법을 살펴볼 수 있다.

II. 외국어 교수법의 내용

1. 문법 번역식 교수법(Grammar-translation Method)

문법 번역식 교수법은 언어 학습의 목적을 정신 수양과 지적 발달에 두고 문법을 배워 외국어로 된 글을 읽고 해석하는 것에 초점을 둔다.

문법 번역식 교수법의 특징으로는 첫째, 모국어로 교수하고, 둘째, 문법은 연역적인 방식으로 규칙을 설명한 후 정확성을 강조하여 연습하도록 한다. 셋째, 어휘는 텍스트 안에서 선정하기 때문에 고립된 어휘 목록을 가지게 된다. 넷째, 학습자의 교양을 함양하기 위해 읽기 자료로 고전들이 선정된다. 다섯째, 주된 수업 방법은 모국어와 외국어 간 문장을 번역하는 학습이다. 여섯째, 문어 중심의 교수법으로 읽기와 쓰기에 중점을 두고 말하기와 듣기는 중요하게 보지 않는다. 수업 구성의 순서는 다음과 같다.

자세한 문법 설명
▼
약간의 구조 연습
▼
모국어로 번역
▼
어휘의 암기
▼
자세한 문법 설명 : 학습자의 모국어로, 연역적으로 문법 제시
▼
약간의 구조 연습
▼
모국어로 번역 : 읽기 텍스트를 문법 규칙의 예문 추출 자료로 활용
▼
어휘의 암기 : 텍스트에 나온 어휘 목록을 모국어 번역과 함께

문법 번역식 교수법은 정확성을 함양하고 읽기와 번역 능력을 신장시킬 수 있으며 가르치기 쉬워서 교사의 부담이 감소한다는 장점이 있다. 그러나 지식을 강조하므로 의사소통 능력을 배양하는데 어려움이 있으며 문자 중심의 교수를 강조하여 음성 언어를 소홀하게 다룬다. 또한 규칙을 위한 학습과 예외적인 규칙을 중시하고 수업 대부분을 설명과 연습에 치중하여 상호작용이 없다. 마지막으로 암기 위주의 수업이기 때문에 사춘기 이전의 아동에게 부적합하다는 단점을 갖는다.

따라서 해외에서의 한국어교육에서, 단일 언어권 학습자 대상의 한국어교육에서 활용하는 것이 좋다. 또한 한국어와 언어 구조적으로 유사한 일본어 학습자를 대상으로 하는 것이 좋으며, 통/번역 같은 실용적인 한국어 능력을 함양하기 위해 활용하기 좋은 교수법이다.

2. 직접 교수법(Direct Method)

직접 교수법은 모국어의 개입 없이 목표어로 외국어를 가르칠 수 있다고 주장하는 교수법으로, 19세기 전후 문법 번역식 교수법에 대한 반발에서 시작했다. 의사소통 기회의 증가로 구두 숙달도가 중요하게 여겨지며 음성을 중시한다.

직접 교수법의 특징으로는 첫째, 외국어를 모국어처럼 '유아가 말을 배우듯이' 가르치는 것이

다. 따라서 수업은 목표어로만 진행하고 교사는 귀납적인 방식으로 문법 규칙을 설명하지 않는
다. 둘째, 말하기와 듣기를 읽기와 쓰기보다 먼저 가르친다. 셋째, 어휘는 실제적인 일상 장면과
상황을 제시하여 일상적 어휘와 문장을 가르친다. 넷째, 발음을 중시하고 발음 기호 도입하여 가
르친다. 다섯째, 구두 의사소통 기술은 교사와 학습자 간의 질문과 대답을 통해 가르친다. 여섯
째, 구체적인 의미는 시각 자료로, 추상적 의미는 다른 개념과의 관계 가르친다,

직접 교수법(Berlitze)에서 구어를 가르치는 지침은 다음과 같다(Titone, 1968).

① 번역하지 말고 실물을 보여줘라.
② 번역하지 말고 행동으로 보여줘라.
③ 연설하지 말고 질문해라.
④ 잘못은 모방하지 말고 바로 고쳐줘라.
⑤ 개개의 단어를 사용하지 말고 문장을 이용해라.
⑥ 너무 많이 말하지 말고 학습자가 많이 말하게 해라.
⑦ 교재를 사용하지 말고 교사의 수업지도안을 이용해라.
⑧ 교사의 수업 계획대로 진행해라.
⑨ 학습자의 수준에 맞춰 진행해라.
⑩ 너무 천천히, 빨리, 크게 말하지 말고 정상적인 속도로 자연스럽게 말해라.

수업 구성의 순서는 다음과 같다.

직접 교수법은 목표 외국어를 직접 사용하여 구두 의사소통 능력을 배양할 수 있다는 장점을
갖는다. 그러나 모국어를 사용하지 않기 때문에 비효율적이며, 목표어에 능숙한 교사를 확보하
기 어렵고 귀납적 문법 설명으로 학습자의 오해가 생길 수도 있다. 또한 어휘, 표현, 문법을 체계
적으로 제시하지 못하고 성인 학습자와 유아는 같지 않기 때문에 학습이 어려워진다는 단점도
있다.

따라서 소규모 학습과 원어민 교사진이 갖추어진, 그리고 동기 부여된 학습자가 외국어를 배우
는 상황에서 유리하다. 그러나 학습 비용이 높다는 문제를 해결하는 것이 관건이 된다.

3. 상황적 언어 교수법(Situational Language Teaching)

상황적 언어 교수법은 언어 습득을 위해 상황과 연결하여 언어 구조에 대한 지식을 학습하도
록 하는 교수법으로, 습관 형성과 학습과정에 초점을 두는 구조주의와 행동주의 심리학에 기

반을 둔다. 1930~1960년대 영국의 응용언어학자들이 개발한 구두 접근법(Oral Approach)이다. 상황적 언어 교수법은 언어 교수는 구어에서부터 시작하고, 언어 구조에 대한 지식은 언어 사용 상황에 반드시 연관된다고 보기 때문에 다음과 같은 특징을 갖는다. 첫째, 수업은 목표어로 진행하고, 둘째, 듣기 연습은 학습자의 주의를 끌어 되풀이하고 한번은 단어를 분리해서 들려준다. 셋째, 문법은 단순한 형태에서 복잡한 형태로 등급화하여 귀납적으로 제시한다. 넷째, 어휘는 필수적이고 일반적인 어휘가 포함되도록 선택하며, 다섯째, 새로운 언어 요소는 상황별로 소개 후 연습한다. 이때 사물, 그림, 행동, 몸짓을 사용한다. 여섯째, 어휘와 문법 학습이 이루어진 후에 읽기와 쓰기를 도입한다. 일곱째, 교사의 오류 교정은 즉각적이지만, 학습자가 스스로 수정할 수 있도록 해야 한다는 것이다.

수업 구성의 순서는 '제시(Presentation) – 연습(Practice) – 활용(Production)'의 PPP모형으로 다음과 같이 진행된다.

발음
▼
복습
▼
새 구조와 어휘 제시
▼
구두 연습/훈련
▼
교수항목이 포함된 읽기와 쓰기 연습

상황적 언어 교수법은 문형을 연습하고 구어 담화를 연습하는 등 문법을 강조하는 수업에 적합하다. 그러나 구조주의 언어관과, 행동주의 학습 이론, 그리고 통제된 연습을 중시하는 언어 교육방법이 비판을 받고 있다. 또한 단원 간 임의적 배열로 인해 연계성이 부족하고, 학습 난이도 기준도 애매하다는 비판을 받는다.

따라서 문형에 바탕을 둔 구어 담화 연습에 적합한 교수방법이라고 할 수 있다.

4. 청각구두식 교수법(Audio-lingual Method)

청각구두식 교수법은 행동주의심리학과 구조주의언어학을 토대로 1950년대 후반 나타난 교수법으로, 자극과 반응 그리고 강화를 통한 습관화로 언어를 배울 수 있다는 것이다. 2차 세계대전 때 미 육군에서 운영한 외국어 훈련프로그램에서 유래하여 군대식 교수법, 청화식 교수법이라고도 하며, 구두 표현 중심의 문형을 모방, 반복, 암기하는 교수법이다.

청각구두식 교수법은 언어는 구어 행동이고 원어민과 같이 말을 자동적으로 생성하는 것을 목표로 하기 때문에 다음과 같은 특징을 갖는다. 첫째, 수업은 대화로 시작하고 언어는 습관이므로 모방과 암기를 중시한다. 둘째, 문법은 단계적, 체계적으로 예문을 통한 귀납적인 방식으로 교수한다. 셋째, '듣기' → ' 말하기' → '읽기' → '쓰기'의 순서로 가르친다. 넷째, 발음은 초기 단계에서 강조하고 어휘도 초기 단계에서 통제한다. 다섯째, 학습자의 오류가 나오지 않도록 자동화를 위해 암기시키며 반복학습을 한다. 여섯째, 구어를 강조하여 목표어의 음운 자질을 정확하게 인식하고 발화하도록 한다. 일곱째, 언어 구조를 문맥 내에서 쓸 수 있게 대화 연습을 반복해서 한다. 여덟째, 교사는 언어 구조나 목표어에 능숙해야 한다.

수업 구성의 순서는 다음과 같다.

학습할 어휘와 구조를 대화문으로 제시
▼
대화 암기
▼
대치, 변형, 확대, 연결, 응답 연습으로 문형 연습
▼
문법의 귀납적인 제시
▼
대화에서 언어 사용 연습

청각구두식 교수법은 학습 초기부터 정확한 발음을 훈련하여 자연스러운 구어를 사용할 수 있고 듣기/말하기 중심의 집중적인 문형 연습으로 구어 사용 능력을 함양하여 학습자에게 성취감을 부여한다는 장점이 있다. 그러나 기계적 연습이 중심이 되어 실제 상황에서 응용력이 부족하고 학습자의 다양한 학습 방식을 고려하지 않기 때문에 단조로운 반복연습이 너무 많다. 또한 학습자의 창조성을 무시하며, 문자 언어 선호 학습자나 인지적 학습을 원하는 학습자에게는 부적합하다. 마지막으로 문형 연습 후 문법을 설명하는 것은 비효율적이라는 단점이 있다.

따라서 초급에서 학습자의 말을 트이게 하기 위해 사용하고, 이때에도 규칙 이해를 바탕으로 한 자동화 연습에 사용하는 것이 좋다. 또한 다양한 연습 방법으로 운영하는 것이 더 효과적인 교수가 될 수 있을 것이다.

5. 침묵식 교수법(Silent Way)

침묵식 교수법은 교사의 발화를 최소화하고 침묵하여 학습자가 발견학습으로 언어를 배우고 말을 많이 하도록 이끄는 표현 중심 교수법으로 1960년대에 개발되어 1970년대에 널리 퍼지게 되었다. 학습자의 참여를 극대화한 학습자 중심의 교수법이다.

침묵식 교수법은 학습자 스스로 학습을 유도하고 강조하는 교수법이므로 다음과 같은 특징을 갖는다. 첫째, 교수는 학습에 종속되어야 한다. 둘째, 학습은 모방이나 훈련으로 이루어지는 것이 아니므로 학습자의 인지적 측면을 강조한다. 셋째, 학습자가 스스로 문제를 해결하는 창의적, 발견학습을 강조한다. 넷째, 교사는 가능한 침묵을 지키므로 피델 차트(Fidels Chart)와 색깔 막대(Cuisennaire Rod)를 사용한다. 다섯째, 학습자가 발견할 때까지 학습자에게 발화를 강요하지 않는다. 여섯째, 학습자의 인지적 깨우침이 중요하다고 보기 때문에 암기하도록 하지 않는다. 일곱째, 자가 교정과 동료를 통한 교정으로 학습자의 자각을 중요하게 본다.

수업 구성의 순서는 다음과 같다.

기본 발음 익힘
▼
다양한 색깔 막대로 단어 익힘
▼
색깔 막대로 구, 문장, 대화 익힘
▼
학습자가 직접 색깔 막대 배열하여 문장 생성
▼
교사가 색깔 막대 조합하여 문장 만들며 정리

침묵식 교수법은 교사가 아닌 학습자 중심으로 이루어지며, 반복 훈련이 아닌 학습자의 자율성, 문제해결, 발견학습을 중시한다는 점을 장점으로 볼 수 있다. 그러나 학습 초기에 실제적인 언어 자료를 들을 기회가 적고 실제적인 언어 사용 상황에 노출되기 쉽지 않다. 또한 수업 준비에 너무 많은 시간이 소요되고 교사와 학습자 간의 상호작용이 없으며, 학습 효과가 나타날 때까지 시간이 많이 소요된다. 그리고 추상적인 어휘에 대해 이해시키기 어렵다는 점이 단점으로 나타난다.

침묵식 교수법은 학습자 중심의 인지적 학습을 중시했다는 점과 반복 학습, 암기 학습의 문제점을 지적했다는 점에서 의의를 갖는다.

6. 전신반응 교수법(Total Physical Response: TPR)

전신반응 교수법은 학습자가 주어진 명령에 대하여 몸으로 직접 반응하도록 하는 교수법으로 언어학습은 모국어 습득처럼 말하기, 읽기, 쓰기보다 먼저 듣기 이해를 길러야 한다고 주장한다.

전신반응 교수법은 어린이의 모국어 습득에 착안한 것이므로 다음과 같은 특징을 갖는다. 첫째, 말하기 전에 신체적 동작을 동반한 듣기를 통해 이해해야 한다. 둘째, 명령에 따라 학습자들이 몸을 움직여서 이해를 해야 한다. 셋째, 학습자의 침묵기를 인정하고 자발적으로 발화할 때까지 강요하지 않는다. 넷째, 명령문에 따라 몸을 움직이는 훈련이 주요 수업 활동이 된다. 다섯째, 문법은 귀납적으로 지도하며 언어 형태보다는 의미를 강조한다. 여섯째, 기본 교재가 없으며 실물 자료나 몸짓, 단어카드를 활용한다.

수업 구성의 순서는 다음과 같다.

복습
▼
교사의 새로운 명령과 학습자의 수행
▼
교사의 간단한 질문과 학습자의 몸짓
▼
역할 교대(학습자의 명령과 교사의 수행)
▼
어휘나 문장 읽기와 쓰기

전신반응 교수법은 아동을 대상으로 한 초급 수업에서 많이 활용하며 잘못된 발음을 강요하지 않고 듣기 이해력를 향상시킬 수 있으며, 흥미로운 수업이 된다. 또한 학습자 수가 많을 때에도 가능하고, 게임으로 수업 진행하여 학습자의 불안감과 스트레스를 완화시킬 수 있다는 장점이 있다. 그러나 성인의 경우 명령에 거부감을 갖는 학습자가 있을 수 있고, 추상적인 어휘에 대해 동작으로 교수가 어려우며 학습자의 말하기 능력을 이끌어내기 어렵다는 단점도 갖는다.

따라서 전신반응 교수법은 초급 학습자에게 활용 가능하며, 단독으로 사용하기보다는 다른 교수법과 함께 활용하는 것이 바람직하다.

7. 총체적 교수법(Whole Language Approach)

총체적 교수법은 문자의 해독(Decoding)에 초점을 두어 문법, 어휘 등을 개별적으로 가르치지 않고 언어를 총체적, 종합적으로 가르치는 방법으로, 언어는 의미를 만들고 다양한 목적을 달성하기 위한 수단이며 문자 언어가 언어의 중심이라는 가설에서 출발하였다. 이 교수법은 인본주의 심리학 및 구성주의 학습 이론을 기반으로 하고 있으며 읽기와 쓰기를 포함하는 문식성의 발달로 확대되었다. 유의미한 학습과 자기 주도 학습, 사회적인 맥락에서 협력 학습을 중요하게 본다.

총체적 교수법의 특징은 첫째, 학습자들의 경험과 관련된 흥미 있는 실제자료, 특히 문학 작품을 활용한다. 둘째, 개별적인 읽기가 가능하도록 활동을 구성한다. 셋째, 읽기는 이해를 위한 읽기와 실제적 목적을 위한 읽기로, 쓰기는 실제 독자를 위한 활동으로 구성한다. 넷째, 읽기, 쓰기와 다른 기능들을 통합하며 학습자 중심 학습이 되도록 읽기, 쓰기 활동을 스스로 선택한다. 다섯째, 다른 학습자와 협력하여 읽기와 쓰기를 수행한다. 여섯째, 모험과 시도를 장려하고 실수를 실패가 아닌 학습 징후로 수용한다.

수업 구성의 순서는 다음과 같다.

읽기 연습
▼
과제 수행
▼
듣기, 말하기와의 연계 활동

총체적 교수법은 유의미한 학습을 강조하고 학습자 선택을 장려하는 학습자 중심 교수법이다. 또한 학습자의 요구나 경험을 존중하여 실제적인 자료를 사용한다는 장점이 있다. 그러나 일정한 교육자료 없이 학습자 간 대화에서 교육내용을 선정하기 때문에 비체계적이며, 학습자의 모국어를 완벽하게 하는 교사를 찾기 어렵다. 또한 분석적으로 교수하지 않아서 학습자의 정확성이 떨어진다는 단점도 있다.

따라서 중·고급 학습자에게 적용할 수 있으며, 학문 목적 학습자의 문식성을 높일 수 있도록 활용할 수 있다.

8. 암시 교수법(Suggestopedia)

암시 교수법은 심리적으로 편안하고 안락한 분위기 속에서 권위 있는 교사에게 의지하고 음악과 리듬을 들으며, 효과적인 외국어 학습을 하도록 유도하는 교수법이다. 인간의 비이성적, 무의식적 영향과 교실 환경, 그리고 음악을 중요시한다.

암시 교수법은 학습자가 편안한 심리 상태에서 외부의 입력을 받아 마음속에 암시적으로 넣는 것을 강조하므로 다음과 같은 특징을 갖는다. 첫째, 교사는 권위 있는 존재이다. 둘째, 학습자는 어린이의 역할을 맡는다. 셋째, 학습은 양면성(교사의 지도+학습환경)을 갖는다. 넷째, 수업 자료는 억양과 리듬을 다양화하여 지루함을 없애도록 한다. 다섯째, 음악과 함께 교수자료가 학습자에게 들어갈 수 있도록 한다. 여섯째, 고급 수준의 회화 능력을 위해 방대한 양의 어휘 쌍 학습이 필요하다.

수업 구성의 순서는 다음과 같다.

구두 복습 부분
▼
본시 학습 단계
▼

<연주회 단계>
1) 학습자들이 음악을 듣는다.
2) 음악에 맞춘 교사의 낭송을 듣고 언어 자료를 읽는다.
3) 잠시 음악을 멈추고 교사는 바로크 음악을 다시 틀어주고 언어 자료를 읽어준다. 이때 학습자들은 책을 덮고 교사의 낭송을 경청한다.
4) 끝나면 조용히 나간다.
5) 숙제로 자기 전과 일어난 후에 한 번씩 배운 내용을 훑어본다.
 - 짧은 기간 안에 높은 수준의 대화 기술을 습득하는 데에 목적
 - 질의응답, 게임, 역할극을 통해 상호작용과 의사소통 추구
 - 대화는 주로 줄거리가 연결된 실생활 위주의 내용으로 구성
 - 교사는 지식을 갖춘 절대적인 권위자, 학습 활동의 촉진자
 - 학습자는 매우 수동적인 역할

연주회 단계(능동적+수동적)

암시 교수법은 학습 환경을 안락하게 하여 학습자의 긴장과 불안감을 제거하고 긴장이 완화된 상태에서 학습자들은 집중하여 많은 학습을 할 수 있다는 장점을 갖는다. 그러나 암시, 무의식 효과가 과학적으로 증명이 되지 않았고, 이 교수법을 활용할 수 있는 유능한 교사를 양성하기 어렵다. 또한 적합한 환경을 조성하기 어려우며 교재를 구성하기도 어렵다는 단점이 있다.

암시 교수법은 뇌 심리학의 발달에 영향을 미쳤으며, 학습자의 정서적인 측면과 학습과의 관계에 관심을 갖도록 하였다.

9. 공동체 언어 학습법(Community Language Learning: CLL)

공동체 언어 학습법은 심리 상담 기법을 학습에 적용한 교수법으로, 학습자들이 모국어와 통역된 목표어로 교사와 유의미한 대화를 나누며 외국어를 학습하는 방법이다. 인본주의 심리학을 기반으로 하고 있으며, 언어 상담자인 교사와 상담 의뢰자인 학습자 간의 전인적 신뢰 관계와 상호작용을 중시하는 상담 학습법이다.

공동체 언어 학습법은 심리 상담 기법과 언어 학습 기법이 유사하다고 보기때문에 다음과 같은 특징을 갖는다. 첫째, 학습자가 느끼고 생각하고 아는 것을 목표어에서 배우는 것과 일치시키는 인본주의적 교수 기법을 활용한다. 둘째, 교사와 학습자 간의 신뢰 관계 속에서 상담 학습이 이루어진다. 셋째, 교수 내용을 모국어로 제시하고 그 다음에 목표어로 제시하는 언어 교체 기법을 활용한다. 넷째, 언어 학습은 상호작용을 통해 의사소통 하면서 학습되는 것이라고 보고 학습자들 간의 엿듣기(Overhears)를 중시한다.

수업 구성의 순서는 다음과 같다.

학습자끼리 모국어로 대화
▼
교사가 해당 학습자의 귀에 목표어로 바꿔 속삭인다.
▼
학습자가 다른 학습자에게 큰 소리로 반복
▼
학습자의 대화를 칠판에 적고 어휘와 문법 익힌다.

공동체 언어 학습법은 학습자 중심의 교수법으로 인본주의적 언어 학습을 통한 정의적인 측면을 고려한다는 점, 학습자의 요구나 흥미 유발이 가능한 유의미한 화제로 학습 동기가 향상된다는 점이 장점이다. 그러나 모국어와 목표어에 능한 교수자를 확보하기 어려우며, 교재나 교수 요목이 없고, 학습자들의 대화로 수업 내용이 결정되기 때문에 수업 방향이 체계적이지 않다. 또한 평가하기 어려우며 유창성을 강조하기 때문에 정확성이 결여된다는 단점이 있다.

이 교수법에서 교사와 학습자, 학습자끼리의 공감대 형성이 중요하고 학습자의 요구가 수업 내용에 활용될 수 있다고 본 것은 언어교육에 도움이 되었다.

10. 능력 중심 언어 교수법(Competency-based Language Teaching)

능력 중심 언어 교수법은 능력 중심 교육(Competency-based Education)의 원리를 언어 교육에 적용한 것으로, 언어 교수의 결과로 갖추게 될 능력에 초점을 둔 교수법이다. 1970년대 미국에서 교과목을 가르친 후 최종적으로 학습자가 얻은 지식, 기능, 행동 양식을 측정하는 능력 중심의 교육 원리가 적용되었는데 이것이 1980년대 성인용 영어 교육과정 개발에 반영되면서 나타났다.

능력 중심 언어 교수법은 능력 중심 교육의 특징이 언어 교수법에도 적용된다고 보기 때문에 다음과 같은 특징을 갖는다. 첫째, 사회에서 성공할 수 있는 기능을 강조한다. 둘째, 실생활의 기능을 강조한다. 셋째, 직무 수행 중심으로 적응을 지도한다. 넷째, 단위화(Modularized)되어 구성된다. 다섯째, 미리 학습 결과가 명시화된다. 여섯째, 평가는 계속적으로 진행된다. 일곱째, 수행 목표 달성을 통해 숙달도를 평가한다. 여덟째, 개별화된 학습자 중심으로 지도한다.

수업 구성은 다음과 같다.

학습자 언어 숙달도 평가 후 반 배치
- 초급 : 일반적인 언어 발달과 관련된 핵심적 언어능력 학습
- 고급 : 학습목적에 따라 반 구성
예) 직업 훈련 위주의 교육과정
   안전 관련 직업, 직업 신청, 작업 계획서 등의 언어 능력 학습

능력 중심 언어 교수법은 능력이 세부적, 실용적이어서 학습자의 요구와 흥미를 끌 수 있고, 각 능력이 한 번에 하나씩 완전 학습되어 학습된 것을 분명히 알 수 있다는 장점이 있다. 반면 언어 수업에서 사고 기능보다 직무 수행에 초점을 두고, 수업이 사회가 학습자에게 요구하는 대로 규범적인 방향으로 흐른다는 점은 단점이 된다.

따라서 이 교수법은 취업 목적이나 직무 수행 능력 향상을 원하는 학습자에게 적절한 교수법이 되며, 직무 수행에 필요한 맞춤 수업이 가능하다.

11. 의사소통 접근법(Communicative Language Teaching: CLT)

의사소통 접근법은 외국어 교육의 목표를 외국어 의사소통능력으로 보고 언어의 구조뿐만 아니라 기능적인 면을 체계화하며 언어 형식이 나타내는 의사소통 기능에 초점을 둔 교수법이다. 1960년대 후반부터 의사소통 능력을 강조하는 영국의 기능주의 언어학과 미국의 사회언어학 영향으로 나타나기 시작했다.

의사소통 접근법은 언어는 실제로 사용되는 맥락 속에서 기능 위주로 접근해야 한다고 보기 때문에 다음과 같은 특징을 갖는다. 첫째, 의사소통 능력을 기르는 것을 목표로 한다. 둘째, 언어 사용 과정에서 의미를 중요시하고 실생활과 연관된 언어를 위한 상황을 제시한다. 셋째, 목표어로 의사소통 하려는 학습자의 시도를 장려하고 유창성을 강조한다. 넷째, 자료는 학습자의 요구를 반영하여 내용, 기능, 의미에 따라 단계적으로 제시한다. 다섯째, 모국어는 상황에 따라 번역도 학습에 도움이 되면 용인 가능하다. 여섯째, 학습자의 요구와 선호에 따라 학습 활동과 전략이 다양하게 활용된다. 일곱째, 학습자의 참여가 중요하다.

수업 구성은 다음과 같다.

```
전 의사소통 활동
   - 구조적 활동 (문법과 언어 항목 결합)
   - 유사 의사소통 활동 (전형적 대화 연습)

의사소통 활동
   - 기능적 의사소통 활동 (상황으로 구조화된 활동)
   - 사회적 상호작용 활동 (사회적 맥락 중시)
```

의사소통 접근법은 의사소통 능력을 배양하는 학습자 중심의 교수학습법이다. 학습자의 요구와 선호에 따라 융통성 있게 진행하며, 의사소통 능력의 효율적인 계발을 위한 교수법 연구를 진행한다는 장점이 있다. 그러나 외국어와 제2언어 학습의 차이에 대한 고려가 필요하며, 문법, 어휘가 난이도 중심이 아니기 때문에 교수 자료의 선정과 배열의 기준이 불분명하다. 낯선 언어를 학습할 때 비효율적이고, 반복적이고 누적적인 학습이 아니므로 오류 수정이 되지 않는다. 그리고 문장 생성 능력을 증가하기 어려우며, 정확성이 부족하다는 단점이 있다.

따라서 이 교수법은 학습자 중심의 언어 사용 능력을 향상시킬 수 있으나 그러기 위해서는 등급 설정에 대한 세부적인 사항을 고려해야 할 필요가 있다.

12. 자연 접근법(Natural Approach)

자연 접근법은 아이가 모국어를 자연스럽게 배우듯이 목표 외국어를 의사소통 과정에서 자연스럽게 배우도록 하는 교수법으로, 제2언어 학습도 아이처럼 자연스러운 언어 습득 원리를 따를 것이라는 믿음에 기반하고 있다. 1980년대 Krashen 모니터 모델인 ① 습득/학습 가설(The Acquisition/Learning Hypothesis) ② 모니터 가설(The Monitor Hypothesis) ③ 자연적 순서 가설(The Natural Order Hypothesis) ④ 입력 가설(The Input Hypothesis) ⑤ 정의적 여과 장치 가설(The Affective Filter Hypothesis)을 이론적 기반으로 한다.

수업 구성은 다음과 같다.

발화 전 단계 (pre-production stage)
- 목표어로 답할 필요 없이 활동에 참여
    ↓
초기 발화 단계 (early production stage)
- 한두 단어로 간단히 답, 고정된 대화
    ↓
발화 출현 단계 (speech production stage)
- 놀이에 참여, 정보와 의견 전달, 집단 문제해결

자연 접근법은 문법적으로 완벽한 발화를 강요하지 않으며, 유의미한 의사소통 활동을 강조한다. 또한 우호적이고 긴장이 이완된 분위기에서 준비될 때까지 말하기를 강요하지 않는 점을 장점으로 갖는다. 그러나 이해 가능한 입력이 구체적으로 무엇을 가리키는지 기준이 모호하고, 침묵기를 인정할 때 학습자의 발화가 지연될 가능성이 있다는 점. 명시적인 문법 교수를 반대하지만 때로는 명시적 제시가 필요하고, 크라센의 가설이 입증 불가능하다는 단점이 있다.

자연 접근법은 이해가능한 언어 자료를 가능한 한 많이 제시하고, 수업 시에 초점은 듣기와 읽기에, 말하기는 '저절로 나타나도록'해야 한다는 것과 정의적 여과장치를 낮추기 위해 학습자 과제는 형태보다 의미 있는 의사소통으로 해야 한다는 주장은 언어교육에 시사하는 바가 크다.

13. 내용 중심 교수법(Content-Based Instruction: CBI)

내용 중심 교수법은 외국어와 특정 교과 내용 학습을 통합하는 교수법으로 학습자의 관심 분야나 전공 영역의 주제 내용을 중심으로 목표어로 교수하므로 교과 내용의 학습과 외국어 학습을 동시에 목표로 한다. 교수요목 설계 시 내용자료를 기준으로 언어 제시 순서와 학습과정을 구성한다. 이때 '내용'은 언어를 통하여 의사소통이 이루어지는 주제를 의미한다.

내용 중심 교수법은 다음과 같은 특징을 갖는다. 첫째, 내용을 중심으로 교수가 이루어져서 학습자들이 목표어로 사고하고 의사소통을 하도록 구성된다. 둘째, 듣기, 말하기, 읽기, 쓰기가 자연스럽게 실제적인 맥락에서 사용되도록 유도한다. 셋째, 학문 목적, 직업 목적 등 특수 목적을 위한 외국어 교육에서 활용된다. 다섯째, 다양한 교수모형 제시된다.

내용 중심 교수의 여러 교수 모형은 다음과 같다.

① 주제 기반 언어 교육(Theme-Based language Instruction)
  - 주제나 화제를 중심으로 교수요목이 구성된 언어 프로그램 제공
② 내용 보호 언어 교육(Sheltered Content Instruction)
  - 원어민 없이 내용 영역을 잘 아는 교사가 적절한 수준의 난이도로 언어를 사용하여 학습자가 내용 교과목을 이해할 수 있도록
③ 병존 언어 교육 (Adjunction Instruction)
  - 서로 연계된 내용 과정과 언어 과정을 제공하여 내용 전문가와 언어 교사가 함께 담당
④ 기능 중심 접근 방법(Skill-Based Approach)
  - 수업 실제성 있는 수업자료 활용하여 다음과 같이 구성한다.

내용 자료에 나오는 언어 학습하기
▼
간단한 관련 자료로 내용 도입하기
▼
주제 내용에 대해 간단하게 말하며 준비하기
▼
본 주제 자료를 보고 듣거나 읽기
▼
주제에 대해 토론하기
▼
주제에 대해 글쓰기
▼
토의하거나 발표하며 마무리하기

내용 중심 교수법은 언어 자체에 대한 학습이 아니라 정보를 얻는 수단으로 언어를 사용해야 언어를 효과적으로 학습할 수 있다고 보기 때문에 수업에서 교사가 학생들의 요구를 충족할 수 있는 흥미 있고 유의미한 내용을 제공하여 학습자의 내적 동기를 증가시킬 수 있다. 그러나 언어 교사들이 언어를 주제의 내용이 아니라 기능으로 훈련 받는다. 또한 언어 교사들이 일반 교과목을 가르치는 데 충분한 지식이 없으며, 언어 교사와 일반 교과목 교사가 한 팀으로 가르칠 때 효율성이 감소한다는 단점이 있다.

따라서 내용 중심 교수법은 학문 목적, 직업 목적 학습자의 요구를 충족시킬 수 있으나 가르치는 방법에 대해서는 고민이 필요하다.

14. 과제 중심 교수법(Task-Based Language Teaching)

과제 중심 교수법은 의사소통을 목적으로 의미에 초점을 두고 언어를 이해, 처리, 생산하는 모든 활동을 뜻하는 과제(Task)를 언어 교수의 핵심 단위로 사용하는 교수법이다. 학습자는 주어진 과제를 해결하기 위한 수단으로 목표어를 사용하여 실제적인 의사소통능력을 기르도록 하는 의사소통식 접근법과 제2언어 습득 연구에 근거하였다.

과제 중심 교수법은 과제가 언어 교수의 핵심 단위로 사용되므로 다음과 같은 특징을 갖는다. 첫째, 의미에 일차적인 초점을 둔다. 둘째, 실질적인 사용에 관심을 두기 때문에 결과보다 과정을 중요하게 본다. 셋째, 네 가지 언어 기술(말하기, 듣기, 읽기, 쓰기)을 골고루 사용한다. 다섯째, 상호작용을 통해 언어를 학습한다. 여섯째, 학습자는 과제를 수행하며 언어 습득을 위한 언어 입력과 출력을 동시에 제공 받는다.

수업 구성은 다음과 같다.

과제 전 활동
- 과제의 목표를 확인하고 과제 준비
- 교사는 학습자에게 과제의 주제, 목표 소개
- 주제와 관련된 어휘, 브레인스토밍 활동

과제 활동
- 과제를 수행
- 학습자가 짝이나 조별로 목표어로 대화 하면서 과제 수행
- 과제 내용을 보고하거나 발표할 준비
- 교사는 발표 내용에 대해 의견 말하지만 오류 수정은 안 함

과제 후 활동
- 과제 수행 내용을 발표하고 평가
- 학습자들 발표를 녹음, 청취, 혹은 과제 수행방법 비교
- 필요할 경우 교사는 학습자들에게 언어 자료 연습 시킴

과제 중심 교수법은 이해 가능한 입력(Krashen)과 의미 협상(Long), 생산적인 출력(Swain)을 통해 자연적이고 의미 있는 의사소통 활동을 할 수 있다. 그러나 교수를 위한 일차적인 교육적 입력 자료를 과제에 의존하고, 체계적인 문법, 어휘 교수요목이 없다. 또한 학습자의 수행 능력 편차에 따라 학습 효과를 극대화하기 위한 교사의 부담이 증가하며, 과제 유형 목록, 과제의 순서 배열, 과제 수행 평가와 관련된 명확한 기준이 없다는 단점이 있다.

따라서 이 교수법은 학습자의 흥미와 학습 수준에 맞는 적절한 과제 선택이 중요하고 정확성을 높이기 위해 어떤 언어적 형태에 초점을 둘지에 대해 고려해야 한다.

■ 참고문헌 ■

안경화(2014), 「언어교수이론」, 서울대학교 한국어문학연구소·국어교육연수소·언어교육원공편, 한국
  어 교육의 이론과 실제2(2014개정판)」, 아카넷, 89-132쪽.

안경화, 박지영, 권순희(2011), 『한국어교육 용어해설』, 신구문화사.

정동빈(2000), 「외국어교수학습방법개발을 위한 응용언어학 활용의 새로운 경향」, 『영어언어과학』 4
  권, 한국영어언어과학학회, 107-120쪽.

허용(2005), 『외국어로서의 한국어 교육학 개론(개정판)』, 박이정.

Brown, D.(2000), P rinciples of Language Learning and Teaching (4th edit.), Longman. [이
  홍수 외 공역

  (2007), 『외국어 교수 학습의 원리』, (주)피어슨에듀케이션코리아.]

Brown, D.(2001), Teaching by Principles: An interactive approach to language pedagogy
  (2nd edit.),

Longman [권오량, 김영숙 공역(2008), 『원리에 의한 교수: 언어 교육에의 상호작용적 접근법』, (주)
  피어슨에듀케이션코리아.]

Park, Kyung-ja. (1983), Language acquisition and teaching. Korea University Press.

Stern. H. (1983), Fundamental concepts of language teaching : Historical and
  interdisciplinary perspectives on applied Linguistic research. Oxford
  University Press. [심영택 외 공역(2015), 『영어교육과 한국어교육을 위한 언
  어 교수의 기본 개념』, (주) 도서출판 하우.]

Richards. J. & Rodgers. T. (2001), Approaches and Methods in Language Teaching (2nd
  edit.). Cambridge University Press. [전병만 외 공역
  (2003), 『외국어 교육 접근방법과 교수법』, 캠브리지.]

5장 한국어교재론

| 학습목표 |

1. 교재의 정의 및 기능을 살펴보고 학습자 중심의 한국어 교재를 개발하기 위해 한국어 교육과정과 교수요목이 어떻게 반영될 수 있는지 알아본다.
2. 학습자에 맞는 한국어 교재를 선정하기 위해 교재를 분석하는 기준을 확인하며, 효과적인 한국어 수업을 위해 필요한 부교재 제작 및 활용방법에 대해서 살펴본다.

Ⅰ. 교재의 정의와 기능

1. 교재의 정의

민현식(2000)에서는 광의의 개념으로 교재는 언어학습을 유발하기 위한 의도적인 활동에서 동원되는 교과서, 부교재, 교사말, 교실 밖 언어, TV, 인터넷 등의 모든 입력물(Input Materials)이라고 하였다. 협의의 교재는 학습자들이 교육목표에 도달하도록 교육과정에 따라 교육내용을 미리 선정하여 가시적으로 제시한 주교재(교과서)와 부교재(연습지, 워크북, 참고서, 과제, 활동 등)라고 정의하였다.

Brown(2001)에서는 교재는 교실 수업에서 교수기법을 지원하거나 효과를 높여줄 자료라고 하였다. 교재는 교수, 학습의 매개체로 학습자의 요구를 반영하고 있으며, 교육내용(교육과정, 교육목표)을 잘 보여줄 수 있어야 한다. 또한 효율적인 교수법을 반영한 수업 진행용 교육 도구이다.

2. 교재의 기능

1) 교재는 수업 전 수업을 위한 학습 목표를 제공해 준다. 교사에게는 교수 목표와 교육 과정을 알 수 있게 하며, 학습자에게는 동기를 유발하는 역할을 한다.

① 교수 목표 제시
- 교재에는 무엇을 가르칠지 교수, 학습목표가 설정, 제시되어 있다.
- 교수자는 가르칠 내용을 확인, 준비하여 일관성 있게 교수, 평가할 수 있다.
- 학습자는 배울 내용을 확인하고 평가에 대비하여 준비할 수 있다.

② 교육과정 구현
- 교육과정(학습자 요구조사 → 학습내용 범주결정, 선정 → 학습방법, 학습내용 배열 및 조직 → 평가)이 교수요목을 통해 교재에 반영되어 있다.
③ 학습동기 유발
- 교재는 선정된 교수, 학습내용을 학습목표와 학습자의 수준에 맞춰 제시 → 학습자의 학습 의욕 높인다.
- 교재의 내용은 학습자의 목표에 대한 기대치가 반영되어 있으므로 학습 내용에 관심

2) 수업 중에는 학습을 위한 전략을 사용할 수 있게 해 준다. 교사에게는 교수 내용과 교육법, 교수자 료를 제공해 주고, 학습자에게는 학습 내용과 학습 방법을 제공한다.
① 교수 내용 제공
- 교재는 무엇을 가르칠지 가르치려는 내용이 반영된 것이다.
② 교수법 제공
- 교재는 교육목표와 교육과정에 따라 내용 선정, 제시 순서와 방법이 결정된다.
- 교재 편찬에서 내용과 형식에 따라 어떤 교수법이 적용될지 달라진다.
③ 교수자료 제공
- 학습에 필요한 교수자료는 교재에서 제공된다.
④ 학습 내용 제공
- 학습자 변인을 고려하여 교재를 구성한다.
- 기능영역(말하기, 듣기, 읽기, 쓰기)와 내용 영역(문자, 발음, 문법, 어휘, 문화 등)
- 학습자도 교재를 기본으로 예습, 복습, 자습 등의 학습활동이 가능하다.
⑤ 학습 방법 제공
- 교사가 교재에서 교수법을 제공받듯이 학습자도 교재에서 학습 방법을 얻는다.
- 교재에 제시된 순서는 학습자가 학습해 나가기에 효율적인 순서를 의미한다.
- 학습자의 개별 학습 때에 방향을 제시해 주기도 한다.

3) 수업 후에는 평가 자료로 기능하게 된다. 교사에게 평가의 근거를 제공하고 교육 내용의 일관성 확 보를 위한 기준이 되며, 학습자에게는 학습 내용과 학습 방법을 제공해 준다.
① 교수자와 학습자의 매개
- 교수자와 학습자는 교재를 공유한다.
- 교수자 / 교재편찬자와 학습자의 만남
② 평가의 근거 제공
평가란 교수학습내용 및 영역에서 학습자가 획득한 지식이나 수행을 측정하여 교육에서 이루 어진 활동과 교육대상에 대해 성과 정도를 가치 판단 내리는 행위이다. → 교재에 근거한 평

가 기준이 마련되어야 올바른 평가가 가능하다.

③ 교수내용의 일관성 확보

　교수자, 학습자, 교수법, 교수환경에 따라 수업은 다양해진다.

④ 평가 대비 자료

- 평가를 통해 교사는 교육목표를 달성했는지 확인할 수 있다.
- 평가를 통해 학습자는 학습 성취도를 확인할 수 있다.
- 학습자는 교재로 평가를 대비할 수 있다.

⑤ 연습을 통한 정착 기능 수행

- 교재에는 선행학습내용과 후행학습내용이 체계적으로 연계되어 있다.
- 학습자가 독학할 때에도 교재를 이용한다. 교재는 언어훈련도구이다.

⑥ 수업 수준의 일정성 확보

- 교재가 있기 때문에 교사의 개별적 성향, 자질, 능력에 영향을 덜 받는다.
- 초보교사와 숙련된 교사 간 수업의 질적 차이를 줄여준다.

II. 한국어 교재의 변천사 및 교육 과정 개발

1. 한국어 교재의 변천사

　백봉자(2001)에서는 한국어 교재의 역사를 5단계로 구분하여 제시하였다.

1) 근대 계몽기, 일제 강점기 (1877-1958)

　외국인에 의한, 외국인을 대상으로 한 교재

① 근대 계몽기

- 종교, 무역을 위해 한국어를 학습하게 된 시기로 영어, 일어, 불어, 독일어, 체코어로 된 한국어 문법서, 회화서가 나타났으며, 선교사, 외교관을 대상으로 한 교재가 주를 이뤘다.

② 일제강점기

- 일본인을 대상으로 한 교재가 주를 이루며 재외동포를 대상으로 한 교재도 있다. 문법서, 독본이 중심이 되어 한국어의 문법적 특징이나 예문을 기술하는 것이 중심이 되었다.

2) 1기 : 한국어 교육의 초창기 (1959-1975)

　국내 한국어교육기관의 최초 설립부터 한국이 경제적 안정이 되기 전까지의 시기로, 청각구두 교수법의 교체연습과 모국어 사용을 강조하였다. 선교사를 위한 교재가 주를 이뤘고, 미국 뉴욕, 시카고, 하와이에 한국어학교가 설립되었다.

3) 2기 : 한국어 교재 변화가 시작된 변화기 (1976-1988)

종교적 목적 이외의 다양한 목적을 가진 일본인 학습자가 증가하고 읽기를 강조한 시기이다. 국내 대학 부설 언어교육기관이 신설되고, 국외에서는 자체적으로 개발한 교재를 사용하였으며, 문교부에서 지원한 초등학교용 국정교과서가 재외동포용 교재로 사용되었다.

4) 3기 : 한국어교육의 발전기 (1989-2000)

1988년 서울올림픽을 계기로 한국어에 대한 관심이 고조된 시기로 기관용 교재와 체계적인 교재 개발이 시작되었다. 6등급으로 교재가 등급화 되었으며 의사소통 교수법이 시도되었다.

5) 4기 : 한국어 교재의 도약기 (2001-현재)

과제 중심, 기능 통합형, 의사소통 교수법에 의한 교재가 개발된 시기로 국내 각 대학 기관에서 기존 교재의 개정판이나 새 교재를 출판하였다. 교재의 시각화가 이루어졌으며 학습자 언어권별, 언어 기능별로 다양화, 전문화된 교재가 나타났다. 또한 온라인 교재와 멀티미디어 교재가 개발되었고 국외 대학에서 한국어 전공학과를 중심으로 한 교재도 개발되었다. 개발된 교재는 대부분 주 교재와 워크북을 함께 개발하였으나 교사지침서는 개발하지 않았다.

2. 한국어 교재 유형

한국어 교재는 영역, 수준, 성격, 위상, 목적, 대상, 언어권에 따라 다음과 같이 다양하게 나타난다.(박영순, 2003)

영역별	말하기, 듣기, 읽기, 쓰기, 회화, 문화, 어휘, 문법
수준별	초급, 중급, 고급, 최고급, 한국학 전공
성격별	교수 학습용, 자습용, 교사용, 인터넷용, 수험대비용
위상별	주교재용, 부교재용, 과제용, 평가용, 워크북
목적별	일반 목적, 특수 목적(직업, 진학 등), 관광, 교양
대상별	성인, 대학생, 중고생, 어린이, 결혼이민자, 근로자, 외교관, 군인
언어권별	영어권, 중어권, 일어권, 서어권, 독어권, 불어권

3. 교육 과정과 교재

교육과정은 교육정책을 반영한 교육목표, 교육내용, 교육방법, 평가를 포함하는 전반적인 교육 계획을 말하는 것으로 이러한 교육 과정은 교재를 통해 학습자에게 전달된다.

4. 교육과정과 교재

1) 일반 목적의 학습자

학습자의 한국어 의사소통 능력을 배양하는 데 초점을 두고 일상생활에서 필요한 다양한 상황을 제시한다. 생존에 필요한 기초적인 내용에서 정치, 사회, 문화 전반에 이르는 전문적 내용까지 수준에 맞게 구성되어야 함.

- 주제, 과제와 기능, 기본 대화, 어휘, 문법 학습용 주교재
- 말하기, 듣기, 읽기, 쓰기 통합기능교재
- 언어 기능별 교재(말하기, 듣기, 읽기, 쓰기)
- 발음, 문법, 한자, 작문 학습용 교재
- 한국 문화 학습용 교재

2) 특수 목적의 학습자 – 학문 목적

전공과목 학습에 필요한 한국어 능력을 배양하는 데 초점을 두고 일상생활에서 필요한 다양한 상황, 문화, 사회 내용을 포함한다. 대학에서 수업을 듣는데 필요한 교양, 전공 내용이 구성되어야 한다.

- 주제, 과제와 기능, 기본 대화, 어휘, 문법 학습용 주교재
- 말하기, 듣기, 읽기, 쓰기 통합기능교재
- 발음, 문법, 한자, 작문 학습용 교재
- 한국 문학 강독 등 한국학과 응용 한국어 관련 교재

3) 특수 목적의 학습자 –취업 목적

직무 수행에 필요한 한국어 능력 배양하는 데 초점을 두고 발표, 회의, 거래처와의 대화, 회사 보고서 작성 등 직장에서 필요한 다양한 상황을 제시한다.

- 주제, 과제와 기능, 기본 대화, 어휘, 문법 학습용 주교재
- 말하기, 듣기, 읽기, 쓰기 통합기능교재
- 직무 관련 교과목을 위한 교재
- 한국 문화 학습용 교재

4) 주한 미군 학습자

학습자의 한국어 의사소통 능력 배양과 지역전문가를 양성하는 데 초점을 두고 일상생활에서 필요한 다양한 상황을 제시하며, 정치, 경제, 사회, 군사 등에 관련된 전문적인 어휘와 내용이 포함된다. 특별과정과 같이 맞춤형 교육과정 설계가 필요하다.

- 주제, 과제와 기능, 기본 대화, 어휘, 문법 학습용 주교재
- 말하기, 듣기, 읽기, 쓰기 통합기능교재
- 한국의 정치, 경제, 사회, 군사 등 전문분야의 실제자료

- 한국 문화 학습용 교재

5) 재외 동포 자녀

한국인의 사회, 문화적 배경 하에 의사소통능력을 배양한다. 높임말과 반말의 쓰임, 한국에서 지켜야 할 예절, 문화에 대한 이해가 학습내용에 포함되어야 하며, 말하기, 듣기와 같은 구어적 의사소통에는 익숙하나 읽기, 쓰기와 같은 문어적 의사소통에 익숙하지 못하므로 이 부분에 대한 집중적인 학습이 필요하다.
- 주제, 과제와 기능, 기본 대화, 어휘, 문법 학습용 주교재
- 읽기, 쓰기 강화를 위한 교재
- 한국 문화 학습용 교재

6) 결혼 이민자

학습자의 한국어 의사소통 능력을 배양한다. 일상생활(가족, 지역주민과의 대화)에서 필요한 다양한 상황을 제시하며, 한국문화에 대한 비중을 높게 책정해야 한다. 또한 구어적 의사소통에 문제가 없도록 해야 한다.
- 주제, 과제와 기능, 기본 대화, 어휘, 문법 학습용 주교재
- 말하기, 듣기, 읽기, 쓰기 통합기능교재
- 한국 문화 학습용 교재
- 표준어, 방언 학습용 교재

III. 교수 요목 및 교재 개발

1. 교수요목의 개념

교수요목 (Syllabus)은 교육적 목표, 교육적 경험, 특정 코스에 대한 정보를 나타낸 것을 말한다.(Nunan, 2001)

2. 교수요목 유형 (Brown, 1995 / 조항록, 2003)

1) 구조 교수요목

음운, 문법과 같은 언어 구조를 중심으로 난이도가 낮은 것에서 높은 것으로, 빈도수가 낮은 것에서 높은 것으로, 간단한 것에서 복잡한 것의 순으로 진행한다.

2) 상황 교수요목

언어 활동이 이루어지는 장소나 상황을 중심으로 작성하여 식당, 길, 지하철역, 시장과 같은 발화 장면을 중시한다.

3) 주제 교수요목

각 등급에 맞춰 채택된 주제를 일정 기준에 따라 배열하며 상황 교수요목과 혼합 형태로 진행하는 경우가 많다.

4) 기능 교수요목

소개하기, 설명하기, 요청하기, 제안하기 등 언어 활동의 기능적 측면을 중심으로 진행하며 주제 교수요목과 연계되어 사용된다.

5) 개념 교수요목

물건, 시간, 거리, 관계, 감정, 용모 등과 같이 실생활과 관련된 주요 개념을 중심으로 작성한 교수요목으로 유용성이나 친숙도에 따라 배열하며, 주제 교수요목의 일부가 포함되기도 한다.

6) 기능 기반 교수요목

대의파악, 주제파악, 화자 의도파악, 추론하기 등 특정 기능을 중심으로 배열하며 이해활동 교재(듣기/읽기)에서 많이 사용한다.

7) 과제 기반 교수요목

편지 쓰기, 면접하기, 신청서 작성하기 등 실생활 과제 중심으로 배열하며, 주제 교수요목과 함께 채택한다.

8) 혼합 교수요목

둘 이상의 교수요목을 함께 활용하여 작성하며 주제 교수요목 + 상황 교수요목 또는 상황 교수요목 + 기능 교수요목으로 함께 구성된다.

3. 교수요목의 경향

문법적 교수요목	언어구조 중심
	↓
주제/기능/과제 교수요목	언어사용 중심, 의사소통 목적

↓	
형태를 고려한 과제중심 교수요목	해당 과제를 수행할 때 사용할 형태를 사용하도록 설계된 교수요목

4. 교재 개발 원리

한국어 교재는 한국어 교수, 학습 목적을 반영하고 학습자나 교육환경을 비롯한 다양한 변인을 고려하여 교재를 개발한다. 정확하고 자연스러운 한국어를 익힐 수 있고 한국어와 함께 한국 문화를 교육할 수 있도록 교재를 개발한다. 또한 학습자 요구를 반영해 교육과정, 교육방법, 교육절차를 설계하고 과정 중심의 교육 효과를 극대화할 수 있도록 교재를 구성한다. 마지막으로 다양한 매체를 이용하여 한국어 교재를 개발한다.

5. 교재 개발 과정

6. 교재 개발 절차

1) 단원 구성 및 집필 : 한 단원은 어떤 순서로 구성할 것인가?
  ① 단원 제목 : 주제와 기능의 혼합 방법을 사용한다. (제2과 주말 활동, 제3과 부탁하기...)
  ② 학습목표 : 수행목표와 과제를 제시하고 그 밖에 발음, 어휘, 문법, 문화 제시 가능
  ③ 도입 : 그림, 질문 제시, 배경지식 활성화, 학습동기 부여
  ④ 예시문 : 학습 내용 제시, 목표 발화의 모형이 되는 담화 제시, 담화 맥락에 따라 제시

⑤ 발음 : 해당 단원의 학습 내용 중 어려운 발음 선정 + 음성자료 함께 제시
⑥ 어휘 : 의미별로 묶어 제시 (착용동사 – 옷을 입다, 신발을 신다, 모자를 쓰다 등)
⑦ 문법 : 의미·형태·화용에 대한 설명을 포함한 문법 제시 및 연습
⑧ 과제 : 실제적 의사소통 상황과 유사 활동, 언어기능과 연계된 과제
⑨ 문화 : 해당 단원의 주제와 관련된 문화 자료 제시
⑩ 자기평가 : 자기 평가를 통한 학습 성취도 진단

2) 인물설정 : 교재에 나오는 인물을 어떻게 설정할 것인가?

서강한국어 2B(2007)

3) 교재 집필 : 학습자의 학습수준에 맞고, 흥미를 유발하는 다양한 내용이 있는가?
① 시각 자료(사진, 삽화) 결정
② 청각 자료(오디오) 녹음

4) 교재 시험 사용 : 실제 교육현장에 적용할 수 있는가?

5) 교재 수정 : 학습자의 피드백을 반영하였는가?

6) 교육과정 및 교재평가 : 학습자의 요구와 수준에 잘 맞는가? 어떤 점이 보완되어야 하는가?

Ⅳ. 교재 평가 및 분석

1. 교재 분석의 평가와 필요성

1) 교재 연구의 갈래

① 교재 분석

교재 분석은 교재를 연구하거나 선정하거나 개발하기 위한 과정적 행위로 교재 선정과 효율적인 학습을 위한 단계이다.

② 교재 평가

교재 분석을 통하여 이루어지는 결과 행위로, 이를 통해 교재 개작 및 개발을 진행한다.

2. 교재 평가

1) 교재 평가 영역

형식	내용
교재의 외적 사항 책의 수 설계된 수업 기간 수업 시간 목차	교재의 내적 사항 학습자의 상황 학습자의 수준 학습자 요구 언어 내용과 언어 기능 문화

2) 교재 평가와 선정의 원칙(Grant, 1987)

① 의사소통성(Communicative) : 의사소통 능력을 향상시킬 수 있도록 고안되었는가?

② 목표성(Aims) : 프로그램의 목표 및 목적에 부합하는가?

③ 교수성(Teachability) : 가르칠 때 어려움이 없고, 교수방법론과 밀접하게 연관되는가?

④ 부교재(Available Add-Ons) : 교재에 뒤따르는 지침서나 테이프, 워크북 등이 존재하는가?

⑤ 등급성(Level) : 학습자의 숙달도에 따라 적합하게 구성되었는가?

⑥ 매력성(Your Impression) : 교재 전체 과에 대한 인상이 어떠한가?

⑦ 흥미성(Student Interest) : 학습자가 교재에서 어떤 흥미를 찾아낼 수 있는가?

⑧ 검증(Tried and Tested) : 실제 교육 현장에서 검증된 적이 있는가? 있다면 어떤 상황에서 누구에 의해 검증되었으며 그 결과는 어떠한가?

3) 교재 평가 및 분석 기준 (이해영, 2001)

① 교수 학습 상황 분석

－ 기관 정보

㉠ 기관의 한국어 교수 프로그램의 목표는 무엇인가?

㉡ 자세한 교수요목이 존재하는가? 지향하는 교수법은 무엇인가?

㉢ 미리 정해져 있거나 권장된 교재가 있는가?

㉣ 교재 선택 및 개작 측면에서 교사의 자율권을 어느 정도 인정하는가?

㉤ 얼마간의 학습 시간이 주어졌는가? 프로그램은 얼마나 집중적인가?

㉥ 학급의 규모는 어떠한가?

㉦ 교실의 물리적 환경은 어떠한가? 시청각 장비, 복사기, 컴퓨터 등이 제공되는가?

－ 학습자

㉠ 한국어를 배우는 목적이 무엇인가? 특수 목적인가? 일반 목적인가?

㉡ 학습자의 나이, 수준, 기대, 태도 및 동기가 무엇인가?

㉢ 학습자의 언어 학습 경험은 어떠한가?

㉣ 그들의 선호하는 학습 방식은 무엇인가?

㉤ 그들의 관심사는 무엇인가?

－ 교사

㉠ 교육기관에서 기대하고 있는 교사의 역할은 무엇인가?

㉡ 교사는 한국어의 구조에 대해 얼마나 잘 이해하고 있는가?

㉢ 교사가 선호하는 교수방법은 무엇인가?

㉣ 교사는 특정 학생들을 위하여 교재를 응용하거나 보충하는 권리를 가지고 있는가?

㉤ 그렇다면 필요할 경우 그렇게 할 수 있는 노련함과 시간을 가지고 있는가?

② 교재의 외적 구성

㉠ 책은 튼튼하고 외관이 보기 좋은가?

㉡ 교재의 가격은 적절한가?

㉢ 교재는 어디서나 쉽게 구입할 수 있는가?

㉣ 어휘 목록, 색인, 소사전, 콘텐츠 맵을 포함하여 사용이 편리한가?

㉤ 배치가 명료하여 책에서 원하는 것을 쉽게 찾을 수 있는가?

㉥ 테이프, 비디오, 교사용 지침서 등 관련 구성물이 제공되며, 구입이 용이한가?

㉦ 교재의 효과적인 사용을 위해 교실 환경 등 특별한 장비가 필요한가?

ⓞ 전제되는 한국어 학습 상황은 한국인가? 외국인가?

　　ⓩ 저자 또는 기관 정보가 명시적이어서, 교재 선택에 참조로 활용될 개발자의 교수적 특성에 관한 정보가 있는가?

③ 교재의 내적 구성
　- 교재 구성 목표 분석
　　㉠ 교재가 그 책의 지침이 되는 원리를 일관되고 명확하게 밝히고 있는가?
　　㉡ 사용자(기관, 학습자, 교사)가 설정되어 있으며 이들의 요구가 반영되었는가?
　　㉢ 아울러 교재는 유연성과 융통성을 보이고 있는가?
　- 학습 내용 분석 : 주제
　　㉠ 학습자가 고유한 흥미를 유도할 만한가?
　　㉡ 주제가 다양하여 학습 자료와 활동의 개별화에 도움이 되는가?
　　㉢ 제공된 주제가 학습자의 경험을 풍부하게 하는데 도움이 되는가?
　　㉣ 주제가 학습내용, 학습자의 언어수준, 연령, 지적능력에 적합한가?
　　㉤ 주제가 실제 사회적, 문화적 맥락과 연결되어 현장 적용성이 있는가?
　　㉥ 성, 인종, 직업 등에 대한 사회적 편견은 없는가?
　- 학습 내용 분석 : 문법
　　㉠ 새로운 언어항목의 제시 및 연습을 위해 어떤 기법이 사용되었고 그것이 학습자에게 적합한가?
　　㉡ 문법항목이나 이를 다루고 있는 방식은 학습자의 요구에 부합되는가?
　　㉢ 제시된 문법은 학습자의 숙달도에 비추어 보았을 때 적절한가?
　　㉣ 형식뿐만 아니라 실제적인 사용이 다루어졌는가?
　　㉤ 새로운 문법항목이 이미 배운 문법항목과 관련이 있는가?
　　㉥ 새로 나온 문법항목은 후에 충분히 반복되는가?
　　㉦ 문법항목에 대한 연습은 4가지 언어영역과 연계되어 있으며, 실제적인 과제 중심으로 구성되었는가?
　　㉧ 문법을 위한 참고 부분이 있어 자습, 개별 학습에 적합한가?
　- 학습 내용 분석 : 어휘
　　㉠ 어휘교육을 위한 자료가 양과 주제 범주의 측면에서 다양하고 충분한가?
　　㉡ 어휘학습은 학습자의 어휘력을 향상시키는 역할을 하고 있는가?
　　㉢ 각 단원이나 텍스트에 제시된 어휘가 학습자의 숙달도, 인지능력에 적절한가?
　　㉣ 새로 나온 어휘는 후에 충분히 반복되는가?
　　㉤ 어휘학습이 학습자의 어휘 학습 전략 개발에 도움이 되는가?
　- 학습 내용 분석 : 발음

ㄱ 발음 방법의 소개, 카세트 테이프의 제공 등으로 학습자의 자율적 학습을 돕는가?

ㄴ 학습자의 발음과 억양 관련 학습 전략 개발에 도움이 되는가?

ㄷ 발음 연습이 듣기, 대화 연습과 함께 이루어지는가? 혹은 개별적으로 이루어지는가?

ㄹ 개별음의 조음, 단어의 강세, 구어적 축약형, 문장의 강세, 억양, 음운규칙이 체계적으로 다루어져 학습자의 체계적 학습을 돕는가?

- 학습 내용 분석 : 담화와 화용

ㄱ 문장 이상의 언어 사용의 규칙과 구조를 다뤄 활용성이 있는가?

ㄴ 문체와 화용적 적절성이 다루어졌는가?

ㄷ 제시된 연습자료의 담화에 불예측성 요소가 포함되어 있는가?

ㄹ 담화 표지, 간접표현 등의 사용과 관련하여 의사소통전략의 사용 등이 포함되어 있는가?

ㅁ 순서 교대, 인접 쌍, 선호 조직 등 상호작용의 특징을 반영하는 담화 자료를 포함하고 있는가?

ㅂ 학습 활동이 학습자의 의사소통 전략개발에 도움이 되는가?

- 학습 내용 분석 : 문화

ㄱ 성취문화 중심인가? 일상문화 관련내용을 포함하여 현장적용성을 높이고 있는가?

ㄴ 문화적 충격이나 목표 문화에 대한 거부감을 최소화하는 데 기여하고 있는가?

ㄷ 문화 내용은 설명과 제시 위주로 소개되는가? 과제 활동에 포함되는가?

ㄹ 제시된 활동은 학습자가 목표 문화에 대한 이해와 평가를 가능하게 하여 자율 언어 학습을 도울 수 있도록 구성되었는가?

- 학습활동 분석

ㄱ 학습목표가 명확하게 제시되어 학습자가 학습에 주도성과 책임감을 갖도록 하는가?

ㄴ 학습자의 적극적인 참여를 제안하고 유도하며, 이것이 학습자의 기대와 부합하는가?

ㄷ 학습활동이 개인화될 수 있도록 허용되어 학습에 주도성과 책임감을 갖도록 하는가?

ㄹ 학습자들을 위한 학습기술이나 학습전략 개발에 도움이 되는 학습활동이 제안되어 있는가?

ㅁ 학습자의 개별적 특성에 따라 학습 활동이 선택될 수 있도록 되어 있는가?

ㅂ 자가 점검 평가 활동을 통해 자신의 학습을 반추할 기회를 얻는가?

V. 교재별 특성

1. 언어 기능별 교재(= 기능 분리형 교재) : 해당 기능의 단계적 학습에 유리

1) 말하기 교재 : 구어의 특성이 잘 드러나도록 구성하고 상호작용을 익힐 수 있도록 설계해야 한다.
   ① 구어에 얼마나 중점을 두고 있는가?
   ② 구어자료가 학습자의 실생활의 상호작용을 익히도록 되어 있는가?
   ③ 말하기를 위해 어떤 자료와 교실 활동을 포함 하는가?
   ④ 실생활 관련 말하기 과제를 포함하고 있는가?
   ⑤ 대화나 토론 등의 활동을 위한 특별한 전략들이 있는가?
   ⑥ 학습자가 구어 상황에서 불예측성을 다루는데 도움이 될 만한 연습이 있는가?
   ⑦ 듣기, 읽기, 쓰기 등 다른 영역과의 통합 활동이 제안되고 있는가?
   ⑧ 통합 시 제공되는 활동은 필수적 선택으로, 또는 수의적 선택으로 제안되어 학습자의 개별화를 돕는가?
   ⑨ 학습활동이 개인화될 수 있는 기회를 제공하는가?

2) 듣기 교재 : 실제와 가까운 듣기 자료를 구성하고 듣기 활동에 필요한 구어의 유형이 반영되도록 설계해야 한다.
   ① 듣기활동에 요구되는 구어의 유형을 잘 반영하고 있는가?
   ② 어떤 종류의 듣기 자료가 포함되어 있는가?
   ③ 듣기자료가 실제에 가깝게 녹음되었는가?
   ④ 녹음된 듣기자료의 음질, 속도, 억양, 실제성 등은 양호한가?
   ⑤ 듣기를 위한 비디오테이프가 있고 얼굴 표정, 몸짓 등의 시각적 매체가 잘 이용되는가?
   ⑥ 듣기자료와 듣기 활동은 학습자의 인지적 수준에 적절하게 부합되는가?
   ⑦ 듣기자료가 새로운 경험과 정보를 제공하고 있는가?
   ⑧ 듣기자료의 전체적인 양과 개개의 길이는 학습자의 숙달도에 잘 맞는가?
   ⑨ 어떤 종류의 교실 활동이 제시되어 있는가? 실제적인가?
   ⑩ 듣기의 실생활 과제를 포함하고 있는가?
   ⑪ 듣기능력 향상을 위한 학습기법이나 전략 개발에 초점이 있는가?
   ⑫ 말하기, 읽기, 쓰기 등 다른 영역과의 통합활동이 제안되고 있는가?
   ⑬ 통합 시 제공되는 활동은 필수적 선택으로 제시되는가?
   ⑭ 아니면 수의적 선택으로 제안되어 학습의 개별화를 돕는가?

3) 읽기 교재 : 읽기 자료를 다양하게 구성하고 문어적 특성이 잘 드러나도록 구성해야 한다.

① 읽기자료의 유형이 다양하게 제시되는가?
② 읽기자료의 주제는 다양하고 편견은 없는가?
③ 읽기자료가 학습자의 인지적 수준, 흥미에 적절하게 부합되는가?
④ 읽기자료가 다양한 경험과 정보를 제공할 수 있는가?
⑤ 읽기자료의 전체적인 양과 개개의 길이는 학습자의 숙달도에 잘 맞는가?
⑥ 읽기자료가 한국어 문어의 특성을 보여주고 있는가?
⑦ 읽기자료가 문어자료로서의 질은 양호한가?
⑧ 읽기능력 향상을 위한 학습기법이나 전략 개발에 초점이 있는가?
⑨ 말하기, 듣기, 쓰기 등 다른 영역과의 실제성 있는 통합활동이 제안되고 있는가?
⑩ 통합 시 제공되는 활동은 필수적 선택으로 제시되는가? 아니면 수의적 선택으로 제안되어 학습자의 개별화를 돕는가?
⑪ 과제활동이 흥미, 정보 수집 등 일상생활의 개연성 있는 읽기 목적이 반영된 학습활동인가?
⑫ 읽기의 실생활 과제를 포함하고 있는가?
⑬ 학습활동이 개인화될 수 있는 기회가 제공되는가?

4) 쓰기 교재 : 다양한 쓰기 활동으로 구성하고 문어적인 글쓰기 활동을 할 수 있도록 설계되어야 한다.
① 문어적인 글쓰기 활동이 제안되는가? 즉, 텍스트의 유형에 따른 문어체의 다양한 문체가 강조되는가?
② 쓰기능력의 향상을 위해 어떤 교실활동을 포함하고 있는가? 가령 유도된 쓰기, 통제된 쓰기, 문단 쓰기 등의 활동이 유도되는가?
③ 여러 종류의 쓰기 규칙이 교수되는가?
④ 단락 구성이 적절히 교수되는가?
⑤ 정확성에 얼마나 중점을 두는가?
⑥ 쓰기활동은 과정 중심인가? 결과 중심인가?
⑦ 쓰기활동의 목적과 독자층을 설정하고 활동이 제시되는가?
⑧ 실생활 쓰기 과제를 포함하고 있는가?
⑨ 말하기, 듣기, 읽기 등 다른 영역과의 통합활동이 제안되고 있는가?
⑩ 통합 시 제공되는 활동은 필수적 선택으로 제시되는가? 아니면 수의적 선택으로 제안되어 학습의 개별화를 돕는가?

2. 매체별 교재

1) 웹 기반 교재 : 학습자의 적극적, 능동적인 참여를 이끌어내야 하고 다차원적인 상호작용의 기회를

제공받도록 구성해야 한다. 웹 기반 교재는 시공간의 제약이 해결되므로 자율적인 학습이 가능하다는 장점이 있다.

① 요구분석
- 일반 교재와 마찬가지로 학습자의 언어권과 요구, 학습환경을 충분히 고려했는가?
- 100% 온라인 교육용인가? 혼합형 교육용인가?

② 교수설계
- 학습목표와 학습맵(Map)을 제시하고 있는가?
- 학습 내용의 수준을 단계별로 구분되어 제시되는가?
- 웹의 화면 구성이 학습자가 쉽게 접근하고 이동할 수 있도록 적절히 배치되어 있는가?

③ 학습내용
- 언어 기능별 학습과 발음, 어휘, 문법, 문화가 포함되어 있는가?
- 학습내용의 난이도와 분량이 적절한가?

④ 학습전략
- 자기주도적 학습(학습자의 수준에 맞는 선택적 학습과 개별화된 학습)이 가능한가?
- 학습동기 유발, 학습 지원 장치가 있는가?

⑤ 상호작용
- 학습내용이 제공하는 피드백은 유의미한가?

⑥ 평가
- 지원 체계 및 평가와 관련된 학습 관리시스템을 갖췄는가?
- 학습 진도와 과제 관리가 가능한가?
- 학습 내용에 대한 평가와 결과를 제공하는가?

2) 영상 기반 교재 : 학습자의 흥미를 유발하고 언어 사용 상황과 맥락을 제공해야 한다.
① 실제자료를 토대로 한 교재 (드라마, 영화, TV 프로그램, 뉴스)
- 학습자의 관심, 화제성을 반영하여 수업 구성 : 체계적인 교수요목을 위한 설계는 어떠한가?
- 듣기 숙달도를 높일 수 있음 : 듣기 숙달도 향상을 위해 어떤 학습 전략이 필요한가?
- 학습자의 학습수준에 비해 어려움 : 학습자의 수준에 맞춰 개작이 필요한가?
- 학습자의 자기주도성 학습을 어떻게 장려할 수 있는가?
② 교사의 교수요목에 의해 개발된 영상 자료를 토대로 만든 교재 (학습자 수준에 따라)
- 학습자의 관심, 요구 : 학습자의 요구에 맞는 교재를 개발했는가?
- 어색한 상황이 연출될 수 있음 : 현실에서 적용 가능하고 실용적인가?
- 개발된 후 자료 수정 어려움 : 시의성이 부족한 것을 어떻게 극복할 수 있는가?

3. 특수 목적 교재

1) 학문 목적 교재 : 국내 대학에서 학문적 활동을 수행하도록 구성한다. 최고급 단계의 학습자를 위한 내용 중심 언어 교수법과 한국의 외국인 유학생을 위한 주제 중심 언어 학습을 하도록 할 수 있다.

① 요구 분석
  - 학습자의 요구분석, 교육시간, 학습 규모, 교사의 언어적 능력이 교재에 고려되었는가?
  - 학습목표와 학습내용, 수행에서 학문 목적 학습자에게 적절한가?

② 학습 내용
  - 학문 목적 학습자의 학문적 요구에 부합되는 내용인가?
  - 학술 텍스트(설명적 텍스트와 논증적 텍스트)를 다루고 있는가?
  - 학문 어휘와 핵심 용어, 사고 도구어(개념, 특성, 고찰), 담화 표지와 표현, 문법, 문체, 담화 구조가 체계적으로 다루어졌는가?
  - 유사 학문적 활동(사고력 훈련, 문제의식 기르기)이 제공되는가?
  - 학습 후 학습자가 자가평가할 수 있는 활동이 구성되어 있는가?

③ 학습 전략
  - 언어의 네 가지 기능이 학습전략과 연관되어 학습되도록 구성되어 있는가?
  - 교사와 협력학습 혹은 개별학습에도 사용될 수 있도록 자기 주도적 학습 전략이 있는가?

2) 직업 목적 교재 : 직무 수행 능력을 배양하는 것이 목적이 되며 학습자에 따라 교재 구성과 성격이 달라진다.

① 이주 노동자를 위한 교재
  - 일상생활, 직장생활, 현장업무상황을 담은 통합교재인가?
  - 이주 노동자가 자신의 권익을 보고하는 기능이 포함되어 있는가?
  - 학습자의 학습수준에 따라 중점으로 하는 교육이 달라지는가? (초급은 말하기, 듣기 등의 구어교육, 중·고급은 읽기, 쓰기 등 문어교육)

② 비즈니스 한국어 교재
  - 학습자의 언어권, 직위, 연령과 같은 변인이 실제 과제와 관련되어 고려되어 있는가?
  - 다양한 학습 조건과 환경을 고려하는가? (회의, 회식, 발표, 경조사)
  - 비즈니스 상황에 적절한 담화 구조 학습이 잘 되어 있는가?
  - 특정 전문 어휘와 공적 담화에서 통용되는 어휘목록이 포함되는가?
  - 한국의 기업 문화에 대한 내용이 포함되어 있는가?

3) 결혼이민자를 위한 교재 : 가족이나 지역 사회와 성공적인 의사소통을 위해 표준어와 방언이 필요하다.

① 사회적 측면

　　– 가정과 지역 사회 내에서 핵심적인 구성원의 역할을 할 수 있도록 구성되어 있는가? (지역 사회의 다양한 상황, 경어법, 반말 교육이 초급부터 이루어져야 한다)

　　– 한국 사회 적응에 필요한 문화교육이 다루어지고 있는가?

② 학습자 측면

　　– 학습동기와 학습목표를 충족시키는 학습이 이루어지고 있는가? (한국생활에의 적응, 가족과의 대화 등)

③ 학부모 측면

　　– 자녀와의 의사소통 상황이 구성되어 있는가?

　　– 자녀의 학교생활을 도울 수 있도록 학습내용이 구성되어 있는가? (교사와의 자녀 문제 상담, 학부모로서의 의견 참여 등)

④ 교수, 학습상황 측면

　　– 교수, 학습상황을 고려했을 때 적합한 교육과정과 교재인가?

　　– 방문교육 또는 집합 교육을 위한 교재인가?

　　– 학습자의 자기 주도적 학습이 가능한 교재인가?

VI. 부교재 제작 및 활용

1. 부교재란?

　　교재는 주교재, 부교재, 교사용지도서로 구분할 수 있다. 교재는 수업에서 주로 사용하는 교재를 말하며 교사용지도서는 교사를 위한 교재로 수업의 구성에 대해 설명하고 있는 교재이다. 부교재는 수업에서 사용될 수 있는 주교재 이외의 모든 자료를 말하는 것으로 교사말, 실제자료, 교육적 목적으로 제작된 자료 등이 바로 그것이다. 일반적으로 교실 환경에서 사진, 그림, 듣기 CD, 단어카드, 문형카드, 연습지, 워크북 등이 부교재로 사용된다.

2. 부교재의 기능

　　부교재는 학습 효과를 높이기 위해 사용하는 것으로 모국어 환경과 유사한 환경을 제공할 수 있고, 학습자들이 쉽게 응용할 수 있는 자료를 사용하여 시간과 노력을 절감할 수 있다.

　　부교재의 기능은 첫째, 사진, 그림, 지도 등의 시각자료를 통해 학습자의 이해를 높일 수 있다. 둘째, 그림카드, 문형카드 등으로 자동화, 내재화할 수 있도록 자료 활용 가능성을 높여준다.

셋째, 부교재가 평가를 위한 준비 자료로 기능하여 평가에 도움을 준다. 넷째, 교사와 학습자 간의 의사소통을 도와주며, 다섯째, 교사의 역할을 부분적으로 대신할 수 있다.

3. 부교재 선택 및 제작 시 고려사항

1) 학습자 요인

① 학습자의 연령

　학습자의 연령이 낮을수록 문자 위주의 부교재 자료에 쉽게 흥미를 잃을 수 있고 게임이나 노래, 동영상을 이용한 자료에 더 민감하게 반응한다. 반대로 학습자의 연령이 높을수록 실제 속도를 반영한 듣기자료나 새로운 기기를 이용하는 프로그램에 어려움을 느낄 수 있다.

② 학습자의 성별 및 성향

　남성 학습자와 여성 학습자는 관심의 초점이 다르고 개인의 성향에 따라서도 달라진다. 따라서 교사의 역할은 학습자가 편안함을 느낄 수 있는 정서적 환경을 만들어 주는 것이다.

③ 학습자들의 학습수준 및 선행학습 정도

　같은 자료도 학습자에 따라 부교재 사용은 달라진다. 학습수준이 낮은 학습자는 제시용 혹은 연습용 단어카드를 활용할 수 있고, 학습수준이 높은 학습자는 대화로 확장할 수 있다.

④ 문화, 사회적 배경

　문화적, 사회적 배경이 다른 학습자가 한 교실에서 공부할 때 부교재 사용은 신중히 채택해야 한다.

⑤ 학습 목적

　일반 목적 학습자와 특수 목적(진학, 취업, 사업 등) 학습자는 학습내용과 부교재가 달라진다.

2) 기술·환경 요인

① 부교재 사용을 위해 특별한 시설, 기자재가 필요한 경우 설치가 가능한지 확인이 필요하다.

② 시설이나 기자재를 사용하기 전에 오작동이 없도록 매번 점검이 필요하다.

3) 경제적 요인

① 부교재 사용을 위해 새로운 시설을 만들거나 기기 설치를 해야 하는 경우에는 비용 대비 학습 효과를 고려할 필요가 있다.

② 교사가 부교재 제작에 너무 많은 시간과 노력을 해야 하는 경우에도 학습 효과를 고려해야 한다.

4. 부교재의 종류

1) 언어 자료

① 예문 : 가장 기본이 되는 자료로 출력한 형태의 연습지나 복사지, 판서로 제공한다.

② 연습지 : 정확성을 위한 연습지(문법 활용형)와 유창성을 위한 연습지(의사소통 중심 과제 활동지)가 있다.

2) 청각 자료 및 기자재

① 교사의 육성 : 학습자와 직접 의사소통이 가능하고 시간과 장소에 관계없이 수업을 진행할 수 있다.

② 카세트테이프, CD, mp3파일, 녹음기, 휴대전화의 녹음기능 : 학습자가 원하는 만큼 반복학습이 가능하고 개별 학습 도구로 활용할 수 있다. 또한 시간과 장소에 관계없이 수업을 진행할 수 있으며, 학습자 발화를 녹음한 후 말하기 피드백이나 평가를 위한 도구로 사용할 수 있다.

③ 어학 실습실 : 소음 없이 집중 듣기와 반복 듣기가 가능하다. 발음을 위해 오디오 녹음 파일을 활용할 수 있고 학습자 간 상호대화도 가능하므로 짝활동이나 토론이 가능하다.

3) 시각 자료 및 기자재

① 교과서 : 통합교재는 교과서 안에 부교재가 포함되어 있다. 학습내용이 체계적이고 학습자가 자신의 능력에 따라 개별학습이 가능하며, 시간과 장소의 제약을 받지 않는다.

② 칠판/화이트보드 : 교사가 수업에서 많이 쓰는 교구로 그림을 그리거나 색분필로 색을 달리하여 시각적 효과를 높일 수 있다. 이때는 학습자에게 교사의 등을 계속 보이지 않도록 주의하고 판서의 규칙을 세우는 것이 좋다.

③ 카드

- 자음/모음 카드 : 초급에서 꼭 필요한 부교재로 자음과 모음을 색깔로 구분할 수 있고 인쇄체와 필기체를 모두 확인할 수 있는 기회를 주어야 한다.

- 문자 카드 : 문자로 쓰여진 다양한 형태의 카드로 가독성이 좋은 글자체를 선택하는 것이 중요하다. 문자카드에서 부분적으로 색을 달리하여 학습자의 주목을 끌 수 있고 기계적인 연습에 플래시 카드를 이용할 수 있다. 이때 플래시 카드는 단어를 무엇으로, 어떤 순서로 제시할 것인지가 중요하다.

- 상황 카드 : 유창성을 위한 연습을 위해 상황을 표현한 카드로 학습자의 학습수준에 맞게 상황을 기술하는 것이 중요하다.

- 그림 카드 : 그림으로 제시된 다양한 형태의 카드로 그림으로 된 활동지 등이 이에 해당한다. 초급 학습자에게 의미를 전달하기 위해 쓰이는 경우가 대부분이며 의미를 명확히 알 수 있게 표현한 카드로 준비하는 것이 중요하다. 중·고급에서는 추상적인 어휘가 많이 제

시되므로 의미 전달용으로 그림카드는 많이 사용하지 않는다.

④ 기타

– 사진 : 실물자료 대신에 실제성을 높이고 쉽게 제시할 수 있으며 상황 연출이 가능하고 파일로 제작하여 보관이 용이하다.

– 지도 : 학습자에게 정보를 제시하고 흥미를 유발할 수 있다.

– 도표 : 복잡한 내용을 간략하게 제시하여 학습자의 이해를 도울 수 있고, 중·고급에서는 토의 자료로 활용이 가능하다.

4) 시청각 자료 및 기자재

① 컴퓨터

– 동영상 : 중·고급 단계에서 제시 용도로, 듣기수업에서 듣기자료로서 이용할 수 있고 학습자끼리의 활동 장면을 녹화하여 오류 교정 자료나 수행평가로 이용 가능하다. 교실수업에서는 텔레비전 화면이나 프로젝터/스크린 장치가 필요하고 교사는 수업 전 컴퓨터 기기를 점검해야 한다.

– 파워포인트 : 교사가 컴퓨터로 만든 자료를 다수 학습자를 대상으로 제시하고 연습하도록 할 수 있다. 자료가 깔끔하게 정리되어 제시되므로 교사의 자료 이동 부담을 줄일 수 있으나 어두운 환경에서 작동하기 때문에 장시간 이용하기는 어렵다.

② 멀티미디어

– SNS : 학습자의 휴대전화를 이용하여 학습자끼리 실시간 의사소통 가능하며 여러 명이 채팅방에서 의견을 결정할 수 있다. 실생활에서 적용 가능성 높고 학습자의 흥미를 유발할 수 있으나 연령이 높은 학습자나 기기 다루는 것이 서툰 학습자에게는 부담이 된다. 또한 교사가 학습자들을 전체적으로 통제하기 어렵다.

– 영상통화 : 학습자의 휴대전화나 개별 컴퓨터를 이용하여 대화식 학습이 가능하다. 실시간으로 구어적 의사소통이 가능하고 시간과 장소의 제약이 없으며 학습자의 흥미를 유발할 수 있다. 그러나 인간적 접촉이 없기 때문에 지루함을 느낄 수 있다. 또한 교실수업에서 개별 컴퓨터 이용은 설치 비용 문제에서 어려우며 교사가 피드백을 주기도 어렵다.

5) 실제성 있는 자료

① 실물자료 : '안경' 같은 구체적인 단어를 제시할 때 실물을 보여주는 것으로, 비언어자료를 언어수업 자료로 사용한다. 모든 학습자에게 광범위하게 사용 가능하고 특히 '함, 버선'같은 문화적 어휘를 설명할 때 유용하다. 초급에서 어휘를 제시할 때 유용하고 학습자에게도 유용하다. 그러나 교사가 교실에 있는 물건을 그대로 제시할 경우 목표어휘 이외의 어휘가 나오지 않도록 통제할 필요가 있다.

② 실제자료 : 한국어 모어 화자가 접하는 언어자료를 언어수업의 자료로 이용하는 것으로 학

습자를 교실 밖의 세계와 직접적으로 연결하여 학습자의 필요성과 흥미를 유발한다. 그러나 학습수준에 맞지 않는 실제자료는 오히려 학습자의 자신감과 흥미를 잃게 할 수 있다. 읽기 자료와 듣기자료가 사용 가능하고 특히 듣기자료에서 실제자료는 실제속도와 실제 소음을 반영하므로 중요한 역할을 한다.

■ 참고문헌 ■

김은애(2014), 「한국어 교재론」,서울대학교 한국어문학연구소, 국어교육연구소, 언어교육원 공편
　　　　(2014), 『한국어 교육의 이론과 실제2(2014개정판)』, 아카넷, 471-512쪽.

김정숙(2002), 「한국어 교수요목 설계와 교재 구성」, 박영순 편(2002), 『21세기 한국어교육학의 현
　　　　황과 과제』, 한국문화사, 31-60쪽.

김제열(2007), 「한국어 문법 교육론」, 곽지영 외 공제(2007)『한국어 교수법의 실제』, 연세대학교 출
　　　　판부, 105-144쪽.

박영순(2003), 「한국어 교재의 개발 현황과 발전 방향」,『한국어교육』14권 3호, 국제한국어교육학
　　　　회. 169-188쪽.

서종학, 이미향(2007), 『한국어 교재론』, 태학사

안영수 편(2008), 『한국어 교재 연구』, (주) 도서출판 하우.

이해영(2001), 「한국어 교재의 언어 활동 영역 분석」, 『한국어교육』12권 2호, 국제한국어교육학회,
　　　　469-490쪽.

조항록(2003), 「한국어 교재개발을 위한 기초적 논의」, 『한국어교육』14권 1호, 국제한국어교육학
　　　　회, 249-279쪽.

Brown, D.(2000), Principles of Language Learning and Teaching (4th edit.), Longman. [이
　　　　홍수 외 공역(2007), 『외국어 교수 학습의 원리』, (주)피어슨에듀케이션코리아.]

Celce-Murcia, M.(2001), English as a Second or Foreign Language. Newbury House.

Harmer, J. (2007), The Practice of English Language teaching(3rd edit.). Longman.

6장 한국어말하기교육론

| 학습목표 |

1. 한국어 말하기 교육의 목표와 수업 구성의 원리에 대해 이해하며, 한국어 말하기 수업의 수업 활동 유형에 대해 살펴본다. 그리고 효율적인 한국어 말하기 수업 방법을 익히도록 한다.
2. 말하기의 개념과 특성 및 말하기 교육의 목표와 내용에 대해 살펴보고 말하기 교육의 원리와 수업 활동에 대해 알아본다. 또한 말하기 수업의 구성과 말하기의 오류 교정과 평가에 대해 살펴본다.

Ⅰ. 말하기란

1. 말하기의 정의

인간의 의사소통은 말하기, 듣기, 읽기, 쓰기의 언어적 요소와 몸짓이나 표정 등의 비언어적 요소로 구분된다.

1) 말하기란?

말하기는 의미 협상의 과정이며 대화 참여자들의 상호작용을 말하는 것으로, 정보의 공백을 메워가며 필요한 정보를 얻고 부족한 정보를 확인하는 것이다.

2. 구어(음성 언어)의 특성

1) 무리 짓기

말하기를 할 때 인지적으로 적절한 단위 또는 호흡에 적절한 단위로 무리 지어 표현한다.

2) 중복성

반복하는 말, 고쳐 하는 말, 설명하는 말 등 덧붙이는 말 등이 많이 나타나는 특징을 지니고 있다. 화자는 반복과 부연 설명을 통해서 의미를 분명히 할 수 있다.

3) 축약형

음성적, 형태적, 통사적, 화용적 측면에서 축약이 나타나므로 자연스러운 말하기를 위해서 축약을 적절하게 사용하게 해야 한다.

4) 수행 변인(Performance Variable)

비계획적인 담화에서는 도중에 주저하거나 머뭇거리거나 말을 수정하는 경우가 자주 나타나며 이런 수행 변인에 대해서 외국인 학습자는 학습을 통해 배워야 한다.

5) 구어체

관용적 표현이나 축약형, 공통의 문화적 지식 등이 포함되므로 이런 표현을 지도하고 연습할 기회를 줘야 한다.

6) 발화 속도

유창하게 발화하려면 적절한 속도로 발화를 해야 한다.

7) 억양과 강세

구어는 음성을 통해 전달되므로 어조, 억양, 강세 등의 요소가 의미를 전달하는 데 중요한 요소가 된다.

8) 상호 작용

대화는 상호작용 규칙의 지배를 받으므로 원활한 대화를 위해서 상호작용 규칙을 익혀야 한다.

3. 말하기 교육의 연구사

1) 문법번역식 교수법과 말하기

문법번역식 교수법은 어휘와 문법 학습 후 번역하기의 순으로 수업을 진행한다. 따라서 실제적인 말하기 능력을 발전시키는 데 부족하다.

2) 직접 교수법과 말하기

목표어로 목표 문형을 도입하여 실제처럼 반복하고 귀납적으로 문법 규칙을 설명한다. 이 교수법은 교사 주도적인 수업으로서 대화자들로서의 역할보다는 교수·학습 과정에서 상대 역할을 하는 데 그친다는 단점이 있다.

3) 청각구두식 교수법과 말하기

패턴 대화를 따라 하고 곧이어 교사의 질문에 대해 학습자가 응답하는 형식의 수업으로 유창성에는 기여하나 맥락화 능력은 떨어진다.

4) 전신반응 교수법과 말하기

교사의 발화를 듣고 학습자가 실행하는 방식의 수업으로 교사 발화가 명령에 치우치게 되고 추상적인 대상을 설명하는 데 한계가 있다.

5) 자연 접근법과 말하기

이해 가능한 입력을 제공한 후 한 단계 높은 자료를 제시하여 자연스럽게 언어를 습득하게 하는 교수법으로 듣기 활동 후 초기 발화를 산출하는 발화 출현 단계를 거친다. 그러나 정확성이 떨어지고 발화가 지연될 가능성이 있으며, 이해 가능한 수준이 무엇인지 정의가 불명확하다.

6) 의사소통 교수법과 말하기

의사소통 활동을 통해 실제적인 의사소통을 할 수 있도록 하는 교수법이지만 언어 구조의 학습이 단계적으로 이뤄지기 어렵고 자료의 선택과 선정된 자료의 등급을 정하기 어렵다는 단점이 있다.

7) 과제중심 교수법과 말하기

과제 전 활동 → 과제 활동 → 과제 후 활동의 순서로 수업을 진행한다. 과제 의존적이므로 체계적인 문법적 교수가 이뤄지지 않으며 학습자의 수행 능력에 따라 교육 효과가 다르므로 교사의 부담이 크다는 단점이 있다.

8) 형태 초점 교수법과 말하기

의미에 중점을 둔 교수법에 대한 대안으로서 등장했으며 유창성과 정확성을 함께 추구한다는 특징이 있다. 학습자가 의사소통에 초점을 둔 수업에서 과제를 수행하는 가운데 의사소통 상의 필요에 의해 자연스럽게 언어의 형태에 집중을 하게 되는 방향으로 진행된다.

II. 말하기 교육의 목표와 내용

1. 말하기 교육의 중요성

1) 한국어 교육의 궁극적 목표

말하기는 주어진 환경 속에서 학습자가 자신의 생각을 성공적으로 전달하는 것을 목표로 한다.

2) 실생활에서 의사소통

실생활 의사소통 상황에서 듣기는 45%의 비중을 차지하며 말하기 30%, 읽기 16%, 쓰기 9%의 비중을 차지하여 말하기는 높은 비중을 차지함을 알 수 있다.

3) 개인의 일상적인 생활 + 사회적인 활동

말하기는 일상적인 생활뿐 아니라 사회적인 활동에서도 중요한 역할을 하는 언어 기능이다.

2. 말하기 교육의 목표

① 목표 언어의 정확한 발화, 유창성 확보, 의사소통 능력의 개발에 목표를 두고 교육한다.
② 사회 문화적 배경지식의 활용을 전제로 하는 담화 능력을 배양할 수 있도록 교육한다.
③ 문제 해결 능력 향상을 위해 과제 중심의 수업 활동을 구성하고 여타 영역과 연계될 수 있도록 교육한다.
④ 교실 내에서 실제적이고 유의미한 활동을 확보하여 실생활로 전이가 가능하도록 교육한다.
⑤ 학습자가 주도적으로 학습에 참여하게 하여 학습자 나름대로의 학습 전략을 학습할 수 있도록 교육한다.

3. 등급별 말하기 교육의 목표

1) 초급 단계

- 말하기 교육의 목표 : 일상생활을 수행하는 데 필요한 기본적인 의사소통 능력을 기른다.
- 과제와 기능 : 간단한 질문과 대답
- 교육 내용 : 일상적 주제, 친숙한 주제, 구체적 주제
- 담화 유형 : 문장, 문장의 연쇄

2) 중급 단계

- 말하기 교육의 목표 : 일상적·개인적 주제를 유창하고 정확하게 다루며, 친숙한 추상적·사회적 주제를 다루는 능력을 기른다.
- 과제와 기능 : 설명하기, 묘사하기, 비교하기
- 교육 내용 : 친숙한 추상적·사회적 주제
- 담화 유형 : 문단

3) 고급 단계

- 말하기 교육의 목표 : 사회적·추상적 주제를 다루고, 자신의 전문 분야에서의 기능 수행 능력을 기른다.
- 과제와 기능 : 주장하기, 논증하기, 토론하기
- 교육 내용 : 사회적 주제, 추상적 주제, 전문적 주제
- 담화 유형 : 확장된 담화

4. 말하기 교육의 내용

1) 의사소통 능력을 기르기 위한 말하기 교육 내용

① 문법적 능력
- 발음, 어휘, 문장을 바르게 구성하는 능력
- 음운, 어휘, 통사 지식과 사용 연습

② 사회언어학적 능력
- 특정 발화가 대화 상황에서 적절한 가를 판단할 수 있는 능력
- 한국어 사용 환경, 문화, 관습, 규칙에 관한 이해

③ 담화적 능력
- 문장을 유의미적으로 연결하기 위해 문법 체계에 관한 지식을 사용하는 것
- 응집성 있는 담화 구성, 대화 원리에 대한 이해

④ 전략적 능력
- 의사소통 실패 시 반복, 주저함, 비언어적 의사소통 행위 등의 전략을 사용하는 능력
- 언어학적 구조에 대한 지식
- 언어 기능에 대한 지식
- 전략적 기술(언어 사용 과정에서 필요)

Ⅲ. 말하기 교육방안

1. 말하기 수업 구성의 원리

1) 한국어 구어의 특성이 반영되어야 한다

① 통사적 특성 : 문어에 비해 어순과 조사 생략이 자유롭다 등.

② 음운적 특성 : 축약과 탈락이 많이 일어난다 등.

③ 담화적 특성 : 구어 담화 표지를 사용 '글쎄, 뭐, 그런데 말이야, 자' 등

2) 정확성과 유창성의 균형이 고려되어야 한다

① 정확성 : 언어의 형식에 초점

② 유창성 : 언어의 사용에 초점

　둘 사이의 조화와 균형을 고려하여야 한다.

　　초급　　←←←←　　　　→→→→　고급
　　　　　　'정확성'강조　　　　　'유창성'강조

3) 학습자의 요구가 반영되어야 한다

① 학습자에게 필요한 것과 학습자가 요구하는 것에 대해 고려

② 학습자로 하여금 흥미를 가지고 적극적으로 말하기에 참여할 수 있도록 유도

4) 다양한 상황에서의 담화 능력을 키우기 위한 구성이 되어야 한다

① 학습자가 처한 사적, 공적 상황에 맞게 의사소통할 수 있도록 담화의 형식과 표현을 지도

5) 문화에 대한 이해가 반영되어야 한다

① 언어와 문화는 불가분의 관계

② 원활하고 정확한 구어 의사소통을 위해서 한국적 문화를 수업 구성에 반영

6) 과제 중심의 수업이 되도록 한다

① 학습자가 학습의 결과로 특정한 상황에서 적절하게 언어를 수행할 수 있도록 구성

> 〈과제 중심의 교육〉
> ·과제란?
> "의미를 중심으로 하여 의사소통을 위해 행하는 모든 이해, 처리, 생산, 대응 활동"을 말한다.
> ·과제의 유형
> 　(1) 실제적 과제 : 실제 의사소통을 할 때 수행해야 하는 말하기의 기능들을 교실에서 해보도록 고안된 과제
> 　(2) 교육적 과제 : 교육적인 목표를 위해서 인위적으로 조직된 과제

실제적 과제 유형	예시
일상적 맥락에서 자주 수행하는 말하기 활동	인사하기, 자기소개하기, 길 묻기, 물건 사기, 음식 주문하기 등
공공장소에서 필요한 기능 수행을 위한 활동	은행, 우체국, 출입국 관리사무소 등의 공공 기관에서의 업무 처리
자신의 업무나 전문 분야에서 요구하는 기능 수행을 위한 활동	안내하기, 발표하기, 협상하기, 토론하기 등

2. 말하기 지도의 원리

※ 한국어 말하기 능력을 향상시키기 위해 교사가 유의해야 할 원리
 - 실제적인 언어 사용 능력을 키워줄 수 있도록 해야 한다.
〈실제성이란?〉
  언어 사용의 맥락과 기능, 표현이 실제의 의사소통 상황을 반영하는 정도
〈실제적 상황〉
  일상적 상황, 공공장소에서의 일, 업무나 전문분야의 일을 모두 포함
  실제적 상황은 학습자에 따라 달라질 수 있음.

1) 실제성의 원리

① 실제성을 높이기 위한 방안
 - 실제 의사소통 상황을 반영한 과제와 자료를 제공한다.
 - 학습자의 요구를 반영한다.
 - 구어적 특성을 반영한다.
② 정확성과 유창성 모두를 향상시킬 수 있어야 한다.
 - 정확성 : 명확하고 또렷하게 발음하며, 문법적, 음운적으로 오류 없는 한국어 구사 능력
 - 유창성 : 한국어를 막힘없이 자연스럽게 사용하는 능력
③ 학습자가 자신감을 갖고 적극적으로 수업에 참여할 수 있도록 학습자의 요구를 반영하여 학습자 중심으로 지도한다.
④ 학습자의 말하기 수행 중심이 되도록 한다.
⑤ 말하기, 듣기, 읽기, 쓰기 기능이 통합적으로 이루어져야 한다.
⑥ 학습자의 언어 수행에 적절한 피드백을 제공한다.

Ⅳ. 말하기 수업 활동

1. 말하기 수업 활동

1) 교실 내의 상호 대응 유형

통사적 특성

A 문형 중심의 통제된 연습	B 교사 중심 토론 수업
C 학습자 간 문답 연습	D 역할극, 과제활동

정확성 활동   유창성 활동

학습자 간의 활동(짝 활동, 소그룹 활동)

2) 교실 내의 연습 활동 유형

① 드릴(Drills)
- 기계적인 드릴 (교사 : 저는 홍길동입니다. / 저는 선생님입니다.)
- 유의미한 드릴 (교사 : 마이클 씨는 미국에서 왔어요. 요코 씨는요? / 학생 : 저는 일본에서 왔어요.)

② 인터뷰
- 친구들에게 묻고 답하세요.

이름	히엔	친구2	친구3
국적	베트남		
전공	경영학		
사는 곳			
좋아하는 음식			

가 : 안녕하세요?

나 : 저는 히엔이라고 해요

가 : 어느 나라에서 왔어요?

나 : 베트남에서 왔어요

③ 정보차 활동
- 정보를 물어서 주변 지도 완성하기, 공연 관련 정보를 서로 물어 정보 완성하기 등

A : (　　) 이/가 어디에 있어요?

B : (　　) 은/는 (　　) 앞/뒤/옆/위/아래에 있어요

④ 역할극(Role Play)
- '길 묻기, 음식 주문하기, 약속하기, 물건 사기' 등

⑤ 게임
  - 전체 학생을 대상으로 언어 게임, 추측하기 게임, 빙고 게임 등을 할 수 있다.
⑥ 발표
  - 프레젠테이션, 강의, 보고 등과 같이 주어진 주제에 대한 말하기와 더불어 공적인 상황에서 하는 말하기의 표현도 연습할 수 있다.
⑦ 토론
  - '사형제의 폐지에 대해', '저 출산으로 인한 인구 절벽에 대해' 등 하나의 주제로 찬반 토론을 할 수 있다.

3) 수준 별 말하기 활동 유형

초급 이상	· 문장 만들어 이야기하기 · 문답이나 대화 완성하기 · 질문에 답하기 · 답을 듣고 질문 만들기
중급 이상	· 단어 게임하기 · 상황에 따른 역할극하기 · 비교해서 말하기 · 이야기 재구성하기 · 설명하기
고급 이상	· 좌담회하기 · 발표하기(프레젠테이션) · 촌극이나 연극하기 · 인터뷰하기 · 특정 주제에 대해 이야기하기

2. 말하기 교육에서 교사의 역할

1) 통제자로서의 역할
학습자가 지나치게 산만하거나 집중을 하지 못할 때 리더로서의 역할을 한다.

2) 촉진자로서의 역할
학습자가 그룹의 중심이 되어서 과제를 스스로 수행할 수 있도록 도와주는 역할을 한다.

3) 상담자로서의 역할
학습자가 느끼는 감정적 두려움을 없애도록 도와주는 역할을 한다.

4) 관찰자로서의 역할

강점을 강화시켜 주고 약점은 보완하도록 도와주는 역할을 한다.

5) 참여자로서의 역할

학습자 스스로 하기 어려운 과제에 교사가 참여하되 교사 혼자 대화를 독점하지 않도록 유의해야 한다.

6) 평가자로서의 역할

학습자의 활동이나 과제 수행에 적절한 피드백을 제공하고 언어 사용에 대한 평가와 내용에 대해 평가한다.

V. 말하기 수업 구성

1. 말하기 수업의 단계별 수업 구성

1) 말하기 수업의 단계

도입	⇒	제시/설명	⇒	연습	⇒	활용	⇒	마무리

2) 각 단계별 교수·학습 내용

① 도입 단계 : 질문, 그림/사진 자료 등을 이용해서 학습 동기를 유발하고 학습 목표를 자연스럽게 이해하도록 돕는 단계이다.

② 제시/설명 단계 : 문형 카드 또는 모델 대화문으로서 문법을 제시하고 문법의 의미와 기능에 대한 이해를 돕는 단계이다.

③ 연습 단계 : 문법 유형을 단순한 것에서 복잡한 것으로 확대 연습하는 단계로 반복 연습, 교체 연습 등의 통제된 연습이 주가 된다.

④ 활용 단계 : 실제 상황의 과제를 수행하는 단계로 실제적 활동을 통해 의사소통 능력을 키우도록 한다.

⑤ 마무리 단계 : 교육 내용을 정리하고 교사 피드백을 통해 격려 또는 오류 수정을 하는 단계이다. 이 단계에서 과제도 제시한다.

2. 오류 수정

오류는 의사소통에 방해가 되는 총체적 오류와 의미 이해에 지장을 주지 않는 국소적 오류로 구분할 수 있다.

오류의 원인으로는 필요한 요소를 생략해서 발생하는 생략 오류와 새로운 문법을 모든 곳에 적용하면서 생기는 과대일반화 오류, 그리고 모국어의 요소가 목표어로 잘못 적용된 전이 오류로 구분할 수 있다.

이러한 오류의 수정 방법은 다음과 같다.

① 반복 요구 : 학습자의 오류를 되묻는 방식 ('네, 뭐라고요?')
② 모방 : 학습자의 오류를 따라 하는 방식
③ 지적 또는 질문 : 틀렸다고 말하거나 질문을 통해 지적 ('이상하네요, 뭐가 틀렸을까요?')
④ 표정 : 표정이나 몸짓으로 틀렸음을 암시
⑤ 힌트 : 힌트가 될 만한 단서를 제공하여 학습자가 스스로 고치도록 하는 방식 ('높임법에 조심해서 다시 말해 보세요.')
⑥ 직접 고쳐주기 : 올바른 문장으로 고쳐서 말해주는 방식

3. 말하기 전략

1) 말하기 전략의 예

① 분명히 말해 달라고 요구하기 (뭐라고요? 그게 무슨 뜻이에요?)
② 반복 요청하기 (네? 다시 말씀해 주세요.)
③ 시간을 끌기 위한 군말 사용하기 (음… 그러니까… 뭐냐하면…)
④ 대화 유지를 위한 표현 사용하기 (음, 그래서? 그래…)
⑤ 다른 사람의 주의 끌기 (있잖아, 자아… 그런데 말이야…)
⑥ 단어나 표현을 모를 때 다른 말로 쉽게 풀어 말하기
⑦ 듣는 사람에게 도움 요청하기 (이런 걸 뭐라고 하지요?)
⑧ 정형화된 표현 사용하기 (이거 얼마예요? / 여기서 명동까지 얼마나 걸려요?)
⑨ 몸짓이나 표정 등 비언어적 표현 사용하기

■ 참고문헌 ■

서강 한국어 : Student's book; 읽기·말하기 5A, 서강대학교 한국어교육원.

서울대 한국어 : Student's book 2A, 서울대학교 언어교육원.

한양 한국어 1, 한양대학교 출판부.

한양 한국어 5, 한양대학교 출판부.

고영준·윤영(2014), 한국어 토론 교재 개발 방안 연구 - 학문 목적 학습자를 대상으로-, 언어사실
　　　　　과 관점 vol.33, 연세대학교 언어정보연구원.

김선정 외(2010), 한국어 표현교육론, 형설출판사.

김정숙(2006), 한국어 말하기 교수법, 제10회 국외 한국어 교사 연수회 자료집

노명완(1992), 말하기 및 듣기의 본질과 평가의 방향, 제3회 국어 교육 연구 발표대회논문, 한국국
　　　　　어교육연구회.

신재철(2010), 초등영어 교육에서 상호작용을 통한 의사소통능력 신장 방안, 공주교대논총, 공주교
　　　　　육대학 교육연구소, pp119-138.

이미혜(2002), 한국어 말하기 교육의 이론과 실제, 21세기 한국어교육학의 현황과 과제(박영순 편).
　　　　　한국문화사.

전은주(1999), 말하기·듣기 교육론, 도서출판 박이정.

허용 외(2005), 외국어로서의 한국어교육학 개론, 도서출판 박이정.

7장 한국어쓰기교육론

| 학습목표 |

1. 한국어 쓰기 교육의 목표와 수업 구성의 원리에 대해 이해하며, 한국어 쓰기 수업의 수업 활동 유형에 대해 살펴본다. 또한 효율적인 한국어 쓰기 수업 방법을 익히도록 한다.
2. 쓰기의 개념과 특성, 목표 및 내용, 쓰기 교육의 흐름과 교육 원리를 살펴보고, 쓰기 수업의 활동과 구성을 알아본다.

Ⅰ. 쓰기의 개념과 특성

1. 쓰기의 개념

쓰기란 문자 언어를 사용하여 자신의 생각과 느낌, 정보 등을 표현하는 활동이다.

2. 문어의 특성

1) 불변성 : 쓰기는 한 번 완성되고 나면 영원히 남는다.
 – 글을 완성하기 전에 여러 번 수정하고 다듬을 수 있다.

2) 산출 시간의 소요 : 말하기와 달리 생산과 수용에 걸리는 시간에 구애를 받지 않는다. 따라서 시간을 충분히 가져도 의사소통에 장애가 되지 않는다.
 – 주어진 시간을 효과적으로 활용하는 전략 지도가 필요하다.

3) 글쓴이와 독자의 거리 : 구어보다 이해가 더 어렵기 때문에 독자의 일반적·문화적·언어적 지식을 고려해서 써야 한다.
 – 독자의 관점에서 생각하는 자세가 필요하다.

4) 철자 : 쓰기는 말하기와 달리 보조적인 수단 없이 오로지 철자에 의존하여 표현을 해야 한다.
 – 철자를 통해 정확하고 효과적으로 표현하는 연습이 필요하다.

5) 복잡성 : 구어에 비해서 문장과 구조가 복잡하기 때문에 구어에 비해 어렵게 느껴진다.
   – 복문과 다양한 문형을 활용하도록 해야 한다.

6) 다양한 어휘 : 문어적인 어휘를 선택하고, 다양한 어휘를 활용해야 한다.

7) 형식성 : 텍스트의 구조, 수사학적 형식에 대한 이해가 필요하다.

3. 쓰기 교육의 중요성

　　쓰기는 한국어를 사용하여 일상생활, 사회생활을 영위하기 위한 필수적인 능력이다. 따라서 고급 단계의 숙달도를 갖추기 위해서는 쓰기의 특성을 고려하고 쓰기 능력에 영향을 미치는 요인들을 반영해야 한다. 쓰기는 다른 언어 기능을 학습함으로써 저절로 향상되는 것이 아니기 때문이다.

4. 쓰기 교육의 목표

1) 교육 과정별
   ① 학문 목적의 한국어 교육 과정
      강의 수강 및 연구에 필요한 쓰기 능력 배양 (보고서 작성, 강의 듣고 필기 등)
   ② 직업 목적의 한국어 교육 과정
      직장 생활에 필요한 다양한 서류 작성하기, 사회적인 글쓰기 능력 배양 (서류 작성, 회의록 작성, 공적인 이메일 등)

2) 숙달도별
   ① 초급 : 일상적이고 친숙한 주제의 생활문 (메모, 편지, 안내문 등)
   ② 중급 : 친숙한 추상적·사회적 글, 감상문, 설명문, 수필 등 다양한 유형의 글, 논리적인 글
   ③ 고급 : 보고서, 논설문, 평론 등 다양한 텍스트, 공적인 문서 등 격식적·전문적 분야의 글

3) 한국어 쓰기의 단계별 목표

초급	중급	고급
• 맞춤법에 맞게 씀 • 기본적인 어형 변화 구사 가능 • 서류/서식 기입 가능 • 짧은 메시지나 전화 메모 등 실용문 작성 가능 • 친숙한 주제로 단순한 문장 생성 가능 • 학습 주제와 관련 있는 구어체 문장과 편지, 일기와 같은 문어체 문장 표현 가능	• 맞춤법과 문법에 맞게 문장 작성 가능 • 문법적 오류가 다소 있으나 비교적 정확 • 생활과 밀접한 관련이 있는 사회적 소재에 대해서 글을 쓸 수 있음 • 주어진 텍스트 요약 가능 • 자신의 주장을 논리적으로 전개할 수 있음	• 철자 등에 약간의 오류는 있으나 문장구조를 이해함 • 친숙한 주제에 대해서 긴 글 작성 가능 • 묘사, 서술, 요약 및 의견 주장 등의 내용을 적절하게 표현 • 정치, 경제, 사회, 문화 전반에 걸쳐 친숙하지 않은 주제도 다룰 수 있음 • 연대기적 서술, 논리적 서술, 논술 등의 문장 구성 가능

5. 쓰기 교육의 내용

1) 내용적 지식 : 주제 관련 지식

2) 맥락적 지식 : 누가, 어떤 문맥에서 글을 읽을 것인지에 대한 것으로 상황에 맞게 글을 구성하는 능력

3) 언어 체계에 대한 지식 : 어휘, 문법, 구문, 철자에 대한 지식

4) 쓰기 과정 지식 : 전략적, 절차적 지식

II. 쓰기 교육의 흐름

1. 언어 교육의 이론과 쓰기 교육

1) 문법번역식 교수법과 쓰기 교육

문법번역식 교수법에서는 말하기와 듣기에 비해서 읽기와 쓰기를 강조한다. 따라서 말하기와 듣기는 문법 수업의 보조적 역할에 그침

2) 직접 교수법과 쓰기 교육

목표어로 진행되는 회화 중심 수업으로 쓰기의 위상이 줄어들고 말하기와 듣기에 역점을 둔다.

3) 청각구두식 교수법과 쓰기 교육

구조주의에 입각한 교수법으로서 통제된 대화 연습에 주력한다. 따라서 쓰기 능력은 말하기 능력이 신장되면 저절로 신장되는 것이라고 믿으며, 베껴 쓰기, 문법에 맞게 빈 칸 채우기 등의 활동을 하고 읽기의 보조 수단에 불과하다.

4) 의사소통식 교수법과 쓰기 교육

쓰기를 의사소통의 수단으로 본다. 언어 사용 위주의 교육으로서 유창성을 강조하고 맥락을 중시하기 때문에 담화 능력 배양, 사회언어학적 요소에 대한 교육을 강조한다.

2. 쓰기 교육의 접근 방법

1) 결과 중심 접근법

결과 중심 접근법은 텍스트 자체를 중시하므로 쓰기 교육의 대상도 쓰기 텍스트 자체가 된다. 교수·학습의 초점은 텍스트의 구조, 문체, 수사법, 철자 등 형식적인 면이며, 모범적 텍스트를 분석하여 모방하여 쓰는 방식으로 수업을 진행한다. 교사도 글의 정확성을 중시하여 철자나 문법 오류에 대한 수정을 위주로 피드백을 한다.

2) 과정 중심 접근법

과정 중심 접근법은 필자의 글쓰기 과정이 중심이 되는 방법으로 쓰기 교육의 대상은 글쓰기의 전 과정과 쓰기 전략이다. 글쓰기 과정은 '주제에 대한 생각을 끌어내기 → 구상개요 작성(계획) → 초고 작성 → 다시 쓰기 → 글 완성'으로 진행된다. 초고와 다시 쓰기의 순환적 과정으로 2~3차례 반복되는 특징을 갖는다. 피드백도 동료와 교사 피드백으로서 형식이 아닌 내용이 중심이 되어 피드백을 통해 새로운 아이디어를 얻거나 언어적인 형태를 발견하는 계기로 삼는다. 학습자는 충분한 시간에 글을 완성하지만 결과물을 제출할 필요는 없다.

3) 장르 중심 접근법

장르 중심 접근법은 독자 중심 접근법이라고도 하며, 교수·학습의 초점은 담화공동체에서 통용되는 텍스트의 특성, 구성 방식 등을 이해하고 글을 쓰도록 지도하는 것이다. 수업은 다양한 장르/유형의 모범 글을 제시하고 교수할 장르/유형 텍스트의 형식을 이해하도록 한다. 다음으로 유도 작문 형태의 연습을 하고 자유 작문을 하게 된다.

III. 쓰기 교육 방안

1. 쓰기 교육의 원리

1) 내용, 구조, 문법, 철자의 균형 잡힌 교육을 해야 한다. (정확성과 유창성을 동시에 추구)

① 내용 : 생각, 논지의 일관된 구성 및 전개와 예시, 묘사, 설명, 비교 등에 맞는 내용에 대해

② 구성 : 텍스트 유형에 맞는 알맞은 구성에 대해(서론, 본론, 결론의 적절성 등)

③ 담화 : 문장을 연결하여 단락을 구성하고 단락의 통일성, 응집성에 대해

④ 문법 : 문법적으로 적절한 문장을 구성하는 것에 대해

⑤ 어휘 : 다양하고 적절한 어휘 사용에 대해

⑥ 기계적인 부분 : 철자, 구두점, 들여 쓰기에 대해

2) 학습 요구를 반영한 실제적 쓰기와 학문적 쓰기 포함

① 과제(Task)는 의미를 중심으로 의사소통을 위해 행하는 모든 이해, 처리, 생산, 대응 활동을 말한다.

② 과제의 유형

과제는 교육적 목표를 위해 인위적으로 조직된 교육적 과제와 실제 생활에서 수행해야 할 기능들을 교실 내에서 해보도록 고안된 실제적 과제로 구분된다. 쓰기 교육은 교육적 과제에서 실제적 과제의 순으로 진행해 나아가야 한다.

③ 실제적 과제의 장점

실제적 과제는 실제 생활에서 자주 접하게 될 쓰기 과제로서 교실 내 과제 수행이 실제 생활로 연계될 가능성이 높다.

④ 실제적 과제의 예

친구나 가족에게 편지나 엽서 쓰기, 축하/감사/위로 카드 쓰기, 신상 정보를 묻는 양식 채우기, 전화 메시지 듣고 메모하기, 이력서와 자기소개서 쓰기, 안내문 쓰기, 설문지 작성하기 등이 실제적 과제에 해당한다.

3) 상호 작용의 촉진

① 전통적 수업은 학습자 혼자 쓰고 교사가 평가하는 일방향의 수업이다.

② 최근의 수업은 학습자 간에 생각을 나누며 피드백을 주고받는 상호작용을 중시한다.

③ 쓰기 전에 서로 생각을 교환하여 쓸 내용을 정리한다.

④ 자신이 쓴 글에 대해 다른 사람에게 의견을 구한다.

4) 글쓰기에 영향을 미치는 언어문화 특성 고려

Kaplan(1966)의 언어 문화권에 따른 수사 구조

Patterns of Written Discourse (Kaplan, 1966)

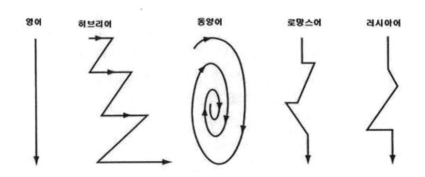

5) 독자의 반응을 예상하며 쓰기

쓰기는 독자에게 어떠한 메시지를 전달하기 위한 행위이다. 따라서 독자에게 전할 메시지는 쓰기의 목적이 되고 독자에 따라 어휘와 표현, 난이도 등에 변화가 생긴다.

① 쓰기 교육의 방향
- 독자의 배경 지식, 요구, 태도 등을 염두에 두고 글을 쓰도록 지도 → 전략 필요
② 독자를 위한 글쓰기 전략
- 독자 분석, 독자 반응 예상, 창조적 독자를 위한 글의 조직 등

6) 상호활동적, 협력적 쓰기

협력적 쓰기는 계획하기, 초고 쓰기, 다시 쓰기, 편집하기의 과정에서 다른 학습자들의 도움으로 글을 발전시켜 나가는 것을 말한다. 이때 동료 학습자는 독자의 역할을 하며 독자를 염두에 둔 효과적인 글쓰기 기회를 제공하게 된다. 짝 활동이나 소그룹 활동 중심으로 협력적 쓰기 활동을 할 수 있다.

7) 통합적 쓰기 교육

통합 교육은 개별 기능의 세부적인 면을 지도하기보다 둘 이상의 관련된 기능을 함께 다루는 총체적 언어 접근법의 방법이다. 따라서 실제 의사소통 상황을 반영하여 실제 의사소통 기능 향상에 이바지하게 된다. 통합 교육의 예로 '모범 글 읽기 → 모범 글 분석 → 장르적 특성 발견 → 이를 모델로 한 글쓰기'를 들 수 있다.

2. 쓰기 교육에서의 오류 수정

1) 학습자 간의 오류 교정

다른 학습자의 글을 개별적 또는 그룹으로 읽고 의견을 나누는 방식으로 다음과 같은 평가 질문지를 제공하는 것이 효과적이다.

– 단락의 구성이 알맞게 이루어졌습니까?
– 제목이 글의 내용에 적합합니까?
– 한 문장으로 줄일 수 있는 중심 내용이 있습니까?
– 전체 내용에 맞지 않는 부분은 없습니까?

2) 교사의 오류 교정

오류 수정은 정확성을 향상시키기 위한 것으로 학습자의 의도에 맞는 글을 쓰도록 도움을 주는 수단이다. 학습자의 표현 의도에 맞게 문법적 오류를 중심으로 교정한다.

① 오류 수정의 원리
– 형태 중심 연습에서는 형태를 정확하게 수정해준다.
– 의사소통적 의도를 가진 글에서는 학습자가 주제에 대한 자신의 생각을 표현하고, 독창적이고 창조적인 글을 쓸 수 있도록 오류에 관대해져야 한다.
– 대표적인 오류 몇 가지를 수업 시간에 다룬다.
– 글의 잘 된 부분에 대한 칭찬과 오류 교정을 함께 제공한다.
– 반복된 오류는 중요하게 다루고 실수는 심각하게 다루지 않는다.
– 아직 학습하지 않은 내용에 대해서는 지적하지 않고 수정해 준다.
– 학습자 전체를 대상으로 오류를 다룰 때는 누구의 오류인지가 드러나지 않게 해야 한다.

② 오류 수정 방법

유형	장점
서면	시간을 절약할 수 있다. 반복해서 교정 내용 확인이 가능하다.
면담	학습자 의도 파악 가능

서면 오류 교정은 기호를 사용한 간접 수정과 직접 수정으로 구분된다.

Ⅳ. 쓰기 수업 활동

1. 쓰기 수업 활동

1) 통제된 쓰기

① 베껴 쓰기

② 받아쓰기

받아쓰기는 교사가 문장과 단락을 부르면 학생들은 들은 것을 그대로 쓰는 방식으로 형태 연습에 초점을 맞춘 활동이다. 이때 주의할 점은 한국어의 음운 규칙에 맞게 읽어야 한다는 것이다.

③ 문장 연결하기

④ 빈칸 채우기

⑤ 바꿔 쓰기

·저는 아침 7시에 일어납니다.
→ 저는 아침 7시에 일어나요.

·저는 한국어를 공부합니다.
→ 저는 한국어를 _____ .

⑥문장 연결하기

·배가 아프다 / 병원에 가다.
→ 배가 아파서 병원에 갑니다.

·비가 오다 / 우산을 사다.
→ _____ .

다음을 보고 편지와 엽서를 완성하십시오.

선생님께	안녕하세요	그동안 잘 지냈어요
저는 잘 지내요	다음에 또 쓸게요	답장을 보내 주세요
건강 조심하세요	올림	

1. 제니 씨에게

　제니 씨, 안녕하세요. 빌리예요.

　① _____

　저는 새로 만난 친구들과 한국어를 열심히 공부하면서 잘 지내고 있어요.

　주말에는 친구들과 여행을 다니면서 한국 문화도 배워요.

　제니 씨는 어떻게 지내요? 한국은 지금 날씨가 추운데 뉴욕은 어때요?

　뉴욕 소식이 궁금하니까 ② _____

　그럼 ③ _____

　환절기에 건강 조심하세요.

2) 유도된 쓰기

　유도된 쓰기는 통제된 쓰기보다 광범위한 쓰기를 허용하는 것으로 작문의 전 단계 연습 활동에 해당한다.

① 이야기 재구성하기

　교사는 이야기를 들려주면서 핵심 어휘나 표현을 제시하고 학습자는 핵심 어휘, 표현을 사용하여 재구성하는 연습이다.

② 그림, 도표, 통계 자료 등을 보고 서술하기

　내용을 시각적인 자료로 제시하고 언어 형식을 학습자가 선택하여 글로 쓰는 연습이다.

③ 담화 완성하기

　담화의 일부분을 비워 두고 문맥에 맞게 완성하는 활동으로 '서론, 본론에 맞게 결론 쓰기, 원인을 보고 결과를 예측하기' 등이 이에 해당한다.

④ 이야기 구성하기

다음의 표현을 이용해서 완성된 글을 써 보십시오.

어젯밤, 비, 경부 고속도로, 천안 부근, 고속버스, 미끄러짐, 승용차, 충돌, 운전자와 승객, 22명 부상, 졸음 운전

---

⑤ 자유 작문

성인 남녀의 평균 수명이 늘어나면서 노후 생활에 대한 관심도 커지고 있다. '노후 생활 준비'라는 주제에 대해 아래의 내용을 중심으로 자신의 생각을 쓰십시오.

- 행복한 노후 생활이란 무엇이라고 생각합니까?
- 노후 생활에 있어서 무엇이 가장 중요합니까?
- 자신의 노후 생활을 위해 무엇을 준비해야 합니까?

---

⑥ 글 읽고 의견 제시

다음 글을 읽고 어떻게 생각하는지 자신의 의견을 쓰세요.

어떤 사람들은 연예인을 열광적으로 좋아하는 청소년들을 부정적으로 본다. 학교생활에는 소홀하면서 무조건 연예인만 쫓아다닌다고 생각하기 때문이다. 하지만 청소년들이 연예인을 좋아하는 것을 그렇게 부정적으로만 볼 일은 아니다. 취향이 비슷한 친구들을 사귈 수도 있고 공부나 입시로 인한 부담감에서 벗어날 수도 있기 때문이다. 그들을 무조건 부정적으로만 보지 말고 이해하려는 노력이 필요하다.

V. 쓰기 수업의 구성과 평가

1. 쓰기 전 단계

주제 선정 – 생각 끌어내기 – 구상개요 작성하기

1) 주제 선정 : 좋은 글은 주제에 대한 다양한 정보와 풍부한 생각이 있을 때 가능하다.

2) 생각 끌어내기 : 개인 활동, 짝 활동, 소 그룹 활동을 통해 주제에 대한 생각을 나누고 준비한다.

3) 계획하기 / 구상개요 작성하기
   – 구상개요 작성 단계 : 글을 통해 나타내려는 논지가 무엇인지, 논지를 뒷받침해 주는 상세한 부분들은 무엇인지, 어떤 순서로 배열할 것인지에 대한 고려가 필요하다.
   – 구상개요 작성 방법
     · 목록화하기(Listing)
     · 자유롭게 쓰기(Free Writing)
     · 도식화 하기(Mapping, Diagramming)
     · 글의 틀 구성하기(Scratch Outline)

2. 쓰기 단계 활동

초고 작성 – 피드백 주고 받기 – 교정하기 – 글 완성하기

1) 초고 작성 단계

본격적으로 글을 쓰기 시작하는 단계로 이 단계의 글은 완성된 결과물이 아닌 초고로 간주한다. 정확성보다 유창성에 초점을 두고, 전달하고자 하는 의사소통 목적에 맞게 작성한다.

이 단계에서는 빨리 쓰기 전략(Speed Writing)이나 읽으면서 써 나가기 전략 등을 사용할 수 있다.

2) 피드백 주고받기

① 학습자 간 피드백

학습자 간 피드백은 문법적. 통사적인 면보다 내용과 구성에 초점을 둔다. 글의 단락이 잘 나누어져 있는지, 제목이 글의 내용에 적절한지, 중심 내용이 명료하게 나타나 있는지 등을 살펴보고 피드백을 제공한다.

② 교사의 피드백

교사의 피드백은 서면이나 개인 면담, 이메일(E-mail) 등을 통해 할 수 있으며, 초고에서는 전체적인 구성과 내용을 중심으로 하고 최종 글에서는 구체적인 오류 수정을 중심으로 피드백을 제공한다.

- 초안에 대한 피드백
  - ·글의 내용과 구성 등 전체적인 오류를 지적
  - ·주제를 전개하는 전체적인 구성에 대해서 언급(주제와 관계가 먼 부분을 언급)
  - ·도입 부분에 대해서 언급
  - ·부적절하거나 어색한 단어와 표현을 지적
- 최종 글에 대한 피드백
  - ·문법적인 오류를 수정(철자, 구두점, 문법 구조)
  - ·어색한 어휘 수정
  - ·글의 전체 구성과 내용에 대한 교사의 의견 언급

3. 쓰기 후 단계 활동

1) 다른 언어 기능과의 통합 활동

① 쓴 내용 발표하기
② 견해를 글로 쓴 후 토론하기
③ 인터뷰하기

2) 학습자의 피드백 활동

① 여러 번 반복해서 읽거나 써 보고 암기

② 문법서나 참고 자료를 활용하여 확인하고 메모
③ 주위 사람들에게 설명을 들어 보충
④ 지적 받은 내용을 스스로 범주화하고 목록을 정리

4. 쓰기 평가의 유형

1) 평가 방법에 따른 유형

① 객관식 평가와 주관식 평가

	객관식 평가	주관식 평가
평가 방식	선다형	자유 작문
장점	기계적 채점 가능 평가결과 일정	쓰기 능력의 평가라는 본질적 목적에 부합
단점	쓰기 능력 평가에 한계	채점에 주관성 개입 채점 결과가 일정하지 않음

주관식 평가는 주관성을 배제하기 위해 꼼꼼한 채점 기준과 채점자 훈련이 필요하다.

② 직접 평가와 간접 평가

	객관식 평가	주관식 평가
평가 방식	작문형, 논술형	선다형/ 빈칸 채우기
장점	실제 언어 사용 평가	평가의 경제성, 신뢰도 높음
단점	평가의 비경제성, 신뢰도 관리의 어려움	언어 사용과 관련된 지식 평가

직접 평가는 꼼꼼한 채점 기준과 채점자 훈련이 필요하다.

5. 쓰기 평가의 채점 방식

1) 종합적 채점

학습자의 글을 읽고 받은 인상으로 점수를 부여한다.

·빠른 채점 ·높은 채점자 간 신뢰도 ·점수가 일반적인 '표준'을 보여줌 ·점수가 글쓴이의 장점을 강조하는 데 중점을 둔다는 점 ·여러 다른 영역들의 쓰기에도 적용이 가능하다는 점	·단일 점수는 각 점수 내에서의 하부 기술 상 차이 점을 보여주지 않는다. ·진단적 정보가 없다. (긍정적 역류 효과가 없다.) ·모든 장르의 쓰기에 똑같이 적용되지 않는다. ·채점자 훈련이 필요하다

2) 분석적 채점

① 쓰기 능력의 구성 요소들 각각을 채점하는 방식으로 진단적 평가가 가능하기 때문에 학습자들에게 긍정적 역류 효과가 발생한다.

② 분석 채점의 평가 기준

한국어능력시험(TOPIK)의 작문 문항 평가 범주를 참고하여 내용 및 과제 수행, 글의 전개 구조, 언어 사용, 사회언어학적 격식 등 총 4가지 영역을 분석적으로 평가한다.

③ 분석 채점의 평가 기준

평가 범주		평가 내용
내용 및 과제 수행		요구된 내용을 적절하게 포괄하며, 과제를 적절히 수행하였는가를 평가
글의 전개 구조		적절한 문단 구조를 이용하고 담화 장치를 적절하게 사용하여 응집성 있게 구성하였는가를 평가
언어사용	어휘	어휘를 적절하고 정확하며 유창하게 사용하였는가
	문법	문법을 적절하고 정확하며 유창하게 사용하였는가
	맞춤법	맞춤법에 맞게 표기하였는가
사회언어학적 격식		작문의 장르적 특성에 맞추어 언역(register)의 사용이 적절한가

■ 참고문헌 ■

경희 한국어 쓰기 2, ㈜도서출판 하우.

경희 한국어 쓰기 3, ㈜도서출판 하우.

김민경(2012), 한국어교육의 실천과 과제학문 목적 한국어능력시험을 위한 평가 유형 연구-쓰기
　　　영역을 중심으로-, 국어교과교육연구 제20호, 국어교과교육학회, pp.103-139.

김선정 외(2010), 한국어 표현교육론, 형설출판사.

김정숙(1999), 담화 능력 배양을 위한 외국어로서의 한국어 쓰기 교육 방안, 〈한국어 교육〉 10권2
　　　호, 국제한국어교육학회, pp195-213.

문광진(2012), 중학생의 설명문 쓰기 능력 구성 요인 및 구조 분석, 한국교원대학교 박사학위 논문.

이미혜(2001), 과정 중심의 한국어 쓰기 교육-작문 수업을 중심으로, 한국어교육 제11권 2호.

하인츠 파터(2006), 텍스트의 구조와 이해, 이성만 역, 배재대학교 출판부.

8장 한국어듣기교육론

| 학습목표 |

1. 한국어 듣기 교육의 이론과 실제 수업 구성에 대해 살펴보고 의사소통능력을 기르기 위한 듣기 교수법을 알아본다.
2. 한국어 이해교육으로서의 듣기 교육이 무엇인지 살펴보고, 듣기 교육의 변천과 교육 방법, 듣기 자료의 선정 방법, 교수 학습 모형과 듣기 전략, 각 단계별 듣기 활동에 대해 알아본다.

Ⅰ. 듣기와 듣기 교육

1. 듣기의 개념

듣기는 음성 언어를 대상으로 하는 이해 영역으로 일상적인 의사소통에서 사용 빈도가 높은 언어 기능이다.

> J. Morley : 듣는 활동은 말하기의 2배, 읽기의 4배, 쓰기의 5배
> Rankin : 실생활에서의 의사소통은 듣기 45%, 말하기 30%, 읽기 16%, 쓰기 9%

① 듣기는 다른 기능으로의 전이 능력이 큰 기능이다.
② 듣기는 담화 구성자간의 적극적인 의미협상을 통한 의사소통 행위이다.
③ 듣기는 목적을 가진 활동으로 청자는 자신에게 필요한 내용을 목적에 따라 선택적으로 처리한다.
④ 음성 언어의 시간적 흐름 속에서 진행되므로 청자 임의로 담화에 개입하거나 진행 속도를 조절하기가 어렵다.
⑤ 구어의 특징들로부터 영향을 받는다.
⑥ 언어 외적인 요소(화자의 어조, 표정, 동작 등)를 고려해야 한다.
　　- 듣기 개념의 인식 변화

수동적 활동		의사소통 중심 활동
· 수동적 기능(passive skill)으로 인식 · 수동적 기능(passive skill)으로 인식 · 교사에 의해 교육될 수 없음 · 학습자의 능력에 의한 것 · 최선의 듣기 지도는 학습자를 음성 자료에 최대한 많이 노출시키는 것	→	· 상호작용하는 과정의 일부로 인식 · 청자의 내면적 언어 지식과 사고력, 추리력을 동원해 들은 정보를 처리, 대응을 모색하는 적극적 언어활동.

2. 듣기 교육의 중요성

① 실생활에서 듣기가 차지하는 비중이 큰 만큼 교육 현장에서 이를 반영해야 한다.

② 실생활에서의 듣기 활동은 '자료로 남지 않는' 소리로 이루어지는 것으로, 학습자의 입장에서는 일상생활에서 얻어지는 자료에 대하여 학습자 스스로 자율적인 권한을 가지고 주도적인 학습 활동을 진행할 수 없다.

③ 듣기가 다른 기능으로의 전이 능력을 가장 많이 가지고 있으며, 듣기 능력을 키울 때 전반적으로 언어 능력이 신장될 수 있다.

3. 듣기 교육의 원리

① 듣기 교육의 목표에 적합한 실제적인 자료를 선정한다.

② 초분절 음소에 대한 듣기 교육도 실시한다.

③ 등급별 듣기 교육에 맞는 듣기 내용이어야 한다.

④ 규범적이지는 않으나 일반적으로 통용되는 발음을 이해하도록 지도한다.

⑤ 실제 담화 현장에서 듣기 상황과 같은 듣기 활동이 되도록 한다.

⑥ 실제 생활에서 과제 수행 능력을 배양하도록 구성해야 한다.

⑦ 다른 언어 사용 영역과 연계된 통합적인 방법으로 교육한다.

⑧ 학습자의 이해 처리 과정을 고려한 교육이 중요하다.

⑨ 과정 중심의 듣기 교육을 위해 단계별로 체계적으로 구성한다.

⑩ 다른 언어 능력의 배양과 연계시켜 지도해야 한다. (주로 듣기 후 활동에 적용)

⑪ 학습자에게 과제를 인식시켜 목적이 있는 듣기 활동이 이루어지도록 한다.

II. 듣기 자료와 듣기 전략

1. 듣기 자료

교육 자료를 선택할 때는 완벽한 문법의 유려한 문장이 아니고, 학습자 수준에 딱 맞도록 교사가 미리 친절하게 정제한 자료는 점차 지양되고 실제 자주 사용되는 언어가 교육 대상의 기준이 되는 경향을 보이게 된다.

이러한 실제성의 개념은 1970년대 초기의 원어민 화자 간의 실제 대화라는 한정적인 의미의 정의에서 점차 확장되어 비원어민 화자라 하더라도 의사소통에 진정성이 있으면 이는 실제성을 갖춘 것이라는 확장된 의미의 개념으로도 쓰이게 된다.

1) 듣기 자료 구성 원리

① 자료의 전이성

학습자들이 동기 부여를 할 수 있도록 생활이나 관심 분야와 일치하는 내용으로 구성해야 하며, 학습자가 주의를 기울일 만한 정보가 있어야 한다.

② 과제 중심적

듣기 내용의 정보를 이용할 수 있는 듣고 받아쓰기, 듣고 요약하기 등의 과제를 제공해야 한다. 이때 과제는 학습자에게 언어 구조와 사용에 대해 분석할 수 있게 하고, 학습도 용이하게 하는 전략을 개발할 수 있도록 해야 한다.

2) 실제적 자료 (이해영, 2011)

실제적 자료란 형식적으로 자연스럽고 문화적으로 적절한, 그리고 모국어 화자들이 사용한 상황적 내용들이 반영된 자연스러운 발화 샘플이다. 실제적 자료에는 전혀 수정이 가해지지 않은 원 자료와 교육 목적을 위해 만들어지기는 했으나 실제 의사소통 상황에서 발생할 가능성이 높은 실제적 자료와 가깝게 만들어진 자료가 포함된다.

인위적으로 조직된 교육적 자료는 발화 중 발생하는 잉여성을 완전히 제거해 버리기 때문에 오히려 학습자들이 이해하기 어려운 결과를 초래할 수도 있고, 근본적으로는 학습자들의 내적 동기를 전혀 자극할 수 없으므로 반드시 필요한 목적으로만 사용해야 한다.

듣기 자료로 일상 대화, 안내 방송, 뉴스, 일기예보, 다큐멘터리 방송, 강의 등 다양한 장르의 담화를 사용하여 그 구조와 특성을 관찰하고 학습하게 하여, 이후에 같은 장르의 담화를 들을 때 효율적인 이해에 도달할 수 있도록 해야 한다.

3) 실제적 자료의 특징

① 발화의 질이나 길이에 있어서 완전한 문장이 아닌 경우가 많다.

② 화자 간 대화의 양이나 발화자의 교체가 일정하지 않다.

③ 휴지나 반복, 잉여적 표현, 머뭇거림 등의 담화 변이형들이 나타난다.

④ 발화의 속도가 자연스럽고, 화자에 따라 차이가 있다.

4) 듣기 자료의 실제성 구성 요소 (정선화, 2011)

구분 기준		실제성 구성 요소
대화 수행 차원	대화 참여자	화자와 청자의 역할, 지위, 성별, 연령, 관계 등
	대화 내용	주제, 기능(설득, 친교, 주장 등), 길이
	상호 작용	순서 교대, 머뭇거림, 끼어듦
언어 자료 차원	반언어적	발화 속도, 휴지, 억양, 강세
	언어적	축약, 생략, 첨가, 음운 변화, 구어체
		도치, 문장 성분 생략, 자유 어순

5) 듣기 자료의 실제성 관련 기타 연구

① Richards(2002) : 실제적 자료의 구분을 제작 목적에 두어서 특별히 교육 목적으로 제작되지 않은 텍스트, 사진, 비디오 등의 자료를 교육에 사용하는 것이 실제적 자료의 사용이다.

② Ur(1984) : 듣기 교육 자료가 실제 대화와 유사해야 한다고 하면서 실제 대화가 가지고 있는 특성을 지적하였다. (자연적이고, 구어적이며, 생략형과 머뭇거림, 잘못된 시작, 멈춤, 비문법적 구문, 생략형, 방해, 중복 등)

③ Underwood(1993) : 자연스러운 어조, 자연스러운 억양, 특별히 조심스럽게 발음하지 않는 자연스러운 발음, 대화자 간의 말 겹침, 정상적인 속도의 말투, 짜임새 없는 말, 온전하지 못한 문장, 잘못된 시작, 머뭇거림들, 배경에서 들리는 잡음이나 목소리, 제멋대로 시작하고 끝나는 말, 문어보다 성글게 담겨있는 것이 실제적인 것이다.

④ Nunan(1999) : 실제성이 있는 교재의 듣기는 중복(Overlap), 주저하기, 말 시작의 실수가 있어서 듣는 사람으로 하여금 말의 내용을 이해할 수 있는 시간적 여유를 제공한다.

⑤ 이해영(1999) : 실제적 자료의 사용을 주장하면서 교실 내 듣기 상황이 모국어 듣기의 환경과 유사해야 한다고 하였다.

> * 모국어 듣기의 환경 : 소음과 참여자간의 순서 없이 끼어 듦, 중복, 음성적, 문자적, 통사적, 화용적 축약, 머뭇거림, 휴지, 횡설수설하는 말, 비문법적 요소, 방언, 관용어, 은어, 사회문화적 의미가 함축되어 있는 말, 발화 속도, 강세, 억양, 담화의 상호작용적 요소

⑥ 강명순 외(1999) : 비언어적이고 비문법적인 요소의 포함, 수행과정에서의 휴지, 머뭇거림, 반복, 수정, 다른 요소의 삽입 등 형태적인 특징과 수행상의 변수가 실제성이다.

⑦ 김정화 · 황인교(2002) : 발화의 실제성에는 '발화의 종류, 발화량, 발화 기능, 듣는 자의 역할,

발화 수행 양상, 발화 속도, 음성의 다양성, 화자가 담화에 임하는 태도, 소음 삽입, 발화 간 휴지', 언어의 실제성에는 '변형, 간투사, 특별한 언어 사용' 등이 있다.
⑧ 김보영(2009) : 실제적인 듣기 자료의 요건 '시각적 자료, 음향 효과, 도치, 맞장구, 음절 축약, 조사 생략, 반복, 말차례 교대 및 발화자 수, 주저어, 생략(주어 및 목적어 생략, 말 줄임)'
⑨ 김하영(2001) : '격식, 문장 완결, 순서 교대, 반복, 주저어, 통용 발음, 어조, 발화 속도, 휴지, 음향 효과'를 설정하여 실제적 자료의 요건을 언어적, 비언어적, 발화 수행적 측면

실제 의사소통과 같이 배경 소음이나 음향 효과와 같은 환경적인 요소들, 화자의 표정이나 몸짓과 같은 시각적인 요소를 청각 자료와 같이 제공하는 것이 필요하다.

2. 듣기 전략

듣기 전략은 음성 언어 자료를 이해하고 추측하는 데 도움이 되는 기술을 말하는 것으로, 언어 능력이 부족한 학습자들에게 전략을 훈련시켜 의사소통 능력을 키울 수 있다.
듣기 전략을 훈련하면 과제에 효율적으로 대처할 수 있게 되고, 기억력 부족을 극복할 수 있으며, 스스로 전략을 개발할 수 있게 한다는 장점이 있다.

1) 효과적인 듣기 이해를 위한 듣기 전략 (Brown, 1994)
① 단기 기억 체계에 상이한 어휘 덩어리(Chunk)를 기억하기
② 변별적 음을 구별하기
③ 강세가 오는 단어, 강세 패턴, 리듬, 억양 등을 인지하고 이들의 정보 파악하기
④ 단어의 축약형 인지하기
⑤ 단어 간 경계(Word Boundaries)구별, 핵심 어휘 파악, 어순의 패턴 이해하기
⑥ 다른 속도로 전달되는 발화 처리하기
⑦ 쉼, 끝기, 수정 등을 포함한 발화 처리하기
⑧ 품사 부류, 문법 체계(시제, 동의, 복수형 등), 유형, 규칙, 생략형 인식하기
⑨ 문장 구성 요소들을 파악하고, 주요 구성 요소를 구별하기
⑩ 다른 문법 형태로 표현될 수 있는 동일 의미 인지하기
⑪ 담화상의 결속 장치(Cohesive Devices) 인지하기
⑫ 맥락이나 화청자, 대화 목적 등에 따른 발화의 의사소통적 기능 인지하기
⑬ 실생활 지식을 이용한 상황, 대화자, 대화 목적 추론하기
⑭ 사건, 아이디어 등을 통한 결과 예측, 사건 간의 인과 관계 추론, 주요 개념과 신정보, 구정보, 일반화, 예시 등과 같은 관계 파악하기
⑮ 문자적 의미와 내포적 의미 구분하기

⑯ 몸짓 언어 등의 비언어적 단서를 활용한 의미 파악하기

⑰ 듣기 전략(핵심어 찾기, 문맥 속의 단어 의미 추측, 도움 청하기 등)을 개발하고 활용하기

2) 듣기 학습 전략 분류 (Vandergrift, 1997)

대분류	중분류	소분류
상위 인지 전략	계획하기	선행조직, 유도된 주의집중, 선택적 주의집중, 자기 관리
	점검하기	이해점검(Comprehension Monitoring), 청각적점검(Auditory Monitoring), 더블체크점검(Double-check Monitoring)
	평가하기	성취도 평가하기(Performance Evaluation), 전략 평가하기(Strategy Evaluation)
	문제인식	
인지 전략	추론하기	언어적 추론, 음성적 단서를 활용한 추론, 비언어적 단서를 활용한 추론, 문장 이상의 단서를 활용한 추론,
	정교화	개인적 경험을 통한 정교화, 세계에 대한 지식을 통한 정교화, 학문적 지식을 통한 정교화, 질문을 통한 정교화, 창의적 정교화, 상상하기
사회 정의적 전략		요약하기(Summarization) / 조직하기(Grouping), 번역하기(Translation) / 노트필기하기(Note-taking), 전이(Transfer) / 대치하기(Substitution), 반복하기(Repetition) / 연역·귀납적 추론 (Deduction/Induction), 자료 활용하기(Resourcing)
		명료화 요구하기, 자기 격려(Self-encouragement), 협력하기, 감정 조절하기, 불안감소(Lowering anxiety)

3) Oxford(1990)의 듣기 학습 전략 분류

대분류	중분류	소분류
직접전략	기억 전략	머릿속에서 관련 짓기, 이미지·소리 이용하기, 복습하기, 동작 이용하기
	인지 전략	연습하기, 메시지 주고받기, 분석·추론하기, 체계적으로 입·출력하기
	보상 전략	아는 것을 토대로 짐작하기, 말하기·쓰기에서 부족함을 극복하기
간접전략	상위인지전략	학습에 집중하기, 학습을 준비하고 계획하기, 학습을 평가하기
	정의적 전략	불안감 낮추기, 스스로 격려하기, 감정 다스리기
	사회적 전략	질문하기, 다른 사람과 협력하기, 다른 사람에게 감정이입하기

III. 한국어 듣기 교육의 목표와 한국어 듣기 과제 활동

1. 한국어 듣기 교육의 목표

① 한국어 학습자들이 유창하고 정확하게 구어 담화를 이해할 수 있는 능력을 갖추도록 한다.
  - 일상적 맥락에서 학습자들이 접하는 구어 정보를 유창하고 정확하게 파악할 수 있는 능력
  - 자신의 전문 분야에서 접하게 될 전문적인 내용의 담화를 이해하고 활용할 수 있는 능력
② 한국어의 다양한 담화 구조에 익숙해지게 하고, 이 지식을 바탕으로 같은 유형의 다른 담화에 대한 이해도를 높인다.
③ 정확하고 유창한 이해에 도달할 수 있도록, 듣는 목적에 적합한 듣기 전략을 구사할 수 있는 연습 기회를 제공한다.
④ 의사소통 능력 향상에 필요한 이해 가능한 입력 자료를 제공함으로써, 의사소통 능력을 확장할 수 있는 기초를 마련한다.

초급	일상생활에서 자주 접하는 친숙하고 단순한 주제, 개인적이고 비공식적인 상황에서의 담화를 이해하고 처리할 수 있다.
중급	좀 더 복잡한 개인적인 상황에서의 담화, 자주 접하는 공식적인 상황에서의 담화, 특정 주제를 갖는 일상적 담화를 이해하고 처리할 수 있다.
고급	공식적이고 전문적인 주제에 대한 다단락 구조의 담화, 복잡한 의미 협상 과정을 수반하는 공식적 상황에서의 담화를 이해하고 처리할 수 있다.

2. 2017국제 통용 한국어 표준 교육과정 적용 연구의 '등급별 목표와 내용'

		세부내용
1급	목표	일상생활에서 오가는 매우 간단한 대화와 빈번하게 사용되는 정형화된 표현을 이해할 수 있다.
	내용	·일상생활에 대한 쉽고 기초적인 대화를 듣고 이해한다. ·일상생활에서 빈번하게 사용되는 정형화된 표현(인사, 감사, 사과 등)을 듣고 이해한다. ·대화 상대방의 자기소개를 듣고 주요 정보를 파악한다. ·한국어 모어 화자가 천천히 정확하게 발음하는 발화를 이해한다.(1, 2급)
2급	목표	일상생활에서 자주 접하는 주제의 대화를 이해할 수 있으며 자주 가는 장소에서 흔히 접하는 담화의 주요 정보를 이해할 수 있다.
	내용	·일상생활에 대한 간단한 대화를 듣고 내용을 이해한다. ·질문, 제안, 명령 등의 표현을 듣고 적절하게 반응한다. ·일상생활에서 자주 가는 장소(식당, 가게, 영화관 등)에서 오가는 대화를 듣고 이해한다. ·공공장소(병원, 은행, 기차역 등)에서의 담화를 듣고 주요 내용을 이해한다. ·한국어 모어 화자가 천천히 정확하게 발음하는 발화를 이해한다.(1, 2급)

3급	목표	친숙한 사회적·추상적 주제에 대한 간단한 담화를 이해할 수 있으며 일상생활에서 자주 오가는 대부분의 대화를 이해할 수 있다.
	내용	·친숙한 사회적·추상적 주제(직업, 사랑, 교육 등)에 대한 담화를 듣고 주요 내용을 이해한다. ·동의, 반대, 금지 등의 표현을 듣고 화자의 발화 의도를 파악한다. ·격식적 상황과 비격식적 상황에서 이루어지는 담화를 듣고 그 특성을 파악한다. ·비교적 복잡한 구조의 일상 대화를 듣고 전반적인 내용을 이해한다. ·한국어 모어 화자의 자연스러운 억양과 속도의 발화를 대체로 이해한다.(3, 4급)
4급	목표	친숙한 사회적·추상적 주제에 대한 대부분의 담화를 이해할 수 있으며 자신의 직업과 관련된 기본적인 업무 상황에서의 대화를 이해할 수 있다.
	내용	·친숙한 사회적·추상적 주제(직업, 사랑, 교육 등)에 대한 담화를 듣고 세부내용을 이해한다. ·요청, 보고, 지시 표현을 듣고 적절하게 반응한다. ·인물과 사건을 설명하는 담화를 듣고 주요 내용을 이해한다. ·친숙한 업무 상황(간단한 회의, 브리핑, 업무 지시 등)이나 격식성이 낮은 공식적인 자리(회식, 동호회, 친목 모임 등)에서 오가는 대화를 어려움 없이 이해한다. ·한국어 모어 화자의 자연스러운 억양과 속도의 발화를 대체로 이해한다.(3, 4급)
5급	목표	친숙하지 않은 사회적·추상적 주제 및 자신의 직업이나 학문 영역에서의 간단한 담화를 어느 정도 이해할 수 있다.
	내용	·친숙하지 않은 사회적·추상적 주제(정치, 경제, 과학 등)에 대한 간단한 담화를 듣고 주요 내용을 이해한다. ·협상, 보고, 상담 담화를 듣고 화자의 의도를 파악한다. ·일반적인 주제의 학문적 대화나 강연, 토론을 듣고 세부 내용을 이해한다. ·일반적인 내용의 방송 담화(뉴스, 다큐멘터리, 생활 정보 등)를 듣고 내용을 대체로 이해한다. ·발음, 억양, 속도 등에서 개인차가 있는 한국어 모어 화자의 발화를 대부분 이해한다.(5, 6급)
6급	목표	친숙하지 않은 사회적·추상적 주제 및 자신의 직업이나 학문 영역에서의 다양한 담화를 거의 대부분 이해할 수 있다.
	내용	·친숙하지 않은 사회적·추상적 주제(정치, 경제, 과학 등)에 대한 다양한 종류의 담화를 듣고 대부분 이해한다. ·설득, 권고, 주장 담화를 듣고 논리적인 흐름을 파악한다. 전문적인 주제의 발표, 토론, 강연 등을 듣고 세부 내용을 이해한다. ·시사적인 문제를 다룬 방송 담화(보도, 대담, 토론 등)를 듣고 인과관계를 분석하며 내용을 추론한다. ·발음, 억양, 속도 등에서 개인차가 있는 한국어 모어 화자의 발화를 대부분 이해한다.(5, 6급)

1급과 2급은 모두 일상생활에 대한 주제를 다룬다는 공통점이 있지만 상황과 장르에 차이가 있다. 3급과 4급은 친숙한 사회적·추상적 주제에 대한 담화를 이해하는 것을 목표로 하되 3급에서는 간단한 담화, 4급에서는 다양한 담화 이해 능력을 목표로 한다는 점에서 차이를 보인다. 또한 3급의 '일상생활에 관한 담화의 유창한 이해'라는 목표는 4급에서 '자신의 직업과 관련된 업무 영역'으로 범위가 확대된다. 5급과 6급은 친숙하지 않은 사회적·추상적 주제나 직업이나 학문 영역에서의 담화 이해를 목표로 하고 있다. 5급에서는 '간단한 담화를 어느 정도' 이해하는 것이 목표라면 6급에서는 '다양한 담화를 거의 대부분' 이해하는 데 목표를 둔다.

3. 한국어 듣기 과제 활동 (이해영, 2011)

- 안내 방송을 듣고 지시에 따라 행동하기
- 내용과 일치하는 그림 고르기
- 지도에 표시하기
- 해당 위치에 그림 그리기
- 그림 순서대로 나열하기/번호 매기기
- 관련 있는 것끼리 선으로 연결시키기
- 빠진 단어 채워 넣기/빈칸에 쓰기
- 특정 사실에 대한 질문에 답하기
- 일과표, 각종 서식표 완성하기
- 수첩에 메모하기
- 강의 듣고 노트 필기하기
- 제목 붙이기
- 실마리 찾기
- 중심 생각 이해하기
- 담화 장소, 시간, 화자 등 발화 상황 파악하기
- 화자의 목소리, 어조 등을 듣고 화자의 발화 태도 추측하기
- 화자가 말하는 바를 추측하기
- 화자가 하게 될 말을 추측하기
- 들은 내용이 전체 담화의 어느 부분에 해당하는지 파악하기
- 부연되거나 지지되는 생각이나 의견의 근거 듣기
- 중심 생각 파악하기
- 예시 파악하기
- 이유 파악하기
- 두 사람의 대화를 듣고 이후의 사건이나 변화를 추측하기
- 들은 내용 다음에 이어질 내용, 결과 등을 추론하기
- 문제 해결하기
- 듣고 논평하거나 자신의 의견을 피력하기
- 각자 다른 정보를 듣고 의견 종합하기
- 강의 주제에 대한 개괄적인 정보 제시받기
- 강의 듣고 관련 텍스트를 읽어 가면서 빠진 정보 보충하기
- 들은 의견을 토대로 각자 자신의 의견을 주장하고 의견 수렴하기

4. 듣기 자료를 개발하는 데 고려해야 할 의사소통 활동 범주와 그 예 (정용주, 1996)

1) 듣고 행동하고 작동하기 : 다양한 내용의 명령, 지시, 묘사에 대한 반응 포함
   ① 그림, 형상, 도안을 그리기
   ② 지도에서 특정 지점들의 통로 찾기
   ③ 묘사되는 사람, 장소, 물건의 그림을 선택하기
   ④ 묘사되는 사람, 장소, 물건을 식별하기
   ⑤ 노래에 맞춰 손이나 신체를 움직이기
   ⑥ 카메라, 녹음기, 연필 깎기와 같은 도구를 작동하기
   ⑦ 수학 문제 해결, 과학 실험, 요리하기와 같은 과정 속에서 단계를 수행하기

2) 듣고 정보를 전달하기 : 정보를 듣고 그것을 기록
   ① 듣고 중요한 사항의 메모나 전체 메시지의 전사를 통해 전화나 메시지 받아쓰기
   ② 듣고 빈 곳 채워 넣기
   ③ 듣고 형태나 차트를 완성하기
   ④ 듣고 짧은 이야기, 보고서, 대화의 요점을 요약하기
   ⑤ 요리하는 법, 도구를 작동시키는 법, 게임하는 법과 같은 방법에 관한 대화를 듣고 그 요점을 적기
   ⑥ 대화나 강의를 듣고 메모하기

3) 듣고 문제 해결하기
   ① 대답이 언어적 단서로 유도될 수 있는 단어 게임
   ② 숫자 놀이와 같이 이야기 속의 계산 문제
   ③ 스무 고개 놀이처럼 무엇을 식별하기 위해 질문하기
   ④ 질문과 대답에서 경청이 필수적인 수수께끼 놀이
   ⑤ 한 단락 길이의 미스터리 스토리가 제시되고 학생들이 해결책을 모집하는 소집단의 활동
   ⑥ 각기 다른 단서가 들어있는 내용을 듣고 미스터리를 해결하기 위한 직소 활동

4) 듣고 평가하고 정보를 조정하기
   ① 수신된 정보를 기록하고 질문에 답하거나 문제를 해결하기 위해 검토하기
   ② 결정을 하거나 행동 계획을 수립하기 위해 정보를 평가하기
   ③ 찬성이나 반대의 입장을 정하기 위해 논쟁을 평가하기
   ④ 원인과 결과의 정보를 평가하기
   ⑤ 수신된 정보로부터 상상하여 예측하기

⑥ 수신된 정보를 요약하기
⑦ 정보를 평가하고 결합하기
⑧ 정보를 평가하고 요약하기
⑨ 정보를 평가하고 확대하기
⑩ 수신된 무질서한 정보를 질서 정연한 형태로 조직하기

5) 서로 듣고 질문과 대답을 통해서 의미를 파악하기

6) 즐거움, 기쁨, 사교를 위한 듣기

Ⅳ. 한국어 듣기 수업의 구성과 듣기 평가

1. 듣기 교육의 수업 구성

1) 듣기 수업의 구성 원리
① 학습자 스스로 듣기의 중요성을 인지하고, 목적을 가지고 듣기 활동을 하도록 유도
② 이해처리 과정을 중시하여 듣기 전에 들을 내용에 대해 스키마를 형성할 수 있도록 유도
③ 음의 식별, 통사 구조, 전체 맥락 이해, 세부 내용 파악, 사회 문화적 배경의 이해 등을 위한 다양한 듣기 전략을 개발하도록 함
④ 학습자의 활동을 주의 깊게 관찰하여 이해 정도를 파악함
⑤ 학습자의 숙련도와 자료의 성격, 수업의 목적에 따라 상향적, 하향적 과정의 듣기를 적절히 포함

2) 듣기 수업의 구성
① 듣기 전 단계

듣기 전 단계는 앞으로 듣게 될 내용에 대한 예측을 할 수 있도록 돕는 단계이다. 청자가 자신이 들을 내용에 대해 예측을 하는 것은 내용 이해에 지대한 영향을 끼친다. 그러나 교실이라는 학습 환경은 실제 의사소통 상황에서 유리되어 있으므로 학습자들은 들을 내용을 발화 상황 속에서 자연스럽게 이해할 준비하기가 힘들다. 따라서 듣기 활동 전에 들을 내용을 예상하거나 예측할 수 있는 기회를 주어야 한다.

배경지식을 활용해 들을 내용 추측하기, 학습할 주제나 어휘 노출, 텍스트의 구조적인 패턴 파악하기와 학습자의 흥미를 유발해야 한다.

② 듣기 중 단계

듣기 활동 시 학습자가 외워서 답해야 하는 내용이나 단기 기억 장치로 처리할 수 없는 내용을 듣기 활동에 포함시켜서는 안 된다. 또한 같은 텍스트를 반복적으로 들을 때는 다른 목적을 가지고 듣도록 유도해야 한다.

```
〈듣기 내용〉
의사: 어떻게 오셨습니까?
환자: 어제 밤부터 감기에 걸린 것 같아요
의사: 증상이 어떠신데요?
환자: 목이 좀 아프고, 코가 막혀요.
의사: 아- 해 보세요.
(진찰 후)
의사: 목이 부었군요. 기침은 안 하세요?
환자: 네, 기침은 안 하지만 재채기가 나요.
의사: 목감기니까 몸을 따뜻하게 하고 푹 쉬세요. 그리고 따뜻한 물이나 녹차를 많이 드세요.
      오늘 식후에 약을 드시고, 내일 다시 오세요
환자: 사실은 내일 등산 계획이 있는데 가도 괜찮을까요?
의사: 이번 감기가 심해서 조심하셔야 합니다. 이번 주에는 푹 쉬시는 게 좋겠습니다.
환자: 알겠습니다. 감사합니다.
```

들은 내용 이해 확인하기, 예측한 내용과 실제 내용 비교하기, 중심 생각 찾기, 특정 정보 찾기, 과제 수행, 내용의 진위 파악하기, 그림이나 경로 표현하기, 차트나 목록 완성하기 등의 활동을 할 수 있다.

③ 듣기 후 단계

듣기 후 단계는 들은 내용을 정리하거나 강화하는 단계이다. 듣기 단계에서와는 다른 목적을 가지고 텍스트를 다시 듣거나 유사 텍스트를 듣기도 하고, 다른 기술로 전이시켜 연습을 할 수도 있다.

```
① 들은 내용 확인하기
② 의사와 환자가 되어서 역할극 해보기
③ 아팠던 경험담 말하기
④ 건강과 관련된 글 읽기(처방전, 경험담, 주의사항 등)
```

피드백하기, 다른 언어기능과 연계된 과제 수행하기, 들은 내용에 대한 자신의 입장 표현하기 등의 활동을 할 수 있다.

3) 상향, 하향, 상호작용적 활동

① 상향적 활동 : 철자 〉 음절 〉 단어 〉 문장 〉 글 전체

소리에서 출발하여 어휘, 문법 구조 등을 거쳐 궁극적으로 문장의 의미 내용을 이해하며, 음운과 억양, 어휘, 문법 등에 유의한다. 청자는 담화의 작은 단위인 단어들의 의미를 분석한 후 구나 절의 의미를 이해하고, 다시 문장의 의미로 확대하여 궁극적으로는 글 전체의 의미를 파악해 나가는 과정이다.

② 하향적 활동 : 배경 지식을 활성화하여 의미 추론, 내용 이해, 재구성

배경지식을 활성화하여 의미를 추론하고, 전체적인 내용을 이해하며, 의미를 새롭게 재구성

해 가는 활동에 초점을 둔다. 의미는 텍스트에 명시적으로 제시되어 있는 것이 아니라 청자가 자신의 배경지식에 기대어 능동적으로 재구성하는 것이며, 듣기 전 단계에서는 유용하나 실제 담화를 처리하는 과정에 대해서는 설명을 하지 못한다는 단점이 있다.

③ 상호적 활동 : 상향식 + 하향식

　담화 정보를 처리하는 과정과 청자의 사전 경험 및 지식이 서로 상호 작용하여 의미를 파악하는 과정이다. 문맥의 음성이나 어휘, 문법 등의 언어적 정보를 이용하여 주어진 텍스트의 의미를 예측하고 추론하는 데 중점을 둔다.

2. 듣기 평가

1) 듣기 능력을 구성하는 요소 (Ur, 1984)

① 발음 식별력
② 억양, 휴지 및 강세
③ 구어의 특징(주저함, 반복, 중복어 등) 이해
④ 어휘, 숙어력
⑤ 문법 실력
⑥ 세부 내용 파악 능력
⑦ 중심 사상 파악 능력
⑧ 세상 지식을 제시하고 이러한 내용이 평가에 포함되어야 함

2) 듣기 능력 평가 내용 (Hughes)

① 거시적 능력(Macro-skills) : 정보를 제대로 청취하고 지시에 잘 따르는가의 능력
② 미시적 능력(Micro-skills) : 억양, 구조 기능의 식별 능력

　일인 발화, 대화, 다자 발화, 지시 등 여러 가지 형태의 듣기를 제시하고 다음과 같은 5가지 형태의 문항을 수행하게 한다.
① 사지 선다형
② 대답만 간단하게 쓰는 시험
③ 주어진 그림이나 지도 등에 내용을 표시하는 것
④ 대답을 완전하게 쓰는 시험
⑤ 부분적인 받아쓰기

3) 듣기 후 자기 점검표

구분	항목
전반적인 이해	1) 처음 들었을 때 내용을 얼마나 이해하였습니까? 2) 다시 들은 후에는 내용을 얼마나 이해하였습니까? 3) 지문을 보면서 들을 때는 내용을 얼마나 이해하였습니까?
어휘와 듣기 이해	* 처음 들었을 때 안 들린 단어나 지문을 보면서 들어도 안 들리는 또는 이해가 안 되는 단어가 있으면 아래 표에 옮겨 쓰고 그 이유를 〈보기〉에서 고르십시오.

■ 참고문헌 ■

김하영(2001), 한국어 교육을 위한 듣기 텍스트 개발 방안, 고려대학교 교육대학원 석사논문

박경자, 강복남, 장복명 공저(1994), 「언어교수학」, 전영사

박영순 외 (2002), 「21세기 한국어교육학의 현황과 과제」, 한국문화사

배두본(1999), 「영어 교재론 개관」, 한국문화사

손호민(2002), "외국어로서의 한국어 교수법의 미래"외국어로서의 한국어 교수법의 현재와 미래, 제
          12차 국제학술대회

심재기·문금현(2000), "외국어로서의 한국어 교재 연구"-구어 텍스트의 활용을 중심으로-, 「한국
          문화와 한국어 교육 정보 구축을 위한 21세기의 관계」, 제1차 한국어교육
          국제학술대회

이해영(1999), "한국어 듣기 교육의 원리와 수업 구성"한국어교육 제10권 1호, 국제한국어교육학회

한재영 외(2002), "한국어 교수법 개발 최종 보고서"문화관광부 한국어세계화재단

Diane Larsen-Freeman(1987), T echniques and Principles in Language Teaching, Oxford
          University press

Nunan, D(1988), The Learner-Centered Currivulum, Cambridge: Cambridge University
          Press.

Nunan, David(1989), Designing Tasks for the Communicative Classroom. Cambridge
          University Press.

Richard & Rodgers(1988), Approaches and Methods in Language Teaching: A description
          and analysis

■ 참고교재 ■

건국대학교 언어교육원(2012), 함께 배우는 건국 한국어 2-1, 건국대학교 출판부.

건국대학교 언어교육원(2012), 함께 배우는 건국 한국어 2-2, 건국대학교 출판부.

민진영(2011), 초보자를 위한 톡톡 한국어, 도서출판 박이정.

9장 한국어읽기교육론

| 학습목표 |
1. 한국어 읽기 교육의 이론과 실제 수업 구성에 대해 살펴보고, 의사소통 능력 신장을 위한 읽기 교수법을 알아본다.
2. 한국어 읽기 교육의 주요 개념과 읽기 기술의 개발 원리, 읽기 교육 방법 및 원리, 읽기를 위한 자료를 살펴보고 단계별 읽기 활동 유형 등에 대해 알아본다.

Ⅰ. 읽기의 정의

1. 읽기의 정의

1) 읽기란?

'인쇄된 언어를 해독하는 과정'(Urquhart & Weir, 1998;22)

'텍스트에 나타난 다양한 정보를 추출하여 자신의 배경 지식과 통합시키고 이해하는 과정'(Koda, 2005;4)

읽기는 독자 스스로 자신의 배경 지식을 활용하여 담화 의미를 파악해 가는 과정이며 자신의 목적에 따라서 글쓴이의 메시지와 의도를 파악해 가는 과정이다.

2) 읽기 교육이란?

학습자들은 시각적인 자료를 이용해 다양한 정보를 얻는데, 시각적인 자료를 이용해 정보를 얻으려면 읽기 기능을 활용해야 하고, 학습자들은 다양한 읽을거리들을 이해하고자 하는 욕구가 있다. 또한 읽기 교육은 한국어 교육에서 꼭 필요한 기능이고 중요한 기능이므로 읽을 자료가 갖는 문어적인 특성을 고려하면서 이해를 위한 기재를 효과적으로 활용하는 방법을 고려해야 한다.

2. 읽기 교육의 이론

1) 외국어 교수법과 읽기 교육

① 문법번역식 교수법(Grammar Translation Method)

　문법번역식 교수법은 단어나 문장의 의미를 모국어로 전환하는 텍스트 위주의 읽기 활동에 초점을 맞추고 있으며 글을 이해하는 것은 중요한 부분이 아니라고 인식한다.

② 청각구두식 교수법(Audiolingual Method)

　청각구두식 교수법은 듣기와 마찬가지로 읽기를 수동적인 기술로만 인식하며, 말하기 연습에서 필요한 문법적인 구조나 어휘 학습을 위한 수단으로만 사용한다.

③ 1970년대

　읽기의 중요성이 부각되어 언어 숙달도가 언어를 잘 알고 이해하는 데 필요한 다양한 요소로 이루어져 있다고 이해한다. 또한 담화 능력이 언어 숙달도에서 중요하다고 인식한다.

④ 1980년대 이후

　문법적 지식, 어휘와 함께 읽기 전략을 교육하는 것에 주력하고 있다.

2) 스키마 이론

스키마(Schema)'는 독자의 기억 속 지식 구조로 '사전 지식' 또는 '배경 지식'이라고도 한다.

① 내용 스키마(Content Schema)

　텍스트의 주제나 내용에 대한 것으로 일반적인 세계 지식의 영역이다. 대상과 사건들의 지식과 학습자들이 읽음으로써 얻어지는 사회 문화적인 지식과 이해를 포함한 것으로 주제에 익숙하고 관련된 경험을 가진 학습자는 내용 스키마가 있기 때문에 더 수월하게 텍스트를 이해할 수 있다.

② 형식 스키마(Text Schema)

　텍스트의 구조 혹은 수사 구조에 대한 것으로 텍스트가 어떻게 조직되는가에 대한 지식이 있는 학습자는 형식 스키마를 가져 텍스트의 정보가 어떻게 서로 관련되고 어떤 순서로 세부 사항이 나타나는지에 대해 예측할 수 있어서 이해 능력이 우수하다.

　따라서 스키마를 활용한 텍스트 이해는 텍스트에 나와 있는 정보를 수동적으로 처리하는 것이 아니라 스키마를 활용한 적극적인 이해 활동이며, 스키마를 활용한 이해 교육은 읽기 텍스트를 성공적으로 이해하는 데 중요한 역할을 한다.

II. 읽기 과정의 이해

1. 읽기 과정의 이해

　학습자들이 정보를 어떻게 처리하는가는 이해 과정의 중요한 부분으로 정보 처리 모형들은 언어 층위의 변인(어휘, 통사, 수사 구조), 학습자 층위의 변인(인지 발달, 세상과 글에 대한 배경지식 등)을 각기 다르게 강조하여 이해 모형을 설정한다.

1) 상향식 모형(Bottom-up Model)

주어진 언어 정보 자체로부터 작은 단위에서 큰 단위로 선형적인 단계를 거쳐 정보가 이해된다고 보는 모형이다.

문자 → 단어 → 문장 → 단락 → 전체 담화

텍스트 중심의 이해로 학습자는 주어진 언어 정보를 조합하여 이해하는 수동적 역할을 한다. 번역하며 읽기, 다시 읽기, 소리 내어 읽기, 환언하기, 끊어 읽기, 분석하기 등의 방법을 사용하여 텍스트를 읽어나간다.

상향식 읽기는 텍스트에 포함된 어휘나 문형 등을 정확히 이해하고 있음에도 불구하고 글의 전체 내용을 제대로 파악하지 못할 수 있다는 점이 문제로 지적된다.

2) 하향식 모형(Top-down Model)

언어 형태를 해독(Decoding)하는 과정보다는 의미를 재구성하는 과정임을 강조하고 전체에서 부분으로 학습이 이루어진다고 본다. 과거의 경험, 언어 직관 혹은 기대 수준을 이용하여 언어 정보를 이해해 가는 과정으로 독자의 지성과 경험으로부터 텍스트의 의미가 구성된다고 본다. 추론하기, 배경지식 활용하기 등의 방법을 사용한다.

하향식 읽기는 배경 지식이 충분한 상황에서도 텍스트에 포함된 문법과 어휘를 너무 많이 모른다면 내용을 이해할 수 없다는 점이 단점으로 지적된다.

3) 상호작용식 모형(Interactive Model)

텍스트 이해라는 관점에서 상향식 모형과 하향식 모형의 상호보완적인 전략적 사용이 필요하다고 보며, 상향식이나 하향식만으로는 설명될 수 없는 문제점을 고려하여 글의 영향과 학습자의 영향 모두를 설명하려는 모형이다.

학습자의 배경 지식을 바탕으로 하여 내용을 추측하고 글에서 구체적인 언어정보를 포착하여 사전 이해를 확인하거나 수정한 후 다시 글로 이동하여 정보를 파악하는 과정을 반복한다. 이 모형의 기본 과정은 첫째, 독자가 갖고 있는 기존 지식이 읽기 학습에 영향을 미친다. 둘째, 글의 독해에는 개념 중심과 자료 중심의 두 해석 과정이 모두 필요하다. 셋째, 독해 수준이 깊으면 깊을수록 내용을 더 잘 이해하고 기억도 오래한다. 넷째, 읽는 상황(읽기에서의 과제, 독자의 읽기 목적, 배경 지식, 독자의 요구, 흥미, 태도 등)이 독해 및 기억에 영향을 미친다는 것이다.

III. 읽기 교육의 방법

1. 읽기의 유형

1) 훑어 읽기 (Skimming)

빠르게 전체를 살피며 읽는 것으로 텍스트를 재빨리 훑어보고 요점을 파악하는 읽기 유형이다. (엘리베이터 안에서 안내문 읽기)

2) 뽑아 읽기 (Scanning)

정보가 있는 특정 부분을 찾아 읽는 읽기 유형이다. (서점에서 책을 고르려고 할 때 목차를 읽기)

3) 확장 읽기 (Extensive Reading)

다소 긴 텍스트를 이해하면서 술술 읽는 읽기 유형이다. 주로 흥미를 위해 읽는 것으로 술술 읽어 내려가며 전체적인 이해를 수반한다.

4) 집중 읽기 (Intensive Reading)

특정 정보를 얻기 위해 짧은 텍스트를 읽는 읽기 유형으로 정확함을 요하는 활동이며 세부적인 이해를 수반한다.

2. 읽기 교육의 방법

1) 읽기는 독자와 텍스트가 함께 작용하여 이루어내는 의미의 재구성 과정이다.

2) 텍스트나 독자 어느 한쪽 요인만을 중시하는 데서 벗어나야 한다.

3) 텍스트의 구조, 독자의 스키마, 그리고 이들 사이의 상호작용에 초점이 맞추어져 교육이 이루어져야 한다.
   ① 학습자의 배경 지식과 경험, 인지 능력을 최대한 활용
   ② 읽기 교육은 의미를 중심으로 한 과제 수행 중심으로 실시
   ③ 문장 차원의 이해를 넘어 전체 담화의 이해를 목적으로 실시
   ④ 다양한 담화 유형을 이용(설명문, 논설문, 신문기사 등)
   ⑤ 텍스트의 맥락이나 문법적 요소를 이용한 독자의 예측 전략 개발 교육 실시
   ⑥ 지식 및 문화 내용에 대한 교육, 언어 기호 교육이 함께 실시

⑦ 전체 교육 과정 안에서 다른 언어 기술과 통합되어 교육

3. 읽기 자료

1) 읽기 자료 선정

① 학습자의 수준에 적절해야 한다.
② 익숙한 내용 및 익숙한 장르의 텍스트여야 한다.
③ 학습자의 흥미를 고려해야 한다.
④ 읽기의 다양한 전략을 개발 시킬 수 있는 자료여야 한다.
⑤ 실제적인 언어 자료여야 한다.

2) 등급별 읽기 자료

등급	담화 유형
초급	문장, 대화문, 실용문, 생활문, 설명문, 메모, 초대장, 안내장, 표지, 광고, 일기예보, 편지
중급	문단, 대화문, 실용문, 생활문, 설명문, 메모, 광고, 안내문, 신문 기사, 방송 자료, 수필, 옛날 이야기, 동화, 우화, 편지, 서식, 설문지
고급	대화문, 실용문, 설명문, 논설문, 안내문, 신문 기사, 방송 자료, 수필, 옛날 이야기, 동화, 시, 소설, 비평, 담화문

3) 읽기 전략

학습자가 교육 목표에 가장 도달하기 위해 계획하는 모든 방법을 말하는 것으로 글을 어떻게 읽는가 하는 것과 관련된다. 교사의 과제 제시를 통해 효과적으로 유도할 수 있으며 학습자들이 글을 읽는 방법을 제시하는 것이 전략이다.

① 메타인지 전략 : 자신의 학습에 대해 생각해 보는 것으로 학습을 위한 계획, 결과를 평가하는 것이 이에 속한다.
② 인지 전략 : 학습자가 학습 내용을 이해하고 과제를 해결하기 위해 사용하는 방법으로 학습의 핵심이 되는 것이 인지 전략이다.
③ 보조 전략 : 표시하기나 메모하기 등의 보조적인 방법으로 이해하려는 전략이다.
④ 사회 전략 : 다른 학습자의 도움을 통해 내용을 이해하려는 전략이다.

Ⅳ. 읽기 수업의 구성

1. 읽기 수업의 구성

1) 읽기 수업 구성의 원리

학습자들에게 읽기의 목적을 알게 하고 배경지식과 경험을 활용하여 스키마를 형성할 수 있도록 한다. 읽기를 통해 전체 담화를 이해할 수 있도록 하며, 다른 언어 기능과 통합하여 수업을 구성한다. 또한 초급학습자들에게는 낭독을 이용해서, 중·고급 학습자들에게는 정독을 통해서 필요한 정보를 찾을 수 있도록 한다.

2) 수업 구성의 단계

① 읽기 능력 단계에 따른 구성
- 소리 내어 읽기 단계
- 축어적 읽기 단계
- 추론적 읽기 단계
- 종합적 읽기 단계

② 교수 학습 단계에 따른 구성
- 읽기 전 단계(Pre-reading)

읽기 전략을 제시하고 읽기 활동을 원활하게 유도하여 읽는 목적을 갖도록 한다. 사전 정보를 제시하고 시각자료를 이용한다. 또한 예비 질문을 통해 학습할 것이 무엇인지 파악하게 한다. 학습목표 확인하기, 배경지식 활용하기, 브레인스토밍, 핵심어휘 다루기 등의 활동을 할 수 있다.

- 읽기 단계(While Reading)

스키마로부터 세운 가설을 텍스트 정보를 이용하여 확인하고 검증하는 단계이다. 텍스트를 읽어 나가면서 글의 내용과 구조를 파악하고 정보를 정리한다. 읽는 목적에 따라 훑어 읽기나 자세히 읽기 등의 방법을 선택한다. 교사는 해석의 단서만 주도록 하여 학습자가 스스로 알아내도록 해야 한다. 구조 파악하기, 어휘 의미 추측하기, 이어질 내용 추측하기, 순서 맞추기 등의 활동을 할 수 있다.

- 읽기 후 단계(Post-reading)

읽은 내용을 토대로 교사와 다른 학습자들과 의사소통하는 단계이다. 읽기에 대한 이해를 확인하고 통합적 기능으로 연계하며, 읽은 내용을 강화, 정리할 수 있다. 어휘 확인하기, 내용 확인하기, 표 만들기, 요약하기, 토론하기, 글쓰기 등의 활동을 할 수 있다.

Ⅴ. 읽기 교육의 평가와 실체

1. 읽기의 평가

1) 읽기 평가 유형

  ① 과정 평가
    – 프로토콜 분석
    – 오류 발견 과제
    – 오독 분석 검사
  ② 결과 평가
    – 자유 회상 검사
    – 진위형 검사
    – 선다형 검사
  ③ 목적에 의한 평가
    – 숙달도 평가
    – 성취도 평가

2) 읽기 평가 자료

초급	광고, 명함, 메모, 편지, 이메일, 초대장, 일기 등의 실용문이나 생활문
중급	안내문, 게시문, 자기 소개서 등의 간단한 설명문이나 기사문, 수필
고급	공적인 서술문이나 문학작품, 서평, 사설, 논설문

3) 읽기 평가에 활용되는 문항 유형

  ① 사실적 이해 문항 : 글 내용을 사실 그대로 이해하는 능력을 평가하는 문항
  ② 추론적 이해 문항 : 글의 정보를 살펴 그 이상의 것을 추리하는 능력을 평가하는 문항
  ③ 논리적 이해 문항 : 정확하고 타당한 진술을 위한 조건을 이해하는 능력을 평가하는 문항

2. 읽기 수업의 실체

1) 읽기 전 단계(Pre-reading)

> – 여러분은 한국에 언제 왔습니까?
> – 한국 생활이 어떻습니까?
> – 어떤 일이 있었습니까?
>   그 때 어떻게 했습니까?

2) 읽기 단계(While Reading)

3) 읽기 후 단계(Post-reading)

한국에서 어떻게 생활하고 있습니까?

특별한 때 무엇을 하는지 친구들과 이야기하고 발표해 보세요.

질문	대답
아플 때 누가 제일 보고 싶어요?	
외로울 때 무엇을 해요?	
비가 올 때 무엇을 하고 싶어요?	

■ 참고문헌 ■

권미정(1999), 외국어로서의 한국어 읽기 교육, 한국어 교육 제 10권 1호, 국제 한국어교육학회.

김미옥(1992), 읽기 교육에 관한 연구, 말지 제 17집, 연세대 한국어학당.

김정숙(1996), 담화능력 배양을 위한 읽기 교육 방안, 한국어교육 제 7권, 국제한국어교육학회.

노명완(1994), 읽기의 관련 요인과 효율적인 지도, 이중언어학회지 제 11권, 이중언어학회.

이미혜(2005), 『외국어로서의 한국어교육학』, 한국방송통신대학교출판부.

정길준, 연준흠 편(1996), 외국어 읽기 지도의 이론과 실제, 한국문화사.

■ 참고교재 ■

참 한국어 2, 〈TOPIK KOREA〉

10장 한국어발음교육론

| 학습목표 |

1. 외국어로서의 한국어 발음 교육의 개념과 특징을 이해하고, 발음 교육에서 중요하게 다루어져야 할 내용을 모음과 자음, 음절, 음운현상으로 나누어 소개한다. 그리고 한국어 발음교육의 원리와 방법을 탐구한다.
2. 한국어 발음의 체계와 특징을 이해함으로써 한국어 발음 교육의 내용 지식을 습득하고, 이를 바탕으로 하여 외국어로서의 한국어 발음 교육의 기본 원리 및 교육 자료 구성, 교육 방법 등을 살펴보며, 발음 교수의 단계를 구분하여 설명하고 각 단계에 적합한 활동 유형을 나열한다.

Ⅰ. 발음 교육의 필요성

1. 발음 교육의 목표

1) 한국어 교육에서 발음교육이 중요한 이유

발음은 외국어 학습에 있어 학습자의 모국어에서 가장 많은 영향을 받는 분야로 언어 습득의 과정에서 가장 일찍 굳어진다. 또한 발음은 한국어의 겉모습을 보여 준다. 즉 발음을 잘하면 한국어를 잘하는 것처럼 보인다는 것이다.

2) 학습자의 학습 목적에 따른 교육

① 외국어 전문직 종사자, 외국에서 강의를 하는 사람 또는 외교관 : 원어민 수준의 정확한 발음을 습득하는 데 목표를 둔다.
② 여성결혼이민자 : 한국인과 결혼하여 가정을 이루고 한국 사회에서 생활하므로 한국인에 준하는 의사소통 능력을 필요로 한다.

발음은 자신의 의사를 표현하거나 다른 사람의 말을 들을 때 가장 필요한 요소이기 때문에 어떤 목적의 학습자라고 하더라도 일차적으로는 한국인들과 상호이해가 가능한 정도의 발음을 습득해야 할 것이다.

3) 발음 교육의 목표

발음 교육은 한국어로 의사소통을 할 때 말하고자 하는 바를 한국어 모어화자들이 이해할 수 있는 수준으로 발음하도록 하고, 한국어 모어화자들이 하는 말을 듣고 내용을 이해할 수 있는 수준의 발음 이해 능력을 갖추는 것을 목표로 한다. 따라서 의사소통이 서로 단절되지 않고 자연스럽게 이야기를 이어갈 수 있다면 어느 정도 학습 목표를 달성했다고 할 수 있다.

4) 한국어 발음에 영향을 미치는 요소
① 개별 음소의 발음에서 오는 차이
  - 영어 화자가 한국어 단어 '불/뿔/풀'이나 '달/탈/딸'을 구별할 때 어려움을 겪는다.
② 모국어와 학습 대상 언어의 음절 구조의 차이
  - 한국어를 배우는 외국인들은 한국어의 말소리를 정확하게 인지하지 못하고 자신들의 모국어에 있는 말소리와 가장 가깝다고 생각되는 소리로 인지한다.
  - 조음기관의 근육이 학습자 모국어의 말소리를 발음하는 데 이미 익숙해져 있기 때문에 자신들의 모국어에는 없는 한국어 발음을 제대로 발음하지 못하며, 모국어에서 사용하는 음 중 유사한 소리로 발음한다.
③ 상이한 음운현상이나 초분절적 요소
  - 쪼개어 발음할 수 없는 단위, 음의 길이, 음의 높낮이, 강세 등의 요소가 다르다.
  - 다양한 통사적 기능을 담당하는 한국어 문미 억양 때문에 어려움을 겪는 외국인 학습자들은 상이한 초분절적 요소 때문이다.

언어 학습의 궁극적인 목표는 의사소통이므로 발음 교육은 언어 학습 초기에서부터 반드시 체계적으로 이루어져야 한다.

2. 발음 교육의 필요성

1) 외국어를 배울 때 나타나는 문제점은 학습자들의 모국어에 따라 다르다.
  ① 학습자의 모국어와 학습대상 언어 간의 관계에 따라 다르게 나타난다.
  ② 학습자의 모국어는 외국어 학습에 영향을 미치는 가장 중요한 영향 요인이다.
  ③ 외국어 학습에 있어 모국어의 간섭현상은 피할 수 없다. 특히, 발음은 모국어에 가장 많은 영향을 받는다(Ellis, 1985).
    - 실제로 서양인들은 아시아인들을 쉽게 구별하지 못하지만 영어하는 것을 들으면 어느 나라 사람인지를 구별한다고 한다. 한국 사람은 콩글리쉬(Korean+English), 중국 사람은 칭글리쉬(Chinese+English), 일본사람은 쟝글리쉬(Japanese+English)를 하기 때문이다.

2). 유창성과 함께 정확성을 길러 주기 위함이다.

① 정확성은 어휘, 문법, 발음 영역과 관련을 맺고 있다.
- 발음을 정확히 하는 것은 학습 언어를 정확히 표현하는 데 가장 기본적인 조건이다.
- 발음 교육은 해당 언어를 정확히 인지하고 정확히 발화하는 기본을 갖추게 하기 위해 반드시 필요하다.
- 잘못된 발음이 고착되면 교정이 잘 되지 않을 뿐만 아니라 많은 노력과 시간을 들여야 하기 때문에 초기부터 제대로 시행되어야 한다.

3. 효과적인 발음 교육

1) 일반적인 발음 오류
① 입술의 모양을 정확하게 하지 않아서 생기는 오류
- 'ㅓ'와 'ㅗ'는 모두 중모음이며 후설 모음이나 'ㅓ'는 평순 모음, 'ㅗ'는 원순 모음이다.
- 'ㅡ'와 'ㅜ'는 모두 고모음이며 후설 모음이지만 'ㅡ'는 평순 모음, 'ㅜ'는 원순 모음이다.
- 'ㅣ'와 'ㅟ', 'ㅔ'와 'ㅚ'를 명확하게 구별해서 발음하지 못하는 오류도 입술의 모양을 분명하게 해서 발음하지 않기 때문에 생긴다. 그러나 현재 'ㅟ'와 'ㅚ'는 이중 모음으로 발음하므로 크게 문제가 되지는 않는다.
② 혀의 높낮이를 정확하게 지키지 않아서 생기는 오류
- 'ㅏ'와 'ㅓ'는 모두 평순 모음, 후설 모음이지만 'ㅏ'는 저모음, 'ㅓ'는 중모음이다.
- 'ㅓ'와 'ㅡ'는 모두 평순 모음, 후설 모음이지만 'ㅓ'는 중모음, 'ㅡ'는 고모음이다.
- 'ㅔ'와 'ㅐ' 'ㅚ'와 'ㅟ'를 명확하게 구별해서 발음하지 못하는 오류도 혀의 높낮이를 정확하게 하지 않아서 생긴다.
③ 조음부의 위치를 정확하게 하지 않아서 생기는 오류
- 'ㅡ'와 'ㅣ'는 모두 평순 모음, 고모음이지만 'ㅡ'는 후설 모음 'ㅣ'는 전설 모음이다.
- 후설 모음인 'ㅡ'를 전설로 발음하게 되면 'ㅣ'와 구분이 되지 않고 부정확한 발음이 된다.
④ 첫소리로 쓰인 자음에서 잘못 발음하는 경우
- 소리 내는 자리가 같고 소리 내는 방법이 달라 다른 소리로 분화되는 'ㄷ'과 'ㄹ', 'ㅅ'과 'ㅈ'이 있다.
⑤ 소리 내는 자리와 소리 내는 방법은 같지만 소리 내는 힘에서 차이를 보이는 예사소리와 된소리, 거센소리를 구별하지 못하고 잘못 발음하는 경우
⑥ 받침소리로 쓰인 자음은 첫소리로 쓰인 자음보다 오류의 예가 많다.
- 소리 내는 방법과 소리 내는 힘에서는 같지만 소리 내는 자리만 다른 'ㅂ, ㄷ, ㄱ'과 'ㅁ, ㄴ, ㅇ'은 다양한 오류를 보인다. 이는 각 자음의 소리 내는 자리를 정확하게 지켜서 발음하지 않기 때문이다.
⑦ 받침소리를 발음하면서 생기는 또 하나의 오류는 파열음인 'ㅂ, ㄷ, ㄱ'으로 끝날 때이다.

2) 효과적인 발음 교육을 위한 조건 및 주의점

① 한국어 교사는 한국어의 표준발음을 이해해야 하고, 정확히 구사할 수 있어야 한다.

② 한국어의 음성음운에 대한 정확한 지식을 갖추고 음성학적 훈련이 되어 있어야 한다.

③ 한국어와 학습자의 모국어의 음운 체계에 대한 차이점을 제대로 이해해야 한다.

④ 한국어와 외국어의 음운 및 음성 대조를 위한 기본적인 시각 자료(구강 해부도, 모음도 등) 등의 학습 자료가 갖추어져야 한다.

⑤ 한국어 화자들도 무시하는 음의 구별을 요구해서는 안 된다.

⑥ 표기법대로 발음하거나 지도하지 말아야 한다.

⑦ 학습자들에게 전달된 음은 반복 시에도 지속적으로 일관성 있게 유지되어야 한다.

⑧ 학습자들이 정확한 발음을 내려고 노력하고 있는가를 주의 깊게 들어야 한다.

⑨ 발음을 연습할 뿐만이 아니라 문장의 의미도 이해하도록 해야 한다.

⑩ 학습할 음은 전체 음 체계 속에서 난이도가 쉬운 것부터 해야 한다.

II. 한국어 모음의 특징과 교육 방안

1. 한국어 모음

1) 총 21개: 단모음 10개, 이중모음 11개

종류	조음 특징	예
단모음	입술모양이나 혀의 위치가 변하지 않음	ㅣ, ㅔ, ㅐ, ㅡ, ㅓ, ㅏ, ㅜ, ㅗ, (ㅟ, ㅚ)
이중모음	입술모양이나 혀의 위치가 변함	ㅑ, ㅕ, ㅛ, ㅠ, ㅖ, ㅒ, ㅘ, ㅝ, ㅙ, ㅞ, ㅢ

2) 표준발음법에서 'ㅟ, ㅚ'는 단모음으로 발음하는 것을 원칙으로 하지만 이중모음으로 발음하는 것도 허용하고 있는데 이는 나이, 지역, 개인에 따라 다르게 발음하기 때문이다.

2. 단모음

1) 혀의 높낮이에 따른 분류

고모음	ㅣ	(ㅟ)	ㅡ	ㅜ
중모음	ㅔ	(ㅚ)	ㅓ	ㅗ
저모음	ㅐ		ㅏ	

위의 표는 입의 벌림 정도에 따른 분류로 고모음 'ㅣ, ㅡ, ㅜ'는 혀의 위치나 입술 모양만 달라질 뿐, 입 벌림 정도는 거의 비슷하다. 고모음 상태에서 입을 조금 벌려서 발음하면 각각 중모음 'ㅔ, ㅓ, ㅗ'가 되고, 다시 중모음 상태에서 조금 더 벌리면 저모음 'ㅐ, ㅏ'가 발음된다.

2) 혀가 입천장에 닿는 부분에 따른 분류

전설모음	후설모음
ㅣ, (ㅟ)	ㅡ, ㅜ
ㅔ, (ㅚ)	ㅓ, ㅗ
ㅐ	ㅏ

전설모음은 상대적으로 혀가 입술 가까이에서 발음되는 모음이고, 후설모음은 상대적으로 혀가 입의 뒤쪽으로 가서 발음되는 모음이다.

3) 입술의 둥근 정도에 따른 분류: 원순성

전설모음			후설모음		
평순모음		원순모음	평순모음		원순모음
ㅣ	↔	ㅟ	ㅡ	↔	ㅜ
ㅔ	↔	ㅚ	ㅓ	↔	ㅗ
ㅐ			ㅏ		

'ㅜ, ㅗ'는 원순모음이며, 'ㅟ, ㅚ'도 단모음으로 발음하면 원순모음이 된다. 위의 표에서 평순모음과 원순모음은 서로 대립하고 있음을 알 수 있다. 이들은 입 벌림 정도와 혀의 최고점 위치는 같고 다만 입술 모양만 다를 뿐이다.

한국어 단모음의 분류

		(앞) ← 혀의 위치 → (뒤)			
혀의 높이	혀의 위치 입술모양 혀의 높이	전설모음		후설모음	
		평순	원순	평순	원순
	고모음	ㅣ	ㅟ	ㅡ	ㅜ
	중모음	ㅔ	ㅚ	ㅓ	ㅗ
	저모음	ㅐ		ㅏ	

한국어 모음 삼각도

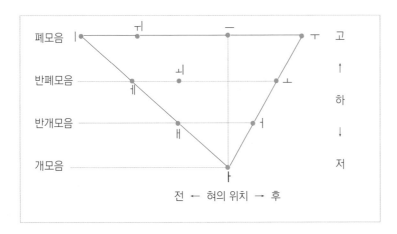

4) 단모음 지도 방법

단모음을 지도할 때에는 개별적으로 하나하나 가르치기보다는 그룹별로 묶어서 지도하는 것이 좋다. 듣고 따라 하기와 같은 방법을 이용하여 여러 가지 활동을 하며 지도할 수 있다. 발음을 지도할 때 학습자가 스스로 혀의 위치를 느낄 수 있도록 해야 하고, 해당 모음을 충분히 들려주고 따라해 보도록 하고 여러 번 반복한다. 많은 언어에서 비슷하게 나타나는 발음인 'ㅏ, ㅣ, ㅜ'보다 언어에 따라 다르게 나타나는 'ㅗ, ㅓ, ㅐ, ㅔ' 등을 지도할 때 주의하도록 해야 한다.

3. 이중모음

1) 이중 모음

이중모음은 반모음과 단모음이 합쳐진 소리로 모음 두 개가 합쳐졌기 때문에 발음할 때 입모양이 변한다. 즉 발음기관의 모양이나 위치가 발음을 시작할 때와 끝날 때가 서로 다르다.

2) 한국어의 이중 모음의 종류

① 'j(ㅣ)'계 상향 이중모음 : ㅑ, ㅕ, ㅛ, ㅠ, ㅖ, ㅒ
② 'w(ㅗ/ㅜ)'계 상향 이중모음 : ㅘ, ㅝ, ㅙ, ㅞ
③ 'j(ㅣ)'계 하향 이중모음 : ㅢ

3) 이중모음 'ㅢ'의 발음

'ㅢ'는 한국어를 모국어로 하는 사람에게도 발음상의 다양성이 발견되기도 하고, 표준어 규정에서도 위치에 따라, 또는 문법적인 기능에 따라 아래와 같이 여러 가지로 발음된다.

'ㅢ'의 위치	발음	예
어두	[ㅢ]	의지[의지], 의미[의미]
자음 + ㅢ	[ㅣ]	희망[히망], 띄다[띠다]
둘째 음절 이하	[ㅢ], [ㅣ]	주의[주의/주이], 의의[의의/의이]
조사	[ㅢ], [ㅔ]	우리의[우리의/우리에], 사랑의[사랑의/사랑에]

이중모음 'ㅢ'는 언어학적으로 특이한 존재이며 따라서 한국어를 배우는 학습자들에게 발음하기 쉬운 모음이 아니다. 그러므로 'ㅢ'가 들어가는 단어의 환경을 다르게 하여 발음 연습을 해 보도록 하는 것이 좋다.

4) 이중모음 지도 방법

① 한국어에서 이중모음은 표기상으로는 하나의 단위처럼 보인다.

　표기상의 'ㅚ'와 'ㅟ'는 단모음으로 발음할 경우, 'ㅚ'는 입술은 [ㅗ]모양으로 하되 발음은 [ㅣ]로 하는 것이고, 'ㅟ'는 입술은 [ㅜ]모양으로 발음은 [ㅣ]로 하는 것이다.

② 이중모음은 단모음과 자음이 끝난 다음에 지도하는 것이 학습자들의 혼란을 줄일 수 있다.

③ 이중모음에 관한 제시가 끝난 다음에는 이중모음으로만 되어 있거나 단모음과 이중모음이 섞인 실제 어휘를 이용하여 연습을 하며, 어휘까지 함께 익히도록 한다.

III. 한국어 자음의 특징과 교육 방안

1. 한국어 자음

1) 한국어 자음표

				양순음 (입술소리)	치조음 (잇몸소리)	경구개음 (센입천장소리)	연구개음 (여린입천장소리)	후음 (목청소리)
조음 방법	장애음	파열음	평음 (예사소리)	ㅂ	ㄷ		ㄱ	
			격음 (된소리)	ㅍ	ㅌ		ㅋ	
			경음 (거센소리)	ㅃ	ㄸ		ㄲ	
		마찰음	평음 (예사소리)		ㅅ			ㅎ
			격음 (된소리)					
			경음 (거센소리)		ㅆ			
		파찰음	평음 (예사소리)			ㅈ		
			격음 (된소리)			ㅊ		
			경음 (거센소리)			ㅉ		
	공명음	비음		ㅁ	ㄴ		ㅇ	
		유음			ㄹ			

앞 ← 조음위치 → 뒤

2. 조음위치에 따른 분류

1) 조음 위치

대략 다섯 군데에서 공기의 흐름에 장애를 받아 소리가 난다.

양순음, 치조음, 경구개음, 연구개음, 후음

2) 조음위치에 따른 자음 지도 방법

학습자들에게 위의 표의 자음을 하나씩 발음해 보도록 하고 소리 나는 위치를 바르게 찾아서 말할 수 있도록 한 후 모국어와 비교해 보게 한다.

조음위치만 보면 한국어의 자음은 다른 언어들보다 단순한 편이다. 따라서 외국 학생들이 한국어 자음의 조음 위치는 쉽게 배울 수 있다.

① 한국어의 자음은 조음 위치에 따라 입술, 치조, 경구개, 연구개, 후두 정도로 분류된다.
② 영어에는 한국어에 없는 치음(θ)과 순치음(f, v)이 있고 중국어, 러시아어에도 순치음이 있다.

3. 조음방법에 따른 분류

1) 파열음
① 한국어의 파열음
  - 평음, 경음, 격음의 삼지적 상관속으로 구성되어 있다.
  - 외국인들이 한국어를 학습할 때에 많은 어려움을 겪는다.
② 공기의 세기에 따른 특징
  - 경음 : 공기의 양이 가장 적은 소리
  - 격음 : 공기의 양이 가장 많은 소리
  - 평음 : 두 계열의 중간 정도의 소리
③ 파열음 지도 방법
  - 파열음을 학습할 때에는 학습자들이 직접 손바닥에 '빠, 바, 파'를 발음해서 공기의 세기를 직접 느껴보게 한다.
  - 공기의 세기를 가장 확실하게 느낄 수 있는 양순음부터 지도하는 것이 좋다.
  - 개별 음운에 대한 학습이 끝나면 여러 가지 최소대립어를 제시해서 듣고 고르기, 받아 적기, 발음하기 등으로 복습한다.

2) 유음
① 한국어를 배우는 외국인들은 'ㄹ'을 발음하는 데 어려움을 겪는다.
② 'ㄹ'은 환경에 따라 설측음 [l]로도 소리 나고, 탄설음 [r]로도 소리 난다.
  - 모음 사이에서는 [r]로 발음되고, 받침 등 그 밖의 환경에서는 [l]로 소리 난다.
  - 받침에 있는 'ㄹ'를 발음하기 위해서 의도적으로 혀를 뒤로 가져가지 못하게 해야 한다.

3) 마찰음
① 한국어의 'ㅎ'은 다른 언어들에서 발견되는 'ㅎ'과 많이 다르다.
  - 'ㅎ'은 어두에서는 제 음가대로 소리 나지만 모음과 모음 사이에서 또는 앞글자의 받침이

'ㄴ, ㄹ, ㅁ, ㅇ'일 때는 약화되어 발음되지 않는다. (발음되는 것이 표준발음이다.)

– 'ㅎ' 받침을 가진 용언에 모음으로 시작되는 어미가 붙을 때 'ㅎ'은 반드시 탈락된다.

② 'ㅅ'의 경우에도 뒤에 오는 모음에 따라 다르게 소리 나므로 주의하여 지도해야 한다.

4) 비음

① 한국어에는 언어학적으로 가능한 모든 종류의 비음 'ㅁ, ㄴ, ㅇ'이 있다.

② 어두에 올 수 있는 'ㅁ, ㄴ'는 음성학적으로 다른 언어에서 사용되는 비음과 아주 다르다.

– 비음들이 공통적으로 갖고 있는 비음성(Nasality)이 매우 적기 때문에 외국인의 귀에는 비음과 같은 위치의 파열음의 평음 'ㅂ, ㄷ, ㄱ'으로 들린다.

③ 외국인들이 한국어의 음성적인 특성에 익숙해질 때까지 교사가 의도적으로 비음성을 강조하여 발음해 주어야 한다.

4. 한국어의 음절

1) 음절(Syllable)

음절은 자음과 모음이 결합하여 한 번에 낼 수 있는 소리의 마디로 한국어에서 가능한 음절 구조는 다음과 같다.

– 모음(V) : 아, 오, 이, 우

– 자음+모음(CV) : 가, 나, 무, 소

– 모음+자음(VC) : 입, 온, 안

– 자음+모음+자음(CVC) : 감, 집, 문

따라서 한국어에서 자음은 어두에서든지 어말에서든지 어느 위치에서도 두 개의 자음이 연달아 발음되는 겹자음이 올 수 없다. '닭, 흙, 넋' 등은 'CVCC'의 구조로 보이나 이는 철자상이며, 발음할 때는 받침의 두 자음 중 하나가 반드시 탈락된다. 이러한 특징은 겹자음 발음이 가능한 유럽어군과는 다르다.

한국어를 정확하게 발음하기 위해서는 한국어에 있는 자음과 모음의 특징을 이해하고, 한국어의 음절구조도 이해해야 한다. 음절구조의 차이로 인해 발생되는 발음 오류도 개별음소의 발음 오류만큼이나 어색하다. (강남역 [강나무요꾸] / 닭 [Talk]) 따라서 학습자들이 한국어의 음절구조에 빨리 익숙해지도록 교사와 학습자 모두 알고 있는 외래어나 나라이름, 도시이름 등을 이용하면 좋다.

Ⅳ. 한국어의 음운 현상

1. 음운 현상

  음운 현상은 음소가 어떠한 음운론적 이유에 의해 원래 소리를 잃어버리고 다른 음으로 소리 나는 현상으로 음운의 변동이라고도 한다.

  한국어 학습자들은 한국어를 정확히 발음하기 위해서 발음에 영향을 미치는 여러 음운 현상을 파악해야 한다. 외국인이 한국어 자음과 모음을 다 익힌 후에도 실제로 한국어를 듣고 이해하는 데에 많은 문제가 생기는 가장 중요한 원인은 음운의 변동 때문이다.

  따라서 한국어 발음을 가르칠 때 가장 먼저 기본 모음과 자음을 제시한 후 글자의 모양과 소리가 다른 받침소리와 음운의 변동도 가르쳐야 하고 이를 위해 받아쓰기를 자주 하고 중요한 사항은 반복적으로 학습해야 한다.

2. 받침 발음

1) 홑받침 발음

  한국어 음절의 끝소리는 'ㄱ, ㄴ, ㄷ, ㄹ, ㅁ, ㅂ, ㅇ'의 일곱 자음으로만 발음한다. 이 외의 자음은 이 일곱 자음 중 하나로 바뀌어 소리 나며, 모음으로 시작되는 조사, 어미, 접미사와 결합되는 경우는 뒤 음절의 첫소리로 옮겨 발음된다.

  - 홑받침 발음

표기	발음	예
ㄱ, ㄲ, ㅋ	ㄱ	약, 밖, 부엌
ㄴ	ㄴ	눈, 친구
ㄷ, ㅅ, ㅆ, ㅈ, ㅊ, ㅌ, ㅎ	ㄷ	끝, 옷, 있다. 낮, 낯, 히읗
ㄹ	ㄹ	서울, 말
ㅁ	ㅁ	사람, 이름
ㅂ, ㅍ	ㅂ	집, 앞
ㅇ	ㅇ	강, 빵

  또한 받침에서 소리 나는 음이 파열된 평음이 아니라는 것을 주의해야 한다. 한국어를 배우는 학습자들이 이 특징을 알지 못한다면 아주 어색한 한국어를 발화하게 된다. 파열하지 않는 특징을 가장 잘 확인할 수 있는 'ㅂ'으로 특징을 익히게 한 후, 다른 장애음('ㄱ', 'ㄷ' 등)을 지도하는 것이 좋다.

① 'Cup, Tap, Top' 등의 단어를 'p'음을 파열하지 않고 입을 다문 채로 발음해 줘서 한국어를 배우는 외국인들이 파열되지 않은 자음의 특징을 쉽게 알 수 있도록 한다.

② 실제 어휘('밥, 입, 갑' 등)를 가지고 연습한다.

파열음
입술이 떨어지면서 ← **밥** 폐쇄음
나는 소리 → 입술을 다물며
끝내는 소리

2) 겹받침 발음

받침 다음에 자음이 오거나 겹받침으로 끝날 때에는 두 자음 중 한 자음만 발음하고, 겹받침 다음에 모음이 오면 첫 자음은 음절말에서, 두 번째 자음은 다음 음절의 초성에서 모두 발음한다.

– 겹받침 발음

	표기	발음	예
앞자음이 발음되는 경우	ㄱㅅ	ㄱ	몫[목], 몫이[목씨], 몫과[목꽈]
	ㄴㅈ	ㄴ	앉다[안따], 앉아[안자], 앉고[안꼬]
	ㄹㅅ	ㄹ	외곬수[외골쑤]
	ㄹㅌ	ㄹ	훑다[훌따], 훑어[훌터], 훑고[훌꼬]
	ㅂㅅ	ㅂ	값도[갑또], 값이[갑씨]
	ㄴㅎ	ㄴ	많다[만타], 많아[마나], 많고[만코]
	ㄹㅎ	ㄹ	잃다[일타], 잃어[이러], 잃고[일코]
뒷자음이 발음되는 경우	ㄹㄱ	ㄱ	닭[닥], 흙[흑], 맑다[막따], 묽다[묵따], 늙지[늑찌] * /ㄱ/앞에서는 [ㄹ]로 발음 맑고[말꼬], 읽겠습니다[일껟씀니다]
	ㄹㅁ	ㅁ	젊다[점따], 젊어[절머], 젊고[점꼬]
	ㄹㅍ	ㅍ[ㅂ]	읊다[읍따], 읊어[을퍼], 읊고[읍꼬]
모두 발음 되는 경우	ㄹㅂ	ㄹ	얇다[얄따], 짧게[짤께], 넓다[널따], 여덟[여덜]
		ㅂ	밟다[밥따], 밟지[밥찌], 넓죽하다[넙주카다]

학습자의 한국어 수준이 낮은 경우에는 파란색으로 소리 나는 자음에 ○표를 해가며 익숙해지도록 하고, 학습자들이 한글의 자모 순서를 알 정도가 되면 한글의 자모 순서 중 'ㄱ'에 가까운 자음이 남아 소리 나고 뒤에 오는 자음이 탈락됨을 설명해 준다. ('ㄹㅂ, ㄹㅍ'은 예외)

3. 연음 법칙

1) 받침이 모음으로 시작되는 조사나 어미, 접미사와 결합하는 경우

제 음가대로 뒤 음절 첫소리로 옮겨 발음된다. (옷이[오시], 깎아[까까], 낮이[나지], 꽃을[꼬츨])

2) 받침 뒤에 모음 /ㅏ, ㅓ, ㅗ, ㅜ, ㅟ/로 시작되는 실질 형태소가 오는 경우

대표음으로 바뀌어 뒤 음절 첫소리로 옮겨서 발음된다. (밭 아래[바다래], 겉옷[거돋])

3) /ㄱ, ㄷ, ㅂ, ㅈ/이 음절의 첫소리로 나거나 무성음 사이에서 나는 경우

무성음으로 발음되지만 모음이나 /ㄴ, ㄹ, ㅁ, ㅇ/과 같은 유성음 사이에서 날 때는 유성음으로 발음된다. '바보'에서 첫음절 '바'의 'ㅂ'은 무성음이지만 둘째 음절 '보'의 'ㅂ'은 유성음으로 소리 난다.

4) /ㄹ/

첫소리에서는 [r]로, 끝소리에서는 [l]로 발음되고, 모음으로 시작되는 조사, 어미, 접미사와 결합되는 경우에는 받침/ㄹ/이 뒤 음절로 옮겨져서 첫소리가 되므로 /r/로 발음된다. '물'의 'ㄹ'은 설측음인 [l]로 발음되지만, '물이'는 /무리/로 소리 나고 'ㄹ'은 첫소리가 되어 탄설음 [r]로 소리난다.

5) /ㅇ/

끝소리에서만 [ㅇ]으로 발음되고, 모음과 결합하는 경우에 다른 자음들과는 달리 뒤 음절의 첫소리로 옮겨 발음되지 않는다.

6) '있어요. / 없어요.'

'있어요.'에 '맛'이라는 말을 앞에 더하면 [마시써요] 또는 [마디써요]로 둘 모두 허용된다. 그러나 '없어요.'의 경우 '맛없어요.'는 [마덥써요]는 가능하지만 연음인 [마섭써요]는 허용되지 않는다. 따라서 한국어 학습의 초기 단계에서 나오는 '있어요.'와 '없어요.'의 발음상의 차이를 학습자들에게 반드시 알려주어야 한다. '맛', '멋', '재미', '시간' 등의 명사와 어울려 형용사를 만드는 등 활용 가능성이 높은 어휘이기 때문이다.

4. 구개음화

자음 'ㄷ, ㅌ'이 'ㅣ' 모음을 만나 'ㅈ, ㅊ'으로 바뀌어 소리 나는 음운의 변동 현상으로, '같이'는 한국어 학습자들이 가장 먼저 배우는 구개음화가 나타나는 단어가 된다. 초급 단계에서는 구개음화에 대한 설명보다 현상만을 제시하여 적용하도록 지도하는 편이 좋다.

같이 → 가치 → 구개음화

V. 한국어 발음 교수법

1. 발음 교육 방법

1) 한국인의 발음 따라 하기

발음 연습을 하는 가장 일반적인 방법으로 교사와 같이 정확한 한국어를 구사하는 사람의 발음을 따라하는 것이 중요하다. 그러나 이때 무조건적인 따라 하기는 잘못된 발음을 교정하는 데 시간과 노력을 투자해야 하며, 학습자의 학습 의욕이 떨어지지 않도록 해야 한다. 또한 학습자의 모국어에 없는 음운은 학습자가 인식조차 못하기 때문에 따라 하기의 효과가 나타나지 않을 수도 있다는 점을 알아야 한다.

2) 학습자의 모국어와 한국어의 음운 대조

성인 학습자의 경우 모어 화자의 발음을 따라하는 것보다 효과적인 방법이다. 한국어와 학습자의 모국어의 음운 대조를 통해 학습자는 자신의 발음에 어떤 오류가 있는지, 무엇이 문제인지, 왜 그러한 오류가 나타나는지에 대해 스스로 이해할 수 있게 된다. 그러나 구체적인 발음 방법 등의 오류를 개선하는 데에는 한계가 있다.

3) 조음음성학적 지식과 자료 이용

음운 대조와 함께 효과적인 방안으로 제시할 수 있는 것은 조음음성학적 지식을 활용하는 것이다. 특정 음을 발음할 때의 입의 모양, 혀의 위치, 조음점과 조음 방법 등을 교육함으로써 학습자에게 구체적인 발음 방법을 제시할 수 있다. 이 방법은 눈으로 확인할 수 있는 조음 기관에서 발음되는 음을 교육하는 데에는 매우 효과적이기 때문에 평음 계열의 음을 교육할 때 효과적이다. 그러나 후두나 성문(聲門)에서 발음되는 음에 대해서는 알려줄 방법이 없다. 또한 유기음이나 긴장음은 조음 기관의 모양으로는 파악할 수 없는 음들이므로 특성을 설명하기도 어렵고, 실제 연습을 통해 성문의 크기를 조절하는 것은 불가능하다.

모국어 화자에게 하나의 음으로 인식되는 음운은 실제 발화 환경에서 여러 가지 다른 소리인 변이음으로 나타난다. 그러므로 변이음 중에서 한국어의 음운과 유사한 것을 이용하여 한국어 발음 교육에 응용할 수 있다. 이 방법은 학습자들이 인식할 수 없었던 한국어의 음운이 자신이 사용하는 모국어의 어떤 음과 일치한다는 것을 이해시킬 수 있고 학습자가 관련성을 이해한다면 그 연습과 응용은 어려운 일이 아니다. 따라서 교사의 도움이 없어도 학습자 스스로 발음 오류를 교정할 수 있게 된다는 장점이 있다. 그러나 이 방법을 적용하기 위해서는 교사가 학습자 모국어의 음운과 변이음에 대한 풍부한 지식을 갖추고 있어야 한다.

2. 언어권별 학습자의 발음 오류

교실에서 한국어를 가르치다보면 특정한 발음을 특정한 언어권의 학생들이 거의 대부분 제대로 발음하지 못하는 경우를 종종 볼 수 있다. 이는 모국어에 존재하지 않는 한국어 발음이 있거나 모국어와는 다른 한국어 발음을 모국어에 있는 비슷한 소리로 발음하기 때문에 생기는 문제이다. 따라서 교사가 각 언어권별 학생들이 발음하지 못하는 특정한 한국어 발음을 알고 있다면 보다 효과적인 발음 지도가 가능할 것이다.

1) 영어권 학습자의 발음 오류 유형

① '빵 주세요./방 주세요./'와 같이 된소리를 잘 내지 못하거나 구분하지 못한다. 된소리가 독립된 음소로 구실을 하는 한국어와 달리, 영어에는 /ㅃ, ㄸ, ㄲ, ㅉ, ㅆ/과 같은 음소가 없기 때문이다.

② '월요일 /월료이얼/'과 같이 /ㄹ/을 영어식으로 발음하는 경향이 있다. 영어 단어 'milk'를 국어 화자는 [밀크]로 발음하는 반면, 영어 화자가 발음할 때는 우리말의 [미얼크]에 가깝다. 철자 하나하나를 모두 발음하므로 이와 같은 오류가 나타난다.

③ '나는 몰라요. /나는 몰아요./'와 같이 음운 변동을 적용하지 않고 글자 하나하나를 따로 발음한다. /ㄴㄴ, ㄹㄹ/과 같이 반복되는 음이 있을 때 하나를 생략하고 하나만 발음하는 경향이 있는데 이것은 영어의 규칙을 적용하기 때문이다.

또한 '국물 /쿡물/'과 같이 철자대로 발음하는데 이는 한국어의 비음화 규칙이 영어에는 없기 때문에 나타나는 현상이다.

④ 복합어임을 의식하지 못하거나 한자어 기원을 모르는 데서 오는 발음상의 오류로 '잠자리(잠을 자는 곳)' → [잠짜리] / [잠자리]'와 같이 단어가 가진 의미를 구분하지 못해서 오류가 생긴다.

2) 일본어 학습자의 발음 오류 유형

① 일본어에 'ㅓ'가 없기 때문에 '시청[시총], 손님[선님]'과 같이 'ㅓ'와 'ㅗ', 'ㅓ'와 'ㅡ'의 오류가 많다. 이러한 단모음 'ㅓ'와 'ㅗ'의 오류는 이중모음 'ㅕ'와 'ㅛ'의 오류까지 발생시킨다.

② '쉽다[십다], 취미[치미]'와 같이 'ㅣ'와 'ㅟ'를 혼동해서 발음한다. 한국어의 모음체계에서 'ㅣ'와 'ㅟ'가 매우 가깝게 위치하고 있는데 입술의 모양에 의해 변별되는 'ㅣ'와 'ㅟ'를 혼동해서 발음하기 때문에 발생한다.

③ '회사[회사], 귀[괴]'와 같이 'ㅚ'와 'ㅟ'의 혀 높이를 분명하게 구별하지 않아서 생기는 오류이다. 이 두 모음이 일본어 모음 체계에 없기 때문에 오류가 발생한다.

④ 자음의 경우 보통 '평음, 경음, 격음'의 오류와 '받침 발음(ㄴ, ㅁ, ㅇ)'의 오류가 대부분인데, 그 원인은 한국어에서 평음, 격음, 경음의 구분이 뚜렷하고 각각의 소리가 개별 음운으로 작용하기 때문에 오류가 발생하는 것이다.

⑤ 유성음과 무성음의 오류로, 일본어에서는 유성음과 무성음의 구별이 있지만 한국어에서는 그러한 구별이 없기 때문에 오류가 나타난다.

⑥ 음절의 오류로 한국어는 받침에서 비음 'ㅁ, ㄴ, ㅇ'의 3개 음소가 존재하지만, 일본어에서는 하나의 음소 /ん/만 존재하기 때문에 발생된다.

3) 중국어권 학습자의 발음 오류 유형

① 남방 학습자들은 '사자[차자], 소문[초문]'과 같이 'ㅅ'를 'ㅊ'처럼 발음하는 오류가 나타난다. 한국어 /ㅅ/은 기식성을 갖는 데 중국어 /s/는 기식성이 없기 때문에 중국어에서 기식성과 마찰성이 동시에 존재하는 '유기 파찰음'으로 인식해서 중국어의 /c/로 발음한다.

② 받침 발음의 조음위치를 혼동하여 /삼/, /산/, /상/을 구별하지 못한다.

③ 축구[추구], 한국에[한구에]와 같이 받침 발음을 생략하고 발음하는 경우가 많다.

④ '저는[처는]'과 같이 평음, 격음, 경음을 혼동하며, 유성음 사이에서 평음이 유성음화되는 것을 발음하지 못하고 무성음으로 발음한다.

⑤ '은행[은항], 년[니엔]'과 같이 특정한 음소가 연속되어 나타나는 경우 발음하지 못한다.

⑥ 억양은 끝을 일률적으로 내리고 첫 음절과 두 번째 음절을 고조로 발음하는 경향이 있다.

VI. 한국어 발음 교육의 실제적 내용

1. 발음 교육의 대상 및 내용

1) 발음 교육의 대상

① 한국어 교육에서는 학습자의 발음 오류 유형들이 발음 교육의 대상이 된다.

발음은 학습 초기에 습관화되고 화석화되므로 한국어 학습 초급 단계에서 철저히 교육해야 하며, 말하기를 비롯한 모든 의사소통 기능에 영향을 주므로 발음의 중요성을 인식하고 정확하게 지도해야 한다.

② 개별 음운을 정확한 음가로 발음하는 것과 함께 한국어의 음운 현상을 적용할 수 있도록 교육해야 한다.

개별 음운은 단독으로 발화하지 않고 음절을 이루면서 어휘 차원에서 발화되므로 필연적으로 음운 규칙의 적용을 받게 된다. 또한 개별 음운이나 음절 차원에서 정확성만 강조하다 보면 음운 규칙을 무시한 발음이 나타나게 되므로 음운 현상을 반영한 발음을 익힐 수 있도록 해야 한다.

2) 발음 교육의 내용

① 억양 교육의 필요성

억양은 몇몇 경우를 제외하고는 의미 변별에 작용하지 않기 때문에 그다지 중요하게 여기지 않는 것이 일반적이나 발음 교육의 최종적인 목표가 자연스럽고 유창한 발화를 구사하도록 하는데 있다면 억양 교육은 필요하다.

개별 음운은 학습자의 노력에 따라 그 정확한 음가를 어느 정도 실현할 수 있으나 억양을 자연스럽게 구사하는 일은 매우 어렵다. 따라서 억양은 모국어 화자와 외국인 화자를 구별하는 기준이 되기도 한다. 개별 음운의 발음이 약간 부자연스럽더라도 억양이 자연스럽다면 유창한 화자라는 인상을 주기 때문이다.

한국어의 억양은 문장의 종류에 따라서 규칙적으로 나타나므로 학습자들이 그 규칙만 알고 있다면 교사의 지도 없이도 학습자 스스로 연습하여 숙달할 수 있으며, 쉽게 접근할 수 있기 때문에 개별 음운의 발음 교육에 앞서 이루어지는 것이 좋다.

② 개별 음운 교육

- 개별 음운에 대한 발음 교육은 일반적으로 학습자가 자주 오류를 일으키는 요소를 찾아서 이를 교정하는 방식으로 이루어진다.
- 각 언어권별로 학습자의 발음 오류를 유형화하여 교육하는 것이 바람직하다.
- 표준 발음 이외에도 학습자가 일상생활에서 접하는 변이음 등의 현실 발음도 교육할 필요가 있다. 표준음과 현실음의 차이는 학습자를 혼란스럽게 할 수 있으므로 학습자에게 현실음에 대한 인식을 심어줘야 한다.
- 특정한 환경에서 발음이 변하는 규칙을 제시하고 이를 지켜서 발음하도록 지도해야 한다. 쓰는 대로 발음하지 않고 다른 소리로 발음해야 한다는 것은 한국어 학습자들에게 어려운 부분이나 이러한 변동 규칙을 지켜서 발음할 때 유창한 한국어 능력을 갖출 수 있다. 따라서 학습자들에게 한국어의 음운 현상을 모두 외우도록 지도하기보다는 말하거나 읽기 시간에 반복적으로 연습하는 것이 현실적인 방법이다.

2. 발음 교육의 실제

1) 도입 : 청각적 구분, 오류 파악

학습자가 학습할 내용을 스스로 파악할 수 있도록 제시하고, 구별이 어려운 발음이 포함된 단어 또는 문장을 발화하도록 하여 학습자 자신의 발음에 오류가 있음을 스스로 파악하게 한다. 이때 듣기 텍스트를 이용할 수도 있다.

2) 제시 및 설명 : 인지와 이해

학습자가 파악한 발음의 오류가 무엇인지를 확인하게 하고, 왜 그러한 오류가 나오게 되었는지를 설명하는 단계이다. 이때 한국어의 음운 체계와 학습자 모국어의 음운 체계를 대조적으로 제시하여 오류의 원인을 분명히 이해하도록 하고, 교사는 학습자들에게 어떤 특정한 발음과 음운규칙이 언제 어떻게 나타나는지에 대해 명확하게 설명한다. 듣고 구별하기 활동을 통하여 학습자로 하여금 자연스러운 원어민의 발음에 노출되도록 하며 시각적인 보조 자료를 이용하면 더 효과적이다.

3) 연습 : 발성 연습, 확인과 교정

제시 단계에서 학습한 내용을 학습자가 실제로 연습해 보는 단계로 발견과 이해를 통해서 알게 된 오류 발음을 교정한다. 따라 하기, 학습자의 발음과 입 모양 등을 녹음하거나 녹화하여 오류의 교정을 시도하고 적절한 연습 방법 등을 제시하는 것도 필요하다.

4) 활용 : 교실 과제 제시

학습한 내용을 스스로 활용하도록 과제를 제시하는 단계로 말하기를 통해 정확한 발음을 하도록 하는 과제, 듣기 과제를 통해 비슷한 발음을 구별해 내도록 하는 과제 등이 활용 가능하다.

5) 마무리 : 평가

학습자의 발음을 평가하고 학습 내용을 정리하며, 학습자가 스스로 해결해야 할 교실 밖 과제를 제시한다.

■ 참고문헌 ■

강현화(2010), 한국어교육학 연구의 최신 동향 및 전망, 국어국문학 155호, 국어국문학회.

공일주(1992), 한국어와 다른 언어와의 대조분석 : 대조분석; 한국어와 아랍어 음운론적 대조와 ERROR 분석, 이중언어학 9, 이중언어학회.

국제한국어교육학회 편(2005), 『한국어교육론1,2,3』, 한국문화사.

김선정(2004), 숙달도 향상을 위한 한국어 파닉스(Phonics) 연구: 인지언어학적 접근, 언어 과학연구 29, 언어과학회.

김은애(2004), 언어권별로 본 한국어 자음 습득 순서에 관한 연구, 제38회 어학연구회 발표 논문집.

김진원(1992), 한국어와 다른 언어와의 대조분석 : 대조분석; 노어와 국어 자음음소의 음성 음운적 대조, 이중언어학 9, 이중언어학회.

김형복(2004), 한국어 음운 변동 규칙의 교수-학습 순서 연구, 한국어교육 15-3, 국제한국어교육학회.

박창원·오미영·오은진(2004), 한·영·일 음운대비, 한국문화사.

양순임(2004), 음절 말 자음과 관련된 변동규칙 교육 방안, 한국어교육 15-3, 국제한국어교육학회.

전나영(1993), 외국인을 위한 한국어 발음지도, 외국어로서의 한국어교육 18, 연세대학교 한국어학당.

정명숙(2002), 한국어 발음 교육의 내용과 방법, 21세기 한국어교육학의 현황과 과제(박영순 편), 한국문화사.

한재영 외(2003), 한국어 발음 교육, 한림출판사.

■ 주요 용어 ■

단모음, 이중모음, 파열음, 파찰음, 마찰음, 유음, 양순음, 비음, 치조음, 경구개음, 연구개음, 후음, 변이음, 중화 현상, 연음규칙, 음운의 동화 현상, 음운의 축약과 탈락, 모음조화, 초분절음소

11장 한국어문법교육론

1. 외국어로서의 한국어 문법의 특성을 이해하고 의사소통 증진을 위해 외국인 학습자에게 한국어 문법을 효과적으로 교육하기 위한 방법을 모색해 본다.
2. 문법의 개념과 중요성, 외국어로서의 문법 교육의 역사를 살펴본다. 또한 문법 항목의 단계화, 문법 교육 방법과 문법 수업 활동 유형 및 문법 교수 기법, 문법 수업의 구성 방안에 대해 알아본다.

I. 언어와 문법 교육

1. 문법의 층위

문법이란 언어가 가지고 있는 내적 구조와 규범으로서, 언중들의 머릿속에 내재해 있는 언어 능력을 말하는 것이다. 좁은 의미의 문법은 기술 문법이라고도 하며 화자들이 이미 알고 있거나 사용하고 있는 언어 현상을 있는 그대로 설명해 놓은 것이고, 광의의 문법은 교육 문법이라고 하며 기술 문법의 결과를 언어적 요소뿐 아니라 심리학적, 사회언어학적 요소, 언어습득에 관련된 연구 결과 등을 고려하여 구성된 것이다.

2. 문법 교육의 필요성

① 문법은 문장을 만들어내는 기제이다.
② 문법은 언어에 정교한 의미를 제공할 수 있다.
③ 문법 교육을 통해 오류의 화석화를 막을 수 있다.
④ 문법 학습은 언어 습득의 선행 조직자 역할을 한다.
⑤ 문법은 언어를 개별항목으로 구분하여 교육을 가능하게 한다.
⑥ 문법은 비규범적 언어를 진단하고 교정하는 데 기준이 되는 규범 언어를 만드는 기준이 된다.
⑦ 다양한 계층, 성인 집단을 대상으로 언어를 교육할 때에는 문법 규칙에 따라 가르치는 것이 효율적이다.

⑧ 문법 학습에서 강조되는 것을 일상생활에서 주의, 환기하면서 자신의 언어 사용 능력을 강화하게 된다.

> * 문법 교육이 필요하지 않다고 보는 입장
> ① 말을 잘하고 잘 쓰고 읽는 능력은 훈련에 의해 얻는 기술과 같은 것이므로, 이에 대한 지식을 아는 것만으로는 도움이 되지 않는다.
> ② 언어 능력은 의사소통 능력이지 문법 지식 능력이 아니다.
> ③ 외국어 학습도 모어 습득처럼 자연 순서로 학습을 해야 하며, 교재의 문법은 마음에 내재하는 문법이 될 수 없다.
> ④ 언어 학습에서는 어휘 뭉치(연어, 관용 표현 등) 학습이 중요하며, 문법 지식이나 규칙은 별 영향을 끼치지 않는다.

3. 학습자 문법(=교육 문법)

① 일차적으로 교육에 관계된 질문을 한다. 즉 학습자의 사전지식, 필요와 전제조건이 무엇인지 묻고 이를 바탕으로 규칙을 선택하고 기술한다.

② 문법은 외국어를 읽고 쓰고 듣고 말하는 데에 필요한 도구이지 그 자체가 수업의 목표가 아니다.

③ 언어학적인 문법과는 달리 체계 전체를 기술하려 하지 않고, 규칙과 체계 중에서 현재의 특정한 사용목적에 알맞은 부분만을 선택하여 기술한다.

④ 규칙과 체계를 제시할 때 투명하고 분명한 느낌을 주기 위해 언어가 아닌 수단, 즉 색깔이나 그림도 사용한다.

⑤ 학습자 문법의 최종적인 목적은 스스로 필요 없어지는 것이다. 외국어 학습자가 외국어를 문법이라는 장애물 없이 자유롭게 이해하고 생산한다면 이 목적이 이루어진 것으로 본다.

언어학적인 문법	학습자 문법
전체(규칙의 예외를 파악하는 것이 중요함)	선택
기술의 설명이 추상적임	모형의 설명이 정확하고 분명함
설명이 짧음	중요하게 여겨지는 부분의 설명이 자세함
학습심리학적인 전제조건을 고려할 필요 없음	학습심리학적인 범주를 고려할 필요가 있음 (이해가능성, 기억의 용이함, 사용 가능성 등)

4. 언어학 이론과 문법 교육

1) 구조주의

소쉬르에 따르면 언어는 '관념을 표현하는 기호의 체계'이다. 그런데 기호의 두 가지 측면, 곧 그것이 표시되는 형식(기표, Signifier)과 그것이 나타내는 대상이나 의미(기의, Signified) 사이에는 어떤 필연적 연관성도 존재하지 않는다. 이를 언어의 자의성이라고 한다.

이때 시간이 지남에 따라서 형태와 의미 사이에 변화가 발생한다. 단어들은 그 의미를 변화시키고 의미는 다른 단어로 표현된다. 이를 언어의 역사성이라고 한다. 그러므로 형태와 의미에 대한 자연스러운, 필수적인 요소라는 것은 없다.

따라서 소쉬르는 역사적으로 언어를 연구하는 것은 현명하지 못한 것이라고 결론 내렸다. 그는 랑그(Langue, 어느 시기에 존재하는 것으로서 언어의 구조를 강조)와 파롤(Parole, 일상적으로 사용하는 실제 언어) 사이의 체계를 확립하고, 언어는 파롤보다는 랑그에 초점을 맞추어 연구되어야 한다고 주장했다.

2) 변형생성문법

촘스키는 구조주의 언어학과, 기술문법학에 반대하여 문법이란 적격한 문장을 연역적으로 도출할 수 있는 규칙의 체계여야 한다고 주장했다.

촘스키는 인간은 누구나 자신의 모국어에서 들어본 적이 없거나 말해본 적이 없는 수많은 문장들을 이해하고 사용할 수 있는 언어능력이 있다고 하였다. 그리고 언어능력이 어디에서 오는 것인가를 해명하려는 목표를 세웠고 언어능력(Competence)과 언어수행(Performance)을 구별하여 제시했다.

변형생성문법에서 우선 전제로 삼는 사실들은 다음과 같다.

① 사람이 지니고 있는 문법적 지식의 양은 유한하다. 뇌가 물리적으로 유한하니 그 안에 무한한 양의 문법규칙이 암기되어 있을 수는 없다.

② 사람이 만들어낼 수 있는 문장의 수는 무한하다. 우리는 이미 존재하는 문장에 수식어를 덧붙이거나 하여 처음 보는 문장을 간단히 만들어낼 수 있다.

③ 위 두 명제를 종합하여 문법이란 무한한 문장을 만들어낼 수 있는 유한한 규칙의 집합이라고 재정의한다.

④ 문법 규칙에 의해 만들어지는 무한한 문장은 그 하나하나가 모두 적격하다.

따라서 문법은 유한한 규칙을 가지고, 무한의 적격한 문장구조를 생성할 수 있다. 이렇게 하여, 언어의 생산성(창조성)이라는 특성이 문법 속에 포함되게 된다.

3) 결과 중심의 문법 교육

결과 중심의 문법 교육은 특정한 문법 구조에 초점을 두고 그 의미를 밝혀주고 문법 규칙을 이해하도록 지도하는 것이다. 이 교육은 단기간의 문법 교육으로 외국어 학습의 효과를 낼 수 있다는 장점이 있으나 언어 사용의 실제적 적용 측면에서 지도가 부족하다는 약점을 지닌다.

결과 중심 문법 교육의 특성은 다음과 같다.

① 명시적 지식에 의존한다.
② 통제된 수행을 반영한다.
③ 맥락 밖에서 언어를 연습한다.
④ 언어의 작은 견본을 연습한다.
⑤ 전형적 교실 언어의 사용을 반영한다.
⑥ 실제적인 의사소통을 요구하지 않는다.
⑦ 조심스러운(검증된) 발화를 이끌어 낸다.
⑧ 언어의 정확한 예문 형성에 초점을 맞춘다.
⑨ 보이기 위해 언어를 생산한다(학습의 증거로서).

　규정된 일반 문법을 먼저 소개하고 이를 활용하여 문장 연습을 하도록 구성된 교재를 사용하여 기술된 순서대로 수업을 진행한다. 교사가 문법 규칙의 결과물을 학습자에게 제시하고 제시한 문법을 학습자가 암기하도록 하는 방법의 수업이 바로 결과 중심의 문법 교육이다.
　결과 중심 문법 교육의 장점과 단점은 아래와 같다.

장점	단점
- 명백한 얼개, 언어 핵심의 개관을 제공 - 학습자에게 방향에 대한 뚜렷한 감각 제공 - 신속히 명백한 문법 형식들의 학습을 촉진 - 높은 수준의 궁극적인 성취에 이바지 가능 - 강의안 계획자에 의해 특정한 문법 형식들이 목표로 정해지면, 교사가 이를 어떻게 드러낼지 시간적 여유가 존재함	- 학습자에게 관련 의미가 없는 형식들을 지나치게 학습하고 반복하도록 요구 - 담화의 불가예측성에 대응하기 어려움 - 학습자들이 스스로 모든 것을 한꺼번에 다 하도록 허용하지 않음 - 자발적인 언어 사용에 대하여 거의 효과가 없음

결과 중심 문법 교육의 예시

-은/는, -도, -만

A : 이영민 씨는 일본에 갔었습니다.
B : 필리핀에도 갔었습니까?
A : 아니요, 필리핀에는 안 갔었습니다.
B : 태국에는 갔었습니까?
A : 아니요, 태국에도 안 갔었습니다. 영민 씨는 일본에만 갔었습니다.

4) 과정 중심의 문법 교육
　과정 중심 과정 중심의 문법 교육은 학습자를 직접 언어 사용 절차 속으로 들어가게 하는 방법이다. 특정한 문법의 특징을 파악하는 것이 아니라, 학습자가 담화 참여자로서 효율적으로 표현하고자 하는 바를 표현할 수 있는 과제를 구성하는 것이 목표이다. 담화 구성 과정에 대한 기술과 전략을 계발하는 데 목표를 두기 때문에 과정 중심 문법 교육은 과제에 기반하고 있다.

과정 중심 문법 교육의 특성은 다음과 같다.

① 과정 중심 교육은 때로 '과제에 기반한' 것으로 언급된다.

② 언어 사용에 대하여 자기표현 능력도 성취하기를 희망한다.

③ 결과 중심 교육과는 아주 다른 종류의 안내를 이용한다.

④ 학습자가 '의식 일깨우기'에 의해 촉진되는 자기 발견 학습을 성취하기를 바란다.

⑤ 아무것도 없이 학습자들이 하고 싶은 대로 아무렇게나 놓아두지만, 단순히 내던져 버리는 것은 아니다.

⑥ 학습자가 담화 참여자로서 더 효율적으로 자신을 표현하는 데 이용할 수 있는 과제들을 구성함으로써, 담화 과정에 대한 기술과 전략을 계발하는 데 목표를 둔다.

과정 중심 문법 교육의 예시

[쇼핑하기 대화 제시 후]

* 보기의 단어를 가지고 내가 갖고 싶은 옷, 사고 싶은 옷을 설명해 보십시오.

옷 종류 : 바지, 짧은 치마, 긴 치마, 원피스, 셔츠, 반팔 티셔츠
옷 색깔 : 하얀색, 까만색, 파란색
옷 무늬 : 줄무늬, 체크무늬, 물방울무늬

- 옷 가게에서 옷을 사려고 합니다. 대화를 만들어 보십시오.
- 어려운 표현을 찾아서 그 표현이 왜 어려운지 생각해 보십시오.
- 말하고자 하는 내용을 모어로 표현해 보고 한국어로 표현할 때의 차이점이 무엇인지 생각해 보십시오.
- 표현하기 어려운 문장을 찾아보고 그 속에서 문법 규칙을 찾아보십시오.

5) 기능 중심의 문법 교육

결과 중심의 문법 교육과 과정 중심의 문법 교육을 결합하여 특정한 문법 형식에 초점을 맞춰 교육할 수 있고, 또 언어 사용에서 이 문법 형식들을 응용할 기회를 주어 지도할 수 있다. 결과 중심의 문법 교육과 과정 중심의 문법 교육은 서로 보완적인 기능을 지니므로 문법 형식에 초점을 두는 문법 교육과 더불어 의사소통이 이루어지는 상황과 맥락, 의사소통의 의미와 의사소통자 간의 상호작용 등을 유지하고 실행하는 접근이 기능 중심의 문법 교육이다.

기능 중심의 문법 교육은 학습자와 학습자의 상호작용에 초점을 두고 실행하는 접근법이다. 학습자의 관심을 문법으로 안내하고, 언어 사용에서 문법을 이용하면서 학습자가 문법에 주목하는 능력을 가르치는 법을 돕는 과제를 계획하는 일을 의미한다.

기능 중심 문법 교육의 예시

파트 1. 대화를 통한 의사소통 양상을 살펴본다.
파트 2. 발음, 문법, 어휘와 표현 등으로 정리 - 교사와 학습자 간의 상호작용으로 그 원리를 찾아내려는 노력
      을 한다. 유사한 표현을 탐구하여 비교 후 표현의 차이점 등을 검토한다.
파트 3. 실제적인 상황 하에서 학습자 상호간의 대화 연습을 하도록 한다.
파트 4. 소집단 별로 혹은 2인 1조로 대화 발표를 듣고 학습자 상호간의 논의를 통해 검토 교정한다. 문법 요
      소 검토를 빠뜨리지 않도록 한다.
파트 5. 검토 교정한 것을 토대로 대화를 재구성하여 역할놀이로 실연한다.

II. 제2언어 교수법과 문법 교육, 문법 교육의 원리와 방법

1. 제2언어 교수법과 문법 교육

1) 문법번역식 교수법과 문법 교육

① 문법번역식 교수법의 문법 교육의 특징

문법번역식 교수법은 읽기나 번역, 쓰기 등을 지나치게 강조하고 대다수 학습자들에게 부담
이 되는 엄청난 양의 어휘 목록과 문법을 연습시킨다. 그러나 이 연습이 학습자의 실제적인 한
국어 말하기 능력으로 전이되지 못한다는 약점이 있으며, 문법 규칙을 적용해 보기 위한 방법
이나 이를 연습해 보기 위한 활동 수준에 그친다.

② 문법 번역식 교수법의 문법 교육의 장점과 단점

  – 장점

    · 문법의 추상적인 메타어를 잘 다룰 수 있다.

    · 외국어의 언어 체계를 신속하게 이해할 수 있다.

    · 명료한 수업목표는 학습자들이 새로운 문법정보를 비교하고 분류할 때 도움을 준다.

    · 수업목표를 알고 있으므로 수업시간에 무엇을 해야 하는지 알고 있다.

  – 단점

    · 문법지식은 풍부하나 일상회화에서 많은 실수를 범한다.

    · 규칙에 대한 지식을 가지고 있으나 종종 말은 거의 하지 못한다.

    · 교재 내 텍스트의 내용을 보지 않고, 그 안에 있는 문법만을 찾으려고 한다.

    · 심리학적으로 학습 동기 면에서 부정적으로 작용한다.

    · 외국어에 흥미가 있으나 실수가 많고, 언어 실력이 약한 학생은 점수 위주의 평가 시스템
      에서 불리한 위치에 놓이게 된다.

2) 청각 구두·시청각 교수법의 문법 교육

① 청각 구두·시청각 교수법의 문법 교육의 특징

예시가 주어져 있기 때문에 학습자들이 쉽게 문장을 변형시킬 수 있으며, 학습자들은 문법 규칙을 기술할 필요가 없다. 또한 규칙을 이해하고 사용하는 것은 훈련받는 것이 아니라 자극—반응으로서 언어 행위를 훈련한다.

② 청각 구두·시청각 교수법에서의 문법교육의 장점과 단점

- 장점
  - 초급 언어 학습자들이 복잡한 규칙을 몰라도 맞는 문장들을 구사할 수 있다.
  - 복잡한 문장들도 연습하면, 문법규칙을 몰라도 곧바로 사용할 수 있게 된다.
  - 다양한 매체의 수업자료를 제공함으로써 흥미 있고 변화 있는 수업을 할 수 있다.
- 단점
  - 학습자들이 학습과정에서 조종된 객체로 취급을 받게 된다.
  - 교재가 학습자와 교사를 동시에 조정하여 주어진 학습프로그램에 따라 움직이게 된다.
  - 수업준비와 수업시간에 대한 책임은 교사가 아닌 교수 프로그램에 있다.
  - 학습자의 인지적 학습과정을 간과한다.
  - 맥락을 고려한 담화 구성이 어려울 수 있다.

3) 의사소통식 교수법과 문법 교육

① 의사소통식 교수법과 문법 교육의 특징

- 문법구조의 근거를 들어 도입되며 연습을 하게 된다.
- 문법구조가 어떻게 구성되는가를 보여준다.
- 문법은 이것을 가지고 언어로 무엇을 하는 수단으로서 간주된다.
- 문법규칙을 일련의 그래프와 기호로 설명할 수 있다.
- 동사의 배열을 표시하거나 낱말이나 문장성분들의 변이형들을 굵은 글씨체로 표시한다.
- 시각적인 도구들이 더 빈번하게 사용되고 있다.
- 문법이 그 자체로 수업목표가 아니라 의사소통 목표를 달성하기 위한 수단이다.
- 문법 분석의 대상은 낱말과 문장뿐 아니라 발화와 전체 텍스트까지 포함한다.
- 말하는 의도와 사용된 문법구조를 명확하게 분류할 수 없으나 이러한 의도를 기술하는 것이 유용하게 작용될 수 있다.
- 연습문제들이 원칙적으로 특정한 맥락과 연관관계를 가지고 있다.

② 의사소통식 교수법에서의 문법 교육의 장점과 단점

- 장점
  - 학습자들이 스스로 문법의 개념과 기능에 대해 유추할 수 있는 기회가 주어진다.
  - 일상생활에서 활용할 수 있는 발화의 연습과 생산이 용이하다.

- 단점
  - 순수한 의사소통적 접근법은 학문적이고 전문적인 말하기, 쓰기와 같은 특정 유형의 언어지식과 언어 기능은 자연주의적 학습 과정으로 얻기가 어렵다.

2. 문법 교육의 원리와 방법

1) 문법 교육의 원리

① 문맥/상황의 원리 : 문법은 언어 현장의 상황 속에서 제시되어야 한다.

② 사용의 원리 : 학생의 문법 지식을 즉각 의사소통 활용에 적용하도록 기회를 제공해야 한다.

③ 경제의 원리 : 설명은 최소로 연습은 최대로 진행해야 한다.

④ 관련성의 원리 : 학생들이 이미 아는 것과 관련지어 가르치고, 두 언어 간의 공통기반(보편문법)을 이해하게 해야 한다.

⑤ 적절성의 원리 : 모든 문법 규칙을 학습자의 수준, 요구, 흥미 등에 따라 적절하게 만들어야 한다.

⑥ 양육의 원리 : 문법을 가르치기보다는 문법학습을 위한 바른 조건들을 제공하도록 한다.

2) 문법 교육의 방법

① 쉽고 기초적인 것부터 가르친다.

② 언어 보편성과 한국어의 개별적 특성을 가르친다.

③ 대규칙 및 필수규칙을 주로 가르친다.

④ 교사가 가르쳐 주어야 할 것과 학습자 스스로 이해해야 할 것을 구분하여 교수·학습한다.

⑤ 언어 구조와 사용 원리를 구별하여 교수 학습한다.

⑥ 언어 능력과 언어 수행을 구별하여 가르친다.

⑦ 문법 사항을 단계적으로 가르친다.

⑧ 학습자의 모국어와 한국어의 대조분석을 통해 가르친다.

⑨ 과제 수행 중심으로 교육한다.

⑩ 언어의 네 가지 기능(Skill)을 병행하여 가르친다.

⑪ 설명 방식(귀납적, 연역적)을 학습자 요인에 따라 결정하여 조화롭게 가르친다.

> ● 학습자의 수준(전반 과정, 후반 과정)에 따라 문법 교육 방식에 차이를 둔다.
>   ① 전반 과정 : 문법적 원리 교육, 좋은 예문을 많이 제시하는 방법으로 교육
>   ② 후반 과정 : 문법적 제약 교육, 직접 설명식의 방법으로 교육

⑫ 문법 항목에 대한 설명이나 문법 용어의 사용은 최소화하고 이를 대신할 방법을 찾는다.

⑬ 문법 항목을 제시할 때는 단독으로 제시하지 않고 호응되는 술어와 함께 제시해야 한다.

⑭ 담화 차원을 고려하여 형태규칙의 문법보다 용법 규칙의 문법 제시하여 교육한다.
⑮ 오류 수정은 의사소통 흐름에 방해가 안 되도록 하며 스스로의 수정을 최대화해야 한다.

III. 문법 교육 모형과 활동 유형

1. 문법 교육 모형

1) PPP 모형

PPP 모형은 '제시(Presentation) – 연습(Practice) – 생산(Production)'을 의미한다. 교사가 학습 목표 구현을 위해 수업을 계획하고 준비하면서 목표 문법에 대한 제시와 설명을 거쳐 학습자에게 의미와 기능을 이해시키고, 연습과 활동을 통하여 처음 의도했던 수업 내용을 내재화하여 수업 목표를 달성하는 것을 말한다.

PPP 모형에서 학습 목표에 도달하기 위해 교사가 해야 할 중요한 역할은 수업 첫 단계에서 새로운 수업 목표나 내용을 잘 도입하는 것이다. 이러한 제시 단계를 보다 효율적으로 준비하기 위해 제시 단계 앞에 도입 단계를 두는 것이 일반적인 4단계, 또는 5단계 수업 구성이 된다.

또한 교사는 제시 단계에서 새로운 수업 내용을 잘 이해시키고 언제 사용하며, 어떻게 사용하는지를 잘 설명하여야 한다. 그리고 목표 문법에 대한 형태와 의미를 제시하고 사용 상황을 제시하여 언어 학습의 실제성을 충분히 학습자에게 전달해야 한다.

2) TTT 모형

TTT 모형은 '과제(1)[Task(1)] – 교수 활동(Teach) – 과제(2)[Task(2)]'의 순으로 진행되며, 학습자의 의사소통 능력 함양을 목표로 과제를 제시하여 과제를 해결하면서 언어를 습득하도록 지도하는 모형이다.

3) 상호작용 훈련 모형

상호작용 훈련 모형은 '담화 이해 – 문법 탐구 – 의사소통 상황에서 구연'의 순으로 진행되며 학습자의 상호작용을 통한 의사소통 훈련과 평가로 의사소통 능력의 함양을 위한 문법 요소를 찾아 학습하도록 하는 모형이다.

2. 문법 교육 활동 유형

1) 문형연습

① 반복 연습

반복 연습 유형은 문법 규칙을 연역적으로 설명한 후에 유사한 예를 문법 규칙에 맞게 변형시키는 활동 유형이다. 문법의 형태적 정확성을 연습시키기 위한 통제된 활동으로 불규칙 활용이나 이형태가 다소 복잡한 문법 요소를 익히게 하는 활동으로 적합하다.

> • 교사 : 기분이 나쁩니다.
>   학생 : 기분이 나빠 보입니다.
> • 교사 : 요즘 바쁩니다.
>   학생 : 요즘 바빠 보입니다.
> • 교사 : 피곤합니다.
>   학생 : 피곤해 보입니다.

② 대체 연습

대체 연습은 가장 단순한 유형으로 교수 학습이 쉽고 시간의 제한이 많은 교실 수업에서 경제적이라는 장점이 있다. 그러나 실제성이 떨어진다는 한계를 지니고 있어서 이 한계를 극복하기 위해서는 교사가 대체할 문장을 선택할 때 실제성을 보완할 수 있도록 고안하는 것이 중요하다.

대체 연습이 무의미한 반복 연습이라는 단점을 극복하고 유의미하게, 그리고 실제적 언어 사용 중심으로 이루어진다면 학습자들에게 가장 쉽게 새로운 문법을 활용할 수 있는 방법이 될 것이다.

> • 교사 : 주말에 무엇을 합니까?
>   학생 : 주말에 ( )을/를 합니다.
>   학생1 : 주말에 운동을 합니다.
>   학생2 : 주말에 청소를 합니다.
>   학생3 : 주말에 공부를 합니다.

③ 확대 연습

문장을 만들어 연습할 때 문장성분 중 한 가지를 넣어서 문장을 만들게 하다가 시간이 지남에 따라 차츰 알려주는 정도를 줄여나가는 방법으로 학습자의 자율성을 넓히는 방법이다.

> • 여기는 신도림입니다.
>   학습자 1 : 명동에 가려면 ( )?
>   학습자 2 : ( )에서 내려서 ( )호선으로 갈아타세요.

④ 연결 연습하기

　　문법 요소의 기능보다는 논리적 의미에 중점을 두고 연습할 수 있게 하는 활동으로 문장 구조 연습이나 연결어미의 의미를 명확하게 하고 이를 연습하게 하는 데 효과적이다. 연결을 위해 일대일 선택이나 다대일 선택, 다대다 선택이 가능하도록 선택지를 구성할 수 있다. 문법의 의미가 다소 복잡한 경우에는 전형적이고 명료한 예를 이용하여 일대일로 연결하게 하는 연습이 좋지만, 활동을 좀 더 흥미롭게 하기 위해서는 다중 선택이 가능하도록 하는 것이 좋다.

2) 문제 해결의 유의미적 연습

① 문법 구조 인지하기

　　학습자들에게 문법 구조를 제시한 후 간단한 담화 문맥을 제시하며, 특정한 형태나 의미에 주목하여 문법 구조를 찾아내도록 한다.

② 창의적 표현 연습하기

　　학습자가 주어진 문장을 응용하여 다양한 방식의 표현을 구사하게 하는 활동으로, 문장 확장하기 등이 가능하다.

> - 교사 : 다애는 떡볶이를 좋아한다.
>   학습자 1 : 다애는 떡볶이가 좋다.
>   학습자 2 : 다애는 떡볶이를 밥보다 자주 먹는다.
>   학습자 3 : 다애는 떡볶이를 만드는 것을 좋아한다.

③ 상황 제시 연습

　　상황에 맞는 문장을 생성하게 하는 연습 유형으로 구두나 그림, 만화, 사진, 영상 등의 시각 자료 등으로 일정한 상황을 제시한 후 목표 문법을 활용하여 적절한 문장을 만들게 한다.

> - '–것이다'
>   내가 결혼을 하면, (　　)
>   내가 월급을 받으면, (　　)
>   내가 55사이즈가 되면, (　　)

④ 문제 해결 방안 모색하기

　　해결해야 할 과제의 상황과 문제 항목을 제시한 후 문법 항목을 이용하여 문제 해결 방안을 표현하게 한다.

⑤ 어휘를 통한 창의적 표현

　　주어진 조건에 따라 활동을 요구하되 다양한 어휘를 사용하여 창의적인 표현을 유도한다.

⑥ 정보의 공백 채우기

　　잡지나 신문의 광고를 준비하여 문구의 일부를 삭제하고 학습자들이 채우도록 한다.

⑦ 물건 제시하기

　　교실에 실물 차원의 사물, 그림, 사진을 가져와서 이것을 활용한 의사소통 활동에 참여하게 한다. 실물 대신 낱말 카드 등을 사용해도 좋다. 이때 학습한 문법을 활용하도록 유도한다.

3) 의사소통적 문법 연습

① 자유 작문하기

영화장면, 사진, 시청각 자료 등을 주고 학습자가 자유롭게 말하거나 쓰게 하는데, 특정 문법 요소나 어휘를 사용하도록 유도할 수 있다.

② 이야기 구성하기

한 사람씩 돌아가면서 앞 사람이 한 이야기를 받아 이어가기를 통해 이야기를 구성하게 한다. 다양한 문법 표지(예시, 대조, 가능, 추측)를 사용하면 좋다.

Ⅳ. 한국어 문법 교육의 내용과 수업 구성

1. 한국어 문법 교육의 내용

1) 문법 항목(문법 형태, 문형(Grammatical Pattern))

① 이/가, 은/는, 을/를, 에서, 에, 하고 등의 조사

② -았/었-, -겠-, -(으)ㄴ, -는, -(으)ㄹ 등의 시제선어말어미와 관형절어미

③ -아/어서, -(으)니까, -(으)면, -고 등의 연결어미

④ -ㅂ/습니다, -아/어요, -(으)ㄹ까요? 등의 종결어미

2) 표현 항목(표현 문형, 복합 표현)

① 에 대해서, 을 위해서, (으)로 인해서 등

② -기 전에, -기 때문에, -는 동안에 등

③ -아/어 가지고, -고 보니 등

④ -고 있다, -고 싶다, -아/어 보다 등

⑤ -기로 하다, -는 중이다, -(으)ㄹ 것이다, -(을) 수 있다 등

3) 문형(문장 구조 형식(Sentence Pattern)) (N-명사 V-동사 A-형용사)

① N은/는 N입니다, N이/가 V/A습니다, N은/는 N을/를 V습니다 등

② N은 무엇입니까?, N은 N에게 좋다, N으로는 N이 제일이다 등

③ N이 아니고 N이다, V/A면 V/A(으)ㄹ 거예요, V/A았/었더라면 V/A었을 걸 등

④ N이란 V/A는 것을 말한다, V/A(으)ㄹ 때에는 V/A는 것이 제일이다 등

4) 호응 관계

마치 −처럼, 아무리 −아/어도, 하도 −아/어서, 얼마나 −은/는지 모르다 등

5) 표현

안녕하세요?, 여보세요?, 어서 오세요, 잠깐만 기다리세요, 어느 나라 사람이에요?, 이건 한국어로 뭐예요? 등

6) 범주(문법 범주)
① 피동, 사동, 부정, 인용, 반말 등
② 가정 표현, 추측 표현, 원인 표현, 완료 표현 등
③ 상대 높임법, 명사절, 의존명사, 보조사, 보조 용언 등

2. 한국어 문법 교육의 수업 구성

1) 도입 단계

학습 목표를 도입하고 학습자를 동기화하는 단계로 학습목표는 학습자가 학습을 끝낸 후 그 도달도를 증거로서 보여 주어야 할 행동이다. 따라서 수업을 받은 후에 학생들이 무엇을 할 수 있는가라는 용어로 진술되어야 하며, 학습자가 목표한 행동을 나타낼 조건과 목표가 달성되었다고 인정할 수 있는 기준이 명확하게 제시되어야 한다.

도입 단계에서 학습할 문법 항목을 자연스럽게 학생이 인식하게 유도하고 교사는 질문을 통해 학습하게 될 문법 항목에 학습자가 자연스럽게 접근할 수 있도록 해야 한다. 해당 문법 항목이 사용되는 전형적인 맥락을 제시하여 학습자가 맥락을 통해 의미를 유추해 볼 수 있도록 유도한다.

※ 학습 목표 기술 시 유의사항
① 종합 목표에 맞는 학습 목표를 기술한다.
② 학습자가 수행할 수 있는, 관찰 가능한 구체적인 행동으로 기술한다.

지양	배우다, 알다, 이해하다 등
지향	설명하다, 묘사하다, 수행하다, 요청하다 등

③ 언어학습 목표에는 관찰이 가능하지 않은 범주도 많으므로 엄격한 행동주의적 관점을 취할 필요는 없다.
④ 학습 목표가 너무 많지 않도록 한다.
⑤ 학습 목표는 하나의 문장으로 기술해 본다.
⑥ 교사의 활동으로 진술하면 안 된다.
⑦ 학습 과정이 아닌 학습 결과를 진술해야 한다.
⑧ 교과서의 내용을 세분화하여 나열하지 말아야 한다.
⑨ 한 목표 진술에 두 개 이상의 학습효과를 포함하면 안 된다.
⑩ 학습목표를 지나치게 세분화 시키는 것은 적절하지 않다.

※ 학습 내용 선정 시 고려사항

① 앞에서 배운 내용과의 연계성을 살려야 한다.
② 학습자의 관심을 끄는 유의미한 주제여야 한다.
③ 실제 상황에서 유용하게 활용 가능한 내용이어야 한다.
④ 학습자의 숙달도에 맞게 적절해야 한다.
⑤ 학습자의 학습 환경을 고려해야 한다.
⑥ 학습 시간을 고려하여 범위를 한정해야 한다.
⑦ 언어의 네 가지 기능이 자연스럽게 연결되고 통합되도록 해야 한다.
⑧ 전체 수업 목표와 해당 수업 목표가 균형 있게 배치되도록 해야 한다.
⑨ 여러 가지 활동을 활용한다(기계적인 연습, 유의미한 과제 활동).
⑩ 미리 계획을 세워, 전체적인 수업이 밀도 있고 흥미 있게 구성되도록 해야 한다.

'세종한국어 3 교원용 지침서' [문법 – 1. 준비]

1. 준비
   ① 질문을 통해 상황을 도입한다.
   ② 교사는 다음과 같이 이야기할 수 있다. 다음에 제시한 교사의 발화는 상황에 따라 다양하게 표현될 수 있다.

> 교사 : (옷을 고르고 몸에 대 보는 몸짓을 하면서) 지금 제가 뭐 해요?
> 학생 : 쇼핑해요?
> 교사 : 아, 쇼핑하는 것 같아요. (옷을 입은 후 거울을 보는 몸짓을 하며 웃는다.) 옷을 입고 거울을 봐요.
>   기분이 어때요?
> 학생 : 기분이 좋아요?
> 교사 : 아, 여러분이 생각해요. 선생님이 기분이 좋은 것 같아요. 이 옷이 마음에 드는 것 같아요.

2) 제시, 설명 단계

학습자에게 문법 형태를 제시하여 문법 구조의 형태와 의미를 인식하게 하고 본격적인 연습 단계를 위해 문법 항목에 대해 설명한다. 실물 교재나 시청각 자료 등을 최대한 활용하여 학습 효과를 높일 수 있도록 한다.
① 본 단계에서 고려해야 할 요소
   – 무엇을 어떻게 제시할 것인가?
   – 판서를 어떻게 할 것인가?
   – 어떤 예문을 이용하여 제시할 것인가?
   – 어떻게 의미를 제시할 것인가?
   – 고려해야 할 규칙은 무엇인가?
② 문형 제시 / 문법 규칙의 제시 / 예문 제시 / 의미 제시 등의 방법 사용

2. 제시 및 설명

① 다음 문법 설명을 바탕으로 목표 문법을 설명한다.

'-는/(으)ㄴ 것 같다'는 동사나 형용사 뒤에 붙여서 말하는 내용이 불확실한 판단임을 나타낸다. 앞에 동사가 오면 '-는 것 같다'를 쓰고, 앞에 형용사가 오면 '-(으)ㄴ 것 같다'를 쓴다. 형용사가 'ㄹ'이외의 자음으로 끝나면 '-은 것 같다'를 쓰고, 모음이나 'ㄹ'로 끝나면 '-ㄴ 것 같다'를 쓴다.

예1) 마이클 씨가 전화를 안 받아요. 자는 것 같아요.

예2) 바지가 좀 큰 것 같아요. 더 작은 건 없어요?

> **참고**
> ·이 문법은 기본적으로는 불확실한 판단을 나타낼 때 사용하지만 자신의 의견을 부드럽게 말하기 위해서도 종종 사용한다.
> 예) 이 영화는 별로 재미없을 것 같아요.
>
> ·명사는 '인 것 같다'를 쓸 수 있다.
> 예) 시험 기간인 것 같아요. 도서관에 사람이 아주 많아요.
>
> ·외국인을 위한 한국어 문법 2 165쪽, 728쪽, 초급 한국어 말하기 17과, 초급 한국어 듣기 16과 참고

② 문법의 활용표와 예문을 다음과 같이 칠판에 적고 설명한다.

동사/형용사 + '-는/(으)ㄴ 것 같다'

동사		형용사				
	-는 것 같다		-ㄴ 것 같다			-은 것 같다
가다	가는 것 같다	크다	큰 것 같다	작다		작은 것 같다
먹다	먹는 것 같다	멀다	먼 것 같다	춥다		추운 것 같다
만들다	만드는 것 같다	노랗다	노란 것 같다	낫다		나은 것 같다

1. 가 : 마이클 씨한테 전화해 봤어요?

　　나 : 네. 그런데 전화를 안 받아요. 자는 것 같아요.

2. 가 : 어떠세요?

　　나 : 바지가 좀 큰 것 같아요. 더 작은 건 없어요?

③ 단어 카드를 사용하여 교체 연습을 한다.

·칠판 안에 제시된 단어를 카드에 적어서 단어 카드를 만든다.

·카드를 하나씩 들어서 학생들에게 보여 주고 목표 문법을 사용해서 바꾸어 말하게 한다.

④ 교재의 예문을 확인한다.

·교사가 예문을 먼저 읽고 학생들이 2-3번씩 따라 읽도록 한다.

·이 과정에서 문법 설명을 이해하고 확인하도록 한다.

3. 정리

·다음과 같이 질문을 하여 문법 학습 정도를 확인한다.

3) 연습 단계

문법을 익히는 단계로 단순한 문형을 연습하는 구조적 연습과, 실제적인 상황을 제공하여 의사소통 능력 배양에 도움이 되는 의미 있는 연습인 유의적 연습을 한다.

4) 활용 단계

문형이 주제, 기능과 통합되어 과제를 수행하는 단계로, 학습자에게 실제 상황을 자료로 제시하고 익힌 문법이 발화상황에서 적절한 의미로 사용될 수 있도록 유도할 수 있는 의사소통적 도구로 사용되어야 한다. 문법이 학습자의 실제 생활에서 의사소통 능력을 기르는 데 초점을 두므로 통합된 학습이 이루어져야 한다.

'세종한국어 3 교원용 지침서' [문법 - 3. 연습, 활용]

1. 교재의 '연습 1'을 공부하기 전에 〈활동 3〉의 1번을 활용하여 문법을 간단하게 연습하게 한다.
   · 〈활동 3〉의 1번의 지시문을 읽어 주고 〈보기〉처럼 문장을 만들어 보도록 한다.
   · 〈보기〉의 문장을 소리 내어 읽어 본 뒤, 각자 문제를 풀어 보고 두 사람이 같이 만든 문장을 읽어 본다.
   · 교사와 함께 답을 확인한다.

   〈활동 3〉 1번 정답

1) 맛있는 것 같아요	2) 자는 것 같아요	3) 추운 것 같아요
4) 놀러 가는 것 같아요	5) 재미없는 것 같아요	

2. '연습 1'에서는 '대화'에서 학습한 어휘와 문법을 사용하여 대화를 완성하게 한다.
   · 문제의 지시문을 읽어 주고 1)번 문제와 답을 함께 읽게 한다.
   · 2)-4)번 문제의 경우 두 사람이 짝이 되어 1)번과 같은 말하기 활동을 하게 한다.
   · 빈칸에 문제의 답을 쓰도록 한 뒤 교사와 함께 답을 확인하거나 발표하게 한다.
   · 앞에서 배운 어휘와 표현, 문법을 활용한 연습 문제이므로 학생들로부터 질문이 없으면 별도의 설명을 하지 않는다.

   → '연습 1'의 정답은 교재 180쪽 참고

3. 〈활동 3〉의 2번을 활용하여 활동하게 한다.
   · 교사는 학생들과 함께 교재의 지시문을 읽고 〈보기〉를 확인한다.
   · 짝 활동으로 이야기하게 한다.
   · 발표하게 하여 틀린 부분은 없는지 확인한다.

4. '연습 2'에서는 학습한 내용을 활용하여 반 친구들의 패션에 대해 이야기하게 한다.
   · 교사는 학생들과 함께 교재의 지시문을 읽고 예시 대화를 확인한 후, 학생 3~4명이 한 조가 되게 구성한다.
   · 친구에게 어울리는 옷 스타일, 색깔, 무늬 등을 추천한다. 학생들이 이야기하는 것에 따라 이미 배운 평가 관련 어휘뿐 아니라 '단정하다', '멋지다' 등의 어휘를 추가 제시할 수 있다.
   · 각 조에서 한 이야기를 전체 학생을 대상으로 발표하게 한다.

5) 마무리 단계

활용단계와 통합되기도 하며 학습한 문법을 사용하여 실생활에서 의사소통할 수 있는지 자가 점검하고, 교육 내용을 정리하고 학습자 스스로 성취도를 점검하게 한다. 학습자를 격려하고 관련된 과제를 부여하는 단계이다.

'세종한국어 3 교원용 지침서' [문법 – 5. 마무리]

마무리
_____

〈활동 4〉를 활용하여 '대화'와 같이 이야기할 수 있는지 확인하며 마무리한다.

1. 시디(CD)를 들으면서 한 문장씩 따라 읽히거나 교사가 먼저 읽고 따라 읽힌다.

2. 〈활동 4〉를 활용하여 역할극 형식의 말하기 활동을 할 수 있다.
· 〈활동 4〉에 제시된 그림은 '대화'의 전체 상황을 보여 주는 그림이다. 그림 아래에 있는 말풍선에는 '대화'의 키워드가 제시되어 있다. 말풍선 안에 들어가는 문장이 여러 개인 경우 '·' 기호를 통해 구분을 하였고, 대화 내용을 그대로 말하는 경우 큰따옴표로 표시했다.

V. 문법 교육의 실제

1. 단어 형성의 교육

1) 파생어의 교육

접두사와 접미사의 가장 큰 차이점은 접미사가 앞 말의 품사를 바꾸는 전성의 기능을 하는 경우가 있다는 것이다. 교육용 접사를 선정하여 각 접사에 대한 교육방법에 대한 모색이 필요하고 접사를 분명하게 분리해야 한다.

2) 합성어의 교육 방법

합성어는 대표어휘를 선정하여 교육하면 어휘력을 확장하는 데 효과적이다. 대표어휘는 합성에 중심적인 역할을 하는 어휘로 빈도수와 생산성에 의하여 선정하면 다양한 어휘교육이 가능하다. 합성어는 의미변화가 없는 병렬합성어의 경우에는 띄어쓰기에 유의하여 하나의 어휘가 되었음을 강조해야 하며, 의미가 변화되거나 품사가 달라진 합성어는 의미와 용법을 주지시켜야 한다. 하나의 단일어로 먼저 습득하고 다른 동일한 구성을 가진 다수의 어휘에 노출된 뒤 합성어로 재범주화 할 수 있다.

2. 품사의 교육

1) 명사의 교육

'이/가'가 붙으면 주어 역할을 한다는 식의 문장 성분의 관점에서 명사와 격조사가 함께 나타남을 설명한다. 또한 명사도 '-이다'를 통해 서술어 역할을 할 수 있음을 교육한다.

'것, 이, 분, 데, 줄, 수' 등의 의존명사들은 명사임에도 혼자 사용할 수 없고 반드시 앞에 관형어가 와야 함을 교육한다. (-(으)ㄹ 것 같다) 이외에도 이름 + '-이', 이름 + '씨'가 결합하는 방법을 가르칠 필요가 있으며, 의존명사와 보조용언의 의미의 유사성, 차이에 대해 설명할 필요가 있다. ('-(으)ㄹ 것 같다', '-(으)ㄹ 모양이다', '-나 보다')

2) 대명사의 교육

'저-습니다', '나-했다'와 같이 인칭대명사와 문장종결어미의 호응을 고려하고, 인칭대명사 '나'와 관형격조사 '의'의 결합으로 형태가 '내'로 변화하는 것에 대해서 교육이 이루어져야 한다.

의문대명사의 축약형에 대해 주의하도록 해야 하며, '나'를 가리키는 다양한 재귀대명사의 활용방법을 이해할 수 있어야 한다.

3) 수사의 교육

① 사람이나 동물, 물건의 수를 셀 때 사용하는 말은 고유어 수사와 함께 쓰인다. 그러나 수가 '스물(20)'을 넘어가면 주로 아라비아숫자로 쓰고 한자어 수사로 읽는다.

② 시간 표현에서 '시간'은 고유어 수사로, 분이나 초는 한자어 수사로 나타내는데, 긴 시간을 말할 때에는 한자어 수사를 쓰기도 한다.

③ 일상 대화에서 나이를 말할 때는 고유어 수사와 단위를 나타내는 의존명사 '살'을 많이 쓰나 공식적인 자리 같은 데서는 한자어 수사와 '세'를 쓰게 된다. (서른 살 / 삼십 세)

④ 날짜를 말할 때는 대체로 한자어 수사를 많이 쓴다.

⑤ 기간이나 일정 등의 날수를 말할 때는 주로 한자어 수사와 '일', '개', '년'이 함께 쓰이는데, 적은 날수나 달수를 말할 때는 고유어 수사와 '날', '달', '해'가 함께 쓰인다.

⑥ '번, 층, 동'과 같은 경우 고유어 수사와 함께 쓰이면 횟수나 개수를 나타내고, 한자어 수사와 함께 쓰이면 정해진 순번을 나타낸다. (두 번 / 이 번)

⑦ 외래어 단위를 나타내는 의존명사는 한자어 수사와 함께 쓰인다. (8 GB : 팔 기가바이트)

⑧ 수학적 계산을 읽을 때는 한자어 수사가 쓰이는 것이 일반적이지만, 단위를 나타내는 의존명

사 없이 사람이나 사물을 나타낼 때는 고유어 수사가 많이 쓰인다.

4) 조사의 교육

① 주격조사 : -이/가, -께서, -에서

주격 조사는 어떤 단어가 문장 내에서 주어의 역할을 하고 있음을 나타내는 조사로, 주어가 존칭 명사일 때는 '이/가' 대신 '께서'가 일반적으로 쓰이며 주어가 단체를 나타내는 명사이면서 서술어가 어떤 행위를 가리키는 말일 때에는 '에서'가 쓰인다.

② 서술격조사 : -이다

'이다'는 실제 사용의 측면에서 조사보다 형용사에 가깝기 때문에 한국어 문법 교육에서는 '이다'가 활용을 한다는 측면을 강조하여 용언의 일부로서 다루는 것이 더 낫다.

③ 목적격조사 : -을/를

목적격조사는 그 앞에 붙은 말이 문장에서 목적어임을 나타내는 조사를 말한다. 중급 단계에서 '～ 을/를 가다'도 교육할 필요가 있는데 이때는 목적어는 아니지만 이동의 의미를 갖는 '가다, 다니다, 걷다, 건너다, 날다, 내려가다, 오르다, 떠나다' 등과 같은 동사와만 결합이 가능하다.

④ 보격조사 : -이/가

서술어가 '되다, 아니다'일 경우에 그 앞에 사용되는 '이/가'만 보격조사이다. 한국어 문법 교육에서는 군이 '보격조사'를 따로 설정할 필요가 없으므로 문형으로 제시하여 ' N이/가 ～ N이/가 되다/아니다' 형태로 그 쓰임을 설명하면 된다.

⑤ 관형격조사 : -의

관형격은 조사 '의'에 의해 표시되며, 관형격조사 '의'는 두 명사구를 묶어 준다는 점에서, 명사와 서술어의 관계를 표시해 주는 격조사의 일반적인 기능과는 구별되는 특성을 가지며, 두 명사 사이의 의미관계는 매우 다양하다. 따라서 중급 이상의 단계에서 제시하는 것이 좋다.

- 이것은 나의 책이다. (소유)
- 수미는 나의 친구이다. (관계)
- 한라산의 백록담도 가뭄에 물이 줄었다. (소재)
- 갈비는 수원의 갈비가 제일 유명하다. (생산지)
- 공지영의 소설이 갑자기 유명해졌다. (제작자)
- 요즈음 가요는 사랑의 노래가 많다. (제재)
- 뉴욕 메츠의 서재응이 오늘 귀국했다. (소속)
- 이제 남북한의 통일도 멀지 않았다. (주체)
- 네가 우리 집의 기둥이다. (비유)

⑥ 부사격조사 : -에, -(으)로, -와/과, -께, -라고, …

부사격조사는 문장 내에서 부사어로서 기능하도록 만들어 준다.

⊙ '에'
  - 사람이나 사물이 존재하거나 위치하는 곳을 나타낸다. '있다, 없다, 많다, 적다'등 상태를 나타내는 동사와
    형용사와 결합한다.
  - 행위의 진행 방향이나 목적지를 나타낸다. '가다, 오다, 도착하다, 다니다'처럼 이동의 의미를 갖는 동사와 함
    께 쓰인다.
  - 어떤 동작이나 행위의 영향이 미치는 곳임을 나타낸다.

ⓛ 시간과 관련된 조사 '에'
  - '오늘, 어제, 이제, 지금, 금방, 방금, 아까'와 같은 부사는 '에'와 함께 사용하지 않는다.

⑦ 호격조사 : -야, -(이)시여,…

　　호격조사는 청자가 화자와 동일한 지위를 가진 사람이거나 그보다 지위가 낮은 사람일 경
우에만 사용된다. 외국인 학생들이 활용하기에는 어려운 면이 있으므로, 텍스트 이해의 차원
에서 학생들이 이해할 수 있도록 가르치면 된다.

⑧ 보조사

　　- 은/는 : 보조사이면서도 주격조사인 '이/가'와 의미 차이가 크지 않아 교육에 유의가 필
요하다. '은/는'은 화제와 대조의 의미를 더해 주는데 대조의 의미는 비교적 전달이 쉽다. (이
것은 좋습니다. (다른 것은 나쁘지만) / - 배가 아픕니다. 그렇지만 머리는 안 아픕니다.)

　　'화제(혹은 주제)'의 의미는 그 개념을 전달하기가 쉽지 않은데, 어떤 이야기를 시작하는 문
장에서 처음 나오는 말은 보통 '이/가'를 붙이고 그 말이 다음에 나올 때에는 '은/는'을 붙
인다고 설명해 줄 수 있다.(옛날에 공주가 살고 있었습니다. 공주는 마음이 착하고 얼굴도 예
뻤습니다.)

　　또한 '은/는'은 구정보를 전달해 주는 기능을 가지며, '이/가'는 신정보를 전달해 준다.

　　- 도 : '역시, 또한'의 의미를 나타내며, 어떤 대상에 대해 언급할 때 그것과 비슷한 성질을
가진 대상이 더 있음을 의미한다. (지호도 가방을 좋아한다.(다른 사람도 '가방을 좋아한다'
는 전제가 있음.))

　　단어의 정도성을 강조할 때도 사용되는데, '많이, 유난히'등 정도를 나타내는 부사나 '아
마'와 같이 추측을 나타내는 부사 뒤에서 대체로 강조의 뜻을 나타내기도 한다. (밥을 많이
도 먹는다. / - 올해는 유난히도 더웠다.)

　　또한 '아주 극단적인 경우에도 그러므로 다른 경우는 말할 필요도 없이 그렇다'는 의미를
나타내기도 한다. (너는 신문도 안 읽니? / - 너는 이것도 못 풀어?)

　　- 만, 밖에, 뿐 : 오직 또는 딱 하나의 의미를 나타낸다. (은영 씨만 음악회에 갔어요. / 일주
일만 더 생각할 시간을 주세요. / 나만의 비밀

5) 동사의 교육 방안

　　목적어를 필요로 하느냐 그렇지 않느냐에 초점을 두어 자동사와 타동사의 개념을 교수하

고, 여러 인물이 다양한 행동을 하고 있는 그림을 보여 주며 연습을 할 수 있다. 현재형 어미인 '느다/는다'의 연습으로 동사와 형용사의 활용을 구분할 수 있는데 이는 모어가 한국어인 사람들에게는 직관적으로 구별이 용이하지만, 외국인에게는 구별이 어려우므로 주의해야 한다.

'명사+하다'가 모두 동사가 아닌 것에 유의해야 한다. '필요하다, 간단하다, 특별하다, 비슷하다, 친절하다, 화려하다, 건강하다, 피곤하다, 심심하다, 뚱뚱하다, 행복하다, 조용하다' 등은 형용사이므로 동사처럼 활용하지 않도록 주의한다.

6) 형용사의 교육 방안

영어에서 형용사는 'be'동사가 있어야 서술할 수 있으나 한국어에서는 형용사만으로 충분히 서술어가 될 수 있다는 점을 강조해야 한다. 또한 형용사는 원칙적으로 명령형과 청유형으로 활용되지 못하지만 현재 한국어에서 상대방의 행복이나 건강을 기원하는 의미로 '행복하세요, 건강하세요' 등을 사용하기도 한다.

중급 정도부터 심리형용사의 다양한 학습이 이루어져야 하고, 언어마다 다른 색채어의 범주에 유의하고 미묘한 색감을 효과적으로 표현하는 방법을 습득할 수 있도록 해야 한다. 맛을 나타내는 감각어, 색을 나타내는 색채어 등을 사용한 비유 표현이 일상 언어 생활에서 어떻게 쓰이는지 교수하는 것이 좋다.

---

*동사와 형용사의 활용 차이

① 동사는 명령형 어미와 청유형 어미를 취할 수 있는데, 형용사는 취할 수 없다.
  - 앉으십시오, 앉읍시다 / 형용사 : *많으십시오, *많읍시다
② 동사는 '-ㄴ/는다, -느냐', '-는구나'를 취하고, 형용사는 '-다/-(으)냐', '-구나'를 취한다.
  - 동사 : 앉는다, 앉느냐?, 앉는구나 / 형용사 : 많다, 많으냐?, 많구나
③ 동사는 현재형 관형사형 어미로 '-는'을 취하고, 형용사는 '-(으)ㄴ'을 취한다.
  - 동사 : 앉는, 가는 / 형용사 : 많은, 예쁜
④ 동사는 '-(으)려고', '-(으)러' 등과 함께 쓰일 수 있으나 형용사는 함께 쓸 수 없다.
  - 동사 : 앉으려고, 앉으러 / 형용사 : *많으려고, *많으러

---

3. 문장의 구성 교육

1) 단문과 복문의 교육 방안

동일한 주어가 반복되는 경우 하나가 생략되어 단문처럼 보일 수 있기 때문에 생략된 주어를 알 수 있도록 교육해야 한다. 또한 교사는 접속문과 내포문의 개념들을 파악하고 이해할 수 있어야 한다. 내포문의 경우 안긴문장에 네모를 쳐 준다거나 절과 절의 이어짐을 선으로 연결해 보여 주는 등의 방법을 활용해서 교육할 수 있다.

2) 접속문의 교육 방안

① 중급 정도가 되면 오류가 없는 접속문을 만들 수 있으므로 숙달도 등급에 적절한 내용으로 교육해야 한다.

② 선행절의 용언 어간까지만 쓴 후 거기에 접속어미를 붙이는 것을 시각적으로 보여주는 것이 좋다.

③ 선행절과 후행절의 주어가 같으면 후행절의 주어를 생략한다.

④ 접속어미가 명제 자체에만 붙는 것이 아니라 명제에 시제, 상, 양태, 대우법의 선어말 어미가 붙은 후 접속어미가 붙는 경우도 있다.

⑤ '-고'가 붙은 서술어는 선행절과 후행절의 시제가 동일하면 각 절의 주어가 동일하지 않더라도 시제를 생략할 수 있지만, '-며'가 붙은 서술어는 주어가 같지 않으면 시제가 동일하더라도 시제를 반드시 명시해야 한다.

3) 접속문의 교육 방안

① 명사절 내포문

- 명사로 품사를 만드는 접사(-음 / -기)와의 의미 차이를 가르치지 않으면 학습자들이 지속적으로 비문법적인 문장을 만들어내므로 적절한 설명이 필요하다.
- 각 명사절과 어울리는 서술어를 연결하여 교수해야 한다.
- '나름이다/마련이다, 십상이다'의 특정 어휘를 다룰 때는 '~기 나름이다/마련이다, ~기 십상이다'와 같은 덩어리 형태로 교육해야 한다.
- '느냐, -(으)냐, -는가, -(으)ㄴ가, -는지, -(으)ㄴ지, -(으)ㄹ지'와 같은 말은 명사형 어미가 아니지만 명사형 어미처럼 쓰여 그것이 이끄는 절을 명사절로 만드는 경우가 있음을 잘 구분해서 교육해야 한다.

② 관형절 내포문

- 동사를 관형어로 만드는 연습, 형용사를 관형사형으로 만드는 연습에 유의해야 한다.
- 문장을 교육할 때는 공통의 명사(피수식 명사)에 시각적인 효과를 사용한다.
  (나는 그가 죽었다는 소문을 들었다. / 나는 그가 착한 사람이라는 생각이 들었다.)

③ 인용절 내포문

- 간접인용절로 내포될 경우 청자높임은 나타나지 않으며, 문장의 종류에 따라서 어휘 선택이 달라진다.
- 간접인용절 속의 동사는 현재형 '-느-'가 사용될 수도 있고, 사용되지 않을 수도 있다.
- 평서문이 '이다'로 끝나는 경우에는 인용절이 '-(이)라고'의 형식이 된다.
- 감탄문과 약속문은 간접인용을 할 때 평서문으로 인용된다.
- 간접인용절은 화자의 현재 관점에서 기술되므로 인칭대명사나 시간 표현이 달라진다.

4. 문장 성분의 교육 방안

1) 목적어의 교육 방안

목적어를 확인하는 데에 대체로 '을/를'이 가장 중요한 기준이 된다. 그러므로 내포된 명사절, 명사구나 명사구에 준하는 표현에 '을/를'이 붙을 수 있는 경우도 목적어를 확인해 주어야 한다.

  – 피터 씨는 한국어로 작문하기를 좋아합니다.
  – 검찰은 홍길동 씨가 임걱정 씨께 뇌물을 받았음을 밝혀냈다.

주어가 두 번 쓰여 이중주어문(=주어중출)을 이루는 경우가 있는 것처럼 목적어도 두 번 쓰여 이중목적어문(=목적어중출)을 이루는 경우가 있다. 그러나 매우 복잡한 모습을 보이는 주어중출문장에 비해 목적어중출문장은 그 양상이 극히 단순하여 '전체–부분'의 관계 혹은 '대상–수량'의 관계 정도밖에 보이지 않는다. (철수는 영수를 허리를 잡았다.)

2) 보어의 교육 방안

보어는 문법범주로서의 교육 가치가 현저히 떨어지므로 교사는 이 문법 용어를 교육 현장에서 활용할 필요는 없고 개별 어휘 '되다, 아니다'의 용례만 제대로 제시해 줄 수 있으면 된다. 다만 보어의 표지는 주어의 표지와 동일한 '이/가'임을 강조하여 가르치고 연습시킬 필요가 있다.

3) 관형어의 교육 방안

관형어는 다음의 특징을 고려하여 교육하여야 한다.
① 체언 없이 단독으로 쓰일 수 없다.
② 반드시 체언 앞에 놓여 뒤에 오는 체언을 꾸민다.
③ 체언이 의존 명사일 때 관형어가 필수적으로 나타난다.
④ 관형어가 겹칠 때는 지시관형사→ 수관형사→ 성상관형사의 순서를 취한다.(저 두 젊은~)
⑤ 관형사형은 시제를 동반한다.(동 : –는(현재), –은(과거), –을(미래)과 같이 사용되며 상대 시제를 동반한다.)

4) 독립어의 교육 방안

한국어에서 부르는 말인 호칭어는 가리키는 말인 지칭어와 구별되어야 하는데, 중급 과정부터 강조하여 교육해야 한다.

5. 문법의 평가 항목

1) 어휘 및 문법의 평가 항목
① 한국어의 수준별 어휘 및 문법의 이해 능력

② 어휘 및 문법 (구문과 문형, 활용, 문법적 기능어의 용법) 구사의 정확성 및 적절성의 평가

③ 표준적 문장의 구성 능력의 평가

④ 한국어의 언어 구조에 관한 지식의 평가

⑤ 어휘 및 문법의 문화적 역사적 배경에 관한 이해도의 평가

⑥ 한자 및 한자어의 이해 및 구사 능력의 평가

2) 한국어능력시험 급별 어휘 및 문법 평가 기준 1급~6급

① 1급
- 기본 인칭 및 지시대명사, 의문대명사를 바르게 사용할 수 있다.
- 주변의 사물 이름과 위치 관련 어휘를 바르게 사용할 수 있다.
- 일상생활을 표현하는 기초적인 용언을 이해하고 바르게 사용할 수 있다.
- 기본적인 문장 구조와 문장의 종류를 이해하고 바르게 사용할 수 있다.
- '이/가', '은/는', '을/를' 등 기본적인 조사를 바르게 사용할 수 있다.
- '-고', '-아/어서', '-지만'등 기본적인 연결어미를 이해하고 바르게 사용할 수 있다.
- 시제, 부정문, 자주 쓰이는 불규칙 활용을 바르게 사용할 수 있다.

② 2급
- 일상생활과 밀접한 용어를 바르게 사용할 수 있다.
- 공공시설 이용 시 자주 사용되는 기본적인 어휘를 바르게 사용할 수 있다.
- 일상생활에서 자주 사용되는 부사를 바르게 사용할 수 있다.
- '보다', '(이)나' 등 자주 쓰이는 조사를 바르게 사용할 수 있다.
- '-는데', '-(으)면서' 등 자주 쓰이는 연결 어미를 이해하고, 바르게 사용할 수 있다.
- 관형형, 반말, 존대 표현과 겸양 표현을 바르게 사용할 수 있다.

③ 3급
- 감정이나 상태를 표현하는 일반적인 어휘를 바르게 사용할 수 있다.
- 업무나 사회 현상과 관련한 기본적인 어휘를 바르게 사용할 수 있다.
- '-아/어도', '-자마자' 등 비교적 복잡한 연결어미를 이해하고 바르게 사용할 수 있다.
- 간접 화법, 사동법과 피동법, '-아/어 놓다', '-아/어 버리다'와 같은 보조동사를 바르게 사용할 수 있다.

④ 4급
- 자주 접하는 추상적인 어휘를 바르게 사용할 수 있다.
- 신문 기사에 자주 등장하는 한자어와 업무 관련 어휘를 바르게 사용할 수 있다.
- 자주 쓰이는 관용어와 속담을 이해하고 바르게 사용할 수 있다.
- '치고', '는 커녕' 등 비교적 복잡한 의미를 갖는 조사를 이해하고 바르게 사용할 수 있다.
- '-더니', '-다면' 등 복잡한 의미를 갖거나 사용상의 제약을 갖는 연결 어미를 이해하고 바

르게 사용할 수 있다.

- '-고 말다', '-아/어 버리다' 등의 유사한 표현들을 구별하여 사용할 수 있다.
- '-게 마련이다', '-는 한' 등 복잡한 맥락을 서술할 때 필요한 문법 표현을 이해하고 바르 게 사용할 수 있다.

⑤ 5급

- 사회 현상을 표현하는 데 필요한 추상적인 어휘를 바르게 사용할 수 있다.
- 자주 쓰이는 한자어와 시사용어를 바르게 사용할 수 있다.
- 일반적으로 사용되는 관용어와 속담을 이해하고 바르게 사용할 수 있다.
- 신문 기사, 논설문 등에서 자주 사용되는 문법 표현을 이해하고 적절하게 사용할 수 있다.

⑥ 6급

- 사회 현상을 표현하는 대부분의 추상적인 어휘를 바르게 사용할 수 있다.
- 사회 각 영역에서 자주 쓰이는 전문용어를 바르게 사용할 수 있다.
- 복잡한 의미를 갖는 관용어와 속담을 이해하고 바르게 사용할 수 있다.
- 신문 사설, 논설문, 학문적인 저술 등에서 자주 사용되는 문법 표현을 이해하고 적절하게 사용할 수 있다.

6. 문법 능력 평가 방법

1) 지필 평가 방법

① 선다형 평가 문항

질문과 그에 따른 가능성이 있는 답안이 여러 개 제시되는 문항

> (예) 표현이 바르게 된 문장은?
>
> ㉠ 이 배는 사람이나 짐을 실어 나릅니다.
> ㉡ 우리 모두의 바람은 가족의 건강이야.
> ㉢ 모금한 돈이 너무 작아 죄송합니다.
> ㉣ 내년에는 수출량을 더 늘려야 한다.
> ㉤ 김장을 직접 담아 드십니까?

② 연결형 평가 문항

설명 내용과 그에 맞는 답안이 제시되고 관련 있는 것들을 상호 연결하는 문항

③ 진위형 평가 문항

어떤 상황이나 내용에 대하여 참인지 거짓인지를 묻는 문항으로 사고력 향상을 위해서 일정 한 상황을 제시하고 답안을 찾게 할 수도 있다.

④ 완성형 문항

괄호 안에 알맞은 문법 항목을 직접 적는 문항으로 전체 내용을 요약하는 데 사용된다. 선다형 문항이 갖고 있는 문제점을 극복하기 위해 완성형이나 단답형 문항이 제시되기도 한다.

⑤ 단답형 문항

질문에 대해 한 단어(혹은 언어 표현)로 답하는 문항

⑥ 서술형 평가 문항

앞부분에 한정된 내용을 제시하고, 그 뒤를 이어 일정한 어휘 항목을 사용하여 서술하라고 요구하는 문항

⑦ 진술형 평가 문항

일정한 주제나 글의 형식을 주고, 특정 단어를 사용하여 글을 작성하도록 하는 문항으로, 쓰기를 이용하여 문법 지식을 평가하는 일종의 통합형 평가 문항이라고 할 수 있다.

2) 구두 수행 평가를 통한 문법 평가 방법

① 개인발표형 구술 평가

개인발표형 구술 평가는 평가 대상자가 일정한 내용에 대하여 구술하도록 하고 그 내용이나 방법 및 태도 등을 평가하는 방식이다. 상황형 구술 평가와 달리 스스로 평가받고 있다는 의식 하에 있고, 일정한 조건 하에서 구술하고 평가자가 그것을 평가하는 방식이다. 이 때 교사만 평가할 수도 있고, 동료 학생들이 함께 평가할 수도 있다.

② 짝대화형 구술 평가

평가 대상자가 두세 사람씩 짝을 지어 자기들끼리 대화를 나누고 평가자가 그 대화를 평가하는 방법으로, 개인발표형 평가 방법보다 더 많은 제약 조건이 주어진다. 의사소통 능력까지 평가할 수 있다는 점에서 장점이 많지만, 시행할 때 많은 제약이 있다. 두세 사람이 미리 연습을 해 보게 할 것인가, 두 사람에 대한 평가 결과를 동일하게 줄 것인가 등 다양한 내용들이 해결되어야 한다.

③ 면접형 구술 평가

면접형 구술 평가는 평가 대상자의 문법 능력을 평가할 때 평가자와 직접 얼굴을 보고 대화를 통해서 평가하는 방법이다. 흔히 면접시험이 면접형 구술 평가 방식이다.

면접형 구술 평가는 크게 평가 대상자가 한 명인 경우와 여러 명인 경우로 나뉘며, 면접관(평가자)도 한 명인 경우와 여러 명인 경우가 있다. 이 방법은 여러 분야에서 사용되는 것으로, 이것을 문법 능력 평가에서 사용하기 위해서는 무엇보다 평가자의 능수능란한 면접주도 역할이 필요하다. 평가하고자 하는 것을 잘 파악하여 대답하는 게 쉽지 않기 때문이다. 이 방법에서 평가자는 어떤 질문을 던질 것이며, 어떤 순서로 평가 내용을 대답하게 할지 미리 치밀한 준비를 해야 한다.

④ 상황형 구술 평가

평가 대상자가 자신이 평가를 받는지 모르는 일반적인 상황에서 문법 능력을 평가하는 방

법이다. 즉 평상시의 언어생활을 평가자가 유심히 지켜보고 평가를 하는 것이다. 상황형 구술 평가는 평가 받는다는 사실을 모르고 진행되므로 교실 수업에서는 시행되기가 어려우며 모든 학생들을 대상으로 하기도 어렵다. 단지 수행 평가 차원에서 교사가 평상시 점수를 주는 식으로 평가할 수는 있다.

은/는 : 보조사이면서도 주격조사인 '이/가'와 의미 차이가 크지 않아 교육에 유의가 필요하다. '은/는'은 화제와 대조의 의미를 더해 주는데 대조의 의미는 비교적 전달이 쉽다. (이것은 좋습니다. (다른 것은 나쁘지만) / - 배가 아픕니다. 그렇지만 머리는 안 아픕니다.)

'화제(혹은 주제)'의 의미는 그 개념을 전달하기가 쉽지 않은데, 어떤 이야기를 시작하는 문장에서 처음 나오는 말은 보통 '이/가'를 붙이고 그 말이 다음에 나올 때에는 '은/는'을 붙인다고 설명해 줄 수 있다.(옛날에 공주가 살고 있었습니다. 공주는 마음이 착하고 얼굴도 예뻤습니다.)

또한 '은/는'은 구정보를 전달해 주는 기능을 가지며, '이/가'는 신정보를 전달해 준다.

-

도 : '역시, 또한'의 의미를 나타내며, 어떤 대상에 대해 언급할 때 그것과 비슷한 성질을 가진 대상이 더 있음을 의미한다. (지호도 가방을 좋아한다.(다른 사람도 '가방을 좋아한다'는 전제가 있음.))

단어의 정도성을 강조할 때도 사용되는데,'많이, 유난히'등 정도를 나타내는 부사나 '아마'와 같이 추측을 나타내는 부사 뒤에서 대체로 강조의 뜻을 나타내기도 한다. (밥을 많이도 먹는다. / - 올해는 유난히도 더웠다.)

또한 '아주 극단적인 경우에도 그러므로 다른 경우는 말할 필요도 없이 그렇다'는 의미를 나타내기도 한다. (너는 신문도 안 읽니? / - 너는 이것도 못 풀어?)

-

만, 밖에, 뿐 : 오직 또는 딱 하나의 의미를 나타낸다. (은영 씨만 음악회에 갔어요. / 일주일만 더 생각할 시간을 주세요. / 나만의 비밀

■ 참고문헌 ■

강현화(2005), 「한국어문법교육론」, 한국방송통신대학교 평생교육원 편(2005), 『외국어로서의 한국 어교육학』, 방송대출판부, 114-143쪽.

강현화(2009), 「최신 문법교수 이론의 경향과 한국어교육에의 적용」, 『문법교육』제11집, 한국문법교 육학회, 1-27쪽.

권순희(2006), 「한국어문법교육방법과 수업활동유형」, 『한국초등국어교육』 31권, 5-40쪽.

김유정(1998), 「외국어로서의 한국어 문법교육: 문법항목 선정과 단계화를 중심으로」, 『한국어교육』 9권1호, 12-34쪽.

김제열(2007), 「한국어 문법 교육론」, 곽지영 외 공저(2007), 『한국어 교수법의 실제』, 연세대학교 출판부, 105-144쪽.

민현식(2014), 「한국어문법교육론」, 서울대학교 한국어문학연구소, 국어교육연구소, 언어교육원 공 편(2014), 『한국어 교육의 이론과 실제2(2014개정판)』, 아카넷, 325-364쪽.

조항록 외(2003), 「한국어 문법 교수법」, 『"예비교사/현직교사 교육용 교재 개발" 최종보고서』, 문 화관광부 한국어세계화재단.

Brown, D.(2000), Principles of Language Learning and Teaching (4 th edit.), Longman. [이 홍수 외 공역

(2007), 『 외국어 교수 학습의 원리』, (주)피어슨에듀케이션코리아.]

Brown, D.(2001), T eaching by Principles: An interactive approach to language pedagogy (2nd edit.),

Longman [권오량, 김영숙 공역(2008), 『원리에 의한 교수: 언어 교육에의 상호작용적 접근법』, (주) 피어슨에듀케이션코리아.]

Celce-Murcia, M.(1979), English as a Second or Foreign Language. Newbury House

Thornbury, Scott(1999), H ow to Teach Grammar, Longman [이관규 외 역(2004). 『문법을 어 떻게 가르칠 것인가』, 한국문화사.]

12장 한국어문화교육론

| 학습목표 |

1. 문화의 개념과 언어 교수에서 문화 교수의 필요성을 이해하며, 문화 교육의 연구 동향을 조망하고, 문화 교육의 중요성, 문화 교수의 내용과 범위 및 선정 기준, 어휘, 문법과 연계한 문화 교육의 내용, 문화 교수의 원리와 구체적인 활동 유형에 대해 살펴본다.

I. 한국문화교육론 개관

1. 문화의 개념 및 교수의 중요성

언어교육에서 문화가 주목을 받게 된 것은 의사소통 접근법과 무관하지 않다. 제2언어 능력은 언어능력, 의사소통능력, 문화능력으로 구성되어 있으며 상호 연관되어 있다고 보았으며, 문화 능력이란 제2언어를 심리-사회-문화적 현실체와 연결시키는 능력이라고 본다면 제2언어에서 문화 능력은 아주 중요한 것이 되기 때문이다.

언어의 기능적 측면을 강조하며 의사소통 능력의 개발을 언어 교수의 목표로 설정한 의사소통 중심 교수법이 등장하면서 문화적 요인에 대한 관심이 커지기 시작했고, Hymes(1972), Canale and Swain(1980), Action and Felix(1986)의 연구는 문화 연계 언어 교육의 주요 이론적 기반이 되었다.

일반적으로 문화는 그 사회 구성원의 사고와 행위 양식을 담고 있는 총체적인 개념으로 정의되며, 언어는 문화에 기반하여 구성원의 문화적인 양태를 담고 있는 가장 적절한 도구로 인식되고 있다. 언어교육에서의 문화를 논의하기 위해서는 Brooks(1975)에서 제시한 고전 음악, 무용, 문학, 예술, 건축, 정치 제도, 경제 제도 등 문화적 관례를 일컫는 개념인 'big C' 문화(Culture)와 일상생활에서 나타나는 행동 양식, 태도, 신념, 가치 체계 등 집단이 공유하는 인간 생활의 모든 면을 포함하는 개념인 'little c' 문화(Culture)에 대해 생각해 볼 필요가 있다.

학습 대상으로서의 문화는 1960년대 이전에는 'big C', 즉 문화의 형식적 측면이 강조되었으나, 의사소통의 기능이 강조됨에 따라 'little c'에 대한 이해가 중요한 목표로서 자리 잡게 되었다. 실제로 big C 문화는 목표 문화에 대한 학습만으로도 이해가 가능하지만, 목표 문화권의 사람들과 문화적 마찰 없이 의사소통을 하기 위해서는 little c에 대한 이해가 필수적이기 때문이다. 한편 Hammerly(1986)에서는 문화를 정보문화, 행동문화, 성취문화로 구분했는데, 언어 교육에서의 문화 교수는 아래의 셋 모두를 포함한다.(박경자 외, 1997)

- 정보문화(Informational Culture) : 평균적인 교육을 받은 모국어화자들이 그들의 사회, 지리, 역사, 영웅 등에 대해서 알고 있는 정보와 사실 등
- 행동문화(Behavioral Culture) : 한 사회 속에서 한 민족이 행동하는 양식으로 일상생활의 총체
- 성취문화(Achievement Culture) : 목표어 문화에서 성취된 업적을 의미한다.

위의 문화의 유형별 접근은 궁극적으로는 목표 문화 이해에 모두 필수적인 요소이지만, 학습 목적에 따라 우선순위와 교수 범위가 달라질 수 있다는 점에서 구체적인 논의가 필요하다. 대부분의 외국어 프로그램들은 외국 문화에 대한 이해를 외국어 학습의 명시된 목표 중 하나로서 설정하고 있지만, 구체적으로 어떤 내용을 다루어야 하는지에 대한 구체적인 논의는 파악하기 어려운 경우가 많기 때문이다.

언어 학습에 있어 목표 문화에 대한 이해가 중요하다는 것은 모두 인정하고 있는 반면, 언어만 학습하면 목표 문화에 대한 이해와 통찰도 자동으로 이루어질 것이라는 잘못된 가정도 존재한다. 그러나 목표 문화에 대한 학습은 언어 학습 과정에서 부수적으로 이루어지는 것이 아니며, 교실이라는 학습 환경 속에서 문화를 교수하는 일도 쉽지 않다. 따라서 교사의 문화에 대한 지식과 문화 교수의 목표 및 방법론에 대한 인식은 학습의 성패에 중요한 역할을 하게 된다. 문제는 목표 문화에 대한 태도는 학습의 효율성과도 연계된다는 것이다. 물론 학습자가 상대 문화를 어떻게 보느냐가 꼭 학습의 성패를 결정짓는다고는 할 수 없다. 그러나 많은 연구에서 학습자의 태도는 목표어 습득과 밀접한 관계가 있다고 본다. 문화가 언어 담화 공동체의 사고와 행위를 담고 있는 것이라면 목표어의 텍스트를 이해하는 것은 언어 공동체의 관습과 문화를 이해하는 일이 될 것이다.

2. 언어교육과 문화교육

언어는 담화 공동체의 관습과 사회, 문화를 담고 있으며, 텍스트의 의미를 파악하기 위해서는 언어 공동체의 관습과 문화를 이해하는 일이 필수적이기 때문에 언어 교육과 문화 교육은 밀접한 관계를 갖는다.

대부분의 제2언어/외국어 연구자 다수(Michael Byram, Ron Scollon, Suzanne Scollon 등)는 언어나 문화 차이로 인한 의사소통의 실패에 대해 언급하고 있다. 즉, 모어 화자와 비모어 화자, 서로 다른 언어의 화자 사이의 의사소통에서 발견되는 적절성에 관련된 문화 규범의 위반이 흔히 사회화용적 실패, 서로를 불편하게 하는 의사소통상의 중단, 선입견의 원인이 된다고 하였다.(Eli Hinkel, 2010) 문제는 외국인들이 부적절한 화용적, 언어적 행동을 보이는 경우, 흔히 이

들은 자신들이 그러한 행동을 하고 있다는 것을 모른다는 것이다. 따라서 제2언어로 글을 쓰고 말을 하는 법을 가르칠 때 그 언어의 사회문화적 특징을 다루는 학습자의 능력을 발달시켜 이들로 하여금 적절한 선택을 할 수 있게 만들어 주는 것은 매우 중요하다.

그렇다면, 의사소통의 적절성에 대한 학습은 오래 거주하기만 하면 저절로 이루어질까? 많은 학자들의 연구에 따르면 새로운 문화의 학습이 저절로 이루어지지는 않는다고 본다. 흔히 모국어 화자들은 외국인의 언어적 실패에 대해서는 오히려 관용적이지만, 화행적, 문화적 실패에는 관대하지 못하다는 많은 연구 결과가 있는데, 이는 제2언어 문화와 사회화용적 규범을 배우고 이해하지 않으면, 학습자들은 자신들에게 이로움을 주는 중요한 선택을 할 기회도 능력도 생기지 않는다는 것을 의미한다.

따라서 제2언어와 문화의 기본적인 교육이 유용하고 실용적이 되도록 하려면, 개인들이 다양한 맥락과 서로 다른 경우, 서로 다른 장소에서, 서로 다른 공동체에서, 그리고 상호작용에서 어떻게 문화에 관한 지식을 얻고 유지할 수 있는가를 언급해야 한다.(Arens, 2010) 따라서 학습자의 환경과 상황에 따른 보다 구체적인 언어 문화 교수의 필요성이 절실하다.

외국인 학습자들이 한국인과의 의사소통에 성공하려면 자신의 모국어와 한국어는 무엇이, 얼마나 다른지에 대해 이해해야 하며, 가능하면 목표 언어인 한국어에 근접하게, 한국인의 표현과 유사하게 표현해야 한다. 과거의 언어문화 교육이 주로 (글을 통한) 언어나 문화의 이해에 머물렀다면, 최근의 언어 교육의 목적은 목표 언어 화자와 (구어적) 성공적인 의사소통을 이루어 내는 것이다. 따라서 단순한 이해를 넘어 산출 역시 중요한 개념이 된다. 이러한 산출은 단순히 정확하게 말하는 것만을 의미하지는 않으며, 적절하게 말해야 함도 의미한다. 적절성의 문제는 어떤 상황에서 누구에게 어떻게 말해야 할 것인가의 문제로 언어 외에 언어 사용 맥락, 즉 문화와도 연계된다. 흔히 언어만 학습하면 문화는 부차적으로 학습된다고 믿는 사람도 있지만 문화는 부차적인 것이 아니라 동반되는 것이다. Byram and Morgan(1994, 4)에서는 언어에 연계되는 문화 교수의 중요성을 아래와 같이 지적한다.

> "흔히 의사소통에서는 '언어의 문법 체계에 대한 지식'에다가 문화에 따라 상이한 의미를 보충해야 한다는 사실을 간과하곤 한다. 이는 언어사영역에 관련된 문제, 그리고 사회문화적 규범과 체계를 반영하는, 맥락에 어울리는 화용적 행위에 관한 문제일 때 특히 그러하다."

외국인 학습자가 한국인과의 소통에서 실패를 겪게 되는 구체적인 사례들을 살펴보면, 언어와 문화는 긴밀하게 연계되어 있음을 보다 구체적으로 파악할 수 있다.

먼저, 언어는 문화와 유리된 것이 아니어서 문화적 차이가 언어적 의사소통의 오류로 이어지기도 한다. 흔히 서양인들은 상대에게 호의적인 행동을 해 주었을 때, 이에 대한 명확한 감사 표현을 하지 않거나, 칭찬에 무반응을 보이는 한국인에 대해 당황스러워 한다. 한국인들은 때로는 칭찬의 응수에 대해 매우 어색해 하거나, 칭찬을 받아들이기보다는 자신을 낮추어 칭찬을 무마

하려고 하거나 못 들은 체 하기도 하고, 지나친 칭찬은 자신을 놀리는 것으로 파악해 화를 내기도 한다. 흔히 남편들이 부인의 내조에 대해 '그것을 꼭 말로 고맙다고 해야 아냐?'는 식으로 무뚝뚝하게 대하거나 이심전심으로만 치부하려는 행동에는 그러한 기조가 깔려 있다고 볼 수 있다. 부탁이나 제안에 대한 거절에 있어서도 분명하지 않은 태도를 보이기도 한다. '안 돼, 싫어.' 등의 직접적인 거절 표현을 구사하기 보다는 '어, 집에 가야 하는데…', '어쩌지, 약속 있는데…', '다음에 해 줄게.' 등과 같이 수락할 수 없는 이유를 대거나 추후 약속하기 등의 전략을 구사함을 알 수 있다. 한국인들의 이러한 거절의 전략은 명확하지 않기 때문에 외국인에게는 오해를 불러일으킬 수도 있는 것이다.

한국인이 흔히 인사표현으로 사용하는 '어디 가니?', '밥 먹었니?' 등은 사적인 정보에 대한 호기심으로 여겨지거나, '다음에 연락할게' 등은 실제 다음을 기약하지 않는 경우가 많다는 점에서 신뢰할 수 없는 사람으로 여겨질 수도 있다. 외국인들이 이러한 표현들이 실제적 의미를 담고 있지 않고 단순한 인사로 그칠 수도 있다는 것을 안다는 것은 매우 중요하다. 길을 묻는 사람에게 길을 가르쳐 주는 표현도 응답 표현의 양에 따라 덜 친절하게 느껴지거나 지나치게 수다스럽게 느껴질 수도 있다. 또한 한국인이 즐겨 쓰는 공동체적 표현 '우리' 역시 듣는 이가 이해하기 어렵거나 불쾌하게 생각될 수도 있다.

이와는 달리, 외국인 화자의 경우에는 자국어에서는 익숙하지 않은 존대법의 사용에 있어서 과잉 높임 또는 언제 누구에게 어떤 높임을 사용할지 몰라서 어려움을 겪을 수도 있다. 언어 간 차이는 전화 대화의 반응 표현에서도 나타나는데, 상대방의 발화에 대해 아무 반응을 보이지 않거나 지나치게 자주 '응, 예' 등의 반응 표현을 보이는 것은 발화를 무시하고 있다고 느끼게 하거나 너무 방정맞거나 아부형이라고 느끼게 할 수도 있다.

이러한 언어표현의 적절성의 실패는 언뜻 보면 언어의 문제라고 생각되지만 자세히 들여다보면 언어와 연계된 문화의 문제이며, 이러한 소통의 실패는 단순히 문법이나 발음의 오류와는 달리, 모국어화자에게 용인되기 어려운 의사소통의 실패로 나타날 가능성이 많다.

물론 언어와 연계되지 않는 문화적 행동의 차이로 인한 의사소통 실패가 발생할 수도 있다. 예를 들어, 흔히 한국인은 식사 후 돈을 지불할 때 분담하기보다는 선배나 윗사람이 내는 것을 당연시한다. 아랫사람에게 식사비를 부담케 하는 것은 흔한 일이 아니다. 하지만 일단 한 사람이 식사비를 제공하면 그 다음의 찻값 정도는 나머지 사람들이 내는 것을 기대하기 마련이다. 만약 외국인이 식사비를 낸 한국인에게 찻값을 분담하자고 한다면, 한국인에게는 불쾌함을 줄 수도 있다는 것이다.

'돈'과 관련된 문화도 민감한 경우가 많다. 대부분의 한국인은 '돈'에 대한 생각이 표면적으로 드러나지 않는 사례가 많다. 일을 하는 대가로 얼마를 줄 것이냐고 즉각적으로 묻는 것을 어색해하는 사람이 많으며, 곧바로 돈으로 흥정하는 것에 대해 좋지 않다는 편견을 가진 사람이 많다. 하지만 이런 측면이 외국인에게는 매우 부당하게 느껴질 수도 있다. 문화 간 차이를 '친밀도의 거리'로 설명한 연구도 있다. 즉, 상대방에게 느끼는 친밀도에 따라 대화의 (물리적인) 거리가 생겨나는데, 이러한 거리의 정도는 문화마다 상이하다고 알려져 있다. 따라서 너무 가까이 근접해서 얘기하거나 멀리 떨어져서 대화하는 것도 문화마다 오해를 야기할 소지가 있는 것이다. 또한 윗사람의 눈을 똑바로 보지 못하는 한국의 문화적 특성은 때로는 자신 없음이나 숨김으로 오해될 수 있는 반면, 윗사람을 똑바로 보고 자신의 견해를 얘기하는 외국인에 대해 한국인은 당돌하다거나 무례하다고 볼 수 있다는 것이다.

그렇다면, 위에서 살펴본 언어 표현과 문화 표현의 차이는 분리되어 학습되는 것일까? 언어 교수와 학습은 효과적으로 의사소통하는 방식을 배우는 것, 그리고 모든 인간 의사소통에서 서로 떼어낼 수 없는 사회적 행동과 언어적 행동을 어떻게 정확하고 적절하게 이해하고 해석하는가와 밀접하게 연결되어 있다는 점에서 이를 분리하기란 쉽지 않다. 즉, 언어적 능력과 문화 간 능력이 조합되지 않으면, 효과적인 의사소통은 실제적으로 불가능하다는 것이다. 결국 문화 간의 차이는 언어 표현의 차이로 연계되며, 외국인들은 목표언어 문화에 접하게 되면서 모국어화자나 목표언어 화자와는 또 다른 양상을 보일 수 있음을 알 수 있다. 결국 문화의 이해와 이에 따른 언어 표현의 학습이 요구되며, 이러한 학습 여부가 의사소통의 성패에 매우 중요한 역할을 하게 됨을 알 수 있다.

언어교육에서의 문화 교수의 목표는 문화 그 자체를 대상으로 삼을 수도 있고 언어와 연계되는 문화로 한정할 수도 있다고 본다. 개념적으로는 문화 내에 언어가 포함된다고 할 수 있지만, 현실적인 교육과정의 운영을 본다면 이와 반대의 경우로 나타나기도 한다. 즉, 국내 대학의 외국어문 전공과 국외의 한국어문 전공의 교육과정, 언어교육 기관의 교육과정을 분석해 보면, 문화교수가 하위 내용으로 포함되어 있는 경우가 대부분이다. 하지만 대학기관의 문화교수는 대체로 학습자의 모국어로 운영된다는 점에서 엄밀한 의미에서 언어교육의 범주에 들어있다고 보기는 어려운 측면이 있다. 즉 목표 언어를 습득하기 위해서는 목표 문화를 이해하는 것이 필수적이기는 하지만, 이를 반드시 목표 언어교육과 연계할 필요는 없기 때문이다. 목표 언어에 능숙하지 않은 학습자의 언어능력을 고려할 때, 문화 자체에 대한 학습은 학습자의 모국어로 이루어지는 것이 훨씬 효용성이 있다. 즉, 문화교수는 언어에 연계되지 않고 독립적으로 이루어지는 경우가 대부분이다. 이에 반해 언어교육 기관에서 다루어지는 문화교수는 독립적으로 이루어지기보다는 언어교수와 연계되는 경향이 높으며, 목표 언어로 설명되는 경우가 많다. 따라서 초급, 중급의 과정에서는 언어과정과 더 밀접하게 연계되는 경향을 보이며, 고급에 이르면 제한된 범위 내에서 문화 독립적 교수가 이루어지지만, 교수 언어가 목표 언어로만 제한되는 경우에는 역시 한계를 가지게 된다. 위의 내용들을 정리하면, 아래와 같은 문화 교수의 유형을 고려해 볼 수 있다.

			교수언어	비고
문화교수 유형	문화독립형	정보제공	모국어	언어와 무관
	언어연계형	읽기독립교재	목표언어	언어학습
		언어교재종속형	목표언어	화제연동
		교재내문화코너형	목표언어	화제무관

Brown(2001)은 "언어와 문화는 복잡하고 밀접하게 얽혀 있기 때문에 언어를 성공적으로 학습할 때마다 목표 언어의 문화에 대한 학습도 더불어 하게 될 것이며, 언어를 교수할 때마다 문화적 관습, 가치관, 사고방식, 감정, 행동 양식 등을 교수하게 된다."고 지적했다.

문제는 제2언어 능력 중의 하나로도 볼 수 있는 문화능력이 제2언어 프로그램에서 우연히 부과된 문화적 행동에 의해서 발달되는 것이 아니라, 교수 학습 활동에 의해 어떻게 관련되는지를 구체적으로 보여줌으로 체계적이고 지속적으로 발달된다는 점이다. 따라서 교사가 문화 지도의 목표 및 방법에 대해 충분히 인식하고, 이를 언어 학습 과정에 적극적으로 통합시켜 지도하는 일은 매우 중요하다. 하지만 수업에서 교사들이 문화를 교수하기 위해 참고할 수 있는 교수 자료는 충분하지 않다. 이는 다양한 구성원이 이루고 있는 목표 문화의 특성을 일반화하기 어렵다고, 자칫하면 성급한 일반화로 문화적 정형성(Cultural Stereotypes)을 논하게 되는 우를 범할 수 있기 때문이다. 실제로 현대 문화의 특성을 들여다보면 문화의 혼종성이 두드러지고 개별 문화의 변별적 특성을 찾기가 어려워지고 있기 때문이다.

II. 문화 교육 연구사

그간 한국어 교육 내에서 다루어진 문화 교수에 관한 논의들을 대상으로 이들의 특성을 연도별, 주제별로 살펴보기로 하겠다.

시기별 연구의 추이를 살펴보면 1999년 이후부터 학위논문과 학술지 논문 모두 전체적으로는 꾸준한 증가 추세를 보인다. 주목할 만한 것은 2004년에 학위 논문과 학술지 논문 모두가 급격히 증가하였다는 점이다. 이는 각 대학의 학위 과정의 논문이 양산되기 시작했고, 관련 연구자가 증가되었기 때문이라고 볼 수 있다. 이러한 현상은 비단 문화 분야뿐만 아니라 한국어교육학 연구의 전반에 걸쳐 나타나는 현상이다. 한국어교육학의 다른 영역에 비해 특이한 것은 학술논문의 형태가 아닌 학위논문의 비율이 상대적으로 높은 점에 주목할 수 있다.

학술지 논문 증가의 원인으로는 2004년도에 〈언어와 문화〉와 〈한국언어문화학〉의 발행을 들 수 있는데, 이외의 학술지에서도 문화 분야에 대한 관심이 꾸준히 증가하고 있음을 확인할 수 있다. 먼저 〈한국어교육〉, 〈이중언어학〉, 〈외국어로서의 한국어교육〉 등과 같은 한국어 교육 전문 학술지의 경우에는 학술지별로는 전체적으로 큰 편차를 보이지는 않는다.

시기별로 논문 수를 비교해 보면 2003년과 2005년을 중심으로 논문 수가 증가했었음을 확인할 수 있고, 2007-2008년에도 꾸준한 연구가 이루어졌음을 확인할 수 있다. 해당 연도에 한 해 2번 발행하는 학술지의 규모로 볼 때, 7, 8편의 논문은 적은 숫자가 아님을 확인할 수 있다. 이는 한국어교육 전문지에서도 문화에 대한 관심이 꾸준히 증가하고 있음을 확인하는 것이다. 주목할 만한 현상은 문화와 언어교육을 접목하는 전문학술지의 등장 이래 문화에 대한 논의가 급증한 부분이다. 〈언어와 문화〉, 〈한국언어문화학〉이 등장하면서 전체적인 논문의 수가 급증했음을 확인할 수 있다. 외국어교육학과 응용언어학에도 문화 논문이 한두 편씩 발표되고 있는데, 이들은 주로 문화 대조에 관련된 것들로 한국문화와 타 외국어 문화 간의 문제를 다루고 있음을 확인할 수 있다. 흥미로운 것은 2006년을 기점으로 해당 학술지에도 대조 문화학을 넘어서서 한국문화 학습을 목표로 한 학습자 관련 논문을 다루기 시작했다는 점이다.

다음으로 문화교육 주제를 중심으로 선행 논의들을 분류하면 아래와 같다.

- 거시적 관점 : 언어와 문화의 일반론, 한류와의 연관성, 다문화 사회 개념 적용, 국제어로서의 한국어의 위상 정립
- 미시적 관점 : 교재 개발 방안, 교수 항목 설정, 요구분석, 문학작품·매체를 통한 실제 수업에의 적용

학위 논문에 비해 국내 학술지는 연구의 양도 많은 데다가 논의의 관점도 매우 다양해서 거시적, 미시적 연구가 모두 이루어졌다. 하지만 국외 학술지와 비교했을 때에는 문화 간 연구, 문화 접변, 문화 충돌에 관한 연구 부분은 다소 미흡하다고 할 수 있다.

가장 활발한 연구가 이루어진 분야는 목적별 내용 연구 분야로 문학 텍스트를 활용한 문화 교수 방법론에 대한 부분이다. 매체 활용에 대한 논의도 비교적 많이 이루어졌다. 하지만 문학 텍스트 활용에 대한 논문들의 경우, 해당 텍스트 선정 타당성에서 논의를 출발하기보다는 경험적 근거에 의해 선택한 한두 작품의 문화 수업 활용 방안에 머무는 사례가 많았다. 이에 반해 매체 활용 문화교수의 경우에도 구체적인 작품의 활용방안을 제시하기보다는 매체를 활용한 교수방법론이 문화교수에 가져올 효용성에 대한 일반론이나 적용 사례를 포괄적으로 언급하는 논의에 치중되어 있다는 한계가 있었다.

다음으로는 교육과정 전반과 관련된 논의가 이루어졌다. 주로 학습자의 요구분석을 바탕으로 한 문화교수요목 설계에 대한 논의나 교재 개발, 교재 분석, 숙달도별로 차별화한 문화교수 내용이나 방법에 대한 논의도 비교적 활발히 이루어진 바 있다. 아울러 많은 비중을 차지하지는 않지만 교사를 대상으로 한 문화교수의 필요성이나 학습자 중심의 교실 활동을 전제로 한 문화교수 방법론의 제안 등이 이루어졌다.

또한 문화교수 일반에 대한 논의와 문화교육의 전반적 내용에 대한 논의가 활발히 이루어졌다. 즉, 다문화 문제, 문화 간 연구의 필요성, 비교 문화적 연구, 한국 문화의 국제화 방향 제시, 문화교육의 현황과 같은 구체적인 내용이 아닌 문화교육 전반에 대한 논의가 많이 이루어졌음을 알 수 있다. 이는 해당 분야의 연구가 초기라는 점에서 일반론에 많은 비중이 주어진 것은 당연한 결과라고 판단된다. 다만 해당 논문의 저자를 고찰해 보면 한국어교육(혹은 언어교육) 관련자라기보다는 인접 학문의 문화 연구자들에 의한 저술이 많았다는 것이 특색이다. 해당 논문의 저자들은 한 주제에 대한 지속적인 관심을 가지고 있기보다는 개인적 관심사를 한국어교육에 적용하거나 문화교수 내용의 일반론이나 문화교수의 필요성 등을 언급하는 개괄적인 논의에 머

무는 경우가 많았다.

상대적으로 덜 다루어진 분야는 학습자 유형별 문화교수에 대한 논의인데 결혼 이주자나 재외 동포 학습자의 문화 요구에 대한 논의가 일부 다루어졌다.

이를 바탕으로 그간 이루어진 문화 연구의 결과를 총괄적으로 살펴볼 때 다음과 같은 몇 가지 문제점들을 생각해 볼 수 있다.

첫째, 문화교수 내용은 실체를 파악하기 어렵다는 것이다. 이는 문화는 고정적인가 혹은 변화하는가 하는 문제와 연관이 되어 있다. 사실 현대의 문화라는 것은 그 안에 내재된 구시대의 문화를 전제하고 있다고 할 수 있으며, 이로 인한 다양한 세대별 문화 차이가 존재하므로 한국 문화의 일반적 특성을 규명하기란 쉽지 않은 일이 된다. 세대별, 계층별 문화 차이가 개별 문화적 특성보다 더 클 수 있으며, 범문화적 속성과 개별 문화적 속성 간의 구별도 쉽지 않기 때문이다.

둘째, 언어교육에서 다루어야 할 문화의 개념 및 범위 설정에 대한 논의가 어렵다는 데에 있다. 문화교수의 범위는 학습자의 목적별로, 대상별로 차별화 될 수 있는데, 이것은 학습자의 문화 학습에 대한 요구와도 연결된다. 하지만 이러한 분화적 접근이 충분히 이루어지지 못한 채, 그간의 논의는 문화교수 전반에 대한 총괄적인 논의에 머물렀다고 볼 수 있다. 따라서 구체성이 부족하고 일반론에 머물고 있는 측면이 있다.

셋째, 국외에서 이루어지고 있는 문화 교수에 대한 충분한 분석이 이루어지지 못했다. 학습자의 입장에서 본다면 소위 목표 문화의 국제적 영향력이나 선행 지식 여부에 따라 문화 학습의 목적과 방법, 효과는 매우 상이할 수 있다. 하지만 그간의 연구에서 국외의 다양한 문화교수의 방법론 중 무엇을 벤치마킹해야 하는지, 무엇을 차별화해야 하는지에 대한 논의가 부족했다.

넷째, 문화 교수의 내용이 교수자의 문화 교수 능력에 의존했던 점이다. 현행 언어교육 기관의 실정상 문화를 전담하는 교사가 충분하지 않으며, 대부분은 언어를 담당하는 교사에 의해 문화교수가 이루어진 것이 사실이다. 설사 문화와 연관된 지식을 가진 교사가 있더라도 역시 문학 분야에 치중되어 있어 학습자의 요구에 근거한 문화 교수라기보다는 교수자의 지식을 활용한 교수였을 가능성도 있었다고 볼 수 있다는 점이다.

마지막으로는 문화 교수의 수단과 방법론에 대한 논의가 혼재되어 있다는 데에 있다. 이는 학습자의 목표 문화에 대한 요구와도 연관되는 문제인데, 학습자의 문화 학습의 목적에 따라 교수되는 문화의 내용과 방법과 그에 따른 교수의 수단이 되는 매개 언어의 사용에 대해 충분히 주목하지 못한 채, 포괄적인 접근이 이루어졌던 게 사실이다. 문화 독립적 교수가 이루어져야 할지, 언어와 연계된 문화 교수가 이루어져야할지에 대한 고민이 부족했다. 즉, 학습자가 도달해야 할 문화교수의 목표가 언어교수의 부수적인 학습으로 가능한 것인지, 명시적인 문화 교수가 필요한 것인지의 문제는 학습자의 목적에 따라 달라질 수 있기 때문이다. 이는 문화교수의 독립적 지위 문제와 문화 교수와 언어 교수와의 상관성 문제로 연결된다.

Ⅲ. 문화 교육의 내용

1. 문화 교육의 목표

선행 연구에서는 다양한 관점에서 문화교수의 목표들을 제시해 왔다. 먼저 제2언어 습득에서 문화 교육의 목표를 처음 제안한 것은 Ned Seelye(1988)이다. 그가 제안한 문화 교수의 기본적인 목표들은 근본적으로 언어, 문화, 문화 간 의사소통 교육의 핵심이 되어 왔다. 이러한 목표들은 학습자들이 아래와 같은 새로운 지평과 능력을 발달시키도록 도와주기 위한 것이라고 규정한다.

1) 모든 사회에서 인간들은 문화적으로 조건화된 행동을 보임을 이해한다.
2) 모든 언어에서 나이, 성, 사회적 역할, 사회적 지위 등의 사회적인 변인이 인간들이 말하고 상호작용하는 방식을 결정함을 인식한다.
3) 모든 사회에서 인간들은 공통적인 (또는 전형적인) 상황에서 관습화된 언어를 사용함을 인식한다.
4) 제2언어/외국어의 단어와 구가 내포하는 문화적인 함의를 인식한다.
5) 실제 생활에서의 증거와 경험을 바탕으로 제2언어/외국어 문화에 대한 일반화를 (그리고 선입견을) 평가하고 수정하는 능력을 키운다.
6) 다른 문화를 탐사하는 능력. 즉, 다른 문화에 대한 새로운 정보를 찾고 조직하고 평가하는 능력을 키운다.
7) 제2언어/외국어 문화에 대한 지적인 호기심. 그리고 다른 문화의 구성원들에 대한 이해, 존경심과 다른 긍정적인 태도를 가진다.

Hammerly(1982)에서는 Nostrand and Seelye의 이론을 종합해 10가지 문화 교육의 목표를 제안했는데 이는 제2언어 학습자가 어려움을 느끼는 순서에 따른 것이다.

① 단어와 구절에 대한 문화적 함축을 이해할 수 있도록
② 일반적 상황에서 어떻게 행동해야 되는지에 대해 이해할 수 있도록
③ 제2문화에 대한 이해와 관심을 개발할 수 있도록
④ 문화 간 차이점을 이해할 수 있도록
⑤ 문화 내적인 제도와 차이점을 이해할 수 있도록
⑥ 프로젝트 활동과 같은 연구를 할 수 있도록
⑦ 제2문화에 대한 총체적 관점을 개발할 수 있도록
⑧ 제2문화에 대한 언급(인식)에 대해 평가할 수 있도록
⑨ 제2문화와 그 국민에 대한 감정이입과 같은 공감대를 형성할 수 있도록
⑩ 제2문화에 대한 학술적 연구를 할 수 있도록

한편 Valette(1977)에서는 문화 교육의 목표를 5가지 범주로 요약했다.
① 문화적 인식
② 기본예절에 대한 이해
③ 일상생활에 대한 이해
④ 문화적 가치에 대한 이해
⑤ 목표 문화에 대한 분석

한재영 외(2005)에서는 이러한 선행 연구들의 목표를 바탕으로 숙달도별로 교수해야 할 문화 교수의 구체적 목표를 제시하기도 했다.(한재영 외, 2005)

[초급]
① 한국어에 흥미와 자신감을 갖고 한국어로 의사소통 할 수 있는 기본 능력을 기른다.
② 일상생활에 관한 말과 글의 의미를 이해하고 표현한다.
③ 표정이나 제스처와 같은 비언어적 의사소통의 차이를 이해한다.
④ 문화 간의 차이점을 이해하고 인정한다.
⑤ 한국 문화에 대한 선입견이나 고정관념을 갖지 않고 한국 문화를 객관적이고 체계적으로 이
   해하려는 태도를 기른다.

[중급]
① 한국어로 다양한 정보를 받아들이고 활용한다.
② 한국인들의 행동 양식과 의사소통 요령을 터득하여 일반적인 화제에 대하여 한국어로 자연
   스럽게 의사소통한다.
③ 한국어의 언어 표현에 담긴 문화적 의미를 이해한다.
④ 한국어로 표현된 말이나 글을 통해 한국인의 가치관과 세계관을 이해한다.
⑤ 한국의 사회제도와 풍습을 이해한다.

[고급]
① 한국어로 상황에 맞는 자연스러운 의사소통을 한다.
② 일반적 주제 및 추상적 내용의 말이나 글의 의미를 평가하면서 이해한다.
③ 문화 현상의 심층적 의미를 이해한다.
④ 한국의 전통 문화를 이해하고 그 문화적 특성을 바르게 소개한다.
⑤ 상호문화적인 이해를 하여 문화적 정체성을 갖는다.

하지만 문화 교수의 목표는 일반화하여 설정하기에는 어려운 측면이 있다. 즉 외국어 학습 단계와 학습자의 다양한 변인(학습 목적, 학습 기간, 태도 등), 학습 환경(시간, 공간 등)을 고려하

여 교육 목표는 달리 설정되어야 한다. 이러한 문화 교수의 목표 설정은 궁극적으로 학습자의 의사소통 능력을 발달시키고 목표 언어 사회에 대한 문화적 변용을 촉진하도록 할 수 있을 때 의미를 가지게 될 것이다.

2. 문화 학습의 주체

문화학습은 외국인들이 한국인의 문화 양식을 이해하면 되는가? 아니면 수용해서 이를 따라야 하는 것인가? 이에 대한 생각은 다양할 수 있으며, 결국 외국인 당사자가 선택할 문제일지도 모른다. 하지만 선택에 앞서 외국인들은 반드시 다음과 같은 사실을 인지해야 한다.

첫째, 다른 문화의 의사소통과 일 처리 방식을 잘 알고자 한다면, 다른 문화 사람들의 언어 사용이나 해당 문화를 자신의 언어와 문화라는 기준에 맞추어 이해하고 해석하고 있음을 분명하게 알고 있어야 한다. 다시 말해, 개인들이 행동을 하고 말을 하는 서로 다른 문화적 방식들이 서로 다른 사회문화적 규범, 가정, 가치 체계를 바탕으로 하고 있음을 알아야 하며, 이것들은 모두 언어와 행동이라는 양측에서 어떤 구체적인 표출 형태를 가지고 있고 때로는 이로 인해 의사소통의 실패를 가져올 수도 있다는 것을 알아야 한다는 것이다.

둘째, 외국인들은 목표 문화 수용 여부에 따른 이익 여부에 대해 인지해야 한다. 보통 아동들은 사회화 과정에서 먼저 제1언어(L1) 공동체의 규범을 따르게 되며, 이는 제2언어 사회화 과정에도 적용된다고 볼 수 있다. 실제로 외국인의 예의에 어긋난 잘못된 표현, 무례함은 모국어 화자와의 의사소통에서 문제를 일으킬 수 있으며, 제2언어 공동체의 사회문화적 규범을 이해하지 못하는 외국인 화자들은 제2언어 사회에서 제 구실을 하지 못할 수도 있다. 또한 적절성 여부를 알지 못해서, 목표 언어 공동체에서 통용되는 규범을 따르지 않는 경우, 개인들은 때때로 불리한 지위를 차지하게 되어 사회적 불공평과 불평들을 심화시키게 될 수도 있다. 따라서 외국인들은 근본적인 제2언어의 문화와 친숙하지 않고는 자신들의 교육적, 직업적, 상호작용적 기회를 최대한 누릴 수가 없게 되는 것이다.

문제는 문화의 교수나 학습이 그리 쉽지 않다는 데에 있다. 문화의 중심적이고 복합적인 의미는 사회문화적 규범, 세계관, 신념, 가정, 가치 체계를 의미한다. Scollon & Scollon(2001)은 어떤 행동이 허용되고 어떤 행동이 적절하고 기대되는가에 대해서는 사회화 과정에서 습득되며, 이는 개인의 정체성과 분리할 수 없다고 하였다. 제2언어에서의 문화를 가르쳐야 하는 주된 이유는 고급의 유창한 화자들의 경우도 이들이 신념, 가정, 행동에 통합되는 사회화 과정의 일부로서 습득한 사회문화적 체계가 대체로 제1문화의 지배하에 있기 때문이다.(Hinkel, 1999)

하지만 Byram & Morgan(1994)이 "학습자들이 자신의 문화를 그냥 내던지고 새로운 문화 속으로 들어갈 수는 없다. 그들의 문화는 그들의 한 부분이며 그들을 사회적 존재로 만든 것이다."라고 지적했듯이, 목표 문화는 교수될 수는 있지만, 진정한 목표 문화의 수용은 결국 외국인 학습자 스스로의 문제라는 것을 알 수 있다.

3. 문화 교육의 내용

문화교수의 내용에 대한 선행 연구는 구체적인 항목에 있어 매우 다양함을 알 수 있다.

1) 김정숙(1997) : 일상생활과 관련된 문화 요소, 문화적 특질을 가지고 있는 언어적 요소, 담화 범주와 상황에 적절한 언어 형식, 정치 경제적 요소, 문학과 예술

2) 박영순(2002) : 정신 문화(가치관, 민족성, 세계관, 정서, 상징체계, 사상, 종교 및 종교관), 언어 문화(언어학적 요소, 문학적 요소), 예술 문화(대중 문화, 고급 문화), 생활 문화, 제도 문화, 문화재, 학문, 산업기술

3) 한재영 외(2005) : 한국의 언어문화, 한국인의 일상생활, 한국인의 인간관계, 한국인의 사고방식 및 성격, 한국인의 예절(동작 언어 포함), 한국인의 자연 및 관광지, 한국의 문화 유산, 한국의 공공시설과 제도, 숙박 시설물 소개와 이용 방법, 터부

하지만 문화교수의 내용 선정은 이렇듯 범용적으로 다루어지기보다는 개별 학습자의 목적에 따라 그 범주가 한정되는 것이 바람직하다. 다음 절에서는 대상별, 목적별 문화 교수의 내용 및 범주 설정에 대한 논의를 해 보기로 하겠다.

4. 문화 교수의 내용 선정

1) 문화 교수의 내용 및 범위

문화 교수는 그 목표에 따라 교수의 내용 및 범위, 교수의 방법이 결정된다고 본다. 따라서 먼저 문화교수의 목표를 논의하지 않고서는 그 내용 및 범위를 논하기 어렵다. 결국 문화교수의 목표는 학습자의 요구와 연계되며, 학습자별로 접근할 때 그 효용성을 얻을 수 있다고 보는 것이다.

문화 교수의 내용과 범위를 논하기 위해 학습해야 할 목표 문화는 먼저 시기별로 구분하면 전통문화와 현대문화로 구분해 볼 수 있다. 다음으로 내용 유형에 따라 정보문화, 행동문화, 성취문화로 구분할 수 있다. 이중 정보문화나 성취문화는 문화 지식이라는 측면에서 하나로 묶을 수 있고, 행동 문화는 목표언어 화자와의 의사소통에 있어 오해나 수용에 영향을 미치는 문화 방식이라는 측면에서 크게 두 가지로 구분할 수 있다. 이를 기준으로 문화 교수 내용 선정에 대한 몇 가지 견해를 정리해 보면 다음과 같다.

첫째, 학습 목적별 문화교수의 내용과 범위가 달라져야 한다.

〈표1〉 학습목적별 문화교수의 내용과 범위

학습목적	시기별		문화지식	문화방식
	전통문화	현대문화	정보문화·성취문화	행동문화
이주목적	●	●	●	●
학문목적	◐	●	○	●
일반목적	◐	●	◐	●
직업목적	○	●	○	●
재외동포 (민족교육목적)	◐	●	◐	●

　먼저 이주목적 학습자는 결혼을 통한 국적 취득이나 장기 체류를 전제로 한 이주의 형태로 나타나므로 목표 문화 전반에 대한 지식과 목표언어 화자들의 문화 방식에 대해 학습할 필요가 있다고 생각된다. 또한 세대별 문화 차이를 알기 위해서는 전통문화나 현대 문화에 대한 이해가 모두 필수적이라고 판단된다. 이는 재외동포의 경우도 마찬가지로, 목표문화에의 지식 및 문화 방식에 대한 이해가 필요하다. 특히 이주목적 학습자의 경우에는 지역별 문화 차이, 세대별 문화 차이에 대한 이해도 있어야 하며, 문화적 차이로 인해 의사소통의 오해가 가장 빈발할 소지가 있으므로 이와 관련된 대조 문화적 접근이 필수적이라고 볼 수 있다.

　이에 반해, 학문목적 학습자(한국문화전공자 제외)나, 직업목적 학습자의 경우에는 전통문화에 대한 학습의 필요성이 상대적으로 덜하며, 문화 지식 자체에 대한 요구 또한 상대적으로 덜하다고 볼 수 있다. 직업목적 학습자는 격식적 문화와 목표 문화권의 공동체 문화(회식문화, 집단주의, 가족주의) 등에 대한 이해가 필요하며, 학문목적 학습자의 경우에는 격식적 문화에 대한 이해와 더불어 학교 환경에 관련된 사제 간 문화 등에 대한 상황별 문화 이해가 필요하다고 본다. 일반목적 학습자는 학습자의 요구에 따라 관심 있는 영역의 정보 문화나, 일상 문화에 대한 문화 학습이 필요하다고 본다. 위와 같은 학습 목적별 문화교수의 범위는 결국 언어와 연계되는 문화교수냐 독립적인 문화교수냐의 문제에까지 확대될 수 있다.

　둘째, 학습 환경별 혹은 학습자 대상별로 문화교수의 내용과 범위가 달라져야 한다. 국외에서 한국문화를 학습하는 환경은 국외 대학 및 고등학교(정규과정으로서의 학습), 국외 문화원(한국문화원, 세종학당 등), 국외 한국어교육기관(교포 대상의 한글학교 등)으로 세분될 수 있을 것이다. 정규과정에서의 문화교수는 한국학의 범주(문학, 정치, 경제, 사회, 종교 등)로 확대될 것이고 국외 문화원의 경우에는 주로 매체를 통해 전달되는 생활문화에 초점을 맞출 가능성이 많다. 국외 한국어교육기관에서는 예술, 생활문화, 예절 등의 문화에 요구가 높다고 볼 수 있다. 특히 교포를 대상으로 하는 경우, 정체성 확립에 도움을 줄 수 있는 전통 문화나 전통 예술에 대한 실습이 주로 이루어진다.

　또한 국외 기관의 경우에는 교수에 사용되는 언어가 학습자의 모국어일 가능성이 매우 높으며,

학습자의 지적 수준이나 연령, 국적에 따라 문화교수의 내용 및 범위가 달라지게 된다. 앞선 연구들을 살펴볼 때, 강현화(2006)에서 이루어진 학문목적 학습자를 대상으로 한 문화 요구분석과 조항록(2006)에 의해 이루어진 재외동포 학습자를 대상으로 한 문화 요구분석의 결과는 매우 상이함을 확인할 수 있었다. 이는 결국 학습 대상별 문화교수의 내용이 차별화되어야 함을 의미하는 것이다.

셋째, 학습자의 모국어 문화권별로 문화 학습의 접근 방식은 달라져야 한다. Shuman(1976)에 따르면 두 문화 간 사회적 거리가 크면 클수록 학습자는 제2언어 학습에 어려움을 느끼게 된다고 한다. 목표 문화가 자국 문화에 비해 지배적인 정도, 목표 문화에 대한 수용 정도, 두 문화 간의 유사성, 목표 문화와 자국 문화의 사람들이 서로에 대해 갖고 있는 태도, 외국어 학습자들이 목표 문화와 접촉하려는 의도를 갖고 있는지의 여부, 목표 언어를 학습하고 있는 학습자 집단의 크기, 그리고 외국어 학습자들이 자기 문화에 대해 폐쇄적인 정도 등의 다양한 변인들이 고려되어야 한다. 현재의 문화교수에서 이러한 논의는 충분히 다루어지지 못한 면이 있다.

2) 문화 교수 내용 선정의 준거

학습자나 학습 환경의 변인별로 문화 교수의 내용을 달리 선정해야 한다면 문화 교육 내용 중 구체적인 세부 항목 선정의 근거는 어떻게 삼아야 할까? 이는 언어 교수의 내용 선정과 크게 무관하지 않은데, 문화 교수에 있어서도 대강 아래와 같은 준거들을 고려해 볼 수 있을 것이다.

- 유용성(Usefulness) : 의사소통에의 도움
- 학습성(Learnability) : 교수 환경 고려
- 교수성(Teachability) : 한국어 교사의 교수 능력 고려
- 일반화 가능성 : 해당 문화요소에 대한 선행 연구의 일반화 가능성
- 학습자의 기대 : 학습자의 요구, 기대, 필요
- 문화적 유표성 : 목표 문화의 차별성

위의 근거에 입각한 문화 교수 자료에 대한 연구가 기반이 되지 않는 한 구체적인 문화 교수의 범위 및 내용을 논의하기란 쉽지 않을 것이다. 위의 준거들을 바탕으로 하여, 학습자들에게 제시할 문화의 등급을 논의할 수 있으리라 본다.

먼저, 전통문화에 비해 현대문화가, 정보문화나 성취문화에 비해서는 행동문화에 대한 우선순위가 고려되어야 한다고 본다. 또한 학술적 목적으로 문화를 접근하지 않는 한, 현대문화가 중심이 되어야 하며, 의사소통에 가장 큰 문제를 야기할 행동문화에 대한 이해가 우선시되어야 한다. 그간의 논의에서 한국문화에 대한 비중이 전통문화에 치중된 감이 없지 않았으며, 교재에 제시된 자료 역시 전통문화에 근거한 자료의 비중이 높다는 점은 재고의 여지가 있다.

아울러 문화보편적 현상과 더불어 한국문화의 변별적인 민족지학적 특성에 대한 교수, 학습이 충분히 이루어질 때, 목표언어 화자와의 의사소통에 갈등을 줄일 수 있다는 점도 고려되어야 한다. 강현화(2006)에서는 '가치문화'라는 이름으로 한국 문화에 나타난 변별적 행동양식의 특

성을 고려해야 함이 다루어지기도 했는데, 대조문화적 관점에서의 접근이 필수적 준거가 된다고 하겠다.

3) 어휘 교수와 문화 교수

문화 교수의 연구들은 많은 부분 언어와 연계되어 있다. 목표 언어 화자와의 의사소통에서 중요한 것은 학습자가 해당 문화의 모국어화자 발화에 배경이 되는 문화적 특성에 대해 충분히 이해할 수 있고, 또한 학습자가 목표 언어를 사용해 의사소통의 갈등을 초래하지 않고 산출할 수 있을 때 가장 우선적 효용성을 가진다고 볼 수 있기 때문이다. 이런 측면에서 보면 어휘는 문화와 가장 많이 연계되는 기초적인 영역으로, 어휘 교수와 연계되는 문화 영역은 몇 가지로 구분될 수 있다.

첫째, 한국어에만 나타나는 어휘들이다. 한국 문화를 상징하는 어휘나 한국어의 특정 어휘장에만 나타나는 어휘들을 통해 한국 문화에 대한 이해를 도울 수 있다. 예를 들어 '쌀'문화에 기반하는 한국어는 다른 외국어에서는 하나의 어휘로 나타나는 단어들이 '벼, 밥, 쌀, 죽, 떡, 누룽지' 등으로 다양하게 나타날 수 있는데, 이를 통해 결국 한국문화의 특성을 파악할 수 있게 된다. 이런 측면은 음식 관련 어휘나 음식을 조리하는 데에 사용되는 용언에서도 드러난다. 또한 색채어나 의성어, 의태어, 다양한 표현으로 나타나는 형용사도 한국어 어휘의 변별적 특성이 된다.

둘째, 관용구 및 속담에 드러나는 한국 문화의 특성들이다. 선행 연구들의 많은 부분이 한국어의 관용구나 속담에 대한 문화적 해석이나 대조적 접근들로 이루어져 있다. 관습적으로 사용되어 온 관용표현에 드러난 민족지학적 특성에 대한 연구는 목표 문화를 이해하는 데에 도움을 줄 수 있다. 속담이나 관용구에는 목표 문화가 공유하는 동식물, 성별, 계층, 계급 등에 대한 가치가 드러나 있기 때문이다.

셋째, 금기어, 완곡어, 유행어, 성별어, 존비어, 속어 등에 나타난 문화적 특성을 살피는 일이다. 이는 학습자의 산출이라는 측면에서도 중요한 역할을 하므로 맥락에 어울리는 어휘를 구사할 수 있는 능력을 키우게 된다는 점에서 중요하다.

4) 문형 교수와 문화 교수

화자의 심리적 태도는 문장 종결형에서 잘 드러난다. 그간의 많은 연구들은 이러한 한국적 화행 표현과 화행 전략에 관한 것들이다. 화행 연구의 많은 수는 대조 화용분석(Contrasitive Pragmatics)이라는 분야로 진행되었는데, 특히 한국어교육 분야에서는 국적별 화행 수행의 변인을 다룬 연구가 많으며, 개별 화행 연구에서 다룬 많은 논문들은 화행 분석의 방법론으로 한국어 모어화자와 한국인 학습자의 상호 대조, 혹은 한국어 모어화자와 한국인 학습자, 학습자의 모국어 화자 삼자 대조 방식의 대조 연구를 도입하고 있다. 대조 화행에 대한 타 언어교육에서의 연구도 매우 활발한데, 이러한 발화 방식에 대한 문화적 특성의 연구를 통한 화행 방식에 대한 이해와 수행은 목표언어 화자와의 의사소통에서 매우 중요한 의미를 가지기 때문이다. 외국인 화자의 발음이나 어휘에 대한 오류에 대해서는 관용적이지만 화행 전략의 실패에 대해서는 관용적이지 못하다는 선행 연구들을 고려해 볼 때, 향후 언어와 연계되는 화행 교수는 문화교수의 측면에서 매우 중요한 역할을 하게 될 것이다.

또한 문법 범주가 특정 화행과 연계되는 경향도 나타나는데, 비난이나 책임 회피를 위해 인용문을 사용하거나, 완곡하게 표현하기 위해 비단정적 추측 표현을 사용하기도 하며, 청자의 체면 보호를 위해 부정의문문을 사용하기도 하는 양상들이 그것이다. 공공연한 혼잣말의 사용 역시 말대답이나 반박을 회피하려는 공손 전략의 하나로 나타나기도 한다. 이밖에도 비언어적 표현들이 문화교수에 연계되는 언어적 특성에 포함될 수 있다.

5) 문화 독립적 교수의 필요성

최근 학문목적 학습자가 빠르게 증가하고 있다. 이들 중 한국의 언어나 문화를 전공하는 학습자들의 특성은 학습의 목표가 언어적 의사소통에 머물지 않고 한국 문화 자체에 있는 경우가 대부분이라는 점에 주목할 만하다.

강현화(2006)에 따르면 외국인 학습자를 대상으로 하고 있는 국내의 국제대학원(한국학 중앙연구원, 서울대, 연세대, 고려대, 경희대 등)들은 다양한 교육과정을 운영하고 있음을 확인할 수 있다. 한국학 중앙연구원은 가장 다양한 전공과 교육과정을 가지고 있는데, 역사, 철학·윤리, 어문·예술, 문화·종교, 정치·경제, 사회·교육, 해외 한국학의 총 7개 분야로 나뉘어 있으며, 총 15개의 세부전공으로 구분되어 있다. 서울대의 한국학 과정은 주로 언어와 문학이 주된 과목(약 10과목)을 이루고 있으며 예술, 경제, 정치, 지리, 민속, 사회, 역사의 과목이 각각 한두 과목씩 개설되어 있다. 연세대의 경우에는 한국어를 필수 과목으로 선정하고 역사, 사회·문화, 종교, 예술, 국제관계, 북한문제, 경제 및 경영, 철학 등의 다양한 과목을 개설하고 있다. 고려대의 경우에는 한국의 역사, 정치, 경제, 사회, 국제관계 등의 다양한 과목과 한국어 능력을 제고하기 위한 다양한 언어과목을 개설한 것이 특징이다. 이들 과정의 교수 언어는 주로 영어이며, 국외 대학기관의 한국학 관련 강의 역시 학습자의 모국어로 진행된다. 이는 한국어가 능숙하지 못한 외국인의 경우, 목표어인 한국어보다는 영어로 수업을 하는 것이 더 효율성이 있다고 판단했기 때문으로 해석된다.

국외의 대학에서 이루어지는 문화 교수 역시 학습자의 모국어로 진행되며, 문화 독립적으로 교수될 가능성이 크다. 따라서 학습자가 독립적 문화교수가 목표로 할 경우, 문화 독립적 교수가 이루어지는 것이 바람직하며, 학습의 효용성 면에서 볼 때, 언어 과정과는 독립적으로 이루어지는 것이 바람직하다고 판단된다.

문화 독립적 교수의 필요성은 외국인을 대상으로 한 초기 교육에도 도입되는 것이 바람직한데, 학습자의 모국어를 활용하여 입국 전 혹은 입국 초기에 한국 문화에 대한 개괄적 학습이 이루어지는 것이 바람직하다고 본다. 이후에는 대조 문화적 관점을 도입한 문화 대조적 접근이 지속되는 것이 좋을 것이다.

Ⅳ. 문화 교육의 방법

1. 문화 교육의 원리

박영순(2002:33)에서 제시한 문화 교수의 일반론적인 원리를 소개하면 다음과 같다. 이들 원리에는 구체적인 교수에의 적용 방법들이 제시되어 있다.

① 문화를 문화 유형에 맞게 교수·학습한다. 예를 들어 체험이 필요한 것은 체험교육을 시킨다. 그리고 한국인의 가치관에 대해서 이해시키기 위해서는 드라마나 소설, 또는 관련된 책을 보게 하는 등 적극적으로 한국문화를 이해하고, 한국어 표현과 어울리는 행동을 할 수 있게 하기 위한 교사의 적극적인 노력이 필요하다.

② 문화를 이해할 수 있는 기회를 많이 제공한다.

③ 학습자의 고유문화와 한국문화를 대조하여 발표하는 과제를 많이 준다.

④ 문화를 알아야만 말이나 글의 진정한 의미를 해석할 수 있는 자료를 많이 제공하여, 의미를 발표하도록 한다. 관용어, 은유, 유머, 농담 등은 특히 이러한 자료의 보고이다.

⑤ 한국문화를 체득할 수 있는 소그룹 활동을 많이 시킨다.

⑥ 최신 문화 이론도 다루고, 이 이론에 따른 문화 분석이나 평가를 하는 활동을 한다.

⑦ 가능한 한 그룹여행이나 한국의 판소리 공연이나 국악 연주, 한국화 전시회 같은 것을 많이 관람하도록 권유한다.

⑧ 한국의 명절 행사나 문화 행사에도 가능한 한 많이 참여할 것을 권장한다.

⑨ 되도록 한국의 유형, 무형 문화재에 대한 기본적인 안내와 더불어 실제로 감상할 수 있는 시간을 갖게 한다.

⑩ 한국의 독특한 문화재를 몇 가지 골라 그것에 대하여 조사하여 그 문화재의 성격과 가치에 대하여 발표하도록 한다.

⑪ 한국어에 있는 문화어 목록을 만들어 쉬운 것부터 체계적으로 가르칠 수 있는 방안을 모색한다.

이밖에도 한국 문화 이해를 위한 실제적 체험 활동과 이러한 이해를 바탕으로 한 발표나 토론 등의 산출 활동을 적극 권장하고 있음을 알 수 있다.

2. 문화 교육 방법 및 활동

교수 현장에서 다루어질 수 있는 주요 문화 교수의 방법을 소개하면 아래와 같다.

1) 비교 방법(Comparison Method) : 문화 간의 차이점을 이해하고 표현하도록 유도하는 방법으로, 교실에서 문화 비교를 수행하기에 적합한 토론, 발표하기, 프로젝트 수행을 활동으로

유도할 수 있다.

2) 문화 동화장치(Culture Assimilators) 활용 : 목표 문화에서 오해될 가능성이 있는 사건들을 간결하게 기술하는 것이다. 문화 동화장치는 Albert(1983)에 의해 문화감지 도구(ICS: Intercultural Sensitizer)라는 이름으로 재명명되었는데(손은경, 2002), 피훈련자가 목표 문화권에서 보편적으로 경험할 수 있는 전형적인 사례를 기술한 후 그러한 상황에 처했을 때 피훈련자가 반응할 수 있는 선택 문항을 3~4개 정도 제시하여, 선택하게 하고 각각의 선택 문항에 대해 효과적인 피드백을 받아 다양한 각도에서 문화 차이를 인식할 수 있게 하는 방법이다.

3) 문화 캡슐(Culture Capsule) 활용 : 문화 동화장치가 주로 읽기 자료로 활용되는 반면, 문화캡슐은 다양한 시각 자료나 실물 자료들을 포함한다. 목표 문화와 타문화권 간의 문화적 차이를 시각 자료로 제시하고, 이와 관련된 질문과 토론 활동이 이루어진다.

4) 문화 섬(The Culture Island) 활용 : 포스터, 그림 등을 사용하여 목표 문화의 전형적인 측면을 보여줄 수 있는 공간으로 만들어 유지하는 것을 말한다. 문화 섬은 학습자들의 주의를 끌어 질문과 논평을 유도하기 위해 기획된다.

5) 인터넷 활용, 영상 매체나 잡지의 활용 : 인터넷은 목표 문화나 문화 간 비교에 대한 풍부한 자료를 담고 있다. 다양한 시각 자료와 문서 자료를 활용할 수 있다. 영화, 드라마, 광고 등의 매체 역시 효율적인 문화 수업의 방안이 된다.

6) 참여 관찰(Participant-observation) : 목표 문화의 공동체 구성원으로 직접 참여하여, 그 사회에서 유형화된 문화적 행위를 인지하고 이해할 수 있게 하는 것이다.

7) 관찰(Observation) : 학습자가 관찰자로서 주의 깊게 지켜보는 방법(Saville-Troike, 1982)이다. 관찰 과정에서는 특정 행위에 대한 판단이나 결론을 내리지 않고 단지 관찰 가능한 내용을 객관적으로 기술하는 것이 바람직하다.

8) 접촉 : 수업 중 초대 형식의 방문객과 토의하기, 편지나 메일 교환하기, 언어 교환하기, 버디 활동 등이 주된 활동이 된다.

V. 함의

앞선 논의들을 바탕으로 향후 언어교육 내에서의 문화교육이 나아가야 할 방향성을 모색해 보면 다음과 같다.

첫째, 그간 언어교육에서 다루어야 할 문화의 개념 및 범위 설정에 대한 논의가 상대적으로 부족했다는 점을 살필 수 있었다. 이러한 문화 교수의 범위는 학습자의 목적별로, 대상별로 차별화 될 수 있는데, 이것은 학습자의 문화 학습에 대한 요구와도 연결되므로, 향후 논의는 문화교수 전반에 대한 총괄적인 논의에서 벗어나 학습자 목적별, 학습자 대상별 분화적 접근이 이루어져야 함을 의미한다.

둘째, 국내 연구와 국외 연구를 비교했을 때, 간문화적 연구나 민족지학적 문화연구에 대한 논의가 상대적으로 부족했으며, 특히 의사소통에 문제를 일으킬 수 있는 문화교수 내용연구에 초점을 두어야 함을 파악했다. 아울러 소위 목표문화의 국제적 영향력이나 선행 지식 여부에 따라 국외의 다양한 문화교수의 방법론 중 무엇을 벤치마킹해야 하는지, 무엇을 차별화해야 하는지에 대한 논의가 이루어져야 함을 확인했다.

셋째, 언어 교수와 연계된 문화 교수 내용과 독립적 문화 교수의 내용이 변별되어야 함을 살피고, 이에 따른 각각의 문화 교수에서의 방법론이 차별화되어야 함을 주장했다. 학습자의 목표와 문화 학습의 활용도에 따라 교수의 방법과 교수 도구는 달라져야 하며, 이에 대한 연구가 후속되어야 한다.

■ 참고문헌 ■

강현화(2002), "문화 어휘의 선정과 기술에 대한 연구,"박영순교수 환갑논문집
강현화(2007), "한국인의 가치문화교수방안" 언어와문화 3권
권순희(1996), 언어 문화적 특성을 고려한 한국어 교육의 교재 편성 방안, 국어교육연구 3.
조항록(1998), "한국어 고급과정 학습자를 위한 한국문화교육 방안"한국어교육 9-2, 국제한국어
　　　　교육학회
김남현(2001), 의사소통 향상을 위한 한국어 문화 교육방안 연구, 경희대학교 석사논문.
김정숙(1997), 한국어 숙달도 배양을 위한 한국 문화교육 방안, 교육한글 10, 한글학회.
박영순(2002), 한국어교육을 위한 한국문화론, 한국문화사.
안경화(2001), 속담을 통한 한국 문화의 교육 방안, 한국어교육 12-1, 국제한국어교육학회.
우인혜(2004), 외국인을 위한 한국 문화 항목 선정, 이중언어학 25, 이중언어학회.
윤여탁(2004), 한국어교육에서 문학교육 방법 연구 -미주 지역 한국어교육을 중심으로, 국어교육
　　　　연구 14집, 서울대 국어교육연구소.
이미혜(2004), 한국어와 한국문화의 통합교육, 한국언어문화학 1-1, 국제한국언어문화학회.
조항록(2005), 한국어 학습자를 대상으로 하는 문화교육의 새로운 방향, 국제한국어교육학회 2005
　　　　년도 춘계 (제23차) 학수대회 발표집, 국제한국어교육학회.

■ 주요 용어 ■

big C, little C, 정보문화, 행동문화, 성취문화, 문화 동화장치(culture assimilators), 문화감지도구(ICS: Intercultural Sensitizer), 문화 캡슐(culture capsule), 문화 섬(the culture island), 참여관찰(participantobservation)

13장 한국어한자교육론

| 학습목표 |

1. 한국어교육의 일환으로 한자어 어휘교육법의 필요성을 살피고, 효과적인 교육방법을 모색한다.
2. 한국어 한자어 교육의 목표와 방법을 이해하고, 한자어 교육의 원리를 이해한다.
3. 한자의 기원 및 자형의 변화, 한국어 학습용 기초 한자 어휘를 이해하고 한자어의 뿌리와 한자 문화권의 한자어 교육 현황에 대해 이해한다.한국어 한자어 교육의 목표와 효과적인 교육방법, 한국어 한자어에 대한 기본적 이해를 도모한다. 그리고 한국어 한자어 교육의 실제로서 한국어 한자어 독음교육방법과 외국인학습자에게 필요한 한자어 교육의 범위 등을 이해한다.

Ⅰ. 한자어교육의 필요성

1. 한자어의 개념과 한자어 교육의 범주

1) 한자어의 개념

'한자어'는 한국에서 만들어진 한자어 외에 중국이나 일본에서 들어온 것들도 많지만 이들이 현재 '한국어 어휘'로 사용되고 있어야 한다. 또한 한국에서 한자어는 1음절이 한 어휘가 되는 경우보다 2음절이상이 결합하여 한자어가 되는 경우가 많다. 그리고 같은 한자를 놓고도 한국, 중국, 일본 등 세 나라의 발음이 다른데, 한국어의 음운 규칙에 따라 '한국 음'으로 발음되어야 한다.

2) 한자어 교육의 범주

한자어 교육은 한자 어휘를 가르칠 수 있고, 한자를 가르칠 수 있으며, 한자성어를 가르칠 수도 있다. 한자 어휘는 한국어의 어휘 체계에서 가장 큰 비중을 차지하므로 '어휘 교육'의 측면에서 중요하다. 한자는 한자어의 의미 이해와 확장을 하기 위한 도구의 역할로서 포함될 수 있다. 한자성어는 구성되는 개별 한자의 뜻을 알더라도 의미를 제대로 파악하기 어려운 경우가 많고 문화적 요소가 들어 있기 때문에 별도의 교육이 필요하다.

따라서 한국어 교육에서 한자어 교육은 한자, 한자 어휘, 한자성어를 모두 대상으로 한다.

2. 한자어 교육의 필요성

　한자어는 한글 속에서 그 비중이 대략 65~70% 내외를 차지하므로 한자를 알지 못하면 단어의 정확한 이해가 불가능하다. 또한 한자는 어휘를 담당하는 도구 과목으로서 어휘를 제대로 습득하지 못할 경우, 학업성취도에서 저조한 결과를 초래할 수 있고, 고등교육 과정에서 전공도서를 읽을 때 독해력이 저하된다. 따라서 한국에서 한자어 학습은 필수적이다.

1) 한자어 교육의 필요성

　한국인이 한자를 공부하는 이유와 외국인에게 한자어 교육을 해야 하는 이유는 동일하다고 볼 수 있다. 어휘는 원활한 언어생활을 위한 기초이며, 특히 한자는 대부분의 고급어휘, 학문어휘 등과 관계가 깊기 때문에 한국어 능력을 향상시키기 위해서는 한자에 대한 교육을 해야 한다. 대학교 이상 수준의 교육 기관에서 수학하는 외국인 유학생이 많아지고 있으므로 그 필요성은 더욱 증대된다. 한자어 교육의 필요성을 정리하면 다음과 같다.
① 한국어 어휘 체계에서 한자어의 비중은 60% 이상을 차지하므로 한국어 어휘력을 향상시키기 위해서는 한자어 교육이 필요하다.
② 한자어 교육은 한국어 능력 시험의 대비를 위해서도 필요하다. 유의어, 반의어, 한자성어, 동음어, 한자어 접사 등에 잘 이해하고 있어야 한국어 능력 시험에서 높은 등급을 취득할 수 있다.
③ 학문 목적이나 전문 직업 목적의 고급 한국어 학습자는 섬세하게 분화되는 한자어의 의미를 알 필요가 있다. '이해 어휘'와 '표현 어휘' 양쪽을 충족시키는 한자어 교육이 필요하다.
④ 한자 교육과 연계한 한자어 교육이 필요하다. 비한자권 학습자들에게 한자어 어휘력을 높이기 위해서 한자어의 어휘 형성 원리를 파악하는 것은 큰 도움이 된다.

2) 한자어 교육에 대한 교사와 학습자의 요구도

　교사의 한자 능력과 한자어 교수의 관계에 대해 교사와 학습자들 중 92%가 그 관계가 밀접하다고 응답하였다. 효율적인 한자어 교육을 위해서는 한국어 교사가 일정 수준의 한자 능력을 갖추는 것이 필요함을 확인할 수 있다. 또한 학습자의 한자 능력과 어휘력의 관계 또한 긴밀하므로 한자어 확장 교육이 필요하다. 한자권 학습자들은 고유어, 비한자권 학습자들은 한자어를 어려워하므로 비한자권 학습자들을 위한 한자어 교육이 더 보완되어야 한다. 한국어 학습자들의 77%가 한국어를 배우면서 한자 교육의 필요성을 많이 느낀다고 응답하였다.

3. 한자어 교육 연구의 현황과 연구 방향성

① 한국어 교사와 학습자의 한자어 교육에 대한 요구도 조사가 필요하다. 언어권과 학습 목적에 따라 한자어 교육에 대한 요구를 파악하고 이를 교수 내용과 교수 방법에 반영해야 한다.

② 한국어 교사의 한자에 대한 지식이 한자어 교육에 미치는 영향이 크다면 한국어 교원 양성 과정에서 '한국어 한자교육론' 등의 교육 목표와 내용을 면밀히 검토할 필요가 있다.

③ 한자어 교육의 방안에 대한 구체적 연구가 필요하다. 교육용 한자와 한자어 목록에 대한 연구가 교육에 적용되지 못했으며, 한자권과 비한자권 학습자의 교육 내용 변별이 필요하다.

④ 한자어 어휘 확장 교육이 정규 과정 안에 포함되어 있지 않고 비정규 과정에서 진행되므로 이러한 교수요목에 적합한 교육 내용과 교재 개발에 대한 연구가 필요하다.

⑤ 한자어의 어휘 형성 원리를 이용한 교육과 고빈도 한자어 접사를 이용한 한자어 파생어 교육을 위한 학습 자료와 교수법을 활용해야 한다.

⑥ 한자의 의미와 한자어의 어휘 형성 원리를 익혀 한자어의 어휘 학습 전략으로 사용하도록 지도하는 방법이 효과적인지에 대해 연구해야 한다.

II. 한자 교육

1. 한자 교육의 필요성

한자 교육은 기본 문형에 적용할 '어휘력'을 배양하는 것이 중요하다. 한자를 배우면 어휘력 확장 및 학문적, 전문적 수준의 어휘를 습득하는 것이 가능해 지므로 중급 이상의 단계에서 한자 교육이 이루어져야 한다. 또한 한국어 원어민 화자와의 의사소통 상황에서 직접 사용을 하지는 않더라도 수용적인 언어 이해의 측면에서 학습이 필요하다.

2. 한자 교육 관련 연구

① 전문 서적, 학술지뿐 아니라 신문, 잡지, 간판 등에서 한자 사용이 폐기되지 않는 한 학습자의 한자 학습은 불가피하며 교재에도 한자가 도입되어야 한다. 한자 학습은 중급 과정에서 시작하는 게 적절하며 읽어 뜻을 아는 것에 목표를 두고 불필요한 학습 부담은 주지 않는 것이 좋다. (장석진, 1974)

② 중학교용 기초 한자 900자와 고등학교용 900자 중에서 일상생활에서 사용되는 간판 속 한자와 신문의 사회면, 정치면에 나타난 한자를 고려하여 한자 목록을 제시했다. (손연자, 1984)

③ 한자 교육에 있어서 목표를 국한문이 혼용되는 신문, 잡지 등의 인쇄물이나 안내문 등을 정확히 읽을 수 있도록 하는 데 두고, 한자권 학습자와 비한자권 학습자의 한자 교육을 구분하여 다루어야 한다. (김정숙, 1992)

④ 일상생활에서 자주 쓰이는 생활용 기초 한자를 선정하기 위하여 노출 빈도수가 가장 높은 한자를 수집한 후 교육용 기초 한자 목록과 대조한 한자 목록을 제시. 광고, 간판, 신문, 포스터, 상표, 명함 등 일상생활 속에서 발견할 수 있는 한자 목록 52개를 선정하였다. (장일결, 2013)

3. 한자 학습의 목적

한자를 학습하면 한국어 독해력을 향상시킬 수 있으며, 한자의 분석과 조어 원리를 통해 한자어를 이해하고 적용력을 향상시킬 수 있다.

4. 한국어 교육용 한자 분류

1) 한국어 교사들이 생각하는 교육용 한자 선정 기준에 대한 순서

① 획순이 간단한 한자
② 한자어를 많이 만들 수 있는 조어력이 높은 한자
③ 교육용 기본 어휘에 포함된 한자어를 구성하는 한자
④ 외국인을 위한 한자 교재에서 중복된 한자
⑤ 한국어 교재 내의 한자어에 나오는 한자
⑥ 한국인 중, 고등학생을 위한 교육용 한자

2) 교육용 한자의 선정 기준

① 한국어 교육용 어휘에 포함된 한자어를 구성하는 한자

② 조어력이 높은 한자
③ 1음절 한자어를 구성하면서 대응 고유어가 없는 한자가 우선시
④ 외국인을 위한 한자 교재에서 중복도가 높은 한자
⑤ 사용 빈도가 높은 한자(일상생활에서 많이 보는 한자)
⑥ 한자 자체의 난이도(간단한 획수)가 고려되어야 함
⑦ 부수와 같이 다른 한자의 기초가 되는 한자가 우선시되어야 함
⑧ 한자어의 의미 투명성을 높일 수 있는 한자

3) 교육용 한자의 선정 및 배열 과정
① 한국어 교육용 한자어를 '한국어 학습 사전'에서 추출
② 조어력이 높은 한자를 우선적으로 배열
③ 한자 교재에 나타나는 한자의 중복도를 산출
④ 한자체의 난이도를 고려하여 획순이 쉬운 한자를 우선 배열
⑤ 1음절 한자어를 구성하면서 대응하는 고유어가 없는 한자를 우선 배열
⑥ 생활에서 사용 빈도가 높은 한자 즉 명함의 성, 고유명사 등을 고려
⑦ 다른 한자의 기초가 되는 부수 한자를 우선 배열
⑧ 의미 투명도를 높일 수 있는 한자를 우선 배열
⑨ 한자어 교재 편찬을 염두에 두어, 어휘장과 조어된 한자어를 함께 고려

III. 교육용 한자·한자어 선정

1. 한국어 교육용 시사 한자 선정

1) 시사 한자 선정 절차

〈객관적 분석〉 신문 기사에 나타난 상위 빈도 한자 추출
▼
〈주관적 분석〉 어휘의 동위 관계와 중요도에 근거하여 가감
▼
〈경험적 분석〉 최종 시사 한자 목록 선정

2) 시사 한자 선정 방법

판매 부수가 상위권인 5개 신문의 1년 기사를 조사한다. 동일 기사에 반복 등장하는 한자는

일 회로 처리하고 합성어가 아닌 단일어로 분석 대상을 좁힌다.(단음절인 경우로 제한)

3) 한자 추출
① 4회 이상 제시된 한자 목록

	한자	의미	빈도	종합	국제	사회	경제	문화	스포츠	과학	건강
1	美(미)	미국	89	27	27	14	15	4	2		
2	中(중)	중국	77	27	24	12	12	2			
3	日(일)	일본	67	37	13	6	7	2	2		
4	北(북)	북한	61	41	4	15		1			
5	朴(박)	성씨	35	33		2					
6	前(전)	예전	29	6	1	17	3	1		1	
7	韓(한)	한국	17	12	1	1	3				
8	車(차)	자동차	16	1	1	3	11				
9	英(영)	영국	15	2	6		4	3			
9	檢(검)	검찰	15	9		6					1
11	靑(청)	청와대	14	12		2					
11	與(여)	여당	14	14							
13	野(야)	야당	12	12							
14	銀(은)	은행, 은메달	11		1	3	6		1		
14	女(여)	여자	11	1	1	2	1	1	5		
16	軍(군)	군대	10	6		4					
16	佛(불)	프랑스	10	5	2		3				
19	新(신)	새로운	10	2			3	5			
19	亞(아)	아시아	9	2		1		6			
21	盧(노)	성씨	9	7		2					
21	獨(독)	독일	8	1	3	2	2				
21	金(김)	성씨, 금메달	8	2		2	1		3		
21	大(대)	대학	8	1	1	2	2	1		1	1
24	公(공)	공사	6	2		1	3				
24	中企(중기)	중소기업	6			1	5				
24	發(발)	발하다	6	1		2	2				
27	故(고)	세상을 떠난	5			5					
27	年(년)	일년	5	2			3				

순위	한자	의미									
29	鄭(정)	성씨	4	4							
29	恨(한)	한	4	1		2		1			
29	重(중)	중공업	4				4				
29	賞(상)	상	4	1		3					
29	硏(연)	연구소	4			2	2				1

② 3회 제시된 한자

男(남: 남자)	黨(당: 정당)	無(무: 없음)	比(비: 필리핀)
死(사: 죽다)	山(산)	生(생: 가공하지 아니한)	詩(시)
阿(아: 아프리카)	兆(조: 숫자)	茶(차)	許(허: 락하다)
安(안: 성씨)	委(위: 위원회)	印泥(인니: 인도네시아)	協(협: 협회)

④ 1회 제시된 한자 목록

家(가)	甲(갑)	强(강)	高(고)	官(관)
局(국)	郡(군)	機(기)	老(노)	道(도)
毒(독)	母(모)	文(문)	民(민)	反(반)
辯(변)	兵(병)	富(부)	私(사)	司(사)
產(산)	色(색)	善(선)	說(설)	勢(세)
稅(세)	數(수)	神(신)	惡(악)	案(안)
右(우)	月(월)	李(이)	伊(이)	字(자)
者(자)	錢(전)	情(정)	族(족)	罪(죄)
株(주)	鐵(철)	淸(청)	秋(추)	太(태)
行(행)	刑(형)	洪(홍)	黃(황)	

4) 한국어 교육용 시사 한자 목록 주제별 분류

① 국제

美(미국)	中(중국)	日(일본)	韓(한국)	北(북한)
南(남한)	英(영국)	獨(독일)	佛(프랑스)	伊(이탈리아)
加(캐나다)	濠(호주)	印(인도)	比(필리핀)	臺(타이완)
蒙(몽골)	泰(태국)	印泥(인도네시아)	亞(아시아)	阿(아프리카)

② 정치

靑(청와대)	與(여당)	野(야당)	黨(정당)	檢(검찰)
法(법)	軍(군대)	核(핵무기)		

③ 사회

大(대학)	高(고등학교)	中(중학교)	前(전)	故(고)

④ 경제

銀(은행)	百(백화점)	車(자동차회사)	道(고속도로)	株(주식)
稅(세금)	年(년 단위)	月(월 단위)		

⑤ 일반

反(반), 非(비), 全(전), 無(무), 新(신), 賞(상), 大(대), 生(생), 死(사), 男(남), 女(여), 金(금)

⑥ 인명

　　인명을 나타내는 한자는 시기에 따라 자주 사용되는 빈도가 달라지는데 역사적 인물, 현 시대의 인물 등을 고려하여 필수 한자 선정이 필요하다.

朴(박), 李(이), 盧(노), 安(안), 文(문), 鄭(정), 崔(최), 金(김)

2. 한국어 교육용 한자어 선정

1) 한자어 선정 절차

한국어 교재에 나타난 어휘 목록 작성
▼
빈도 순서대로 정리
▼
주제별 분류

2) 한자어 선정 방법

　　한국 대학 기관 교재 및 중국 대학 기관 교재를 분석하여 어휘 목록을 작성한다. 고빈도 순서로 정리한 후 한자어를 추출하고 주제별로 분류한다.

주제(어휘수)		어휘	확장 가능한 어휘
숫자 및 단위(15)		일, 이, 삼, 사, 오, 육, 칠, 팔, 구, 십, 백, 천, 권, 원, 번	영, 억, 개(個)
시간(21)		월요일, 화요일, 수요일, 목요일, 금요일, 토요일, 일요일, 내일, 년, 분, 시간, 오전, 오후, 월, 전, 후, 주말, 지금, 계절, 추석	내년, 내후년, 개월, 초
개인정보(21)	가족	소개, 가족, 부모, 동생, 형, 남편, 부인, 남자, 여자, 생일, 친구	부모님, 삼촌, 사촌, 고모, 이모
	직업	교수, 학생, 대학생, 선생님, 회사원, 의사	경찰, 간호사, 변호사, 공무원, 승무원
사물(19)	물건	모자, 물건, 동물, 사진, 선물, 수건, 시계, 신문, 약, 우산, 문, 창문, 의자, 침대, 편지, 전화, 한복	화장품, 치약, 운동화, 휴대전화, 식탁, 전등
	자연	강, 산	
장소 및 위치(34)		거리, 건물, 공원, 공항, 교실, 교회, 극장, 근처, 기숙사, 경찰서, 고등학교, 대사관, 대학, 대학교, 댁, 도서관, 도시, 백화점, 병원, 사무실, 서점, 시내, 식당, 약국, 역, 영화관, 우체국, 은행, 장소, 주소, 정류장, 학교, 회사	부근, 중간, 좌, 우, 상, 하, 동서남북
음식(9)		과자, 냉면, 맥주, 사과, 생선, 식사, 요리, 점심, 음식	소주, 음료수
표현(23)	평가	간단하다, 위험하다, 병(이 나다/에 걸리다), 색, 시작하다, 특히, 정도	최고, 사과하다
	감정	감사하다, 미안하다, 제일, 실례, 조심하다, 죄송하다, 안녕하다, 피곤하다, 필요하다, 화(가 나다)	
	기타	연락, 인사하다, 준비하다, 약속, 초대하다, 환자, 주인	
교통 및 나라(11)		여권, 기차, 출발하다, 도착하다, 비행기, 자동차, 지도, 지하철, 호선, 차, 운전하다, 고향, 한국, 중국, 미국, 일본, 외국	자전거, 도로, 도보, 횡단보도, 신호등
학업(25)		공부하다, 경제학, 질문하다, 대답하다, 설명하다, 문법, 문제, 방학, 연습하다, 영어, 외국어, 교과서, 공책, 사전, 시험, 졸업하다, 책, 책상, 칠판, 표, 한국어, 수업, 숙제, 대화하다, 역사	학습하다, 교수, 학생, 교사, 선생님, 책상, 교실, 연필
취미(17)		야구, 축구, 여행, 만화, 소설, 소풍, 잡지, 문화, 영화, 운동, 유행, 음악, 태권도, 생활, 청소하다, 수영	농구, 태극권, 무술

IV. 언어권별 한자어 교육 내용

1. 한자권 학습자의 한자어 교육 내용

한자권 학습자들에게 한자어를 교육하기 위해서는 중국어와 일본어에 있는 한자를 한국식으로 읽어서 만드는 부정적 전이가 없도록 지도해야 한다. 예를 들어 한자로 구성되어 있으나 모국어에서 쓰는 한자어가 한국에는 없거나 의미가 다른 경우에 오류가 발생할 수 있다. 이러한 오류를 방지하기 위해서는 한자어권 나라들의 한자어들 간의 의미적 차이에 대한 대조언어학적 분석을 바탕으로 교육 내용이 구성되어야 한다.

1) 한자권 학습자의 수준별 한자어 교육 내용 예시

분류		한자권
교육내용	한자어 초급반	– 한자의 음과 훈 – 한, 중, 일 한자어 음운 대응 교육 – 한, 중, 일 한자어 의미 차이 비교 – 한자어 어근을 그대로 사용할 수 없고 '하다/되다' 등의 접사가 필요함을 인식시키기
	한자어 중급반	– 한·중/한·일 한자어 의미 차이 비교
	한자어 고급반	해당 사항 없음

1) 한국 한자어와 중국 한자어의 동형이의어 대조 사례
 ① 한국 한자어의 의미가 중국 한자어보다 넓은 경우
   - 과자(果子)
     한국어 : 열매, 밀가루, 쌀가루 등에 설탕, 우유 따위를 섞어 굽거나 튀긴 간식.
     중국어 : 튀긴 빵.
 ② 한국 한자어의 의미가 중국 한자어보다 좁은 경우
   - 선생님(先生)
     한국어 : 학생을 가르치는 사람, 성이나 직함 따위에 붙여 남을 높여 이르는 말, 학예가 뛰어난 사람을 높여
          이르는 말
     중국어 : 학생을 가르치는 사람, 성이나 직함 따위에 붙여 남을 높여 이르는 말, 학예가 뛰어난 사람을 높여
          이르는 말, 첫자식, 도사, 가장, 선조
 ③ 한국 한자어와 중국 한자어의 의미가 전혀 다른 경우
   - 고등학교(高等学校)
     한국어 : 고등학교
     중국어 : 대학, 전문대학

2) 한국 한자어와 중국 한자어의 이형동의어 대조 사례

소개(紹介)   지하철(地下鐵)
한국어 : 소개(紹介)   한국어 : 지하철(地下鐵)
중국어 : 介紹(개소)   중국어 : 지철(地鐵))

2) 중국어권 학습자를 위한 한자어 학습 목록의 예

한자	한자어	중국어	예문
공(工) 만들다	工夫(공부)	學習	내일 모레가 시험인데 공부 안 하고 음악을 들어? (중국어에서 공부는 시간이나 짬 등을 의미함)
	工夫하다(공부~)	學習	한국에 오기 전에 혼자서 한국말을 조금 공부했어요.
	工事(공사)	施工	옆집에서 공사를 해서 하루 종일 시끄럽다.
	工業(공업)	工業	한국은 자동차 공업이 발달했다.
	工場(공장)	工場	이 공장에서는 한 달에 자동차를 몇 대나 생산합니까?
	人工(인공)	人工/仁造	아파트 근처에 인공 호수가 있다. (중국어에는'사람의 짓'이라는 의미도 있음)
남(男) 사내, 남자	男(남)	男	이병원에서 태어난 아기들의 남과 여의 비율은 7:3이다.
	男女(남녀)	男女	강변에 젊은 남녀들이 거닐고 있었다.
	男女工學(남녀공학)	男女同校	남녀공학을 다녀서 친구가 많다.
	男同生(남동생)	弟弟	남동생이 가족 중에 키가 가장 커요.
	男妹(남매)	兄弟	오누이 ; 어머니는 우리 남매를 키우느라 고생하셨다.
	男性(남성)	男性	남성이 여성보다 취업률이 높아요.
	男子(남자)	男孫/男人	여자가 남자에 비해서 오래 삽니다. 男孫(10세-20세), 男人(남자 어른)
	男便(남편)	丈夫	제 남편도 은행에 다닙니다.
	男學生(남학생)	學生	우리 학교는 남학생과 여학생이 함께 다닌다.
	長男(장남)	長男	맏아들 ; 저는 장남이라서 결혼 후에 부모님을 모실 거예요.
	次男(차남)	次男	둘째아들 ; 그 집 차남은 외국에 가 있대요.

3) 일본어권 학습자를 위한 한자어 학습 목록의 예

한자	한자어	일본어	예문
공(工) 만들다	工夫(공부)	勉强	내일 모레가 시험인데 공부 안 하고 음악을 들어? (일본어로 공부는 '궁리'의 의미)
	工夫하다(공부~)	勉强	한국에 오기 전에 혼자서 한국말을 조금 공부했어요.
	工事(공사)	施工	옆집에서 공사를 해서 하루 종일 시끄럽다.
	工業(공업)	工業	한국은 자동차 공업이 발달했다.
	工場(공장)	工場	이 공장에서는 한 달에 자동차를 몇 대나 생산합니까?
	人工(인공)	人工/仁造	아파트 근처에 인공 호수가 있다.

남(男) 사내, 남자	男(남)	男	이 병원에서 태어난 아기들의 남과 여의 비율은 7:3이다.
	男女(남녀)	男女	강변에 젊은 남녀들이 거닐고 있었다.
	男女共學(남녀공학)	男女共學	남녀공학을 다녀서 친구가 많다.
	男同生(남동생)	弟	남동생이 가족 중에 키가 가장 커요.
	男妹(남매)	兄と妹	오누이 ; 어머니는 우리 남매를 키우느라 고생하셨다.
	男性(남성)	男性	남성이 여성보다 취업률이 높아요.
	男子(남자)	男子	여자가 남자에 비해서 오래 삽니다.
	男便(남편)	夫	제 남편도 은행에 다닙니다.
	男學生(남학생)	學子學生 學の學生	우리 학교는 남학생과 여학생이 함께 다닌다.
	長男(장남)	長男	맏아들 ; 저는 장남이라서 결혼 후에 부모님을 모실 거예요.
	次男(차남)	次男/二男	둘째아들 ; 그 집 차남은 외국에 가 있대요.

2. 비한자권 학습자의 한자어 교육 내용

비한자권 학습자는 한자에 대한 지식이 없으므로 한자의 구조 및 한자어의 어휘 형성 원리를 간단히 교육시켜야 한다. 한자어 교육의 목표는 한자어의 의미 분석과 어휘 형성 원리를 통하여 한자어에 대한 이해와 활용 능력을 높이는 데 있으므로, 한자를 이용한 한자어 확장 교육과 한자어에 대한 어휘 학습 전략을 키우는 데 집중한다.

분류		비한자권
교육 내용	한자어 초급반	– 한자와 한자어 교육에 대한 필요성 인식 제고 – 한자의 제자 원리 – 한자의 구조 분석 – 한자어의 어휘 형성 원리 이해
	한자어 중급반	– 한자의 구조 분석 – 한자어의 어휘 형성 원리에 대한 이해
	한자어 고급반	해당 사항 없음

3. 공통 학습자의 한자어 교육 내용

분류		공통(비한자권+한자권)
교육내용	한자어 초급반	– 한국어 어휘 체계와 한자어의 위상 – 한자어의 기원과 특징 – 한자 사전의 사용법 – 조어력을 이용한 한자어 확장 교육 – 한자어의 음운 현상-여러 음으로 나는 한자 교육 – 한자성어

	한자어 중급반	- 조어력을 이용한 한자어 확장 교육 - 한자어 파생어 교육(교육용 접사 목록) - 동음어, 유의어, 반의어-한자성어
교육내용		
	한자어 고급반	- 조어력을 이용한 한자어 확장 교육 - 전공용 한자어 교육 - 전문 직업용 한자어 교육-한자성어

V. 한자어 교재 개발 및 한자어 수업 지도의 사례

1. 한자어 교재

1) 한자어 어휘 교육을 위한 한자어 교재 개발의 방향

  한자어 교재는 조어력이 높은 한자와 난이도가 낮은 한자를 적절히 배분하여 기초 한자 학습과 어휘 확장이라는 두 가지 목적을 달성하도록 한다. 주제 중심의 교수요목으로 구성하여 어휘를 범주화하여 제시하도록 한다. 주제 중심으로 한자어 어휘를 확장하면 유사 의미의 관련 한자어를 효율적으로 학습할 수 있다. 새로운 한자어의 경우에는 한자를 병기하고 사진이나 그림과 함께 대화문을 제시하여 학습자의 흥미를 높일 수 있으며, 한자와 한자어 목록은 학습자들의 숙달도와 인지 능력에 적합하게 선정되어야 하므로 한국어 교육용 한자어로 제한하는 것이 좋다. 또한 학습자들이 한자어 어휘를 학습할 수 있는 전략을 개발할 수 있도록 구성되어야 하며, 한자어마다 쉽고 간결하게 설명을 하고 예문을 제시하여 실제로 사용할 수 있도록 해야 한다.

2) 한자어 어휘 교육을 위한 학습 단계별 교재의 구성

① 한자어반의 교수요목

구분	수업 내용	한자 수
초급반 (한국어 중급 이상)	- 한자와 한자어의 학습 필요성 인식 - 한자에 대한 기본 이해(제자원리, 부수, 획순) - 한자와 한자어 구조 학습 - 조어력을 이용한 한자어 확장 교육 - 한자어의 어휘 형성 원리를 이용한 교육	128자 (1주 2시간 * 6/8자)
중급반 (한국어 중, 고급)	- 한자와 한자어 구조 학습 - 조어력을 이용한 한자어 확장 교육(신어) - 한자어의 어휘 형성 원리를 이용한 교육 - 동음이의 한자에 대한 변별 학습	162자 (1주 2시간*8/10자)
고급반 (학문 목적, 전문 목적)	- 한자어의 어휘 형성 원리를 이용한 교육 - 실제 자료(학술지, 논문, 신문 등의 한자 혼용된 텍스트)사용 - 전공용 학술 한자어 및 전문 직업 한자어 목록-한자성어	303자 이상

② 한자어 교재의 과별 학습 내용

학습 목표 → 도입 → 예시 글(대화문) → 한자와 한자어, 한자성어 익히기 →과제 → 자기평가

- 그림과 대화로 한자어 제시하기
  : 읽기 전 단계 활동의 역할을 함. 그림을 통해 오늘 배울 한자어들을 예상하고 한자가 병기된 대화문을 읽으면서 관련 한자어에 대한 스키마를 형성한다.
- 한자 익히기
  : 각 한자를 분석하면서, 그림을 통해 이해를 돕도록 한다. 한자의 훈과 음만을 배워서는 한자를 분석적으로 배울 수 없기 때문에 한자의 구조를 분석하여 익힐 수 있게 해야 한다. 이때 새로운 한자를 바로 익히는 것이 아니라, 이미 배운 관련 한자어를 '의미 지도 그리기'를 하여 한자의 의미와 한자어의 의미를 연관시킨다.
- 한자어 익히기
  : 조어력과 위치별 빈도에 따른 한자어 목록을 활용하여, 한자어 속에서의 한자의 위치를 쉽게 익힐 수 있도록 '진하게' 표시한다. 그리고 한자어의 구조를 분석함으로써 한자어의 어휘 형성 원리를 익히도록 하고 예문 및 화용적 정보를 제공한다.
- 복습하기
  : 한자가 혼용된 대화문을 읽어 복습하도록 한다. 학습자들이 문자로서의 한자를 익혀 한자 혼용 텍스트에서 한자의 문식성을 높이고 싶어 하는 경우가 많았다. 학습자들이 배운 한자들의 형태와 음을 연결하여 읽을 수 있으면, 일단 한자에 대한 이해력이 생겼다고 볼 수 있다.
- 한자성어 익히기
  : 해당 과의 내용에 맞으면서 배운 한자가 들어가는 한자성어를 학습하도록 한다. 이때 개별 한자의 의미가 한자성어에 그대로 드러나는 한자성어를 우선적으로 학습하도록 한다.
- 연습하기
  : 평가지를 통해 평가를 할 수 있도록 한다. 특히 '획순에 따라 쓰기'를 하면서 관련 한자어를 쓰게 하여 한자어의 암기에 긍정적 효과를 유도한다.

2. 한자어 교육 방안과 교수법

1) 초급 수업 지도안의 예

학습 주제	제5과 인구(人口)
학습 목표	1. 한자의 음과 의미를 이해할 수 있다. 2. 한자를 이용하여, 이미 학습한 한자어의 의미를 명확히 이해하고, 한자어의 의미를 유추할 수 있다. 3. 조어력을 이용한 한자어 확장 교육을 통해 한자어의 어휘 형성 원리를 이해할 수 있다. 그리고 이를 한자어 어휘 학습전략으로 이용할 수 있다. 4. 한자성어가 사용되는 상황을 이해하고 사용할 수 있다.
학습 단계	학습 내용
도입	1. 학습한 한자어가 연상될 수 있는 그림을 제시한다. 2. 본문에 나오는 한자어를 대화문을 읽으면서 소개한다. 3. 오늘 배울 한자어를 한번 읽어본다.

전개	1. 기본 한자를 배운다. 인(人) 구(口) 기(己) 남(男) 녀(女) 자(子) 2. 한자 노출 기본 한자어 익히기 3. 한자어 확장하기 인- 인구, 인심, 미인, 시인 등 구- 식구, 출구, 입구, 항구 등 남-남자, 남매, 남편, 차남 등 자-자녀, 자식, 여자, 효자 등 녀-여자, 여대생, 여성, 손녀 등
연습	한자어를 익히고, 한자 혼용 텍스트를 읽는다.
정리	1. 그날 배운 한자와 한자어를 카드로 연습한다. 2. 평가지를 숙제로 준다.

2) 중급 수업 지도안의 예

학습 주제	제5과 한국말 실수
학습 목표	1. 한자의 음과 의미를 이해할 수 있다. 2. 한자를 이용하여, 이미 학습한 한자어의 의미를 명확히 이해하고, 한자어의 의미를 유추할 수 있다. 3. 조어력을 이용한 한자어 확장 교육을 통해 한자어의 어휘 형성 원리를 이해할 수 있다. 그리고 이를 한자어 어휘 학습전략으로 이용할 수 있다. 4. 한자성어가 사용되는 상황을 이해하고 사용할 수 있다. 5. 동음이의 한자를 익혀 의미 변별력을 키울 수 있다.
학습 단계	학습 내용
도입	1. 학습한 한자어가 연상될 수 있는 그림을 제시한다. 2. 본문에 나오는 한자어를 대화문을 읽으면서 소개한다. 3. 오늘 배울 한자어를 한번 읽어본다.
전개	1. 기본 한자를 배운다. 실(失) 수(手) 영(英) 교(敎) 실(室) 화(話) 영(映) 화(畵) 2. 한자 노출 기본 한자어 익히기-실수, 영어, 교실, 대화, 영화 3. 한자어 확장하기-실망, 실패, 실례, 실업 실-실내, 교실, 사무실, 침실 영-영어, 영국, 영문, 영웅 화-화제, 전화, 통화, 회화 화-화가, 화면, 만화, 영화 수-수건, 수술, 수표, 실수 교-교재, 교사, 교실, 교수, 교회, 교훈, 기독교
연습	한자어를 읽히고, 한자 혼용 텍스트를 읽는다.
정리	1. 그날 배운 한자와 한자어를 카드로 연습한다. 2. 평가지를 숙제로 준다.

학습 단계	수업의 절차
도입	가. 오늘의 배울 단원의 제목을 읽는다. 제목에서 상상할 수 있는 여러 가지 한자어를 생각하도록 한다. 나. 새로 나온 한자를 눈으로 익힌다. 다. 함께 본문을 읽어보도록 한다.(본문은 국한문 혼용으로 되어 있어 모르는 한자어가 나와도 유추할 수 있고, 모를 때에는 그냥 지나친다.)
중간	가. 새로 나온 한자를 한자씩 학습한다. PPT를 사용하여 한 글자에 해당하는 부수를 제시하고 획순도 보여준다. 더불어 한자의 형성원리도 설명한다. 그 한자가 포함된 쉽고 빈도수가 높은 한자어들을 마인드맵으로 제시하여, 그 한자의 뜻을 명확하게 이해하도록 돕는다. 또한 이해를 돕기 위해 한자의 뜻을 영어와 함께 병기한다. 나. PPT를 활용하여 획순에 따라 5번씩 쓰게 한다.(돌아다니며 학생들이 잘 쓰고 있는지 확인한다.) 다. 본문에 나온 한자어를 큰 소리로 읽고 익힌다. 동음이의어인 한자어가 있을 때는 반드시 차이점을 상세히 설명한다. 이후 학습한 한자어를 여러 번 반복하여 읽는다. 라. 한자와 한자어를 익힌 후에 다시 본문을 읽는다. 처음에 몰랐던 한자어를 다시 읽게 함으로써 친숙하게 익히도록 한다. 마. 과제로 부여한 본 단원에서 나온 한자와 관련된 한자어를 발표하도록 한다. 바. 연습문제를 학습한다. 사. 오늘의 고사성어를 PPT로 제시한다. 단원에서 나온 한자가 포함되어 있거나, 내용과 관련된 고사성어가 있으면 그것을 학습하도록 한다. 또한 그 문화에 비슷한 속담이나 격언이 있으면 비교하여 설명한다.
마지막	가. 오늘 학습한 한자를 나열하고 학생들이 읽을 수 있는지 다시 확인한다. 나. 획순이 적은 한자는 쓸 수 있도록 여러 번 반복시킨다. 다. 다음 시간에 배울 단원에서 나오는 한자와 관련된 빈도수가 높은 한자어를 3개씩 찾아서 다음 시간에 발표하도록 과제를 부여한다.

14장 한국어수업지도안작성법

| 학습목표 |

1. 한국어 수업의 특성과 교안의 형식을 이해하고 수업 자료 활용과 수업 운영 방법을 이해함으로써 한국어 수업을 설계하고 교안을 작성하도록 한다.
2. 한국어 교안 작성법, 유의점과 실례, 교안 평가에 대해 알아보고 수업 운영에 필요한 부교재와 적절한 교사 말이 무엇인지 살펴본다.

Ⅰ. 교안 작성의 의미와 교안 작성의 원리

1. 교안의 의미

교안은 '교수안(敎授案)'의 줄임말로 교사가 수업을 위해서 계획한 내용을 순차적이고 구체적으로 나타낸 것을 말한다. 교사는 수업의 모든 요소들을 종합하여 교안을 작성함으로써 수업에 대한 충분한 계획을 할 수 있고 이에 따라 효과적인 수업을 진행할 수 있게 된다. 따라서 잘 준비된 교안은 보다 효율적이고 안정적인 수업을 할 수 있게 해 주며, 교안을 활용하여 수업을 한 후 그 결과를 반영하여 교안을 수정 보완하고 더 효과적인 수업을 계획할 수 있다.

2. 교안의 필요성

① 체계적이고 효율적인 교수·학습을 할 수 있다.
② 학습자의 요구와 특성을 고려한 수업을 준비할 수 있다.
③ 자신감을 심어주고 정확하고 바른 교수를 할 수 있다.
④ 교육목표에 맞는 강의를 할 수 있다.
⑤ 시간 관리를 효율적으로 할 수 있다.
⑥ 수업의 일관성을 유지할 수 있다.
⑦ 학습자 피드백을 반영하여 완성도 있는 수업을 할 수 있다.

3. 교안작성의 원리

1) 교안 작성 원칙

① 교안은 수업 시간과 학생의 수준을 고려하여 구체적이고 상세하게 작성해야 한다.

② 교안이 곧 수업 내용이 될 수 있도록 객관적이고 근거 자료가 명확해야 한다.

③ 내용을 한눈에 식별할 수 있도록 깨끗하게 작성하고, 중요한 사항에는 표시를 해 둔다.

④ 다른 사람의 교안을 그대로 사용하지 않고 자신이 사용하기 편리하도록 수정·보완해야 한다.

2) 학습 목표 설정

학습 목표는 학습자의 학습 목적이나 학습 동기, 배경, 특성, 숙달도, 학습 기간 등에 따라 세분화해서 설정해야 한다. 또한 학습 목표는 수업의 방향을 벗어나지 않고 효과적인 교수방법과 평가를 하는 데에 매우 중요하게 사용된다. 또한 학습자들이 주의를 기울일 수 있도록 해주기 때문에 학습 효과를 높일 수 있다. 따라서 학습 목표는 첫째, <'-(으)ㄹ게요'를 사용해서 다른 사람과 약속할 수 있다.>와 같이 학습 결과를 기술해야 한다. 둘째, 교육과정의 목표와 일치해야 한다. 셋째, 명확하고 실행 가능한 것이어야 한다.

3) 학습 내용의 선정 및 조직

① 학습 내용의 선정 기준

- 내용의 타당성 : 내용을 선정할 때는 교육 목표에 부합하고 학습자 수준에 맞는 내용이어야 한다.
- 내용의 유용성 : 학습자가 실제 상황에서 유용하게 사용할 수 있는 내용이어야 한다.
- 학습 가능성 : 교사가 학습자에 맞게 가르칠 수 있는 내용이면서 학습자가 학습할 수 있는 것이어야 한다.
- 연계성 : 내용이 학습 목표와 연계가 잘 되어야 한다.

② 학습 내용의 조직 원리

- 계열성의 원리 : 한국어 문법에서 순서가 어떻게 조직되느냐에 따라 교수·학습의 효율성이 달라지기 때문에 문법의 난이도 위계, 즉 난이도에 따른 순서를 정해야 한다.
- 계속성의 원리 : 학습자가 학습한 내용이 일시적으로 끝나 버리는 것이 아니라 계속적으로 연계 되어야 한다.
- 범위의 원리 : 가르쳐야 할 내용과 관련되는 어휘, 표현 등을 어느 정도까지 넓혀서 가르쳐야 하는지 범위를 정해야 한다.
- 통합성의 원리 : 말하기, 듣기, 읽기, 쓰기의 네 가지 언어 기능들이 자연스럽게 연결되어 통합 교육이 될 수 있도록 해야 한다.

4) 학습 활동

① 도입

　학습 활동의 첫 단계로서 교사와 학습자 간에 학습을 위한 자연스러운 분위기를 조성하고 오늘 학습할 내용을 노출시켜 학습자들에게 흥미를 높이고 배경지식을 활성화하도록 해야 한다.

② 전개

　학습의 중심이 되는 단계로 제시(설명), 연습, 활용의 순서로 진행한다. 제시에서 오늘 배울 내용을 상황과 함께 형태와 의미를 제시하고 설명한다. 연습에서는 오늘 배운 내용을 구조적, 유의적 연습을 통해 익히도록 한다. 활용에서는 오늘 배운 내용으로 실제 상황을 고려한 다양한 활용을 한다.

③ 정리

　본 시간에 학습한 내용에 대해 간단히 점검하는 단계로 질문을 통해 학습자의 이해를 확인할 수 있다. 또한 학습 과제를 제공하고 다음 시간의 예고를 한다.

4. 교안 작성할 때 유의할 점

① 학습자 중심으로 수업 교안을 작성해야 한다.
② 새 어휘와 문법, 문형을 우선적으로 제시해야 한다.
③ 비슷하거나 같은 문형일 때는 문장구조의 제약조건을 비교해서 제시한다.
④ 제시 문장이나 질문은 짧은 문장에서 긴 문장의 순서로 만들어야 한다.
⑤ 예문은 자연스럽고 다양해야 하며 학습자의 배경지식에 맞게 제시해야 한다.
⑥ 실제로 사용할 수 있는 생동감을 유발할 수 있는 살아있는 문장을 제시해야 한다.
⑦ 매 학기 학습자의 배경이나 수준, 특성, 상황에 맞게 보충하거나 새롭게 작성해야 한다.
⑧ 수업 후 교안에 대한 평가를 하고 부족한 부분이나 새로운 내용, 방법 등을 보완하는 것이 필요하다.

5. 교안의 평가

　교안이 도입, 전개(제시-연습-활용), 마무리의 순으로 구성되어 있는지, 도입 부분이 학생들의 관심과 흥미를 유발하고 배경지식을 활성화하게 했는지 확인해야 한다. 전개에서 어휘와 문형이 유기적이고 단계적으로 제시되었는지 확인하고, 적절성과 타당성, 그리고 각 급에 나오는 기본 어휘나 문형이 잘 다루어졌는지 확인한다. 또한 학생들의 발화를 유도하기 위한 교사의 질문은 적절했는지, 학생들이 학습하기 어려워한 문형들이 무엇이었는지 확인한다.

6. 교안 작성법

1) 수업의 전체 개요

　학습자의 숙달도, 학습 목표, 문법, 기능, 수업 내용, 단원 주제, 수업 일시(차시), 준비물, 시간 등을 제시한다.

- 단원 주제 : 수업할 단원에서 성취해야 할 목표와 관련된다.
- 학습 목표 : 수업을 통해 학습자가 성취해야 하는 것으로 해당 단원의 목표와 연계하여 적는다. 또한 수업에서 도달되어야 하는 목표를 학습자 중심으로 구체적으로 적는다. ('-(으)ㄹ게요'의 형태 의미, 쓰임을 알고 이를 활용할 수 있다. / '-(으)ㄹ게요'를 사용해서 다른 사람과 약속할 수 있다.)
- 문법 : 수업에서 학습하게 될 한국어 문법 또는 문형을 제시한다.
- 기능 : 수업의 목표 문법이 가지는 의미와 관련하여, 문법을 사용하여 수행할 수 있는 기능을 제시한다. (자기 소개하기, 길 안내하기 등)

2) 교안 작성 방법

- 학습의 각 단계별 수업 진행을 순차적, 구체적으로 기술한다.
- 교사가 수업 진행을 위해 계획하고 있는 발화와 이에 대한 학습자의 예상 발화를 기술한다. 특히, 도입 단계는 교사/학습자 발화를 적어 수업의 흐름을 파악할 수 있도록 한다.
- 연습 단계는 연습 형식(유형 및 방법), 내용 등을 구체적으로 기술한다.
- 활동마다 소요되는 예상 소요 시간을 제시하고 사용하는 학습 자료(유인물, 칠판 제시물, 사진/그림 등 시각 자료)와 수업 운영에 필요한 기자재(CD, PPT 등)의 사용 시점과 사용 방법 및 사용 내용 등을 명시적으로 기술한다.

3) 수업절차

- [도입] : 학습목표 인식 / 흥미유발 / 배경지식 활성화
  - ㉠ 학습목표를 자연스럽게 노출, 유도하여 학습자를 동기화 시키는 단계
  - ㉡ 일방적인 전달보다 유의미한 문맥 속에서 자연스럽게 학습 목표 노출
  - ㉢ 학습할 문법 항목(어휘, 표현, 문법)을 도입

교사 유도 대화
T : 마이클 씨 집에 가 봤어요? S : 네, 가 봤어요. / 아니요, 안 가 봤어요. T : 수미 씨는 다니엘 씨 집에 가 봤어요. 간 적이 있어요. 　흐엉씨는 안 가 봤어요. 간 적이 없어요. 　→ 관련 대화를 하면서 문법 항목이 사용되는 상황을 이야기함

```
T : 지금 뭐 해요?
S : 공부해요.
T : 민수 씨는 지금 공부해요. 어제는요?
S : 친구를 만나요.
T : 아, 어제 친구를 만났어요.
      → 선행 문법을 복습하면서 새로운 문법 항목이 사용되는 상황을 이야기함
```

- [제시] : 문법규칙 제시 / 의미 / 형태 / 화용

  ㉠ 교사가 목표 학습 항목을 이해시키는 단계

  ㉡ 실제적인 문맥 속에서 학습 목표를 분명하게 제시해야 함

  ㉢ 문법 내용(의미, 형태)을 명확하게 제시해야 함

  ㉣ 연습 단계에서 사용될 단어와 표현을 제시해야 함

```
가. 직접 설명하기
   교사가 메타 언어를 사용하여 문법 항목의 의미와 형태를 직접 설명한다.

   ┌─────────────────────────────────────┐
   │ 예) 친구를 만나서 영화를 봤습니다.          │
   │     친구를 만나고 영화를 봤습니다.          │
   └─────────────────────────────────────┘

나. 그림이나 실물 이용하기
   "-지 마세요"에 대한 의미와 형태 제시

다. 두 문장 비교해 보기
   순서의 '-아서/어서(기 학습)'와 '-고(목표 항목)'
```

- [연습] : 구조적(형태적)연습 / 유의미한 연습

  ㉠ 제시단계에서 이해한 의미나 규칙을 반복학습을 통해 내재화시키는 단계

  ㉡ 선행 학습 요소와 통합된 연습이 이루어져야 함

  ㉢ 연습은 단순한 것에서 복잡한 것으로 진행

  ·통제된 반복학습: 따라 하기, 교체연습, 변형연습, 문장구성연습, 문답연습 등

  ·기계적인 반복연습에서 유의적 연습으로 이어져야 함

```
가. 따라하기
   1) 교사가 쇼핑하는 그림을 보여주면서 말하면 학습자들이 따라 한다.
      교사 : "주말에 무엇을 하고 싶어요?"
      학습자 : "주말에 무엇을 하고 싶어요?"
   2) 교사가 다른 사람인 것처럼 연기하면서 말하면 학습자들도 따라 한다.
      교사 : "저는 주말에 쇼핑을 하고 싶어요."
      학습자 : "저는 주말에 쇼핑을 하고 싶어요."
```

나. 교체연습
　1) 문법 항목이 들어간 문장을 칠판에 쓴다.
　　가 : 주말에 무엇을 하고 싶어요?
　　나 : _____ 고 싶어요.
　2) 준비한 그림카드를 보여주고 교사가 한 학습자와 대화를 하며 시범을 보여준다.
　3) 소집단별로 그림카드를 이용해 내용을 바꾸어 연습을 한다.
　　학습자 1 : 방학 때 무엇을 하고 싶어요?
　　학습자 2 : (그림을 골라 보여주며) 저는 여행을 가고 싶어요.
　　　　　　　(다른 학습자에게)방학 때 무엇을 하고 싶어요?
　　학습자 3 : (그림을 보여주며) 저는 기타를 배우고 싶어요.
　　　　　　　　　　　　　　　　　(반복)

다. 전환하기

> 나는 아침에 운동을 해요
> 　→ 나는 아침에 운동을 하지 않아요.

라. 연결하기

| 돈이 없다 |
| 피곤하다 |

| 친구를 만나다 |
| 여행을 가다 |

　- 돈이 없어서 여행을 못 가요.
　- 피곤해서 친구를 못 만나요.

마. 문장 완성하기

※ 대화에 들어갈 말을 [보기]에서 골라 대화를 완성하세요.

　[보기]　비가 안 오다/ 약속이 없다/ 숙제가 없다/ 바쁘다

　1) 가 : 내일 등산을 갈 수 있어요?
　　나 : 네, 비가 안 오면 등산을 갈 수 있어요.
　2) 가 : 오늘 저녁에 같이 영화 보러 갈 수 있어요?
　　나 : 네, _____ 보러 갈 수 있어요.

－ [활용] : 실제 적용활동 / 과제 수행

> ① 도입, 제시, 연습 단계를 통해 학습한 언어 내용을 의미 전달이나 기능 수행에 중점 → 과제 (Task) 수행
> 　※ 과제 활동은 말하기, 듣기, 읽기, 쓰기 중 선택적으로 사용
> ② 학습한 어휘와 문법 형태들을 이용하여 과제를 교실에서 연습
> ③ 학습자가 자율적인 활동이 되도록
> ④ 가능한 단계적인 활동 방법을 구체적으로 제시

가. 역할극
  · 실제와 유사한 상황을 가정하여 각각의 역할을 맡아 대화하는 활동
나. 정보 차 활동
  · 짝을 지은 후 서로 다른 정보지를 나누어 준다.
  · 정보 차 활동을 어떻게 하는지 설명하고 시범을 보인다.

"여러분은 여러분이 가진 그림을 서로 보여 주면 안 됩니다. 먼저 그림 A를 가진 사람이 질문하면 그림 B 를 가진 사람이 대답하십시오. 서로 질문하고 들은 답을 쓰십시오."
  · 연습이 끝나면 서로 정보지를 보면서 수정하거나 확인한다.

다. 게임
  · 학습자의 흥미를 유도하여 목표를 달성하도록 하는 활동이다. 빙고게임, 369 게임 등

라. 인터뷰

> 먼저 교사가 한 학습자에게 인터뷰를 하면서 시범을 보인다.
> 교사 : 스타스 씨는 제일 친한 친구가 누구예요?
> 학습자 : 세르게이 씨요.
> 교사 : 어떻게 만났어요?

  1) 정보지에 비어있는 질문은 학습자 스스로 만들어 넣어 질문하게 한다.
  2) 교사는 학습자들이 질문을 만드는 동안 돌아다니며 질문을 잘 만들었는지 확인한다.
  3) 질문지를 각자 들고 교실을 돌아다니면서 서로 질문을 하고 그 대답을 쓴다.
     질문을 하면서 그 이유에 대해서도 간단하게 서로 이야기하도록 한다.

마. 문장이나 대화 만들기
  1) 그림을 보면서 학습자들과 그 내용에 대해 간단히 이야기한다. 모르는 어휘나 표현은 넘어가거나 설명해 준다.

> 교사 : 이 그림을 보세요. 무슨 일이 있는 것 같아요?
> 학습자 : 차가 많이 막혀요.
> 교사 : 시계를 보니까 9시예요. 학교에 늦었어요.

  2) 학습자들은 그림을 기초로 자신의 상상을 넣어서 글을 완성한다.
  3) 창의적인 내용을 쓴 몇몇 학습자의 글을 발표하게 한다.

－ [마무리] : 수업 내용 정리·평가 / 과제 부과 / 다음 차시 예고

① 교육 내용을 정리하고 교육 내용과 관련해 학습자들을 격려하고 용기를 북돋우는 단계
② 미진한 요소를 강화시키는 단계
③ 질문 등을 통해 학습 달성 여부를 확인 → 학습자의 성취도 평가
④ 숙제 제시, 다음 차시 학습에 대한 예고 및 동기 부여

■ 참고문헌 ■

곽지영 외(2007), 한국어 교수법의 실제, 연세대학교 출판부, p23-41.

김신자(2005), 효과적 교수 설계, 문음사.

김영만(2005), 한국어 교육의 이론과 실제, 도서출판 역락.

김인식 외(2004), 수업 설계의 원리와 모형 적용, 교육과학사.

한송화(2000), "교안작성법" 한국어 교수법 이론과 실제, 연세대학교 한국어 교사 연구소.

15장 한국어어휘교육론

| 학습목표 |

1. 한국어 어휘교육과 관련된 주요 개념을 이해하고 교수법의 변천과 어휘 교육 동향을 알아본다. 한국어 어휘 교육의 실제를 살펴보고 학습자에게 맞는 어휘 교수 방법을 마련해 본다.
2. 한국어 어휘 교육의 필요성 및 교수법의 변화에 따라 한국어 어휘 교육이 어떻게 변화했는지 살펴본다. 또한 한국어에서의 어휘의 역할과 어휘 지식이란 무엇이며, 어휘 선정 시 고려할 점에 대해서 검토해 본다. 영역별 어휘 교육 방법과 어휘 연습 및 게임에서 활용할 수 있는 것들에 대해서 살펴본다.

Ⅰ. 어휘 교육의 이해

단어는 의미를 가진 최소 단위로 띄어쓰기의 단위가 된다. 그러나 어휘는 여러 단어가 모여서 이루어진 집합으로, 접사와 단어, 연어, 관용구 등을 모두 포함한다.

1. 어휘 교육의 필요성

1) 어휘 교육은 왜 필요한가?

'문법 없이는 의미가 거의 전달되지 않지만 어휘가 없으면 의미가 전혀 전달되지 않는다(David Wilkins).'

언어 습득은 어휘를 배우는 것으로 시작하고, 언어를 효과적으로 수사하는 데 없어서는 안 되는 필수 도구이다. 또한 어휘는 문장을 이해하는 데에 가장 중요한 역할을 하며 어휘 지식이 독해력에 매우 중요한 역할을 한다.

2) 어휘 교육의 무용론

'외국어를 배우는 데 있어서 제일 중요한 것은 소리 체계와 문법 구조를 배우는 것이지 어휘를 배우는 것은 아니다(Fries, 1945).' 따라서 언어의 통사적 구조를 연습하는 데 필요한 어휘만 알고 있으면 충분하다. 어휘 교육에 부정적인 학자들은 학습자가 필요로 하는 단어를 예측할 수 없고, 어휘 학습은 어휘의 축적일 뿐 언어를 배우는 데에 도움이 되지 않는다고 보았다. 1960년대의 변형문법에서도 역시 어휘는 주변적인 것이며 질서 있는 문법의 불규칙한 부분으로 여겼다.

3) 어휘 교육의 유용론

'문법이 없이는 의미가 거의 전달되지 않지만 어휘가 없으면 의미는 전혀 전달되지 않는다.'고 하여 어휘는 성공적인 제2언어의 사용을 위해 적당량이 필수적으로 필요하다고 보았다. 1970년 대 중반부터 어휘가 언어 기술(Skill) 중의 하나라는 입장이 나타나기 시작했다.

2. 외국어 교수법과 어휘 교육

1) 문법번역식 교수법

문법번역식 교수법에서 어휘 교육은 별다른 주목을 받지 못했지만 어휘의 비중은 높은 편이었다. 어휘 학습의 수단은 번역으로, 어휘는 번역할 문장을 구성하고 있는 문법 항목으로 설명하기 위한 수단이었다. 따라서 어휘는 기본적으로 교수의 대상이 아니라 암기를 통해 어휘의 양을 늘리는 것에 초점을 두었다.

2) 직접 교수법

직접 교수법은 모국어로 번역하지 않고 직접 목표언어를 사용하여 가르치는 것으로 실생활에서 언어 사용을 중시한 음성 중심 교수법이다. 따라서 어휘 역시 실제 생활에 필요한 것을 목표언어로 가르쳤다.

3) 청각구두식 교수법

청각구두식 교수법은 문맥을 통해 어휘를 습득하도록 했는데 모국어와 목표어의 의미대조 목록을 사용하는 것은 금지했다. 학습자의 어휘 확장은 읽기를 통해 가능하다고 보았으나 어휘 교육에 대해 특별한 관심을 두지는 않았다.

4) 인지주의 교수법

인지주의 교수법은 모국어의 역할을 강조한 문장 단위 중심의 접근법이다. 이 교수법에서는 모국어의 어휘 형성 원리를 바탕으로 목표언어의 어휘도 형성할 수 있다고 보았다.

5) 의사소통식 교수법

의사소통식 교수법이 등장하면서 어휘 교수의 측면에서 전환점이 이루어졌다. 이 교수법에서는 문법 교육보다 어휘 교육을 더 강조했다.

6) 통합 교수법

통합 교수법에서는 문법적 언어 능력 외에 담화 구성 능력과 사회언어학적 능력도 강조했다. 따라서 어휘 교육에 대한 비중을 높였다.

3. 어휘의 역할과 어휘 지식

1) 어휘의 역할

어휘는 의사소통을 위한 재료의 역할을 하는 것으로, 알고 있는 어휘의 양이 많으면 화자가 말하고자 하는 내용이 풍부해진다. 또한 어휘는 의사소통을 위한 내용을 구성하는 역할을 한다.

2) 어휘를 안다는 것은?

어휘를 안다는 것은 기본적으로 단어의 형태(소리)와 의미를 안다는 것을 의미하며, 하나의 어휘와 다른 어휘와의 관계, 즉 의미를 인지할 수 있다는 것을 의미한다. 어휘는 다른 어휘와의 관계에 의해 의미가 확정되기 때문이다. (정이 들다/정이 가다/정이 떨어지다/정을 느끼다)

3) 한국어 어휘의 특징

한국어는 언어유형론적으로 구분했을 때 교착어(첨가어)에 속한다. 따라서 어근과 어근, 어근과 접사, 어근과 어미 등으로 결합하여 계속해서 새로운 어휘를 만들 수 있다.
① 동음이의어, 유의어가 많다.
② 존칭어와 친족어가 매우 발달했다.
③ 감각어(의성의태어)가 발달했다.
④ 색채어가 발달했다.

II. 어휘의 선정과 어휘 교육 방법

1. 어휘의 선정

1) 어휘 선정 기준

① 일상생활에서 빈도가 높은 어휘를 선정한다.
② 교재의 주제와 관련된 어휘를 선정한다.
③ 학습자의 이용 가능성이 높은 어휘를 선정한다.
④ 기본 의미를 가진, 의미 영역이 넓은 어휘를 선정한다.
⑤ 문법 교수요목과 연계를 가진 어휘를 선정한다.(문법 이해를 위한 필수적인 기능어)

2) 어휘의 수 선정 기준

① 학습자의 등급에 따라 어휘 수를 선정한다.
② 학습자의 어휘에 대한 친숙도에 따라 어휘 수를 선정한다.

③ 어휘의 난이도에 따라 어휘 수를 선정한다.

④ 이해 어휘(Passive Vocabulary)와 표현 어휘(Speaking Vocabulary)를 구분하여 어휘 수를 선정한다.

3) 등급별 어휘 항목

1급
·일상생활에 필요한 가장 기본적인 어휘 ·사적이고 친숙한 소재와 관련된 가장 기본적인 어휘 ·기본 인칭 및 지시 대명사, 의문 대명사 ·주변의 사물 이름 및 위치 관련 어휘 ·수와 셈 관련 어휘 ·'크다', '작다', 등과 같은 기본적인 형용사 ·'오다', '가다' 등과 같은 기본적인 동사 ·물건 사기, 주문하기 등 기본적인 생활과 관련된 기초 어휘

2급
·일상생활에서 자주 사용되는 어휘 ·공공시설 이용 시 자주 사용되는 기본적인 어휘 ·'제주도', '민속촌' 등 자주 접하는 고유 명사 ·'깨끗하다', '조용하다', '복잡하다' 등 주변 상황을 나타내는 형용사 ·'출발하다', '고치다' 등 일상생활에서 주로 사용하는 동사 ·우체국 이용, 회의 등 공적인 상황과 관련된 기본 어휘 ·약속, 계획, 여행, 건강과 관련된 기본 어휘 ·'자주', '가끔', '거의' 등 기본적인 빈도 부사

3급
·일상생활에서 사용되는 대부분의 어휘 ·업무나 사회 현상과 관련한 기본적인 어휘 ·직장 생활, 병원 이용, 은행 이용 등 빈번하게 접하는 공적 상황에서 사용하는 기본적인 어휘 ·'행복하다', '섭섭하다' 등 감정 표현 어휘 ·'늘어나다', '위험하다' 등 사회현상과 관련한 간단한 어휘 ·'참석하다', '찬성하다' 등 직장생활과 관련한 기본적인 어휘 ·'장점', '절약' 등 기본적인 한자어 ·'생각이 나다', '버릇이 없다 등 간단한 연어

4급
·일반적인 소재를 표현하는 데 필요한 추상적인 어휘 ·직장에서 일상적인 업무를 수행하는 데 필요한 어휘 ·신문 기사 등에 자주 등장하는 어휘 ·빈도가 높은 관용어와 속담 ·자연·풍습·문화·사고방식·경제·과학·예술·종교 등 일반적인 사회현상과 관련한 핵심적인 개념어

5급
·사회 현상을 표현하는 데 필요한 추상적인 어휘 ·직장에서의 특정 영역과 관련한 기본적인 어휘 ·세부적인 의미를 표현하는 어휘 (아프다 : 결리다/노랗다 : 누르스름하다) ·자주 쓰이는 시사용어 ·'이데올로기', '매스컴' 등 사회의 특정 영역에서 자주 쓰이는 외래어 ·일반적으로 사용되는 관용어와 속담

6급
·사회 현상을 표현하는 데 필요한 추상적인 어휘 ·널리 알려진 방언, 자주 쓰이는 약어, 은어, 속어 ·사회, 각 영역과 관련하여 널리 쓰이고 있는 전문용어 ·복잡한 의미를 갖는 속담이나 관용어

2. 어휘 교육 방법 및 주의점

1) 어휘 교육 방법

① 모국어로 대역하여 교육 (체중 : Weight / 학교 : 學校)
② 사전적 의미를 제시하는 정의 중심 교육 (추구하다 : 목적을 이룰 때까지 뒤쫓아 구하다)
③ 문맥 안에서 단어의 의미를 유추하고 파악하도록 하는 문맥적 교육 (시무룩하다 : 기대했던 데이트 약속이 깨져서 나는 시무룩해졌다.)
④ 주제에 대해 가장 중심이 되는 핵심어를 이용한 교육
⑤ 실물이나 그림, 동작을 통한 교육

2) 어휘 교육 시 주의할 점

① 의미는 가능한 쉬운 고유어로, 기초적인 단어 혹은 선행 학습 단어로만 통제하여 설명한다.
② 복잡한 복문을 피하고 단문 위주로 예문을 제시하여 설명한다.
③ 문법 형태소의 기능적 의미를 기술하거나 지나치게 세분화하는 것은 피하고 실제 사용 문장을 통해 용법을 이해하도록 한다.
④ 실제 통용되는 의미나 해당 어휘와 연관된 사회문화적 관습, 화용적 정보를 함께 제시한다.
⑤ 단어 카드, 멀티미디어 자료, 교사의 육성이나 녹음 자료 등을 활용해 학습자가 시각적·청각적으로 기억할 수 있도록 한다.
⑥ 어휘 제시에서 교사는 말하기 속도, 발음 등이 실제 발화에 가깝게 자연스러워야 한다.
⑦ 어휘 제시 외에 간단한 질문, 응답 등의 의사소통 활동을 통해 학생들의 이해 여부를 점검해야 한다.

III. 어휘 교육의 내용

1. 어휘 교육의 내용

학습자가 형태적, 통사적, 의미적, 화용적 정보를 알고 적절하게 이용할 수 있도록 어휘가 가지는 여러 가지 정보를 활용해야 한다. 또한 의사소통을 위해 어휘만 단독으로 가르치는 것이 아니라 '옷 + 입다 / 양말 + 신다 / 모자 + 쓰다' 등과 같이 문장 안에서 맥락에 맞는 의미를 가르쳐야 한다.

1) 단어 형성법에 따른 어휘 교육

① 단일어는 '책, 손, 머리' 등과 같이 하나의 어근으로 이루어진 단어를 말하며, 단어 자체를 하나의 단위로 교수한다.

② 파생어는 어근에 접두사나 접미사가 붙어 새 단어를 이루는 것으로 파생접사의 위치에 따라 접두 파생어(풋+ 과일)와 접미 파생어(선생+님)로 구분된다.

  파생어는 접사의 생산성에 의한 어휘 확장과 추측 전략을 교수할 수 있고, 접사의 결합 양상과 접사의 기능, 그리고 의미 교수를 통해 어휘 확장을 꾀할 수 있다. (풋-과일, 풋사과, 풋고추 / 선생-님, 교수님, 과장님 / 넓-이, 길이, 높이 등)

③ 합성어는 두 개 이상의 어근이 합하여 한 단어를 이루는 것으로, 구성 성분에 따라 '밤낮, 봄비' 등의 명사 합성어와 '들어가다, 살피다' 등의 동사 합성어로, 의미 관계에 따라 '남북, 돌다리' 등의 병렬합성어와 '밤낮, 가시방석' 등의 융합 합성어로 구분된다.

  합성어는 합성에 중점적인 역할을 하는 대표 어휘를 빈도 및 생산성에 의하여 선정하여 교수에 활용하는 것이 좋다. (고속-버스, 직행버스, 마을버스) 병렬합성어의 경우에는 띄어쓰기에 유의하고 하나의 개념임을 강조하며 융합합성어의 경우에는 달라진 의미와 용법에 중점을 두고 교수한다.

2) 어휘의미 관계에 따른 어휘 교육

① 유의어는 의미적으로 중첩되거나 포함되는 부분이 있는 두 개 이상의 어휘를 말하며, 의미가 완전히 겹치는 경우에는 동의어라고 한다.

유의어의 유형은 다음과 같다.

- '같다/동일하다, 열쇠/키,' 등과 같이 외래어가 유입되면서 기존에 있던 고유어와 의미의 중첩 관계를 가지게 된 경우
- 사회적 변이에 의한 경우로 '옥수수/강냉이'와 같이 지역이나 사회계층 간 차이를 드러내는 경우

- 성별, 연령의 사용 차이에 의한 경우('맘마/밥')
- 존비 관계에 의한 경우('밥/진지, 자다/주무시다')
- 성(性), 죽음, 배설물, 신앙 등과 같은 금기에 의한 유의어(변소/뒷간/화장실)
- 글말/입말 환경에서의 차이에 의한 경우('매우/되게, 서신/편지')

유의어는 관련어와의 관계와 용법상의 차이를 통해 객관적으로 설명하거나 정도의 차이, 연어 관계의 차이를 통해 변별할 수 있게 교수한다.
- 나는 개를 [기르고, 키우고] 있다. / 자주-종종-때때로 / (영화)관객, (미술관)관람객, (스포츠)관중
② 반의어는 의미의 상당 부분에서 공통된 특성을 가지면서도 어느 하나의 측면에서 반대 관계를 이루는 어휘를 말한다. 중간 단계가 설정되지 않는 극성 대립과 중간 단계가 예상되는 비극성 대립, 방향성의 관계적 대립이나 이동 또는 변화를 나타내는 방향 대립으로 구분할 수 있다.
- 죽다 ↔ 살다(극성) / 덥다 ↔ 춥다(비극성) / 위 ↔ 아래(방향)

반의어는 동시에 대립 짝을 제시하면 의미 간 혼동이 생길 수 있으므로 순차적으로 주는 것이 좋으며, 이미 알고 있는 단어의 반의어가 새 어휘로 도입 될 때 효율적이다. 어휘는 문맥에서 활용할 수 있도록 제시해야 한다.
③ 특정한 단어의 의미가 이 단어보다 더 일반적인 단어의 의미 안에 포함되면 하위어, 포함하는 단어는 상위어라고 하며 계층적인 관계를 갖는다. 자매어와 연관 지어 확장할 수 있다.
- 요일 – 월요일, 화요일, … / 시계 – 손목시계, 벽시계, … / 짜다 – 달다, 맵다, 쓰다(자매어).

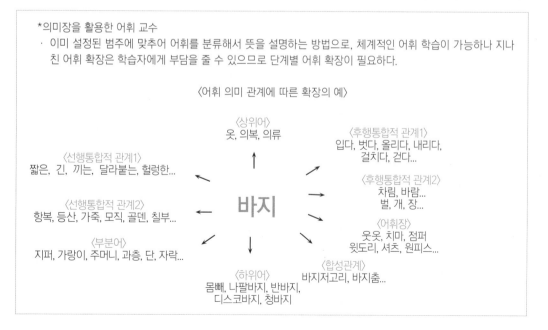

*의미장을 활용한 어휘 교수
· 이미 설정된 범주에 맞추어 어휘를 분류해서 뜻을 설명하는 방법으로, 체계적인 어휘 학습이 가능하나 지나친 어휘 확장은 학습자에게 부담을 줄 수 있으므로 단계별 어휘 확장이 필요하다.

〈어휘 의미 관계에 따른 확장의 예〉

〈상위어〉
옷, 의복, 의류

〈선행통합적 관계1〉
짧은, 긴, 끼는, 달라붙는, 헐렁한...

〈선행통합적 관계2〉
항복, 등산, 가죽, 모직, 골덴, 칠부...

〈부분어〉
지퍼, 가랑이, 주머니, 과충, 단, 자락...

바지

〈후행통합적 관계1〉
입다, 벗다, 올리다, 내리다, 걸치다, 걷다...

〈후행통합적 관계2〉
차림, 바람...
벌, 개, 장...

〈어휘장〉
웃옷, 치마, 점퍼
윗도리, 셔츠, 원피스...

〈합성관계〉
바지저고리, 바지춤...

〈하위어〉
몸빼, 나팔바지, 반바지, 디스코바지, 청바지

④ 다의어는 '손—신체 일부, 노동력, 도움'과 같이 하나의 어휘 형태가 중심 의미에서 주변의미로 확장되면서 관련성이 있는 둘 이상의 의미를 가지는 어휘를 말한다.

다의어는 학습자의 모국어 특성을 고려하고, 학습 단계에 따라 기본 의미나 의미 빈도가 높은 항목과 학습에 유용한 다의 항목을 우선적으로 제시하여 교수한다.

3) 구로 나타나는 어휘 교육

고정 표현(Phraseological Units)은 일상생활에서 관례적으로 사용되는 패턴으로, 구조화된 언어상의 담화로 기능별 교수가 필요하다. 속담, 관용적 숙어 등을 통해 언어를 통한 문화 교수까지 가능하다. 언어 교수에서 고정표현은 모국어나 제2언어 습득 시 혹은 성인의 언어 생산에 주요 역할을 한다.

고정 표현은 어휘 교육에서 중요한 역할을 하는데 그 이유는 다음과 같다. 첫째, 기존의 교사 중심으로 이루어지던 교육을 학습자 중심 교육으로 전환하는 데에 기여하고, 둘째, 학습자들은 문맥을 통한 덩어리의 학습을 통해 어휘 관계에 대한 지식을 얻게 된다. 셋째, 의사소통 능력에 있어서 유창성을 증진시킬 수 있으며, 넷째, 학습자의 모국어 언어 전이에 따른 오류를 줄이는 효과가 있다.

Ⅳ. 어휘의 교육의 방법

1. 어휘 교육의 원리

교사는 단어에 따라 각각의 단어를 어떻게 가르치는 것이 효율적인가에 대해 항상 고민하며, 학습자의 단계에 따라 적절한 수준의 어휘가 학습될 수 있도록 어휘를 통제해야 한다. 또한 학습자로 하여금 성취감을 주어 계속적으로 상급 단계의 어휘를 학습할 동기를 부여해야 하고, 어휘 교수의 전략을 치밀하게 마련해야 한다.

1) 연역적인 방법

'목표어휘와 용법 제시 → 필요한 언어 자료 제시 → 연습 → 생산'

연역적인 방법은 목표 어휘를 제시하고 용법과 의미를 확인한 후 언어 자료를 제시한다. 학습자는 제공된 언어 자료를 가지고 연습 후 생산하게 된다.

2) 귀납적인 방법

귀납적인 방법은 교사가 언어 자료를 먼저 제시하고 학생들은 스스로 자료를 분석하여 단어와 의미유형 등을 발견하도록 한다. 잘 풀릴 수 있도록 교사는 실마리를 주며, 학습자들이 발견한 어휘의 특징을 같이 종합 정리한다.

2. 교실에서 교사가 어휘를 제시하는 방법

① 실물이나 그림, 동작을 통한 방법
② 추상화에 의한 분석적 정의를 활용한 방법
 - 뜻풀이·설명·연상 등 / 병원 : '몸이 아플 때 가는 곳이에요.'
③ 실제 해당 단어가 사용되는 문맥을 활용한 방법
④ 학습자의 모국어로 번역하여 제시하는 방법

3. 이해 영역과 표현 영역에서 어휘 제시 방법

1) 이해 영역의 어휘 제시 방법

 듣기와 읽기의 이해 영역에서는 텍스트 전체의 의미를 이해하면서 어휘의 의미를 추측하게 하거나 어휘의 용법을 간단히 제시한다.

2) 표현 영역의 어휘 제시 방법

 말하기와 쓰기의 표현 영역에서는 언어의 사용이라는 측면을 고려하여 어휘를 정확하게 사용할 수 있도록 용법을 자세히 제시한다.

3) 단계별 제시 방법

① 초급에서는 단어를 형성하는 원리를 습득하는 것보다 단어 자체를 어휘 사전에 입력하도록 하는 것이 좋다.(단순 암기)
② 중급에서는 어휘를 생성하는 원리에 의해서 어휘를 확장시킬 수 있도록 제시한다.
③ 고급에서는 이미 구축된 어휘를 이용하여 어휘를 확장시킬 수 있도록 제시한다.

4. 영역별 어휘 교육 방법

1) 말하기와 어휘 교육

① 통제된 활동 : 반복 연습, 대체 연습, 대화 외우기 등
 - 장점 : 짧은 시간 안에 입을 열게 한다.
 - 문제점 : 새 어휘를 완전히 이해하기 전에 사용하게 한다.

② 관련된 어휘의 사용을 향상시키는 방법
- 격자형 비교표 : 고급 학습자들에게 단어 간의 의미 차이와 각 개별 단어의 의미 자질을 인식하게 해 준다.

※ 격자형 비교표의 예

	날씨	음식물의 온도	사람의 태도	장소명사	주관적 감각
신선하다	O		O	O	
시원하다	O	O	O	O	
서늘하다	O			O	
싸늘하다	O		O	O	
쌀쌀하다	O		O		
차다/차갑다	O	O	O		
춥다	O			O	O

- 정도 차이 비교선 : 대개 경사 선에 의해서 나타내는데 이 경사 선에 배열된 단어들은 정도의 차이를 보여준다.

예)
```
┌─────────────────────── 이따금
├─────────────────────── 때때로
├─────────────────────── 자주
└─────────────────────── 언제나
```

- 연어를 활용하는 방법 : 새 단어를 학습하는 중요한 방법(연어 목록 찾기, 문맥에서 어휘의 용례 찾기를 통해 목표 어휘의 연어 찾기, 연어 추측하기)
- 학습자 간의 짝 활동 : 정보 결합 활동
- 반복 활동 : 말하기 유창성 증진을 위한 활동 (요약하기, 들은 말 전하기 등)
- 바꿔 말하기 활동 : 바꿔 말하기 전략 개발 목적

※ 말하기를 통한 구체적인 어휘 활동
 ·주어진 어휘로 빈칸 채워 올바른 문장으로 말하기
 ·그림 보고 말하기
 ·제시된 어휘 설명하기
 ·어휘 정의하기
 ·주어진 어휘를 넣어 문장 만들기
 ·주제와 관련된 어휘 예측하고 그 어휘로 상황 만들어 대화하기
 ·주제와 관련된 어휘를 그룹별로 어휘의미 파악 후 해당 어휘를 이용하여 대화 구성하기

2) 듣기와 어휘 교육

　① 읽기용 어휘를 듣기용 어휘로 전환시키는 활동

　　– 학습자의 읽기 수준보다 더 낮은 수준의 흥미롭고 단순화된 활동으로, 교재를 선택한 후
매일 읽어 주고 반복해서 말하게 하는 방법을 사용할 수 있다.

　② 받아쓰기나 사전 받아쓰기 연습

　③ 단어 단위의 듣기 연습

　　– 틀린 순서로 단어를 써 주고 바로 잡게 하기

※ 듣기를 통한 구체적인 어휘 활동
　·목표 어휘가 포함된 자료(영화, TV, 라디오) 듣고 어휘의 의미 유추하기
　·교사의 지시에 따라 표시하기 / 그림 그리기(그림, 지도, 사진 등의 시각 자료 활용)
　·교사의 지시 듣고 그림 그리기
　·배운 단어를 활용한 단어 게임
　·듣고 행동하기
　·듣고 완성하기
　·듣고 관련 없는 내용 찾기
　·듣고 맞는 답 고르기

---

3) 읽기와 어휘 교육

　① 어휘 수와 읽기와의 관련성 : 어휘 지식이 읽기 능력의 가장 명백한 하위 요소이다.

　② 읽기 활동 전에 어휘 가르치기

　③ 교실 활동 (본문 내용 예상해 보기, 본문에 나올 어휘 예상해 보기 등)

4) 쓰기와 어휘 교육

　① 공부나 흥미의 분야에 관련된 어휘에까지 생산적 어휘 확장하는 것이 중요

　② 철자, 문장에서의 단어 사용을 포함

　③ 읽기 중에 나오는 어휘를 통해 쓰기까지 연계 (읽기 중 새 어휘 파악 후 활용하여 써 보기)

V. 어휘학습 전략과 활동유형

1. 어휘 학습 전략

1) 의미 발견 전략

　① 의미 결정 전략 : 단어 자체를 분석하고, 문맥을 통해 모르는 단어의 의미를 추측하는 전략
으로 사전 등의 참고 자료를 활용한다.

② 사회적 전략 : 교사나 동료에게 새로운 어휘의 뜻 물어 보는 등의 사회적 관계를 활용하는 전략이다. (교사에게 모국어 번역 물어 보기, 그룹 활동을 통해 의미 발견하기)

2) 기억 강화 전략

① 기억 전략 : 뜻을 나타낸 그림, 이미지를 이용하여 새로운 어휘를 기억하는 전략이다.
② 인지 전략 : 기계적인 방법을 통해 어휘를 기억하는 전략이다. (구두로 반복하기, 쓰기 반복하기 등)

3) 상위 인지 전략

학습 과정에 대한 개요를 갖기 위해 사용하는 전략이다. (미디어 사용하기, 스스로 어휘 테스트 하기 등)

2. 어휘 활동 유형

1) 텍스트에서 관련 단어 찾아서 연결하기

텍스트는 담화 상에서의 어휘의 용법을 확인하는 자료이다.

> 중부지방은 고기압의 가장자리에 들어 기층이 불안정하겠으며, 남부지방은 북상하는 장마전선의 영향을 점차 받겠습니다. 중부지방은 구름 많고 한때 소나기(강수확률 40%)가 오는 곳이 있겠고, 남부지방은 차차 흐려져 제주도와 전남 해안지방에서는 비(강수확률 40~60%)가 오겠습니다. ....

2) 정의/설명에 맞는 어휘 고르기

어휘의 의미를 정확히 알고 있는지 확인하는 연습이다.

> (1) 가장 적당한 설명을 고르십시오.
>
> *귀를 기울이다.   ① 잘 듣다   ② 고개를 숙이다
>   ③ 잘 들리다   ④ 노력하다
>   *그만하면 됐다   ① 대단히 만족스럽다   ② 그 정도이면 괜찮다
>   ③ 만족스럽지 않다   ④ 불만이 많다
> *인심이 각박하다   ① 사람들이 착하다   ② 인정이 없다
>   ③ 사람들이 무섭다   ④ 매우 친절하다

3) 어휘 분류하기

어휘 의미를 알고 있는지 확인하는 연습이다.

(1) 다음 〈보기〉의 어휘를 적당한 곳에 넣으십시오.

〈보기〉　힘들다, 아프다, 편하다, 고프다, 괜찮다, 기쁘다, 좋다, 부끄럽다,
　　　　그립다, 싫다, 무섭다, 부럽다, 슬프다, 외롭다, 쓸쓸하다, 서운하다,
　　　　춥다, 덥다, 우울하다, 지루하다, 시원하다.

　　　　몸의 느낌　　　　　　마음의 느낌

　　　　긍정적인 느낌　　　　부정적인 느낌

4) 어휘 연결하기

어휘의 의미나 용법, 유의/반의 관계 등 어휘의 다양한 측면을 확인하는 연습이다.

(1) 서로 반대되는 말끼리 연결하십시오.

　　춥다　·　　　　　　　·　한가하다
　　바쁘다　·　　　　　　·　쉽다
　　맛있다　·　　　　　　·　크다
　　싸다　·　　　　　　　·　맛없다
　　어렵다　·　　　　　　·　비싸다
　　작다　·　　　　　　　·　덥다

(2) 서로 뜻이 통하는 것끼리 연결하십시오.

　　신입사원　·　　　　　·　응시하다
　　지망하다　·　　　　　·　햇병아리
　　철이 들다　·　　　　　·　이바지하다
　　고려하다　·　　　　　·　감안하다
　　기여하다　·　　　　　·　앞가림하다

5) 단어 배열하기

정도성이 있는 어휘의 의미를 변별하거나 어휘의 용법을 확인하는 연습이다.

(1) 다음은 따뜻한 정도를 나타내는 어휘들입니다.
　　정도에 맞게 다음 빈칸에 알맞은 단어를 골라 넣으십시오.

〈보기〉 덥다, 따뜻하다, 선선하다, 서늘하다, 춥다

　　춥다 → (　　　) → 시원하다 → (　　　) → (　　　) → 덥다

6) 문장 완성하기

문장이나 텍스트에 적절한 어휘를 선택하여 적절하게 형태 변화를 하게 하는 연습이다.

---

(1) 알맞은 단어를 보기에서 골라 _____에 써 넣으십시오.

⟨보기⟩   큰 맘 먹다   비슷비슷하다   한숨을 쉬다   수수하다
        방해가 되다   귀하다   최선을 다 하다

저는 화려한 옷보다는 _____ (으)ㄴ   옷을 좋아해요.
얼굴이 _____ 아/어/해서 누가 누군지 모르겠어요.
그 분이 _____ 는/(으)ㄴ 걸 보니까 걱정이 있나 봐요.

---

3. 어휘 교육 시 유의점

1) 제시 단계에서 형태와 의미를 어떻게 제시할 것인가?
  ① 형태와 의미를 교사가 모두 제시하는 방법
  ② 형태를 제시하고 의미를 학습자에게 유추하게 하는 방법
  ③ 의미를 제시하고 형태를 학습자에게 유추하게 하는 방법

2) 형태를 제시할 때 형태적인 특성이나 문법적인 특성을 함께 제시할 것인가? 기본형만을 제시할 것인가?
  ① '가다' 갑니다, 가서 등 형태적 특성 + '~에 가다'와 같이 쓰이는 특성을 제시한다.
  ② '가다'의 의미를 제시하고 교사가 형태적 특성과 '어디에 가다'를 유추할 예를 제시한다.

3) 말할 때 쓰이는 어휘인지, 글을 쓸 때 쓰는 어휘인지 구별하여 제시한다.
  ① 효과적인 어휘 학습은 문화에 대한 이해가 필수적이다.
  ② 필요한 경우에 모국과 한국의 문화적, 정서적 차이도 이해시켜야 한다.

4) 어휘 연습은 어휘의 용법과 의미를 충분히 활용할 수 있도록 해야 한다.
  학습자가 눈으로 확인한 어휘의 용법을 자신의 발화로 적용시킬 수 있도록 한다.

1장 다문화사회와 한국문화

| 학습목표 |

1. 다문화사회에 대한 주요 개념을 이해하고, 다문화사회로 급변화하는 한국사회 모습을 객관적으로 분석할 수 있다. 또한 국내외 다문화 정책들을 비교함으로써 한국의 다문화 정책에 대한 이해, 한국의 다문화 사회 현황, 해외의 다문화 정책 및 사례 검토를 통하여 한국의 다문화 정책과 다문화 사회를 위한 대안점에 대해 살펴본다.

Ⅰ. 다문화 사회란 무엇인가?

1. 다문화 사회의 이해

1) 디아스포라(Diaspora) 개념

디아스포라는 고대 그리스어에서 '~너머'를 뜻하는 '디아(dia)'와 '씨를 뿌리다'를 뜻하는 스페로(spero)가 합성된 단어로, 이산(離散) 또는 파종(播種)을 의미한다. 본래는 팔레스타인을 떠나 세계 각지에 흩어져 살면서 유대교의 규범과 생활 관습을 유지하는 유대인을 지칭한다. 후에 그 의미가 확장되어 본토를 떠나 타지에서 자신들의 규범과 관습을 유지하며 살아가는 민족 집단 또는 그 거주지를 가리키는 용어로도 사용된다.

유대인이나 아프리카인, 아르메니아인처럼 정치적 박해나 노예, 민족 학살 등의 사유로 본토를 떠나 타국에서 유랑생활을 하는 경우는 '피해자 디아스포라', 중국 화교처럼 교역을 목적으로 본토를 떠나 타국에서 거주하며 자신들만의 공동체를 형성하는 경우는 '교역 디아스포라', 인도인처럼 계약 노동자로 본토를 떠나 타국에서 생활하며 자신들만의 공동체를 형성하는 경우는 '노동 디아스포라' 등으로 구분하기도 한다.

2) 다문화 사회의 정의

다문화 사회는 한 국가 내지 사회 속 복수의 다른 인종, 민족, 계급 등 여러 집단이 지닌 문화가 함께 존재하는 복합문화사회를 말한다. 국제이주를 통해 인적 구성에 변화가 일어나 여러 민족과 인종이 함께 모여 사는 사회로, 다양한 구성원들의 창의적 문화 생산을 통해 문화적 다양성이 증진되고 사회 전체의 창의성이 커지는 사회이다.

이러한 다문화 사회를 바라보는 긍정적 시각을 살펴보면 첫째, 문화의 다양성 증가로 인하여 다수 집단의 문화 발전에 기여하고 문화적으로 풍성한 삶을 누릴 수 있다. 둘째, 외국인 근로자의 유입으로 생산성 증대 및 지속적인 경제발전에 기여할 수 있다. 셋째, 국제결혼 이주자의 증가로 지역 커뮤니티에 새로운 활력이 생긴다는 것이다.

그러나 이와 함께 부정적 시각도 나타나는데, 첫째, 고유문화의 정체성을 약화시키거나 훼손시킬 가능성이 있다는 점, 둘째, 외국인 이주자와 거주민과의 상호 이해 부족으로 인한 갈등이 발생할 수 있다는 점. 셋째, 외국인 근로자와 기존 거주자의 일자리 경쟁 및 외국인 범죄의 증가에 대한 우려가 생긴다는 점이 바로 그것이다.

3) 다문화의 범주

다문화를 인종에 따라 구분하면 여성결혼이민자, 외국인노동자, 외국인일반(외국인 유학생, 원어민강사 등), 탈북자, 재외동포, 화교 등을 다문화의 대상으로 이야기할 수 있으며, 사회적인 요소로 구분한다면 비정규직 노동자, 일본군 위안부, 양심적 병역거부자, 성적소수자 등이 해당될 것이다.

2. 다문화주의

1) 다문화주의에 대한 개념

다문화주의는 일반적으로 인간사회의 다양성, 인구학적·문화적 다양성을 설명하기 위해 사용되는 용어로 언어, 종교, 관습, 가치관, 국적, 인종, 민족 등 다양한 문화적 배경을 지닌 이민자 등이 사회 구성원으로 참여하여 이루어진 사회로 정의된다.

오늘날 다문화주의에서는 국가나 인종, 민족 등의 거시적인 차원에만 국한되는 것이 아니라 사회 내의 소외계층이나 소수 인종, 또는 세대 간 갈등과 성역할 차이 등의 미시적 차원도 논의의 대상이 되고 있다.

2) 다문화에 대한 논쟁들

① '차이'에 대한 논쟁
② 다수자에 비해 소수자들이 가지고 있는 지위와 문제
③ 교육, 학교의 역할 – 누구의 역사와 존재를 기술할 것인가?
④ 정체성의 혼란

3) 다문화에 대한 차별

미국 흑인의 역사를 살펴보면 흑인을 낮춰 부르는 차별적인 언어 표현으로 '니그로(Negro)'가 사용됨을 알 수 있다. 이후 이 표현이 차별적인 의미를 담고 있는 것으로 인식되고 이를 대체하는 어휘로 '블랙(Black)'이 사용되기 시작했다. 이 표현은 아프리카계 미국인(African-American)을 가리킨다.

한국에서도 마찬가지로 차별적인 용어가 사용되는 모습을 살펴볼 수 있는데 '혼혈아', '코시안' 등이 대표적인 예가 된다.

4) 한국의 다문화 사회 현황

1990년대 초부터 한국사회에 외국인들의 이주가 시작되었으며 1997년의 외환위기 이후 시장개방과 결혼구조의 변화, 고령화 사회의 진전에 따른 외국인 노동력의 수요가 증가하면서 외국인의 유입이 늘어나기 시작했다.

현재 한국사회에는 전체 인구의 4%가 넘는 약 181만 여명의 외국인(귀환 한국인 포함)이 체류 중인데, 일반적으로 전체 인구의 5% 이상일 경우 본격적인 다문화 국가로 간주한다.

외국인 거주 비율 5% 이상 도시

도시	인구(명)	비율	외국인(명)
안산시	70만7876	110.8%	8만648
시흥시	39만4639	11.5%	4만5471
포천시	15만5798	9.9%	1만5390
화성시	54만862	7.6%	4만1267
안성시	18만1896	7.0%	1만2697
거제시	24만8287	6.6%	1만6352
아산시	29만3954	6.5%	1만9023
김포시	34만310	6.2%	2만0991
오산시	20만8565	6.0%	1만2459
평택시	44만9555	5.6%	2만5321
양주시	20만2072	5.2%	1만420
광주시	29만8858	5.1%	1만5246

*자료 : 행정자치부

II. 문화이론에 대한 이해

1. 문화 이론 및 특징과 유형에 대한 고찰

1) 문화의 정의

문화인류학자인 홀(Edward T. Hall)은 문화는 빙산의 일각과 같으며 빙산은 눈에 보이는 부분이 10% 이내로 유지되고 안 보이는 부분이 90%(혹은 이상)으로 이루어져 있다고 하였다. 따라서 문화에서 우리가 볼 수 있는 것은 관찰, 측정이 가능한 행동, 객관적인 지식으로서 이것은 빙산의 일각에 불과하고, 내부의 사람 또는 관계에서 생겨나는 태도, 의미(가치관), 의지와 같은 것은 보이지 않는 주관적인 측면이 포함되어 있다고 하였다.

2) 문화의 유형과 구성 요소

문화는 기술적인 구성 요소인 물질문화와 제도적인 구성 요소인 제도문화, 그리고 관념적인 구성 요소인 관념문화로 구성되어 있다.

① 기술적인 구성 요소(물질문화)

물질문화는 인간이 환경에 적응할 수 있도록 생활수단을 제공하기 위한 것으로 물질적인 것과 이를 만들기 위한 기술이라고 할 수 있다. 식량을 획득하거나 환경의 제약을 극복하는 것, 자기 집단을 보호하기 위한 체계와 취미, 오락을 위한 기술 등이 여기에 해당한다.

② 제도적인 구성 요소(제도문화)

사회구성원들의 행위를 규제하거나 관계를 규정하는 제도적 차원의 문화요소로서 구성원들에게 행동기준을 제시해 주며, 가치를 판단할 수 있는 기준을 제공해 준다. 가족, 정치, 교육, 경제 등 각종 사회제도와 식사하는 법(규범문화), 그리고 나라를 다스리는 법, 옷 입는 법, 인사하는 법 등이 여기에 해당한다.

③ 관념적인 구성 요소(관념문화)

인간이 살아가는 궁극적인 의미와 목표를 제공하는 정신적 창조물로서 자기 자신이나 자연, 사회 등에 대한 지식, 신념, 가치태도 등을 말한다. 신화, 전설, 철학, 문학, 예술, 종교, 도덕 등의 정신적 창조물 등이 여기에 해당한다.

3) 문화의 특성

① 공유성

문화는 집단구성원에 의해 공유된다. 사회구성원 각 개인의 독특한 취향이나 버릇은 문화가 아닌 개성에 속한다. 문화의 공유성으로 인하여 사회구성원들 간의 행동 및 사고를 예측하는 것이 가능하다. 한 사회의 구성원들이 다른 사회에서 구분되는 어떤 행위, 관습, 경향 등을 공유할 때 그것이 비로소 문화가 되는 것이다.

② 학습성

한 사회의 문화는 학습된다. 인간의 생리적 현상은 학습되는 것이 아니기 때문에 문화라고 볼 수 없다. 인간은 태어나서 한 사회에서 자라면서 사회화를 통하여 학습되는 것이 문화이다.

③ 축적성

문화는 시간이 지남에 따라 축적된다. 인간의 지식은 한 세대에서 다음 세대로 전해지면서 각 사회마다 나타나는 공통적인 특징을 지니므로 문화는 시간이 흐르면서 축적되는 것이다.

④ 변화성(동태성)

문화는 변화하는 속성을 지닌다. 문화는 기술발전이나 새로운 지식, 아이디어로 인해 새로운 산업이 등장하면 변화한다. 또한 외부로부터 유입된 문화는 그 사회의 배경과 문화적 접촉을 통하여 변한다. 이 과정에서 기능을 상실한 낡은 문화 요소들은 사멸된다.

⑤ 전체성

한 사회의 문화는 각 요소들이 상호 밀접한 관련을 맺으면서 전체를 이룬다. 이는 환경 변화에 대한 적응을 돕고 문화의 축적을 이루는 데 기여한다. 정보통신기술 발달로 정보관리와 사무능력의 효율성이 증가하며 전자상거래, 원격교육, 원격진료, 재택근무가 가능해진 것이 그 예가 된다.

III. 다문화 정책 이론에 대한 이해 및 한국의 다문화정책 동향

1. 다문화 정책의 이해 및 동향

1) 다문화 정책

Castles & Miller(2003)의 논의에 근거한 다문화정책으로 동화주의(Assimilationist Model)와 다원주의(Multicultural or Pluralist Model), 그리고 차별적 포섭/배제(Differential Exclusionary Model)의 세 가지를 들 수 있다.

동화주의는 소수문화를 가진 사람들을 주류문화에 동화시켜 사회통합을 목표로 하는 정책적 지향이고, 다원주의는 다양한 문화가 공존하는 가운데 각 집단의 문화에 대한 존중과 질서가 유지되는 것을 목표로 하는 정책적 지향이다. 차별적 포섭/배제는 이민자들을 구별하여 특정한 능력이나 자격을 갖춘 사람들에게는 사회 영역으로의 접근을 허용하는 반면 그렇지 않은 사람은 배제하여 이들을 관리하는 것을 목표로 하는 정책적 지향이다.

2) 다문화 정책이론

① 용광로 이론 [Theory of meltion pot]

용광로 이론은 동화주의 관점을 취하는 것으로, 다수자와 소수자를 용광로에 함께 녹여서 과거와는 다른 새로운 문화를 만들어 낸다는 정책이론이다. 즉 서로 다른 문화가 함께 합쳐져서 공통된 문화를 만들고 이로 인해 조화로운 사회가 된다는 것이다.

② 모자이크 이론 [The theory of mosaic]

모자이크 이론은 다원주의 관점을 취하는 것으로, 몇 개의 인접한 소수집단의 단위문화가 주류 사회 속에서 자기 나름대로 문화를 유지하고 하위문화들이 공존하여 조화를 이룬다는 이론이다.

③ 샐러드 볼 이론 [The theory of salad bowl]

샐러드 볼 이론은 다문화 교육이론으로, 다양한 문화가 독립적으로 평등하게 공존되어야 함을 강조하며, 소수민족이 정체성을 유지하도록 그들의 문화를 지원하는 교육정책이론이다.

3) 문화의 다양성

서로 다른 환경과 상황, 그리고 각 사회의 구성원이 추구하는 가치관이 다르기 때문에 다양한 문화가 존재할 수밖에 없다. 따라서 나와 다른 사회의 문화를 있는 그대로 인정하고 문화적 차이에 따른 갈등을 미연에 방지하고 다양한 문화가 함께 공존할 수 있도록 노력하는 것이 다양한 문화에 대한 올바른 태도일 것이다.

4) 문화의 다양성과 보편 윤리
① 윤리적 상대주의

윤리적 상대주의는 도덕적 옳고 그름이 사회에 따라 다양하며 보편적인 도덕적 기준은 존재하지 않는다는 입장이다. 개인이나 각 문화권이 갖고 있는 윤리적 가치 규범이 상대적임을 일깨워 오히려 다른 도덕과 윤리에 대해 관용의 미덕을 보일 수 있다고 주장한다. 따라서 윤리적 상대주의가 관용이라는 윤리적 가치를 실천하는 윤리 이론으로서 기여할 수 있으며, 상황에 따라 도덕적인 행위가 비도덕적 행위가 될 수도 있다는 관점을 갖는다.

② 윤리적 상대주의의 문화 이해의 문제점

노예 제도나 인종 차별과 같은 보편 윤리에 위배되는 문화도 인정해야 하며, 자문화와 타문화를 비판적으로 성찰할 수 없다는 문제가 발생된다.

③ 문화 상대주의와 윤리와의 관계

문화가 상대적이라는 뜻이 '윤리적 가치는 상대적'이라는 뜻으로 해석될 수는 없다. 문화적 고유성과 상대성을 존중하면서 보편 윤리에 기초한 비판적 성찰이 필요하다.

5) 다문화의 존중과 관용
① 문화적 다양성의 존중과 다문화사회
  - 장점 : 삶의 경험과 문화 자원을 풍부하게 해주며 자율성과 창의성을 높여주며 상호 존중의 지혜를 학습할 수 있게 해 준다.
  - 단점 : 사회 통합의 문제, 문화적 편견에 의한 차별과 비난 및 인격 모욕의 문제가 발생할 수 있다.

② 관용

관용은 종교적 자유로부터 시작해 오늘날 인종, 문화, 성(性), 예술로 확장되어 일반적, 도덕적 원리로 정착했다. 그러나 무제한의 관용은 인권 침해 및 사회 질서를 붕괴시킬 수 있다. 따라서 타인의 인권과 자유, 그리고 사회 질서를 훼손하지 않는 범위 안에서 관용이 이루어져야 한다.

2. 한국의 다문화정책 동향

1) 다문화가족의 생애주기별 지원

다문화가족의 생애주기별 지원은 결혼이민자의 조기정착과 자립역량 강화, 다문화가족의 안정적 생활유지, 자녀의 건강한 성장 및 글로벌 인재 육성, 국민의 다문화사회 이해 증진을 목표로 하는 정책이다.

정책방향은 결혼이민자와 자녀, 배우자 등 가족구성원 전체를 대상으로 정책을 체계화하여 가족 생애주기별로 맞춤형 서비스 제공하고, 민·관 협력을 통한 효율적 서비스 전달 체계를 구축하는 것이다.

2) 한국생활 정착 지원

한국에서 생활하는 데 어려움을 겪지 않도록 한국어교육과 한국문화교육, 정보화교육을 실시하며 생활 상담까지 지원하고 있다.

또한 여성가족부에서 지원하는 결혼이민자 통·번역 사업은 한국 체류 2년 이상 선배 결혼이주민들이 은행·병원 등에 동행하거나 전화·메일 등으로 통역과 번역을 지원하는 프로그램으로 베트남어, 중국어, 필리핀어, 몽골어 등 전담인력이 센터별로 1~4명 배치되며 현재 전국 283명이 종사하고 있다.

3) 한국 문화 이해 교육

이민자의 한국사회에 대한 이해와 적응을 돕기 위한 '사회통합프로그램(KIIP)'을 운영하고 한국어 및 한국 사회 이해에 대한 교육 실시하고 있다.

과정	0단계	1단계	2단계	3단계	4단계	5단계
	한국어기초	한국어와 한국문화				한국사회이해
		초급1	초급2	중급1	중급2	
이수시간	15시간	100시간	100시간	100시간	100시간	50시간
사전평가점수	구술3점미만	3점-20점	21점-40점	41점-60점	61점-80점	81점-100점

4) 폭력 피해 여성을 위한 지원

가정폭력 피해 이주여성 전문상담소 설치하여 상담을 지원하고 있다.

"정부는 가정폭력 피해를 입은 이주여성을 지원하는 전문상담소 신설을 추진한다. 또 가정폭력 피해 이주여성 보호시설을 지난해 26개소에서 올해 28개소로 늘리고, 외국인 등록이 안 된 이주여성도 입소할 수 있게 제도를 개선한다. 가정폭력 피해 이주여성에게 지원되는 임대주택은 현재 295호에서 315호로 늘리기로 했다. 가정폭력 피해자가 보호시설에서 나온 후에도 자립할 수 있도록 지원금 신설도 추진한다."

– 경향신문, "가정폭력 피해 이주여성 전문상담소 신설"…정부, 3차 다문화가족정책 기본계획발표 2018.02.12

5) 한국어 교재 개발과 문화 지원

여성결혼이민자와 외국인 노동자를 위한 한국어 교재를 개발하여 지원하고 있으며 한국문화를 이해하기 위한 교육도 지원하고 있다.

6) 다문화 자녀의 언어교육 지원

이중 언어 가족환경조성 사업은 다문화가족 내 일상에서 자연스럽게 이중 언어로 소통할 수 있는 환경을 조성하고, 다문화가족 자녀가 영·유아기부터 다문화감수성을 지닌 글로벌 인재로 성장할 수 있도록 부모와 자녀, 가족구성원에 대한 교육을 지원하는 프로그램이다.

7) 결혼이민자를 위한 영농교육

"경기도농업기술원은 5일과 오는 12일, 19일 등 모두 3회에 걸쳐 경기농기원 대강당에서 결혼이민자 여성농업인들의 안정적인 농촌 생활 정착을 돕기 위한 생활예절과 음식문화, 맛 좋은 경기과일 고르기 등에 대해 교육을 한다고 밝혔다. 참가대상은 도내 결혼이민자 여성농업인 30명이다. 이들에 대한 멘토는 경기도 생활개선회 회원 10명이 맡고 있다. 이들은 영농기술, 생활예법, 생활과학기술 등 농촌생활 전반에 필요한 지식과 기술을 지도한다. 특히 오미자청, 고추장, 송편 만들기 등 한국요리를 배울 수 있는 프로그램도 마련돼 있다."[2]

8) 사회적 기업 육성으로 경제적 활동 지원 : "아시안허브"(http://asianhub.kr)

결혼이주여성들을 교육하고 일자리를 창출하는 사회적 기업을 육성하여 결혼이민자 직무향상 교육, 전문 통·번역 서비스 운영, 해외봉사활동 및 역사탐방 등 컨설팅, 온오프라인을 통한 아시아 언어교육, 쌍방향 다문화교육 프로그램 운영, 글로벌 비즈니스 컨설팅 및 위탁교육, 어학전문도서 및 앱 개발, 웹·인쇄물 디자인, 출판 대행 및 동화 제작 등의 사업을 지원하고 있다.

9) 북한 이탈주민의 효율적 정착 지원

북한이탈주민 입국 및 정착과정(흐름도)

보호요청 및 국내이송	- 보호요청시 외교부, 관계부처에 상황보고 및 전파 - 해외공관 또는 주재국 임시보호시설 수용 - 신원확인 후 주제국과 입국교섭 및 국내입국 지원
합동신문	- 입국 후 국정원, 경찰청 등 관계기관 합동신문 - 조사종료 후 정착지원시설인 하나원으로 신병 이관
하나원의 정착준비	- 사회적응교육(12주) 문화적 이질감 해소, 심리안정, 진로지도 상담 등 - 가족관계등록, 주거알선 등 정착준비를 마친 후 거주지 전입
거주지 보호	- 사회적 안전망 편입(생계·의료 급여) 취업지원 : 고용지원금, 무료 직업훈련, 자격인정 등 - 교육지원 : 특례편·입학 및 등록금 지원 - 보호담당관제 : 거주지·취업·신변보호 담당관제 운영
민간참여	- 지역적응센터(하나센터) 지정 운영 - 정착도우미제 : 민간자원봉사자와의 연계 - 북한이탈주민지원재단(정부예산 지원) 종합상담, 생활안정, 취업, 교육 및 장학, 연구, 인식개선에 관한 지원 제공과 함께 민간지원 역량을 연계하는 거점 역할

---

2. 출처 : https://www.sedaily.com/NewsView/1S5SN2CKFF

Ⅳ. 한국의 다문화 정책

1. 한국의 다문화 정책

1) 한국 다문화 정책의 전개

한국에서는 장기체류 외국인들이 증가하면서 다문화사회에 대한 정책적 준비의 필요성이 대두되었고 정부의 각 부처에서 다문화 관련 정책들과 함께 이에 따른 예산 편성이 이루어졌다.

다문화가정의 교육 문제를 그들만의 문제가 아닌 우리의 문제로 인식하기 시작한 교육계에서도 다문화교육의 개념 정의와 대상 설정에서부터 교육 목표, 방법, 내용에 이르기까지 다양한 연구를 진행하고 있다.

그러나 현재 한국의 다문화 정책은 관주도형 다문화주의라고 비판을 받고 있는데, 정부가 개인이나 집단 지역사회 등의 특정한 집단에게 각종 서비스나 권리, 이익 등을 배분하는 것과 관련된 정책이라는 것이다. 이주민정책 또한 외국인 노동자와 여성결혼이민자 등의 이주 집단에게 교육과 문화 복지 등의 서비스와 기회를 제공하는 것에만 집중하고 있는 모습을 살펴볼 수 있다.

2) 다문화 정책의 문제점

이주민들의 고유한 문화와 정체성을 인정하고 존중하기보다는 한국 주류사회 문화를 일방적으로 적응해야 하는 동화정책을 진행하고 있다.

3) 사회정책 – 차별과 동화정책

각 정부부처의 사정에 따라 다문화정책을 형성하고 집행하고 있으며, 외국인 노동자 정책은 차별모형으로 국제결혼의 경우에는 동화모형에 근거하고 있다.

2. 외국인 노동자

외국인 노동자에 대해 사업변경 금지, 가족동반금지, 취업기간 최고 3년 설정, 불법체류자에 대한 지속적 단속을 통해 장기체류 내지 장기이주를 막는 정책을 실시하고 있다. 또한 국무총리 산하 외국인력정책위원회에서 결정하는 외국인력도입쿼터제, 고용노동부에서 담당하고 있는 고용허가제를 통해서 외국인 노동자를 수용하고 있다.

1) 외국인 고용허가제

외국인 고용허가제는 국내에서 인력을 구하지 못한 중소기업이 합법적으로 비전문 외국인 인력을 고용할 수 있는 제도를 말한다. 일반 외국인근로자는 비전문취업(E-9) 비자로 입국하여 3년

간 근무가 가능하고, 3년의 취업활동기간 만료 후 사업주의 재고용 신청 시 최장 1년 10개월까지 연장 가능하므로, 합하여 4년 10개월의 근무가 가능하다.

2) 외국인 근로자 파견 국가

인도네시아, 베트남, 태국, 필리핀, 스리랑카, 몽골, 우즈베키스탄, 파키스탄, 중국, 캄보디아, 방글라데시, 네팔, 미얀마, 키르기스스탄, 동티모르, 라오스 등 16개국에서 외국인 노동자들이 파견되어 한국에서 근무하고 있다.

3) 외국인 고용허가제 도입업종

① 제조업 : 상시근로자 300인 미만 또는 자본금 80억 원 이하의 기업
② 건설업 : 모든 건설공사. 단, 발전소, 제철소, 석유화학 건설현장의 건설업체 중 건설 면허가 산업 환경설비인 경우는 제외된다.
③ 서비스업 : 건설폐기물처리업 / 재생용 재료수집 및 판매업 / 냉장 / 냉동 창고업(내륙 위치) / 서적·잡지 및 기타 인쇄물 / 출판업 / 음악 및 기타 오디오물 출판업에 고용된다.
④ 어업 : 연근해어업, 양식업, 소금채취업에 고용된다.
⑤ 농축산업 : 작물재배업, 축산업, 작물재배 및 축산관련 서비스업에 고용된다.

4) 외국인 고용 가능 사업장의 자격 요건

외국인근로자 허용업종 및 고용 가능한 사업 및 사업장이어야 하며 일정기간 내국인 구인노력을 하였음에도 구인 신청한 내국인근로자를 채용하지 못한 곳이어야 한다. 또한 내국인 구인신청을 한 날 전 2월부터 고용 허가서 발급일까지 고용조정으로 내국인 근로자를 이직시키지 않아야 하며 구인신청을 한 날 전 5월부터 고용허가서 발급일까지 임금체불을 하지 않았어야 한다. 마지막으로 신청일 현재 고용보험 및 산재보험에 가입하고 있어야 한다. (미적용 사업장 제외)

3. 여성결혼이민자

1) 여성가족부

2006년부터 '결혼이민자가족지원센터'를 설립하여 현재 전국에 약 160개의 다문화가족지원센터를 지정하여 사업을 시행하고 있다. 여성결혼이민자의 안정적 정착과 한국문화 적응, 가족생활 적응 및 가족관계 증진 등을 목표로 하고 있다.

2) 여성결혼이민자

한국인과 결혼하여 대부분 한국에서 생활하며 한국에서 영주권을 취득하는데, 취득기간이 짧게는 5년에서 길게는 12년까지 걸린다. 한국에 체류해야만 영주권을 획득할 자격이 부여된다.

이주와 인권연구소에서 시행한 '이주인권가이드라인 재구축을 위한 연구용역 보고서'에 따르면, 결혼이주여성의 체류권과 사회권은 한국인 배우자·자녀·가족에 종속돼 있다. 결혼이주여성이 영주권이나 국적을 취득하거나 사회서비스의 수혜자가 되려면 한국인 배우자와 혼인관계를 유지하거나, 한국 국적의 자녀를 출산·양육해야 한다. 또 한국인 배우자의 부모를 부양해야 한다는 조건을 요구 받는다. 이주와 인권연구소 이한숙 소장은 "이런 구조가 결혼이주여성들을 옥죄고 있어 인권침해나 착취를 당하더라도 이에 적극적으로 대응할 수 없게 만든다."고 설명했다.[3]

3) 다누리 - 다문화가정 지원 포털

https://www.liveinkorea.kr/portal/KOR/main/main.do

4) 지역기반 다문화센터 프로그램

각 지역별 다문화가족 지원센터에서 여성결혼이민자를 위한 생활, 취업, 상담 등 다양한 교육 프로그램을 운영하고 있다.
- 한국어 교육
- 다문화사회 이해교육
- 가족교육
- 가족개인상담
- 취업연계 및 교육지원
- 통번역 서비스 자조모임
- 멘토링, 자원봉사단 등 지역사회민간자원 활용프로그램
- 다문화 인식개선사업
- 지역사회 협력 네트워크 강화

---

3. 출처 : 부산일보 〈"멀리 가요" 결혼이주여성 쓸쓸한 죽음〉 http://www.busan.com/view/busan/view.php?code=20180515000288

5) 결혼이주여성을 위한 한국어교재

언어 편 : 교육 목차의 예

1과 제 고향은 섬인데 관광지로 유명해요

2과 쭉 가면 사거리가 나와요

3과 총각김치는 담글 줄 몰라요

4과 제주도 가는 비행기 표를 예매하고 싶어요

5과 아이들은 산보다 바다를 좋아할 것 같아요

6과 통장을 만드시려면 신청서를 써 주세요

7과 아버님 선물로 모자는 어때요?

8과 초록색이 안 어울리는 것 같아요

9과 어떤 제품이 가장 인기가 많아요?

10과 수리 센터에 맡겨 놓을게요 …

여성결혼이민자를 위한 한국어 교재는 여성이 살림을 도맡는 존재로 그려 성별 고정관념 조장하고 편견을 강화한다는 비판도 받고 있다.

4. 법무부

1) 사회통합정보망

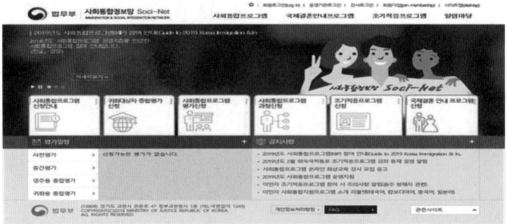

http://www.socinet.go.kr/soci/main/main.jsp?MENU_TYPE=S_TOP_SY

2) 기본방향

이민자의 국내생활에 필요한 한국어, 경제, 사회, 법률 등 기본소양을 체계적으로 습득할 수 있는 사회통합프로그램(KIIP)을 개발하였다.

이민자의 한국어 능력, 한국사회 이해 정도들을 측정하기 위한 기본소양 사전평가 및 이수 레

벨을 지정하고 KIIP를 이민자에게 직접 제공할 운영기관(교육기관)을 지정하였다. 지정된 운영기관에서 KIIP 강의 및 다문화 이해 등을 지도할 전문 인력도 양성하고 관리하고 있다.

3) 도입 취지

재한외국인에 대한 각종 지원정책을 KIIP로 표준화하고 이를 이수한 이민자에게는 국적취득 필기시험을 면제 등 다양한 인센티브를 제공하여 자발적이고 적극적인 참여 기회를 부여하고자 하였다.

또한 이민자에게 꼭 필요하고 적절한 지원정책을 개발하고 세부지원 항목 발굴을 위하여 이민자의 사회적응지수를 측정하여 이민자 지원정책 등에 반영하려고 하였다.

5. 정책에 대한 비판적인 시각

현재 우리나라 다문화정책의 문제는 첫째, 여성결혼이민자가족, 즉 다문화가족에 대한 정책으로 집중되는 경향에서 찾을 수 있다. 둘째, 인식과 제도의 부조화를 들 수 있고, 셋째, 다문화가족정책의 내용상 한계점이 있다. 넷째, 국민들이 다문화를 포용하고 배려하는 인식의 전환이 부족하다는 것이다.

V. 해외의 다문화 정책

1. 대만

'정부주도적 + NGO'

국가주도 다문화주의가 강하며 시민단체가 적극적으로 참여한다. 「취업서비스업」에 명시된 외국인노동자에 대한 '최저임금제' 적용이 외국인 이주노동자들의 노동착취를 방지하는 등 정부가 이주노동자들의 권익을 보호하기 위해 많은 노력을 기울이고 있다.

국제결혼의 증가로 대만 다문화정책의 목표는 대만 국민들과 이주민들과의 조화로운 동화에 초점을 두고 있으며, 「외국인 및 대륙배우자 보호상담정책」을 제정하여 생활적응 상담, 의료 보건, 취업권익 보장, 교육협조, 자녀양육 협조, 신변안전보호, 법 제도의 정착 등 아주 광범위하게 결혼이민자들을 위한 '생활적응지원서비스'가 이루어지고 있다.

입국 전 상담 기구 개설 및 취업상담책자 발행, 대만의 생활과 풍습, 이민 법령, 권리의무 관련 정보 등을 제공하여 적응기간을 단축할 수 있게 해 주고, 다국어 책자 발행 및 공립 유치원과 탁아소에 우선적으로 진학할 수 있는 권한을 주고 있다. 결혼 이민자 2세들을 위해서 초·중등학교 방과 후 프로그램을 편성하여 시행하고 있다.

2. 일본

'정부 + NGO 혼합형 다문화주의'

일본사회에서는 '다문화 공생'이라는 개념을 제시하고 있다. '공생'이라는 개념은 원래 자연과 인간의 공생을 뜻하는 것으로서 생태학에서 사용되던 것이 1970년대에 들어 장애아와 비 장애아가 공존할 수 있는 교육환경이란 맥락에서 쓰이게 되었고, 1980년대 이후에는 외국인 이주자들이 증가하면서 이들과 관련된 사회적 '공생' 개념으로 흔히 쓰이고 있다.

중앙정부 차원보다 지방자치단체 차원에서 더욱 적극적으로 다문화정책이 시행되고 있으며 정부와 시민단체와의 거버넌스(Governance) 운영체제가 원활하게 이루어지고 있다. 일본의 다문화 공생 정책은 '차이의 인정'이나 '상호존중'을 모토로 하는 원론적 선언 이상으로 나가지 못하고 있다는 평가를 받고 있으며, 이주 외국인들의 사회적 권리나 정치적 참여 같은 구조적 대처방안은 꾸준히 추진되어야 할 과제로 남아 있다.

3. 미국

'문화다원주의(Cultural Pluralism)'

미국은 주류사회로의 동화에 초점을 맞추어 이민자의 정착지원을 하고 있는데, 언어 습득 및 귀화 지원에 한정하고 있으며 서비스의 제공도 자유방임주의에 근거하여 정부의 개입이 제한적이다.

Melting Pot   VS   Salad Bowl

▲ 이민자들의 국가, 미국은 어떤 상황일까?

2008년 금융위기 이후 실업률이 치솟으며, 이민족에 대한 배타적 의식이 높아졌다.
미국 애리조나주 의회는 이민자 2세가 성인이 되면 자동으로 미국 시민권을 취득하도록한 이민법을 삭제하는 개정안을 발의했다.

4. 캐나다

'다문화주의(Multiculturalism)'

1979년 국가가 공식적으로 캐나다의 모든 민족들과 문화의 평등한 공존과 조화를 지지하는 다문화주의 정책(Multiculturalism)을 선포했으며 다문화주의 법을 제정했다.

캐나다는 공동체주의에 근거한 다문화주의를 바탕으로 이민자들이 출신국의 정체성을 보존하면서도 사회에 통합될 수 있도록 지원하고 있으며, 이민자 서비스 기관이 연방 정부의 재정지원을 받아 초기정착 서비스와 취업지원 서비스 등 다양한 정착지원 서비스를 제공하고 있다. 이주민들을 이방인이 아닌 사회참여자로서 인식하고 지역 사회에서 중요한 역할들을 할 수 있는 인재로 여기고 있다.

VI. 다문화사회를 위한 준비

1. 세계화와 문화의 다양성

1) 문화세계화

20세기 말부터 가속화된 세계화 추세는 정보통신의 발달로 문화적 교류가 확산되고 인적, 물적 교류뿐만 아니라 일상적인 문화 교류까지 증가하고 있다.

2) 문화적 다양성 심화

전 세계적인 노동력의 이동과 국제결혼의 증가로 인해 다양한 인종, 종교, 문화를 가진 사람들이 공존함으로써 다인종, 다문화 사회로 변화하고 있다.

문화적 다양성을 증진시킨다는 것은 다문화 주의와 지속적인 발전, 그리고 평화를 구축하기 위한 것이며, 건설적인 다문화주의를 위한 다양성은 문화들 간의 조화로운 상호관계를 고양시키기 위한 국가적이고 사회적인 메커니즘을 구축함으로써 만들 수 있다. 또한 평등과 통합을 이루기 위해서 국가, 시민사회는 중요한 역할을 해야 하며 이는 모든 이들이 받아들일 수 있는 사회적이고 민주적인 틀 내에서 가능한 것이다.

3) 다문화사회를 위한 정책적 방향과 과제

다문화정책이 연계되는 다양한 법, 제도, 서비스 등을 면밀히 분석하고 그 성과 및 효과를 진단하여 우리나라 다문화정책이 무엇을 지향하는가, 동화 혹은 다문화주의 혹은 사회통합 혹은 그 무엇인지를 명확하게 진단할 필요가 있다.

다문화사회로 전환되어 가고 있는 현 시점에 차이에 민감한 정책(Difference-sensitive Policy), 즉 서로 다른 민족과 문화의 차이만을 강조하는 것이 아니라 다른 민족과 문화에 대한 편견과 차별을 제거하여 다양한 민족과 문화의 차이를 존중하면서도 전체적인 사회통합을 이루는 데 초점을 맞추는 정책이 필요하다.

　　따라서 정부 부처 간·전달체계 간 효율적 역할 분담과 네트워크 구축이 필요하고 다양한 대상을 균형적으로 포괄하는 다문화 정책이 시행되어야 한다. 또한 중앙정부와 지자체 그리고 시민단체와의 거버넌스 운영체계를 활성화해야 한다.

2. 시민 교육의 필요성

　　세계화와 다문화사회의 형성으로 시민성이 국가적 정체성보다는 지역정체성과 세계정체성으로 이동되는 경향이 나타나고 있다. 따라서 다문화의 시민성이 국가 시민문화 속에 반영되고 제 목소리를 낼 수 있도록 국가 시민 문화가 변혁되어야 한다.

1) 세계시민으로서의 다문화 역량

　　세계시민으로서 필요한 다문화 역량은 첫째, 의사소통능력이며, 둘째, 사회적/대인관계 능력이다. 셋째, 갈등관리 능력, 넷째, 공감, 관용, 수용능력, 마지막으로 문화 간의 차이를 인정하는 능력이다. 이러한 능력을 배양해야 세계시민으로 다양한 문화를 가진 사람들과 함께 살아갈 수 있다고 보는 것이다.

2) 세계시민교육의 핵심 요소

3) 시민 사회 교육 내용

　　① 문화적 능력

　　　　- 인종, 지역, 지역문화

　　　　- 종교, 세대, 직업문화 등 다양한 부분 문화

　　　　- 문화의 특성과 문화접변, 상호작용, 변화과정 등

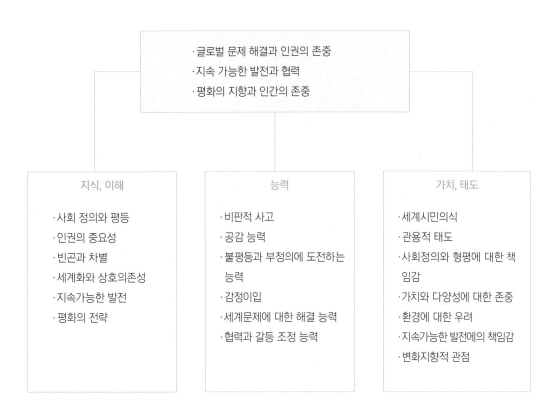

② 상호문화적 능력
   - 민주적 과정을 통한 문화의 상호작용과 변화 그리고 발전
③ 시민적 능력
   - 시민적 권리와 의무(자유권, 정치권, 사회권, 문화권)
   - 민주적인 정치참여 및 활동
   - 시민사회와 공론장의 의미, 참여 및 활동

세계시민교육의 내용

지식, 이해	인지 기능	가치와 태도
·다양성 ·지속가능개발 ·평화와 분쟁 ·글로벌 이슈	·비판적 사고력 ·협력적 문제해결력 ·의사소통능력 ·합리적 의사결정 능력	·다양성의 존중과 개방적 태도 ·지속가능발전을 위한 노력 ·공동의 문제해결을 위한 참여와 협력 ·글로벌 이슈에 대한 관심과 참여

4) 유네스코 문화 다양성 선언
   ① 제1조 문화 다양성 : 인류의 공동 유산
      문화는 시공간을 통해 다양한 형태로 모습을 드러낸다. 이러한 다양성은 인류를 구성하고

있는 집단과 사회의 독특하고도 다원적 정체성으로 구현된다. 자연에는 생물의 다양성이 요구되듯이, 인류에게는 교류와 혁신과 창조성의 원천으로서 문화의 다양성이 요구된다. 이러한 의미에서 문화 다양성은 인류의 공동 유산일 뿐만 아니라, 현재 세대와 미래 세대를 위해 인정되고 보장되어야 한다.

② 제2조 문화 다양성에서 문화 다원주의로

우리 사회가 점차 다양한 사회로 변화해 감에 따라, 공동생활의 의지뿐만 아니라 다원적이고 다양하고 역동적인 문화 정체성을 지닌 개인과 집단 사이의 조화로운 상호 작용이 반드시 보장되어야 한다. 모든 시민을 포용하면서 모든 시민이 참여하는 정책은 사회적 통합과 시민 사회의 생명력과 평화를 보장한다.

따라서 문화 다원주의는 문화 다양성의 실현을 보장하는 정책의 표현이다. 민주적 체계로부터 분리될 수 없는 문화 다원주의는 문화 교류에 도움을 줄 뿐만 아니라, 공공 생활을 지탱하는 창조적 역량을 강화하는데 기여한다.

③ 제3조 발전을 촉진하는 요소로서 문화 다양성

문화 다양성은 누구나 참여할 수 있도록 선택 범위를 넓혀 준다. 문화 다양성은 발전의 토대로서 경제 성장의 관점에서 이해되어야 할 뿐만 아니라, 한층 더할 나위 없이 지적이고 감성적이며 윤리적이고 정신적인 삶을 실현해 낼 수 있는 수단으로 이해되어야 한다.

5) 올바른 다문화교육을 위한 방향과 과제

단일민족의 우수성을 교육하는 교육현장 분위기에서 탈피하고 문화적, 민주적 통합으로 방향을 잡아 문화적 용해의 장으로 전환이 필요하다. 이를 위해서는 다문화사회와 다문화교육, 그리고 우리 사회가 안고 있는 다문화 현실의 특수성에 대한 충분한 이해가 선행되어야 한다.

한국적 특수성을 반영한 다문화교육의 재 개념화가 필요하며 이를 통해 다문화교육의 역할과 의의, 방향 등에 대한 총체적인 전망이 새롭게 제시될 필요가 있다. 일찍이 다문화사회를 형성하였던 미국이나 영국 프랑스 등과 같은 나라들의 선례를 참고하여 다문화 교육을 전체 사회구성원을 대상으로 실시해야 한다. 시민들에게 다양한 이주민들의 문화와 전통에 대한 존중과 배려를 강조하고 이를 실천에 옮길 수 있도록 하는 진정한 의미의 다문화교육이 필요하다.

마지막으로 우리나라에서 진행되고 있는 다문화현상에 대한 올바른 분석과 이해를 통해 정부와 지방자치단체 그리고 각종 시민단체에서 추진하고 있는 다양한 다문화정책과 다문화교육이 효율적으로 이루어져야 한다.

■ 참고문헌 ■

강현화(2011), '다문화 관련 한국어교육학 연구의 쟁점', 배달말학회
김범송(2011), '다문화가족 지원현황 및 정책대안: 국제결혼 이주여성 및 자녀를 중심으로', 이주동
　　　　포정책연구소
김종세(2011), '다문화사회와 사회통합을 위한 정책의 문제점', 한국법정제학회
김일란, 김남형(2008), '사회통합프로그램 실시에 따른 여성 결혼이민자 대상의 한국어 교육 방향' 국
　　　　제한국어교육학회
박진경, 임동진(2012), '다문화주의와 사회통합 – 캐나다와 호주를 중심으로–'
박혜숙(2012), '사회통합프로그램 과정 개선 방안'_ 독일 통합과정과의 비교를 바탕으로, 인문학연
　　　　구 44권
설동훈, 이병하(2012), '노르웨이 이민자의 사회통합정책' 한국민족연구논집 50권
성열관(2010), '세계시민교육 교육과정의 보편적 핵심 요소와 한국적 특수성에 대한 고찰', 한국교
　　　　육 제 37권 제2호
손기호(2012), '질 높은 사회통합' 정책목표와 성과평가에 관한 연구
송혜림(2014), '다문화정책과 정책학의 접목: 다문화정책의 현황과 과제'
정희라(2006), '유럽과 미국에서의 이민자 통합_영국의 자유방임식 다문화주의 – 영국적 전통과 이
　　　　민자 통합
조항록(2010), '다문화 가정 자녀를 위한 한국어 교육 프로그램 운영 지원 방안', 이중언어학회
조항록(2011), '이민자 사회통합 정책의 실제와 과제, 상명대학교 교육대학원
한수경(2011), '세계화(지구화) 이론의 모순', 한국정치평론학회

■ 단행본 ■

네이선 글레이(2009), 『우리는 이제 모두 다문화인이다』, 미래를 소유한 사람들
설동훈(1999), 『외국인 노동자와 한국사회』, 서울대학교출판부
안드레아 셈프리니(2010), 『다문화주의』 – 인문학을 통한 다문화주의의 비판적 해석), 경진
유네스코아시아태평양국제이해교(2010), 『다문화이해의 다섯 빛깔』 – 아시아 이해를 위한 국제이해
　　　　교육, 한울아카데미
이정환(2011), 『이주자 사회통합 정책 교육』 – Volume Ⅳ, 다문화 사회의 시민 교육
정천석(2009), 『국제결혼 이주여성 한국사회에 적응하는가』 한국학술정보
태평양국제이해교육원(2008), 『다문화 사회의 이해 유네스코아시아』, 동녘

■ 인터넷 자료 및 사이트 ■

다누리 thtp://www.liveinkorea.kr/intro.asp
사회통합정보망 http://www.socinet.go.kr/
여성가족부 http://www.mogef.go.kr
서울온드림다문화가족교육센터 http://www.mcedu.kr/SEJI/main.asp

2장 한국사회의 이해

| 학습목표 |

1. 한국어 교사로서 시대에 따른 한국 사회의 변화와 한국인의 가치관 및 문화의 변화에 대해 알고 한국어 수업에 어떻게 적용할 것인지 고찰해 본다.
2. 문화이론을 이해하고 한국인의 문화적 문법을 고찰해 본다. 또한 한국인의 가치관이 어떻게 변화했는지 살펴보고 이러한 가치관의 변화가 현재 어떻게 나타나고 있는지 알아본다.

I. 문화연구의 이론과 방법론

1. 문화연구의 이론과 방법론

1) 문화란 무엇인가?

① 문화는 인간이 상징을 사용하여 만든 인지적 및 규범적 체계로서 인간 행동을 규제하는 외부 환경이다.

② 문화는 인간이 만든 것이지만 그 자체의 생명력을 가지고 세대를 거쳐 전달되며 그 문화에 속한 구성원들의 의식에 내면화 되어 그들의 행위에 영향을 미친다.

③ 언어, 사상, 신념, 관습, 규약, 제도, 예술작품, 종교의식, 예식, 도구와 기술 등은 모두 문화를 구성하는 요소들이다.

④ Schultz and Lavenda(1995) : 문화는 학습되는 것, 공유하는 것, 상징적인 것

⑤ Brooks(1975) : 대문화(Big C)와 소문화(Little C)

⑥ Raymond Williams : 예술과 예술적 활동으로서의 문화, 삶의 방식으로서의 문화, 과정과 발전으로서의 문화로 구분하였다.

이러한 문화를 연구하는 방법으로는 문화생산 과정을 살펴보는 생산기반연구와 문화 산물의 형식을 살펴보는 텍스트기반 연구, 살아온 문화에 대한 연구의 세 가지를 들 수 있다.

2) 문화 개념의 구분

① 문학예술

② 일상문화

③ 기저문화(심층문화) - 사고방식, 행위방식

3) 문화적 문법 연구란?

표층적 문화와 심층적 문화 중 시대가 바뀌어도 쉽게 변하지 않고 현재를 살아가는 개인들에게 영향을 미치는 심층적 문화를 연구하는 것을 말한다.

문화적 문법은 계층, 성별, 나이, 직업, 교육 수준, 출신지역, 정치적 입장에 관계없이 그 사회 구성원이라면 누구나 공유하는 공통의 문법을 말하며 한국인들 사이의 상호작용 과정에는 언제나 문화 문법이 작용한다. 따라서 같은 문화를 공유하는 사람이라면 문화적 문법에 따라 행동하고 상대방도 문화적 문법에 따라 행동할 것이라고 기대한다.

4) 언어 학습과 문화의 이해

① 언어 상대성(Linguistic Relativity)

문화에 따른 인지적 차이는 그 언어가 서로 다른 사실과 관련되어 있다는 것으로 언어 간의 어휘적·통사적인 차이점은 비언어적인 인지적 차이점을 반영한다. 예를 들어, 두 개의 관련 대상물에 대해서 단어가 두 개 있는 문화에서는 두 대상물을 각각 다르게 생각하는 경향이 있으며 반면에 두 대상물에 대해서 한 개의 단어만 있는 문화에서는 그 둘을 더욱 유사하게 취급한다.

② 부르디외와 아비투스(Habitus)

계급이나 계급분파의 '관행'을 생산하고 재생산하며 지속적으로 생성력이 있는 원칙들을 말한다(Bourdieu, 1977, 1984). 기본 원습이라고 번역될 수도 있는데, 그것은 일련의 '분류적 틀'과 '궁극적 가치'로 구성된다. 부르디외에 따르면, 이것은 의식이나 언어보다 더 근본적이며, 자신의 이익에 유리한 방식을 부과하면서 집단이 계승하는 수단들이다.

아비투스는 이미 구조화되어 있는 구조이며 동시에 행위를 구조화하는 구조이며, 한 집단의 정체성을 구성하는 요소로 개인의 정체성 형성에도 관여한다. 일관성과 지속성을 지내고 몸으로 표현되지만 정신과 의식 속에 지속되는 특정한 성향과 규칙의 다발이다.

따라서 한 집단의 아비투스를 알면 그 집단구성원이 특정 상황에서 행동하는 양식을 예측하고 이해할 수 있다.

II. 한국인의 문화적 문법의 구성요소들

1. 한국 문화적 문법의 구성요소들

1) 근본적 문법의 구성요소들

① 무교와 유교의 영향으로 현세적 물질주의가 나타난다.
"이승이 저승보다 낫다." / "개같이 벌어서 정승처럼 쓴다."

② 합리성과 원칙보다는 정서와 감정을 중시하는 감성 우선주의가 나타난다.
'정(情)'과 '한(恨)'의 문화

③ 가족주의
조상을 모시는 '가족의 종교'로서의 유교와 가부장적 위계질서, 혈연중심 인식이 나타난다.
'우리'

④ 혈연, 학연, 지연을 중요하게 여기는 연고주의
"믿을 만한 것은 핏줄밖에 없다!" / "우리가 남이가?"

⑤ 권위주의
성인 남성 중심주의 사회로 윗사람과 아랫사람의 구분이 분명하다.

⑥ 갈등회피주의
자기의 의중을 간접적으로 표현하는 의사소통 방식을 취한다.
"모난 돌이 정 맞는다."

⑦ 민족주의
단일민족, 백의민족임을 강조한다.
"우리는 민족중흥의 역사적 사명을 띠고 이 땅에 태어났다."

⑧ 국가 중심주의
고려시대 ~ 조선시대까지 중앙집권적 관료제도로 운영되었으며, 식민시대에는 일본의 국가기구로 확대, 강화되었다. 또한 한국전쟁 및 군부독재시대에는 '국가와 민족을 위해 목숨을 바친다.'는 의식이 나타났다.

⑨ 속도 지상주의
'빨리빨리' 문화가 나타나고 이로 인해 압축적 고도성장을 이루었다.
"쇠뿔도 단김에 빼라." / 속전속결(速戰速決)

III. 한국 사회와 유교

1. 한국 사회의 유교

1) 유교에 대한 국내외 평가

한국사회와 한국인을 이해하기 위해서는 무엇보다 우선 유교에 대한 이해가 필요하다.

유교는 삼국시대부터 조선시대까지 이르러 사회의 모든 제도에 원칙을 제시하는 기본철학이었고 현재에도 계속 영향을 미치고 있으며 한국사회의 미래에도 중요한 역할을 할 것이다. 따라서 한국사회를 역사적으로 이해하기 위해서는 유교가 한국사상의 척추를 이루고 있음을 인식해야 한다.

한국 문화가 서구의 충격을 받아들여 유교적 유산과 창조적으로 결합시키는 내재적 적응력을 가지고 있다는 주장도 있다. 그러나 1997년 한국과 동남아시아 여러 나라에 외환 위기가 일어났을 때 유교는 부정적으로 평가되었다. 권위주의, 연고주의, 부정부패 등 시장의 합리성을 저해하는 요소가 유교에서 비롯되었다고 설명되고 남한의 외환위기나 북한의 전제적 세습정권을 설명하는 데에도 활용된다는 것이다.

하버드대 옌칭연구소의 투웨이밍은 공자 시절의 원시유교를 재해석한 주자의 신유교는 막스 베버의 해석과 달리 현실을 극복하려는 초월성을 가지고 있다고 주장하는데, 유학자들은 언제나 현실을 위기로 보고 그것을 극복하려고 하는 우환의식을 가지고 있다는 것이다. 그러므로 21세기는 유교 르네상스가 될 것이라고 예측된다.

2) 유교의 지속적 영향력

삼국시대에 도입되어 조선시대 500년을 지나 현재까지 이어져 내려온 유교적 전통은 한국인의 삶의 모습을 일정한 방식으로 규정하고 있다.

농촌을 떠나 도시로 이주해서 노동자나 상인이 된 농민들은 도시에 살면서도 농촌공동체의 사고방식과 삶의 양식을 변형된 형태로 유지했다. 그러나 1960년대 이후 빠른 산업화과정을 겪으면서 현재는 많이 약화되었다.

나이와 성이 일상적 인간관계에서 중요하게 작용하는 구별의 기준이며 조직생활의 기본 원칙은 권위주의적 위계질서를 크게 벗어나지 않고 있다. 특히 제사는 혈연집단의 정체성과 연속성을 유지시키는 동시에 남녀차별과 세대 간 서열에 기초한 가부장제와 부계중심적 사고방식을 정당화하는 기제로 작용한다는 부정적인 평가도 있다.

한국사회는 일본, 중국보다도 더 유교화 된 사회로 효를 내세운 가족주의 윤리, 혈연, 지연, 학연의 중요성, 소속 집단에 대한 충성, 연장자에 대한 존중, 남녀차별, 상호의존적 인간관계, 교육열, 사농공상의 서열의식, 학위에 대한 집착, 고시열풍, 중매결혼의 풍습 등이 대표적인 예이다. 또한 명절 때 고향으로 내려가는 자동차의 물결과 성묘하는 인파는 유교의 지속을 보여주는 것이다.

대부분의 한국인은 실제로 기본적인 유교의식을 준수하고 있으며, 유교적 가치에 동조하고 있으며, 현대에도 일상생활 속에서 많은 사람들이 일상생활에도 효도나 신의, 장유유서의 서열이나 도덕적인 지도자상을 이상시하는 등 유교적 가치관을 지닌 것을 볼 수 있다.

3) 오늘날 유교의 형태

유교는 다른 종교들과 달리 사원이나 교회가 없고 승려와 사제도가 없다. 따라서 다른 종교와 배타적 관계를 유지하기보다는 다른 종교나 이데올로기 속으로 침투하여 함께 어울리며 공존하는 특성을 보였고 한국사회에서 기독교나 불교와 어울리고 무교와 혼합된 상태로 남아 있으며 사회주의 이데올로기와도 공존하고 있다. 이것이 유교가 지속적으로 영향력을 미치는 원인이라고 볼 수 있다.

2. 조선사회의 유교화

조선시대에 유교는 정치이념으로 수용되었고 그 과정에서 사회규범으로 정착되었다. 조선사회의 유교화는 부계제와 가부장제에 기초한 가족제도에서 출발하여 제례와 장례를 유교식으로 전환시키고 삼강오륜에 입각하여 일상의 사회적 관계를 유교적 규범으로 제도화시키는 일이었다.

조선의 향촌양반들은 주민들에게 관혼상제를 중심으로 하는 예식과 일상생활의 모든 측면에서 유교적 규범을 내면화시켰으며, 지배층은 물리적 강제력보다 유교의 가르침을 일반 백성들에게 교육하여 내면적 복종과 자발적 동의를 구하는 일에 더 큰 비중을 두었다.

1) 양반층의 유교화

과거제도는 가문의 지위와 세력을 유지하기 위한 통로이자 높은 사회적 지위를 정당화 시키는 제도적 장치였다. 양반층은 정치적 권력과 토지를 기반으로 유교적 교양과 지식을 쌓아 조선 사회의 지적 도덕적 헤게모니를 장악하고 '해석과 권력'(교과서, 교육기관, 매체를 통해 자신의 해석을 사회의 지배담론으로 만드는 과정)을 가지게 되었다.

2) 상례와 제례의 유교화

올바른 예법에 따라 초상을 치르고 조상에 대한 제사를 드리는 것은 유교적 질서를 만들고 유지하는 데 가장 중요한 장치로 올바른 상례와 제례를 일반화시키는 일은 조선사회의 유교화 과정에서 필수적인 일이었다.

불교에서는 조상에 대한 제례가 없으므로 조상에 대한 숭배로서 제례는 유교적 의례의 중심이며 종가의 종손이 제주가 되는 제례는 유교적 가족제도가 현실화되고 지속되는 가장 중요한 예식이다.

3. 시대에 따른 유교

1) 부계제와 가부장제 확립

통일신라시대와 고려시대까지는 부계제와 가부장제가 없었고 통일신라시대에는 여성도 왕이 될 수 있었으며 아들과 딸은 똑같이 집안 행사에 참여하고, 상속을 받았다. 고려시대에는 데릴사위제도가 널리 행해졌고 사위는 아들과 똑같은 대우를 받았으며 같은 혈통 내에서의 결혼도 가능했다. 결혼과 이혼에 대한 규제도 심하지 않았으며 재혼도 가능했다.

그러나 조선시대에 들어오면서 가족제도는 남성과 적자 그리고 장자를 우대하고 여성과 서자를 차별하는 가족제도로 변화하게 되었다.

2) 유교적 규범 교육

① 소학과 내훈을 통한 교육

소학은 삼강오륜을 중심으로 현실세계의 인간관계와 사회관계를 규정하는 내용을 담고 있으며, 그 중에 충과 효는 국가와 가정에서 질서를 유지하기 위한 가장 중요한 덕목이었다.

내훈은 여성들에게는 내훈을 통해 유교적 규범을 교육하고, 가정생활과 자녀 양육 과정을 통해 남성들 못지않게 유교적 가치와 규범을 전달하고 지키는 역할을 하였다.

3) 향촌사회의 유교화

조선시대 대부분을 이루는 농민들의 생활의 근거인 향촌사회에서 유교는 중요한 역할을 했다.

마을단위에서 유교적 규범을 공식화한 향약의 실시는 향촌사회의 지배층인 양반층이 농민층을 유교적 규범으로 교화시키며 지배권을 확립하는 과정이며, 서울과 더불어 지방에서 서원과 서당이라는 사설 교육기관을 통해 유학을 가르쳤다. 17세기에 들어 향촌사회에서 특권 유지가 어려워진 것을 느낀 양반층은 교조화 된 유교윤리를 절대화시키기 위해 문중, 서원, 향교 등의 조직을 강화하였다.

조선 후기 개혁사상인 실학이 등장하였지만 유교 근본에 대한 도전이 아니고 유교적 틀 안에서 작동한 것이었다. 또한 실학자들은 양반층을 대표하지 못한 소수파에 불과해서 사회적 변혁을 이끌기에는 부족했다.

4) 일제에 의한 한국사회의 재유교화

자기비하와 열등감이 식민지 의식의 기본이며 일반적으로 식민지 체험을 열등감과 더불어 복종의 심리적 기제를 만들고 노예근성을 갖게 하고 명령하는 자와 실행하는 자 사이의 서열관계를 당연하게 만들었다.

일제는 억압적이고 효율적인 관료체제를 갖추고 조선 백성들에게 복종을 유도하기 위해 충(忠)이라는 유교적 가치를 강조였는데, 이는 내선일체가 주장되면서 조선인도 일본 천황을 정점으로 하는 가족제국가의 일원이라는 이데올로기를 주입하여 일본 천황에 대한 충성을 각인시키려는 것이었다.

① 반공이데올로기와 유교적 역습

'충'이라는 가치는 남북 양쪽의 국가형성과정에서 이데올로기적으로 활용되어 '뭉치면 살고 흩어지면 죽는다.'라는 말로 표현되기도 하였다.

미군정기를 거치면서 형식적으로는 자유민주주의라는 가치가 천명되었지만 민주주의라는 가치보다는 유교적 가치가 지속적인 힘을 발휘하였고 유교의 '충'이라는 가치는 일본 천황에서 새로 수립된 국가에 대한 충성으로 바뀌게 되었다.

이후 남한 단독정부의 수립과 함께 충효사상은 이제 반공이데올로기와 결합하여 국가원수를 정점으로 하는 수직적 권력체계를 정당화하는 국가의 이데올로기적 장치로 작용하게 된다.

가족, 친족이라는 혈연과 동향 사람이라는 지연, 같은 학교를 다녔다는 학연 등의 사적 인연의 관계가 상부상조의 연결망으로 작동하여 가족주의와 연고주의가 무질서한 해방공간과 생존이 갈리는 한국 전쟁 기간 동안 더욱 강화되었고, 1960년대 이후 지속적인 경제성장의 시기에 연고주의는 더욱 강화되었다.

Ⅳ. 한국 역사의 흐름

1. 한국인의 기원과 초기국가

BC 70만년경 한반도에 사람이 살기 시작
BC 8000년경 신석기문화의 시작
BC 4000년경 농경생활 시작
BC 2333년 고조선의 건국
BC 2000~1500년경 청동기문화의 보급
BC 500년경 철기문화의 시작
BC 108 년 고조선 멸망 / 한 군현 설치

2. 삼국의 성립과 발전

1) 고구려
① 기원전 37년에 시조 고주몽이 압록강 유역에 건국

② 교육기관 태학(太學)

③ 당나라와 싸워 이긴 안시성 전투

④ 667년 멸망

2) 백제

① 기원전 18년에 시조 온조가 한강 유역에 건국

② 중국과 활발하게 교류, 일본에 불교 전파

③ 660년 나당연합군으로 멸망

3) 신라

① 기원전 57년에 시조 박혁거세가 경주 지역에 건국

② 귀족의 세력이 강해 다른 국가들보다 통합과 발전이 늦음

③ 골품제도 : 왕족 대상의 골제와 귀족과 일반 백성 대상의 두품제를 합친 말

④ 화랑도(花郎徒)를 국가적 조직으로 개편하여 인재 양성

4) 삼국시대의 불교

① 삼국의 왕실은 백성들을 하나의 사상으로 통합하려는 의도로 불교를 적극 수용

② 호국사상을 강조, 지배층의 통치이념

③ 전통적인 신앙과 조화를 이루며 한국적인 불교로 토착화

④ 불교 미술과 고분(古墳) 미술을 중심으로 발달

⑤ 절이 많이 세워지고 탑, 범종, 불상 등의 예술품이 나옴

3. 고려의 성립과 발전

1) 고려를 건국한 왕건

① 한국 역사에서 자주적인 국가로 평가

② 후 삼국을 통일하고 발해 사람들까지 받아들여 새로운 민족문화의 기반을 마련

③ 삼국과 발해의 문화를 조화롭게 융합시키고 활발한 대외교류를 진행

2) 고려 사회

① 북진정책을 추진, 한민족의 활동무대를 넓혀 갔음

② 유교를 정치이념으로 내세우고 강력 중앙집권체제를 함

③ 과거제도 도입

④ 벽란도(碧瀾渡) 항구를 통해 송나라, 동남아, 아랍 국가의 상인들과도 교류

4. 조선의 성립과 전개

1) 조선 성립

① 1392년 이성계가 신진사대부와 손을 잡고 건국한 나라

② 유교를 국가의 근본이념으로 삼음

③ 유교적 민본사상 : 백성을 중요하게 생각하며 정치를 해야 한다는 사상

④ 전국 8도에 관찰사와 군현을 다스리는 수령을 중앙에서 보내는 중앙 집권제

2) 사림 세력의 성장

① 15세기 말부터 내부적 정치 갈등과 외국의 침략으로 의한 위기

② 학문을 닦으며 지방에 머물렀던 사람들이 정치권에 진출, 사림파를 형성

③ 기존의 훈구파(勳舊派)와 사림파(士林派)의 갈등

④ 사림파는 서원을 통해 후학을 양성하고 마을 공동체의 생활 규칙인 향약을 기반으로 지방 사회를 지배

⑤ 16세기 사림 세력의 집권으로 정치적 입장과 학문적 계보에 따라 나뉜 붕당정치(朋黨政治)가 전개

3) 조선 전기의 생활과 문화

① 엄격한 신분질서 (양인, 중인, 상민, 천민)

② 억불숭유(抑佛崇儒) 정책 : 불교사원 건립 억제

③ 과학기술 발달과 조선의 농토와 현실에 적합한 농사법 발달 (농사직설)

4) 조선 후기

① 임진왜란과 병자호란을 겪은 이후의 시기

② 한국 사회에 근대 의식이 서서히 싹트기 시작

③ 농업과 상업이 크게 발달하여 능력만 있으면 높은 신분이 아닌 사람들도 부를 축적할 수 있었음

④ 상공업이 발달함에 따라 화폐가 널리 유통되고 이윤 추구를 목적으로 하는 경제활동이 늘어났음

⑤ 현실적이고 개혁적인 경향을 보이는 실학(實學)이 등장

⑥ 중국을 통해 서구의 종교인 천주교(天主敎)가 들어옴

⑦ 한국 고유 종교인 동학(동학)이 창시되어 현실의 모순을 개혁하고자 함. 동학은 전통적인 민간신앙으로 유교, 불교, 도교의 장점이 결합되어 '사람이 곧 하늘'이라고 생각하는 '인내천(人乃天) 사상을 교리로 내세움

5) 개항과 근대적 개혁

① 19세기 중반에 접어들자 조선 사회에는 왕조 체제에서 벗어나 근대국가체제를 만들고자 하는 움직임이 보다 활발하게 일어남

② 서양의 자본주의 세력은 무력을 앞세워 아시아의 여러 나라에 개방을 요구

③ 조선은 다른 나라와 통상을 금지하는 쇄국정책(鎖國政策)을 유지

④ 일본의 강압에 의해 강화도조약(1876년)을 맺고 외국과의 교류를 위해 항구를 개방하고 서양의 문물을 받아들이기 시작

⑤ 개화파와 척사파의 갈등

⑥ 1894년, 사회를 개혁하고자 하는 농민들이 어지러운 정치를 바로잡고 외세에 대항하고자 동학농민운동을 일으킴

⑦ 1894년 갑오개혁

⑧ 일본의 청일전쟁 승리, 조선에 대한 간섭 강화 명성황후 시해, 단발령 시행으로 반일감정 폭발

⑨ 독립협회 설립, 고종의 대한제국 선포

⑩ 러일전쟁 발발

6) 조선 후기의 생활과 문화

① 신분제도 약화

② 서민문화가 새로운 경향으로 나타났으며 농업과 상공업으로 부를 축적하여 경제적인 여유가 생기고 서당에서 교육을 받을 기회 확대

③ 서민문화의 대표적인 것으로 판소리, 한글소설, 풍속화 등이 있으며 대표적인 한글소설로 〈홍길동전〉, 〈춘향전〉, 〈심청전〉 등이 있다.

④ 개항 이후 신분제 폐지, 근대적인 학교교육이 시작되면서 교육의 기회가 확대

⑤ 근대적 인쇄술 도입으로 신문과 출판물이 발간되어 개화사상을 전파하는 역할

5. 일제강점기

1) 일제의 국권 침탈과 식민지

① 서울에 통감부를 설치하여 대한제국을 일본의 보호국으로 만듦

② 무단통치기, 문화통치기, 민족말살통치기로 나누어 식민지 통치

③ 무단통치기에 조선총독부를 세우고 군대와 경찰을 앞세워 무력으로 한반도 지배. 이 시기에 한국인들은 군대를 치안을 담당하는 헌병경찰에게 일상생활을 감시당하며 언론, 집회, 출판과 같은 기본권을 모두 빼앗김

④ 내선일체 사상, 창씨개명, 황국신민서사(皇國臣民誓詞)를 외우도록 강요

2) 3·1 운동과 국내외 독립운동

① 1919년 3·1 운동은 계층이나 신분에 관계없이 누구나 참여한 항일독립운동

② 1919년 한국 최초의 민주공화제 정부인 대한민국 임시정부를 일제의 영향력이 미치지 않는 상하이에 수립

③ 중국의 봉오동과 청산리에서 일본군과 전투에서 승리

④ 국내 실력양성운동, 학교 내 비밀결사단을 만들어 민중계몽운동을 전개

6. 대한민국

1) 대한민국의 성립과 발전

① 1945년 8월 15일 제2차 세계대전에서 일본이 패하고 광복을 맞이함

② 미국과 소련이 38도선을 경계로 남과 북을 각각 통치하는 군정(軍政)을 실시

③ 1948년에 남쪽에는 자본주의 국가, 북쪽은 사회주의 국가가 세워짐. 대한민국과 조선민주주의인민공화국으로 나뉘는 분단국가가 되었음

④ 1950년 6월 25일 한국전쟁이 발발. 한국전쟁은 단순한 국내전쟁이 아닌 국제적인 냉전체제가 주된 발발 원인이라고 할 수 있음

2) 민주주의 발전과 경제성장

① 전쟁 후 사회를 복구하고 경제를 발전시키는 과정에서 독재정치체제를 유지

② 이승만은 반공 정책으로 정치적 반대 세력을 탄압하며 12년 동안 장기집권함

③ 국민들이 이에 저항하며 4·19 혁명(1960)을 일으키고 민주혁명을 일으킴

④ 혁명의 혼돈 속에서 박정희가 5·16 군사정변을 일으켜 정권을 잡음

⑤ 경제개발정책을 통해 경제성장을 이룩하였으나 민주주의에 대한 국민들의 요구를 철저히 탄압

⑥ 1980년대 신군부라고 불리는 새로운 군사정권에 대항하는 국민들의 민주화에 대한 요구가 거세졌고 대표적인 운동으로 5·18 민주화운동이 있음

7·4 남북공동성명	1972. 7. 4	분단이후 최초 (남)이후락 중앙정보부장, (북) 김영주 노동당 조직지도부장
한민족 공동체 통일방안	1989. 9. 11	국회 특별연설을 통해 노태우 대통령이 제시한 제6공화국의 통일방안
한반도 비핵화에 관한 공동선언	1991. 12. 31	1992년 2월 19일 평양에서 열린 제6차 남북고위급회담에서 정식 발효
6·15 남북공동성명 (남북관계 발전과 평화번영을 위한 선언)	2000. 6. 15	제1차 남북정상회담 (남)김대중 대통령 (북)김정일 국방위원장
10·4 공동선언	2007. 10. 4	제2차 남북정상회담 (남)노무현 대통령 (북)김정일 국방위원장
판문점 선언	2018. 4. 27	제3차 남북정상회담 (남)문재인 대통령 (북)김정은 국무위원장

V. 한국의 사상과 문화

1. 한국의 사상과 문화

1) 유교사상과 한국문화

유교는 기원전부터 한자와 함께 중국에서 전래되기 시작하여 한국에 4세기경에 유입되었다. 초기에는 공자의 가르침을 근본으로 삼아 경전을 연구하고 해석하는 학문적 성격이 강하여 유학이라고 불렀다.

유학은 내면적 윤리인 인(仁)과 인의 사회적 표현인 예(禮)를 기본개념으로 하면서 개인의 인격 완성을 바탕으로 나라와 사회를 다스리려는 사상이다.

한국 유교사상의 특징은 충효사상(忠孝思想), 의리사상(義理思想), 예사상(禮思想)에서 찾아 볼 수 있다. 유교에서 가장 중요한 덕목인 '인'은 인간과 짐승을 구별하는 본성으로 모든 인간이 가지고 있는 사랑하는 마음을 의미하고, 부모를 섬기는 '효'는 유교사회에서 중요한 덕목이 되었다. 또한 사림파는 의리를 중요하게 생각하며 정의로움을 위해서 목숨도 아끼지 않고 지조를 지키며 학문을 가까이 했는데 이들을 선비라고 불렀다.

2) 불교사상과 한국문화

불교는 4세기 말 중국으로부터 고구려로 전래되면서 한국적 사상 형성과 문화예술 발전에 큰 영향을 끼쳤다.

삼국통일 전후로 불교의 많은 승려들이 중국으로 유학을 다니고 사상적으로 깊이를 만들어 갔다. 8세기 말에 통일신라가 정치적으로 혼란스러워지자 교리 자체보다 인간의 마음에 있는 불성을 일깨우려는 선불교(禪佛敎)가 한국에 유입되었고 이에 따라 선종(禪宗)이 유행하게 되었다. 교리를 중요하게 생각하는 교종(敎宗)과 직관적인 종교적 체험을 중요하게 생각하는 선종이라는 한국 불교의 두 흐름은 이 시기에 생겨나 오늘까지 계승되고 있다.

고려시대 불교가 국가의 종교가 되면서 가장 번창하였고, 고려 중엽 조계종(曹溪宗)이라는 이름으로 새롭게 정비되면서 오늘날 한국 불교를 대표하는 대한불교조계종의 기원이 되었다. 조선시대 숭유억불 정책으로 산속으로 절을 옮기면서 현실 정치와는 분리된 종교 본연의 성격을 유지하고 있다.

한국 불교사상의 특징을 살펴보면 첫째, 한국의 불교는 대승불교의 정신을 따르고 있다. 소승불교와 달리 대승불교는 일반인들(衆生)과 함께하는 대중적인 불교로 수행자의 사회참여를 강조한다. 둘째, 대승불교에서는 개인의 집착에서 벗어나 너와 나를 하나로 생각하고 세상의 모든 것은 변하기 때문에 영원한 것은 없다고 보는데, 한국 불교에서 이러한 '공사상'은 정치적 권력이나 재물을 탐하지 않는 모습으로 표출된다. 셋째, 화쟁사상은 원효가 체계화한 것으로 세계인식 방법은 한쪽으로 치우치는 극단을 버리고 다양한 불경을 폭넓게 이해함으로써 올바른 견해를 가질 수 있다는 입장을 취한다. 따라서 선종과 교종으로 나뉘어진 것을 하나로 통일시키는 사상적 근거가 되었다.

3) 도교사상과 한국문화

도교는 한국에서 종교적 단체 및 교리가 체계화되지 않았지만 한국인의 가치 형성에 많은 영향을 미쳤으며, 종교적인 성격이 약해서 도가(道家) 혹은 선가(仙家)라고 불리기도 한다.

도교는 자연의 질서에 순응하는 삶이야말로 가장 아름다운 삶이라고 믿는 한국적 가치의 사상적 원형이 되었고, 대자연과 하나가 되어 자연의 순리를 따르는 신선사상이나 늙지 않고 오래 살기를 바라는 불로장생사상으로 발전하였다.

한국 도교사상의 특징은 첫째, 자연에 순응하는 삶을 가치 있게 생각하는 신선사상과 노장사상을 꼽을 수 있다. 둘째, 오늘날 심신수련법인 기공이나 단학(丹學) 그리고 기과학(氣科學) 등은 병에 걸리지 않도록 건강을 관리하는 도교의 양생법에 기원을 두고 있다. 셋째, 도교는 사회가 유지되기 위해 만든 인위적인 질서를 비판함으로써 공동체보다는 개인을 우위에 두는 성향이 강하기 때문에 사회적 성공이나 물질적 풍요보다는 욕심 없고 순수하게 살아가는 소박한 삶을 가치 있게 평가한다.

한국에 기독교가 처음 소개된 것은 17세기 초이지만 종교로 유입된 시기는 18세기 후반 조선의 학자인 이승훈이 중국의 북경에서 천주교 의식인 세례를 받고 한국으로 돌아오면서부터이다.

조선은 유교 국가이었기 때문에 100년 동안 종교적 탄압을 했으나 서자 출산의 양반들, 여성, 노비들에 의해 받아들여졌다. 개신교는 19세기 말에 미국과 캐나다 등에서 온 선교사들에 의해 전래되었고 선교사들이 의료사업과 교육사업을 중심으로 활동하면서 한국이 근대문명을 수용하는 데 큰 영향을 끼쳤다. 한국인들이 자발적으로 천주교를 받아들인 것은 한국의 사회적 모순을 비판하고 이를 극복하고자 하는 의지가 있었기 때문이며, 일제강점기에는 기독교 계열의 많은 인사들이 한국의 독립운동과 계몽운동에 적극적으로 참여하였다. 한국전쟁 이후 북한의 개신교들이 남한에 많은 교회를 세웠고 이곳은 실향의 슬픔을 치유하는 공간으로 작용하였다.

한국 기독교의 특징은 첫째, 근대적 가치와 문명을 한국에 소개하면서 한국의 근대화를 이끌었다는 점. 둘째, 한국의 민주화 운동과도 깊은 연관성을 갖고 있다는 점. 셋째, 오늘날 한국 개신교는 대형화된 교회를 중심으로 발전하는 특징을 보인다는 것이다.

한국의 대표적인 민간신앙으로 무속신앙, 점복신앙, 풍수지리 등을 들 수 있는데, 이들 민간신앙은 오랜 시간에 걸쳐 한국인들이 믿어온 자연 신앙으로서 한국 문화의 원형을 간직하고 있다.

한국 민간신앙의 주요 사상은 자연에 신이 깃들어 있다고 생각하여 자연을 신성하게 생각하는 자연관과 인간의 영혼이 영원하다는 영혼관으로 나눌 수 있다. 또한 세상에 존재하는 천지만물은 모두 하나로 연결되어 있고 산이나 강, 동물에도 신이 산다고 생각하여 다양한 신을 인정하고 숭배한다.

VI. 한국인의 가치관 변화와 현대 한국 사회

1. 한국인의 가치관 변화

1970년대 → 1990년대 → 2000년대 이후

자신과 가족 중심의 개인주의가 증가하고 있으며 남녀평등 의식도 확대되고 있다. 또한 탈권위주의와 자기주장성도 증가하는 모습으로 변화하고 있다.

1) 개인주의

전통가치인 충효사상 중요도가 저하되고 나라보다는 개인과 가족중심으로 변화하고 있다. 따라서 효도방식에도 변화가 있어서 예전에는 부모를 봉양하는 것이 효도였으나 지금은 자신의 출세가 효도라고 보는 경향이 있다.

2) 탈권위주의

권위에 대한 순종보다 책임감을 중요하게 보며 직급의 상하구별보다 직능으로 구분하고 있다. 최근에는 자신보다 윗사람의 틀린 점 지적하기도 하는 등 권위주의에서 벗어나고 있는 모습을 보인다.

3) 자기 주장성

함께 행복하기 위해 불만을 참기보다는 타인의 시정을 요구하는 비율이 증가하고 있으며 겸손보다는 자신의 실력을 과시하고 경쟁의식이 증가하여 낙오자를 구제하려는 의식은 저하되고 있는 모습을 볼 수 있다.

4) 불확실성 회피

IMF 이후 인생관에도 변화가 일어나서 인생을 '천천히 즐기면서' 사는 것을 추구하고 이전에 비해 외국인에게 덜 친절하며 처음 보는 사람을 경계하는 심리가 증가하였다.

5) 미래지향성

한국인들은 과거나 현재보다 미래를 중시하는 미래지향적 사고관을 가지고 있었으나 최근에는 미래를 대비하는 것을 중시하지만 현재를 즐기는 추세가 증가하는 모습으로 변화하고 있다.

6) 남녀평등 의식

전통적 정조관념에 변화가 있어서 혼전순결주의 의식도 변화하고 있다. 또한 여성의 사회진출이 많아지면서 '집사람'이라는 호칭도 사라지고 있으며, 남녀평등 의식이 확대되어 시집과 친정이 동등한 지위로 변화하고 있다.

7) 호칭에 대한 변화

도련님과 처남 등 가족 간 성별 비대칭 호칭이 개선됩니다. 여성가족부와 국립국어원·국민권익위원회는 가족 호칭 정비안을 마련해 도련님, 처제 등 배우자의 손아래 동기는 'OO씨, 동생' 등으로, 부모는 양가 구분 없이 '아버님, 어머님'으로, 시댁과 처가는 시가, 처가로 부르도록 제안했다.

8) 풍요로운 생활

경제적 가치를 중시하는 인생관으로 변화하여 '깨끗하게 정직하게 사는 것보다 풍부하게 사는 것'을 중시한다.

2. 다양한 현대 사회의 모습들

1) 경제

집약적 발전과 성장

　　– '한강의 기적', 세계 경제 순위 11위

양극화

　　– 부유층 VS 빈곤층

　　– 재벌 중심의 경제구조

고용 및 취업

　　– 88만원 세대 (N포 세대, 오포 세대)

　　– 비정규직

2) 교육

입시위주교육

　　– 대학의 서열화

　　– 학교폭력

사교육

　　– 자본과 교육

평생교육의 시대

3) 시민사회

다양한 시민단체 및 활동 증대

아래로부터의 변화와 소통, 연대

아시아 시민사회에 민주주의 롤모델

4) 소비사회

음주 & 커피 소비

건강식품

여가생활 증가

5) 결혼사회

초혼 연령 상승

1인 가족 증가, 비혼 및 동거 가족 증가

이혼 및 재혼 증가

국제결혼 → 다문화가정

6) 고령화 & 저출산

감소하는 인구 → 저출산 문제 심각 → 노동생산성 감소

고령화 → 노인 빈곤율 증대 → 고독사 증가

■ 참고문헌 ■

나은영(2010), '한국인의 가치관 변화 추이'- 1979년, 1998년 및 2010년의 조사결과비교, 한국심리
    학회
신현정(2011), '한국인의 가치관', 한국심리학회
황상민(2004), '한국인의 라이프스타일과 세대의 심리적 정체성', 한국 사회심리학회

■ 단행본 ■

Baldwin, Elaine(2011), '문화코드, 어떻게 읽을 것인가', 한울
강정인(2004), '난 몇 퍼센트 한국인일까', 책세상
권영민 외(2009), '외국인을 위한 한국문화 읽기', 아름다운한국어학교
박재환(2004), '현대 한국사회의 일상문화코드', 한울아카데미
이규태(2000), '한국인의의식구조', 신원문화사
일상문화연구회(2004), '일상문화 읽기 (자기성찰의 사회학 3), 나남
정수복(2007), '한국인의 문화적 문법 정수복', 생각의나무
최상진(2011), '한국인의 심리학', 학지사
최준식(1997), '한국인에게 문화는 있는가', 사계절
탁석산(2008), '한국인은 무엇으로 사는가', 창비

■ 인터넷 신문기사 인용자료 ■

2030세대 58% "나도 오포세대!"
http://www.hani.co.kr/arti/society/society_general/680539.html
韓 노동시장, 이미 '계급화' 단계…상·하위 소득격차 4.5배
http://news.mt.co.kr/mtview.php?no=2015081016477666964
1인 가구 500만" 고령층 소득불안, 젊은층 집세부담"
http://www.yonhapnews.co.kr/bulletin/2015/08/14/0200000000AKR20150814064100002.
   HTML
연간 사교육비 33조원
http://www.kyeonggi.com/news/articleView.html?idxno=1003824
저출산·고령화 해결이 대한민국의 미래
http://www.ytn.co.kr/_ln/0103_201508150246528642

3장 한국문학의 이해

| 학습목표 |

1. 한국문학의 원형과 그곳에 담긴 한민족의 심성을 찾아 이해하고, 이것이 시대의 흐름에 따라 어떤 양상으로 변화되고 지속되어 왔는지를 추적해 봄으로써 우리 문학의 과거와 현재를 성찰하는 기회를 마련한다.
2. 한국문학의 본질과 특징을 문학 주제론의 입장에서 접근해 보려는 시도로, 각 시대별 주요 문학작품을 감상하며 그 흐름을 이해한다.

Ⅰ. 한국문학이란

1. 문학이란

한국문학에 대해 말하기에 앞서 문학이란 무엇인가에 대해 먼저 알아보지 않을 수 없다. 문학은 인류가 생겨난 아주 오래 전부터 시작된 것으로 학자들마다 그 기원에 대해 여러 가지 설명을 하고 있다. 일반적으로 문학은 사람들이 글자를 만들어 내기 전부터 있었던 것으로 이러한 말로 된 문학은 구비문학이라고 한다. 서양에서 문학은 'Literature'라고 하는데 이는 라틴어에서 온 말로 원 의미는 '기록된 것'을 말한다. 따라서 문학은 넓은 의미에서 글로 표현된 모든 것을 뜻하나 흔히 우리가 말하는 문학은 협의의 의미로 '상상을 통한 감정과 사상을 언어로 형상화한 예술'이라고 할 수 있다.

2. 한국문학의 정의와 범위

한국문학이란 말 그대로 한국의 문학 또는 한국의 문학을 연구하는 학문이다. 앞에서 문학이 무엇인가를 살펴 본 것을 적용하면 한국문학은 한국인인 작가가 사상과 감정을 한국어로 형상화한 예술이 된다. 그런데 여기에서 살펴보아야 할 것이 바로 표기 방법에 대한 문제이다. 한국어로 구비전승되는 문학이나 한글로 기록된 작품들은 당연히 한국문학이 되지만, 그렇지 않은 것 즉, 한문으로 기록된 문학작품을 어떻게 보아야 할 것인가 하는 문제가 제기된다. 이에 대해 학자들은 ① 한글로 표기된 문학만 국문학, ② 한문으로 표기된 문학도 국문학이라고 하여 논의하였다. 현재는 후자의 견해를 따르고 있는데, 이는 한문의 특수한 위치를 고려한 것이다. 한문은 동아시아 문화권에서 공통적인 문자로 사용된 보편문자였기 때문이다. 이러한 관점에서 한국문학은 구비문학과 기록문학을 포함하며 다시 한글로 기록된 문학과 한문으로 기록된 문학을 포함한다.

II. 시가 문학의 흐름

1. 고대가요

고대가요는 한민족이 한반도 일대에서 삶을 영위하던 시기부터 신라의 향가가 나타나기 전까지의 시가를 일컫는다. 현재 가사가 전하는 고대가요는 〈구지가〉, 〈황조가〉, 〈공무도하가〉 세편이다. 고대 가요는 노래가 창작된 배경이 실려 있는 설화와 함께 기록되어 그 내용을 용이하게 파악할 수 있다. 한글이 없던 시대였으므로 구전되다가 한자로 번역되어 한시의 형태를 띄고 있다.

구지가는 김수로왕과 관련되는 설화에 등장하며, 새로운 생명(왕)의 강림을 기원하는 노래이다.

황조가는 고구려 유리왕의 작품으로 알려져 있어 현재 전하는 가장 오래된 개인의 감정을 노래한 작품이며 집단 가요에서 개인 서정시로 넘어가는 단계의 노래이다.

공무도하가는 '공후인'이라고도 하며, 물에 빠져 죽은 남편에 대한 사별의 슬픔을 노래한 작품이다.

〈구지가〉	〈황조가〉	〈공무도하가〉
龜何龜何 首其現也 若不現也 燔灼而喫也	翩翩黃鳥 雌雄相依 念我之獨 誰其與歸	公無渡河 公竟都下 墮河而死 將奈公何

2. 향가

향가는 사뇌가로도 불리며 '우리의 노래'라는 뜻을 가지고 있다. 현재 전하는 향가는 삼국유사에 14수, 균여전에 11수로 총 25수가 있다. 향가는 신라의 노래로 작자층은 귀족, 승려, 화랑 등의 귀족 계층이 주를 이룬다. 또한 '향찰'이라는 독특한 표기방법을 사용하여 기록하고 있는데, 향찰은 한자의 음과 훈을 한국어 어순에 맞게 표기하고 조사와 어미까지 표기한 방법이다.

향가의 형식은 4구체, 8구체, 10구체로 나누어 볼 수 있다.

4구체	8구체	10구체
서동요 헌화가 풍요 도솔가	처용가 모죽지랑가	원가 혜성가 안민가 우적가 원왕생가 제망매가 찬기파랑가 도천수대비가

서동요는 현존하는 가장 오래된 향가로, 백제의 서동이 선화공주를 얻기 위해 지은 노래이다.

처용가는 아내를 범한 역신을 굴복시키기 위해 처용이 부른 노래이다.

찬기파랑가는 존경하고 사모하던 화랑인 기파랑의 인격을 사적으로 추모하고 찬양함 작품으로 영탄, 찬양, 소망의 어투를 가진다.

〈서동요〉	〈처용가〉	〈찬기파랑가〉
善化公主主隱 他密只嫁良置古 薯童房乙 夜矣卯乙抱遣去如	東京明期月良 夜入伊遊行如可 入良沙寢矣見昆 脚烏伊四是良羅 二兮隱吾下於叱古 二兮隱誰支下焉古 本矣吾下是如馬於隱 奪叱良乙何如爲理古	咽嗚爾處米, 露曉邪隱月羅理 白雲音逐于浮去隱安支下, 沙是八陵隱汀理也中, 耆郎矣皃史是史藪邪, 逸烏川理叱磧惡希, 郎也持以支如賜烏隱, 心未際叱 肹逐內良齊, 阿耶, 栢史叱枝次高支好, 雪是毛冬乃乎尸花判也.

* 백제 가요 : 정읍사

현재 가사가 남아있는 유일한 백제의 서정 가요로, 후대에 궁중음악으로 연주되었다.

멀리 나간 남편의 안전을 비는 정성을 나타낸 사랑의 노래라는 견해와 집을 나가 오랜 동안 돌아오지 않는 남편이 다른 여자를 만나고 있을 것이라는 의구심과 질투를 드러낸 속된 노래라는 견해가 있다.

원문 일부	현대역
前 腔 달하 노피곰 도드샤 어긔야 머리곰 비취오시라. 어긔야 어강됴리 小 葉 아으 다롱디리	달님이시여, 높이 높이 돋으시어 멀리멀리 비추어 주십시오. 후렴구~

3. 고려가요

고려가요 또는 고려속요라고 하며 고려시대에 불린 노래들로, 입에서 입으로 전해져 오다가 조선시대에 들어 우리말로 기록되어 정착되었다. 『악학궤범』, 『악장가사』, 『시용향악보』 등에 기록되어 전한다. 입에서 입으로 전해 온 노래이기 때문에 창작 시기와 작가를 알 수 없는 것이 대부분이나 정서의 '정과정곡'만 유일하게 작자가 알려져 있다.

고려가요는 대부분 민요에서 비롯되었으나, 궁중에서 가창되었고 조선 왕실에까지 전승되었다. 이 과정에서 후렴구 또는 여음구가 음악적 효과를 위해 삽입된 모습을 볼 수 있다. 대표적인 작품으로 동동, 청산별곡, 고려처용가, 가시리, 정석가, 쌍화점 등이 있다.

고려가요 중 '경(景) 긔 엇더ᄒ니잇고' 또는 '경기하여'라는 구절이 삽입되어 있는 〈한림별곡〉, 〈관동별곡〉, 〈죽계별곡〉의 3수를 다른 고려가요와 구별하여 경기체가로 일컫는다. 경기체가는 신진사대부들에 의해 창작되어 16세기까지 창작된 정형시의 한 형태로 작가가 알려져 있다.

가시리는 이별의 정한을 노래함. 이별의 안타까움과 님이 돌아와주길 바라는 화자의 간절한 소망을 담고 있다.

청산별곡은 고려 말 무신 집권, 몽골 침입, 척신(戚臣) 전횡(專橫)으로 인하여 고려 전체가 내우외환(內憂外患)으로 흔들리던 시기에 쓰인 작품이다. 현실 도피적인 생활상과 실연의 애달픔을 노래한 작품이다.

서경별곡은 서경(평양)을 무대로 한 남녀의 이별 노래이다. '아즐가'라는 의미 없는 말을 넣고, 매구 끝에는 후렴구가 따른다. 세종 이후 궁중 종묘악으로 불리다 성종 때 남녀상열지사로 지목되었다.

〈가시리〉

가시리 가시리잇고 나ᄂ
ᄇ리고 가시리잇고 나ᄂ
위 증즐가 대평성대

날러는 엇디살라 ᄒ고
ᄇ리고 가시리잇고 나ᄂ
위 증즐가 대평성대

잡스와 두어리 마나ᄂ
선ᄒ면 아니 올셰라
위 증즐가 대평성대

셜온님 보ᄂ옵노니 나ᄂ
가시ᄂ 돗 도셔오쇼셔 나ᄂ
위 증즐가 대평성대

〈청산별곡〉

살어리 살어리 랏다
靑山애 살어리 랏다
멀위랑 다래랑 먹고
靑山에 살어리 랏다

얄리얄리 얄라셩 얄라리 얄라

우러라 우러라 새여
자고니라 우러라 새여
널러와 시름한 나도
자고니러 우니로라
　　얄리얄리 얄라셩 얄라리 얄라

가던새 가던새 본다
믈아래 가던새 본다
잉무든 장글란 가지고
믈아래 가던새 본다
　　얄리얄리 얄라셩 얄라리 얄라

이링공 더링공ㅎ야
나즈란 디내와숀더
오리도 가리도 업슨
바므란 엇디 호리라
　　얄리얄리 얄라셩 얄라리 얄라

어듸라 더디던 돌코 누리라 마치던 돌코
믜리도 괴리도 업시 마자셔 우니노라
　　얄리얄리 얄라셩 얄라리 얄라

어듸라 더디던 돌코 누리라 마치던 돌코
믜리도 괴리도 업시 마자셔 우니노라
얄리얄리 얄라셩 얄라리 얄라

〈한림별곡〉

元淳文 仁老詩 公老四六
李正言 陳翰林 雙韻走筆
冲基對策 光鈞經義 良鏡詩賦
위 試場ㅅ景 긔 엇더ㅎ니잇고
(葉) 琴學士의 玉笋門生 琴學士의 玉笋門生
위 날 조차 몃부니잇고

〈서경별곡〉 현대역

서경이 서경이 서울이지마는
중수(重修)한 곳인 소성경(小城京 : 서경)을 사랑합니다만,
임을 이별하기보다는 차라리
길쌈하던 베를 버리고서라도
저를 사랑해 주신다면 울면서 따라가겠습니다.

　「가시리」는 어느 정도 자신의 희생과 절제를 통해서 님과의 재회를 기약하고 있으며 「서경별곡」은 이별을 적극적으로 거부하고, 님과 함께 있는 행복과 애정을 강조하고 있다. 「진달래꽃」은 극한적인 감정의 절제와 희생의 자세로 님에 대한 사랑을 반어적으로 표현하고 있다.

4. 시조

단가라고도 하며 고려 중기에 발생하여 고려 말에 그 형식이 완성된 시가 장르로 우리에게 가장 익숙한 고시가이다. 시조는 양반들이 중심이 되어 창작되었지만, 이후 모든 계층에서 향유하는 장르가 되었다.

시조는 그 형식에 따라 평시조, 엇시조, 사설시조로 나눠볼 수 있는데, 평시조는 우리가 흔히 알고 있는 3장 6구 45자 내외의 글자 수를 가진 형태의 시조이다. 엇시조는 평시조의 형태에서 한 구 이상이 길어진 형태이고, 사설시조는 평시조에서 두 구 이상이 10자 이상으로 길어진 형태의 시조이다. 평시조는 조선 전기에 많이 나타나며 후대로 갈수록 사설시조가 많이 나타나는 모습을 볼 수 있다.

주요 작품으로 강호사시가, 훈민가, 어부사시가 등이 있다.

백설이 자자진 골에 구르미 머흐레라
반가운 매화는 어느 곳에 피었는고
석양에 홀로 서 이셔 갈 곳 몰라 하노라

－이색(청구영언) : 평시조

동지섯달 기나긴 밤을 한 허리를 버혀 내어
춘풍 니불 아래 서리서리 너헛다가
어론님 오신 날 밤이여든 구뷔구뷔 펴리라

－ 황진이(청구영언) : 평시조

청초 우거진 골에 자난다 누엇난다
홍안을 어듸 두고 백골만 묻혔난이
잔 자바 권하리 업스니 그를 슬허하노라

－ 임제(청구영언) : 평시조

두터비 ᄑ리를 물고 두험 우희 치ᄃ라 안자
것넌 산(山) ᄇ라보니 백송골(白松骨)이 ᄯ 잇거늘 가슴이 금즉ᄒ여 풀덕 ᄲ여 내둣다가 두험 아래 잣바지거고
모쳐라 놀낸 낼식만졍 에헐질 번 ᄒ괘라

(청구영언) : 사설시조

어이 못 오던다 므스 일로 못 오던다
너 오는 길우희 무쇠로 성(城)을 ᄡ고, 성(城) 안헤 담 ᄡ고 담 안헤란 집을 짓고, 집 안헤란 두지 노코 두지 안헤 궤(樻)를 노코, 궤(樻) 안헤 너를 결박(結縛)ᄒ여 노코, 쌍(双)비목 외걸새에 용(龍)거북 ᄌ믈쇠로, 수기수기 ᄌᆷ 갓더냐 네 어이 그리 아니 오던다
ᄒᆞᆫ 돌이 셜흔 놀이여니 날 보라 올 ᄒᆞᆯ리 업스랴.

(청구영언) : 사설시조

딕들에 동난지이 사오 져 쟝스야 네 황후 무서시라 웨논다 사쟈
外骨内肉 兩目이 上天 前行後行 小아리八足 大아리二足 淸醬 ᄋᆞ스슥 ᄒᆞ는 동난지이 사오
쟝스야 하 거복이 웨지말고 게젓이라 ᄒᆞ렴은

(청구영언) : 사설시조

5. 가사

시조와 비슷하게 3.4조 4.4조의 글자 수를 가진 형태이나 그 길이가 시조보다 길어져서 장가라고도 불렸다. 가사는 양반가사, 서민가사, 규방가사, 종교가사, 개화가사로 나눌 수 있다. 양반가사에 해당하는 작품으로는 〈상춘곡〉, 〈면앙정가〉, 〈사미인곡〉, 〈속미인곡〉, 〈도덕가〉, 〈선상탄〉, 〈탄궁가〉, 〈성산별곡〉, 〈관동별곡〉 등을 들 수 있는데, 자연을 주제로 하거나 임금에 대한 마음, 유교적 덕목, 전쟁 후의 어려움, 여행 등의 주제를 다루고 있다. 서민가사는 17세기 이후 다양한 주제로 나타나며, 〈민원가〉, 〈이별가〉, 〈회심곡〉, 〈치산가〉 등이 있다. 규방가사는 내방가사라고도 하며 부녀자들에 의해 향유된 가사를 말한다. 교훈, 송축, 탄식, 풍류 등의 주제를 담고 있으며, 〈계녀사〉, 〈사모가〉, 〈귀녀가〉, 〈화전가〉, 〈규원가〉 등이 있다. 종교가사는 대중에게 포교를 목적으로 종교의 교리를 담아 읊은 것으로 불교가사, 동학가사, 천주가사가 있다. 개화가사는 개화기에 신문이나 기관지에 실린 계몽적인 주제를 다루고 있는 가사들이다.

성산별곡 원문
엇던 디날 손이 星山(성산)의 머믈며셔 棲霞堂(서하당) 息影亭(식영정) 主人(주인)아 내 말 듯소. 人生(인생) 世間(세간)의 됴흔 일 하건마는 엇디흔 江山(강산)을 가디록 나이 너겨 寂寞(적막) 山中(산중)의 들고 아니 나시눈고. 松根(송근)을 다시 쓸고 竹床(죽상)의 자리 보아 져근덧 올라안자 엇던고 다시 보니 天邊(천변)의 썻눈 구름 瑞石(서석)을 집을 사마 나눈 둣 드눈 양이 主人(주인)과 엇더흔고.
滄溪(창계) 흰 물결이 亭子(정자) 알픠 둘러시니 天孫雲錦(천손운금)을 뉘라셔 버혀 내여 닛눈 둣 펴티눈 둣 헌ᄉ토 헌ᄉ홀샤. 山中(산중)의 冊曆(책력) 업서 四時(사시)롤 모르더니 눈 아래 헤틴 景(경)이 철철이 절로 나니 듯거니 보거니 일마다 仙間(선간)이라.
현대역 일부
어떤 지나가는 나그네가 성산에 머물면서, 서하당 식영정의 주인아 내 말을 들어 보소. 인간 세상에 좋은 일이 많건마는, 어찌하여 산수의 풍경을 갈수록 좋게 여겨, 적막한 산중에 들어가서는 나오시지 않는 것인가. 솔뿌리를 다시 쓸고 대나무 침상에 자리를 보아, 잠시 올라 앉아 어떤가 하고 다시 보니, 하늘가에 떠 있는 구름이 무등산 서석대를 집삼아. 나가는 듯 들어가는 모습이 주인과 비하여 어떠한가.
시내의 흰 물결이 정자 앞에 둘러 있으니, 하늘의 은하수를 누가 베어 내어, 잇는 듯 펼쳐 놓은 듯 야단스럽기도 야단스럽구나. 산 속에 달력이 없어서 사계절을 모르더니. 눈 아래 펼쳐진 경치가 철을 따라 저절로 일어나니, 듣고 보는 것이 모두 신선이 사는 세상의 것이로다.

6. 근대 이후 시가 문학

근체시는 이전의 고시가나 개화 가사 등과 비교하여 새로운 형식이라는 의미로 사용되었으며 신체시, 신시, 신체시가 등의 명칭으로 불렸다. 최남선의 '해에게서 소년에게'가 최초의 신체시로 전통적 시가의 정형성에서 벗어난 형태로 자유로운 형식을 지향하였고 구어체를 수용하였으나 주제적인 면에서는 개화가사와 크게 다른 모습을 보이지 않고 있다.

1920년대는 자유시가 정착된 시기로 이 시기에는 〈창조〉, 〈백조〉, 〈폐허〉 등의 다양한 동인지가 출간된다. 주요한 〈불놀이〉, 이상화 〈빼앗긴 들에도 봄은 오는가〉, 이장희 〈봄은 고양이로다〉 등이 발표되었으며, 김소월 〈진달래 꽃〉, 한용운〈님의 침묵〉도 1920년대에 발표된 작품들이다. 또한 이 시기에는 최남선, 이은상, 정인보 등이 시조부흥운동을 전개하였으며, 카프(KAPF)가 결성되어 계급문학에 기반을 둔 시 작품을 발표하였다.

1930년대에도 다양한 동인지들이 출간되었으며, 이 시기에는 문학 자체의 아름다움을 추구하는 시문학파가 등장한다. 시문학파는 순수시를 지향하였으며 김영랑, 박용철 등의 시인이 활동하였고 이러한 시문학파의 영향으로 조지훈, 박목월, 박두진으로 이어진다. 1930년대의 또 다른 경향으로는 모더니즘 계열의 시인들을 들 수 있는데 김기림, 이상, 김광균, 정지용 등이 추구한 시가 이러한 경향에 속한다. 또한 인간의 정신, 생명에 초점을 두는 시인들이 활동하였는데 서정주, 유치환, 오장환 등이 이러한 경향의 시인에 속한다. 이외에도 식민지 지식인의 고뇌를 다룬 윤동주, 일제에 저항하는 시를 쓴 이육사 등도 이 시기에 활동하였다.

1940년대는 일제의 탄압이 가장 심해지는 시기로 많은 작품이 나타나지 못하였으나 윤동주의 유고 시집인 '하늘과 바람과 별과 시'가 발간되었다. 광복 후에는 박두진의 '해'가 발표되었으며 50년대 이후 전쟁의 상처를 다룬 시를 찾을 수 있는데 유치환 '보병과 더불어', 박봉우의 '휴전선'등이 대표적이다.

1960년대 시의 현실 참여가 나타나는데 대표적인 시인으로 김수영, 신동엽, 김광섭 등이 있다. 이러한 시의 현실 참여는 70년대에까지 이어지며 신경림, 김지하, 고은 등이 활동한다.

III. 산문 문학의 흐름

1. 설화

설화는 일정한 서사구조를 가지고 구비전승되는 이야기로 가변성을 가지고 있다. 설화는 다시 신화, 전설, 민담으로 나눌 수 있다.

신화는 쉽게 신에 관한 이야기라고 할 수 있는데, 신만이 아니라 어떤 자연이나 사물의 기원에 관한 이야기, 신성시 되는 인물에 관한 이야기도 포함되며 다시 건국신화와 시조신화로 분류할 수 있다. 건국신화는 단군신화, 주몽신화, 박혁거세신화, 김수로왕신화 등이 있으며 한 나라를 건국한 과정과 인물에 관한 내용이 주를 이룬다. 시조신화는 한 성씨의 시조에 관한 신화로 박혁거세신화와 김수로왕신화는 박씨와 김씨의 시조신화로 볼 수 있고, 김알지신화와 석탈해신화, 제주도의 3성신화도 시조신화이다. 신화의 한 분류로 무조신화도 들 수 있는데, 무조신화는 무당의 신들에 관한 이야기로 서사무가가 이에 해당한다. 제석본풀이, 바리공주, 칠성풀이 등이 있다.

전설은 지역별로 구체적 증거물을 가지고 전승되는 이야기로 역사와 관련이 있으나, 역사적 사실과 다르게 설명하거나 증거물을 사실인 것처럼 끼워넣어 만든 것도 있다. 증거물로 자연물이나 인공물, 또는 역사적 인물과 동물 등이 나타나는 것을 볼 수 있다. 대왕암 전설, 망부석 전설, 아기장수 전설 등이 있다.

민담은 흥미 위주의 꾸며낸 이야기로 이 이야기를 하는 사람이나 듣는 사람들은 민담이 허구라는 것을 알고 있다. 또한 시간과 장소가 명확하지 않으며 등장인물은 아주 평범한 인물이고 독자에게 교훈을 준다는 점을 특징으로 하며 전 세계적으로 비슷한 구조를 갖춘 이야기가 있다.

2. 가전체

설화문학의 한 형태로 볼 수 있으며, 사물을 의인화하여 한 사람의 일대기 형식으로 썼기 때문에 가전체라고 불린다. 교훈적인 목적이 강하며 신라 설총이 쓴 〈화왕계〉를 그 효시로 볼 수 있다. 대표적인 가전체 작품으로는 〈국순전〉, 〈공방전〉, 〈국선생전〉, 〈청강사자현부전〉, 〈죽부인전〉, 〈저생전〉, 〈정시자전〉 등이 있다. 이러한 가전체 문학은 〈포절군전〉, 〈관자허전〉, 〈오원전〉, 〈화왕전〉 등 조선시대에도 계속 이어지며 창작되었다.

국선생전은 이규보가 쓴 가전체 문학으로 임춘의 '국순전'이 술의 부정적인 영향에 대한 것이라면, 이규보의 국선생전은 술의 긍정적인 영향으로 인간 삶의 흥망성쇄를 풍자적으로 표현하였다.

국선생전 작품 일부
"신은 본래 가난한 집 자식이옵니다. 어려서는 몸이 빈천해서 이곳저곳으로 남에게 팔려 다니는 신세였습니다. 그러다가 우연히 폐하를 뵙게 되자, 폐하께서는 마음을 놓으시고 신을 받아들이셔서 할 수 없는 몸을 건져 주시고 강호의 모든 사람들과 같이 용납해 주셨습니다. 하오나 신은 일을 크게 하시는데 더함이 없었고, 국가의 체면을 조금도 더 빛나게 하지 못했습니다. 저번에 제 몸을 삼가지 못한 탓으로 시골로 물러나 편안히 있었사온데, 비록 엷은 이슬은 거의 다 말랐사오나 그래도 요행히 남은 이슬방울이 있어, 감히 해와 달이 밝은 것을 기뻐하면서 다시금 찌꺼기와 티를 열어 제칠 수가 있었나이다. 또한 물이 그릇에 차면 엎어진다는 것은 모든 물건의 올바른 이치이옵니다. 이제 신은 몸이 마르고 소변이 통하지 않는 병으로 목숨이 경각에 달려 있사옵니다. 바라옵건대 폐하께서는 명령을 내리시어 신으로 하여금 물러가 여생을 보내게 해주옵소서."   그러나 임금은 이를 승낙하지 않고 중사를 보내어 송계, 창포 등의 약을 가지고 그 집에 가서 병을 돌봐주게 했다. 성은 여러 번 글을 올려 이를 사양했다. 임금은 부득이 이를 허락하여 마침내 고향으로 돌려보냈다. 그는 천수를 다하고 조용히 세상을 떠났다. 그의 아우는 현(賢)이다. 현은 즉 탁주다. 그는 벼슬이 이천 석에 올랐다. 아들이 넷인데 익, 두, 앙, 남이다. 익은 색주, 두는 중양주, 양은 막걸리, 남은 과주다. 이들은 도화즙을 마셔 신선이 되는 법을 배웠다. 또 성의 조카들에 주, 만, 염이 있었다. 이들은 모두 적을 평씨에게 소속시켰다.
작품 전체 줄거리
국성(麴聖)의 할아버지 모(牟 : 보리)는 주천(酒泉)에서 살았는데, 아들 차(醝 : 흰 술)는 곡씨(穀氏)의 딸과 혼인하여 성(聖)을 낳았다. 비록 미천한 몸이었지만 성실히 행동하였기 때문에 관직에 등용되었고 성의 벼슬이 높아지고 임금의 총애를 받자 사람들은 그를 국선생이라 불렀다. 그의 아들들이 아버지의 힘을 믿고 방자하여 비난을 받았으며, 이로 인하여 국성은 서민으로 떨어졌다. 그러나 다시 기용되어 공을 세우고 잘 살았다는 이야기이다.

3. 설

해석과 서술을 주로 하는 한문 문체로 교훈적인 내용을 담고 있는 수필과 비슷한 장르이다. 주요 작품으로 이규보의 문집에 실린 경설, 슬견설, 주뢰설, 뇌설 등이 있다.

슬견설을 개와 이의 죽음에 관한 이야기로 손님과 내가 개와 이의 죽음에 관해 이야기를 나누며 '생명은 모두 소중하다'는 교훈을 담고 있다.

작품 내용 일부
나는 좀 구체적으로 설명할 필요를 느꼈다. "무릇 피(血)와 기운(氣)이 있는 것은 사람으로부터 소, 말, 돼지, 양, 벌레, 개미에 이르기까지 모두가 한결같이 살기를 원하고 죽기를 싫어하는 것입니다. 어찌 큰 놈만 죽기를 싫어하고, 작은 놈만 죽기를 좋아하겠습니까? 그런즉, 개와 이의 죽음은 같은 것입니다. 그래서 예를 들어서 큰 놈과 작은 놈을 적절히 대조한 것이지, 당신을 놀리기 위해서 한 말은 아닙니다. 당신이 내 말을 믿지 못하겠으면 당신의 열 손가락을 깨물어 보십시오. 엄지손가락만이 아프고 그 나머지는 아프지 않습니까? 한 몸에 붙어 있는 큰 지절(支節)과 작은 부분이 골고루 피와 고기가 있으니, 그 아픔은 같은 것이 아니겠습니까? 하물며, 각기 기운과 숨을 받은 자로서 어찌 저 놈은 죽음을 싫어하고 이놈은 좋아할 턱이 있겠습니까? 당신은 물러가서 눈 감고 고요히 생각해 보십시오. 그리하여 달팽이의 뿔을 쇠뿔과 같이 보고, 메추리를 대붕(大鵬)과 동일시하도록 해 보십시오. 연후에 나는 당신과 함께 도(道)를 이야기하겠습니다."라고 했다.

4. 고소설

최초의 소설이 무엇인가에 대해 여러 학자들의 이견이 있지만 현재 최초의 소설로 인정받는 작품은 김시습의 〈금오신화〉이다. 〈금오신화〉는 만복사저포기, 이생규장전, 취유부벽정기, 용궁부연록, 남염부주지 등의 5편이 기록되어 있다. 이후 신광한의 〈기재기이〉, 임제의 〈수성지〉, 〈원생몽유록〉 등의 작품을 찾을 수 있다.

만복사저포기 작품 줄거리
전라도 남원에 사는 총각 양생(梁生)은 일찍 부모를 여의고 만복사의 한쪽 구석방에서 외로이 지내며 배필이 없음을 슬퍼하던 중 부처와 저포놀이를 하여 이긴 결과 아름다운 처녀를 얻게 된다. 그 처녀는 왜구의 난에 부모를 이별하고 정절을 지켜 3년간 구석진 곳에 묻혀서 배필을 구하던 터였다. 둘은 인연을 맺고 며칠간 열렬한 사랑을 나누다가 다시 만날 것을 약속하고 헤어진다. 양생은 약속한 장소에서 기다리다가 딸의 대상을 치르러 가는 양반 집 행차를 만나 자기와 사랑을 나눈 여자가 3년 전에 죽은 그 집 딸의 환신임을 알게 된다.
여자는 양생과 더불어 부모가 베푼 음식을 먹고 나서 저승의 명을 거역할 수 없다며 사라지고 양생은 홀로 귀가 했는데, 어느 날 밤 여자의 말소리가 들리기를, 자신은 타국에 가 남자로 태어났으니 당신도 불도를 닦아 윤회를 벗어나라고 한다. 양생은 여자를 그리워하며 다시 장가 들지 않고 지리산으로 들어가 약초를 캐며 지냈는데, 그 마친 바를 알 수 없다고 했다.

이 시기에는 이전 시기 '전'이라는 서사양식이 조선 후기에 이르러 소설적 형상성을 풍부하게 드러내면서 한문소설로 변모하였다. 박지원의 소설들인 허생전, 양반전, 호질, 마장전, 민옹전 등이 대표적인 작품이다.

17세기에 이르러 최초의 한글 소설이 나타나는데 바로 허균의 〈홍길동전〉이다. 허균은 이 소설에서 당대 현실과 사회 문제들을 담아내고 있는데 허균의 다른 작품들에서도 신분 문제나 이상향에 대한 내용을 다루고 있다. 이후 김만중의 〈구운몽〉과 〈사씨남정기〉 등이 나타나며, 18세기에 이르면 다양한 모습의 소설이 등장하게 된다.

이 시기에는 다양한 유형의 소설이 등장하게 되는데 임경업전, 박씨전, 유충렬전, 소대성전 등이 영웅소설에 속하며 대관재몽유록, 달천몽유록, 옥루몽 등은 몽유소설에 속하는 작품이다. 애정소설에 속하는 작품으로는 운영전, 숙향전, 채봉감별곡 등이 있으며, 가정소설에 속하는 조생원전, 장화홍련전 등과 천군연의, 서동지전 등의 의인소설, 그리고 판소리계 소설까지 나타난다.

고소설에 등장하는 인물들은 영웅과 재자가인인 경우가 많으며 따라서 영웅의 일대기 구조를 따른 구성을 취하고 있다. 대부분의 주제는 권선징악, 인과응보와 같은 윤리적인 내용을 다루고 있고 사회의 문제를 비판하고 있는 내용도 일부 찾아볼 수 있다.

5. 근대 이후 산문 문학

개화기에 들어오면서 다양한 유형의 소설들이 등장하게 되는데 이러한 소설들을 개화기 소설이라고 한다. 전통적인 체제가 붕괴하기 시작하고 새로운 사상들이 들어오면서 기존의 고소설과는 다른 내용과 형식을 취한 소설들로 근대를 지향하고 있다고 볼 수 있다. 계몽을 주제로 하고 있는 〈금수회의록〉, 제국주의에 반대하는 내용을 다룬 〈꿈하늘〉, 〈을지문덕〉, 〈연개소문전〉 등이 이러한 작품군에 속한다.

이인직의 〈혈의 누〉는 우리나라 최초의 신소설로 볼 수 있는데, 고소설과의 여러 차이점을 찾을 수 있다. 현실적인 소재를 취하고 있으며 구성적인 면에서 고소설의 시간의 흐름에 따른 구성이 아닌 역순행적 구성이 나타나며, 등장인물 또한 영웅이나 재자가인이 아닌 평범한 인물로 나타난다는 점이 바로 그것이다. 그러나 우연적인 사건 전개와 비인과적 요소들은 고소설의 영향에서 완전히 벗어났다고 보기 어렵다.

작품 줄거리
청일전쟁으로 혼란스러운 평양에서 일곱 살 난 옥련은 부모를 잃고 헤매다가 부상을 당한다. 그 뒤 일본인 군의관 이노우에게 구출되고 일본에 있는 그의 부인에게 보내져 학교도 다닌다. 그러나 이노우가 전사하자 개가를 꿈꾸는 부인은 옥련을 구박한다. 집을 나와 방황하던 옥련은 나라를 부강하게 하기 위해 유학을 가려던 구완서라는 청년을 만나 함께 미국으로 간다. 한편 모란봉 근처에서 남편과 딸을 잃고 헤매다가 실의에 빠진 옥련 어머니는 대동강에서 투신자살을 기도했으나 구출되고, 아버지는 구국을 위해 외국으로 유학을 간다. 옥련은 미국에서 고등소학교를 우등으로 졸업한 자신의 기사를 본 아버지와 만난 뒤 구완서와 약혼한다. 평양의 어머니는 죽은 줄만 알았던 딸로부터 편지를 받고 기뻐한다.

이후 이광수의 <무정>이 나타나는데 이 작품이 우리나라 최초의 현대소설이다. 이 작품에 이르러 구어체가 본격적으로 사용되기 시작했으며, 자유연애사상이 나타나고 있으며 현대소설의 사실적 방법들이 사용되고 있으나 지나치게 추상적인 이상향을 나타내고 있다는 점은 한계로 볼 수 있다.

1920년대로 들어오면서 현실을 있는 그대로 드러내고자 하는 사실주의 소설이 나타나며 카프의 영향으로 경향소설도 나타나게 된다. 현진건, 김기진, 조명희, 최서해 등이 대표적인 이 시기의 작가들이다.

1930년대는 시가의 경우와 마찬가지로 다양한 소설의 유형이 나타나는 시기로 먼저 구인회를 중심으로 한 순수문학을 추구하는 모습을 볼 수 있다. 또한 이광수의 <단종애사>와 김동인의 <운현궁의 봄>과 같은 역사소설이 나타나며, 이상의 <날개>와 <지주회시>, 염상섭의 <삼대>와 채만식의 <태평천하>, 심훈의 <상록수> 등 다양한 주제와 내용을 다룬 작품들이 나타난다.

이상 '날개' 작품 줄거리

지식 청년인 '나'는 놀거나 밤낮없이 잠을 자면서 아내에게 사육된다. '나'는 몸이 건강하지 못하고 자아의식이 강하며 현실 감각이 없다. 오직 한 번 시행착오로 아내를 차지해본 이외에는 단 한 번도 '아내'의 남편이었던 적이 없다.

아내가 외출하고 난 뒤에 아내의 방에 가서 화장품 냄새를 맡거나 돋보기로 화장지를 태우면서 아내에 대한 욕구를 대신한다. 아내는 자신의 매음 행위에 거추장스러운 '나'를 '볕 안 드는 방'에서 나오지 못하도록 수면제를 먹인다.

그 약이 감기약 아스피린인 줄 알고 지내던 '나'는 어느 날 그것이 수면제 아달린이라는 것을 알고 산으로 올라가 아내를 연구한다. '나'를 죽음으로 몰고 갔을지도 모를 수면제를 한꺼번에 여섯 개씩이나 먹고 일주야를 자고 깨어난다.

아내에 대한 의혹을 미안해하며 '나'는 아내에게 사죄하러 집으로 돌아왔다가 그만 아내의 매음 현장을 목도하고 만다. 도망쳐 나온 '나'는 쏘다니던 끝에 미스꼬시 옥상에 있는 자신을 발견하고 스물여섯 해의 과거를 회상한다. 이 때 정오의 사이렌이 울고 '나'는 "날개야 다시 돋아라. 날자. 날자. 날자. 한번만 더 날자꾸나. 한번만 더 날아보자꾸나."라고 외치고 싶어진다.

1940년대는 일제의 탄압이 극에 달한 시기로 소설의 암흑기라고 할 수 있다. 광복 후에 비로소 여러 작가들의 활동이 재개되어 이태준의 <해방전후>, 김동리의 <무녀도>, 염상섭의 <삼팔선>, 김동인의 <반역자> 등의 작품이 나타나게 된다. 1950년대에는 한국전쟁을 겪으면서 전쟁 후의 모습을 담아낸 전후소설들이 등장하게 되는데 황순원의 <학>, <카인의 후예>, 하근찬의 <수난이대>, 선우휘의 <불꽃>, 장용학의 <요한시집>, 이범선의 <오발탄> 등이 대표적인 작품들이다. 1960년대에는 최인훈의 <광장>, 김승옥의 <서울, 1964년 겨울>, 이청준의 <병신과 머저리> 등의 작품을 볼 수 있으며, 1970년대에는 황석영의 <객지>, 최인호의 <타인의 방>, 이문구의 <관촌수필>, 조세희의 <난장이가 쏘아올린 작은 공> 등과 같은 작품이 나타나게 된다.

Ⅳ. 극 문학의 흐름

　서구적 개념의 희곡이 문학 양식으로 등장한 것은 1920년대의 일로, 일본 유학생들을 중심으로 학생극 운동이 확대되면서 본격적인 연극 공연이 시작되었다. 동경 유학생을 중심으로 만들어진 토월회는 학생 연극 운동으로 출발해서 계몽을 목적으로 한 공연을 하였으며 이후 상업 극단으로 변모해 간다. 또한 1920년대 김우진이 등장하여 극 문학의 기반을 확립하게 되는데, '이영녀', '정오', '난파', '산돼지' 등의 작품을 발표하였다. 이후 1920년대 후반에는 카프의 영향으로 프롤레타리아 극단들이 나타나기 시작했으나, 각 극단들의 경제력도 부족하고 연기도 부족하여 제대로 공연 활동을 하지는 못하였다.

　1930년대에는 연극 무대가 가장 번성했던 시기로, 극예술연구회가 중심이 되어 신극 수립을 위한 본격적인 움직임을 보인다. 극예술연구회는 초기에 번역극을 중심으로 공연을 하였으나 1930년대 중반부터는 창작극을 중심으로 공연을 하면서 전문 극단으로 발전하게 된다. 이 시기 유치진은 '토막', '버드나무 선 동리 풍경', '소', '춘향전', '마의태자' 등의 작품을 발표한다.

　1940년대는 조선연극협회가 결성되어 여기에 가입한 단체만 무대 공연을 할 수 있게 되면서 친일적 연극이 나타나게 되며 일본어로 된 연극의 창작을 강요받던 시기이다.

　해방 직후에는 좌익 연극 단체가 나타나면서 이념적 갈등을 보이게 된다. 송영, 함세덕 등의 작가는 계급의식에 바탕을 두고 일제 식민지 문화 잔재 청산, 봉건 문화유산 비판 등을 목표로 하고 있었기 때문에 이념적 성격이 강한 '고향', '황혼', '고목' 등의 작품을 발표한다. 이러한 정치적 목적과 다른 활동을 한 작가와 작품으로는 유치진의 '자명고', '조국', 오영진의 '맹진사댁 경사', '살아있는 이중생 각하', '정직한 사기한' 등이 있다.

　1950년대 전쟁 후의 모습은 공연 무대가 확충되고 국립 극장이 개관되면서 활발해지게 된다. 기존의 작가들의 노력과 새로운 작가들의 활동이 나타난 시기로 유치진의 '통곡', '한강은 흐른다', 차범석의 '불모지', '나는 살아야 한다' 등의 작품을 볼 수 있다.

　1960년대는 공연이 본격화된 시기로 극작가의 등단이 많아졌으며, 전통 연극에 대한 관심도 높아진 시기이다. 오영진의 '허생전', 차범석의 '상주', 이근삼의 '원고지' 등의 작품이 나타난다.

　1970년대에 들오면서 극 문학은 전문 매체의 창간으로 창작 활동의 기반이 넓어지게 되며, 서구적 극 양식과 전통적인 민속극의 원리를 결합하려는 시도가 나타나게 된다. 오태석의 '초분', '태', '춘풍의 처', 이재현의 '신시', '성웅 이순신', '화가 이중섭', 차범석 '새야 새야 파랑새야' 등의 작품이 이 시기에 나타나게 된다.

4장 한국 민속학

| 학습목표 |

1. 한국 민속학이 피지배 계층의 삶에서 자연스럽게 발생한 문화라는 것을 이해하는 한편, 그 시대적 배경을 통하여 피지배 계층의 삶을 입체적으로 살펴본다.
2. 한국 민속학의 정체성과 다양한 양상들을 학습하고 이를 통하여 당시 피지배 계층이 어떤 문화를 이루고 전승하였는지 분석한다.

I. 민속학이란

민속학은 일제 강점기 한국인의 민족성과 민족의식을 일깨우려 했던 학자들의 노력으로 정착된 용어로, 원래 지배 계층이 피지배 계층의 생활 문화를 연구 대상으로 하는 학문이었다. 그 연구 대상은 과거의 것으로 일반 사람들에게 내려오는 문화를 연구하는 것이었으나, 시대가 변하면서 민속학의 연구 대상도 의식주뿐만 아니라 민속 신앙과 사회생활 등 생활 전체로 확대되면서 과거와 현재를 아우르는 모든 문화 현상에까지 그 연구 범위가 확대되었다.

일반적으로 시대별 의식주 생활, 무속과 신앙, 점복과 주술, 생업과 관련된 의례, 월별 세시풍속, 민속놀이 등이 민속학의 연구 대상에 포함되며 도시에 전승되는 민속과 연구 방법론까지를 포함하기도 한다.

한국에서의 민속학은 한국의 문화를 연구하고 한국인의 삶을 모습을 이해하는 것에 의의를 두고 있으며 앞으로는 전통 문화뿐만 아니라 민속의 응용, 즉 현대화에 대한 노력이 더 필요할 것으로 보인다.

II. 민속 신앙

민속 신앙은 민간층에서 자연적으로 전승되고 있는 종교로, 민간 신앙, 민중 신앙 등 다양한 명칭으로 불린다. 민속 신앙은 신앙의 행위가 구전되며, 신앙의 대상이 다양하다는 점을 특징으로 하고 있다. 또한 현세구복적인 특징과 주술적인 특징을 함께 가지고 있다.

1. 가신 신앙

가신은 집안의 여러 장소를 각각 맡아 그곳을 지켜주는 역할을 하는 신으로, 각각의 영역에 따라 다양한 가신이 있으며 외부의 위험으로부터 가정을 보호하고 행운을 준다고 믿었다.

집안의 으뜸 신으로 성주신이 있는데, 집을 담당하는 신으로 집안의 모든 것을 관장하며 대들보에 산다고 여겨진다. 성주신은 집의 운수를 담당하는 큰 신이었으므로 집안에 행사가 있을 때마다 성주신에게 음식을 대접했으며, 제사를 지낼 때에도 조상의 제사상 왼쪽에 성주상을 놓았다.

조상신의 자신들의 조상을 신으로 모시는 것으로, 후손을 보살펴 주는 역할을 한다고 생각했다. 한국에서 단군을 시조로 모시는 신앙도 조상신을 섬기는 행위로 볼 수 있다. 단지 안에 조상의 이름을 써 넣고 쌀을 채운 후 입구를 흰 종이로 막아 대청에 놓고 모셨는데, 햇곡식이 나올 때 쌀을 갈아주고 묵은 쌀은 가족끼리만 먹었다. 조상신은 혈연 중심의 보호 기능을 한 신으로 볼 수 있다.

조왕신은 불의 신으로 부엌에서도 부뚜막이 조왕신이 있는 곳이다. 집안의 주부들이 항상 만나는 신으로, 주부들은 부엌에서 항상 조신하게 행동해야 했다. 조왕신은 단순히 부엌의 신만이 아니라 재복을 주며 나쁜 기운을 막아주는 역할도 했으나, 현대에 오면서 부엌의 변화로 인해 그 흔적이 거의 사라졌다.

삼신은 집안에서 안방에 머물며 아이의 양육과 출산을 담당하는 신으로, 건강한 아이의 출산은 집안을 이어가는 중요한 요소였기 때문에 사람들은 삼신을 중요하게 모셨다. 삼신에게 중요한 제물은 미역으로 순산을 기원하는 삼신상에 미역을 올리며, 출산 후에는 미역국을 삼신에게 먼저 바친 후에 산모가 그 미역국을 먹는다.

터주신은 집터를 관장하는 신으로 앞마당의 한가운데 머물며, 액운을 막아주고 농사가 잘 되도록 도와주는 신이다. 집안에서 흙과 관련된 일을 할 때는 터주신에게 미리 알려야 하며, 그렇지 않으면 터주신의 노여움을 사게 되고 노여움을 풀기 위해서는 고사를 지내거나 굿을 해야 했다.

업신은 집안에 재복을 주는 신으로 광이나 곳간에 위치한 신이다. 두꺼비나 족제비, 구렁이를 업신이 변한 것이라고 여겼으며 사람으로 현신한다고도 믿었다. 업신은 예고 없이 집으로 찾아오며 또한 갑자기 집을 떠나기도 하므로 사람들은 업신이 자신의 집으로 와 주기를 바랐다.

이외에도 수명을 관장하는 칠성신, 장독대를 지키는 철융신, 대문을 담당하는 문신, 화장실의 측간신이 있다.

2. 마을 신앙

마을 단위로 이루어지는 신앙의 형태로 신당에 마을을 수호하는 신을 모시고 생업이 잘 될 것과 마을의 안녕을 기원했다. 마을 신앙의 명칭은 지역마다 조금씩 다르게 나타나는데, '서낭제', '동제', '당제', '당산제' 등으로 나타나며 강원도와 충청도에서는 '해신제', '풍어제'라는 명칭도 나타난다. 마을의 신앙이 되는 대상은 크게 하늘, 해, 별, 산, 나무 등의 자연신과 장군 또는 대감을 모시는 인신으로 구분할 수 있다.

동제는 대부분 일 년에 한 번 지내는데 정월 대보름에 지내는 경우가 가장 많다. 한 해가 시작되는 날이라는 의미를 가지고 있으며, 농사를 시작하기 전이기 때문인 것으로 보인다. 이러한 마을 신앙은 공동체로서의 지연을 강화한다는 의미와 마을의 불안을 극복하고자 하는 기능을 갖는다.

3. 무속 신앙

무속은 사제인 무당을 중심으로 민간층에서 전승되는 종교로 무교라고 하며 한국인의 삶과 가장 가까운 대표적인 민간 신앙이다. 이때 무당은 하늘과 땅을 이어주는 존재로 강신 체험을 거친 사람이며, 굿을 주관할 수 있어야 하고 모시는 신이 분명해야 한다.

무당은 한반도 중부와 북부 지역에는 신 내림을 받은 강신무가, 남부에는 혈통에 따라 계승되는 세습무가 많았다고 한다. 무당은 사제로서의 역할뿐만 아니라 치병, 예언, 저주, 가무의 역할을 할 수 있었으며, 지역에 따라 단골, 심방으로 불리기도 했으며 명두 또는 태주라고 불리기도 했다. 단골은 주로 남쪽 지역에서의 명칭이며, 심방은 제주 지역에서 불린 명칭이고, 명두나 태주는 굿을 하지는 못하나 점술이 뛰어난 무당을 칭하는 명칭이다.

4. 점복 신앙

점복은 새해 운세를 보는 것과 같은 점을 치는 것으로 미래의 일에 대해 알아보려고 하는 것이다. 부여에서부터 점복에 대한 기록이 나타나는 것으로 보아 한국인들의 점복 신앙은 오래된 것으로 추측할 수 있다.

점복의 종류는 다양한데 비정상적인 자연현상을 통해 보는 자연관상점, 사람의 신체적 특징으로 미래를 보는 인사점, 꿈을 해석해서 미래를 예측하는 몽점, 의도적으로 어떤 일을 한 후에 결과를 통해 보는 인위점 등이 있다. 이러한 점복을 통해 사람들은 호기심을 충족하고, 정서적 불안감을 해소하며, 미래의 일을 예측하였다. 또한 재미를 위해, 정치적 목적을 위해 점복을 이용하기도 하였다.

III. 민요

1. 민요란

민요는 민중의 노래라는 뜻으로, 민중 사이에서 저절로 생겨나서 전해지는 노래이며, 일상생활과 깊은 관련을 가지고 집단적으로 부르기도 한다. 문학과 노래, 무용까지 혼재해 있는 종합예술의 성격을 가지며 주술적 성격을 지닌 민요도 있다. 또한 민중의 노래이기 때문에 작자를 알수 없으며, 창자의 특별한 재능을 필요로 하지 않고 같은 형식의 반복이 아닌 창자 임의대로 변형된다는 특징도 가지고 있다.

2. 민요의 특징

민요는 기능과 가창방식, 창자에 따라 분류할 수 있는데, 먼저 기능에 따라 크게 기능요와 비기능요로 나눌 수 있다. 기능요는 다시 노동요와 의식요, 유희요로 세분된다.

노동요는 일을 하면서 부르는 노래로 일을 효과적으로 하기 위한 것으로 〈모심는소리〉, 〈논매는소리〉, 〈그물당기는소리〉, 〈노젓는소리〉, 〈소떼모는소리〉, 〈나무베는소리〉, 〈방아찧는소리〉, 〈땅다지는소리〉, 〈풀무질하는소리〉, 〈바느질하는소리〉 등이 있다.

의식요는 민중들이 어떠한 의례를 치루면서 부르는 노래로 비전문적인 노래이기 때문에 승려나무당의 노래는 여기에 포함되지 않는다. 〈지신밟는소리〉와 같은 기원하는 노래와 〈액막는소리〉와 같이 나쁜 기운을 쫓는 노래, 〈운상하는소리〉와 같은 통과의례와 관련된 노래 등이 있다.

유희요는 그 자체가 놀이가 되기도 하며 놀이의 진행을 돕기도 하는 기능을 하므로 아이들의노래가 여기에 포함된다. 〈강강술래하는소리〉, 〈그네뛰는소리〉, 〈천자풀이하는소리〉, 〈이빠진아이놀리는소리〉, 〈가재잡는소리〉 등이 있다.

비기능요는 특별한 기능없이 불리는 노래로, 원래는 어떠한 기능을 가졌을 것으로 추측되나시대의 변화에 따라 그 기능을 잃은 것이 많다. 따라서 노래 자체만을 즐기는 경우라면 유희요와 같은 범위에 포함되어도 무리가 없을 것이다.

창자에 따라 민요를 나누면 남성들에 의해 불리는 남요와 여성들에 의해 불리는 여요 또는 부요, 그리고 아이들이 부르는 동요로 나눌 수 있으며, 가창 방식에 따른 분류로는 독창과 제창, 선후창, 교환창 등이 있다. 독창은 혼자 부르는 방식이며 제창은 여럿이 함께 부르는 방식인데, 독창으로 부를 수 있는 민요는 제창으로 할 수 있으며, 주로 여성들이 부르는 노래가 여기에 속한다. 선후창은 선창자가 후렴을 제외한 부분을 부르고 후창자는 후렴을 부르는 방식이다. 따라서 선창자가 노래 사설을 고를 수 있는 권리가 있으며 후창자는 후렴을 받아 부르기만 하면 된다. 교환창도 선창자와 후창자가 나누어 부르는 방식이나, 후창자도 사설을 부르며 후렴이없다는 특징이 있다. 교환창은 노래말이 선창자와 후창자의 문답 형식으로 구성된 것이 많다.

3. 민요의 의미

민요는 주제가 매우 다양한 노래로, 다른 문학 장르에서 발견하기 어려운 일상적인 주제들을 다수 포함하고 있다. 또한 민요는 누구나 직접 지어 부를 수 있을 뿐만 아니라, 전해진 그대로 부르지 않고 사설을 바꾸어 부를 수 있기 때문에 창자의 개인적 감정과 생활이 나타나기도 한다. 주제적인 면에서 불합리한 모습을 풍자한 것들도 볼 수 있는데 이러한 모습을 통해 민중들의 문제 의식이 잘 드러나며 비판 정신도 잘 나타나있다.

민요는 이전 시대 민중의 삶을 나타내고 있는 문화이기 때문에 이것이 그대로 현대의 우리 삶에서 어떠한 기능을 가진다는 것은 어려운 일이다. 그러나 민요는 전통 노래로 다양한 내용을 다루고 있으므로 위와 같은 그 나름의 의미를 가질 수 있다.

Ⅳ. 무가

1. 무가란

무가는 무당이 무속의례인 굿을 진행하면서 부르는 사설이나 노래를 말한다. 따라서 무가에 대해 알기 위해서는 무속의례에 대해 먼저 알아야 한다. 무속의례라고 하면 흔히 노래와 춤으로 진행되는 '굿'만을 생각하기 쉬우나, 경을 외우거나 읽는 형태의 의례인 '독경'도 포함된다.

굿은 개인을 단위로 하는 굿과 마을 단위의 굿, 무당 자신을 위한 굿으로 나눌 수 있다. 개인 굿은 자신과 가정의 평안을 기원하기 때문에 '가정굿' 또는 '집굿'이라고 한다. 또는 운을 기원하는 '재수굿', 좋지 않은 일을 제거하기 위한 '우환굿', 병자를 치료하기 위한 '치병굿', 망자를 좋은 곳으로 천도시키기 위한 '망자굿(오구굿)' 등이 있다. 마을굿은 당굿이라고도 하며, 지역에 따라 별신굿이라고도 한다. 마을 사람들이 함께 비용을 부담하고 며칠에 걸쳐 여러 무당을 불러 진행한다. 신굿은 무병을 앓고 정식 무당이 되기 위해 하는 내림굿과 자신이 모시는 신을 위해 하는 진적굿이 있다.

독경은 의례를 하는 목적이나 동기에 따라 복을 기원하는 기복제, 병을 치료하기 위한 구병제, 신내림을 위한 강신제, 죽은 사람을 천도시키기 위한 위령제가 있다.

2. 무가의 갈래

무가는 종합예술의 성격을 가지고 있으나 각각의 사설을 중심으로 살펴보면, 서정무가, 서사무가, 교술무가, 희곡무가로 나누어 볼 수 있다.

서정무가는 사설의 내용이 서정적인 성격을 나타내고 있는 것으로, 신을 즐겁게 하거나, 신과 인간이 함께 놀 때 불리는 무가이다. 서사무가는 여러 갈래의 무가 중 문학성이 잘 나타나 있는 것으로, 신의 내력을 밝히는 내용을 다루고 있는 무가이다. 무신의 일생을 풀어 설명한다는 점에서 무속 신화라고 할 수 있으며, 노래로 그 내용을 전달하므로 무속서사시로 볼 수도 있다. 교술무가는 인간이 신에게 알리는 내용이나 기원, 신이 인간에게 알리는 내용을 다루고 있으며, 다시 청배, 찬신, 축원, 공수로 나눌 수 있다. 희곡무가는 연극적 성격을 가진 것으로, 무극 또는 굿놀이라고도 한다.

3. 바리 공주

아기가 또 한곳을 들어가니
동에 청류리 원두문이 서있고 남에 홍류리 법설문이 서있고
서에 백류리 예밀문이 서있고 북에는 흑류리 진여문이요
한가운데 활류리 정렬문이 서있는데
그 가운데 한 사람이 서 있는데
귀는 하늘에 닿을 듯하고 얼굴을 맷방석같고
이마는 도마이마에 눈은 화경같고
코는 줄병코에 귀는 짚신같고 입은 광주리같고
손은 소당뚜껑만하고 발은 석자 세치라
하도 어마어마하고 무서워서 들이숙배 내숙배를 들이니
그대가 귀신이냐 사람이냐
날짐승 길짐승도 못들어 오는 곳에
어떻게 왔으며 어디서 왔느냐
저는 귀신도 천신도 아니오라 국왕의 대군으로 부모효양하려 하고
무장승 약류수를 구하러 가느니다
내가 무장승이로다
그러면 나무값 불 값 가져왔느냐
촉망중에 잊었습니다
그러하면 낮없는 나무 삼년 해서 불 때에 주고
물 삼년 길어주고 부모 효양되느니라
그것도 부모 효양이면 그리 하오이다
불 삼년 때어 주니 삼단 같은 머리 옴덕석이 되고
물 삼년 길어주니 섬섬옥수가 바위덕석이 되는구나
무장승 하는 말이 앞으로 보니 요조숙녀요 뒤로 봐도 가인이라
날과 백년 양위 짝을 맺어 살면 부모효양되리로다
그것도 부모 효양이면 그리 하소

성남 장성만본

V. 민속극

민속극은 연희자가 다른 민간전승물에 의존하지 않고 공연할 수 있는 것으로, 가면극과 인형극을 들 수 있다. 민속극은 문자로 기록되지 않고 입으로 전해왔으며, 가사와 음악, 춤이 합쳐진 종합예술이다.

1. 가면극

가면극은 탈놀음이라고도 하며, 흔히 탈춤이라고 불리는 것으로 전국적인 분포를 지니고 있다. 가면극은 다시 기원에 따라 산대놀이 계통과 마을굿 계통으로 나눌 수 있다. 현재 전하고 있는 산대놀이 계통의 가면극은 송파산대놀이, 양주별산대놀이, 봉산탈춤, 강령탈춤, 은율탈춤, 수영야류, 동래야류, 통영오광대, 고성오광대 등이 있다. 또한 마을굿 계통으로는 강릉관노탈놀이, 하회별신굿탈놀이가 전하고 있다.

산대놀이 계통의 가면극은 주로 상업이 발달했던 곳에서 공연되었다. 또한 공연 내용이나 등장인물, 극의 형식 등에서 비슷한 점을 찾아볼 수 있으며, 벽사의 의식무, 양반과장, 파계승과장, 할미과장을 공통으로 갖고 있다. 벽사의 의식무는 가면극의 첫과장에 나타나며, 정화의 의미와 시작의 의미를 갖는다고 할 수 있다. 양반과장은 양반들과 말뚝이 사이의 대화를 통해 양반들을 조롱하고 있다. 또한 양반들의 가면은 언청이로 설정되어 있어 비정상적임을 상징한다. 파계승과장은 노장과 소무, 취발이, 신장수, 원숭이가 등장하는데, 노장은 소무에게 반해 파계하나 취발이가 등장하여 노장을 쫓고 소무를 차지한다는 내용이다. 할미과장은 할아버지와 할머니가 젊은 첩 때문에 싸우는 내용으로 여성에 대한 남성의 횡포를 나타내고 있다.

마을굿 계통의 가면극은 마을의 안녕과 풍요를 기원하는 성격을 가지고 있으며, 대부분 농촌을 중심으로 연행되었다. 따라서 등장인물과 내용이 산대놀이 계통의 가면극과는 다르게 발전해 왔다는 것을 알 수 있다. 그러나 하회별신굿탈놀이의 파계승과장을 보면 후대 산대놀이 계통의 영향을 받았음을 짐작할 수 있다.

가면극은 운율이 있는 대사를 사용하며, 기존 가요의 사설도 포함되어 있다. 또한 반복적인 표현이 많이 나타나며, 상류층의 한문어투와 서민들의 비속어의 사용도 자주 나타나는 모습을 볼 수 있다.

2. 인형극

인형극은 남사당패에 의해 공연된 민속극의 한 형태로 현재 꼭두각시놀음이 전하고 있는데, 박첨지놀음 또는 홍동지놀음으로 불리기도 한다. 꼭두각시놀음은 박첨지 마당과 평안감사 마당으로 구성되나 각각 독립적인 내용으로 보아도 무방하며, 대사는 가면극보다 비속어가 더 많이 사용되고 있는 것이 특징이다. 주제적인 면에서도 가면극과 마찬가지로 기존 질서를 풍자하고 조롱하는 내용을 담고 있는데, 중과 양반, 남성에 대한 것이 주를 이룬다.

5장 한국의 현대문화

| 학습목표 |

1. 한국의 현대문화에 나타나는 다양한 국면들을 통해 한국 문화의 다채로운 성격을 이해하는 한편, 보편문화로서 '세계 속의 한국문화'의 가능성을 함께 모색한다.
2. 한국의 현대문화를 이해하는 데 필요한 기본 개념 및 문화사적 흐름, 한국문화의 정체성과 양상을 이해하고, 문화의 특수성을 미시적인 관점에서 분석한다.

Ⅰ. 한국 현대문화

1. 지리문화

1) 지리

한국은 북위 33°~43°, 동경 124°~132°, 서울은 북위 37.6°, 동경 127°에 위치하고 있으며, 표준시 경선은 135°로 영국 그리니치 표준시보다 9시간이 빠르다. 한국의 극동은 경상북도 울릉군 독도이며 극서는 평안북도 용천군 마안도, 극남은 제주도 남제주군 마라도, 극북은 함경북도 온성군 유포진이다. 한반도의 정중앙은 북위 38°와 동경 128°가 만나는 지점으로 강원도 양구군 남면이 된다.

한국의 영토는 남북으로 약 1,100km 정도이며 면적은 약 221,000㎢이다. 영국, 우루과이, 캄보디아 등과 비슷한 영토 규모이며, 남한 면적은 약 99,000㎢로 오스트리아, 포루투갈, 쿠바 등과 비슷하다.

한반도에는 국토의 약 70%가 산으로 이루어져 있으나 높지 않으며, 각 산맥을 따라 여러 줄기의 강이 있다. 가장 높은 산은 백두산으로 2744m에 이르며, 남쪽에는 한라산이 1947m로 가장 높다. 한반도의 북쪽과 동쪽에 주로 산이 많이 있으며 남쪽과 동쪽에는 평야와 강이 나타나는 동고서저의 지형을 나타낸다. 한반도의 대표적인 강은 한강으로 강원도에서 시작되어 경기도와 서울을 거쳐 인천을 지나 서해로 흐른다. 한강은 수량이 많아서 한강 주변을 중심으로 농사가 발달했으며, 사람들의 식수원으로서의 기능도 하고 있다. 남쪽에서 가장 긴 강은 낙동강인데, 강원도에서 발원하여 대구를 지나 부산을 거쳐 남해로 흐른다.

한반도는 삼면이 바다로 둘러싸여 있고 서해와 남해는 해안선이 복잡하며 약 3,000여 개의 섬이 있다. 서해는 황해라고도 불리며 조수간만의 차가 크며, 해산물은 조기가 많이 잡힌다. 동해는 한류와 난류가 만나는 지점으로 어종이 풍부한 곳이다. 명태와 오징어가 대표적인 어종으로 한국인들이 전통적으로 즐겨먹었다. 남해는 섬이 많아 다도해라고도 불리며 특히 전라도에는 섬이 많아서 한반도 전체의 55% 이상을 차지한다. 연중 난류가 흐르기 때문에 양식업이 발달하였으며, 어종이 다양한 곳이다. 남해에는 한반도에서 가장 큰 섬 제주도가 있는데, 예전에는 바람, 돌, 여자가 많다고 해서 삼다도라고 불렸다. 제주도는 화산섬으로 경치가 아름다우며, 화산섬과 용암동굴이 세계자연유산으로 선정되어 많은 관광객들이 찾는 곳이다.

2) 기후

한국은 봄, 여름, 가을, 겨울의 사계절이 있으며, 각 계절마다 기온의 변화가 뚜렷하다. 또한 남과 북의 기온 차이는 24℃ 정도이고, 동해안이 서해안에 비해 따뜻하여 3℃ 정도 높은 기온을 나타낸다. 강수량은 약 1,200mm로 세계 평균 강수량 보다 많으나 계절별로 차이가 크기 때문에 봄에는 물 부족 현상이 나타나기도 한다. 봄은 온난 건조한 특징을 가지고 있으며 대체로 따뜻한 기후이나 가끔 꽃샘추위도 있고 중국과 몽골에서 발생한 황사가 불어오기도 한다. 여름은 고온 다습하며 장마철에는 습도가 높다. 집중 호우가 발생하기도 하여 연 강수량의 50% 이상이 집중되는 때이기도 하다. 가을은 천고마비의 계절이라고도 하여 하늘이 높고 푸른 날씨를 나타낸다. 보통 11℃~19℃ 정도의 온도로 사람들이 활동하기에 가장 좋은 계절이다. 겨울은 춥고 건조한 날씨를 보이나, 삼한사온 현상이 나타나기 때문에 사람들이 지내기에 힘들지 않다.

3) 행정구역

한국의 도시는 1960년대 이후 공업화로 빠르게 도시화가 진행되었는데, 서울과 대도시는 인구가 늘어나며 발달하였지만, 수도권 이외의 중소 도시는 정체 상태에 있다. 현재의 행정구역은 1특별시, 6광역시, 9도로 이루어져있다. 서울특별시와 부산, 인천, 대구, 대전, 광주, 울산 광역시, 경기도, 강원도, 충청남도, 충청북도, 경상남도, 경상북도, 전라남도, 전라북도, 제주특별자치도가 바로 그것이다. 서울은 강남구, 강동구, 강북구, 강서구, 관악구, 광진구, 구로구, 금천구, 노원구, 도봉구, 동작구, 마포구, 서초구, 성동구, 성북구, 송파구, 양천구, 용산구, 은평구, 종로구, 중구, 중랑구, 동대문구, 서대문구, 영등포구로 나누어진다. 시와 도의 아래 단위로 구와 군이 있으며 다시 동, 면, 읍, 리로 세분된다. 일반적인 도시의 기본적인 행정단위는 주민센터이며, 이곳에서 행정적인 서비스를 제공한다.

4) 인구

한반도의 전체 인구는 약 7,000만 명이 넘으며, 한국의 인구는 5,000만 명이 넘어 세계 20위권의 인구 규모를 가지고 있다. 또한 인구밀도도 높아서 방글라데시, 대만에 이어 세계 3위에 이르며, 서울은 OECD국가의 도시 중 가장 높은 인구밀도를 보이고 있다. 인구구조는 1910년 이전까지는 출생율과 사망률이 모두 높았던 시기로 인구의 증가가 거의 없었으나 이후 사망률이 낮아지면서 인구가 급격하게 늘어난다. 1960년대 이후에는 출생율이 조금씩 낮아지나 사망률도 또한 감소하여 인구는 증가하였고, 1990년대 이후에 출생율과 사망률이 모두 감소하여 인구가 증가하지 않는 정체 시기가 지속되고 있다. 따라서 현재 15세 미만의 인구가 감소하고 65세 이상의 노년층의 인구가 증가하여 고령 사회에 들어와 있다. 남녀의 성비는 전통적인 남아선호 사상으로 인해 남성의 비율이 높았으나, 최근에는 남아 선호도가 줄어 여아의 출생율이 더 높은 모습을 볼 수 있으며, 또한 여성의 기대 수명이 남성보다 높아 여성의 비율이 더욱 증가할 것으로 보인다.

2. 의식주문화

1) 의복

한국인은 전통적으로 옷을 단정하게 입는 것을 중요하게 여겼다. 때와 장소에 따라 상황에 맞는 옷을 입는 것이 예절이라고 생각했기 때문이다. 또한 사계절이 나타나는 기후이기 때문에 각 계절에 맞는 옷을 지어 입었는데, 지금도 한국인들은 옷에 민감하고 패션 감각이 뛰어나다는 이야기를 들을 수 있다. 한국의 전통적인 복장은 한복으로 19세기 이후 까지 일상적인 복장으로 거의 모든 사람들이 한복을 착용했다. 그러나 해방 이후 변화가 생겨 현재는 명절이나 결혼식 등 특별한 날에만 입는 옷이 되었다.

2) 식생활

음식은 그 나라의 자연 환경과 문화를 반영하여 각각 고유하게 발전하는 것으로 한국은 밥을 중심으로 한 식생활이 발달하였다. 일상적인 상차림은 밥, 국, 김치, 젓갈, 나물 등으로 밥이 주식이 되고 나머지 것들은 밥을 먹기 위한 반찬, 즉 부식의 개념이다. 또한 탕이나 국, 찌개 등 국물이 있는 음식을 선호하는 모습도 볼 수 있다. 반찬 중에서 특징적인 것은 김치로 배추김치, 총각김치, 오이소박이, 깍두기, 동치미, 물김치 등 다양한 종류가 있으며, 대표적인 발효 식품으로서 건강식으로 인정받고 있다.

한국의 식생활에서 특징적인 것으로 숟가락과 젓가락을 들 수 있다. 숟가락은 한국이외에도 중국이나 일본에서도 볼 수 있으나 그 모양이나 역할이 다르다. 중국과 일본에서는 국물을 떠 마시기 위한 모양이라면 한국의 숟가락은 국물을 뜨기 위한 역할 뿐만 아니라 밥을 먹을 때에도 사용하기 때문에 그 모양이 다르게 발전한 것으로 보인다. 또한 젓가락의 모양도 다른데, 중국은 길고 끝이 뭉툭하고 일본은 짧고 끝이 가늘다. 한국은 쇠로 만든 젓가락으로 그 모양은 중국과 일본의 중간 형태이다. 음식을 정확하게 집기 위해 또는 물기가 많은 음식으로 인해 변형되었기 때문에 쇠로 된 젓가락을 사용한 것으로 보인다.

3) 주거

한국인은 전통적으로 집의 위치를 중요하게 여겼다. 풍수지리 사상에 따라 배산임수의 위치를 좋은 집터라고 보았으며, 남향을 선호하여 지금도 남향으로 된 집을 좋아하는 모습을 볼 수 있다. 한국의 전통적인 집을 한옥이라고 하는데 양반들은 기와집, 서민들은 초가집에서 생활하였다. 그러나 이러한 신분에 따른 집의 모습과 관계없이 공통적으로 나타나는 구조가 바로 온돌이다. 난방을 위한 방식으로 대부분의 나라에서 공기를 덥히는 방식을 사용하지만 한국은 바닥을 덥히는 온돌 방식을 사용한다. 이러한 온돌은 생활에도 영향을 주어 집 안에서 신발을 신지 않으며, 가장 따뜻한 곳, 즉 아랫목을 중심으로 집안의 서열에 따라 자리가 정해지는 모습도 나타난다. 1950년대 이후 도시화가 진행되면서 한옥은 사라지고 서양식 아파트와 빌라 등이 보급되었으나 여기에서도 온돌을 기본으로 한 난방을 사용하고 있다. 이러한 방식은 공기를 덥히는 난방방식보다 에너지 효율이 좋기 때문에 외국에서도 많은 관심을 가지고 있다.

3. 공동체문화

1) 가족

가족은 혈연과 혼인 등의 관계로 맺어져 일상생활을 공유하는 집단 또는 구성원이라고 정의할 수 있으며, 비슷한 의미로 식구, 세대, 식솔 등의 말이 있다. 그러나 이러한 말들의 의미에는 혈연관계가 아닌 사람도 함께 포함되는 수도 있다. 일반적으로 한국의 가족은 혈연 중심의 직계가족 형태로 부부와 자녀로 구성된다. 전통적으로 부모는 자녀가 성장하고 경제적 기반을 잡을 때까지 지원하며 이후에는 부모가 자녀에게 기대어 지내는 형태였다. 최근에는 핵가족 형태가 급속하게 진행되고 있으나 다시 부모의 집과 가까운 거리에 거주하며 왕래가 잦은 수정확대가족의 형태도 많아지고 있으며, 이와는 달리 결혼을 하지 않고 혼자 거주하는 1인 가구의 모습도 점차 확산되고 있다.

한국의 가족 문화에서 특징적인 모습으로 볼 수 있는 것은 바로 서열을 중요시한다는 점이다. 유교의 영향으로 '장유유서'와 '남녀유별'과 같은 서열을 중요하게 되었다. 그러나 최근에는 남녀의 구별은 많이 사라졌고, 나이에 따른 서열은 아직도 많은 부분에서 영향을 끼치고 있다.

2) 친족

한국의 친족은 혈연과 결혼을 통해서 형성되며 가족에서 더욱 확장된 형태라고 할 수 있다. 예전에는 친가와 외가, 그리고 처가가 친족의 범위였으나 현재의 가족법에 의하면 친족은 친가와 외가의 8촌까지, 그리고 4촌 이내의 인척을 포함한다. 한국에서는 성과 본관을 함께 말하는 경우가 많은데, 성이 같고 본관도 같다면 같은 조상을 가진 친족이었다는 것이다. 동성동본은 이러한 관계를 가리키는 말로 같은 조상을 둔 넓은 의미의 친족 관계이기 때문에 동성동본과의 결혼은 금지하기도 했다.

한국에서는 이러한 친족간의 관계를 촌수로 나타내는데, 이는 자신과 혈연관계가 얼마나 멀고 가까운가를 표시하는 방법이다. 자신을 중심으로 부모와 자식 간의 관계를 1촌으로 계산하며, 이것을 확대하여 친족 간의 촌수를 계산한다. 그러나 이러한 촌수는 세대를 명확하게 나타내지는 못한다. 이러한 친족 간의 촌수를 명확하게 확인할 수 있는 것이 돌림자이다. 친가의 친족들은 같은 항렬에서 같은 한자를 사용하여 서열을 나타냈던 것이다. 그러나 최근에는 한글 이름을 사용하거나 돌림자를 쓰지 않는 경우도 많아지고 있다.

4. 교육문화

1) 특성

한국의 전통적인 교육의 특징은 바로 숭문주의와 입신양명주의에서 찾을 수 있다. 숭문주의가 현대에 이어져 오면서 화이트칼라를 선호하는 모습을 볼 수 있으며, 입신양명, 즉 세상에 이름을 널리 떨치는 것이 현대 교육의 목표가 되고 있는 것이다. 유교에서는 교육을 통해 군자가 되는 것이 목표였으나, 점차 현실적인 목표를 지향하게 되어 최근에는 교육을 통해 성공과 출세, 또는 명예를 얻는 것을 목표로 하고 있다. 특히 부모들은 자녀들에 대한 교육열이 높은데 최근에는 대부분이 한 명의 자녀만 있기 때문에 이전보다도 더 높은 교육열을 보이고 있다. 부모는 임신과 동시에 태교부터 시작하여 유치원에 다니기 시작하면 영어교육과 예체능교육, 중고등학생이 되면 명문고와 명문대에 입학시키기 위해 여러 학원에 보내며 방학에는 어학연수를 보내기도 하는 등 많은 사교육을 함께 진행하고 있다. 최근에는 이른 시기부터 어머니가 아이들을 데리고 외국 유학을 가서 아버지만 한국에서 직장을 다니는 '기러기 아빠'도 있다. 이러한 교육열은 한글이라는 우수한 문자로 인해 문맹률이 낮기 때문이며, 부모들의 학력 관련 경험이나 사회경제적 요인으로 인한 것으로 볼 수 있다.

2) 교육 제도

한국의 정규 교육 체계의 학제는 초등학교 6년, 중학교 3년, 고등학교 3년, 대학교 4년 과정이며, 이후 대학원 석사와 박사 과정이 있다. 입학과 학년의 시작은 3월이며 다음 해 2월에 학년을 마치게 된다. 초등학교는 8세가 되면 입학하고 중학교까지 9년 간 의무교육 기간이다. 고등학교는 인문계와 실업계 고등학교로 나뉘어 있는데, 인문계는 대학진학을 목표로 하며, 실업계는 취업을 목표로 한 직업교육이 이루어진다. 대학은 국립과 사립으로 구분할 수 있는데 한국은 사립대학교의 수가 훨씬 많다. 또 4년제 대학과 2, 3년제의 전문대학으로 구분할 수 있다. 대학에 진학하기 위해서는 국가에서 시행하는 대학수학능력시험을 봐야 한다. 대학마다 학생을 선발하는 기준이 다르기 때문에 지원하는 대학과 학과의 기준을 알아보고 이에 맞추어 내신 성적이나, 봉사활동, 논술시험, 실기 시험 등에 대한 준비를 해야 한다. 수능이 있는 날은 회사가 출근 시간을 미루어 학생들에 대한 배려를 하며, 경찰과 일반 택시도 학생들이 시험장에 늦지 않도록 도와준다. 수능을 보는 학생이 있는 집은 친척들이나 친구들이 엿이나 찹쌀떡 등을 선물하기도 한다. 2015년 한국의 대학 진학률은 78.5%에 이를 정도로 많은 학생들이 대학에 진학하고 있으며, 최근에는 사이버 대학과 평생교육 시설이 발달하여 직장에 다니면서 대학 교육을 받는 사람도 늘어나고 있고, 집에서 인터넷을 통한 온라인 수업을 듣고 학위를 받기도 한다.

II. 세시풍속

1. 통과의례

사람이 태어나서 죽을 때까지 거치는 출생, 성년, 결혼, 장례 등에 수반되는 의례를 통과의례라고 하며, 한 사회의 구성원은 모두 일정한 시기에 같은 형태의 의례를 치르게 된다. 한국에서는 일반적으로 관혼상제와 기자, 출산, 회갑 등의 일상 의례가 이에 해당한다.

1) 기자 의례

기자 의례는 아이를 낳기를 바라며 하는 여러 가지 의례로 산이나 삼신 등에게 기원한다. 최근에는 이러한 모습은 많이 사라졌으나 임신한 후에 하는 태교는 지금도 이어지고 있다. 건강한 아이를 낳기 위해 행동과 마음가짐을 조심해야 하며, 삼가야 하는 음식도 있었다.

2) 출생 의례

아이를 낳으면 먼저 삼신에게 쌀밥과 미역국을 대접하고 산모가 먹었는데, 지금은 사라졌으나 이것이 이어져 한국인들은 현재 생일에 미역국을 먹는다. 집 앞 대문에는 금줄을 걸어 놓아 나쁜 기운을 막았다. 보통 21일 동안 금줄을 쳐놓았고 이 기간이 지나야 아이를 보러 갈 수 있었다. 지금도 아이를 낳으면 바로 보러가지 않고 어느 정도 지난 후에 방문하는데, 이러한 의례가 이어진 것으로 볼 수 있다. 또한 아이가 태어난 지 100일이 되면 백설기와 수수떡을 준비하여 백일잔치를 하며, 만 1년이 되면 돌잔치를 하고 돌잡이를 통해 아이의 미래를 점친다.

3) 관례

관례는 성년이 되었다는 의미로 치르는 의례로 성인식과 같은 의미이다. 전통적으로 15세 이후에 남자는 관례, 여자는 계례를 치렀다. 현재는 전통적인 의미는 많이 사라졌으나, 법적으로 성인이 되는 만 19세 이후 5월 3번째 월요일이 성년의 날로 지정되어 있다. 최근에는 성균관에서 전통

방식에 따른 성년식을 진행하고 있으며, 각 지자체나 대학별로 성인으로서의 책임과 의무를 알려 주는 성년식을 하는 곳도 있다.

4) 혼례

한국 전통적인 혼례는 부모님이 결혼 상대자를 결정하는 중매결혼이 많았으나 현대에는 이러한 모습은 많이 사라지고 결혼 당사자들이 직접 상대를 결정하는 연애결혼의 형태가 많다. 예전 결혼식은 신부의 집에서 하는 경우가 많았으나 요즘에는 보통 예식장에서 결혼식을 올리며, 종교에 따라 교회나 성당에서 하는 경우도 많다. 또한 결혼식은 서양식으로 진행되지만 폐백은 전통적인 방식으로 진행되는 모습도 볼 수 있다.

5) 회갑

한국에서는 예전부터 만 60세가 되면 큰 잔치를 했는데, 이것을 회갑 또는 환갑잔치라고 한다. 예전에는 60세 이상 사는 것이 흔하지 않았기 때문에 건강과 장수를 축하하는 잔치를 했던 것이다. 자식들이 모여 부모님께 좋은 옷과 음식을 준비한 후에 건강을 기원하며 만수무강의 의미로 술을 따라 드렸다. 또한 참석한 손님들이 노래를 부르거나 춤을 추기도 하는 등 회갑을 맞은 사람을 즐겁게 해 주었다. 그러나 최근에는 60세 이상 장수하는 것이 흔한 일이 되어 예전의 회갑의 의미는 많이 사라지고 있으며 70세 생일에 잔치를 하는 경우가 많아졌다.

6) 상례

상례는 죽은 사람의 명복을 비는 의식으로 예전에는 죽음에서 매장에 이르기까지의 여러 과정이 복잡했다. 또한 집에서 장례를 치렀으나, 요즘에는 복잡한 절차는 사라지고 병원에서 장례를 치른다. 문상객들은 남자인 경우 검은 양복과 검은 넥타이를 매며 여자인 경우 검은색 정장을 입는다. 고인의 가족들도 요즘에는 상복 대신 검은색 양복이나 옷을 입으며 요즘에는 보통 3일장을 치르지만 화장터 시간에 맞추어 4일장을 치르기도 한다.

7) 제례

돌아가신 조상을 기리는 제사 의식으로 한국인들은 제사를 '효'의 연장으로 생각했다. 예전에는 돌아가신 날 밤 자정이 되면 제사를 지냈으나 지금은 시간은 엄격하지 않고 해가 진 뒤 편한 시간에 지내는 집이 많다. 또한 예전에는 4대조까지 제사를 지내는 것이 일반적이었으나 요즘은 2대조까지 지낸다.

2. 세시풍속

세시풍속은 일 년을 단위로 일정한 시기마다 반복해서 행해진 고유의 풍속으로 보통 절기에 따라 행해진다. 세시풍속은 음력을 기준으로 나누어지며, 집단적인 행사이다. 또한 농경과 관련된 풍속이 많으며, 민간 신앙과 음식, 놀이까지 포함된 종합적인 문화 현상이다.

1) 설

설날은 한 해가 시작되는 날로 음력 1월 1일이다. 설빔을 입고 조상에게 차례를 지냈으며, 어른들에게 세배를 한다. 윷놀이나 널뛰기, 연날리기 등의 놀이를 했으나 요즘 도시에서는 보기 어려우며, 이때 대부분의 사람들이 고향으로 가기 때문에 민족대이동이라는 말도 나타났다. 최근에는 고향의 부모가 자녀들이 있는 도시로 오는 역귀성도 많아지고 있으며, 해돋이를 보러 가는 새로운 모습도 볼 수 있다.

2) 정월 대보름

보름달은 풍요를 상징하며, 특히 정월 대보름은 새해 첫 보름달이기에 특별한 의미를 부여했다. 이날은 오곡밥과 여러 가지 나물을 먹으며, 호두나 밤, 은행 등을 한 번에 깨물어 먹었는데 이를 부럼이라고 한다. 또한 귀밝이술을 아침 일찍 먹었으며 친구에게 더위를 팔기도 했다. 밤에는 달맞이를 하고 쥐불놀이, 달집태우기 등의 놀이를 즐겼다. 최근에도 오곡밥과 나물을 먹는 전통은 이어지고 있으며 부럼을 깨는 풍습도 남았다.

3) 초파일

4월 초파일은 부처님 오신 날로 현재는 공휴일로 지정되어 있다. 불교의 행사이나 한국에서는 불교 신자가 아닌 사람도 함께 즐기는 날이어서 모든 사람들이 함께 참여했으나 요즘은 불교 신자들만의 행사가 되었다. 그러나 연등행사는 그 종교적 의미가 약해져서 모든 사람이 함께 즐기는 등축제의 형태로 각 지역마다 지역 주민들이 함께 참여하고 즐긴다.

4) 단오

단오는 음력 5월 5일로 수릿날, 천중절이라고도 했다. 이날 창포물에 머리를 감았으며, 남자들은 씨름을 하고 여자들은 그네뛰기를 하였다. 또한 더위를 대비하는 의미로 부채를 선물로 주고받았다. 요즘에는 그 의미가 많이 사라져서 중요하게 보내지는 않지만, 수리취떡이나 쑥떡을 먹는 풍습은 아직 남아있고, 강릉에서는 단오제를 마을 축제 형식으로 계속 이어나가고 있다.

5) 복날

복날은 초복, 중복, 말복이 20일 간격으로 이어진다. 이때가 여름 중에서도 가장 더운 때이기 때문에 더운 날씨를 삼복더위라고 한다. 더위를 식히기 위해 산이나 계곡에 가며, 보신을 위해 개장국을 먹거나 삼계탕을 만들어 먹었으며 지역에 따라 팥죽이나 수박 등을 먹기도 했다. 요즘에도 복날 즈음에 휴가를 가는 사람이 많으며, 삼계탕을 먹는 풍습이 이어진다. 또한 최근에는 건강을 위해 복날에 장어를 먹는 새로운 모습도 찾아 볼 수 있다.

6) 한가위

음력 8월 15일을 말하며 추석, 중추절이라고도 한다. 한가위에 벌초를 하고 햇곡식으로 음식을 준비하여 조상들에게 차례를 지낸다. 서양의 추수감사절과 같은 의미로 풍년을 감사하고 조상에게 감사하는 날이다. 현재에도 추석은 설날과 함께 대표적인 명절로 고향을 찾는 사람들이 많으며 가족이 함께 모일 수 있는 때이다. 그러나 최근에는 고향에 가지 않고 혼자 명절을 보내는 나홀로족이 증가하고 있는 모습도 볼 수 있다.

7) 동지

동지는 일 년 중 가장 밤이 긴 날로, 보통 12월 22일이 된다. 예전에는 동지를 작은설이라고 하여 팥죽을 먹으면 나이를 한 살 더 먹는다고 했다. 동지에는 팥죽을 먹었으며, 대문이나 담장, 마당 등에 팥죽을 뿌렸다. 이는 나쁜 기운을 막는다는 의미이며, 현재도 동지가 되면 팥죽을 먹는 풍습은 이어지고 있다.

Ⅲ. 문화유산

문화유산은 다음 세대에게 계승할 만한 가치를 지닌 문화적 소산으로 물질적인 것뿐만 아니라 민속, 습관, 생활양식에 이르기까지의 모든 것을 말한다. 1962년에 문화재보호법이 제정되면서 문화재라는 표현이 공식적으로 사용되었으나 현재는 문화유산이라는 표현이 널리 쓰인다. 유네스코에서는 1972년 세계문화 및 자연유산 보호협약에 따라 세계유산을 지정하였는데 여기에 한국의 문화유산들이 지정되어 있다.

1. 한국의 세계유산

① 석굴암 불국사 – 석굴암은 국보 24호이며 불국사와 함께 1995년에 세계문화유산으로 등재되었다. 석굴암은 신라시대 전성기의 최고 걸작으로 뽑히며, 불국사는 독특한 건축미를 지녀 아시아에서도 그 유례를 찾기 어렵다.

② 해인사 장경판전 – 해인사 장경판전은 1995년에 등재되었으며, 15세기 건축물로서 세계 유일의 대장경판 보관용 건물이며 자연 환경을 최대한 이용한 보존과학 소산물로 높이 평가된다.

③ 종묘 – 1995년에 등재되었으며, 제왕을 기리는 유교사당의 표본으로서 16세기 이래로 원형이 보존되고 있으며, 세계적으로 독특한 건축양식을 지닌 의례공간이다.

④ 창덕궁 – 창덕궁은 1997년에 등재되었으며, 조선시대의 전통건축으로 자연경관을 배경으로 한 건축과 조경이 고도의 조화를 표출하고 있으며, 후원은 동양조경의 정수를 감상할 수

있는 세계적인 조형의 한 단면을 보여주고 있는 특징이 있다

⑤ 수원 화성 – 화성은 사적 제3호로 지정 관리되고 있으며 소장 문화재로 팔달문(보물 제402 호), 화서문(보물 제403호), 장안문, 공심돈 등이 있다. 화성은 1997년 유네스코 세계문화유 산으로 등재되었다. 동서양의 군사시설이론을 잘 배합시킨 독특한 성으로서 방어적 기능이 뛰어난 특징을 가지고 있다.

⑥ 경주역사유적지구 – 2000년에 세계유산으로 등재되었으며, 신라의 역사와 문화를 한눈에 파악할 수 있을 만큼 다양한 유산이 산재해 있는 종합역사지구로 불교미술의 보고인 남산 지구, 천년왕조의 궁궐터인 월성지구, 신라왕을 비롯한 고분군 분포지역인 대능원지구, 신라불 교의 정수인 황룡사지구, 왕경 방어시설의 핵심인 산성지구로 구분되어 있다.

⑦ 고창 화순 강화 고인돌 유적 – 고창, 화순, 강화의 선사유적들은 거대한 석조로 만들어 진 2,000~3,000년 전의 무덤과 장례의식 기념물로서 선사시대 문화가 가장 집중적으로 분포되어 있으며 당시의 기술과 사회현상을 가장 생생하게 보여주는 유적으로 2000년에 등재되었다.

⑧ 제주 화산섬과 용암동굴 – 2007년에 등재되었으며, 수많은 측화산과 세계적인 규모의 용암 동굴, 다양한 희귀생물 및 멸종위기종의 서식지가 분포하고 있어 화산 생성과정 연구와 생태 계 연구의 중요한 학술적 가치가 있다. 또한 한라산 천연보호구역의 아름다운 경관과 생물· 지질 등은 세계적인 자연유산으로서 가치를 지니고 있다.

⑨ 조선왕릉 – 조선시대의 능원은 600여년이나 되는 오랜 기간 동안 통치한 왕조의 능원제도 의 특징을 갖고 있으며, 시대적 흐름에 따른 통치철학과 정치상황을 바탕으로 능원공간 조 영 형식의 변화, 관리공간 영역의 변화, 조형물 특성의 변화 등을 잘 반영하고 있는 독특한 문화유산으로 2009년에 등재되었다.

⑩ 한국의 역사마을 : 하회와 양동 – 2010년에 등재되었다. 두 마을에는 양반씨족마을의 대표 적인 구성요소인 종가, 살림집, 정사와 정자, 서원과 서당, 그리고 주변의 농경지와 자연경관이 거의 완전하게 남아 있을 뿐 아니라, 이러한 유형 유산과 더불어 이들과 관련된 많은 의례, 놀이, 저작, 예술품 등 수많은 정신적 유산들을 보유하고 있다

⑪ 남한산성 – 남한산성은 극동아시아 여러 지역의 영향을 바탕으로 다양한 군사 방어 기술 을 종합적으로 구현하고 있는 조선왕조의 비상시 임시 수도로서, 한국의 독립성 및 한국 역 사상 다양한 종교·철학이 조화롭게 공존해온 가치를 상징하는 유산이다. 2014년에 등재되 었다.

⑫ 백제역사유적지구 – 5~7세기 한국, 중국, 일본의 고대 동아시아 왕국들 사이의 교류와, 그 결과로 나타난 건축기술의 발전과 불교의 확산을 보여주는 고고학 유적이다. 공주시, 부여 군, 익산시 등 3개 시·군의 8곳이 문화유산으로 구성되어있으며, 2015년에 등재되었다.

⑬ 산사, 한국의 산지 승원 – '산사, 한국의 산지 승원'(이하 '산사')은 오늘날에 이르기까지 유 형과 무형의 문화적 전통을 지속하고 있는 살아있는 불교 유산이다. 불교 신앙을 바탕으로 종교 활동, 의례, 강학, 수행을 지속적으로 이어왔으며 다양한 토착 신앙을 포용하고 있다.

통도사, 부석사, 봉정사, 법주사, 마곡사, 선암사, 대흥사가 선정되었다.

⑭ 한국의 서원 - 한국의 서원은 조선시대 성리학 교육 시설의 한 유형으로, 16세기 중반부터 17세기 중반에까지 향촌 지식인인 사림에 의해 건립되었다. 이 유산은 동아시아 성리학 교육 기관의 한 유형인 서원의 한국적 특성을 나타낸다. 소수서원, 남계서원, 옥산서원, 도산서원, 필암서원, 도동서원, 병산서원, 무성서원, 돈암서원의 9개 서원이 등재되었다.

⑮ '한국의 갯벌 - 지구 생물 다양성의 보존을 위해 세계적으로 가장 중요하고 의미 있는 서식지 중 하나이며, 특히, 멸종위기 철새의 기착지로서 가치가 크므로 '탁월한 보편적 가치'가 인정된다고 하여 충남 서천군, 전남 신안군, 전북 고창군, 전남 순천시와 보성군의 갯벌이 2021년 등재되었다.

2. 세계기록유산

유네스코가 고문서 등 전 세계의 귀중한 기록물을 보존하고 활용하기 위하여 1997년부터 2년마다 세계적 가치가 있는 기록유산을 선정하는 사업으로 유산의 종류로는 서적(책)이나 문서, 편지 등 여러 종류의 동산 유산이 포함된다. 1997년에 훈민정음과 조선왕조실록이 등재되었으며, 2001년에 직지심체요절과 승정원일기가 등재되었다. 2007년에는 조선왕조의궤와 해인사 대장경판 및 제 경판, 2009년에 동의보감, 2011년에는 일성록과 5·18 민주화운동 기록물이 등재되었다. 2013년에는 난중일기와 새마을운동 기록물이 2015년에는 한국의 유교책판과 KBS특별생방송 '이산가족을 찾습니다' 기록물이 등재되었다. 그리고 2017년에 국채보상운동 기록물, 조선왕실 어보와 어책, 조선통신사에 관한 기록-17C~19C 한일 간 평화구축과 문화교류의 역사가 등재되었다.

3. 인류무형문화유산

문화적 다양성과 창의성이 유지될 수 있도록 대표목록 또는 긴급목록에 각국의 무형유산을 등재하는 제도이다. 한국의 인류무형문화유산으로는 2001년에 종묘제례 및 종묘제례악과 2003년에 판소리 2005년에 강릉단오제가 등재되었다. 이후 2009년에는 강강술래와 남사당놀이, 영산재, 제주칠머리당영등굿, 처용무가 등재되었으며, 2010년에는 가곡, 대목장, 매사냥이 등재되었다. 2011년에는 줄타기와 택견, 한산모시짜기가 2012년에는 아리랑, 2013년에는 김장문화, 2014년에 농악, 2015년에 줄다리기가 각각 인류무형문화유산으로 등재되었으며, 2016년에는 제주해녀문화와 2018년 한국의 전통 레슬링(씨름)이 등재되었다.

Ⅳ. 대중문화

대중문화는 대중을 대상으로 생산되고 소비되는 문화를 말하는 것으로 한국에서 처음 대중 문화라는 말이 사용된 것은 1930년대이다. 그러나 이때 대중문화의 개념은 지금과는 많이 달랐고, 1960년대에 들어와서야 현재의 개념과 비슷해졌다. 한국의 대중문화는 일제강점기를 거치는 동안 전통적인 문화가 사라졌으며, 이후 스스로의 노력으로 새로운 문화를 만들어 가는데 어려움을 겪었다.

1. 대중문화의 흐름

1950년대 한국에는 미국 중심의 서구의 대중문화가 유입되기 시작하고 반공이데올로기가 대두하였다. 1960년대로 들어서면서 새로운 대중문화에 관한 관심과 논의가 활발하게 진행되었다. 이 시기는 라디오가 많이 보급되고 텔레비전도 나타나며, 대중적 주간지들이 많이 창간된 시기이기도 하다. 1961년부터 상업 라디오 방송이 개국하였고 1963년부터는 KBS 텔레비전이 상업 방송을 시작하였다. 1970년대로 들어오면 텔레비전의 보급이 급격히 늘어나면서 대중문화 콘텐츠가 확산되어 가는 시기이다. 이 시기는 문화예술의 대중화도 확대되어 출판사와 서점이 늘어나게 된다. 그러나 이 시기의 대중문화에 대한 평가는 고급문화와 전통문화로부터 대중을 멀어지게 하였고 외국의 저급한 문화를 확산시켰다면서 비판을 받기도 하였다. 1980년대는 컬러텔레비전이 보급된 시기로 매체들은 대중들의 관심을 더욱 끌었던 시기이며 비디오 매체가 보급된 시기이다. 1990년대는 이데올로기 문제가 약화되며 문화의 다양성과 대중문화의 기능성에 주목한 시기이다.

2. 한류

한국의 대중문화를 포함하여 한국과 관련된 것들이 여러 나라에서 인기를 얻는 현상인데, 2000년 전후로 아시아의 여러 나라에서 한국의 영화와 드라마가 인기를 얻자 대만에서 이러한 현상을 한류 열풍이라고 하였고 이 용어를 다른 나라에서도 그대로 사용하면서 한국에서도 널리 쓰이게 되었다.

1) 대중음악 : K-pop

한국의 대중음악을 외국에서 흔히 K-pop이라고 칭한다. 그러나 대부분 인기를 얻고 있는 노래가 댄스음악이기 때문에 좁은 의미로 보면 K-pop은 외국에서 인기를 얻고 있는 한국의 댄스음악이라고 볼 수 있다.

한국의 대중음악은 일제강점기에 시작되었지만 당시에는 그다지 큰 영향력을 발휘하지 못했다.

1950년대 미국의 대중음악이 들어오면서 급속도로 영향력을 넓히기 시작했으며, 1950~60년대에는 흔히 트로트라고 불리는 대중음악이 인기를 얻었다. 1970년대에는 자유와 낭만에 대한 노래가 유행하였으며 통기타와 장발 등 이전과는 다른 새로운 대중문화와 음악이 나타났다. 1980년대는 조용필이 대표적인 가수로 활동하였다. 1990년대는 한국 대중음악의 전환기로 볼 수 있다. 테크노 음악과 힙합 등 다양한 장르의 음악이 등장하였으며, 서태지와 아이들은 문화 대통령이라고 불릴 정도로 많은 영향력을 발휘했다. 이외에도 듀스, 김건모, 룰라 클론 등의 다양한 가수가 활동했다. 2000년대는 한국 가수들의 해외 진출이 활발했던 시기이다. H.O.T, S.E.S, 핑클, 보아, 비 등이 활동하였으며, 특히 비는 미국에 진출하여 2006년과 2011년에 타임지에서 선정한 세계에서 가장 영향력 있는 100인에 선정되기도 하였다. 2012년에는 싸이가 '강남스타일'로 전 세계적인 인기를 얻었다. 반복적인 리듬과 신나는 춤, 재미있는 뮤직비디오로 한국인뿐만 아니라 외국인에게도 많은 인기를 얻은 것이다. 이외에도 소녀시대, 원더걸스 등 많은 가수들의 노래가 한국을 비롯하여 외국인들에게 인기를 얻고 있으며 BTS와 트와이스 등은 국내와 국외에서의 많은 관심으로 한국을 알리는 역할을 하고 있다.

2) 드라마와 영화

한국의 영화는 경제가 발전하기 시작한 1970년대 전후로 본격적으로 활성화되기 시작한다. 1980~90년대에 오면서 질적인 향상이 이루어졌으며 많은 관객들을 극장으로 동원한다. <장군의 아들>과 <서편제>, <쉬리>, <공동경비구역 JSA>, <친구> 등의 영화가 많은 성공을 거두었으며 외국에서고 상영되어 호평을 받았다. 2000년대에 들어오면서 <엽기적인 그녀>, <실미도>, <태극기 휘날리며>, <왕의 남자>, <광해, 왕이 된 남자> 등의 영화가 큰 성공을 거두었다. 또한 <시월애>, <엽기적인 그녀>, <장화 홍련>, <올드 보이> 등은 미국에서 리메이크되어 상영되기도 하였다.

한국의 드라마가 외국에서 인기를 얻은 대표적인 작품이 <겨울연가>이다. <겨울연가>는 일본에서 선풍적인 인기를 끌었으며, 지금까지도 일본 관광객이 드라마의 촬영지인 남이섬을 찾는 모습을 볼 수 있다. 2003년에는 <대장금>이 방영되었는데, 중국뿐만 아니라 동남아, 아랍에서까지 방영되어 한국의 음식과 한의학에 대한 인식을 새롭게 하는 계기가 되었다. 이외에도 <별에서 온 그대>, <도깨비> 등의 한국의 드라마는 동양의 보편적 가치를 바탕으로 서구문화에 개방적인 모습을 지니고 있다는 특징이 있으며, 외국인들도 함께 공감할 수 있을 만한 소재를 사용하기 때문에 다른 나라에서도 인기를 얻을 수 있는 요인으로 작용하고 있다. 또한 서양의 드라마와 비교하면 폭력적이거나 외설적인 내용이 거의 없기 때문에 가족들과 함께 시청할 수 있다는 장점이 있어 널리 인기를 얻고 있다.

외국어로서의
한국어교육의 이론과 실제
(한국어교사를 위한 한국어교육의 총람)

초판 인쇄	2022년 8월 5일
초판 발행	2022년 8월 10일

편 저	TOPIK KOREA 한국어평가연구소
감 수	총신대 한국어학당
발 행 처	(주)도서출판 참
등록일자	2014년 10월 12일
등록번호	제319-2014-52호
주 소	서울시 동작구 사당로 188
전 화	(02) 6294-5742
팩 스	(02) 595-5749

ISBN 979-11-88572-27-4 13700